한국 주경신학 총서 – 예언서로서의 전도서

전도서 강해

דרשות על הספר קהלת

한국 주경신학 연구회
도서출판 **비블리아올**

전도서 강해 (예언서로의 전도서)

지 은 이 : 최성훈, 이정태, 강신행
펴 낸 이 : 강 창 순
펴 낸 곳 : 도서출판 비블리아올
초판인쇄 : 2021년 4월 25일
발 행 일 : 2021년 5월 28일
등   록 : 제 102-99-06565호
주   소 : 경기도 용인시 수지구 정평로 36, 401
          (풍덕천동 우성프라자)
이 메 일 : onlyjesus@gsot.or.kr

공 급 처 : 비블리아올
발 행 인 : 강 창 순
연 락 처 : 031-262-4071

정가 : 28,000원
ISBN 978-89-967964-4-2 *03230

내용

[들어가기] 27

   가. 서문 27

   나. 저자와 기록시기 34

   다. 전도서 들여다보기 35

전도자(전도서)-קהלת 41

제 1장 해 아래 인생 41

   1절] '다윗의 아들 예루살렘 왕 전도자의 말씀이라' 41

   2절] '전도자가 이르되 헛되고 헛되며 헛되고 헛되니 모든 것이 헛되도다' 46

   3절] '해 아래에서 수고하는 모든 수고가 사람에게 무엇이 유익한가' 54

   4절] '한 세대는 가고 한 세대는 오되 땅은 영원히 있도다' 59

   5절] '해는 뜨고 해는 지되 그 떴던 곳으로 빨리 돌아가고' 65

   6절] '바람은 남으로 불다가 북으로 돌아가며 이리 돌며 저리 돌아 바람은 그 불던 곳으로 다시 돌아가고' 70

   7절] '모든 강물은 다 바다로 흐르되 바다를 채우지 못하며 강물은 어느 곳으로 흐르든지 그리로 연하여 흐르느니라' 74

   8절] '모든 만물이 피곤하다는 것을 사람이 말로 다 말 할수는 없나니 눈은 보아도 족함이 없고 귀는 들어도 가득차지 아니하였도다' 79

   9절] '이미 있던 것이 후에 다시 있겠고, 이미 한 일을 후에 다시 할지라 해 아래에는 새 것이 없나니' 86

10절] '무엇을 가리켜 이르기를 보라 이것이 새 것이라 할 것이 있으랴 우리가 있기 오래 전 세대들이 이미 있었느니라' 91

11절] '이전 세대들이 기억됨이 없으니 장래 세대도 그 후 세대들과 함께 기억됨이 없으리라' 94

12절] '나 전도자는 예루살렘에서 이스라엘 왕이 되어' 96

13절] '마음을 다하며 지혜를 써서 하늘 아래에서 행하는 모든 일을 연구하며 살핀 즉 이는 괴로운 것이니 하나님이 인생들에게 주사 수고하게 하신 것이라' 98

14절] '내가 해 아래에서 행하는 모든 일을 보았노라 보라 모두 다 헛되어 바람을 잡으려는 것이로다' 103

15절] '구부러진 것도 곧게 할 수 없고 모자란 것도 셀 수 없도다'. 105

16절] '내가 내 마음 속으로 말하여 이르기를 보라 내가 크게 되고 지혜를 더 많이 얻었으므로 나보다 먼저 예루살렘에 있던 모든 사람들보다 낫다 하였나니 내 마음이 지혜와 지식을 많이 만나 보았음이로다' 107

17절] '내가 다시 지혜를 알고자 하며 미친 것들과 미련한 것들을 알고자 하여 마음을 썼으나 이것도 바람을 잡으려는 것인 줄을 깨달았도다' 112

18절] '지혜가 많으면 번뇌도 많으니 지식을 더하는 자는 근심을 더하느니라' 114

제 2장 웃음, 욕망, 쾌락, 성공, 세상지혜, 수고와 하벨의 관계성

.... 117

1절] '나는 내 마음에 이르기를 자, 내가 시험삼아 너를 즐겁게 하리니 너는 낙을 누리라 하였으나 보라 이것도 헛되도다' 117

2절] '내가 웃음에 관하여 말하여 이르기를 그것은 미친 것이라 하였고 희락에 대하여 이르기를 이것이 무슨 소용이 있는가 하였노라' 120

3절] '내가 내 마음속으로 깊이 생각하기를 내가 어떻게 하여야 내 마음을 지혜로 다스리면서 술로 내 육신을 즐겁게 할까 또 내가 어떻게 하여야 천하의 인생들이 그들의 인생을 살아가는 동안 어떤 것이 선한 일인지를 알아 볼 때까지 내 어리석음을 꼭 붙잡아 둘까 하여' 121

4절-6절] '나의 사업을 크게 하였노라 내가 나를 위하여 집들을 짓고 포도원을 일구며 / 여러 동산과 과원을 만들고 그 가운데에 각종 과목을 심었으며/ 나를 위하여 수목을 기르는 삼림에 물을 주기 위하여 못들을 팠으며' 126

7절] '남녀 노비들을 사기도 하였고 나를 위하여 집에서 종들을 낳기도 하였으며 나보다 먼저 예루살렘에 있던 모든 자들보다도 내가 소와 양 떼의 소유를 더 많이 가졌으며' 130

8절] '은 금과 왕들이 소유한 보배와 여러 지방의 보배를 나를 위하여 쌓고 또 노래하는 남녀들과 인생들이 기뻐하는 처첩들을 많이 두었노라' 133

9절] '내가 이같이 창성하여 나보다 먼저 예루살렘에 있던 모든 자들보다 더 창성하니 내 지혜도 내게 여전하도다' 136

10절] '무엇이든지 내 눈이 원하는 것을 내가 금하지 아니하며 무엇이든지 내 마음이 즐거워하는 것을 내가 막지 아니하였으니 이는 나의 모든 수고를 내 마음이 기뻐하였음이라 이것이 나의 모든 수고로 말미암아 얻은 것이로다' 137

11절] '그 후에 내가 생각해 본즉 내 손으로 한 모든 일과 내가 수고한 모든 것이 다 헛되어 바람을 잡는 것이며 해 아래에서 무익한 것이로다' 140

12절] '내가 돌이켜 지혜와 망령됨과 어리석음을 보았나니 왕 뒤에 오는 자는 무슨 일을 행할까 이미 행한 지 오래 전의 일일뿐이니라'.... 143

13절] '내가 보니 지혜가 우매보다 뛰어남이 빛이 어둠보다 뛰어남 같도다' 148

14절] 지혜자는 그의 눈이 그의 머리 속에 있고 우매자는 어둠 속에 다니지만 그들 모두가 당하는 일이 모두 같으리라는 것을 나도 깨달았도다' 150

15절] '내가 내 마음속으로 이르기를 우매자가 당한 것을 나도 당하리라 내게 지혜가 있었다 한들 내게 무슨 유익이 있으리요 하였도다 이에 내가 내 마음속으로 이르기를 이것도 헛되도다 하였도다' 156

16절] '지혜자도 우매자와 함께 영원하도록 기억함을 얻지 못하나니 후일에는 모두 다 잊어버린 지 오랠 것임이라 오호라 지혜자의 죽음이 우매자의 죽음과 일반이로다' 158

17절] '이러므로 내가 사는 것을 미워하였노니 이는 해 아래에서 하는 일이 내게 괴로움이요 모두 다 헛되어 바람을 잡으려는 것이기 때문이로다' 161

18절] '내가 해 아래에서 내가 한 모든 수고를 미워하였노니 이는 내 뒤를 이을 이에게 남겨 주게 됨이라' 165

19절] '그 사람이 지혜자일지, 우매자일지야 누가 알랴마는 내가 해 아래에서 내 지혜를 다하여 수고한 모든 결과를 그가 다 관리하리니 이것도 헛되도다' 167

20절] '이러므로 내가 해 아래에서 한 모든 수고에 대하여 내가 내 마음에 실망하였도다' 170

21절] '어떤 사람은 그 지혜와 지식과 재주를 다하여 수고하였어도 그가 얻은 것을 수고하지 아니한 자에게 그의 몫으로 넘겨주리니 이것도 헛된 것이며 큰 악이로다' 171

22절] '사람이 해 아래에서 행하는 모든 수고와 마음에 애쓰는 것이 무슨 소득이 있으랴' 174

23절] '일평생에 근심하며 수고하는 것이 슬픔뿐이라 그의 마음이 밤에도 쉬지 못하나니 이것도 헛되도다' 176

24절] '사람이 먹고 마시며 수고하는 것보다 그의 마음을 더 기쁘게 하는 것은 없나니 내가 이것도 본즉 하나님의 손에서 나오는 것이로다' 178

25절] '아, 먹고 즐기는 일을 누가 나보다 더 해 보았으랴' 183

26절] '하나님은 그가 기뻐하시는 자에게는 지혜와 지식과 희락을 주시나 죄인에게는 노고를 주시고 그가 모아 쌓게 하사 하나님을 기뻐하는 자에게 그가 주게 하시지만 이것도 헛되어 바람을 잡는 것이로다' 184

제 3장 세상의 때와 주의 때, 그리고 수고와 악, 죽음, 심판에 관하여 193

1-2절] '범사에 기한이 있고 천하 만사가 다 때가 있나니' 193

2절] '날 때가 있고 죽을 때가 있으며 심을 때가 있고 심은 것을 뽑을 때가 있으며' 196

3절] '죽일때가 있고 치료할 때가 있으며 헐 때가 있고 세울때가 있으며' 201

4절] '울 때가 있고 웃을 때가 있으며 슬퍼할 때가 있고 춤출 때가 있으며' 203

5절] '돌을 던져 버릴 때가 있고 돌을 거둘 때가 있으며 안을 때가 있고 안는 일을 멀리 할 때가 있으며' 205

6절] '찾을 때가 있고 잃을 때가 있으며 지킬 때가 있고 버릴 때가 있으며' 207

7절] '찢을 때가 있고 꿰맬 때가 있으며 잠잠할 때가 있고 말할 때가 있으며' 210

8절] '사랑할 때가 있고 미워할 때가 있으며 전쟁할 때가 있고 평화할 때가 있느니라' 214

9절] '일하는 자가 그의 수고로 말미암아 무슨 이익이 있으랴' 218

10절] '하나님이 인생들에게 노고를 주사 애쓰게 하신 것을 내가 보았노라' 219

11절] '하나님이 모든 것을 지으시되 때를 따라 아름답게 하셨고 또 사람들에게는 영원을 사모하는 마음을 주셨느니라 그러나 하나님이 하시는 일의 시종을 사람으로 측량할 수 없게 하셨도다' 222

12절] '사람들이 사는 동안에 기뻐하며 선을 행하는 것보다 더 나은 것이 없는 줄을 내가 알았고' 226

13절] '사람마다 먹고 마시는 것과 수고함으로 낙을 누리는 그것이 하나님의 선물인 줄도 또한 알았도다' 227

14절] '하나님께서 행하시는 모든 것은 영원히 있을 것이라 그 위에 더 할 수도 없고 그것에서 덜 할 수도 없나니 하나님이 이같이 행하심

은 사람들이 그의 앞에서 경외하게 하려 하심인 줄 내가 알았도다'
.... 229

15절] '이제 있는 것이 옛적에 있었고 장래에 있을 것도 옛적에 있었나니 하나님은 이미 지난 것을 다시 찾으시느니라' 233

16절] '또 내가 해 아래에서 보건대 재판 행하는 곳 거기에도 악이 있고 정의를 행하는 곳 거기에도 악이 있도다' 235

17절] '내가 내 마음속으로 이르기를 의인과 악인을 하나님이 심판하시리니 이는 모든 소망하는 일과 모든 행사에 때가 있음이라 하였으며'
.... 237

18절] '내가 내 마음속으로 이르기를 인생들의 일에 대하여 하나님이 그들을 시험하시니리 그들이 자기가 짐승과 다름이 없는 줄을 깨닫게 하려 하심이라 하였노라' 240

19절] '인생이 당하는 일을 짐승도 당하나니 그들이 당하는 일이 일반이라 다 동일한 호흡이 있어서 짐승이 죽음 같이 사람도 죽으니 사람이 짐승보다 뛰어남이 없음은 모든 것이 헛됨이로다' 243

20절] '다 흙으로 말미암았으므로 다 흙으로 돌아가나니 다 한 곳으로 가거니와' 245

21절] '인생들의 혼은 위로 올라가고 짐승의 혼은 아래 곧 땅으로 내려가는 줄을 누가 알랴' 247

22절] '그러므로 나는 사람이 자기 일에 즐거워하는 것보다 더 나은 것이 없음을 보았나니 이는 그것이 그의 몫이기 때문이라 아, 그의 뒤에 일어날 일이 무엇인지를 보게 하려고 그를 도로 데리고 올 자가 누구이랴' 249

제 4장 해 아래 - 위로자 없는 곳, 그곳에 왕께서 임하시다. 255

1절] '내가 다시 해 아래에서 행하는 모든 학대를 살펴보았도다 보라 학대 받는 자들의 눈물이로다 그들에게 위로자가 없도다 그들을 학대하는 자들의 손에는 권세가 있으나 그들에게는 위로자가 없도다' 255

2절] '그러므로 나는 아직 살아 있는 산 자들보다 죽은 지 오랜 죽은 자들을 더 복되다 하였으며' 258

3절] '이 둘보다도 아직 출생하지 아니하여 해 아래에서 행하는 악한 일을 보지 못한 자가 더 복되다 하였노라' 261

4절] '내가 또 본즉 사람이 모든 수고와 모든 재주로 말미암아 이웃에게 시기를 받으니 이것도 헛되어 바람을 잡는 것이로다' 265

5절] '우매자는 팔짱을 끼고 있으면서 자기의 몸만 축내는도다' 267

6절] '두 손에 가득하고 수고하며 바람을 잡는 것보다 한 손에만 가득하고 평온함이 더 나으니라' 269

7-8절] '내가 또 다시 해 아래에서 헛된 것을 보았도다 어떤 사람은 아들도 없고 형제도 없이 홀로 있으나 그의 모든 수고에는 끝이 없도다 또 비록 그의 눈은 부요를 족하게 여기지 아니하면서 이르기를 내가 누구를 위하여 이같이 수고하고 나를 위하여는 행복을 누리지 못하게 하는가 하여도 이것도 헛되어 불행한 노고로다' 271

9절] '두 사람이 한 사람보다 나음은 그들이 수고함으로 좋은 상을 얻을 것임이라' 275

10절] '혹시 그들이 넘어지면 하나가 그 동무를 붙들어 일으키려니와 홀로 있어 넘어지고 붙들어 일으킬 자가 없는 자에게는 화가 있으리라' 277

11절] '또 두 사람이 함께 누우면 따뜻하거니와 한 사람이면 어찌 따뜻하랴' 279

12절] '한 사람이면 패하겠거니와 두 사람이면 맞설 수 있나니 세 겹줄은 쉽게 끊어지지 아니하느니라' 281

13절] '가난하여도 지혜로운 젊은이가 늙고 둔하여 경고를 더 받을 줄 모르는 왕보다 나으니' 284

14절] '그는 자기의 나라에서 가난하게 태어났을지라도 감옥에서 나와 왕이 되었음이라' 287

15절] '내가 본즉 해 아래에서 다니는 인생들이 왕의 다음 자리에 있다가 왕을 대신하여 일어난 젊은이와 함께 있고' 290

16절] '그의 치리를 받는 모든 백성들이 무수하였을지라도 후에 오는 자들은 그를 기뻐하지 아니하리니 이것도 헛되어 바람을 잡는 것이로다' 291

제 5장 해 아래 - 불의의 만연, 재물 추구 속의 인생들과 주의 은혜로 인한 삶의 가치로움 295

1절] '너는 하나님의 집에 들어갈 때에 네 발을 삼갈지어다 가까이하여 말씀을 듣는 것이 우매한 자들이 제물 드리는 것보다 나으니 그들은 악을 행하면서도 깨닫지 못함이니라' 295

2절] '너는 하나님 앞에서 함부로 입을 열지 말며 급한 마음으로 말을 내지 마라 하나님은 하늘에 계시고 너는 땅에 있음이라 그런즉 마땅히 말을 적게 할 것이라' 298

3절] '걱정이 많으면 꿈이 생기고 말이 많으면 우매한 자의 소리가 나타나느니라' 301

4절] '네가 하나님께 서원하였거든 갚기를 더디게 하지 말라 하나님은 우매한 자들을 기뻐하지 아니하시나니 서원한 것을 갚으라' 304

5절] '서원하고 갚지 아니하는 것보다 서원하지 아니하는 것이 더 나으니' 307

6절] '네 입으로 네 육체가 범죄하게 하지 말라 사자(使者) 앞에서 내가 서원한 것이 실수라고 말하지 말라. 어찌 하나님께서 네 목소리로 말미암아 진노하사 네 손으로 한 것을 멸하시게 하랴' 313

7절] '꿈이 많으면 헛된 일들이 많아지고 말이 많아도 그러하니 오직 너는 하나님을 경외할지니라' 317

8절] '너는 어느 지방에서든지 빈민을 학대하는 것과 정의와 공의를 짓밟는 것을 볼지라도 그것을 이상히 여기지 말라 높은자는 더 높은자가 감찰하고 또 그들보다 더 높은자들도 있음이니라' 319

9절] '땅의 소산물은 모든 사람을 위하여 있나니 왕도 밭의 소산을 받느니라' 323

10절] '은을 사랑하는 자는 은으로 만족하지 못하고 풍요를 사랑하는 자는 소득으로 만족하지 아니하나니 이것도 헛되도다' 325

11절] '재산이 많아지면 먹는 자들도 많아지나니 그 소유주들은 눈으로 보는 것 외에 무엇이 유익하랴' 328

12절] '노동자는 먹는 것이 많든지 적든지 잠을 달게 자거니와 부자는 그 부요함 때문에 자지 못하느니라' 331

13절] '내가 해 아래에서 큰 폐단 되는 일이 있는 것을 보았나니 곧 소유주가 재물을 자기에게 해가 되도록 소유하는 것이라' 335

14절] '그 재물이 재난을 당할 때 없어지나니 비록 아들은 낳았으나 그 손에 아무 것도 없느니라' 339

15절] '그가 모태에서 벌거벗고 나왔은즉 그가 나온 대로 돌아가고수

고하여 얻은 것을 아무것도 자기 손에 가지고 가지 못하리니' 341

16절] '이것도 큰 불행이라 어떻게 왔든지 그대로 가리니 바람을 잡는 수고가 그에게 무엇이 유익하랴' 344

17절] '일평생을 어두운 데에서 먹으며 많은 근심과 질병과 분노가 그에게 있느니라' 346

18절] '사람이 하나님께서 그에게 주신 바 그 일평생에 먹고 마시며 해 아래에서 하는 모든 수고 중에서 낙을 보는 것이 선하고 아름다움을 내가 보았나니 그것이 그의 몫이로다' 348

19절] '또한 어떤 사람에게든지 하나님이 재물과 부요를 그에게 주사 능히 누리게 하시며 제 몫을 받아 수고함으로 즐거워하게 하신 것은 하나님의 선물이라' 351

20절] '그는 자기의 생명의 날을 깊이 생각하지 아니하리니 이는 하나님이 그의 마음에 기뻐하는 것으로 응답하심이니라' 355

제 6장 인생들의 마음을 무겁게 하는 것들, 영혼의 가치 발견하기
.... 359

1절] '사람이 해 아래에서 한 가지 불행한 일이 있는 것을 보았나니 이는 사람의 마음을 무겁게 하는 것이라' 359

2절] '어떤 사람은 그의 영혼이 바라는 모든 소원에 부족함이 없어 재물과 부요와 존귀를 하나님께 받았으나 하나님께서 그가 그것을 누리도록 허락하지 아니하였으므로 다른 사람이 누리나니 이것도 헛되어 악한 병이로다' 361

3절] '사람이 비록 백 명의 자녀를 낳고 또 장수하여 사는 날이 많을지라도 그의 영혼은 그러한 행복으로 만족하지 못하고 또 그가 안장

되지 못하면 나는 이르기를 낙태된 자가 그보다는 낫다 하나니' 365

4-5절] '낙태된 자는 헛되이 왔다가 어두운 중에 가매 그의 이름이 어둠에 덮이니/ 햇빛도 보지 못하고 또 그것을 알지도 못하나 이가 그보다 더 평안함이라 368

6절] '그가 비록 천 년의 갑절을 산다 할지라도 행복을 보지 못하면 마침내 다 한 곳으로 돌아가는 것뿐이 아니냐' 370

7절] '사람의 수고는 다 자기의 입을 위함이나 그 식욕은 채울 수 없느니라' 372

8절] '지혜자가 우매자보다 나은 것이 무엇이냐 살아 있는자들 앞에서 행할 줄을 아는 가난한 자에게는 무슨 유익이 있는가' 373

9절] '눈으로 보는 것이 마음으로 공상하는 것보다 나으나 이것도 헛되어 바람을 잡는 것이로다' 377

10절] '이미 있는 것은 무엇이든지 오래 전부터 그의 이름이 이미 불린 바 되었으며 사람이 무엇인지도 이미 안 바 되었나니 자기보다 강한 자와는 능히 다툴 수 없느니라' 380

11절] '헛된 것을 더하게 하는 많은 일들이 있나니 그것들이 사람에게 무슨 유익이 있으랴' 384

12절] '헛된 생명의 모든 날을 그림자 같이 보내는 일평생에 사람에게 무엇이 낙인지를 누가 알며 그 후에 해 아래에서 무슨 일이 있을 것을 누가 능히 그에게 고하리요' 386

제 7장 지혜자가 들려주는 해 아래 삶의 의미와 가치의 발견 .. 391

1절] '좋은 이름이 좋은 기름보다 낫고 죽는 날이 출생하는 날보다 나으며' 391

2절] '초상집에 가는 것이 잔칫집에 가는 것보다 나으니 모든   사람의 끝이 이와 같이 됨이라 산 자는 이것을 그의 마음에 둘지어다' 395

3절] '슬픔이 웃음보다 나음은 얼굴에 근심하는 것이 마음에 유익하기 때문이니라' 398

4절] '지혜자의 마음은 초상집에 있으되 우매한 자의 마음은 혼인집에 있느니라' 400

5절] '지혜로운 사람의 책망을 듣는 것이 우매한 자들의 노래를 듣는 것보다 나으니라' 403

6절] '우매한 자들의 웃음소리는 솥 밑에서 가시나무가 타는 소리 같으니 이것도 헛되니라' 406

7절] '탐욕이 지혜자를 우매하게 하고 뇌물이 사람의 명철 (혹은 마음)을 망하게 하느니라' 407

8절] '일의 끝이 시작보다 낫고 참는 마음이 교만한 마음보다 나으니' 410

9절] '급한 마음으로 노를 발하지 말라 노는 우매한 자들의 품에 머무름이니라' 413

10절] '옛날이 오늘보다 나은 것이 어찜이냐 하지 말라 이렇게 묻는 것은 지혜가 아니니라' 416

11절] '지혜는 유산 같이 아름답고 햇빛을 보는 자에게 유익이 되도다' 418

12절] '지혜의 그늘 아래에 있음은 돈의 그늘 아래에 있음과 같으나, 지혜에 관한 지식이 더 유익함은 지혜가 그 지혜 있는 자를 살리기 때문이니라' 420

13절] '하나님께서 행하시는 일을 보라 하나님께서 굽게 하신 것을 누가 능히 곧게 하겠느냐' 424

14절] '형통한 날에는 기뻐하고 곤고한 날에는 되돌아 보아라 이 두 가지를 하나님이 병행하게 하사 사람이 그의 장래 일을 능히 헤아려 알지 못하게 하셨느니라' 427

15절] '내 허무한 날을 사는 동안 내가 그 모든 일을 살펴보았더니 자기의 의로움에도 불구하고 멸망하는 의인이 있고 자기의 악행에도 불구하고 장수하는 악인이 있으니' 429

16절] '지나치게 의인이 되지도 말며 지나치게 지혜자도 되지 말라 어찌하여 스스로 패망하게 하겠느냐' 432

17절] '지나치게 악인이 되지도 말며 지나치게 우매한 자도 되지 말라 어찌하여 기한 전에 죽으려고 하느냐' 434

18절] '너는 이것도 잡으며 저것에서도 네 손을 놓지 아니하는 것이 좋으니 하나님을 경외하는 자는 이 모든 일에서 벗어날 것임이니라' 436

19절] '지혜가 지혜자를 성읍 가운데에 있는 열 명의 권력자들보다 더 능력이 있게 하느니라' 439

20] '선을 행하고 전혀 죄를 범하지 아니하는 의인은 세상에 없기 때문이로다' 442

21-22절] '또한 사람들이 하는 모든 말에 네 마음을 두지 말라 그리하면 네 종이 너를 저주하는 것을 듣지 아니하리라/ 너도 가끔 사람을 저주하였다는 것을 네 마음도 알고 있느니라' 444

23절] '내가 이 모든 것을 지혜로 시험하며 스스로 이르기를 내가 지혜자가 되리라 하였으나 지혜가 나를 멀리 하였도다' 447

24절] '이미 있는 것은 멀고 또 깊고 깊도다 누가 능히 통달하랴' ... *450*

25절] '내가 돌이켜 전심으로 지혜와 명철을 살피고 연구하여 악한 것이 얼마나 어리석은 것이요 어리석은 것이 얼마나 미친 것인 줄을 알고자 하였더니' ... *452*

26절] '마음은 올무와 그물 같고 손은 포승 같은 여인은 사망보다 더 쓰다는 사실을 내가 알아내었도다 그러므로 하나님을 기쁘게 하는 자는 그 여인을 피하려니와 죄인은 그 여인에게 붙잡히리로다' ... *454*

27절] '전도자가 이르되 보라 내가 낱낱이 살펴 그 이치를 연구하여 이것을 깨달았노라' ... *459*

28절] '내 마음이 계속 찾아 보았으나 아직도 찾지 못한 것이 이것이라 천 사람 가운데서 한 사람을 내가 찾았으나 이 모든 사람들 중에서 여자는 한 사람도 찾지 못하였느니라' ... *461*

29절] '내가 깨달은 것은 오직 이것이라 곧 하나님은 사람을 정직 하게 지으셨으나 사람이 많은 꾀를 낸 것이니라' ... *463*

제 8장 하나님 명령의 순종 여부가 악인과 의인의 차이 ... 467

1절] '누가 지혜자와 같으며 누가 사물의 이치를 아는 자이냐 사람의 지혜는 그의 얼굴에 광채가 나게 하나니 그의 얼굴의 사나운 것이 변하느니라' ... *467*

2절] '내가 권하노라 왕의 명령을 지키라 이미 하나님을 가리켜 맹세 하였음이니라' ... *470*

3절] '왕 앞에서 물러가기를 급하게 하지 말며 악한 것을 일삼지 말라 왕은 자기가 하고자 하는 것을 다 행함이니라' ... *474*

4절] '왕의 말은 권능이 있나니 누가 그에게 이르기를 왕께서 무엇을

하시나이까 할 수 있으랴' 477

5절] '명령을 지키는 자는 불행을 알지 못하리라 지혜자의 마음은 때
와 판단을 분변하나니 478

6절] '무슨 일에든지 때와 판단이 있으므로 사람에게 임하는 화가 심
함이니라' 481

7절] '사람이 장래 일을 알지 못하나니 장래 일을 가르칠 자가 누구
냐' 482

8절] '바람을 주장하여 바람을 움직이게 할 사람도 없고 죽는 날을 주
장할 사람도 없으며 전쟁할 때를 모면할 사람도 없으니 악이 그의 주민
들을 건져낼 수는 없느니라' 485

9절] '내가 이 모든 것들을 보고 해 아래에서 행하는 모든 일을 마
음에 두고 살핀즉 사람이 사람을 주장하여 해롭게 하는 때가 있도다'
.... 488

10절] '그런 후에 내가 본즉 악인들은 장사 지낸 바 되어 거룩한 곳
을 떠나 그들이 그렇게 행한 성읍 안에서 잊어버린 바 되었으니 이것
도 헛되도다' 490

11절] '악한 일에 관한 징벌이 속히 실행되지 아니하므로 인생들이
악을 행하는 데에 마음이 담대하도다' 494

12절] '죄인은 백 번이나 악을 행하고도 장수하거니와 또한 내가 아
노니 하나님을 경외하여 그를 경외하는 자들은 잘 될 것이요' 497

13절] '악인은 잘 되지 못하며 장수하지 못하고 그 날이 그림자와 같
으리니 이는 하나님을 경외하지 아니함이라' 499

14절] '세상에서 행해지는 헛된 일이 있나니 곧 악인들의 행위에 따

라 벌을 받는 의인들도 있고 의인들의 행위에 따라 상을 받는 악인들도 있다는 것이라 내가 이르노니 이것도 헛되도다' 501

15절] '이에 내가 희락을 찬양하노니 이는 사람이 먹고 마시고 즐거워하는 것보다 더 나은 것이 해 아래에는 없음이라 하나님이 사람을 해 아래에서 살게 하신 날 동안 수고하는 일중에 그러한 일이 그와 함께 있을 것이니라' 504

16절] '내가 마음을 다하여 지혜를 알고자 하며 세상에서 행해지는 일을 보았는데 밤낮으로 자지 못하는자도 있도다' 507

17절] '또 내가 하나님의 모든 행사를 살펴보니 해 아래에서 행해지는 일을 사람이 능히 알아낼 수 없도다 사람이 아무리 애써 알아보려고 할지라도 능히 알지 못하나니 비록 지혜자가 아노라 할지라도 능히 알아내지 못하리로다' 510

제 9장 죽음 앞의 인생들이 만난 현실에 대한 자각 그에 따른 지혜자의 권고 513

1절] '이 모든 것을 내가 마음에 두고 이 모든 것을 살펴본즉 의인들이나 지혜자들이나 그들이 행위나 모두 다 하나님의 손 안에 있으니 사랑을 받을는지 미움을 받을는지 사람이 알지 못하는 것은 모두 그들의 미래의 일들임이니라' 513

2절] '모든 사람에게 임하는 그 모든 것이 일반이라 의인과 악인, 선한 자와 깨끗한 자와 깨끗하지 아니한 자, 제사를 드리는 자와 제사를 드리지 아니하는 자에게 일어나는 일들이 모두 일반이니 선인과 죄인, 맹세하는 자와 맹세하기를 무서워하는 자가 일반이로다' 516

3절] '모든 사람의 결국은 일반이라 이것은 해 아래에서 행해지는 모든 일 중의 악한 것이니 곧 인생의 마음에는 악이 가득하여 그들이 평생에 미친 마음을 품고 있다가 후에는 죽은 자들에게로 돌아가는 것이라' 519

4절] '모든 산 자들 중에 들어 있는 자에게는 누구나 소망이 있음은 산 개가 죽은 사자보다 낫기 때문이니라' 522

5-6절] '산 자들은 죽을 줄을 알되 죽은 자들은 아무것도 모르며 그들이 다시는 상을 받지 못하는 것은 그들의 이름이 잊어버린 바 됨이니라 / 그들의 사랑과 미움과 시기도 없어진 지 오래이니 해 아래에서 행하는 모든 일 중에서 그들에게 돌아갈 몫은 영원히 없느니라' 525

7절] '너는 가서 기쁨으로 네 음식물을 먹고 즐거운 마음으로 네 포도주를 마실지어다 이는 하나님이 네가 하는 일들을 벌써 기쁘게 받으셨음이니라' 526

8절] '네 의복을 항상 희게 하며 네 머리에 향 기름을 그치지 아니하도록 할지니라' 529

9절] '네 헛된 평생의 모든 날 곧 하나님이 해 아래에서 네게 주신 모든 헛된 날에 네가 사랑하는 아내와 함께 즐겁게 살지어다 그것이 네가 평생에 해 아래에서 수고하고 얻은 네 몫이니라' 530

10절] '네 손이 일을 얻는 대로 힘을 다하여 할지어다 네가 장차 들어갈 스올에는 일도 없고 계획도 없고 지식도 없고 지혜도 없음이니라' 533

11절] '내가 다시 해 아래에서 보니 빠른 경주자들이라고 선착하는 것이 아니며 용사들이라고 전쟁에 승리하는 것이 아니며 지혜자들이라고 음식물을 얻는 것도 아니며 명철자들이라고 재물을 얻는 것도 아니며 지식인들이라고 은총을 입는 것이 아니니 이는 시기와 기회는 그들 모두에게 임함이니라' 535

12절] '분명히 사람은 자기의 시기도 알지 못하나니 물고기들이 재난의 그물에 걸리고 새들이 올무에 걸림 같이 인생들도 재앙의 날이 그들에게 홀연히 임하면 거기에 걸리느니라' *539*

13-16절] '내가 또 해 아래에서 지혜를 보고 내가 크게 여긴 것이 이러하니 곧 작고 인구가 많지 아니한 어떤 성읍에 큰 왕이 와서 그것을 에워싸고 큰 흉벽을 쌓고 치고자 할 때에/ 그 성읍 가운데에 가난한 지혜자가 있어서 그의 지혜로 그 성읍을 건진 그것이라 그러나 그 가난한 자를 기억하는 사람이 없도다/ 그러므로 내가 이르기를 지혜가 힘보다 나으나 가난한 자의 지혜가 멸시를 받고 그의 말들을 사람들이 듣지 아니한다 하였노라' *542*

17절] '조용히 들리는 지혜자들의 말들이 우매한 자들을 다스리는 자의 호령보다 나으니라' *547*

18절] '지혜가 무기보다 나으니라 그러나 죄인 한 사람이 많은 선을 무너지게 하느니라' *548*

제 10장 지혜자와 우매자, 영원 앞에 선 부류 **553**

1절, '죽은 파리들이 향기름을 악취가 나게 만드는 것 같이 적은 우매가 지혜와 존귀를 난처하게 만드느니라' *553*

2절] '지혜자의 마음은 오른쪽에 있고 우매자의 마음은 왼쪽에 있느니라' *556*

3절] '우매한 자는 길을 갈 때에도 지혜가 부족하여 각 사람에게 자기가 우매함을 말하느니라' *558*

4절] '주권자가 네게 분을 일으키거든 너는 네 자리를 떠나지 말라 공손함이 큰 허물을 용서 받게 하느니라' *559*

5절] '내가 해 아래에서 한 가지 재난을 보았노니 곧 주권자에게서 나오는 허물이라' 562

6절] '우매한 자가 크게 높은 지위들을 얻고 부자들이 낮은 지위에 앉는 도다' 564

7절] '또 내가 보았노라 종들은 말을 타고 고관들은 종들처럼 땅에 걸어다니는 도다' 566

8절] '함정을 파는 자는 거기에 빠질 것이요 담을 허는 자는 뱀에게 물리리라' 567

9절] '돌을 떠내는 자는 그로 말미암아 상할 것이요 나무들을 쪼개는 자는 그로 말미암아 위험을 당하리라' 569

10절] '철 연장이 무디어졌는데도 날을 갈지 아니하면 힘이 더 드느니라 오직 지혜는 성공하기에 유익하니라' 571

11절] '주술을 베풀기 전에 뱀에게 물렸으면 술객은 소용없느니라'. 574

12-13절] '지혜자의 입의 말들은 은혜로우나 우매자의 입술들은 자기를 삼키나니/ 그의 입의 말들의 시작은 우매요 그의 입의 결말들은 심히 미친 것이니라' 575

14절] '우매한 자는 말을 많이 하거니와 사람은 장래 일을 알지 못하나니 나중에 일어날 일을 누가 그에게 알리요' 577

15절] '우매한 자들의 수고는 자신을 피곤하게 할 뿐이라 그들은 성읍에 들어갈 줄도 알지 못함이니라' 579

16절] '왕은 어리고 대신들은 아침부터 잔치하는 나라여 네게 화가 있도다' 580

17절] '왕은 귀족들의 아들이요 대신들은 취하지 아니하고 기력을 보

하려고 정한 때에 먹는 나라여 네게 복이 있도다' *583*

18절] '게으른즉 서까래가 내려앉고 손을 놓은즉 집이 새느니라' *584*

19절] '잔치는 희락을 위하여 베푸는 것이요 포도주는 생명을 기쁘게 하는 것이나 돈은 범사에 이용되느니라' *586*

20절] '심중에라도 왕을 저주하지 말며 침실에서라도 부자를 저주하지 말라 공중의 새가 그 소리를 전하고 날짐승이 그 일을 전파할 것임이니라' *589*

제 11장 종말을 살아가는 인생들에게 전하는 심판의 경고 595

1절] '너는 네 떡을 물 위에 던져라 여러 날 후에 도로 찾으리라' ... *595*

2절] '일곱에게나 여덟에게 나눠 줄지어다 무슨 재앙이 땅에 임할는지 네가 알지 못함이니라' *597*

3절] '구름에 비가 가득하면 땅에 쏟아지며 나무가 남으로나 북으로나 쓰러지면 그 쓰러진 곳에 그냥 있으리라' *599*

4절] '풍세를 살펴보는 자는 파종하지 못할 것이요 구름만 바라보는 자는 거두지 못하리라' *602*

5절] '바람의 길이 어떠함과 아이 밴 자의 태에서 뼈가 어떻게 자라는지를 네가 알지 못함 같이 만사를 성취하시는 하나님의 일을 네가 알지 못하느니라' *604*

6절] '너는 아침에 씨를 뿌리고 저녁에도 손을 놓지 말라 이것이 잘 될는지, 저것이 잘 될른지, 혹은 둘이 다 잘 될는지 알지 못함이니라' *607*

7절] '빛은 실로 아름다운 것이라 눈으로 해를 보는 것이 즐거운 일이로다' *610*

8절] '사람이 여러 해를 살면 항상 즐거워할지로다 그러나 캄캄한 날들이 많으리니 그 날들을 생각할지로다 다가올 일은 다 헛되도다'.... 612

9절] '청년이여 네 어린 때를 즐거워하며 네 청년의 날들을 마음에 기뻐하여 마음에 원하는 길들과 네 눈이 보는 대로 행하라 그러나 하나님이 이 모든 일로 말미암아 너를 심판하실 줄 알라' 614

10절] '그런즉 근심이 네 마음에서 떠나게 하며 악이 네 몸에서 물러가게 하라 어릴 때와 검은 머리의 시절이 다 헛되니라' 616

제 12장 창조주를 기억하라. 주의 강림과 공의로운 심판의 날이 이르기 전에 621

1-2절] '너는 청년의 때에 너의 창조주를 기억하라 곧 곤고한 날이 이르기 전에, 나는 아무 낙이 없다고 할 해들이 가깝기 전에/ 해와 빛과 달과 별들이 어둡기 전에, 비 뒤에 구름이 다시 일어나기 전에 그리하라' 621

3절] '그런 날에는 집을 지키는 자들이 떨 것이며 힘 있는 자들이 구부러질 것이며 맷돌질 하는 자들이 적으므로 그칠 것이며 창들로 내다보는 자가 어두워질 것이며' 625

4절] '길거리 문들이 닫혀질 것이며 맷돌 소리가 적어질 것이며 새의 소리로 말미암아 일어날 것이며 음악하는 여자들은 다 쇠하여 질 것이며' 628

5절] '또한 그런 자들은 높은 곳을 두려워할 것이며 길에서는 놀랄 것이며 살구나무가 꽃이 필 것이며 메뚜기도 짐이 될 것이며 정욕이 그치리니 이는 사람이 자기의 영원한 집으로 돌아가고 조문객들이 거리로 왕래하게 됨이라' 630

6절] '은줄이 풀리고 금 그릇이 깨지고 항아리가 샘 곁에서 깨지고 바퀴가 우물 위에서 깨지고' 635

7절] '흙은 여전히 땅으로 돌아가고 영은 그것을 주신 하나님께로 돌아가기 전에 기억하라' 638

8절] '전도자가 이르되 헛되고 헛되도다 모든 것이 헛되도다' 641

9절] '전도자는 지혜자이어서 여전히 백성에게 지식을 가르쳤고 또 깊이 생각하고 연구하여 잠언을 많이 지었으며' 642

10절] '전도자는 힘써 아름다운 말들을 구하였나니 진리의 말씀들을 정직하게 기록하였느니라' 646

11절] '지혜자의 말씀들은 찌르는 채찍들 같고 회중의 스승들의 말씀들은 잘 박힌 못 같으니 다 한 목자가 주신 바이니라' 648

12절] '내 아들아 또 이것들로부터 경계를 받으라 많은 책들을 짓는 것은 끝이 없고 많이 공부하는 것은 몸을 피곤하게 하느니라' 652

13절] '일의 결국을 다 들었으니 하나님을 경외하고 그의 명령들을 지킬지어다 이것이 모든 사람의 본분이니라' 655

14절] '하나님은 모든 행위와 모든 은밀한 일을 선악 간에 심판하시리라' 658

마치며… 661

1. 이 전도서는 누구를 위한 책인가? 661
2. 이 전도서는 무엇을 말하고자 하는가? 662
3. 전도서의 말씀은 예수 그리스도에 관한 예언서다. 663

[들어가기]

가. 서문

시편 58편을 이루신 예수그리스도
우리의 주 우리의 하나님을 찬양합니다

예수님께서 승천하시면서 남기신 말씀을 되짚어 본다. "때와 시기는 아버지께서 자기의 권한에 두셨으니 너희가 알 바 아니요 오직 성령이 너희에게 임하시면 너희가 권능을 받고 예루살렘과 온 유대와 사마리아와 땅 끝까지 이르러 내 증인이 되리라(행 1:7-8)"고 하셨다. 승천ascension하신지 어언 이천년이 넘었으니 이제 주님께서 언급하신 때와 시기가 무르익었음을 느낀다. 하지만 이 시점에서 우리가 간과해서는 안 될 부분이 있다. 예수님께서 '때와 시기는 … 너희가 알 바 아니요'라고 말씀하셨음에도 불구하고 예수님 당시는 물론이거니와 현대 교회에서조차 때와 시기에 집착하려는 경향이 여전하다는 것이다. 종말론들이나 극단적 세대주의, 혹은 수많은 이단들과 유대교에서 조차 '때와 시기'에 매달려 많은 성경적 오류들을 양산하고, 성경의 본질을 흐리게 하고 있다는 것이다.

예수님이 '때와 시기는… 너희가 알 바 아니요'라고 하신 말씀이 의미하는 바, 그것은 속된 말로 그것에 관해서는 신경을 끄라는 경고의 말씀이었던 것이다. 그러므로 정작 우리에게 보다 더 중요한 것, 청종(聽從)해야 할 그것은 이어지는 그 다음의 말씀이다. 그것이 무엇인가?

예수님께서 우리에게 말씀하신 것이 두 가지가 있다. 그 하나는 '증인이 되라는 것'이다. '증인'은 사도라 호칭된 열 두 제자를 포함한 여러 제자들, 그리고 현재의 그리스도인들을 다 포함해 말씀하신 것이고, 또 그들로 하여금 복음을 전파하라고 명령하신 것이다. 그리고 다른 한 가지가 바로 '성령님'에 관한 말씀이었다. 요한복음 14장 26절에, "보혜사 곧 아버지께서 내 이름으로 보내신 성령 그가 너희에게 모든 것을 가르치시고 내가 너희에게 말한 모든 것을 생각나게 하시리라"고 했다. 이처럼 성령님은 우리들로 하여금 당신의 말씀을 깨닫도록 도우신다. 또 성령님은 성경의 원저자로서, 선지자와 예수님의 제자들의 손을 빌어 기록한 성경을 통해 전체적인 계시를 완성하셨다. 어디 그 뿐인가? 그분은 지금도 성도들 각자의 마음 안에 계셔서 그 미세(微細)사역을 담당하고 계신다.

그런데 여기서 또한 우리가 주의할 것은 성경이 진리의 말씀이지 진리 그 자체가 아니라는 점이다. 여기에 성도들의 오해가 깊다. 곧 "예수께서 이르시되 내가 곧 길이요 진리요 생명이니…(요 14:6)"라고 하신 말씀 그대로 진리는 오직 영원한 생명을 가지신 분, 바로 예수님 자신이신 것이지 성경 그 자체는 아니라는 말이다. 혹자는 성경이 곧 진리라는 그릇된 개념에 함몰되어 성경상의 여러 상이점들을 발견하곤 곧 잘 실망하기도 하며, 또 수많은 사본들의 차이점을 중심으로 섭렵하다가 결국엔 그 차이점들을 극복하지 못해 신앙의 길에서 멀어지기도 하는 것이다. 특별히 성경 연구가들의 경우에 그런 경향이 강하다. 그것은 진리에 대한 깊은 오해에서 비롯된 안타까운 현상 탓이다.

　그렇다면 우리는 성경을 어떻게 살펴보아야 할까? 먼저 성경을 대함에 있어 성경의 기록자들[1] 각자가 가진 스스로의 개성, 교육받은 환경과 배경, 시대적 상황과 당시의 문화 등에 따라 성경저자들의 기술 방법과 태도가 달라질 수 있었다는 점을 인정해야만 한다. 이 점은 참으로 중요하다! 이처럼 우리가 같은 성령님께서 성경의 원저자 자신에 맞추어 말씀이 기록되도록 인간저자를 인도하셨음을 흔쾌히 인정한다면, 신구약의 여러 구절에서 나타난 다소 간의 차이들이 상호보완적 기능을 하고 있다는 점에 대해 어렵지 않게 수긍할 수 있을 것이다. 또한 성경이 성령님의 감동으로 기록되었다는 점을 확신한다면, 성경이 각종 오류나 착오로부터 본질적으로 자유하며, 그 메시지 하나하나가 진정성을 내포하고 있음도 발견하게 될 것이다.

　성경이 성령님의 감동, 혹은 신적 영감으로 기록되었다는 것이 무엇을 의미하는가? 이는 하나님 자신이 성경이 진리의 말씀임을 증거하고 계시다는 것을 반증하는 것이다. 다만 기록된 성경들이 사본화 된 것, 곧 오랜 세월 동안 수많은 필사자들, 또는 번역자들의 손을 거치는 동안에 나타난 변화로 인해 문자적, 혹은 내용상의 차이가 발생되고 있다. 그러나 그 말씀들의 본래적인 측면을 탐구하여 연관성을 찾아냄으로써 얼마든지 그 차이는 극복할 수 있는 것이다. 우리가 알거니와 성경은 내용뿐만 아니라 존재 자체

---

[1] 성경의 주인은 이스라엘도 이방도 성경 자체도 아닌 그 메시지의 근원이신 하나님이므로 성경의 통합적 저자는 주님이시며 그것을 계시와 역사와 예언과 히브리 언어 문학의 형태로 시대별의 기자들이 있는 것이지만, 우리는 흔히 그들을 저자라고 부르는 오류에 빠져 있다.

가 기적이고 하나님의 역사다. 그러므로 진정 우리가 하나님을 전능자, 전지자로 인정하고 바라볼 수 있는 눈(眼)이 있다면 성경이 말하는 본질적·내재적 의미의 권위가 과학과 논리 위에 있고, 하나님의 완전성에 얼마든지 기댈 수 있다는 것을 어렵지 않게 발견할 수 있을 것이다. 그러한 분들에게는 그야말로 성경이 무한대의 가치를 가진 보화, 곧 영원한 생명안으로 걸어 들어갈 수 있는 둘도 없는 안내서가 되는 것이다.

  일찍이 사도 바울은 진리의 말씀인 성경에 대해 말하기를, "…성경(구약)은 능히 너로 하여금 그리스도 예수 안에 있는 믿음으로 말미암아 구원에 이르는 지혜가 있게 하느니라(딤후3:15)"고 했다. 이처럼 구원에 이르는 지혜가 있게 하는 것이 성경인 바, 이 성경을 바르게 읽고 해석하는 것은 모든 그리스도인들에게 주어진 필수불가결한 선결 과제가 아닐 수 없다.
그런데 많은 사람들이 성경을 읽으면서도, 복음을 수용하지 못하고 마치 성경을 가졌으되 버림받은 유대인들의 처지로 전락하는 경향이 있어 심히 안타까운 바가 있다. "일렀으되 이 백성에게 가서 말하기를 너희가 듣기는 들어도 도무지 깨닫지 못하며 보기는 보아도 도무지 알지 못하는 도다(행28:26)"와 같은 상황에 놓여 있다는 것이다. 왜 그러한가? 도대체 그 까닭이 무엇일까? 그 이유는 성경이 항상 숨은 비의(秘義)를 내포하고 있음에도 불구하고 성경을 읽는 사람들이 성경의 속뜻, 곧 신앙적 '참된 의미'에 대해 숙고하지 않은 채 읽고 있기 때문이다. 만일 어떤 사람이 성경을 깊이 숙독한다 할지라도 성경의 일차적, 외피적, 외견상의 의미만을 파악하고 지나간다면 그 사람은 성경이 지향하는 바, 그 참뜻을 헤아리지 못한 것이다. 설사 늘 성경을 궁구(窮究)하는 성경학자들이라고 할지라도 성경의 내용 안에서 합목적적(合目的的)

인 의미를 파악하지 못한다면 성경이 사상이나 학문의 영역에 속할 뿐, 그 이상의 진의(眞意)를 파악하지 못하게 된다는 것이다.

우리가 성경을 상고할 때, 성경에서 인간적 사고와 전해진 역사와는 서로 이율배반적 성향을 띨 때가 종종 있음을 발견하게 된다. 그것은 하나님 중심에서 바라볼 때와 인간중심적 시선으로 볼 때가 충돌하는 경우가 종종 있기 때문이다. 이처럼 하나님의 생각은 인간의 생각과 항상 일치하지는 않는 것이 분명하다. "하나님의 어리석음이 사람보다 지혜로우시니(고전1:25)"라고 하지 않았는가? 그러한 때 우리가 누구 편에 서야 할지는 자명(自明)하다. 신본주의 곧 하나님 편에 설 때, 우리가 다가가야 할 성경의 참 가치가 어떠한가?

성경은, 특히 구약(하나님의 가르침 תורת יהוה)은 무엇을 말하고자 하는가? 우리에게 성경(구약תנך)과 관련해 말씀하신 예수님의 증언은 참으로 특별하다. 먼저 예수님의 말씀을 들어보자. 토라 תורה(광의적으로는 구약 전체, 협의적으로는 모세 오경Pentateuch) 즉, 사실상의 율법서에 매달려 예수님을 거부한 유대인들에게 예수님은 이렇게 말씀하셨다. "너희가 성경에서 영생을 얻는 줄 생각하고 성경을 연구하거니와 이 성경이 곧 내게 대하여 증언하는 것(The Scriptures that testify about me)이니라(요5:39)"고 하신 것이다. 환언하면, 성경은 예수님에 대한 증언, 증거가 되어야만 성경으로서의 가치실현이 가능해진다는 것이다. 모든 성경이 하나님의 감동으로 기록된 것이고, 이 성경이 예수 그리스도에 대해 말씀하신 것이라면 성경을 읽을 때마다 그 말씀 가운데서 예수님을 발견해야만 하는 것은 필수고 필연이라고 할 수 있을 것이다. 모세오경 안에서, 시편에서, 잠언에서, 아가서에서, 욥기에서, 아니 구약성경

전체에서 예수님에 관한 말씀을, 또 증언과 증거를 비유건, 직유건, 은유건, 상징이건, 형식적이건 간에, 어떤 방식으로라도 찾아내야만 한다는 것이다. 만약에 그러하지 못하다면, "이르시되 하나님 나라의 비밀을 너희에게는 주었으나 외인에게는 모든 것을 비유로 하나니. 이는 그들로 보기는 보아도 알지 못하며 듣기는 들어도 깨닫지 못하게 하여…(막4:11-12)"라고 하신 것처럼 성경의 속뜻을 알지 못하는 '외인(外人)'처럼 되고 마는 것이다. 물론 여기서 외인이라 함은 하나님의 나라와 상관없게 되는 사람을 가리킨다.

따라서 본 강해서는 이러한 이유, 곧 하나님 나라의 비밀인 예수 그리스도를 성경 안에서 찾아보자는 취지의 일환으로 저술된 것이다. 시리즈물로서 이 활동이 계속될 예정이거니와 성경은 참으로 정교하게 구성된, 올바른 하나님의 말씀이다. 만약 그 안에서 예수 그리스도를 찾아내지 못한다면 그것은 탐구자의 노력부족, 혹은 무관심 탓이거나, 필사 오류 또는 성경에 대한 이해가 부족한 탓이리라. 놀랍게도 성경 연구의 대가인 유대 성경학자들의 사고의식의 저변엔 무엇을 보건, 어떤 행위를 하건, 하나님이 존재해야 한다는 당위성이 존재하고 있었다. 그렇다면 그리스도인인 우리들은 무엇을 보건, 어떤 행위를 하건, 특별히 성경을 읽을 때엔 성경 안에서 하나님이신 예수 그리스도가 보여야만 하지 않을까?

이 글의 독자들 모두가 그와같은 시선과 시각으로 성경을 읽게 된다면, 그리하여 예수 그리스도와 관련지어 보게 된다면, 필자의 경험처럼 놀랍게도 성경이 새롭게 보이고, 그 말씀들이 달고 오묘한 말씀으로 바뀌는 코페르니쿠스적 전회(轉回)의 놀라움을 경험하게 될 것이다. 이제 본서인 전도서에 관해 생각해 보자.

놀라운 설교가였으며 또한 뛰어난 성경주석가였던 '매튜 헨리'는 전도서에 대해 긍정적인 시각을 갖고 있었음에도 불구하고 말하길, '타락한 마음의 소유자들이 읽으면 왜곡하여 저들 자신의 멸망을 초래케 할 부분도 더러 있을 정도로 이 책에는 이해하기 어렵고 모호한 것이 참으로 많다'고 했다. 성경주석가 'R. B. Y. SCOTT'는 그의 책 'THE ANCHOR BIBLE(1965)'에서 전도서에 대해 말하기를 '전도서는 성경에서 가장 이상한 책이다. 이 책이 왜 성경이 되었는지 설명하기가 힘들다.' [2] 라고 했다. 주석가 'Hartmann'은 심지어 이 전도서를 가리켜, '매 구절마다 거의가 지극히 모순된 내용을 포함하고 있다'라고까지 혹평해 말하고 있다. 안타깝게도 이런 형편이라면 평생 동안 성경을 연구했다는 이런 성경학자들도 신앙적 측면에선 '외인(外人)'이 아닐 수 없다. 성경이 예수님에 대해 증언한 책이라고 예수님 자신이 친히 증언했는데도 이 책에서 예수님을 발견할 수 없다면 전도서가 성경이 아니거나 예수님의 말씀에 오류나 어폐(語弊)가 있게 되는 것이다. 알다시피 이런 것은 있을 수 없는, 도무지 있어서도 안 되는 상황이다! 그러므로 본 강해서는 이 전도서의 해석에 있어 일반적인 해석과 상당히 그 해석의 궤를 아주 달리하게 될 것이다. 왜냐하면, 이 전도서의 말씀 안에서 예수님을 찾아내는 과업을 수행하려고 하기 때문이다. 성경엔 언제나 해석의 열쇠가 있으니, 바로 예수 그리스도가 된다. 즉, 성령의 감동으로 기록된 성경을 하나님

---

[2] "Ecclesiastes is the strangest book in the Bible, or at any rate the book whose presence in the sacred cannons of Judaism and of Christianity is most inexplicable."- R. B. Y. SCOTT 전도서 주석 서문에서

의 말씀인 성경답게 그 참 의미를 찾아 올바르게 해석하고자 하는 행위, 그것은 바로 성경 안에서 예수님을 발견하고자 하는 절실하고도 참으로 중요한 탐구 중의 탐구가 되기 때문이다.

나. 저자와 기록시기

대다수의 성경학자들과 전승(傳承)이 이 책의 저자가 솔로몬일 것이라고 말하는데 동의한다. 그들은 그에 대한 근거를 1장 1절의 '다윗의 아들 예루살렘 왕 전도자의 말씀이라'는 데서 찾는다. 표제에 해당하는 이 말씀 안에서 저자의 성격과 저술의 기저(基底)가 드러난다고 보는 견해가 유력하고, 또한 다윗 왕의 계승자로서 예루살렘에서 이스라엘을 통치한 왕이 바로 솔로몬(שלמהSolomon, B.C. 970-940)이라는 점을 내세워 솔로몬 저작을 당연시하고 있는 것이다. 따라서 저작 시기도 혼선 없이 그의 삶의 종반부에, 예루살렘 왕궁에서 지난날들을 회상하며 기록했다고 보는 것이다.

유대인의 '미드라쉬מדרש'에도 솔로몬이 그의 말년에 이 책을 기록했다고 기술하고 있으나 다른 많은 유대 성경학자들은 탈무드를 통해 그 연원을 추적하는 중에 솔로몬은 유다와 이스라엘의 왕인데 이 말에서 유다가 빠졌다는 이유로 '히스기야', 혹은 '요시야'라고 주장하기도 한다. 또 다른 유대학자들의 일부는 '솔로몬'이 최초 작성자지만 후대에 '히스기야'와 '에즈라'가 편집했다고 말하고 있기도 하다. 유대인들의 편집 주장의 근거는 2장 5절의 '과원果園들'의 원문 '파르데심פרדסים'이 솔로몬 당대에 사용되지 않은 단어이기에 후대 편집이 되었다는 것이다. 그러나 필자는 저자로서 솔로몬을 지적함에 그다지 이견(異見)이 없다.

다. 전도서 들여다보기

　전도서의 주제가 무엇일까? 이 책의 표제와 주제에 관해서는 본 강해서의 내용과 일반 성경학자들의 견해가 아주 다른 차이점들을 발견하게 될지도 모른다. 먼저 성경연구가들 사이에서 회자(膾炙)하는 주제적 메시지를 살펴보자. 이들은 이 책의 주된 메시지를 몇 가지로 분해하여 강화시킨다. 즉, 이들은,

　첫 번째로, 이 책의 1장 2절에서 보듯 이 책이 '해 아래 인생', 그 삶의 허무함이 절대 허무에 이를 만큼 그 실상이 사뭇 비탄적이라고 선언하고 있다는 것이다. 이 허무가 다만 인생에 그치는 것이 아니라 만물, 곧 '해 아래 속한 것들 모두가' 그러하다는 것이다. 그러므로 공허한 인생, 그것에 대해 만물 안에서 기대고 바랄 것이 없으니 그 탈출구는 '… 오직 너는 하나님을 경외할지니라'라는 말씀과 같이 하나님과의 관계 회복과 섬김뿐임을 말하고 있다는 것이다.

　두 번째는, 하나님을 두려워하는 자들에게만 생의 즐거움(희락 לִשְׂמֹחַ חַיִּים)이 있고, 경건치 않은 자들에겐 슬픔(danger)이 있을 것이라고 말한다는 것이다. 이들은 이 책 안에서 이 땅에서 얻은 것들은 제한된 수명, 명예, 소유에 불과하니 하나님과의 관계를 개선하고, 그 안에서 자족하라는 것을 거듭 강조하고 있다고 주장한다. 전도자가 언급한 권면의 핵심이 바로 하나님의 심판에 있으니 세상 것들에 집착하지 말고 하나님께서 주신 것, 분깃, 그 인정된 범주 안에서 자족하고, 그 안에서 하나님을 알고 살아가는 것에서 스스로 즐거움을 추구하라는 것이라고 말한다. 그러므로 전도자가 추구하는 인생의 참 가치가 바로 세상 것과 하나님을

대비해 볼 때, 절대자 하나님을 인식하고 순복하는 것이 훨씬 우위에 있다는 것이다.

세 번째는 이들 성경학자들이 절대 선(善), 절대 의(義)를 말하는 예수님의 가르침과 모순되는 듯 보이는 말씀들에 대한 해명을 시도하며 올바른 인식을 가질 것을 말하고 있다는 것이다.
7장 16절에 보면, '지나치게 의인이 되지도 말며 지나치게 지혜자도 되지 말라 어찌하여 스스로 패망하게 하겠느냐'는 구절이 있다. 자칫 이 말씀을 오해하면 죄와 결별할 것을 주장하는 예수 그리스도의 말씀들과 정면충돌하게 된다는 것이다. 마치 적당히, 타협적으로, 그렇게 무던하게 살라는 듯 보이기 때문이다. 이 말씀의 핵심에 대해 이들은 바로 자기 의(義)의 확대를 경계하고, 인간의 실존적 모습에서 절대 의가 없음을 드러내는 것이라는 것이다.

많은 성경학자들의 전도서의 결말에 대한 인식 또한 이 세 가지 범주 안에서 크게 벗어나지 않는다고 보인다. 유한한 인생이 가져야 할 최선의 삶이 희락(לחיים ששון)추구라는 점에 동의하고 있다는 것이다. 이러한 희락추구는 선한 행위이고, 그 요소들은 하나님의 주권과 은혜이기에 심판을 연상하며 그 안에서 조절, 조화, 균형을 유지할 것을 주장한 책이 바로 전도서라는 것이다.

종교개혁 초기의 성경인 '제네바 성경Geneva Bible 1560/1599'은 하나님 중심적 입장에서 볼 때 여타 성경들보다 한 걸음 더 예수 그리스도 복음에 가까이 있었던 성경이다. 이 성경에 나타난 전도서에 대한 시각을 소개해본다. 이 성경은 종교개혁자 '존 칼빈'의 시동생인 윌리엄 윗팅햄이 관여하였으며, '메이 플라워호'를 타고 미국으로 향했던 청교도들이 가져갔던 성경이며, 장로교의 기반이 된 성경책이다. 이 성경은 전도서를 'Ecclesiastes, or the Preacher'라고 했다. 즉, '회중 집회록 또는 전도자(설교자)'라는 말이다. 마틴 루터도 그의 독일어 번역에 전도서를 '설교자Prediger'로 번역한 것과 같은 맥락이다. 제네바 성경1560의 요지는 다음과 같다. 즉 ['솔로몬은 설교자로서 구원의 길에 대해 가르치기 위하여 매우 갈구했던 자다'이다. 그는 또 묘사하기를, '이 세상의 속이고 허망한 모든 것들로 인해 사람은 만족하지 못할 것이다 그러므로 오히려 천국의 삶에 대해 강렬하게 갈구하는 것을 태양 아래에서 행해야 한다'라고 말했다. 솔로몬, 그는 역반증하기를, '안일함을 갖는 것, 지성, 즐거움, 부, 권위 등과 같이 사람들의 것에 대해서는 부정하고, 진짜 안위와 평강은 하나님과 연합할 때, 곧 주님의 현존을 수용할 때만 가능하다'라고 했다. 또한 그는 '천국의 보물을 얻음 곧, 영원한 것을 얻음에 있어 다른 것 들에게서는 절대 발견할 수 없는 것이며 오직 홀로 계신 하나님께로부터만 발견해야 한다'라고 말하고 있다는 것이다.]라고 한 것이다.[3] 이처럼 적어도 제네바 성경은 전도서에서 구원의 길, 하나님과의 연합, 주님의 현존의 수용을 말했다는 점에서 요즘 성경학자들의 견해보다 하나님 중심의 시각을 더 많이 가지고

---

[3] Ecclesiastes,or the preacher
Solomon, as a preacher and one that desired to instruct all in the way of salvation, describes the deceivable vanities of this world, that man should not be addicted to anything under the sun, but rather inflamed with the desire of heavenly life. Therefore he confutes their opinions which set their felicity either in knowledge, or in pleasures, or in dignity and riches, showing that man's true felicity consists in that, that he is united with God and shall enjoy his presence, so that all other things must be rejected, save inasmuch as they further us to attain to this heavenly treasure, which is sure and permanent, and cannot be found in any other save God alone.
제네바 바이블 1560의 전도서 서문 전문 (보다 쉬운 독법을 위해 1800년대 이후 필기법으로 수정된 버전)

있었음을 알 수 있는 것이다. 해석적 측면에서 보면 요즘의 성경학자들이 개혁 교회 초기 때 보다 성경에 대한 태도가 비신앙화 되어져 있다는 것을 새삼 더 느끼게 된다.
성경학자들의 입장의 개략을 열거했거니와 과연 이 책이 허무한 인생, 그 가운데서 절대 허무를 극복하는 방안으로 하나님을 경외해야 할 것과 바른 자세를 갖는 삶을 살아갈 것, 그리고 최선의 삶의 자세, 생활 자세만을 말한 것인가에 대한 의구심이 생기지 않는가?

본 서의 필자 위원들의 소급 견해는 절대로 그렇지 않다는 것이다. 제네바 성경을 궁구(窮究)하던 당시는 학자들도 비교적 이 전도서를 통해 하나님 중심적인(혹은 예수 그리스도 중심적인) 언급을 하고자 하는 열망을 갖고 있었다. 즉. 이 당시만 해도 전도서가 구원의 길을 올바로 가르치는 것으로 인식하고 있었다는 것이다. 물론 그럼에도 불구하고 미흡한 점이 있었다는 것 또한 사실이다. 이런 성향과 연구 자세는 모두 전도서에 대한 일차적 의미로서는 조건충족이 될 만하다고 인정할 수 있으려니와 속뜻, 곧 예수님의 말씀하신 바, 예수 그리스도에 대한 증언으로서는 미흡하며, 게다가 해석상의 미비함이 여실히 나타나고 있다는 것이다.

반면에 전도서에서 메시아를 찾으려는 노력의 흔적은 오히려 유대인들의 연구가 더욱 활발했다. 루터는 유대인들의 책 탈무드에 관해 '이솝 우화보다 탈무드가 가치가 없다'라고 악평을 해 놓고는 오히려 그들의 번역을 이용했고[4], 심지어 많은 기독교의 히

---

[4] 대표적으로 모세 오경 번역에 있어서 후기 유대교 랍비 Rashi를 참고했다는 것은 잘 알려진 사실이다.

브리어 학자들이 문법적 설명에 있어서는 탈무드에 기록된 랍비들의 주석까지도 참고했다는 점은 아이러니가 아닐 수 없다. 따라서 필자는 이들 유대인들의 관점과 연구를 참고로 하는데 주저치 않았다. 왜냐하면 그들의 성경연구(구약)의 역사가 수 천 년에 이르기 때문이며, 또한 그들의 잘 잘못을 따지기 전에 참고자료로는 그다지 부족함이 없기 때문이다.

유대인들의 입장을 들어보자. 그들은 굳이 성경을 해석함에 있어 반드시 이성적이어야 한다거나 논리적, 과학적이어야만 한다는 주장을 하지 않는다. 오히려 그런 태도는 하나님에 대한 불경(不敬)의 자세라고 보고 있다. 그들에겐 다만 전제가 있으니 곧 하나님이 살아 계심을 반드시 인정하고, 그 후에 율법 안에서 성경을 해석해야 한다는 조건이 그것이다[5]. 그런 의미에서 그들은 전도서에서 두 가지 의미를 찾는다. 그 하나는 솔로몬의 말을 통해 전해진 이 책의 핵심이 곧 '율법을 잘 지키고 하나님 뜻대로 살라'는 의미라는 것이며, 그 두 번째는 이 책이 메시아에 대한 예언서, 계시서로서, '메시아에 대한 예언이 기록된 책'이라는 것이다.

유대인들이 인식하고 있는 율법의 개념은 율법이 하나님이 '태초에 주신 말씀이며 빛과 같은 것'이었다. 그러나 그들은 율법의 완성자이시고, 또한 요한복음에서 보듯 '말씀(요1:1-4참조)'이시며, 그 안에 생명의 빛을 가지신 분인 동시에 최종 메시아이신 분이 바로 예수님인 것은 전혀 인정하지 않았다. 그들은 진리의 문 앞, 그 직전에까지 도달했으되 막상 그 문을 열고 들어가지는 못한

---

[5] 동어 반복으로 기독교인은 예수 그리스도 안에 서로 그 의미가 대치-완성되는 것이다.

것이다. 그러므로 예수 그리스도를 바라보지도 듣지도 않는 유대인들처럼 또는 여타 진지한 성경연구에 몰두한다 할지라도 전도서에서 주권자인 예수 그리스도의 자취를 찾아내지 못한다면 전도서를 읽지 않은 것이고, 그릇되게 해석한 것이라는 결론 summa cognito이다. 따라서 이제 우리가 독자들과 더불어 탐구하고 깊이 탐색하는 중에 해야 할 일이 있다.

그것은 **첫째로**, 바른 해석을 통해 이 전도서가 메시아의 이야기이며, 또한 그 최종 메시아가 예수님이며, 그분은 성육신 하셨고 지금 성령으로 현존하시는 아브라함과 이삭과 야곱의 그 하나님이시고, 구원의 길을 제시한 분이심을 이 책 안에서도 찾아내야 한다는 것이다. **두 번째는** 전도서가 구원받기를 원하는 모든 이들에게 이 책이 바로 예수 그리스도의 말씀이 내재된 예언서로서, 그리고 계시서로서도 극히 소중한 책이라는 것을 증명해야만 한다는 것이다. 만약 예수가 없다면, 그것은 성경이 아니기 때문이다. 신약과 구약을 나누는 그 약속의 중심에 예수 그리스도가 있기 때문이며 정경화 과정에서 직 간접 적으로 예수 그리스도와 관계가 없었던 글들은 외경이나 위경으로 분류되기 때문이다.

[편집 저자 위원]

최성훈 박사 Ph. D

이정태 박사 Ph. D

강신행 박사 Th. D

전도자(전도서)-קהלת

제 1장 해 아래 인생

1절] '다윗의 아들 예루살렘 왕 전도자의 말씀이라'

　성경학자들은 '다윗의 아들 예루살렘의 왕 전도자'라는 말씀을 통해 전도서의 저자가 솔로몬이라고 주장한다. '다윗의 아들'이라 했으니 혈통적으로 다윗의 자손이며, 또한 '다윗 언약'을 이은 자라는 것이다. 또한 '예루살렘의 왕'이라고 했으니 지역적으론 이스라엘 땅인 동시에, 솔로몬 왕이 하나님의 신정통치의 대리자임을 표현한 것이라는 것이다. 환언하면, 이 1절은 저자인 솔로몬이 자신의 권위를 부각하고자 하는 의도하에 기록한 글이라는 것이다.

　본문의 핵심 단어는 이 책의 제목이기도 한 '전도자'다. 이것은 원문이 '코헬렡קהלת'이다. 이것은 '카할קהל'에서 유래한 단어다. 집회, 민중, 믿음을 뜻하는 '카할קהל' 앞에서 말하는 자가 바로 '코헬렡קהלת'이다. 따라서 주로 '소집자', '강연자', '전도자'의 의미로 사용된다. 동사 '카할'은 '모으다', '함께 모이다'의 의미를 갖고 있다. 유대인의 '미드라쉬'는 열왕기상 8장 1절에, "이에 솔로몬이 이스라엘 장로와 모든 지파의 우두머리 곧 이스라엘 자손의 족장들을 예루살렘에 있는 자기에게로 소집하니"라는 말씀을 들어 '소집자'라고 말한다. 또한 솔로몬 왕이 성전 헌당의 날에 백성들을 모아 설교했다(왕상8:55-61)는 사실을 들어 이 '코헬렡'을 '설교자(preacher)'라고 번역하기도 한다. 어쨌든 유대적으론 '회당 대표'고, '선포자'의 뜻을 갖는다. NIV는 이것을 'Teacher'로 번역했다. 한글 성경은 개역이나 새번역 모두 '전도자'로 번역했고, 공동번역은 루터나 제롬처럼 '설교자'로 번역했다. 70인 역도 'the preacher'라고 했다.

'전도자의 말씀이라'에서 이 말씀은 복수로 '말씀들'이 맞다. 70인 역에서 나온 영역본은 동사 '카할קהל'에서 유래한 '코헬렡קהלת'이 '엑클레사스테스'로 번역되어 있다. '모으는 자', 혹은 전도자'의 의미다. 이 '카할(קהל발음이 동사와 거의 같은)'의 명사형인 '케할'이 신약에서 교회를 말하는 '에클레시아εκκλησια'라는 것이다. 그래서 명사 '케할קהל'은 '신앙인들의 모임'이 된다. 그 외에도 '회중(히2:12)', '모임(행19:32)'을 뜻하기도 한다. '전도자의 말씀'이라고 할 때의 '말씀'으로 번역된

원문 '디브레דברי'는 '말', '약속', '교훈, 격언'이란 의미다. 원형은 '다바르דבר'로서 이것은 '말하다'가 된다. 본절처럼 '말씀이라'고 시작하는 책은 예레미야서와 아모스서가 있다. 둘 다 예언서로 취급된다. 아모스서 1장 1절에 "…이상으로 받은 말씀이라"고 했고, 예레미야 1장 1절엔 "…예레미야의 말이라"고 하지만 2절에 보면, "…예레미야에게 임하였고"라고 했으니 두 책이 다 예언서가 되는 것이다. 그렇다면 본절의 경우처럼 '전도자의 말씀이라'고 할 때, 전도자가 단순히 솔로몬이라고만 주장할 것인가? 다른 여지는 없는 것일까? 유대인들이 분명 전도서를 예언서로 취급하고 있는데, 왜 우리는 시가서로 분류하고 있을까? 만일 전도서 또한 예언서라면 과연 '전도자'는 누구일까? 서문을 통해 추측할 수

있게 되기를 바란다.

앞으로도 계속될 해석 중에 많이 접하게 될 원문 히브리어는 특별한 속성을 갖고 있다. 이 언어 자체가 하나님을 의식한 언어라는 것이다. 예를 들면, 본절 '말씀'인 원문 '디브레דברי'의 원형인 '다바르דבר'는 주로 '말하다'의 의미를 갖는데, 아무 표시가 없을 때에, 3인칭 남자 단수로 '그가 말하다'가 된다. '그'가 누구일까? 유대인들은 이때 자연스럽게 하나님을 떠올려 스스로 연상하게 되는 것이다. 하나님 중심의 언어라는 다른 예를 더 들어보자. '의인צדקים'이란 의미를 갖는 히브리어는 신기하게도 '의로운 것', '의로운 나라'가 다 가능하다. 우리말과 많이 다르다. 또 '하나님의 손ביד אלוהים'을 뜻하는 히브리어도 '하나님의 도우심', '하나님의 계획' 등의 의미로도 통한다는 것이다. 따라서 앞으로 독자들은 진행될 전도서의 많은 단어와 문장들이 해석에 따라 상당한 차이가 있을 수 있음을 감안해 주었으면 하는 바람이 있다. 그러니 어찌 되었든 간에 하나님, 혹은 예수 중심으로 해석이 된다면 그 테두리 안에서의 해석상의 차이는 충분히, 그리고 얼마든지 용납될 수 있으며 그 차이로 인한 사고들의 정리가 더 탄탄한 신앙을 키우기에 좋을 것이라 생각한다.

♠ 앞에서 본문의 일차적 의미를 설명했거니와 예수 그리스도를 나타내기 위한 의미로서의 속뜻 곧 이차적 의미를 살펴보자. '다윗의 아들 예루살렘 왕 전도자의 말씀'이라고 했다. 저자는 솔로몬일 가능성이 크지만 성령의 감동으로 기록된 이 말씀, 곧 1절의 말씀이 뜻하는 사람이 과연 솔로몬 자신을 가리키는 말이었을까? 솔로몬은 자신을 가리켜 '예루살렘의 왕'이라고 말하지 않았다. 그는 항상 자신을 '이스라엘의 왕(왕하23:13, 느13:26)'이라고 했다.

그렇다면 '다윗의 아들(다윗의 자손)'이며, 사실상의 예루살렘의 왕에 해당하는 영적 의미로서의 인물, 유대인들이 메시아라고 말하는 이가 누구인가? 예수님이시다. 다시 강조하거니와 본문 1절의 솔로몬은 결국 예수 그리스도의 예표가 되는 것이다. 따라서 솔로몬의 입을 통해 미리 말하여진 예수님의 말씀이 이 책의 주된 말씀이 된다. 다만 독자들이 주의할 사항 한 가지는 이 전도서의 말씀엔 솔로몬 자신의 것, 예수님, 혹은 성령님의 것들이 중첩되거나 오버랩되어 나타난다는 것이다. 성경 연구가들도 이 점에 혼란을 느껴 해석상의 오류를 많이 야기시킨 것이다. 그러므로 전도서를 읽다가 자칫 '이 말씀이 누구 말이지?'라고 의문이 들 때가 종종 있을 것이나 주의 깊게 살펴보면 엉킨 실타래가 풀리듯 잘 풀려질 것이다.

다윗דוד의 의미가 무엇인가? '사랑받은 자ידידה'다. 솔로몬의 이름 '여디디야ידידיה'의 의미 또한 다윗의 여성형으로서, '여호와께 사랑을 입은 자'가 된다. 마태복음 17장 5절에 보면, '… 이는 내 사랑하는 아들이요 내 기뻐하는 자니 …'라는 말씀이 나온다. 이때의 '내 사랑하는 아들'이 바로 예수님이다. '다윗의 아들'은 히브리어 원문이 '벤 다비드בן דוד'다. 단수로 단 한 아들이다. 후대의 유대인 성경학자들은 다윗의 알 수 없는 한 아들을 아직 오지 않은 메시아로 본다. 물론 이들은 그 최종 메시아가 바로 '예수'라고는 받아들이거나 인정할 수는 없었다. 유대 학자들조차도 1절에서 메시아를 발견했는데, 소위 저명한 신약 성경학자들의 다수가 이 구절에서 예수님도 메시아도 찾지 못했으니 얼마나 큰 실수인가! 1절의 말씀을 다시 읽어보라. '다윗의 아들 예루살렘 왕 전도자의 말이라'에서, 사랑받은 왕, 이 땅에서는 다윗의 아들에 해당하며 천상의 예루살렘의 왕은 누구신가?

'전도자'의 원문은 '코헬렡קהלת'이다. 전도자로 번역된 이 단어가 '카할קהל'에서 유래했다고 말했다. 이 '카할קהל'이 능동형이 되면 '모으는 자'가 되고 피동이 되면 '모임'이 된다. 신약에서의 교회를 가리키는 말이라고 이미 말했으니, 그렇다면 교회의 머리가 누구인가? 예수님이다. 유대인들에게 적용해보면 '회당을 이루는 모임'을 가리키고, 적어도 남자만 정족수 10명 이상을 구성하는 모임이 '카할קהל'인 것이다. 다시 말해 신약의 '에클레시아 εκκλησια(교회)'의 개념이 구약에 보이는 것이 바로 '카할קהל'(회중집합)이다. 회당 안에 회당의 대표격인 율법전도자가 있었고 이 사람을 '코헬렡קהלת'이라고 한 것이다.

반복하거니와 회중 집합인 '카할קהל'에는 반드시 대표격 리더인 '코헬렡קהלת'이 있어야 하고, 이 리더가 선포하는 것이 '말씀'인 것이다. 이 리더가 무엇을 선포할까? 하나님의 뜻이다. 신명기 1장 1절의 "···이스라엘 무리에게 선포한 말씀이니라"고 할 때의 의미와 유사하다. 그러므로 '코헬렡'은 다시 '선포하는 자'로 인식될 수도 있으며 이 경우에 '설교자'로 번역되기도 하는 것이다. 그러므로 1절은 '다윗의 아들 예루살렘의 왕 설교자의 선포라'고 번역해도 무방하다. 계시록 2장 1절에, "귀 있는 자는 성령이 교회들에게 하시는 말씀을 들을지어다"라고 했으니 말씀을 전하는 이가 성령이시다. 이렇게 '코헬렡קהלת'을 새롭게 바라보면 예수 그리스도가 더 잘 보이게 될 것이다.

12장 9절에 보면, "전도자는 지혜자이어서 여전히 백성에게 지식을 가르쳤고···"라고 했다. 잠언이 가리키는 지혜자는 누구인가? 숨겨진 의미로서의 지혜자는 예수 그리스도를 가리키는 말이다. 지혜자로서 백성을 가르치는 자, 예수님이시다. 자, 그렇다면 독자들은 본절이 표제로서 단순히 저자인 솔로몬을 가리키는 말만이 아님을 알았을 것이며, 또한 저자가 누구건 상관없이 이 본문에 예수님에 관한 의미가 숨어 있다는 사실을 발견했을 것이다. 이런 탐구가 본 강해서에서 수없이 반복될 것이고, 또 그러는 가운데 예수님이 자연스럽게 부각됨을 알게 될 것이다.

2절] '전도자가 이르되 헛되고 헛되며 헛되고 헛되니 모든 것이 헛되도다'

이 번역본을 그대로 읽으면 '헛되다'는 말이 다섯 번(또는 7번)이나 나온다. 맥락상 우리네 삶, 그 인생 전체가 허무하여 마치 절대 허무인 듯 비탄의 탄식으로 느껴질 정도다. 삶의 모든 것이 다 쓸 데 없다는 것에 다름 아니다. 표제에 해당하는 1절 이후에 나타나는 연역적 결론처럼 보일 수도 있을 것이다. 이 말은 다시 결론부에 해당하는 12장 8절, 즉 '전도자가 이르되 헛되고 헛되도다 모든 것이 헛되도다'와 맞닿아 이 책의 본래의 목적이 인생의 무가치, 삶의 허무함을 격정적으로 토로한 듯한 강렬한 인상을 갖게 하는 것이다.

손쉬운 논리의 이런 순서적인 판단에 근거한다면 염세적 색채가 강하고, 세상 회피적 모습과도 유사한 측면이 나타난다고 할 것이다. 다만 그럼에도 불구하고 이 책에 대해 많은 성경연구가들은 시종(始終)의 결론이 '헛되다'에 의지하고는 있으나 이 전도서가 하나님의 말씀이기에 외견상 비관적 미래가 분명한 삶이고, 또한 인생이 그처럼 허무한 것으로서 별 것 없는 세상에서 오직 하나님만 바라보고 적당히, 세상과 조화롭게 살자는 의미가 중첩되어 나타나고 있다는 견해를 표시하고 있다. 어찌 보면 복잡한 듯하면서도 단순한 구조를 띠고 있다고 오해하고 있는 학자들도 많다. 과연 그러한가?

일차적 의미로서의 해석을 먼저 분석적으로 살펴볼 필요가 있다. 본절의 '이르되'의 히브리어 원문 '아마르אמר'는 '소명하다', '부르다', '말하다'의 의미를 갖는다. 또 '헛되고 헛되며 헛되고 헛되니 모든 것이 헛되도다'라는 반복적인 이 말씀은 단수와 복수가 섞여 있어 '헛된 것들 가운데 헛된 것(הבל הבלים Vanity of vanities)'으로 해석되며, 그에 따라 최상급의 절대적 '헛됨'이 된다고 말할 수 있을 것이다. 저자는 더 나아가 '모든 것이 헛되도다'라고 말한다. '모든 것כל'은 원문에 관사가 있어 '그 모든 것הכל'으로 번역된다. 즉, 전체가 다 헛되다는 것이다. 본절은 근본적으로 감탄문/선언문이다. '참 헛되구나 참으로 헛되구나 그 모든 것이 다 헛되구나'라는 것이 더 맞는 번역이다라고 볼 수도 있다.

참으로 안타까운 마음 금할 수 없어 한 마디 더מוסף 해야겠다. 고대 근동의 전통에서 인간의 처지에 관한 글들엔 거의 다 인생무의미, 혹은 공허, 허무함이 주류를 이루고 있다고 한다. 그렇다면 전도서의 초반부도 다 그런 영향을 받아 그와 같은 말을 한 것일까? 실제로 많은 사람들이 전도서가 인생무상(人生無常)을 말한 책이라고 한다. 불교도들조차 성경의 이 책이 자신들의 사상과 놀랍도록 흡사하다고 말하기도 한다. 더욱 놀라운 것은 번역된 한글 성경도 불교적 색채를 덧입혀 그런 식의 번역을 하고 있다는 점이다. 심지어 단어조차 불교적 용어를 사용하기도 했다(1:18절의 '번뇌כעס'와 같이). 이런 시선으로 보면 전도서를 성경이라고 말하기에도 부끄러울 지경이 되고 마는 것이다. 그러나 필자가 판단하기로, 분명 이런 시각, 이와 같은 번역은 너무나 문제가 많아

자칫 독자들을 오도(誤導)하게 만드는 것이다. 이것은 해석상의 문제로 야기된 치명적인 독과 같은 폐해인 것이다.

시편 62편 9절에, "아, 슬프도다 사람은 입김이며 인생도 속임수이니 저울에 달면 그들은 입김보다 가벼우리로다"라는 말씀이 있다. 이 말씀은 본문 2절과 아주 흡사하다. 이 말씀에서 '입김'에 해당하는 말이 히브리어 '하벨הבל'이며 본절의 '헛되니, 헛되며'와 같은 단어다. 주로 사용되는 의미는 '**숨**, 허무, 입으로 하는 호흡'으로 일시적인 것에 대해 사용되는 말이다. '헛되다'는 이 단어가 의미 없는 우상에 대해 사용될 때 많이 사용되기도 한다(왕하 17:15, 렘2:5, 왕상16:13). 어쨌든 놀라운 것은 구약 전체에서 이 단어 '하벨'이 이 전도서에서만 50%가 사용될 만큼 거듭해서 반복되고 있다는 사실이다. 욥기 7장 16절에도, "내가 생명을 싫어하고 영원히 살기를 원하지 아니하오니 나를 놓으소서 내 날은 헛것이니이다"라고 할 때의 '헛것'도 '하벨הבל'이다. 이처럼 본문의 겉모습은 극히 비관적인 색깔이어서 잠깐 보이다가 없어지는 안개(약4:14)나 그림자 같은(시144:4) 것이 인생이라는 점을 강조하고 있는 듯이 보인다. 또 문장의 성격상 그 나타냄이 솔로몬의 그 영화로운 세속적 삶의 비추어 나타낸 것 같고 그로 인해 인간의 삶 자체가 별 볼일 없음을 적나라하게 보여준 것으로 인식하게 한다는 것이다. 그렇다면 이 말씀의 속뜻, 내연, 이차적 의미는 무엇일까?

♠ '전도자가 이르되'에서 '이르되'는 단순완료형이다. 히브리어 완료형의 특징은 과거의 완료조차도, 미래에 대한 현재적 확신으로도 표현될 수 있기에 현재적 적용이 가능하게 한다.[6] 따라서 본절

---

[6] 성경 히브리어에 미래형이 있는가의 문제는 유대교, 카톨릭, 개혁교회, 언

은 '전도자가 말한다', 혹은 '전도자가 말했다' 둘 다 가능하다는 것이다. 그러므로 비록 솔로몬의 저작이라 할지라도 이 말씀이 그의 입과 손을 통하여 아직 나타나지 않은 미래의 어느 분이 말씀하신 것으로 적용해도 아무 걸림돌이나 문제가 발생하지 않는다는 것이다. 전도서 기록 당시에 비추어 미래의 어느 분이 누구신가? 바로 예수 그리스도다. 다시 말하면 본문을 '전도자이신 예수께서 말씀하시기를'이라고 말한다 할지라도 기독교 신앙의 성경 해석의 적용이라는 관점에서는 틀린 말이 아니라는 것이다. 예수께서 기도하실 때, '하늘에 계신 우리 아버지'라고 하셨다. 예수님이 본질상 하나님이신데 그분이 이처럼 말씀하셨다는 것, 이런 표현 방식이 전도서에서도 적용되었다고 해도 그다지 문제가 되지 않는다는 것이다.[7] 즉, 솔로몬이 예수님의 말씀을 대역한 것으로

어학 모두의 역사적 문제인데, 접두어로서 ש,י,א 이 있을 경우에 신앙적 체계나 전후 context, 동일 어법이 나타나는 성경의 다른 부분을 통해 시제를 결정하기도 한다. 대표적으로 시편 23편 1절의 경우 '주는 나의 목자이시니 내가 부족함이 없으리로다.'라는 것에서 부족함이 없는 시점은 문법적으로는 미래에 이뤄지는 완결이지만, 그 언어를 발화하는 시점도 포함된다. 즉 이미 이 한 문장 안에 예수 그리스도의 십자가의 속죄가 들어있고, 신구약 역사 속 신앙인의 현재 고백도 동시에 이뤄지고 있다는 사실이다. 또한 예언서의 시제들이 일어날 것들을 일어난 것으로 선포하는 화법은 이미 말씀께서 רבדה이 주의 입에서 나가면, 그것이 반드시 현실화 되어 일רבדכ로 나타나기 때문이다. 그분이 만물의 조성자(생명의 주인)이시기 때문이다.

[7] 현상화법usus loquendi와 최초발화Ipssima verba(verbi)에 관해 이미 논의된 신학적 입장들을 참고해 보자면, 유대의 화법은 근본적으로 신인동형론적인 화술이며 예수님과 제자들의 기록이 히브리어-아람어본으로 남아있지 않거나 있다고 하더라도 현재의 그리스어 신약 사본들보다 연구가 덜 되었거나 불확실한 뿌리를 가진다는 난점이 있는 것을 이해하면, '아브라함의 품'이 어떻게 '하나님의 품'이 되는지를 이해할 수 있을것이

보거나, 예수님의 독백으로 보아도 무방하며, 이것들이 교차적으로 적용된다 해도 하나님(예수님) 중심의 해석이라면 충분히 인정할 수 있다는 것이다.

원문을 좀 더 세심하게 파악해보자. 본래 '하벨הבל'은 어떤 성경학자들이 바라보는 일반적 인식처럼 부정적인 의미만은 아니다. NIV는 이 '헛됨'에 대해 표현(rendering)하기를 'meaningless'라고 했다. 그런데 이 단어는 단순히 '의미 없는'이 아니라 '겉모양은 있으나 속이 없다'는 뜻을 내포하고 있다. 반면에 한글의 '헛됨'은 그 뜻이 겉이나 속 모두가 다 의미 없음으로 나타난다.

즉, 본절의 '헛됨'에 대해 번역에 문제가 있다는 것이다. 다시 말해 한글성경의 많은 부분에서 부정적 의미로 사용되기도 하지만 본문의 경우, 굳이 부정적으로만 해석할 필요가 없다는 것이다. 긍정도 부정도 아닌 중립적 판단으로 해석해도 상관없다는 말이기도 하다.[8] 다시 '하벨'의 의미를 분석하면, 본래 '하벨הבל'은 기본적으로 '숨', '호흡', '한숨', '안개' 등을 뜻하는 단어다. 단단하고 지속적인 것과 달리 지원도, 계속성도 상실한 그저 시간적으로 매우 짧은 순간을 의미한다는 것이다. 물론 실제로 '헛됨'의 의미로도 사용되는 경우도 있다. 다만 이 전도서에서의 표현은 인생이 빨리 지나간다고 말했다고 해서 그것이 반드시 인생무상인 것만은 아니라는 것이다. 보수적 복음주의 주석가 해밀턴(Hamilton)도 이 '하벨'이 '생의 짧음을 한탄하는 의미이며, 생이 짧고 덧없음을

다.
[8] 히브리어의 발화 중립성의 대표적 사례는 할렐루야의 할렐הלל이다. 모음점만 바꾸면 더렵혀지다는 힐렐הלל이 된다. 자음상으로는 동일한 글자이다.

나타낸 것'이라고 했다. '하벨'이 이처럼 '개념적 헛됨'이 아니고 '시간적 개념'의 뜻이라면, '하벨'은 비록 짧지만 소중한 인생을 뒷받침하는 말로 바뀌게 된다. 우리가 육체를 가지는 짧은 인생 안에서 영을 알고, 신앙을 발견하고, 영원한 생명의 단초를 발견하게 된다면 이것은 인생무상이 아니라 영원을 획득할 수 있는 절호의 기회를 제공받는 것이니 되려 감사해야 하는 것이고 따라서 그것이 우리네 참 인생의 목적이 된다는 것이다. 인생은 짧으나 하나님의 나라는 영원함[9]이니 다시없을 이 기회를 하나님의 일을 하는데 사용하라는 절대적 암시라는 것이다. 다시 말해 하나님이 주신 복된 삶, 비록 적잖은 고통이 있을 것이나 그것은 짧을 것이며, 이와 같이 하나님의 일을 할 수 있는 때, 천사도 부러워하는 그 때라는 것이 우리가 이 땅에 왔다 가는 진짜 소중한 의미가 된다는 것이다. 하나님이 주신 인생이 '헛됨'뿐이라면 그 삶이 무슨 의미가 있는 것일까? 가룟 유다처럼 '차라리 태어나지 않는 것이 더 나을 수도 있는 것'이 아닐까? 그러므로 '헛됨'과 같은 극히 부정적인 표현을 전후 문맥을 보지 않고 일괄-축자-사전적 적용을 하는 것은 믿음에 큰 문제를 내포한 지나치게 그릇된 해석이라는 것이다.

'하벨'을 시간적 개념이라는 이런 입장에서 새롭게 바라보겠다는 것은 그렇다고 해서 필자가 많은 성경학자들의 해석, '하벨הבל'에 대한 의미, 즉 깊은 '비탄', '탄식'과 연관된 '헛됨'의 개념을 무조건 부정하고 비판하자는 것만은 아니다. 다만 이 '하벨הבל', 이 단어를 '헛됨'이라 번역한 한글 성경을 비판함과 동시에 이 '하벨

---

[9] 풀은 마르고 꽃은 시드나 우리 주님의 말씀은 영원히 서리라 하라 –이사야 40:8/벧전 1:24-25

הבל'이란 단어에 대해 부정도 긍정도 아닌 단순한 '짧은 시간적 개념'이 있음을 추가하고자[10] 하는 것이다. 단순히 '짧은 시간'을 의미하는 그런 시선으로 보게 되면 본문은 앞선 글처럼 인생의 허무, 공허와 같은 극심한 비탄의 장면으로만 여기지 않아도 된다는 것이다. 반복하거니와 이 '하벨'에서 부정적 시선을 거두면 '짧은 순간'이라는 의미가 드러난다는 것이다. '하벨'과 발음이 유사한, 가인에게 죽임을 당한 아벨הבל[11]의 삶도 아주 짧았다. 그러나 그 삶이 결코 무의미하거나 헛된 죽음이 아니었던 것이다. 그는 하나님을 섬겼으며, 그 인생의 길이는 우리의 시각으로는 아주 짧았던 것이나 영원 앞에선 의미 없는 삶이 아니었던 것이다. 이처럼 본절의 '하벨'은 짧은, 이것은 최상급의 형태로 짧다는 의미가 될 수 있고, 그 때에야 비로소 이것을 예수 그리스도의 말씀에 빗대어 이차적 적용을 시도해 볼 수 있는 근거와 기반을 갖게 되는 것이다. 그러한 시도 안에서 비로소 성경의 본래의 취지가 덧붙여지게 되고 이 책הספר의 참된 본질적 의미יסוד가 예수 그리스도의 말씀의 다각도적 서술이라는, 마치 검은 장막을 거두자 빛이 쏟아져 들어오듯[12] 놀라운 사실이 드러나게 되는 것이다.

만약 그 적용점, 즉 본문에서의 전도자의 말씀이 곧바로 예수님의 말씀인 것으로 도치해 새롭게 바라보면 이 말씀이 어떻게 변모하게 될 것인가? 실제로 전도서는 계시적, 예언적 책이며, 또

---

[10] 필자회의의 입장은 오히려 추가라기보다 다른 철학적 의미를 빼고 한숨을 쉬는 모양의 의성어로서
고대적 의미의 하벨הבל로 읽어보자는 의미다.
[11] 자음 자체는 하벨과 아벨이 동일한 הבל이다. ויהי הבל רעה צאן וקין היה עבד
אדמה 창 4:2b
[12] 이에 성소 휘장이 위로부터 아래까지 찢어져 둘이 되고 –마태 27:51a

한 예수 그리스도의 말씀을 직접적으로 읽어낼 수 있는 책이다. 그러한 시각에서 보면 본문의 '하벨הבל' 그것은 '하나의 호흡'처럼 짧은 순간이 된다. 그렇다면 도대체 무엇이 짧은(마치 한 호흡처럼), 아주 짧은 순간이라는 말인가? 인생이 그렇다고 말할 수 있다. 그러나 그 인생은 불교적 인생무상이 아니다. 한 걸음 더 나아가 보자. 즉, 시간적 개념 안에서의 짧은 시간이 가리키는 바 그 본래적 의미를 찾아보자. 먼저 본절을 유대인들을 향한 예수님의 말씀에 견주어 다시 해석해 볼 필요가 있다. 이런 시점에서는 속죄를 위한 제물, 대속하신 예수님이 자연스럽게 드러난다.

　예수님은 이 땅에 오셔서 십자가를 통한, 대속함에 따른, '은혜로 인한 구원'을 선포하셨다. 예수님 이전까지 지속되었던, 죄사함을 위한 유대인들의 제사, 곧 동물의 피로 속죄제를 드리는 성전제사와 같은 행위는 영원 앞에선 지극히 짧은 동안에 이뤄지는 일시적 방편에 불과한 것이다. 이런 행위는 계속성이 전혀 없는, 어쩌면 실제로 '헛된' 그런 제사인 것이다. 이와 같이 유대인들의 속죄를 위한 성전제사 방식은 예수님 앞에서 모든 것이 다 한 순간에 지나가게 될 것이라는 말이다. 설사 '하벨הבל'을 '공허'하다는 의미를 가진 부정적인 입장으로 보아도 이와 같은 유대적 동물제사는 헛된 것일 뿐 아무 것도 아니라는 것이며, 율법적 행위로 인한 구원은 다 헛된 것일 뿐, 구원과는 무관하다는 것이다.

　이런 모습을 성경을 통해 의미론적인-가정으로 상상해 보라. 예수께서 성전제사에 집착하는 유대인들의 모습을 채찍질 하면서[13]

---

[13] 그를 채찍(규/막대기)으로 때리면 그 영혼을 음부에서 구원하리라 잠언 23:14

'야, 너희 제사는 틀렸어!, 너희 제사는 아주 짧은 순간일 뿐, 진짜가 아니야.[14] 오직 내 방식만이 영원한 속죄 방법이야'[15]라고 말씀하시는 광경으로 말이다. 오직 예수 그리스도의 육체 만이 참 제물이고, 그분이 참 대제사장이며, 그분이 이루신 십자가의 속죄 행위만이 한 순간이 아닌, 영원한 죄의 소멸을 위한 속죄를 가능케 하는 것이다. 실로 율법의 완성자인 예수님만이 구원자가 된다는 것이다. 그 외의 모든 것은 그야 말로 헛된 것이고, 동시에 아주 짧은 시간일 뿐이다. 그러니 본문을 이렇게 번역하면 어떨까? '그 때뿐, 그 때뿐, 모든 것이 그 때뿐이로다'로 말이다. 그 때는 헛되다거나 가치가 없는 때가 아니다. 그것은 인생무상의 의미가 아니다. 인간적 노력을 아무리 가해도 효과가 없다는 것(최종 메시아인 예수 그리스도의 출현 이후의 유대인들의 성전제사처럼)이며, 오로지 예수를 그 주님으로 믿는 것, 그것만이 유일하고도 중요한 해법이라는 것이다. 이 전도서는 이와 같은 가르침을 후대의 유대인과 유대 종교지도자들에게 미리 전하고자 하는 의도[16]로 씌어졌을 가능성이 큰 것이다.

3절] '해 아래에서 수고하는 모든 수고가 사람에게 무엇이 유익한가'

의문적 감탄문이다. 외연적 의미로서는 이치적으로 합당한 것, 실존하는 모든 것이 다 근본적인 만족과는 거리가 멀다는 것이다.

---

[14] ...내 집은 만민의 기도하는 집이라 칭함을 받으리라고 하지 아니하였느냐 너희는 강도의 굴혈을 만들었도다....마가 11:17m
[15] 예수께서 가라사대 내가 곧 길이요 진리요 생명이니 나로 말미암지 않고는 아버지께로 올 자가 없느니라 요 14:6
[16] 예언서의 성격이 있다는 의미다.

전(前)절과의 연계성을 찾아보면 앞에서의 절대적 허무를 뒷받침하는 말씀처럼 보인다. '수고'에 해당하는 원문 '아말עמל'은 '힘든 노동', '마음고생', '고난', '노역' 등과 같은 뜻이다. 따라서 '수고하는'의 히브리어 원문은 관계사 '쉐שׁ'와 원형이 미완료형인 '아말עמל', 즉 '수고하다' '애쓰다'의 뜻을 가진 단어가 합쳐진 '쉐야아몰שׁיעמל'이다. 미완료형의 문법적 성향은 '계속성'이다. 즉, 이 노역, 수고가 일시적이 아니며 계속된 것임을 암시하는 것이다. 앞의 2절과 연결해 설명하면, 해 아래에서 행하고, 계속 행동하는 노역과 고생들이 다 헛됨을 말한 것이다. 인간의 삶이 실로 고통스럽고, 그 삶에 비전이 없음을 말하고 있음이니, 이어지는 '모든 수고'는 정신적, 육체적 노역을 다 포함한다. 그런데 이런 수고에 영역이 한정되어 있다. '해 아래מתהת השממה', 곧 '세상עולם'이다.

'해 아래'가 무엇인가? 저자가 '해 아래'를 언급한다면 반대로 '해 위'가 있음을 뜻한다고 생각해 볼 수 있다. 골로새서 3장 1절에, "그러므로 너희가 그리스도와 함께 다시 살리심을 받았으면 위엣 것을 찾으라 거기는 그리스도께서 하나님 우편에 앉아 계시느니라"고 했다. 이 말씀에 간접적으로 언급되었듯이 많은 성경연구가들이 '해 아래'를 세속, 혹은 세상, 공중 권세를 잡은 사탄의 영역을 말한다고 주장한다. 반대로 '해 위'의 세계는 신령한 세계이며, 천상의 세계라고 말하고 있다. '해 아래'라는 말씀은 전도서에만 29번 나올 정도로 많이 사용되었으며, 유사한 의미로서 1장 13절에, '하늘 아래'라는 표현이 있고, 2장 3절에 '천하'라는 말씀도 있다. 물론 이것은 공간적 배경만을 말한 것이 아닐 것이다. 2절의 '하벨'이 '짧은 순간'의 뜻이 있어 비록 시간을 말했다 할지라도 인생 자체가 고난일 뿐만 아니라 그 삶의 길이 또한 '한 호흡'에 불과함을 넌지시 암시하고 있듯이 말이다.

성경학자들은 이처럼 부정적인 모습이 강조되어 나열되는 것은 인생에서 수고로움의 대가가 공수표라 할 만큼 허무하고 헛되니 이것이 하나님 없는 인간의 삶의 형색이 흑색이고, 개인 각자의 욕심의 죄를 잉태할 뿐, 발전적 소망이 결여되어 있다는 것으로서 인생의 마침까지 다만 절망적 실존에 허덕일 뿐임을 드러내는 것이라고 말한다. 그러므로 이 말씀이 피난처에로의 이동, 고통스러움에서의 탈출수단은 오직 하나님 앞으로 나아가는 것뿐임을 나타내기 위한 전조적 활동을 그린 말씀이라고 주장한다.[17]

본절의 '유익한가'에 해당하는 원문은 '이트론יתרון'이다. 이것은 '소득', '이익', '탁월함'의 뜻으로 '초과하다', '풍부하다', '남다' 등의 뜻을 갖는 '야타르יתר'가 원형이다. '무엇이 유익한가'라고 했으니 의문문이다. 인간의 삶의 근원적 허무, 본래적 아픔인 이것은 수고로움만 있을 뿐, '이익', '남는 것'이 없는 삶에 대한 확증적 설명이 된다. 인간이 행하는 모든 수단, 강구하는 모든 노력들이 부정적 결과만을 가져올 것이라는 비관적 전망을 던지고 있다. 물론 이것은 하나님 앞에 나아갈 때는 다 해소될 수 있으리라는 소망을 나타낸 것임을 멀리 암시하고 있는 말씀이기도 하다.

본절의 '자기에게'는 원문이 '라아담לאדם'이다. 이 '라아담'은 전치사와 관사가 동반되어 있다. '아담אדם'은 사람을 뜻하고, 정관사 ה가 안붙어 있으니 아마도 인간 전체를 나타내거나, 혹은 단수로서 인간 각자를 나타낸다고 말할 수 있을 것이다. 우리가 알거니

---

[17] 그러나 그것이 구약의 하나님에 관한 설명으로만 머물러 있게 된다면, 그것은 성전 유대교도 아닌 후기 유대교이지 기독교가 아닌게 된다. 기독교 신앙의 꽃은 부활이요 그 첫 열매되신 주 예수 그리스도 이기 때문이다.

와 사람의 표현으로서의 아담은 창세기의 아담을 곧바로 상상하 듯, '흙으로 빚어진 인간'의 모습을 연상케 한다. 원문에서 사람을 지칭할 때, '에노쉬אנוש[18]'는 귀한 존재로서의 사람איש을, '아담אדם' 은 반드시 죽을 수밖에 없는 유한한 인생의 사람בני-איש을 뜻한 다.[19] 그런 의미에서 바울이 말한 바 두 번째 아담인 예수 그리스도는 첫 번째와 달리 영원성을 말하고 있다는 것이다. 본절은 그래서 수고해도 남는 것 없는, 빈손으로 왔다 빈손으로 갈 수밖에 없는 처량하고 허무한 삶을 처절하게 수사의문문מה?의 형식을 빌려 표현하고 있다.

♠ '해 아래'에서 '해שמש'는 무엇일까? 시편 19편이 그 답을 희미하게나마 알 수 있도록 이해를 돕는다. 19편 5절에, "해는 그의 신방에서 나오는 신랑과 같고…", 7절에는 "여호와의 율법תורת יהוה[20]은 완전하여 영혼נפש을 소성시키며…", 14절엔 "나의 반석이시오 나의 구속자이신 여호와여"라고 했다. '신랑חתן', '여호와의 율법תורת יהוה', '반석אבן באהן', '구속자מושיע', '여호와יהוה'라는 단어를 연결해보자. 누가 연상되는가? 하나님이신 예수 그리스도다. 그분은 성육신 하신 '아도나이יהוה'[21], 즉 주님이시며, 하나님이시다. 동

---

[18] '혼'으로도 번역 된다.
[19] אנוש בר 다니엘 서에 나오는 '인자'로 번역된 단어의 의미는 신학적으로 많은 논란이 있으나 통상적 신앙의 계보에 따라 '인자'는 예수 그리스도, 최종 메시아를 의미한다고 읽는다.
[20] 보다 근접한 번역은 주의 가르침이라 보는 것이 맞다고 봐야 한다. 주의 율법이 단순히 모세 오경의 일 부분을 말한다는 것은 큰 잘못이다. 빛이 있어라하신 그 말씀 자체도 율법이기 때문이다.
[21] 여호와나 야훼라는 독법은 이미 신학적 기틀로 변이된 표현이다. 1611 킹 제임스 성경 마저도 8군데를 제외하고서는 모두 주LORD(아도나이/큐리오스/도미네)라 번역 하였다.

시에 율법의 완성자²²요, 상징적 의미로서의 완전한 율법 자체²³다. 하나님은 영이시니²⁴, 굳이 물질인 '해'라고 명시하지 않는다. '빛'도 유사한 의미다. 성육신 하신 분, 근본 하나님의 본체²⁵시나 육체(물질)를 입으신 분이 예수 그리스도다. 전도서를 예언서로 인식하고 있는 유대인들은 본절의 '해'를 '메시아'의 상징, 혹은 빛을 율법이라 했듯이 이 또한 율법이라고도 말한다. 우리는 어떠한가? 거듭 말하거니와 본절의 '해שמש'는 성육신한 하나님이신 예수님의 상징이다.

예수님은 한 호흡이라 할 만큼 아주 짧은 생애를 사셨을 뿐이다. 영원의 관점에서 보면 성육신을 하신 후의 생애는 '짧음'이다. 실로 '아주 짧은 생애'였다. 예수 그리스도를 기점으로 예수 그리스도를 따르는 자는 '해 위', 곧 천상의 삶을 살 것이며 이 삶, 영적 삶에 있어 지극한 '유익'이 있을 것이나, 반대로 '해 아래', 곧 예수님 없는 삶은 적극적 수고가 동반된다 하여도 사람에게(자기에게) 영적으로 아무 유익이 없을 것이다. 해석을 함에 있어 본절의 수고, 해 아래의 수고가 예수님을 해로 상징할 때, 예수님이 오셨음에도 불구하고 여전히 행하는 성전제사(동물제사와 및 분

---

[22] 로마서 10장 4절
[23] 시편 19
[24] 요한 4:24
[25] 빌립보서 2:6-11 여기서 오해하지 말것은 타자적으로 설명하는 것이 아니라 번역이 그렇게 되었음을 알아야 한다는 것이다. 독생자라는 개념은 독자나 외아들이 아니라 '스스로 온 자'라는 개념이다 이 테오토코스 θεοτοκος에 관한 논쟁은 오래된 것이다. 마리아의 신성을 강조하기 위한 언어가 아니라 예수 그리스도 자체가 사람의 겉옷을 입으셨다고 해석해야 한다. 그것은 이미 야곱이 이삭에게 복을 받을 때 털옷을 입은 것과 같은 비유이다.

향과 그 모든 성전 유대교식 예배 예법)를 통해 속죄하려드는 당대의 유대 종교지도자들의 그런 수고가 의미 없음을 말한 것으로 해석할 수도 있다.

4절] '한 세대는 가고 한 세대는 오되 땅은 영원히 있도다'

이 말씀의 의미가 땅은 인간의 삶과 상관없이 계속 있어 제한이 없다는 것일까? 어쩌면 이 말씀의 의미는 비록 겉모습이라 할지라도, 해 아래에서 영속적인 것, 계속적인 것은 아무 것도 없음을 말하고자 함일 것이다. 일차적 의미부터 파악해보자. 혹자는 말하기를, 사람은 한 세대 밖에 살지 못하며 다음 세대로 '바톤'을 넘겨주는 것일 뿐이라고 한다. 이 말씀 또한 2절, 3절과 거의 동일한 의미를 내포하고 있다고 할 것이다. 또 다른 이들 중에 이사야 40장 8절을 연상하여, "풀은 마르고 꽃은 시드나 우리 하나님의 말씀은 영원히 서리라"고 한 말씀으로 해석하기도 한다. 즉, 풀이 싹트고 자라 꽃이 피고 지며, 그 씨앗이 떨어져 다음 해에 또 싹이 트듯 인간의 삶도 그렇게 마쳐지고 자기가 아닌 다음 세대가 이어 받을 것이나 하나님의 말씀은 영원할 것임을 말한 것이라는 입장이다. 그런데 이 말씀이 성경의 축자 차체라고 생각하는 사람들이 있다. 먼저는 유대교인들이요 다음은 특정 영어 성경만이 성경이라 우기는 자들이다. 독자들의 생각은 어떠한가?

본절 또한 의문문 형식을 취하고 있다. 3절에서 인간의 수고로움이 의미가 없음을 나타내었듯이 본절도 인간들의 연이은 '애씀들'이 다 공허하며, 세대만 이어질 뿐, 오랜 시간이 지난다고 할지라도 여전히 긍정적인 결과가 도출되지 않음을 역설한 글 같지 않은가? 원문 풀이와 더불어 분석해보자.

본절의 '한 세대'는 원문이 '도르דור'다. 이것은 본래 '돌다', '남다', '거주하다', '선회하다'의 뜻을 가진 '두르'에서 유래한 것으로 '시대', '세대', '거주'라는 뜻이 있다. 신명기 1장 35절에 보면, 가나안 땅에 들어가지 못한 이스라엘 사람들을 악한 세대라고 말씀하시고 40년간 광야에서 헤매게 하신 장면이 나온다. 즉, 유대적 관점에서의 한 세대는 40년이다. 그렇다고 해도 본문이 반드시 40년을 지칭하는 것은 아니며 낳고 죽을 때까지라고 봄이 옳을 것이다. 시편 90편 9-10절을 보면, "우리의 모든 날이 주의 분노 중에 지나가며 우리의 평생이 순식간에 다하였나이다/ 우리의 연수가 칠십이요 강건하면 팔십이라도 그 연수의 자랑은 수고와 슬픔뿐이요 신속히 가니 우리가 날아가나이다"라고 했다. 이렇게 보면 본절까지 긍정적인 시각은 전혀 보이지 않는다.

본절의 '가고'나 '오되'는 원문의 경우 계속됨을 나타내는 분사형으로 표현되어 있다. 얼마나 허무한가? 오늘 본 사람이 내일 없을 수 있으며, 탱탱하던 얼굴이 부지불식간에 주름과 검버섯이 가득하게 되고 어느새 세상에서 자취를 잃게 되며, 다음 세대로 이어진다. 참으로 허무하기 그지없다고 할 것이다. 이런 인간의 삶에 비해 땅은 얼마나 지속적인가? 인간의 삶에 비교해 땅은 어제나 오늘이나 변치 않은 듯이 보이지 않는가?

그 땅הארץ이 영원히 있다는 것, 여기서는 통상적으로 흔하게 그리스도인들이 비교하는 하늘(천국שמים)과 땅(세상עולם אדמת)의 관계가 아닐 것이다. 그냥 가고 오는 사람들이 거주하고, 영위해 살아가는 땅을 가리키는 것이다. 인간은 잠시 왔다가 사라지거니와 그들이 터를 잡고 살아가던 곳, 땅은 인간에 비해 오래 지속되니, 땅에 비해 인간의 삶의 덧없음과 무가치함, 그 실존의 허무함을 말하고자 한 것이다라 볼 수도 있고, 특별한 정관사 ה 때문에 하나님의 언약이 시작된 그 땅הארץ을 의미하는 것일 수 있다. 본절의 '영원히'는 1차적 축자로는 구원받은 삶이 가진 영원한 생명과 같이 영존한다는 의미라기보다는 나그네 삶 같은 인간의 삶에 비해 오래라는 의미로 보는 것이 맞을 것이며 2차적인 해석 곧 그 땅을 특별한 것으로 볼 때에는 영원한 땅 곧 주님이 계신 하늘 위의 땅הארץ בשמים을 의미한다. 결국 1차적 의미로서의 본절을 본다면, 앞절들과 별 차이가 없는 절망적 상황의 지속을 나타낸 말인 것이다.

♠ 우리가 알거니와, 인간의 육체적 삶은 물론, 물질적인 것으로서의 땅조차 영원하지 않다. 거대한 산도 세월이 흐르면 풍화되어 평지로 변하고, 우주에 존재하는 땅들도 파괴되고, 변할 수 있음이다. 우리는 지구 또한 그 생성역사를 갖고 있음을 자연과학의 눈으로서 이미 알고 있고, 언젠가는 반드시 소멸할 것을 과학적인 근거로 인지하고 있다. 유대인들은 이 땅, 이 지구에 언젠가는 메시아가, 육체를 가진 왕으로서의 메시아가 올 것이라고 굳게 믿고 있고 기독교의 종말론자들이나 극단적 세대주의자들 가운데도 이 땅(지구)에로의 예수님 재림이 있을 것을 밝히고자 애쓰고 있다. 그러나 계시록 21장 1절에 보면, "또 내가 새 하늘과 새 땅을 보니 처음 하늘과 처음 땅이 없어졌고 바다도 다시 있지 않더라"고 했으니 명확하지는 않으나 하나님께서 창조하신 이 땅, 곧 이 지구는 예수 강림의 때엔 존재하지 않을 가능성이 크다 볼 수 있다. 그 때에 나타날 것이 이 땅의 개조라고 주장하고 싶은가? 아니다 לא. 아마도 그 세계는 영적 세계일 가능성이 더 크다. 왜냐하면 영적 세계야말로 영원한 세계이기 때문이다. 물적(物的) 세계엔 영원성이 부재(不在)하며 있는 그대로의 본질은 이미 인간의 언어

적인 것도 아니다. 필자는 새 하늘과 새 땅이 어디인지는 잘 알지 못하지만 적어도 이 땅, 이 지구가 아닐 것이라는 생각을 갖게 된다.[26] 본절의 문자를 그대로 믿는다면 계시록 말씀과 정면으로 배치된다. 그러므로 당연히 본절의 땅에 관해서는 다른 해석이 강구되어야만 할 것이다. '영원히 있도다'라고 분명히 말씀하셨는데, '영원히 있지 않게 되면' 이것 또한 문제가 아니겠는가?

다시 설명하자면, 2차적 의미, 곧 속뜻으로서의 본절의 말씀을 살펴보면, 간단히 답이 나온다. '땅'은 이 지구가 아니다. 그 상징하는 바가 바로 '하늘에 있는 땅', 곧 '새 땅'에 해당하는 천상의 곳이다. 그렇다면 가고 오는 '한 세대'는 무엇일까? 이것은 세 가지 정도로 적용할 수 있을 것이다. 먼저 이 '한 세대דור'의 원문이 단수라는 점에 착안한 해석이다. 이 견해에서의 세대는 '딱 한 세대'다. 오는 세대도 단수로서 역시 한 세대다. 그러므로 '가는 세대'는 예수님이 오심으로 다시는 오지 않을 단 한 세대인 '율법시대'를 상징하고, '오는 세대'는 예수님으로 말미암은 '은혜시대'를 가리킨다는 것이다. 이처럼 가고 오는 세대가 한 번씩 변화가 있을 것이지만, 그러나 영원히 변치 않을 곳이 있으니, 곧 천상에 있을 곳, 영원히 있을 새 땅이라는 것이다.

두 번째 적용은 가고 오는 세대를 인간 세대로 본 해석으로, 인간의 삶은 영원하지 않으나 예수 그리스도를 믿음으로 말미암아 갖게 된 삶은 인간의 삶에 비해 땅이 영원히 존재하는 듯이 보이

---

[26] 히브리적 사고로 새롭다는 것은 어떤 의미인가? 원래의 언어의 특성도 그렇지만, 유대적 사고는 더하는 것은 있지만, **빼**는 것은 없는 편이다. 그렇다면, 새하늘과 새땅은 재생이 아니라 전혀 다른 종류라는 뜻이다.

듯, 실제로 영원한 천국의 삶을 살게 되리라는 것이다.

　세 번째 해석은 가고 오는 세대는 인간 세대로서 영원성이 없으므로 실제로 허무한 삶일 수 있으나, 땅은 영원히 있다는 말씀에서 이 땅이 하늘에서 오신 예수, 성육신 하신 예수의 상징이라고 보고, 그 분은 영원히 계신다는 해석이다.

　필자는 세 가지 다른 입장을 피력했다. 그런데 우리가 여기에서 보듯 이차적 의미, 속뜻은 '반드시 이것이다'라는 단 하나의 설명으로서의 언제나 유효한 답은 없다. 각자의 믿음의 분량에 따라, 성령께서 허락하신 깨달음에 따라 변화할 수도 있음이다. 다만 가장 확실하고 분명한 것은 그 모든 것에서 예수 그리스도가 나타나고 그분이 증거 되어야만 한다는 것이다. 이런 단단한 틀 안에서는 그 해석에 있어 비교적 자유로울 수 있다는 것이다. 유대인들의 성경, 창세기는 1장 1절에 대한 해석만도 공인된 것이 70개다(모세 당시의 70인의 장로를 의미하기 때문이다). 그 하나하나가 서로 상이한 주석이고 해석들이다. 그들의 성경을 보면 그래서 본문보다 주석이 훨씬 많이 나온다. 기독교도 초기 성경엔 주석이 상당히 여러 가지 나왔었다. 그런데 현대로 오면서 점차 본문 주석exposition/exegate, 해석interpretation이 사라져가고 있어 수많은 성경 독자들이 자신의 문화적 시각만으로 왜곡된 해석으로 인한 신앙의 해침을 당하고 있는 것이다.

　우리 필자는 성경 해석에 관한 한 보수를 지향한다. 특히 모든 성경이 예수 그리스도를 증언하고 있음을 인정하는 것으로서의 보수적 신앙 지지자들이라고 할 것이다(이것은 서두에서 보듯 예수님의 말씀이다!). 이 책의 모든 행위가 그러한 방식으로의 해석법을 취하고 있고, 독자들에게 권하는 방법이기도 하다. 굳이 신학이라는 학문의 장르적 설명 들먹인다면 종합 해석적 주경신학이다. 성령의 감동으로 씌어진 어떤 성경들에서도 하나님과 예수를 연결하고 설명하는 것을 뺀 해석을 가한다면 그것은 틀린 해석이라는 것이다. 동시에 해석에 다소 차이가 있다 할지라도 그 말씀 안에서 예수 그리스도를 발견한다면 틀린 듯 보여도 사실상은 틀리지 않은 것이라는 입장이다. 성경 66권 전체[27]가 예수를 증언하는 것으로서의 그와 같은 해석이 실제로 가능하다. 이것은 정말 사실이다! 필자는 이 일을 평생의 사명으로 알고 동일한 관점을 가진 성경연구가들과 더불어 강해서들을 집필하고 있다.

놀랍게도 수천 년 간 성경(구약만)을 연구해 온 유대인들[28]은 집요하게 성경 안에서 메시아를 찾아내고자 했고, 실제로 그와 같은 노력의 결실이 충분히 만족할 정도로 성공했다.[29] 다만 안타깝게도 그들은 이 메시아가 바로 예수님이며 메시아가 이미 오신 것을 인정하지 않고 있을 뿐이다. 그런데 막상 기독교인들은 성경(특히 구약) 안에서 이미 오신 메시아, 곧 예수님을 일부분 외에는 거의 찾아내지 못했고 더 이상 찾으려고 노력조차 시도하지 않는다. 반대로 하나님 예수를 제거하려는 시도가 더욱 많았으니

---

[27] 성경이 66권이라는 틀 안에서 보는 것은 westminster confession에 따른 protestant 신앙에 근거한 것이며, 실제로 이 성경에서 누락된 읽어 왔던 외경과 위경들은 직간접적인 예수 그리스도에 관한 해석을 끌어내기가 어렵거나 그에 관한 선대의 주석과 주해가 없는 것들을 삭제시킨 것이라는 의견에 동의한다. 그러므로 심지어 '아가서 שיר השירים' 안에서도 당연히 예수 그리스도의 십자가 사역을 발견할 수 있다.
[28] 모세 오경이 중심이 되어 편재된 전체적인 성경 해석과 읽기
[29] 현재에도 매주 마다 안식일을 마치며 하는 랍비 유대교의 유대인 기도의 마지막 문장은 '그것이 늦더라도 오늘 메시아를 보내주소서'이다.

굉장한 아이러니가 아닐 수 없다. 이것은 바른 신앙자세가 아니다. 성경은 학문적 연구대상으로서의 일개 서적이 아니라 신앙적 관점에서 하나님의 말씀이 기록된 책이며, 그러하기에 진리의 말씀 ספר של באמת יהוה이다. 따라서 그에 걸맞은 해석을 해야만 하는 것이고, 필자가 제시한 방법은 신앙에 일치하는 해석법인 것이다. 그러한 시각을 기초로 성경을 다시 살펴보자. 그러하면 성경이 달고 오묘한 말씀으로 환원되어 다시금 여러분들에게 새롭게 다가갈 것임을 확신한다. 이를 위하여 우리 필자와 여러분은 주께로부터 부르심을 받은 것이다.

잊지말라. 성경의 주인은 먼저 주님이라는 사실을...

5절] '해는 뜨고 해는 지되 그 떴던 곳으로 빨리 돌아가고'

저자가 5절부터 7절까지 이어가며 해와 바람, 강물 등과 같은 자연 순환의 이치를 들어 자신의 의도를 피력(披瀝)하고 있다는 것이 이 부분에 대한 일반적인 해석이다. 그 가운데 본절은 '해(sunשמש)'의 순환[30]에 해당된다. 해가 떴다가 지는 것은 자연의 이치거니와 저자는 왜 떴던 곳으로 '빨리 돌아간다'고 말했을까? '빨리 돌아가고'의 원문은 '쇼에프שאף'다. 이것은 그 원형이 '샤아프'이고, 이 단어는 '헐떡거리다', '서두르다', '빨리 가다'의 뜻을 갖는다. 솔로몬 자신의 만년[31], 곧 정신적 육체적으로 노쇠화 된 자신

---

[30] 순환적인 인식이냐 전혀 다른 새로운 해가 떠오르는 것이냐의 사고의 문제에 대하여 보통 고대의 사람들은 해의 순환을 부활적인 이미지로 본 것을 고대 근동의 문헌들에서 볼 수 있다.

[31] 유대 주석가들이나 기독교 주석가들이나 전도서를 솔로몬의 저작으로 여기는 사람들은 대부분이 이것을 솔로몬의 말년에 회개하는 마음으로 기술 하였다고 생각한다.

의 처지와 심정을 반영해서였을까? 설사 그런 느낌이 든다 할지라도 본절과 관련해선 해가 떴던 곳으로 빨리 돌아가는 것이 '숨이 차서 헐떡거린다'라기보다는 '어떤 것을 간절히 바라는 것, 게다가 그것을 얻으려고 열망하는 것들이 기대와 달리 그 끝이 예상보다 빨리 다가옴을 의미한다고 해석하는 것이 훨씬 자연스럽다. 환언하면, 해의 순환을 빗대어 말한 인간 욕망의 추구와, 욕심에 따른 행위가 바람과 달리 더 빠른 속도로 무의미해질 것을 말함이라는 것이다. 앞절들과 마찬가지로 또 다른 종류의 '덧없음 הבלים'의 표현에 다름 아니라는 것이다

'해는 떴다가 지고'라고 할 때는 해석상 자연스럽게 태양의 뜨고 짐, 곧 태양의 주기적 순환을 떠올리는데 하등 망설임이 없을 것이다. 자연의 순환처럼 의미 없는 반복적 인생이 그렇게 지나간다는 것이며, 그 가운데서도 인간은 욕망을 추구하고 있다는 것이다. 하지만 매일의 반복, 기계적인 삶, 심지어 욕망의 추구 행위조차 그다지 삶의 의미에 긍정적으로 작용하지 않음을 해의 일몰(日沒) 현상을 들어 말씀하고 있다는 것이 일반적인 해석이다.

또 다른 한편으론 이렇게도 이해할 수 있을 것이다. 즉 본 절에 나오는 태양이나 이어지는 구절들에 나오는 바람, 강과 같은 것들도 그 연원을 밝히면 모두 다 하나님의 창조물들이라는 점에 유념할 필요가 있다는 것이다. 그 가운데 어느 것 하나도 인간에 의해, 즉 인간의 손길을 타거나 이루어진 것이 없으며 그 운행을 막지도 못한다는 점에서 인간의 유한성, 제한성이 부각된다는 것이다. 인간이 일상 속에서 늘 접하는 자연의 간단한 순환 행위조차 인간의 능력, 힘으로 된 것이 없으니, 하물며 우주와 천체를 포함한 모든 피조물이야 더 말해 무엇하겠는가! 이 모두는 하나님의

것일 뿐, 인간은 그 가운데 끼어들 틈조차 없으며, 사람이 높이 여기는 태양조차 떴다가 바로 사라지고, 마치 질 때는 서둘러 가는 듯하니 잠시 머물다 사라질 운명의 인생은 얼마나 더 허무하겠느냐는 것이다.

♠ 하나님을 전제로 하지 않는 인생, 그런 삶은 마치 떠오르는 해처럼 밝은 듯하고, 힘찬 듯하지만 태양이 금방 져 어둠속으로 사라지는 것처럼 무의미의 지속임을 밝힌 것이 일차적 의미라면 숨은 비밀에 해당하는 이차적 의미는 무엇일까? 유대인들은 본절의 '해'를 '메시아צמח צדק. משיח'로 보고 있다고 이미 앞에서 언급한 바가 있다. 물론 우리는 이 메시아가 바로 예수님이신 것을 안다. 해가 떠오르면 빛이 비추어 사방이 밝아진다. 마태복음 4장 16절에, "흑암에 앉은 백성이 큰 빛을 보았고 사망의 땅과 그늘에 앉은 자들에게 빛이 비추었도다" 라고 했듯이 그 태양שמשה은 예수 그리스도며, 빛אור 또한 예수님을 상징하고 있다고 할 것이다. 예수의 속죄와 구원의 복음이 편만(널리 퍼짐)해질 것을 말씀한 부분이다.

본절에서 해가 뜨고 지는 것이 상징하는 바가 바로 성육신 하신 예수께서 오셨다가 가신 것을 말씀한 것이고 그것에 대한 잠깐의 때를 의미한다고 볼 수 있지 않을까? 이처럼 본절을 상징적인 관점에서 보면 맞는 말이 된다. 필자는 2절의 '헛되고'라고 번역된 한글 성경에 대해 원문인 '하벨הבל'이 예수 중심적 해석의 관점에서는 '헛됨'이라기보다는 호흡과 같은 짧은 시간의 의미가 더 어울린다고 말했다. 금언 중에 '인생이 두 개의 영원 사이에서 번쩍이는 번갯불과 같다'는 말이 있다. 그만큼 삶이 짧은 것이어서 순간에 지나지 않는다는 것이다. 예수님의 이 땅에서의 시작과 끝이 그러하지 않았는가? 영원 사이의 공생애는 떠오른 해가 금방 사라진, 그것도 아주 빨리 사라질 만큼 짧은 것이었다. 예수께서 떠나실 때는, 젊은 나이에 벼락 같이 떠나셨으니 해가 빨리 진 것과 같다.[32] 그런 가운데서도 '한 호흡'에 불과한 그 짧은 시간에 인류에게 구원의 손길, 대속의 은혜와 복음을 남기셨으니 이 또한 하나님의 크신 사랑, 밝은 태양의 모습이 아닐 수 없다.

유대인들은 이 '해'를 '메시아'의 상징이라고 하지만 다른 한편, '율법'이라고 여기기도 한다[33]. 해가 떴다가 얼마 안 있어 지듯 모든 것이 삽시간, 짧은 시간에 지나가는데, 더욱이 '빨리 돌아간다'고 했으니 메시아가 오기 전까지 열심히, 부지런히 율법을 공부해야 한다는 당위성을 제시한 말씀이라는 것이다. 그래서 그들은 만물이 가을걷이를 끝내고 잠에드는 장막절 기간 중에 전도서를 읽는다. 그 읽는 방식도 한 번에 전체를 읽으며, 특히 전도서의 마지막 두 절은 두 번씩 읽기를 일주일 동안 지속한다고 한다. 왜 그렇게 하는 것일까? 빨리 지나가는 것이 삶이니 해가 비치는 동안, 즉 율법이 존재하는 그 기간 동안에 최대한 빨리, 많이 읽으라는 것(지키라는 것)이다. 그것이 그들의 구원방식이고, 오실 메시아에 대한 대비 방법이기 때문이다.

---

[32] 예수님의 제자들의 일부가 '우레의 자손'으로 불린 것에 관해 생각해 볼 일이다. 당시만 해도 우레는 인간이 만들 수 없는 신적인 현상이라고 밖에 설명이 안되기 때문이다. 또한 보다 성경적인 해석으로서 예수 그리스도의 사역에 있어서 '우레가 울었다'라고 사람들이 말하는 것은 구약 때에 하나님이신 주께서 모세와 대화하는 것을 사람들은 '우레소리'로 들은 것으로 생각해 볼 수 있다.

[33] 잠언에 תורה אור '법은 빛이요' 라는 구절의 적용이다.

물론 메시아는 이미 오셨다. 예수님으로… 전도서의 마지막 두 구절이 무엇인가? '일의 결국을 다 들었으니 하나님을 경외하고 그의 명령들을 지킬지어다 이것이 모든 사람의 본분이니라/ 하나님은 모든 행위와 모든 은밀한 일을 선악 간에 심판하시리라'고 한 말씀이다. 유대인들은 여기서 말씀하신 '그의 명령들'이 바로 율법을 지키고 공부하는 행위라고 생각하고 읽는다. 그리고 마지막 절이 메시아의 강림의 때에 나타날 심판의 때를 말함이어서 그것을 대비한다는 명목 하에 그토록 열심히 전도서를 읽는다는 것이다. 12장 13절의 한글 번역은 '명령들'이라 했으나 원문은 המצותו의 해석에 따라 단수로 '명령'이다.[34] 말씀인 예수 그리스도를 사랑함이 자체가 그 명령이다.[35] 14절의 심판은 누가 하시는가? 심판주로 오시는 예수님[36]이다. 따라서 이 명령은 당연히 예수님의 명령이며, 그것은 유대인들(1차적으로는, 그러나 영적 의미론 모든 사람)에게 장차 오실 그분, 곧 '예수님이 메시아이고, 구원자이신 하나님이시니 그분을 믿으라'는 강력한 권고의 말씀인 것이다.

유대인들이 그렇게 여기듯 전도서는 분명 계시서이고 예언서다. 누구에 대한 계시고 예언인가? 그들은 예수님을 절대로 거론하지 않으나 분명 예수님에 대한 계시고 예언서인 것이다. 솔로몬의 저

---

[34] 원래의 읽기는 복수이지만, 모든 사람이 또 복수이기 때문에 공동체(케할)적 의미의 단수를 지향하는 집합복수라 볼 수 있다는 의미이다. 율법은 하나다. 그러므로 사도바울이 논증하듯이 간음하지 말라하신이가 살인하지 말라하셨은즉 율법의 무게는 동일한 것이다. 그 무게를 완화하는 유일한 방법은 이방인이나 유대인이나 오직 예수님을 믿는 일이다.
[35] 레위기 19:18
[36] 심판은 누가 하는가? 천지의 조성자(창조자) 하나님인 것이다!

작 때는 예수님이 오시기 전이니 예언이겠으나 우리가 직면하고 있는 현재는 과거 짧은 시간에 이미 오셨다 가셨으니 이제는 예수님을 믿는 것이 절대 절명의 지상과제이고 영원한 생명을 얻는 단 하나의 길이고, 수단이며 방법이 된 것이다. 해가 떠서 빨리 지듯 예수님은 이 땅에 잠깐 오셨다가 가셨고, 그 모습을 우리가 뵐 수 없으나 다시 태양이 떠오르듯 성령님으로 오셨으며 그 후에, 마침내 영적 심판주로 우리 앞에, 또한 독자들과 모든 사람들 각자 앞에 다시 나타나실 것이다.

6절] '바람은 남으로 불다가 북으로 돌아가며 이리 돌며 저리 돌아 바람은 그 불던 곳으로 다시 돌아가고'

바람ㅠㅠ이 남으로 불다가 북으로 돌아간다는 것은 외피적 의미로만 보고자 하면 어떤 절대성을 내포한 중대한 내용은 아닌 것으로 보일 것이다. 그래서 본절의 표현은 뒤의 글과 마찬가지로 단순한 바람이 부는 방향을 말한 것으로 '반복적 운행'에 불과할 것이라는 것이다. 바람이 이리 저리 돌아 결국 불던 곳으로 다시 돌아간다고 했다. 축자적으로 인생무상을 말한 앞의 구절들의 강화, 반복이라고 느낄 수 있게 되어 있는 문학적 서술로 들린다.

인생은 바람과 무엇이 다를까? 났다가 잠시 잠깐의 삶 후에 죽고 다른 세대가 등장하게 된다. 마치 역대상 29장 15절의 말씀인, "우리는 우리 조상들과 같이 주님 앞에서 이방 나그네와 거류민들이라 세상에 있는 날이 그림자 같아서 희망이 없나이다"라는 말씀처럼 하나님과 결별된[37] 상태에선 그저 나그네 같은 삶이나,

---

[37] 하나님으로부터 [죄로 말미암아] 가려진 상태에서로 바라볼 수 있다.

임시 거류민에 불과한 것이라는 말이다. 나그네나 거류민은 온전한 정착을 못한 상태다. 마치 본절의 바람처럼 이리저리 방황할 뿐, 그러나 육신은 결국 바람처럼 시작된 곳으로 다시 갈 것이다. 흙으로 빚어진 '아담' 같은 존재니, 돌아감도 흙(אדמה)일 수밖에 없는 그런 존재(היה)라는 것이다. 따라서 이 6절 또한 일차적 의미만 보려고 하면, 앞의 여러 구절들과 마찬가지로 허무하고, 덧없는 인생이라는 것이다. 다만 그 가시굴레 같이 의미 없는, 다람쥐 쳇바퀴 돌듯하는 반복적 운행에서 벗어나는 유일한 길이 곧 하나님과 화합하는 것임을 미리 암시하고, 또 그런 말씀이 이어져 나오기를 기대하도록 유도하고 있는 말씀이라고 할 수 있다.

히브리어 원문을 분석해 보면 어떨까? 본래 바람을 가리키는 원문은 '루아흐(רוח)'다. 여성형 명사다. 그 원형이 유사 발음인 '루아흐'이고 이것은 '불다', '호흡하다'의 뜻을 갖는다. 명사인 본문은 '영', '호흡', '입', '기운', '공기', '(공기의 이동인) 바람', '생기', '영혼', '하나님의 영', '성령'처럼 다양한 뜻을 갖는다. 원문에는 정관사 '하'가 붙어 있어 '하-루아흐(הרוח the wind)'로 기록되어 있다. 원문상 특이한 점은 분사형들이 앞에 나열되어 있고 주어가 맨 뒤에 나타난다는 것이다.[38] 번역된 '불다가', '돌이키며', '이리 돌며', '저리 돌며 등은 모두 원문이 분사형이다. 히브리어의 분사형의 특징은 '동작의 계속성'이다. 따라서 이것은 바람의 움직임, 곧 순행의 계속성을 강조한 것이라고 볼 수 있다.

독자들은 이렇게 물을 수 있을 것이다. "그래, 바람이 이리 불고,

---

[38] 히브리어에 어순에 관하여 다양한 의견과 이견들이 있지만, 어순 자체가 내용의 변화를 주지는 않는다.

저리 불고, 불던 곳으로 되돌아간다는 것, 그 반복된 순환이 내게 무슨 의미가 되지?"라고 말이다. 굳이 다소나마 의미 부여에 관심을 둔다면, '불던 곳으로 되돌아 가고'에 주목할 필요가 있을 것이다. 즉, 이것은 바람이 이리 저리 돌듯이 인간이 자신의 목적 달성을 위해 어떤 강제한 수단을 강구한다고 할지라도 가치 없는, 무의미한 순환임을 나타내는 것으로 볼 수 있다는 것이고 인생도 다 그러하다는 것이다. 사람이 바람이 이리 저리 불듯 갖은 노력을 다해 사는 동안에 이것도 해보고, 저것도 해보지만, 무엇 혹은 어떤 것이라도 남기고자 하지만 종국엔 '돌고 돌아 제자리'니 그 허무야 말로 '인생 무의미', 인생의 '덧없음'의 단면이 아닐 수 없다는 것이다.

♠ 2-6절까지의 겉모습에서 보이는 주제는 '인생이 허무'이고, '유한한 인생'이며, 동시에 발버둥치다시피 하며 일평생 행하는 인간의 '해 아래', 곧 세상적 노력도 무의미하여 종국은 제자리니 흙으로 가게 될 것이란 말씀들이었다. 마치 낳고 죽어감이 기제(機制)로 작동하는 인간의 모든 세대에서 한 세대가 가고 다른 한 세대가 다시 오는 상황이 지속적으로 이어지나 여전히 '헛된 것'과 같다는 것이다. 필자는 이것을 '허무의 사슬'이라고 부르고 싶다. 그러나 이런 류(類)의 해석과 달리 예수 중심적 해석인 2차적 의미는 전혀 다르게 나타난다. 어떤 것일까? 본절의 바람이 원문에서 '하루아흐חרוּחַ'로 기록되어 있고, 이 '하ה'는 정관사다. 우리가 '루아흐'란 단어가 내포하고 있는 다른 뜻, 곧 '영혼', 혹은 '영'의 의미로 적용해 다시 살펴볼 때 그 새로운 의미를 파악할 수 있다.

본절을 '영혼 이야기'로 재조명해보면 어떻게 되겠는가? 인간의 영혼은 육체에 실려 이리 저리 다니다가 종래엔 난 곳으로 되돌아간다. 본절과 연관구절로 요한복음 3장 1-8절에 나오는 예수님과 니고데모와의 대화를 들 수 있을 것이다. 특히 3장 8절에, "바람이 임의로 불매 네가 그 소리는 들어도 어디서 와서 어디로 가는지 알지 못하나니 성령으로 난 사람도 다 그러하니라"고 했다. 인간은 바람의 난 곳, 갈 곳을 모르나 하나님이신 예수님은 아신다. 예수님은 바람, 곧 영적인 의미로서의 영혼과 성령으로 난 사람을 대비하신다. 이 말씀에서 '성령으로 난 사람'은 누구일까? 첫 번째로 성령으로 나신 분, 그분은 예수님이시다. 성령에 의해 잉태된 분[39]이다. 그리고 부활하신 분이다. 예수께서 십자가를 지신 후 그 은혜로 말미암아 수많은 사람들이 영적으로 거듭나 소위 '성령으로 거듭남을 입게 되는 것'이다. 그리하여 흙אדמה으로 난 자(אדם아담)는 흙으로 감이 제자리이고, 영으로 난 자는 영으로 돌아가는 것이 제자리로 가는 것이 된다. 이것이 바람이 돌고 돌아 제자리로 가듯 나타날 삶의 바른 이치인 것이다.

예수께서 스스로를 가리켜 '성령으로 난 사람'이라고 한 것은 바로 그분이 말씀의 선포자인 '전도자קהלת'라는 것이고, 동시에 자신이 성령רוח הקדש이며, 하나님יהוה이심을 에둘러 표현하신 것이다. 바람이 임의로 불매 어디서 와서 어디로 가는지 알지 못하듯 성령으로 난 사람도 다 그러하다는 것, 그것은 '하늘에서 내려온 자 곧 인자בר אנוש(요3:13절 참조)'이신 예수님만이 이 일, 곧 죄사함과 구원이 가능하게 하실 수 있는 유일한 분이라는 의미를 은연중에 내포하고 있는 것이다. 또 그분을 믿고 따르는 자들만이

---

[39] 모노게네(누)스 μονογενους 3439 독생자-자존하는 스스로 태생인 분 (요 1:14)

영적 제자리, 본향인 하나님의 나라로 갈 수 있는 것이기도 하다.

7절] '모든 강물은 다 바다로 흐르되 바다를 채우지 못하며 강물은 어느 곳으로 흐르든지 그리로 연하여 흐르느니라'

모든 강물이 다 바다로 흐른다. 강물이 골짜기를 지나거나, 호수를 채운 후에 흐르거나 상관없이 마침내 바다에 이르게 된다. 그러나 계속해서 흐르는 강물이라 할지라도 바다를 다 채우지 못한다. 그런데 해는 떴던 곳으로 돌아가고, 바람도 불던 곳으로 돌아간다고 했는데, 왜 강물이 바다를 채우지 못한다고 했을까? 그렇다면 강물은 바람처럼 온 곳으로 돌아가지 못한다는 의미일까? 우리는 바다는 모든 것을 다 삼킬 수 있는 반면에 결코 강물이 바다를 채우지는 못한다는 것을 이미 알고 있다. 그러나 바다의 물이 수증기로 증발하고, 다시 비로 내려 강을 따라 흐른다는, 소위 물의 순환에 관한 자연의 이치를 알고 있다. 그런데 한글 번역들을 보면 마치 강물이 근원으로 돌아가지 않는 듯 표현되어 있어 원문을 살펴보아야 할 필요성이 있다.

'모든 강물은 다'에 해당하는 히브리어 원문은 '콜 한네하림כל הנחלים'이다. '콜כל'은 '모든'을, 그리고 여기에 정관사ה와 강(나하르נחל)의 복수가 합쳐져서 '한네하림הנחלים', 즉, '그 강들'이 되는 것이다. 그런데 이 강은 급류로 인식되어서 '창수'로 번역이 되기도 한다. 바람이 빨리 움직여 불던 곳으로 빨리 돌아가듯, 이 강물도 빠르게 흘러 바다로 간다. 삶, 인생, 인간이 맞닥뜨리는 세월이 그 안에서 어떤 변화를 일으키고자 갖은 노력을 다해도 허무하다고 말할 만큼 짧고 빠르게 지나갈 뿐이니 이 말씀 또한 급히 돌아가는 이 삶에 아무 유익이 없음을 언급하고 있는 듯이 보인다고 할 것이다.

 '강물은 어느 곳으로 흐르든지 그리로 연하여 흐르느니라'에서 '어느 곳으로'는 '엘 마콤אל־מקום'으로 전치사 '엘'과 '장소', '거주지', '마을'처럼 장소를 나타내는 명사로 구성된 말이다. 원문엔 이어지는 말인 '쉐한네할림שהנחלים'이 있고, 이것은 번역이 생략되어 있으나 관계사 '쉐ש'와 정관사 '하ה', 그리고 강물(נחל나하르)의 복수형이 결합된 것이다. 또 번역되지 않은 '헴הם'이 있는데 복수대명사로, '그것들이'로 번역될 수 있다. 그리고 '흐르느니라'의 원문은 '솨빔שבים'으로 복수 분사형인데 원형이 히브리어에 수없이 나오는 '슈브שוב'다. 이 단어는 '방향을 돌리다', '새롭게 되다', '회복하다'의 뜻을 갖는다. 그러므로 이를 합쳐보면, '그 강물들(그것들이)이 계속해서 흐른 장소, 그곳으로 다시 돌아갈 것'을 의미한다고 할 것이다. 바람의 순환처럼 강물도 순환할 것이고, 그와 같은 것들이 그저 반복적 순환일 뿐, 삶의 무의미를 말했다는 점에서 바람이나 강물이나 그다지 차이가 없다고 할 것이다. 다만 본절이 바람과 많이 다른 점은 강물은 바다를 채우지는 못한다고 말한 점뿐일 것이다.

 본절에 대한 일차적 의미, 곧 겉뜻에 대해 성경학자들의 견해는 대개 앞선 6절과 마찬가지로 인생무상, 삶의 무의미에 관한 말씀이라는 범주에서 크게 벗어나지 않는다. 그런데 본절에 더해진 말씀, 곧 강물이 흐르지만 끝내 바다를 채우지 못한다는 것에 대한 해석은 무슨 의미일까? 이 말씀에 대한 해석은 '인생 스스로 어떤 변화를 일으킬 수 없음을 말하고 있다는 것'이다. 가정(假定)이지만, 만약 바다가 채워질 수 있다면 분명 강력하고 실제적인 어떤 변화가 있었을 것이나 실상은 그렇게 되지 않는다는 것이다. 이 또한 인생무상에 대한 설명에 불과하다는 것이다.

♠ 본절의 가치로운 이차적 의미, 그 속뜻은 무엇일까? '강'이라고 번역한 '나하르'는 원형인 동사의 경우, '소유하다', '소유물로서 무엇을 받다'는 의미가 있다. 바다는 수많은 강줄기로부터 흘러들어오는 모든 물을 다 수용하고 소유하며, 또 포용할 수 있지만 강은 결코 바다를 소유하거나 채우지 못한다.

이를 비유로 해석해보자. 강을 인간으로, 바다를 하나님으로 비유하면 어떨까?

인간은 그 스스로 하나님의 영역에 끊임없이 도전해 왔다. 창세기에 나타나는 아담과 하와의 때부터 그러하다. 그들은 "하나님 같이 되고자(창1:5)" 선악과를 먹었다. 지금도 마찬가지다. 인간 자신들은 하나님 같이 되고자 하여 갖은 수단과 방법을 다 동원한다. 자신들은 진정한 모습이 작은 강에 불과하기에, 아무리 자신의 가치, 지위, 권세를 높이고자 해도 결코 바다와 같이 될 수 없는데도 말이다. 어떤 인간이든 하나님 편에 서지 않고, 비방하거나 맞서는 것과 같은 행위는 '아주 짧은 인생'에 있어 결코 해서는 안 될 큰 오류를 범하는 행동인 것이다.

사탄이 광야에서 사십일 동안 예수님을 시험할 때 사용된 도구와 수법의 출처는 '세상'이었다. 떡과 성전과 높은 산에서 보여준 천하만국이 그러하다. 보라! 높은 산에서 천하만국을 지배한들 그것은 항상 '천하(天下)', 곧 하늘아래의 것에 불과한 것이다. 이처럼 사탄과 하나님을 거부하는 악한 인간들이 추구하는 모든 것들은 결국 '천상(天上)'의 것이고 영의 세계인 하나님의 나라에 도

전하는 행위인 저급한 것들이라는 것이다. 사탄이든 또는 그 어떤 인간이든 그들의 능력, 사고, 권능들은 다 크고 작은 강물에 불과할 뿐으로, 바다 같은 하나님의 영역에 감히 도전하지 못한다. 고린도후서 4장 18절에, "우리가 주목하는 것은 보이는 것이 아니요 보이지 않는 것이니 보이는 것은 잠깐이요 보이지 않는 것은 영원함이라"고 했다. '보이는 것'은 세상, 곧 천하의 세계요, 강물의 삶이다. 이 세계는 '하벨חבל', 곧 '한숨', '한 호흡'처럼 '짧은 시간'일뿐이다. 그러나 '보이지 않는 것', 그것은 천상의 세계요, 영원한 생명의 나라다.

그리고 보탬이 되는 말씀으로 하박국 2장 14절도 참고할 수 있다. 여기에도 물과 관련한 유명한 구절이 있다. 즉, "이는 물이 바다를 덮음 같이 여호와의 영광을 인정하는 것이 세상에 가득함이니라"고 한 말씀이 그것이다. 이때의 물은 복음의 말씀으로 비유된다. 여기서는 반대로 바다가 세상이 되는 것이다. 장차 복음이 세상을 덮을 것이고, 마침내는 사람들이 예수 그리스도가 하나님이심을 수용하고, 그분이 왕중의 왕, 영화로운 구주시며, 하나님의 영광으로 나타나시리라는 것을 계시한 말씀이다.

우리가 성경을 해석함에 있어서는 유연성을 발휘해야만 한다. 예수님도 비유와 상징과 같은 다양한 수법으로 하나님의 나라와 자신을 나타내셨다. 그렇다면 우리들도 또한 이런 방법을 인정해야만 하는 것이다. 우리가 항상 비교하고 염두에 두고 있는 가톨릭과 유대교의 성경해석법에 대한 그 기본적인 틀을 살펴보자.

가톨릭의 전통적 성경해석법은 크게 나누어 네 가지가 된다. 즉, 풍류적 해석, 비유적 해석, 지혜문학적 혹은 윤리적 해석, 그리고 현재적 적용이 그것이다. 그리고 유대인들은 축자적פשט, 비유적 רמז 혹은 상징적מאות, 신학적 해석דרשות, 그리고 영적 해석יסוד 등을 다채롭게 다 사용하고 있다. 그런데 유독 개신교에 속하는 우리 기독교인들은 어떠한가? 지나치게 축자적, 문자적이어서 그로 인해 나타나는 수많은 해석상의 오류가 발생하고 있는 바, 특히 원본 없는 사본들에게서 나타나는 필사 오류와 같은 것들을 좀처럼 수정하려 들지 않아 난맥상을 형성하고 있는 것이다.[40]

그러므로 성경 해석의 이상적인 방안은 축자나 문자를 활용하되, 그 말씀 가운데서 예수님의 말씀처럼 '예수에 관한 증언', 곧 예수 그리스도 중심의 해석을 문맥적으로(contextuality) 하라는 것이다. 그렇게 될 수 있다면 그 해석이 다소 무리하게 여겨진다고 할지라도, 비유나 상징적, 혹은 알레고리적 해석을 가한다 할지라도, 신앙에 걸맞은 가장 바른 해석이 된다는 것이다. 예수 중심적이 아니라면 유대교가 합당한 해석을 한다고 보아야 한다. 유대교가 맞다면, 제사와 성전 예배는 어디에 있는가? 율법의 목적이 속죄에 있는 것이 아니라면, 율법은 무엇인가?

성경을 펼쳐놓고 살펴볼 때 먼저 어떤 주의, 신학, 사상 등과 같은 것들은 일단 다 배제하는 것이 좋다고 본다. 제 아무리 논리적이고, 논리에 기댄 우월한 성경풀이가 있다고 할지라도 그 성경

---

[40] 원문 성경이라는 히브리어 성경과 그리스어 성경 사이에서 특히나 LXX(구약 그리스어 성경)과 히브리어 구약 성경간의 번역적 차이가 실존하는 문제에 대한 담론은 끊임이 없다. 축자성으로 따지자면, 때에 따라서는 LXX가 원래의 소실된 원본을 보존했다고 보는 경우가 있는데, 그 해석의 경우 사도 바울과 신약 기자들의 구약 인용이 LXX의 번역과 가깝게 되어 있다고 볼 시에 그렇기 때문이다.

안에서 하나님이신 예수 그리스도가 해석의 중심에서 벗어나게 되면, 그때부터 이미 그것은 성경이 가진 본연의 가치, 진리의 말씀으로서의 의미를 상실한 해석에 그치고 말아버리기 때문이다.[41] 성경 안에서 예수 그리스도를 찾는 것, 그것이야말로 '천상의 세계', '참 진리의 세계', '영원한 생명의 세계'를 탐구하는 것으로서의 진정성 있는 해석의 틀에 해당하는 것이며 그것은 곧 개혁주의 프로테스탄트 신앙의 Solus Christus(오직 예수), 곧 초대 교회의 영성의 전통과 결을 함께 한다. 성경의 문자들은 일차적으로는 언어적인 것이지만, 또한 영적인 세계를 향하고 있기 때문이다.

8절] '모든 만물이 피곤하다는 것을 사람이 말로 다 말 할수는 없나니 눈은 보아도 족함이 없고 귀는 들어도 가득차지 아니 하였도다'

'만물이 피곤하다?' 히브리어 원문은 '콜כל 하데바림הדברים 예게임יגעים'이다. '콜'은 '모든'을, '하데바림'은 정관사 '하ה'와 '말', '일', '사건', '교훈', '약속', '여호와의 말씀' 등을 뜻하는 '다바르דבר'의 복수형이다. '예게임'은 '일하다', '노동하다', '지치다', '피곤하다'를 뜻하는 '야가יגע'를 원형으로 한다. 그래서 '피곤한', '지친' 등의 뜻이다. 이를 다시 번역하면, '그 모든 일(혹은 말, 만물)들이 피곤하다'라는 의미다. 왜 모든 일들(말들, 혹은 만물들)이 피곤할까? 이어지는 구절을 참고하면 아마도 '만족하는 눈이 없고, 또 쉬지 않고 찾아보지만, 그로 하여금 쉬는 것조차 제공하지 않는다는 것'

---

[41] 구약 신학자들의 대게의 오류는 구약 성경 안에서의 하나님만 찾고있지 그분이 곧 성령과 예수 그리스도라는 지점까지 연결시키지 못하거나 않는 문제가 있다는 사실이다. 예수에 관한 것이 아니라면, 그것은 필시 유대교이거나 영지주의이거나 이슬람이다.

으로 그냥 세상은 본질적으로 어떤 새로운 것도 제시하지 않고, 그날이 그날처럼 애꿎은 세월의 궤도만 계속해서 무의미하게 운행한다는 말이다. 앞의 본문들과 그 내용상 크게 벗어나지 않는 듯하다. 아무런 변화도, 드러난 유익도 없이 돌아가는 세상 것들로 인해 힘들고 피곤하다는 것이다. 그런데 이 한글 번역은 볼수록 애매한 부분이 있다. 번역상의 문제점이 엿보인다. 다시 보자. 모든 만물이 피곤하다고 했다. 여기서 '만물'이라고 번역한 것은 어울리지 않는다. '일דברים'이나 '말들הדברות'이 오히려 더 어울린다. 세상에 돌아가는 일들이 무의미하고 수고로우니 지치고 힘들다는 의미가 더 어울린다. 물론 이것은 상대적인 방식의 발화[42]이다.

'사람이 말로 다 말할 수는 없나니 눈은 보아도 족함이 없고 귀는 들어도 가득차지 아니하였도다'에서, 원문은 세 가지의 부정문을 갖는다. '말로 다 말할 수 없다는 것', '눈을 보아도 족함이 없고,' '귀는 들어도 가득차지 않으니'가 그것이다. 이처럼 본문은 그 구조가 특이하다. 지치게 되는 이유가 세 가지나 된다. 좀 더 부연하면, 원문상 부정어 '로לא'는 절대적이라고 할 만큼 강한 부정이다.[43] 첫 부정의 의미는 사람이 아무리 노력하거나 애씀이 있다 해도 세상의 일(말, 만물)에 대하여 똑바로, 절대로, 영원히 제

---

[42] 히브리어는 상대성의 언어이다. 찬양(할렐הלל)이라는 단어를 잘못 읽으면 더럽혀지다(힐룰חלל)가 된다. 이것은 영적으로도, 우리가 참 예수 안에 있지 아니하면 모든 신앙행위는 우상숭배가 된다.

[43] 십계명의 '하지 말라'의 의미는 '절대'적 의미를 가진 언어이다. 성경 히브리어에서 하지 말라는 언어는 לא와(로)와 אל(아르)가 있다. 전자는 절대 부정, 후자는 청유형 부정 또는 권유형 부정형으로 볼 수 있다. 드러나 아르אל도 하지말라는 의미가 보통의 우리가 느끼는 하지말라는 의미보다 무겁다.

대로 설명할 수 없다는 것이다.

두 번째, 세 번째 부정은 눈과 귀라는 감각기관을 동원한다 할 지라도 인간의 실존적 이해에 관해서, 그리고 만물의 이치에 관해서 알 수도 없고, 제 아무리 알고자 해도 절대로 만족할 수 없으니 이 또한 피곤하게 하고 지치게 할 뿐이라는 말이다. 쉬운 말로 아무리 여러 수단을 통해 알고, 심정적 만족 등과 같은 그 어떤 유익을 찾고자 해도 알아지지 않으니 다 답답하고 지친다는 심정과 유사한 의미가 된다. 왜 이처럼 전도자는 여러 예를 들어가며 삶의 무의미함, 허탄함에 관한 말들을 토로하고 있는 것일까? 과연 이런 식의 의미추구적 분석이 옳은 것일까? 솔로몬의 입을 통해 전해진 이것이 마치 불교적 색채가 강한 '헛됨'과 '인생무상'만을 말한 것이라면 차라리 전도서는 배제하고 이해하기 쉬운 철학자들의 글(예를 들면 '마르쿠스 아우렐리우스의 명상록'과 같은)을 읽는 것이 더 낫지 않을까? 실로 이 책이 성령의 감동 하에 기록된 책이라면 이 정도의 해석만으로는 진리의 말씀에 적합하다고 하기엔 무리가 있다는 것이다. 결국 해석에 문제가 있다는 것이다. 그렇다면 이 구절의 진정한 가치는 어디서, 어떤 해석으로 찾아야 할까? 그 진정한 가치는 속뜻에서 드러난다.

♠ 앗수르 왕실 비문들을 살펴보니 그 비문들의 대부분에서 생전의 왕 자신들의 업적, 시도 등과 같은 것들이 기록되어 있었다고 한다. 마치 자신들이 '창조자', 혹은 '시조'인 듯 거의가 다 과장되게 그려져 있었다는 것이다. 사람들은 이처럼 과장, 거짓을 이용해서라도 자신들을 나타내고자 한다. 그런데 예수님은 그런 분이 아니셨다. 그분의 말씀은 과장되거나 거짓이 없으시다. 이처럼 예수께서 선과 옳음만을 말씀하셨다면, 그분이 하신 말씀들 중

에 가장 많이, 은연중에 하신 말씀 가운데, 당신이 하나님이심을 언급하신 것을 굳게 신뢰해야만 한다. 하나님 예수에 대해 조금이라도 의심하거나, 예수님의 격을 낮추어 하나님보다 조금 낮추거나, 심지어 인간 예수로 바꾸어서도 안 된다. 하나님 예수, 구원자 예수, 대속자 예수, 부활하신 예수에서 조금이라도 벗어난다면 그 믿음은 참 믿음이 아니다. 이것은 너무나 중요한 것이다!

굳이 한글 번역처럼 '만물이 피곤하다'는 식으로, 만물에 집착한 해석에 적용하고자 하면 그다지 어울리지는 않으나 로마서 8장 19-22절과 연결 지을 수도 있을 것이다. 즉, 로마서 8장엔 "피조물이 함께 탄식하며 함께 고통을 겪고 있다"고 했다. 인간이 죄 가운데 있을 때, 이 세상은 공중 권세를 잡은 마귀의 세상이 되기에 인간은 물론 만물까지 상하고 피해를 입고 있다는 것이다.

유대인들의 속죄를 위한 제사는 그 행사가 쉬운 것이 아니었다. 힘겹고 지치게 하는 행위였으나 그것은 아무리 지속한들 보아도 만족할 수 없고, 들어도 차지 않는다. 왜 보아도 만족할 수 없을까? 그것은 일시적 방편일 뿐, 온전한 죄사함을 이루지 못하기 때문이다. 해마다 유월절이면 사방에서 모여 예루살렘까지 가서 행하는 성전제사, 계속해서 치러지는 그 힘겨운 속죄를 위한 제사에 참예하는 것에 대해, 힘들고 지칠 만큼의 그런 반복은 유대인들에게 참으로 힘든 수고였을 것이다. 그러나 예수님께서 십자가 사역을 통해 속죄 제사를 일회만으로 완성하셨고, 과거와 현재, 그리고 미래의 죄까지 그 죄의 짐을 지시는 고난의 십자가를 통해 대속하는 깊은 사랑을 보여주셨다. 영적인 견지에서의 참 만족, 참 기쁨은 예수님만이 영적인 그리스도 예수 안에서 가능하게 하실 수 있다는 것이다.

왜 들어도 차지 않을까? 율법 공부 또한 평생을 진력해도 다 지키지 못하고, 항상 모자라는 것이다. 율법을 채우실 분, 율법의 완성자 되신 예수님만이 그 채움이 가능하기 때문이다. 그 채움은 다름아닌 참 예배요 근원적인 속죄이다.

히브리서 12장 3절에, "너희가 피곤하여 낙심하지 않기 위하여 …"라는 말씀이 있다. 왜 피곤한가? 왜 지쳤나? 죄 가운데 있기 때문이다. 이 피곤이 낙심하게 한다. 심지어 로마서 8장은 만물들조차 하나님의 아들들이 나타나기를 고대하고 있다고 했다. 하나님의 아들들이 나타나는 그때는 먼저는 예수 그리스도를 믿는 참 하나님의 자녀들이 세상에 나타나는 것이고 인간의 구속사적 결론적으로는 성도들의 부활의 때일 것이다. 정말로 모든 만물(일들, 말들)이 지쳐있고, 수고로움에 피곤해 있다.

마태복음 12장에는 예수님 당시의 학자들, 곧 서기관과 바리새인들 가운데 몇 사람이 예수님께 표적 보여주기를 원한다는 글이 나온다(마12:38-42). 이들을 향해 예수님은 "악하고 음란한 세대가 표적을 구하나 선지자 요나의 표적 밖에는 보일 표적이 없다"고 하셨다. 요나는 예수님이 거주하셨던 '가드헤벨[44]', 곧 나사렛 출신이었다. 예수님은 실로 불가능을 가능케 하는 많은 기사와 이적을 행하셨다. 그런데 정작 유대인들에게 말씀하신 것은 여기서 요나의 표적만을 말씀하셨다. 그런데 왜 하필 요나를 지명한 것일까? 유대인들치고 요나의 표적을 모르는 자는 없었을 것이다. 메시아

---

[44] 혹자는 여기가 선지자 요나의 고향으로 이해한다. 그러므로 '나사렛에서 무슨 선한 것이 나올 수 있냐'는 당시의 유대인의 사고는 선지자 요나가 독한 마음을 품고 하나님의 구원 사역에서 스스로의 길을 간 것을 되새기는 유대주의적 사관도 엿볼 수 있다.

사상의 일부 유대인들도 요나의 이야기가 메시아 이야기라고 말하며 물고기 뱃속이 곧 죽음을 뜻한다고 상징적 해석을 가한다. 그러나 요나의 물고기 뱃속의 삼일기간이 곧 예수님의 무덤 속 삼일을 지칭한다는 것을 그들이 어찌 알 수 있었으랴! 왜 예수님은 요나의 표적에 대해 말씀하셨을까?

그 표적의 의미가 첫째로는 영원한 생명을 얻는 그 속죄와 부활이야말로 천상적 가치를 갖기에 그만큼 중요하다는 것이다. 알다시피 영원한 생명과 하나님은 증명되지 않는다. 그러나 그 증거 가운데 하나가 부활이나, 이 또한 과학으로 설명되지 않는다. 이것은 믿음과 신비의 영역이기 때문이다. 그러므로 주님의 부르심(calling)은 믿음의 영역이다. 요나의 표적은 그래서 기사와 이적으로 설명하기 힘든 영역의 표적이다.

유대인이 아닌 이방인의 눈으로는 오병이어(칠병이어)나 물이 포도주로 변한 것, 바다 위를 걸으신 것 기타 등등의 그 수많은 기사와 이적들은 모두 다 세상 삶과 연계되고 적용된 기적이고, 심지어 죽은 자를 살리신 나사로의 기적조차 육체의 죽음을 소생케 한 놀라운 사실이기는 하나 그 또한 세상에 속한 기적에 불과할 뿐, 십자가와 부활의 표적은 될 수 없었다. 그러나 요나의 표적만은 천상의 기적, 바로 유대인이나 이방인이나 모두에게 영적 세계와 관련된 기적[45]이니, 영원한 삶을 이끄시는 예수 그리스도

---

[45] 엘리야의 불병거 사건이나 삼손의 탄생에 나타난 천사나 모세가 본 가시나무 떨기도 모두 초자연적 현상이다. 초자연적 현상이 모두 하나님의 일이라고 볼 수는 없다. 아직 인간이 모르는 자연 실존의 원리가 있을 수 있겠지만, 필요하다면 일반성을 뛰어넘는 것이 하나님의 뜻이다. 그런 의미에서 죄인된 우리가 예수 그리스도를 믿기만 하면 구원을 얻어 영원히

의 십자가와 부활을 나타내는 표적인 것이다. 따라서 그리스도인들의 참되고 유의미한 삶의 가치와 의미는 십자가와 부활의 신앙에서 비롯되는 것이다.

두 번째로는, 유대인들의 질문의 속내를 아셨기 때문이다. 유대 종교지도자들의 물음은 마치 선의(善意)로 예수님이 과연 메시아인지, 아닌지를 표적을 통해 알아내기 위해 질문한 것처럼 보이지만 실상은 악의적인 질문이었던 것이다. 온전한 대답이 아니었거나 율법에 어긋나는 말씀을 하셨더라면 모함할 기세였을 것이다. 그런데 예수님의 대답은 그들을 놀라게 했다. 아마도 그들은 도무지 이해도 수용도, 반박도 불가능한 답에 당황했을 것이다. 십자가의 고난과 그 후의 부활의 메시지를 전하신 것이니 이 표적 이야기를 유대인들이 이해했을 리 만무하다. 아마도 이들은 요나의 이야기를 알고는 있었으나 표피적 앎만 있었을 뿐, 그들 중 아무도 고난과 부활까지 연결하지 못했을 것이기 때문이다. 악의적 질문을 가한 그들에게 주님은 더 이상의 설명을 해주시지 않으셨다. 그들은 정녕 부르심의 대상일 지라도 그들의 종교 사관으로 말미암아 심지어 애써서 받아들이지 아니했던 것이다.

마태복음 28:20절에 보면, 주님이 제자들에게 이렇게 말씀하신다. "…볼지어다 내가 세상 끝날까지 너희와 항상 함께 있으리라 하시니라"고 하셨다. '항상', 그리고 '함께' 계시겠다는 것, 그것은 굉장한 축복이고, 부활의 첫 열매이신 예수님처럼 영생하는 삶을 살게 해주시겠다는 것이다. 왜냐하면, 그의 나라는 영원하기 때문

산다는 의미로 해석 될 수 있다.

이다.

　예수님 당시의 유대인들을 향해 주님은 다양한 방법을 다 동원해서 당신이 메시아 되심을, 그리고 대속을 통한 속죄와 영광의 부활의 복음을 알리고자 하셨다. 그러나 유대인들은 도무지 듣기를, 보기를 원하지 않았다. 기사와 이적을 수없이 행하셨으나 자신들의 귀를 막고 눈을 감고 있어 깨닫지 못했다. 바라보아도 '복음의 기쁨', 즉 '하나님 예수와의 대면의 기쁨'을 모르며 들어도 '주님이 주시는 영적 평안'을 누리지 못하는 그들에게, 듣고 보는 것조차 거부하는 그들에게, 요나의 표적 외에는 보이실 것이 없다고 하신 것이다. 들을 귀가 있는 자들만이 들을 것이고, 볼 수 있는 눈을 가진 자들만이 보게 되는 것이다. 유대인들, 그들은 자신들의 눈으로 보는 예수님의 행적, 귀로 듣는 예수님의 말씀도 마음으로 보고 듣기를 거부했으니 영적 귀머거리이고 소경이었다. 그런 그들에게 영적 만족이나, 영적 평안이 있었을 것인가?

9절] '이미 있던 것이 후에 다시 있겠고, 이미 한 일을 후에 다시 할지라 해 아래에는 새 것이 없나니'

　성경학자들의 본절에 대한 일반적인 해석도 앞의 절들과 크게 다르지 않다. 즉, 5-8절에서 자연의 순환이 무의미한 반복이듯 인생 또한 고통스러우리만큼 허무하고 헛된 삶임을 말하고 있다고 주장하고 있는 것이다. 그에 더하여 이들은 9-11절에서 전도자가 말하고자 하는 바에 대해 이렇게 주장한다. '무의미한 자연의 반복 안에서 그 허상을 바라보는 삶, 그 내적 고통이 어떠한지를, 그리고 그 내적 고통의 실체가 세상에 왔다가 덧없이 가는 것'이라는 말이다. 필자의 소견으론 이와 같은 해석이 어쩌면 불교적 용어인

'고해(苦海)'라는 의미와 짝퉁이라 할 만큼 닮아 있어 안타까운 바가 크다. 마치 천상(天上)에 이르는 가치로운 이 성경책의 품격을 깎아내려 천하(天下) 안으로, 게다가 그 속의 불온한 함정으로 밀어 넣은 것 같은 느낌이라면 그 표현이 어울릴까? 많이 속상하고, 이런 해석의 입장을 탐구할 때마다 불편하기 짝이 없다.

본절에 대한 일반적 해석, 표피적 의미부터 좀 더 구체적으로 살펴보자. 반복하거니와 일차적 의미로서의 해석은 속내와 다른 겉껍질 같은 것이며 따라서 가벼운 해석에 속한다는 것임을 다시 한 번 언급하고자 한다. 히브리어 원문을 보면, '이미 있던 것'은 '마 쉐하야 후הוא שהיה מה'로, 상세히 번역하면, 이것은 '그것이 이미 존재했었던 것(또는 앞으로 존재할 것)'이 된다.[46] '후에 다시 있겠고'라고 했으니 과거에 있었던 것이 미래에 반복될 것이라는 의미가 된다. '이미 한 일을 후에 다시 할지라'고 했으니 해석에 따라 단순반복이며, 부정적 의미를 수반한다고 할 것이다. 즉, 과거나 미래나 매 일반이니, 시간의 차이일 뿐, 그 둘이 평등하고 같으니 무슨 새로운 가치가 있겠냐는 식의 해석이다.

성경학자들은 그러나 이와 같은 부정적 이미지로만 지속됨을 피하려고 하여, 대개 덧붙이는 말들이 있는데, 뒤에 나타날 말씀들을 앞당겨 해석의 흐름 안에 삽입하는 것이다. 다시 말하면, 이 모든 말들엔 하나님에 관한 언급이 없으나 장차 언급될 것이 있으니, 그것은 하나님만이 이 부정의 어둠을 제거할 분이란 사실을

---

[46] 성경 히브리어 문법에서 미완료를 과거로 해석하는 것은 유대교난 기독교 모두 전통이나, 이방인의 입장에서 시대적으로 이것은 미랴현으로 읽힐 수도 있다. 즉 앞으로 있을 모든 일들도 그 해 아래에서는 새로운 것이 아니라는 뜻이다.

적절히 암시하고 있다는 것이다. 마치 저 계속된 부정의 끝에 빛이 있을 것을 암묵적으로 기대하라는 식의 해석을 하고 있다는 말이다.

'해 아래에는 새 것이 없나니'라고 했다. 인간은 '새 것'을 추구하는 본능이 그 DNA에 내재되어 있다고들 말한다.[47] 이것을 창조, 발명, 진보, 쇄신, 개혁 등의 용어를 사용해 인류 문명이나 개인의 삶 안에서 그 '새 것'을 향한 탐구와 노력을 개인과 집단 모두가 게을리하지 않는다고 말한다. 그런데 본문에서는 '해 아래는 새 것이 없다'고 단정적으로 선언하고 있다. 그냥 무심코 보면, 부정의 극치라 할 만하다. 여기서 '새 것이 없나니'는 원문이 '웨엔 콜 하다쉬ואין כל חדש'다. '콜כל'이 보통 '모든'이란 표현을 많이 사용하지만 의미지만 '전체', '전혀'라고 말하기도 한다. '하다쉬חדש'는 원형이 '새롭게 하다'가 된다. 즉, 해 아래에는 아무 것도, 전혀, 전체가 다 새로운 것이 없다'는 강조적 말씀이다.

대부분의 성경은 대개 '새 것'을 말하고 있다는 것이다. '새 언약חדשה ברית(렘31:31)'이나, '새 노래חדש שיר(시96:1)'처럼 '앞으로 나아감'을 말하고 있다. 그런데 이 책은 예외다. '새 것이 없다'고 했으니 마치 다른 성경들과 차별되고 게다가 부정하는 듯이 말하고 있어 참으로 놀랍지 않은가? '해 아래', 곧 이 땅의 생활이 '새 것'이 없으니 아무런 비전도, 의미도 없다는 것이다. 문명세계에서

---

[47] 원래의 생명공학에서의 입장은 DNA는 생존에 유리한 것을 취하게 후대 유전을 하는 줄로 알았는데, 후대 유전에서의 변이가 오히려 생존 가능성을 높이기 때문에 DNA가 스스로 선택하는 것이 항상 생존에 유리한 것은 아니라는 것이 현재의 결론으로 인지한다. 이 작은 사실 하나 마저도 세계는 미묘한 것이라는 것을 알 수 있다.

발전과 새로움의 추구를 위해 애쓰지만 그것의 실상, 속내는 '무의미'라는 것이다. 그렇다면 이 구절 또한 죄 가운데의 삶이 그러하고, 하나님 없는 삶의 경우에만 해당되는 말씀임을 미루어 짐작케 한다고 말할 수 있는 것이다. 그럼에도 불구하고, 이어질 11절까지 지속적으로 '헛됨'을 말하고 있다는 점에 의문이 발생하지 않는가? 무엇인가 해석적으로 문제가 있다고 느껴지지 않는가?

♠ 본절의 내면적 의미가 무엇일까? 하나님이신 예수 중심적 시각으로 바라본 구절로서, 곧 주님이 저자의 말을 통해 우리에게 전하고자 하시는 그 본래적 의미가 무엇일까? 전도서에 대한 독자들의 시선이 예수 중심적 해석에 머물고, 이 책이 윤리서나 철학서, 문학이 아니라 하나님의 말씀으로서 적절히 수용되며, 유대인들의 경우처럼 메시아에 대한 예언과 계시가 중첩된 글임을 먼저 인정하고 숙독할 수 있게 된다면 그 말씀들이 독자들에게 새롭게 다가갈 것이다. 그것이 바로 이 책의 진정한 의미를 파악하는 열쇠이며, 동시에 그리스도인들의 바른 성경 독서법인 것이다.

'해 아래 새 것이 없다'는 것, 그것은 무슨 의미일까? '해'가 예수님을 상징한다. 말라기 4장 2절에, "내 이름을 경외하는 너희에게는 공의로운 해가 떠올라서 치료하는 광선을 비추리니 너희가 나가서 외양간에서 나온 송아지 같이 뛰리라"고 할 때, '공의로운 해'가 바로 예수 그리스도시다. 앞부분에서, 원문 '하다쉬חדש'의 원형이 '새롭게 하다'라고 했다. 예수 그리스도 외에는 인간의 영을 새롭게 할, 거듭나게 할 분이 아무도 없다. 널리 알려진 구절, 곧 고린도후서 5장 17절에 "그런즉 누구든지 그리스도 안에 있으면 새로운 피조물이라 이전 것은 지나갔으니 보라 새 것이 되었도다"라고 했다. 예수님만이 새로운 피조물, 새 것을 만드실 수 있다. 예수님 아니시면 '새 것'이 없다. 물론 이것은 영적 의미다.

'이미 있던 것이 후에 다시 있겠고 이미 한 일을 후에 다시 할지라'고 했다. 이것은 두 가지로 해석이 된다. 그 첫째는 이러하다. 해가 떠오르면 날이 시작되고 해가 지면 날이 저문다. 해는 변하지 않는 것이나 떠오르면 '하다쉬' 곧 '새롭게 하는 것'이다. 이것이 해의 본질이다. 마찬가지다. 우리 인간이 존재하기 오래전, 태초 이전인, 영원 전에 이미 메시아는 예비되어 있었음이 예언으로서 확인되었다. '이미 있던 것'에서 한글 번역은 마치 물질인 듯 '그것'이지만 원문인 '후הוא'는 인칭대명사다. 즉, 예수 그리스도는 하나님이시니 '이미 계셨던 분'이고 '후에도' 즉, 앞으로도 계속, 여전히, 영원히 계실 것이라는 말이다.[48] 그분이 세상을 창조하셨고, 다시 재창조하실 것이다. 물질적 창조라기보다는 영적 의미로서의 새 하늘과 새 땅, 새 예루살렘을 지칭하시는 말씀이리라. 예수께서 구원의 빛, 곧 공의로운 태양이 되심은 새롭게 느껴질 수 있으나 본질은 태초나 이제나 앞으로도 마찬가지일 것이다. 예수 그리스도로 말미암아 만세 전부터 감추어졌던 빛이 비추게 된 것이다.

두 번째는 율법에 대한 이해로서의 측면이다. 전도서를 읽을 주 대상이 유대인들이었던 만큼 그들에게 하신 말씀이 되기도 한다는 것이다. 유대인들은 이 구절이 율법의 계속적인 존재를 의미한다고 말한다. 오래전 세대עלמים(히브리어로는 영원적 개념이 있다),

---

[48] 해에 관한 사고에서 유대교 랍비 Rashi는 하나님을 해로 비유할 수는 없기 때문에 이것은 율법이라고 바라보기도 한다. 그러나 성육신한 나타나신 하나님이 예수 그리스도라면, 라시의 해석은 이 지점에서 틀린 것 또는 난독이 된다.

이때로부터 계속해서 존재할 것이라는 말이다. 이들이 보는 '해'는 율법이었다. 율법의 지속성을 말한 책이라는 것이다. 그러나 그들은 깨닫지 못했다. '해 아래 새 것이 없나니'의 진정한 의미를 알지 못했다는 것이다. 즉, 예수님 앞에 새 것이 없다는 것을 알지 못했다. 해가 새 것을 이루시니 나머지는 다 헌 것이 되는 것이다. 예수님은 율법을 완성하신 분이니 떠오르는 해가 되시고 그분의 복음 앞에 아무 것도 더 이상 새 것이 될 수 없다는 것이다.

10절] '무엇을 가리켜 이르기를 보라 이것이 새 것이라 할 것이 있으랴 우리가 있기 오래 전 세대들이 이미 있었느니라'

단순 의미로 해석하고자 하면 간단하다. 새롭게 보이는 것조차도 이미 옛 것이 되어버리고, 망각될 것이라는 말이다. 왜냐하면 세대가 오고, 또 세대가 가기 때문에 결국 모든 세대가 다 망각 안에 들 것이라는 것이다. 강물이 잔잔하게 흐를 때 겉모양은 같아 보여도 어제의 물이 오늘의 물이 아닌 것이다. 많은 성경학자들은 앞절에서 말한 바, 곧 해 아래에선 인간의 삶에 있어 이전이나 이후에나 새 것이 없다고 했듯, 그 말의 보완 같은 구절이라고 주장한다. 결국 이 절에 대한 일반적, 일차적 의미는 '새로운 것이 전혀 없다'는 말을 한 것이라는 것이다.

원문을 살펴보면, '있으랴'는 '예쉬שׁ'로, '있다', 혹은 '존재하다'의 뜻이다. '할 것이'는 '다바르דבר'이고 이것은 '말', '약속', '언약', '사건', '일', '원인' 등의 의미를 갖는다. 원형인 동사 '다바르'는 '안내하다', '정돈하다', '뒤따르다', '통치하다'의 뜻이다. '새 것이라'는 '후 하다쉬'로 앞절에 설명을 기재했다.

또 여기서 '오래 전מיעל'은 '시간의 무한'이라 할 만큼 긴 세대를 말한다. 원문은 '레올라임לעלמים'으로 전치사 '레ל'(이때의 전치사는 척도의 길이와 관계가 있다)와 '올람עלם'의 (쌍)복수형이 합친 것이다.

♠ 앞절의 해석이 그대로 이어진다. '후הוא 하다쉬חדש'에서 '후הוא'가 인칭대명사라는 것을 주목해 풀면 그다지 어렵지 않을 것이다. 이 말씀은 한 마디로 말하면 우리가 있기 오래 전, 곧 영원부터 계신 분, 하나님 예수에 관한 말씀이다. '올람עולם'은 성경에서 주로 '영원'으로 사용되는 말이다. '오랜 시간이 지남', '고대', '미래적인 의미로서의 '일생 동안'이 된다. 때로 '엘 올람אל עולם'이 되면 '영원하신 하나님'의 뜻이다. 이 단어의 유래가 '알람עלם'에서 온 것으로, 이것은 '감추다', '숨기다의 뜻을 갖는다. '레올라밈לעלמים'은 그래서 'of old time'이라기보다는 감추어진 비의(秘義)로서의 '영원의 때'가 맞는다. 이미 오래 전, 영원 전부터 예수 그리스도는 예비된 채 계셨고, 무한의 때, 영원 후까지 계실 것이다.

유대인들의 견해는 9절과 이어진다. 율법세대의 영원을 말하고 있다는 것이다. 율법은 여러 옛날 시대들에 이미 존재했었고(창조 때부터 이미 빛으로 존재했었다고 한다), 새롭게 여겨지는 것이라 할지라도 그것들은 지나간 세대에 이미 있었던 것으로, 오직 율법만이 계속되고 반복되어 존재하므로 이를 학습하고 지켜야 한다는 의미로 해석하고 있는 것이다. 우리가 이들이 말하는 '율법'을 예수님으로 바꾸면 바로 정답이 된다. 이처럼 유대인들은 예수님에 관해 거의 문 밖까지 왔으면서도 그 발을 문 안으로 내딛지 않았던 것이다. 불행하게도 유대인들은 메시아를 대망하면서도 이미 오신 예수를 외면함으로 버림받았다. 왜 그러한가?

그들이 그토록 고대하는 '메시아의 세상' 그것이 예수님 곧 하나님의 뜻과 배치되기 때문이었다.[49] 도대체 어떤 세상일까? 탈무드에는 '오직 의로운 자들이 하나님의 영광의 보좌 앞에서 하나님을 섬기면서 존재하는 것'이었다. 그런데 이들이 하나님을 섬기고자 하는 소망은 옳으나, 그들이 열망하는 메시아의 세상이 하늘이 아니라 '해 아래(유대인들은 율법 아래)', 곧 '천하', 이 '땅 위의 세계'였다는 것이 문제였다. 유대인들은 이 땅에서, 오로지 선민 유대민족을 중심으로 한 신정 세계를 바라는 것이었다. 그런데 예수님은 천상의 세계로서의 하나님의 나라를 말씀하셨으니 거부당한 것이다. 극단적인 세대주의적 기독교인들이 고대하는 바의 '오는 세상'도 마찬가지다. 만약 우리들이 지구의 파괴와 재창조를 통한 아름다운 지구적 삶만을 기대한다면, 즉, 이 땅에서의 재창조만을 바란다면 버림받은 유대인들과 동일한 오류를 범하는 것이다. 우리가 새로운 피조물이 된 것, 새 것이 된 것이 물질적인가? 결코 아니다. 우리의 거듭남은 영적 부활이고, 신령한 몸에로의 부활이지 물적 부활이 목적이 아니다. 우리가 소망하는 새 하늘과 새 땅, 새 예루살렘도 그러하다. 그곳은 물적 세계가 아니라 신령한 몸이 거하는 영적 세계라 함이 옳다는 것이다. 요한계시록 21장 1절에서 보듯 처음 하늘도, 처음 땅도 없어지고, 바다도 다시 있지 않은 그곳이 어찌 이 지구, 이 땅이랴!

---

[49] 유대교의 메시아 사상은 기독교의 것과 다르다. 그렇기 때문에 예수를 못 받아들인 것이다. 현재의 랍비 유대교가 바라보는 메시아 사상은 지상 천국에 불과한 경우가 많다. 만약 썩어질것이 썩지 않는 것으로서의 증명이 예수 그리스도의 부활이라 할 때, 유대교와 이슬람은 무엇으로 대답할 것인가?

11절] '이전 세대들이 기억됨이 없으니 장래 세대도 그 후 세대들과 함께 기억됨이 없으리라'

'인간은 망각의 동물'이라고 말하며 혹자는 이것이 신이 주신 축복이라고 말하기도 한다. 그러는 다른 한편으론 기억의 상실에 대해 애틋해하고 안타까워하기도 한다. 그런데 기억에 대해 말하는 듯한 본문에 대해 일반 성경학자들은 이런 세간의 뜻과 다른 몇 가지 의미로 해석한다. 즉, 인간 세대의 기억이 과거나 현재나 미래까지도 설사 반복된다 할지라도 그 자체가 무의미하다는 것이 첫째고, 둘째는 앞절과 연이은 것으로서, 해 아래의 삶인 인간의 실존은 시간과 상관없이 그 자체가 유한에 기댄 무상한 존재라는 것이며, 세 번째는 인간이 잘났다고 할지라도 과거를 기억하지 못하는 그런 어리석고 한심한 존재로서의 인생무상을 말한 것이라고 한다. 이런 모든 입장들은 하나같이 부정적 해석에 입을 맞추고 같은 노래를 부르고 있다.

원문을 조금 분석해보자. 우선 '기억함이'는 '지크론זכרון'으로, 이것은 '기억', '회상', '격언'의 의미다. '이전 세대'는 '라리쇼님 לראשנים'으로, 이것은 전치사 '레ל'와 '리숀ראשן'의 복수형의 결합이다. 이 '리숀'은 그 유래가 '우두머리', '머리', '최고의 것', '첫째'를 뜻하는 '로쉬ראש'에서 나온 것이다. 이것을 '이전 세대들', 혹은 '이전 사람들'로 번역한 것이다. '장래 세대'는 '라아하로님 לאחרנים'로, 이것은 '그 후 세대'를 뜻하며, 오히려 정확한 해석은 시간적으로 '먼 훗날', 혹은 순서적으로 '마지막 것들'을 뜻한다고 할 것이다. 결국 본 절에 대한 성경학자들의 대강의 의미가 이러한 것이다. 즉, 인간이 하는 모든 행위들이 첫(시작) 세대나 마지막 세대들이나 할 것 없이 그 존재의 허무성, 유한성, 연약성이다 동일하니 두고 볼 것이 없다는 말로서, 다만 앞으로 오게 될 하나님과의 관계 회복을 통해서만 그 삶의 의미를 바로 돌이킬 수 있다는 것을 암시하고 있다는 것이다.

♠ 유대인들의 관점은, 이전 세대가 곧 율법을 받은 세대이고, 장래 세대 또한 율법세대의 유전자를 가진(그 생각과 사상을 그대로 이어받은) 것이니, 그래서 이전이나 장래나 영속할 것이라는 것이었다. 그러나 본절에서 보듯 유대인들의 그런 주장은 전혀 타당성이 없다. 왜냐하면, 그리스도 안에서 우리는 이전 세대나 장래 세대나 적혀진 율법만으로는 안 된다는 사실을 이미 알고 있기 때문이다.

좀 더 부연 설명하면, 본문 1장에 많이 등장하는 단어 '하벨הבל'은 '헛됨'이라기보다는 중성적 개념으로서의 **'호흡'인 짧은 시간으로 이해할 수 있다**고 이미 여러 번 말한 바 있다. 유대인들은 메시아 강림 후의 지상천국의 도래를 말하고 있어, 삶이 '헛되다in vain'는 식의 부정적 시각에 대해 그다지 동의하지 않는다.

'하벨'을 '헛됨'으로 해석하지 않는다는 점에서는 필자도 유대인과 같은 생각이다. 그런데 만약 누가 굳이 '하벨'을 '헛됨'이라고 주장하고 싶다면 그 '헛됨'을 이런 의미로 해석함이 어떨까? 즉, 예수께서 이 책 안에서처럼 '전도자'로 오셨을 때, 그 분 앞에서의 '성전제사, 죄짓는 것, 어둠과 같은 것'들은 모두 다 '짧은 시간(하벨)'에 그 필요 없거나 사라지게 되는 것이므로 예수님이 나타나시기 전의 상태를 '헛됨'이라는 해석으로서의 '하벨'이라고 했을 경우는 인정해도 괜찮을 것 같다. 이 경우엔 '하벨'의 의미가 예수 중심적 해석에서 크게 벗어나지 않기 때문이다. 그러나 전도서 전체에 걸쳐 '하벨'에 관한 해석은 '짧은 한 호흡 정도의 시간'으로 인지함이 좋을 것이다.

인간의 사고 속에 존재하는 세계, 그 세계가 유물적 사고에 기반하는 세계라면 그 어떤 경우에도 '기억되지 않을 것'이다. 왜냐하면 하나님의 나라는 전혀 다른 세계이기 때문이다. 영의 세계는 물질세계와 판이하다. 그 세계는 밤이 없으며 등불과 햇빛이 쓸데 없는 세계다(계22:5). "모든 눈물을 그 눈에서 닦아주시니 다시는 사망이 없고 애통하는 것이나 곡하는 것이나 아픈 것이 다시 있지 아니하리니 처음 것들이 다 지나갔음이러라(계21:4)"고 했다. 물질세계, 곧 이 땅, 천하(天下)엔 밤이 있으며, 햇빛이 있어야 하고, 그 인생엔 눈물과 사망, 애통과 곡, 육신의 아픔이 있다. 물질세계, 이 땅의 삶은 과거나 현재나 미래 그 어느 것도 상관없이 영적세계에 비해선 의미와 가치가 비교불가다. 우리는 그런 영적세계를 간절히 대망하고 있으며, 그것을 이루어 주시는 분이 바로 예수 그리스도이신 것이다. 이 땅의 어떤 것도 영속성이 없으며, 다시 기억되지 않을 것이다. 골로새서 3장 1-절의 말씀을 보라. "그러므로 너희가 그리스도와 함께 다시 살리심을 받았으면 위엣 것을 찾으라 거기는 그리스도께서 하나님 우편에 앉아계시느니라 위엣 것을 생각하고 땅엣 것을 생각지 말라"고 하신 말씀이 본절을 통해 주께서 우리에게 하고자하는 이차적 의미가 되는 것이다.

12절] **'나 전도자는 예루살렘에서 이스라엘 왕이 되어'**

전도자는 '해 아래' 인생이 허무하며, 반대로 '해 위', 곧 하나님과의 관계가 매우 중요함을 지속적으로 암시하고 있다. 이를 좀 더 강화하며, 검증에 강도를 더하기 위해 자신을 재소개하고 있는

데, 인칭관계도 3인칭에서 1인칭으로 바뀌어 있다. 일부 탈무드에 선 이 구절을 들어 '히스기야'가 전도서의 저자라고 보기도 한다. 축자적으로 볼 때, 솔로몬이 유다와 이스라엘의 왕인데 유다가 빠졌으므로 '히스기야'일 수도 있다는 것이다. 그러나 문장 구조상 북이스라엘의 왕도 아니고, 남유다의 왕도 아니니 분열되기 전의 통일되었던 이스라엘 왕인 솔로몬이 확실하다는 견해가 우세하다. 유명하고 거류민이 많으며 강력한, 그리고 평화로운 통일 국가였던 이스라엘에서도 중심이며 우러름의 대상이었던 예루살렘 성읍의 왕이었음을 나타냄으로써 본절은 앞으로 이어지는 구절들에 대한 권위를 더하기 위한 것으로 해석된다.

'되어'는 원문이 '하이이티הייתי'로 원형이 동사 '하야היה'다. 이 것은 '있다', '존재하다', '어떤 자에 속하다'의 뜻이 있다. 따라서 '하이이티הייתי'는 두 가지 해석이 가능하다. 하나는 '내가 되어 왔고'이고 다른 하나는 '내가 되었고'가 된다. 동사가 완료형이기에 전자가 옳을 것이다. 본절에 대한 일차적 의미로는 솔로몬이 이곳에서 왕으로서, 자신의 생애를 회고하는 것으로 본다. '이스라엘'은 이스라엘 전체를 말하고, 왕국이 분열되기 전의 모습을 말한다는 것이다. 그가 왕이며, 부유하고 수준 높은 성읍이었던 예루살렘 왕으로서의 자긍심을 갖고 있었으며, 그가 특별한 지혜와 지식을 가진 자였고, 또 그러하기에 그의 세상 지식과 지혜에 대한 특별한 통찰로 살펴보아도 그가 세상에서 만족을 얻지 못했다는 것이다.

♠ 전도자는 1장에서 '하벨הבל'이 세 번, 복수 하벌림הבלים이 2번씩 나오는 이유를 말하고 있다. 그에 대해 필자는 율법이 예수로 인해 완성될 것이고, 미완성인 옛 율법은 쓸모가 없어질 것임을

말했다. 왜 그런가? 이제 후로 율법은 죄를 깨닫는데 도움은 줄지언정 구원과는 아무 상관이 없게 될 것이기 때문이다. 그러므로 우리는 이 전도자에 대한 인식을 바로 할 필요가 있다. 전도자(preacher, Master Teacher מראן, קהלת)가 누구인가? 솔로몬의 입을 통해 말씀하시는 예수 그리스도이며 그분의 독백이다. 요한복음 18장 37절에 보면, 빌라도가 예수님께 묻기를 "그러면 네가 왕이 아니냐 예수께서 대답하시되 네 말과 같이 내가 왕이니라"고 하셨다. 18장 36절에서는 "…이제 내 나라는 여기에 속한 것이 아니니라"고 하셨다. 이처럼 예수님은 이스라엘의 왕이시다. 물론 그분의 나라는 '해 아래', 곧 육의 나라가 아니라 '해 위'의 나라인 영적 나라다. 그분은 '왕이 되어 왔고, 왕이 시며, 장차 왕으로서, 심판주로서' 다시 오실 것이다. 우리가 가는 것이 아니라 그분이 오시는 것이다!

13절] **'마음을 다하며 지혜를 써서 하늘 아래에서 행하는 모든 일을 연구하며 살핀 즉 이는 괴로운 것이니 하나님이 인생들에게 주사 수고하게 하신 것이라'**

솔로몬은 '마음을 다하며 지혜를 써서'라고 말함으로써 그 자신의 성심을 다한 진지한 태도, 그의 가르침의 진실성을 강조해 말하고 있다. '연구하며 살폈다'고 하는 것은 점층법적 표현이 아니라 두 종류의 살핌을 뜻하는 말이다. 즉, 하나는 깊이, 철저하게, 본질을 추구하며 살피는 것, 그리도 다른 하나는 널리, 포괄적으로, 지식의 영역 안에서 모두 다 살피는 것으로 결국 온전히 다 따져가며 부족함 없이 전부 다 조사했다는 것으로, 그 탐구의 완전성을 도모했다는 것이다. 이처럼 지혜는 찾고 궁구하는 가운데 지식의 영역 안으로 수습되는 것이며, 내재된 지식의 영역이 인간

세계에 관한 지혜로 승화된다는 것을 암시하고 있다. 그와 같은 깊은 통찰에도 불구하고 솔로몬은 그가 살핀 결과 그의 탐구 활동, 수고에도 불구하고 불만족스런 결과가 도출된다고 보고 있다. 즉 그는 원초적 기쁨과 만족이 인간세계에 존재하지 않는다는 점에 대해 '괴로운 것이니'라는 결론을 내리고 있다.

원문에서 '지혜를 써서'는 '바호크마בחכמה'다. 지혜를 나타내는 '호크마חכמה'는 '숙련', '지혜', '다양한 학식', '하나님에 대한 경건'을 뜻하나 때로 통치자, 왕, 하나님에 대해 사용하기도 하는 말이다. '바ב'는 전치사이며 '~안에', '~로 말미암아'라는 뜻을 갖는다. 도구의 기능으로 '지혜를 통하여'라고 할 수도 있고, 또 대상적 관점에서 '지혜를 알고자'로 이해할 수도 있다. 공동번역은 '지혜를 깨치려고 무척 애를 써 보았다'라고 번역하고 있다. 결국 마음을 다하여 지혜를 얻고자 했거나, 혹은 온 마음을 다하며 지혜를 통해 살펴보았다는 의미로 이해할 수 있을 것이다.

그는 무엇을 이처럼 궁구하고 살핀 것인가? '하늘 아래서 행하는 모든 일'이라고 말한다. 이것은 자연계의 일이 아니라(이미 앞에서 언급을 많이 했으므로), 인간 세계의 것들, 즉 인간의 삶과 역사 안에서 전개된 모든 일들을 말함이다. '하늘 아래서'는 '해 아래'와 거의 동일한 의미를 갖는다. '천하'이고, '땅'이며, '하나님 없는 세계'다. 이런 세계의 일들이 괴로운 것이라는 말이다. 이 괴로움은 고통이 따르는 질고(疾苦)이고 허무가 수반된다.

그런데 본절에서 이 '괴로운 것'을 '하나님이 인생들에게 주사 수고하게 하신 것이라'고 말하고 있는 것, 그것이 의아스럽지 아니한가? 인간 세계에 주어진 모든 것들이 하나님으로부터 주어졌다? 그리고 또 그것이 모두 괴로운 것이다? 물론 성경학자들은 이 구절에 대해 인간의 삶이 본래 허무하고 괴로운 것이며, 이런 상황, 그런 굴레에 대해 인간은 자신의 힘으로 결코 벗어날 수 없음을 말하기 위한 것이라고 변명한다. 과연 그러한가?

여기서 '인생들에게'에 대한 원문을 살펴보면, '리베네לבני' 하아담האדם'으로서, '벤בן'은 '아들', 혹은 '자손'이 된다. '하아담האדם'은 '아담אדם'이 '사람' 또는 '첫 사람의 이름'의 뜻이니 정관사 'ה하'와 더불어 '그 사람'이 된다. 따라서 이것은 '그 사람의 자손', 혹은 '그 사람의 아들'이 된다. 아담의 후손으로 이어진 인간(죄성을 가진)을 말함이다. 창세기 3장의 말씀이 연상되는 말이다. 에덴에서 쫓겨난 아담의 가족이 하나님의 명령에 따라 가시덤불과 엉겅퀴가 난 땅에서 땀을 흘리며 수고하며 살아가야 한다는 것에 대한 이야기와 연관 짓게 된다. 그렇다고 해도 하나님이 인간의 삶을 괴롭게 하고 수고롭게 하셨다는 본절의 기술 태도는 문제가 있는 것이 아닐까? 단순히 창세기를 들어 아담의 타락 이후에 하나님과의 관계가 단절된 인간의 모습, 그리고 비참한 그 삶이 하나님께로부터 인간에게 주어진 것이라는 말은 마치 하나님을 원망하게 하는 빌미를 제공하고 그 인간 세계의 비참함에 하나님의 책임이 있을 수 있다는 불평을 감히 말할 수 있는 근거와 정당성을 제공한 듯 보이지 않는가?

♠ 세상을 창조하신 하나님은 인간으로 하여금 '생육하고 번성하라[50]'고 하셨지 비참하고 허무적인 삶을 살도록 자리를 제공하신 그런 '나쁜 하나님'이 아니시다. '하나님은 사랑'이시다. 본문에

---

[50] 원래의 히브리어를 축자적 번역하면 '열매들을 맺고 충만하라'이다.

대한 번역도 문제가 있거니와 해석도 또한 심각한 오류를 범하고 있는 것이다. 본절의 속뜻, 곧 이차적 의미를 찾아보자.

본절의 '괴로운 것'은 원문이 'רע'이니 '악', 혹은 '죄가 된 것'이 적당한 번역이다. 유대적 개념에서는 죄짓는 것이 가장 괴로운 것이고 죄이기에 고통이 있다는 입장이다. 하나님이 인생들에게 주사 수고하게 하신 것이라? 하나님이 인간을 괴롭히기 위해 수고하게 하신 것이 아니다. 그것은 그들 자신들의 잘못으로 인한 것 죄의 대가일 뿐이다. 그래서 유대인들은 죄를 범했을 때, 절대 하나님 탓으로 돌리지 않는다. 순순히 자기 탓임을 인정하고 회개한다.

본절의 '수고'에 대해 유대인들은 이 수고가 제사와 관련된 수고라고 말한다. 실제로 율법과 관련된 제사는 그 자체가 수고로운 것이었다. 유대인들은 하나님이 속죄의 수단으로 율법을 주셨다는 것이고, 이 율법을 주심은 유대인들에 대한 하나님의 속죄와 구원의 방편이었지 그들을 괴롭히고자 하신 것이 아니었다는 확고한 지지적 인식을 갖고 있다. 하지만 이것이 그들에게 있어 육체적으로, 심적으로 무겁고 큰 짐이 되었다는 것은 사실이다.

본절의 이차적 의미는 두 가지로 이해할 수 있을 것이다. 그 첫 번째는 죄에 대한 것이다. 이런 해석을 위해 필자는 본절을 풀어 나름의 의역을 해 보았다. '전심을 다해 지혜(인격으로서의 지혜)를 찾았다. 하늘 아래(사탄이 공중 권세를 잡고 있는 해 아래에서의)에서 모든 인간 세계의 것들을 찾아보아도 죄가 있을뿐 구원이 없다. 죄의 대가로 고통이 주어졌으며 수고의 삶(창3:17-19)을 살게 되었다'는 것이다. 어떤 경우에도, 어떤 방법으로도 죄에 빠져 있는 것은 고통스러운 것이다. 잠언 21장 8절에, "죄를 크게 범한 자의 길은 심히 구부러지고 깨끗한 자의 길은 곧으니라"고 했다. 왜 괴로운가? 구부러진 길을 가기 때문이다. 하나님의 동산을 벗어나 가시와 엉겅퀴의 길을 가기 때문이다. 즉, 하나님 중심에서 멀어졌기 때문이다. 반대로 죄에서 벗어나면 죄, 즉 영적 고통에서 해방된다. 죄와 싸우는 것, 죄에서 벗어나는 것, 그것은 하나님을 사랑함으로써 얻어지는 것이고 그것이 인간이 해야 할 일인 것이다. 본래적 창조의 목적을 되찾는 것이고 하나님의 원하시는 바가 된다. 예수 그리스도의 때가 되면 모든 죄, 악한 짓, 율법적 제사가 다 쓸 데 없어질 것임을 말씀하고 계신다. 율법에 얽매이는 수고로움, 그 무거운 짐을 벗는 길은 참 지혜자인 예수 그리스도를 만나는 것뿐이다. 그 만남의 시작, 곧 은혜의 시작은 죄를 깨달음에서 비롯되는 것이니, 13-14절의 의미가 죄에 대한 깨달음의 표현으로 인식되어도 그다지 문제가 되지 않는다.

본절에 대해 예수 중심적인 해석을 하고자 할 때, 두 번째의 경우는 솔로몬의 독백형식을 빌린 예수님에 관한 말씀으로서의 해석이 가능하게 된다. 이처럼 살펴보게 될 때, 본문이 전혀 다르게 해석된다. 본절, 곧 '마음을 다하며 지혜를 써서 하늘 아래에서 행하는 모든 일을 연구하며 살핀즉 이는 괴로운 것이니 하나님이 인생들에게 주사 수고하게 하신 것이라'고 하신 이 말씀을 다시 풀어보자. 예수께서는 공생애 기간 동안 유대인들이 그 자신을 메시아로 수용하도록 하시려고 노심초사하셨다. 전심을 다했고, 새벽에 산에 올라 하나님께 기도했으며, 온갖 비유와 이적 등을 행하시며 가진 바 지혜를 다해 애쓰셨다. 하나님이신 그분이 죄를 범한 인간들 가운데서 영적 괴로움을 겪으셨다. 이 괴로움은 산고, 즉 아이를 낳는 고통이었다. 예수 그리스도로 하여금 해산의 고통을 겪게 하신 그것이 바로 십자가의 고통인 것이다.

인생들에게 무엇을 주셨는가? '인생들에게'의 원문이 '리베네לבני 하아담האדם'인 바, 이것은 '그 첫 번째 사람의 자손'으로도 번역할 수 있다. 여기서 '인생들'은 원문의 경우, 복수나 단수 모두 가능하다. 앞 뒤 문맥에 따라 바뀔 수 있다는 것이다. 히브리어의 특징이다. 그러므로 '인생들'은 '인자(그 사람의 그 아들)' 곧 예수 그리스도로 볼 수 있다는 것이다. 하나님이 아담의 자손인 예수 그리스도의 사역을 통하여 수고, 곧 해산의 고통 같은 십자가의 고난을 겪게 하신 것은 영원한 생명을 낳기 위한 것이었다는 것이니, 이것이 인간 구원을 위한 하나님의 방식이었다.

14절] '내가 해 아래에서 행하는 모든 일을 보았노라 보라 모두 다 헛되어 바람을 잡으려는 것이로다'

전도자는 그가 보았다고 말한다. 무엇을 보았는가? '해 아래에서 행하는 모든 일을' 보았다고 했다. 히브리어 원문의 '라이티ראיתי'는 원형이 '라아ראה'로 완료형이다. 이것은 '보다', '하나님의 얼굴을 보다', '왕의 얼굴을 보다'의 뜻이다. 눈으로 보는 것에 그치지 않고 사물의 본질, 속내, 인간 세계의 모습에 대한 판단을 포함한 직관적 시각을 말한다. 13절의 '연구하고 살핀즉'과 같은 의미로 사용된 것이다. '해 아래서'는 앞절의 '하늘 아래에서'와 같은 의미로, 전절의 반복이라 할 것이다. 전도자 자신의, 인간사회에서 형성된 모든 것들에 대해 경험, 성찰, 판단, 통찰에 기반을 두고 주장한 언급임을 말한 것이다.

그가 살펴본 바, 결국은 헛된 것으로 바람을 잡으려 애쓰는 것에 불과하다고 말한다. 여기서 바람은 원문이 '루아흐רוח'로, 이것은 '바람', '영혼', '심령'의 뜻을 갖는다. 바람의 성질이 어떠한가? 잡을 수도 없고, 변화무쌍이며, 출처도 파악하기 힘들다. 호세아 12장 2절에, '에브라임은 바람을 먹으며'라고 했다. 히브리어 원문의 '잡으려는'은 '우레우트רעיות'로 이것은 붙잡으려 애쓴다는 것이다. 결국 인간의 애씀, 노력의 결과가 다 바람을 잡는 것 같아 헛되다는 것이다. '다 헛되어 바람을 잡는 것'이란 말 가운데서 만약 '헛됨'의 의미로 볼 때, 본절은 그 의미의 다른 표현으로 심판 밖에 남은 것이 없다는 뜻이 되고 만다.

♠ 14절은 우선 육의 세계, 곧 인간의 죄에 관한 것이 속뜻으로 드러난다. 이것은 13절도 유사하다. 육신의 삶, 그런 인생이 얼마나 짧은가(하벨), 시작도 끝도 한 순간이며 그 안의 삶이 허망하다 할 만큼 짧으며 그 가운데 행해진 모든 것이 죄와 관련된 채 만연되어 있어 도무지 구원의 길이 없다는 것이다. 이것이 바로 '해 아래', 곧 이 땅의 인간 세계가 처한 당면한 상황이고, 사탄의 영향 하에서 고통을 당하는 인간 모습의 실상인 것이다. 주님 보시기에 세상을 좇음은 바람을 잡으려 드는 것, 그럼에도 불구하고 잡을 수 없는 것과 마찬가지다. 영적인 의미로서의 바람은 무엇인? 이 바람은 '루아흐רוח'로 '영'을 상징하는 바, 영생은 영혼의 문제다. 이 세상의 그 어느 것으로도 바람을 잡을 수 없듯이, 성령으로 다시 태어난 것이 그리스도의 사람들에게만 해당되는 것이기에 육의 세계는 영의 세계를 도무지 따라잡을 수도, 그리고 알 수도 없다.

요한복음 3장 8절에 보면 예수님이 니고데모에게 하신 말씀이 나온다. 즉, "바람이 임의로 불매 네가 그 소리는 들어도 어디서 와서 어디로 가는지 알지 못하나니 성령으로 난 사람도 다 그러하니라"고 했다. 이어지는 12절엔, "내가 땅의 일을 말하여도 너희가 믿지 아니하거든 하물며 하늘의 일을 말하면 어떻게 믿겠느냐"라고도 하셨다. 바람을 붙잡으려 애쓰듯(우레우트ורעות), 유대인들도 하늘의 일을 알고 싶어 했으나 예수께서는 그들이 말씀을 믿지 못할 것이며, 성령에 대한 일, 곧 영혼의 문제는 알 수 없을 것이라고 하셨다. 믿지 못함은 알지 못함과, 또 붙잡지 못함과 동일한 결과를 낳는다. 그러므로 '해 아래'의 세계에서 벗어나 '하늘 위', 곧 천상의 삶을 살고자 하면 오직 예수 그리스도를 믿는 수밖에는 없는 것이다.

15절] '구부러진 것도 곧게 할 수 없고 모자란 것도 셀 수 없도다'

구부러진 것을 곧게 할 수 없다는 것, 그것은 인간의 한계를 말하는 듯하지 않는가? 여기에 7장 13절을 더하면 그대로 해석이 되는 듯 보일 것이다. 즉, '하나님께서 행하시는 일을 보라 하나님께서 굽게 하신 것을 누가 능히 곧게 하겠느냐'는 말씀을 더해보라. 세상의 구부러진 것, 곧 불의하고 죄 된 것을, 세상의 질서가 어긋난 것을 사람은 결코 온전한 것으로 바꿀 수 없다는 말이다.

'모자란 것도 셀 수 없도다'라는 의미도 유사한 말이다. 많은 것이 있는 듯 여겨도 실제론 없다는 것이니 실로 '아무 것도 없는 곳에서 셀 만한 그 무엇이 있겠느냐'는 말이다. 인간의 무능, 유한성과 더불어 삶의 무의미성, 허무를 말한 듯이 보이는 구절이다. 그렇다면 과연 이 구절이 전하고자 하는 것이 다만 이런 의미뿐일까?

히브리어 원문 몇 군데를 살펴보자. '구부러진 것도'는 '메우와트מעוות'로, 이것은 원형이 '아바트עות'로, '구부러지다', '영향받다', '의를 굽게 하다'는 뜻이 있다. 물리적 구부러짐이라기보다는 형이상학적 의미로서의 상태를 말한다. 원상회복을 원하는 상황의 의미가 맞을 것이다. 그러나 여기서 절대 부정을 뜻하는 히브리어 '로לא'가 사용됨으로써 그 회복이 불가능함을 말하고 있기도 하다. '모자란 것도'는 '웨헤세론חסרון'으로, 이것은 '부족', '결핍'의 뜻이며 그 원형은 '하쎄르חסר'로서, 이것은 '결여되다', '가난하다'의 뜻이 있다. 인간이 바라고 원하지만 없다는 의미이거나, 혹은 설사 인간이 갖고 있다 할지라도 무늬만 소유일 뿐, 진정한 소유가 불가능하다는 뜻이다.

결국 인간으로서는 아무 것도 안 된다는 의미를 갖는다는 것이 그 일차적 의미가 된다.

♠ 구부러진 것, 곧 죄에 길에 든 자를 누가 원상회복할 수 있는가? 구원할 아무 수단도 방법도 없는데 그 무엇으로 세우고 채운다는 말인가? 유대인들은 구부러진 것에 대해 율법을 지키지 않고, 공부하지 않은 죄에 해당한다고 하며, 이것에서 돌이키는 것이 바로 율법을 지키는 것이라고 말한다. 율법을 잘 지키면 모자람도 채우며, '오는 세상(commig world העולם הבא)'에서의 보상도 가능하다고 말한다. 그런데 실제로 원문엔 두 군데 모두에 절대 불가능을 말하는, 즉 하나님만이 해결할 수 있는 부정인 '로לא'가 있어 율법으로도 해결할 수 없음을 분명히 하고 있다. 하나님께서 굽게 하신 것을 사람은 펼 수 없으나 하나님은 하실 수 있다. 죄 가운데서 도저히 벗어날 수 없는 존재인 인간들은 하나님이신 예수님만이 영적 원상회복을 가능하게 하실 수 있는 것이며, 영적 결핍을 메우실 수 있는 것이다.

16절] '내가 내 마음 속으로 말하여 이르기를 보라 내가 크게 되고 지혜를 더 많이 얻었으므로 나보다 먼저 예루살렘에 있던 모든 사람들보다 낫다 하였나니 내 마음이 지혜와 지식을 많이 만나 보았음이로다'

먼저 16절의 일차적 의미를 찾아보자. 이 구절은 전도자가 어떻게 지혜를 추구하고 소유하게 되었는가를 말한다. 원문을 분석해 보면, 우선 '내가'는 일인칭대명사로 히브리어 '아니אֲנִי'가 여기서 화자(話者)의 강조에 해당하며, 전도자가 된다. '마음속으로'는 원문이 '임 립비עִם-לִבִּי'다. '임'은 전치사로 '~와 더불어'의 뜻을 갖는다. 즉, '마음과 함께'가 된다. 좀 더 구체화하면 이것은 두 가지로 해석된다. 하나는 '어떤 사람과 함께 말하는 것', 즉 '대화를 암시하는 것'이고, 다른 하나는 본절처럼 '내 마음 속으로'가 된다. 아마도 즉흥적 판단이나 외견상의 모습을 보고 내린 가치 없는 판단이 아니라 통찰과 사고의 산물임을 말하고자 했던 것으로 보인다.

'내가 크게 되고 지혜를 더 많이 얻었으므로'는 참되고 유익한 지식을 얻었다는 의미로 보면 될 것이다. 개역관주성경은 '내가 큰 지혜를 많이 얻었으므로'라고 번역했다. 그래서 '내가 크게 되고 지혜를 더 많이 얻었다'는 것은 일단 본절의 경우는 전도자 스스로가 지혜에 관한 한 탁월한 존재가 되었음을 자화자찬(自畵自讚)한 것처럼 보일 것이다. 하지만 17절에서 전도자는 다시 어투가 부정적으로 변하게 된다.

'예루살렘에'는 원문이 '알 예루쌀람עַל-יְרוּשָׁלִַם'이다. 먼저 '알'은 전치사로, '~ 위에', 혹은 '~에 관하여'라는 뜻이다. 원문의 의미를 풀어보면, '예루살렘에 관해'가 된다. '있던'은 원문이 '하야'로 단수다. 이렇게 보면 본절의 '나보다 먼저 예루살렘에 있던 사람'은 단 한 명 다윗이 된다. 그런데 본절은 '나보다 먼저 예루살렘에 있던 모든 사람들'이라고 했다. 이에 대해 성경학자들은 예루살렘 왕이었던 '멜기세덱(מלך צדק창14:18)과 같은 옛 통치자들을 포함한 것이라고 주장하기도 한다. 어쨌든 이 부분은 '내 선배인 왕들'의 의미도 된다.

아람어역 '탈굼תרגום'은 '나보다 예루살렘에 있었던 모든 지혜로운 자들보다'라고 해석하기도 했다. 이렇게 되면 '지혜로운 자(하카밈חכמים)'가 과거부터 이스라엘 사회에 존재했던 어른 같은 사람들을 연상케 한다.

'지혜와 지식을 많이 만나 보았음이로다'에서 '보았다'는 것은

원문이 '라아ראה'다. 이것은 '인식'의 뜻이다. 인식 자체가 감각 기관과 정신적 분별력을 포함하기에 지적 관찰과 이해를 뜻한다. 인간 경험의 모든 종류에 사용하는 '인식'과 관련된 단어가 '라아'인 것이다. 본절의 '지혜'는 원문이 '호크마חכמה'로서, 이 단어는 보통 정신적 능력, 세속적인 지혜를 가리키지만 아마도 본절의 경우는 진리와 의에 관한 확고한 지식과도 관련이 있을 것이다. 지혜에 관해서는 17절에서 구체적으로 설명하게 될 것이다.

'지식'은 원문이 '다아트דעת'이고, 이것은 보통 윤리적, 지적 영역과 관련된 것으로 이해하면 될 것이다.

♠ 본절의 이차적 의미를 파악하기 전에 본절의 '내가'에 대해

보완 설명을 해야 할 필요성이 있다. 언듯 눈에 보이기는 '내가'가 솔로몬 자신으로 여겨질 것이다. 그런데 성경엔 많은 경우에, 하나님이 자기 자신에 관한 것인데도 불구하고 마치 '타자(他者)'처럼 설명하시곤 하셨다. 대표적인 '예'가 예수님에 대한 것으로, 하나님께서는 예수님에 대해 성육신 하신 아들이라고 말씀하신다. 하나님과 관련 있는 '타자(他者)'인 듯 말씀하고 있다는 것이다. 환언하면, 두 하나님이 한 하나님이신데, 마치 보내신 자가 보내심을 받은 자인 듯 보이게 하셨다. 본절의 경우도 그러하다. 외견상 솔로몬의 말인 듯 보이지만 속내는 예수님(혹은 성령님께서)이 자신이 마치 '타자(他者)'인 듯 말씀하시고 계시다는 것이다. 그로 인해 해석상의 큰 차이가 발생하게 되는 것이다. 만약 우리가 솔로몬의 독백을 빌어 예수님 자신의 말씀을 '타자'처럼 설명하신 것으로 이해하게 되면 어떻게 해석될까?

본절의 '마음'을 나타내는 히브리어는 '립비לבי'로 이것은 '레바브לבב'의 다른 형태다. '레바브לבב'는 '마음', '심장', '영혼', '정신', '생명'이란 뜻을 갖는다. '마음속으로 말하여 이르기를'이란 번역은 마치 자신의 독백처럼 느껴지지만 원문은 자신 안의 어떤 존재와 대화하는 듯한 뉘앙스를 강하게 풍긴다. 로마서 8장 11절에 보면, '⋯너희 안에 거하시는 그의 영으로 말미암아 너희 죽을 몸도 살리시리라'는 말씀이 있다. 성도의 특징이 무엇인가? 종의 영(사탄의 영)을 받지 아니하고 양자의 영(롬8:15), 곧 성령 곧 하나님의 영이 내주한 사람이다. 하나님의 영으로 인도함을 받는 사람만이 하나님의 아들인 것이다(롬8:14참조). 나의 영 외에 성령께서 내주하신다는 식의 표현이 아닌가?

이처럼 본절의 경우도 가만히 묵상해 보면, 솔로몬이 마치 자기

안의 영과 대화하는 듯 느껴진다는 것이다. 디모데는 '모든 성경은 하나님의 감동(또는 영감)으로 된 것'이라고 했다. 이 당시 디모데가 말한 성경은 신약이 아니라 구약이었다. 이와 같은 견지에서는 이 전도서 또한 당연히 하나님의 감동으로 기록된 것이다. 따라서 본절도 솔로몬 개인의 지혜와 경험의 소산인 것으로만 여겨 그 권위를 격하시켜서는 안 된다는 말이다. 그의 입을 통한 하나님(혹은 예수님, 혹은 성령님)의 말씀으로 보라는 것이니 이런 시선으로 보면 전도서의 가치가 놀랍게 격상되는 것이다.

종교개혁 초기의 성경으로서, 철저한 개혁을 표방하던 그 당시에 어렵사리 발간된 성경이 제네바 성경(1650년간)이다. 이 성경의 전도서 서문은 이 전도서가 솔로몬의 저술이지만 전도서에 나타난 진실한 솔로몬은 예수 그리스도라고 명시했다.[51] 즉, 예수님이 참 솔로몬이 된다는 것이다. 당연히 솔로몬은 예수님의 예표가 된다. 개혁초기의 성경에 대한 인식이 이러함에도 불구하고 그 이후에 점차 성경을 비평의 대상으로 삼거나 학문으로서의 연구 대상으로 삼는 등, 성경의 위상을 점차 낮추어감으로써 해석조차 신앙의 길에서 멀어지게 된 부정적 경향이 나타나게 되었다. 이것은 참으로 큰 문제다! 돌이켜 개혁 초기의 관점으로 돌아갈 필요가 절실하다.

그런데 유의할 것이 있다. 본절의 경우처럼 전도자가 성령님의 감동, 인도에 따라 기술했을 것이라는 당연한 관점으로 볼 때, 전도서의 많은 구절들에서 독자들이 모두를 예수님의 독백으로만 보고자 하면 때론 다소 혼란스러워질 때도 종종 있을 것이다. 왜

---

[51] 전도서 서문 1560

그런가? 성경, 특히 구약성경의 대부분이 성경의 저자와 성령님(혹은 예수님, 하나님)의 말씀이 교차해 나타나거나 '오버랩', '중첩'과 같은 특이한 현상을 발견하게 되어 해석이 힘들어질 때가 있다는 것이다. 필자가 보건대(아마도 그런 이유가 성경을 학문으로 격하시키려는 노력을 촉발시켰는지도 모르지만), 그렇다고 해도 성경 안에서 하나님 중심, 혹은 예수 그리스도를 찾아내는 작업을 포기해서는 안 된다는 것이다. 성경을 읽을 때, 장과 절에서 하나님, 예수님, 성령님이 우리에게 무슨 말씀을 하시는가를 눈여겨 살피면 그 속에 든 참 진리의 말씀이 보이기 때문이다. 그처럼 성경을 숙독하면 성경이 진리의 말씀의 자리에 확고히 자리 잡게 되는 것이다. 물론 본절도 당연히 그러하다.

세상 어느 누구도 예수님보다 더 지혜롭지 못하다. 그분은 본절의 '나보다 먼저 예루살렘에 있던 모든 사람들보다 낫다 하였나니 내 마음이 지혜와 지식을 많이 만나 보았음이로다'에 가장 적합한 분이셨다. 이스라엘 출생자 중, 그 어느 누가 있어 예수님보다 더 뛰어난 지혜를 가진 자가 있겠는가! 고린도전서 1장 20절에, "지혜 있는 자가 어디 있느냐 선비가 어디 있느냐 이 세대에 변론가가 어디 있느냐 …"라고 했다. 감히 솔로몬조차 하나님 앞에선 지혜를 말할 수 없다. 참 진리, 참 지혜자는 예수 그리스도뿐이시다. '하나님의 어리석음이 사람보다 지혜롭다(고전1:25참조)'고 하지 않았는가? 그 분 앞에 선 어느 누구도 지혜의 우위를 논할 수 없다. 당연히 예수는 예루살렘에 있던 모든 사람들보다 지혜가 나은 분이고 그분만이 온 세상의 지혜와 지식을 다 알고 계신 분이신 것이다.

17절] '내가 다시 지혜를 알고자 하며 미친 것들과 미련한 것들을 알고자 하여 마음을 썼으나 이것도 바람을 잡으려는 것인 줄을 깨달았도다'

16절에서 전도자는 '큰 지혜를 많이 얻었다'고 말함으로써 그 자신이 특별한 지혜자임을 천명했다. 그런데 본절을 보면 전도자는 그 이상의 지혜를 얻기 위해 애썼음을 말하고 있다. 그런데 그 와중에 한글 번역은 '미친 것들과 미련한 것들'이란 과격한 표현을 사용하고 있다. 원문도 그러한지 살펴볼 필요가 있다. 이것은 '홀레로트הוללות 웨시켈루트וסכלות'로, '홀레로트'는 '홀렐라הוללה', 즉 '미련함', '어리석음'을 가리키는 말의 복수형이다. 원형은 '할랄הלל'이며, 이 단어는 우리가 아는 '할렐루야הללויה'와 유사한 뜻을 갖는다. '찬양하다', '빛나다', '과시하다'의 뜻이다. '미친'으로 번역한 것은 확실히 과한 표현으로서 '어리석음'이 오히려 맞는 번역이다. '웨시켈루트וסכלות'에서 '씨켈루트סכלות'는 '어리석음', '우매함'을 나타내는 말과 접속사 '와우ו'의 결합이다. 결국 이 말들의 의미는 전도자가 지혜의 영역을 넓히되 심지어 어리석음, 무지, 곧 영적이거나 도덕적 어리석음의 단계에까지 지평을 확장했다고 말하고 있는 것이다. 긍정적 영역의 지혜와 부정적 영역까지, 온갖 앎을 요하는 모든 범주를 다 포함한, 그야말로 온전한 지혜를 다해 알고자 했다는 것이다.

그럼에도 불구하고 전도자가 마음을 다 해서 찾아본 모든 것에서 종국적으로 알게 된 것은 그것들마저 바람을 잡으려는 것, 다시 말해 세상만사 모두가 허무하고 무의미하며 유익함과 가치가 없다는 것을 말하고 있다는 것이며, 더욱이 그런 추구조차도 의미 없다는 결론을 말하고 있다. 물론 이것은 그 뒤에 올 하나님과의 관계 개선만이 유일한 탈출구라는 종국적 판단을 초래하기 위한 사전작업임을 암시하고 있기는 하다. 하나님을 떠난 인간, 혹은 발견하지 못한 삶은 인간의 가진 바 모든 지식, 앎, 지혜라 할지라도 얻을 수 있는 아무 것도 없음을 누누이 강조하고 있다.

♠ 한글 번역 '지혜'는 히브리어의 경우 여러 가지로 나타난다. 잠언 1장에만 무려 다섯 가지나 나온다. 2절엔 '호크마חכמה'가 있으며, 이것은 하나님에 대해 정보로 아는 정도가 아니라 자신의 삶의 현장에서 하나님께 순종하고 실천에까지 이르는 지혜다. 3절엔 '싸칼שכל'이 나오는데, 이 단어는 내가 소유한 것을 타인에게 주었을 때 함부로 하지 않고 유익하게 활용하는지 판단하는 그런 지혜를 말한다. 또 5절엔 순전한, 혹은 순수한 지혜를 말하는 '하캄חכם'이 있고, 20절엔 영을 분별하는 지혜에 해당되는 '호크모트חכמות'가 있다. 욥기 28장 28절의, "주를 경외함이 지혜…"라고 할 때의 지혜나, 본절의 '지혜'가 '호크마חכמה'다.

결국 주אדוני 하나님(예수 그리스도)을 아는 지혜가 참 지혜라는 것이다. 하나님을 아는 지혜가 무엇인가? 하나님의 근본적인 것을 알고 또 그런 하나님을 섬기는 것이다. 하나님의 지혜, 그것의 근본은 그래서 하나님으로부터 온다. 생명에 이르게 하는 지혜이며, 구원받은 자를 받아들이는 지혜가 참 지혜다. 따라서 하나님의 지혜는 영(靈)적인 이끄심 안에서 혼(魂)적인 순종이 육(肉)으로도 나타나는 것이다.

본절은 전도자의 독백이라기보다는 관찰적 시선에 비친 모습이 상상된다. 이 전도서를 읽는 주 대상이 유대인들이라는 관점에서 해석하면 답이 보인다. '미친 것들'이나 '미련한 것들'은 유대적 속죄 제사가 그러하다는 것이다. 왜 그런가? 율법적 성전제사는 구원에 대한 임시방편은 될지언정 영원한 것도, 온전한 것도 아니기 때문이다. 그런 율법적 동물제사법은 하나님 보시기에 심히 '미련한 짓'이었다. 예수님 당시를 살펴보면, 이들은 최종 메시아, 하나님의 아들, 예수 그리스도를 알아보지 못했다. 그분 앞에서 헤롯 성전을 자랑했으며, 그들의 율법적 행위를 들먹였으며, 심지어는 예수 그리스도를 향해 '귀신의 왕'이라고까지 말했다. 참으로 '미친 짓'이 아닐 수 없다.

참으로 '여호와를 경외하는 것이 지혜의 근본(잠9:10)'이 아닌가? 본절의 이 '호크마חכמה'는 '왕מלך', '통치자נשי', '그 하나님האלהים'과 관련된 지혜이기도 하다. 유대인들이 '호크마'로서의 지혜를 알고자 했으나 그들은 주(예수)를 경외함이 지혜인 것을 알지 못했다. 유대인들은 '미친 짓'과 '미련한 짓'의 테두리에서 벗어나지 못했던 것이다. 그들을 향해 예수님은 '독사의 자식들'이라고 하셨다. 이 말씀은 곧 '지옥에 들어갈 자들'이란 말의 다른 표현이다. 그들의 동물제사법은 시간적으로 짧은 것(하벨הבל)인데, 그것만이 영원히 지속될 구원의 수단인 줄 알고 붙잡으려 애썼다. 눈앞의 참 제물이신 주님, 영원한 속죄를 이루신 분을 외면하면서까지 말이다.

18절] '지혜가 많으면 번뇌도 많으니 지식을 더하는 자는 근심을 더하느니라'

본절의 '번뇌'는 불교적 용어로서(적절치 않은 번역이다) 원문의 의미와 조금 다르다. 원문이 '카아스כעס'이며, '괴로움', '슬픔'의 뜻을 갖고 있고 원형이 '불쾌해지다', '화나다'라는 뜻을 가진 '카아쓰עכס'다. 근심은 '마크옵בואכמ'인데, 그 뜻은 '아픔', '슬픔', '고통'이란 뜻을 갖는다. 육신의 고통뿐만 아니라 정신적인 근심까지 아우르는 것이다. 일반적으로 지혜로운 자는 자연세계의 허다한 문제들을 살펴보고, 인간 세계의 수많은 화(禍)를 알아내려 애쓰는 것이다. 그러한 세밀한 살핌의 결과가 좋지 않기에, 그러한 문제나 화(禍)를 해결할 수 없기에 낙망하고 더욱 근심하게 된다는 것이다. 세상의 악, 고난, 불협화음, 그 끝의 허무함 등을 통해 지식의 무능과 무익함을 앎에 따른 슬픔이 또한 근심을 더하게 하는 것이라는 의미다. 본절의 원문은 앞에 '왜냐하면'의 뜻을 가진 접속사 '키כי'가 있다.

지혜가 많으면 번뇌도 많아지고 지식이 많아지면 근심도 증가한다? 대부분의 성경학자들은 본절의 번역도 불교적 용어를 사용했거니와 해석조차도 그런 해석을 하고 있다. 즉, 지혜와 지식을 가진 자가 고통과 슬픔, 근심이 많아진다는 이 말은 뒤집어 표현하면 인간 세계의 최상의 정신적 가치를 지혜와 지식에 둔다 해도 그 조차도 사실 허무한 것이고 덧없음이며 무의미한 것임을 표현한 말씀이라는 것이다. 과연 그러한가?

♠ 앞에서 '주를 경외함이 지혜'라고 했고, 이 지혜인 '호크마חכמה'는 하나님께 대한 것이라고 했는 바, 주를 경외하는 자가 괴로워하고 슬퍼한다면 그런 모순이 어디 있는가? '기뻐하고 즐거워하라 하늘에서 너희 상이 큼이라(마5:12)'고 했다. 박해가 있을지라도 기뻐할 것인데, 왜 예수 그리스도를 경외하는 자가 슬퍼해야만 하는가? 하나님을 아는 지식에 자라가는 자가 왜 근심을 더해야 하는가? 호세아 4장 1절에, "…이 땅에는 진실도 없고 인애도 없고 하나님을 아는 지식도 없고"라고 했으니 호세아는 오히려

유대 백성들이 하나님을 아는 이 지식이 없어 괴로웠던 것이다. 다시 말하면 주를 경외하는 지혜, 하나님을 아는 지식은 괴로움, 슬픔이 아니라 그 반대라는 것이다.

마태복음 22장 29절에, "예수께서 대답하여 이르시되 너희가 성경도, 하나님의 능력도 알지 못하는 고로 오해하였도다"라고 했다. 이 말씀은 부활 논쟁 중에 부활이 없다고 주장하는 사두개인들이 예수님을 모함하고자 하는 질문에 대한 예수님의 답변이었다. 이 말씀을 이 전도서에서 불교적 냄새나 풀풀 날리는 번역에 대한 아쉬움에 대한 답변으로 대신하고 싶다. 성경을 제대로 알지 못하는 것은 아닌지? 성경에 부활에 관한 말씀이 있음에도 알지 못하던 사두개인들이나 전도서에서 예수 그리스도를 찾아내지 못하는 성경학자들이나 무엇이 다른가? 베드로 후서 3장 18절에, "오직 우리 주 곧 구주 예수 그리스도의 은혜와 그를 아는 지식에서 자라가라 영광이 이제와 영원한 날까지 그에게 있을지어다"라고 했다. 우리는 정말 하나님에 대한 지식에서 자라가야 한다. 그리하면 영광이 영원에까지 이르게 될 것이다. 바로 그것이 하나님의 뜻이다.

제 2장 웃음, 욕망, 쾌락, 성공, 세상지혜, 수고와 하벨의 관계성

1절] '나는 내 마음에 이르기를 자, 내가 시험삼아 너를 즐겁게 하리니 너는 낙을 누리라 하였으나 보라 이것도 헛되도다'

성경학자들은 1장 전체에 걸쳐 해 아래, 곧 이 땅에서 인간이 추구해오던 모든 것들이 다 부질없으며, 그 결과가 허무임을 전도자 자신의 탐구활동, 경험을 통해 증명하고 있다고 말한다. 그 허무의 범위 안에 인생의 쾌락에 대한 향유도 포함되는 것을 말하고자 하는 것이 본절에서 4장 11절까지 줄곧 이어진다고 말하고 있다. 우선 본절의 일차적 의미를 추적해보기로 하자. 본절의 경우도 마치 자문자답하듯, 대화의 형식을 띠고 있다.

본절에 '내가 시험삼아 너를 즐겁게 하리니'라고 했는데, 이것이 무슨 의미일까? 인간이 추구하는 쾌락, 즐거움이 과연 얼마나 헛된 것인가를 파악하기 위해 이를 체험해보겠다는 말처럼 보인다. 그 체험을 시도한 자가 솔로몬이라면 많은 독자들이 고개를 끄덕일 것이다. 그는 그럴만한 위치와 수단을 가진 자였기 때문이다. 본절의 '자'는 원문이 '레카לכה נא'가 된다. '레카לכה'는 강조를 나타내는 '나'와 더불어 '자 가자!'와 같은 뜻이 된다. 해보겠다는 것, 결심을 강조한 말이다. '시험삼아'는 '아낫세카אנסככה'로, 이것은 원형이 '나싸'로서, '시도하다', '시험하다(하나님께서 역경으로 사람들의 신앙을 시험하는 것)'의 뜻을 갖는다.

'즐겁게 하리니'는 원문이 '베시메하בשמחה'로서 이것은 전치사 '베ב'와 '시므하שמחה'의 결합이다. '시므하שמחה'는 보통 종교적 기쁨을 말하지만 때로 육체적, 정신적 즐거움을 나타낼 수도 있다. 과연 쾌락이 인간에게 만족을 줄 수 있는지 체험을 시도해보겠다는 결심을 말한 것이다. 이것은 솔로몬이 단순 쾌락추구가 아니라 탐구과정으로서의 쾌락이고, 짙은 의도 하에 이루어진 것임을 나타낸 것이다. 다시 '낙을 누리라'는 말이 나오는데, 이때의 원문은 '우레에 베토브בטוב הראה'인데, '낙'의 원문이 '베토브בטוב'다. 원형은 '토브'로서, 이것은 '선', '좋음'의 뜻이다. 또 '우레에הראה'는 '보다'라는 의미의 '라아ראה'의 명령형이다. 한글 번역은 쾌락을 즐기라는 것처럼 보이지만 달리 이것은 '선을 찾아보라', '좋은 것을 발견해 보라'고 해석할 수도 있다.

본절의 마지막 부분은 '보라 이것도 헛되도다'라고 결론을 맺는다. 쾌락도 헛되다는 말로 보인다. 그러므로 성경학자들의 대부분은 본절도 이미 여러 번 나온 '인간세계의 모든 일', '인간세계의 모든 지혜'와 더불어 '인간의 모든 즐거움, 즉 쾌락'까지도 헛되다는 것을 말하고 있다는 것이다. 이것이 일차적 의미다. 1장부터 줄곧 '헛됨' 안에 인간세상 만사를 포함하고자 하는 것이다.

♠ 본절의 속뜻은 일차적 의미와 어떻게 다를까? 이차적 의미는 표상적 의미가 아니라 속내이고, 성경의 본래적 가치를 추구하는 것이라고 했다. 하나님 중심, 예수 그리스도 중심의 말씀 탐구라고 했다. 살펴보자.

본절의 '마음에 이르기를'은 16절에서, '내 마음 속으로 말하여 이르기를'에서 설명했듯이 '이것이 화자(話者)의 단순한 독백이거나 자문자답(自問自答)이기만 한 것일까'라는 점에는 의아함이 존재한다고 했다. 창세기 8장 21절에 이것과 유사한 형식의 하나님의 말씀이 나온다. 즉, "여호와께서 그 향기를 받으시고 그 중심에 이르시되 내가 다시는 사람으로 말미암아 땅을 저주하지 아니하리니…"라고 하신 것이다. 마치 하나님 스스로가 하나님 자신에게 독백처럼 말씀하신 것이라고만 여기기엔 어딘가 석연찮은 느낌이 들지 않는가?

그런즉 마음에 대하여 독백하듯 말한 것이라기보다는 마음을 직접적인 대화의 상대로 삼았다는 것이다. 고린도전서 3장 16절에, "너희가 하나님의 성전인 것과 하나님의 성령이 너희 안에 계시는 것을 알지 못하느냐"고 했다. 전도자가 자기 안의 성령님과 대화하는 것 같지 않은가? 본절의 '나', '내', '너'는 본질상 같은 분이다. 창세기 8장 21절과 같은 식이라는 것이다. 하나님께서 중심에 이르기를, "내가 시험 삼아 너를 즐겁게 하리니 너는 낙을 누리라 하였으나 보라 이것도 헛되도다"라는 것이다. '시험 삼아'는 예수 그리스도의 십자가의 고난을 말한다. 십자가가 고난인데 즐겁게 한다고? 아니다. 이것은 원문이 '베시메아'로, 인간의 쾌락이 아닌 종교적 즐거움이다.

예수께서 십자가를 지심은 육체적으론 최고의 고난이지만 종교적으론 가장 큰 기쁨, 영광과 영광의 자리에 오르시는 것이었다. '낙을 누리라'고 한 것도 그러하다. 원문은 '우레에 베토브 וראה בטוב'인데, 이것은 '선을 찾아보라'가 된다. 하나님이 원하시는 '선 טובה'이 무엇인가? 여기서는 속죄를 통한 하나님과의 화평 שלומים(화목제)이다. 십자가를 지심으로 예수 그리스도는 가장 낮은 자리에서 가장 높은 자리로 오르셨으며, 인간으로 하여금 하나님의 자녀가 되는 길을 여셨다. '헛되도다'의 '하벨'은 여러 번 언급했듯이 '짧은 시간'을 뜻하는 것으로 십자가의 고통과 죽으심은 영원 앞에는 지극히 짧은, 한 호흡에 불과한 시간이라는 것이다.

2절] '내가 웃음에 관하여 말하여 이르기를 그것은 미친 것이라 하였고 희락에 대하여 이르기를 이것이 무슨 소용이 있는가 하였노라'

본절의 웃음의 출처가 무엇일까? 아마도 쾌락과 낙을 누림으로 얻어진 것이었을 것이다. 그런데 전도자는 이 쾌락, 낙을 미친 것이라고 말한다. '미친 것'에 대하여는 원문 '메홀랄מהולל'이 '미친 사람처럼 굴다'로도 볼 수는 있으나 앞에서 필자는 '미친 것'이 원문의 의미는 '어리석음'의 뜻이 있다고 했다. 왜 전도자는 웃음에 대해 미친 것이라고 했을까? 이 웃음에 영속성, 영원성이 결여되어 있기 때문일 것이다. 쾌락이나 낙의 지속성이 없어 잠시 잠간 동안 누릴 수 있을 뿐이니 그로 인한 웃음도 그때뿐이라는 것이다.

하반절의 '희락에 대하여'는 원문이 '우레시메하ששחה'로, '시므하שחה'는 '기쁨'이란 뜻이며, 전치사 '레ל'와 결합된 것이다. 왜 전도자는 희락에 대해 '무슨 소용이 있는가'라고 부정적인 말을 했을까? 관주성경은 '저가 무엇을 하였는가'라고 번역하고 있다. 마치 쾌락을 의인화한 것처럼 표현했다. 쾌락이 한 것이 없다는 것이니, 이 또한 의미도 소용도 없다는 것이다. 답답하다고 할 만큼 온갖 것의 허무함을 계속 말하고 있다. 독자들도 이즈음엔 '정말 이와 같은 의미가 전부일까?'라는 의문을 가졌으리라고 본다. 그렇다면 이차적인 의미에 더욱 관심을 가져주길 바란다.

♠ 예수님이 오셨을 때, 그리스도 예수 앞에서 유대인과 종교지

도자들이 얼마나 비웃었는가? 예수님이 십자가를 지셨을 때, 그들이 얼마나 비웃고 비아냥거렸는가? 마가복음 15장 31절에 보면, "그와 같이 대제사장들도 서기관들과 함께 희롱하여 서로 말하되 그가 남은 구원하였으되 자기는 구원할 수 없도다"라며 조롱하고 비웃었다. 유대인들의 웃음은 '미친 것'이었다. 이 '미친 것'은 1장 17절에서 언급했거니와 히브리어 원문 상으론 '미친'으로 번역한 것은 확실히 과한 표현으로서 '어리석음'이 오히려 맞는 번역이라고 했다. 그들의 비웃음은 글자 그대로 심히 어리석은 것이었다. 하나님이신 예수에 대한 홀대였으니 속된 말로 '죽을 자리를 찾은 것'이라 할 수 있는 것이다. 유대인 종교지도자들이 예수께서 십자가에서 처형된 후에 무슨 짓을 했겠는가? 골칫거리, 자칭 유대인의 왕, 이단자를 처리했으니 먹고 마시며 즐거워했을 것이다. 그들이 얼마나 큰 죄를 저질렀는지도 모른 채로 말이다.

3절] '내가 내 마음속으로 깊이 생각하기를 내가 어떻게 하여야 내 마음을 지혜로 다스리면서 술로 내 육신을 즐겁게 할까 또 내가 어떻게 하여야 천하의 인생들이 그들의 인생을 살아가는 동안 어떤 것이 선한 일인지를 알아 볼 때까지 내 어리석음을 꼭 붙잡아 둘까 하여'

전도자는 방탕, 방종한 삶, 감각에 의지한 생활도 그가 원했던 목적에 이르지 못한다는 것을 알게 되자, 다른 방법을 모색하게 된다. 전도자는 쾌락 추구와 지혜를 조화롭게, 혹은 서로 어울리게 할 수 있지 않을까 하여 그런 행위를 하고자 한 것이다. '내가 내 마음속으로 깊이 생각하기를'이라고 한 것은 '정신적 탐구과정'을 의미한다고 할 것이며, 신중하게 계획하고 실천하고 있음을 암시한다.

'술로 내 육신을 즐겁게 할까'는 원문이 '리메쇼크למשוך 바야인 בײן 엩את 베사리בשרי'다. 분석해보면, '바야인בײן'이 '술', '포도주', '술취한 상태'로 번역되나 여기서는 육신적 쾌락의 상징이랄 수 있을 것이다. '리메쇼크למשוך'는 원형이 '마샤크משך'로, 이것은 '끌다'가 된다. 이것은 '이끌어서 꼭 잡는 것'을 뜻하는 말이다. 전치사 '.. 을 위하여'라는 의미의 '레ל'와 결합된 것이다. 결국 이것은 '내 육신을 술로 이끌어 만족케 하겠다'는 뜻이다. 육신의 쾌락 수단으로 술을 사용했다는 뜻이기도 하다. 놀라운 것은 전도자의 태도로 보아, 방탕이나 방종의 수단으로서의 술이 아니라 진리를 궁구하는 수단으로 설정한 한 방안이었다는 것이다. '내가 어떻게 하여야 내 마음을 지혜로 다스리면서'라고 했으니 쾌락 중에도 이성의 끈을 놓지 않고 술조차 진리탐구의 시험 혹은 방법의 하나였다는 것이다. 그래서 전도자는 스스로 어리석음을 자인(自認)하면서 까지도 참된 행복에 이르는 길을 찾아낼 때까지 쾌락조차 가진 바 지혜로서 자제하고, 멀리 벗어나지 않는다는 것이다.

본절의 '인생을 살아가는 동안'은 '인생의 날이 계수되고, 정해져 있으며 그 날이 적지는 않다 할지라도'라는 뜻이다. '천하의 인생'은 문자적으론 '그 하늘 아래의 인생'이 된다. 즉, 많이 언급한 '해 아래'의 인생이다. '인생'은 '리베네 하아담לבני האדם'으로, '리베네לבני'는 '벤בן'과 전치사의 결합으로, '아들'이란 뜻이며, '하아담האדם'은 정관사 '하ה'와 '아담אדם'의 결합이다. '아담'은 '사람', '노예', '군인'이란 뜻이다. 그러므로 이것은 '사람의 아들'이란 말이다. 이것들을 합치면 결국 '생명의 날이 정해져 있는 동안 하늘 아래에서 행하는 사람의 아들들에게'와 같이 된다. '선한 일인지 알아볼 때까지'는 원문상의 의미가 '선한 것을 볼 수 있을 때까지'가 어울린다.

전도자가 탐구하는 것은 결국 인간이 살아가는 동안 가장 좋은 것, 가장 선한 길이 무엇인가를 알고자 한 것이라는 말이다. 본절이 말하고자 하는 바는 결국 '쾌락을 좇는 행위' 그것도 헛되다는 것이다. 그러므로 아직 전도자는 진리탐구 여정에서 종착역을 말하지 않은 것으로 보이나 하나님을 떠난 인생, 그 삶이 결코 좋은 것이나 선한 길이 될 수 없음을 암시하고 있기는 하다. 따라서 본절의 일차적 의미는 외견상 1장부터 이어져 온 내용과 거의 동일하다고 할 것이다.

♠ 본절을 보면, 솔로몬이 중간에 신앙을 잃었다거나 일시적으로라도 우상 숭배에 빠졌다거나 하는 세간의 주장들이 낭설임을 짐작할 수 있다. 정말 그가 그러한 자였다면 하나님의 뜻에 반한 자니 이 전도서가 성경으로 남아있지 않았을 것이다. 많은 성경학자들이 솔로몬이 예수님의 예표라고 말한다. 더 나아가 제네바 성경에서 말하듯 진정한 의미로서의 참 솔로몬은 곧 예수 그리스도라는 것이 이 전도서를 통해 드러난다고 하는 것은 놀라운 사실이다. 그런 의미에서 일찍이 전도서에서 메시아를 찾아낸 유대인들의 책들은(탈무드나 미드라쉬 같은) 참 솔로몬이 예수님이신 것을 알게 하는데 큰 도움을 제공한다고 하겠다.

무심코 본문을 읽다보면 앞서 언급한 일차적 의미가 해석상 확실한 정답인 듯 보일 것이다. 특히 본절 같은 경우, 어느 곳에서도 예수님의 모습이 보이지 않을 것 같지 않은가? 그만큼 비밀로 감추어져 있다. 본절의 '내가 내 마음속으로 깊이 생각하기를 내가 어떻게 하여야 내 마음을 지혜로 다스리면서'부터 살펴보자. 앞부분은 이미 설명했거니와(2장 1절의 속뜻 부분), '내 마음을 지혜로 다스리면서'는 '지혜로 다스림을 받으면서'가 옳은 번역이며 의역하면, '내 마음이 지혜로 인도되고 안내되며, 행하게 될 때에'가 원문의 취지에 더 맞는다. '술로 내 육신을 즐겁게 할까'는 탈무드를 참고하면 좋을 듯하다.

탈무드에서는 '즐겁게 할까'의 원문 '리메쇼크למשוך'가 '새롭게 하는 것'이란 의미라고 한다. '술로 내 육신을 즐겁게 할까'를 그래서 그들은 '포도주로 내 몸을 발라 새롭게 하고', 혹은 '포도주로 내 몸을 목욕해 새롭게 하고'라고 번역했다. 한글 번역 '술'은 '포도주'로도 번역되며, 이것이 유대문화의 관점에서는 더 맞는 말이기도 하다. 독주와 포도주를 유대 문화는 분명히 구분하기 때문이다. 구약은 제사이고, 신약은 성찬의 모습이다. 포도주가 무엇을 상징하는가? 예수님의 피다. 마태복음에 따르면(마26:27-28) 언약의 피가 된다. 주님은 사실상 십자가에서 피를 바르고, 피로 목욕하신 모습이셨다. 그리하심으로 '새롭게 된 것'이다. 아브라함에게 하신 언약(영적 언약)이 이때에 비로소 이루어질 준비가 마련되었다 할 것이다. 동물제사법이 폐지되고 단번에 속죄를 이루는 새로운 제사가 완성된 것이다. 그로 말미암아 우리 모두가 새롭게 되는 것이다. 고린도후서 5장 17절의 말씀, "그런즉 누구든지 그리스도 안에 있으면 새로운 피조물이라 이전 것을 지나갔으니 보라 새 것이 되었도다"와 같이 되는 것이다.

이어지는 구절을 함께 살펴보자. '또 내가 어떻게 하여야 천하의 인생들이 그들의 인생을 살아가는 동안 어떤 것이 선한 일인지를 알아볼 때까지 내 어리석음을 꼭 붙잡아 둘까 하여'라는 말씀을 보라. 전도자, 곧 주님은 깊이 궁구하고 생각하셨다. 그리스도의 십자가는 에베소서 1장 11절에, "모든 일을 그의 뜻의 결정대로 일하시는 이의 계획을 따라…" 이루어진 것이다. 궁구와 계획의 산물이다. 앞에서 '선한 일인지 알아볼 때까지'는 원문상의 의미가 '선한 것을 볼 수 있을 때까지'가 어울린다고 했다. 따라서 해 아래 인생들, 천하, 이 땅의 인생들이 어떤 것이 선한 일인 줄 볼 수 있을 때 까지가 맞는 말이다. 본다는 것은 만난다는 것이다. 인류가 십자가를 만날 때 까지가 해당되는 말이다. 예수 그리스도의 '선한 일', 곧 십자가를 통한 속죄와 부활을 말씀하신 것이다. 전도서는 이 일을 계시하신 것이고, 오늘날의 우리는 이 일의 완성을 본 것이다. 에베소서 1장 10절에, "우리는 그가 만드신 바라 그리스도 예수 안에서 선한 일을 위하여 지으심을 받은 자니…"라고 했다. 이제 우리는 주님의 '선한 일'을 본다. 그분은 우리를 거듭나게 하심으로 영생의 문을 열어 주셨다.

'어리석음을 꼭 붙잡아 둘까 하여'는 원문이 웨레헤오즈ולאחזה 베씨겔루트בסכלות'다. '어리석음'은 원문이 "씨겔루트סכלות'로 '어리석은'이란 뜻이고, '싸칼סכל'에서 유래한 말인데 이 '싸칼סכל'은 '어리석게 만들다', '공허하게 하다' '낭패시키다'의 뜻이 있다. '웨헤레오즈ולאחזה'는 원형이 '아하즈אחז'로서, 이것은 '쥐다', '잡다', '결합하다'의 뜻이 있다. 예수님은 가장 높은 자로서 가장 낮은 자가 되셨다. 빌립보서 2장 8절에, "오히려 자기를 비워 종의 형체를 가지사 사람들과 같이 되셨고"라고 했다. 그야말로 스스로를 낭패케 하고, 스스로를 어리석게 하신 것이고, 스스로를 비참하게 하신 것이다. 왜 그렇게 하셨나? 에베소서 1장 10절의 말씀대로, "하늘에 있는 것이나 땅에 있는 것이 다 그리스도 안에서 통일되게 하려 하심이라"하신 주님의 귀하신 뜻 때문이다. 이것 또한 선한 일인 것이다.

4절-6절] '나의 사업을 크게 하였노라 내가 나를 위하여 집들을 짓고 포도원을 일구며 / 여러 동산과 과원을 만들고 그 가운데에 각종 과목을 심었으며/ 나를 위하여 수목을 기르는 삼림에 물을 주기 위하여 못들을 팠으며'

'나의 사업을'은 원문이 '마아사이מעשי'다. 이것은 '일', '직업', '행위', '활동', '재산', '소유'의 뜻이 있으며 하나님과 사람의 경우가 다 적용된다. '크게 하였노라'는 원형이 '가달גדל'이고 이것은 '함께 묶다', '위대해지다', '성장하다', '좋은 평가를 받다'의 뜻이다. 그가 성공을 위해 힘써 노력했음을 주장하는 부분이다. '나의 사업'이라 했으니 그의 노력의 소산임을 알 수 있다.

'집들을'의 원문은 '바팀'이며, 이것은 복수형이어서 이때의 집은 '집', '성전', '궁궐'을 다 포함한다. 그는 실제로 왕궁과 바로의 딸을 위한 건물과 기타 국고성, 병거성, 마병성 등 그는 원했던 건물을 다 지었다(대하 8:3-6). '포도원'은 원문이 '케라밈כרמים'으로 이것은 '케렘כרם'의 복수형이다. '케렘כרם'은 '포도원', '이스라엘 백성'이란 뜻이다. '동산'은 원문이 '간노트גנות'로, 이것은 '간나גנה;גנה'의 복수다. '간나גנה'는 여성형이고 '정원', '동산'의 뜻이다. '과원'으로도 쓰인다. 이 '간나'의 특징은 원형이 '가난גנן'으로서, 이것은 '보호하다'의 뜻이 있다. 즉, 이 '포도원'은 울타리 같은 것이 있어 보호되는 포도원을 뜻한다. '과원'은 원문이 '우파르데심ופרדסים'이며, 여기서 '파르데스פרדס'는 '정원', '숲', '과수원'의 뜻이다. 6절의 '삼림'은 '야아르יער'로서, 이것은 '잡목 숲', '삼림'의 의미다. '수목을'에서 수목은 원문이 '에츠עץ;עצים'로, 이것은 '나무', '숲'의 뜻이다. '못들을 팠으며'에서 원문은 '아시티 리 베레코트עשיתי לי ברכות'로서, '리לי'는 '나를 위하여'를 가리키는 말로 한글 번역엔 생략되었다.

'베레코트ברכות'는 '연못'을 나타내는 '베레카ברכה'의 복수형이다. '마임מים'은 명사로 '물'의 뜻이므로 다시 번역하면, '나를 위하여 물의 연못들을 만들었다'가 된다. 물의 연못들은 어떤 것인가? 샘 솟는 물이 나오는 연못들이다.

일차적 의미를 살펴보자. 전절에서 전도자는 지혜와 쾌락의 조화를 모색하였으나 본절에서는 그의 삶의 성공적 현황을 알리고 있다. 쾌락에서 진일보한 것, 즉, 사회에서의 성공도 추구했음을 강조하고 있다. 성공을 위해 어떻게 행했을까? 1장 16절에 보면, '내가 크게 되고'라는 말이 나온다. '나의 사업을 크게 하였노라'와 일맥상통(一脈相通)하는 말이다. 그는 이스라엘의 전성시대를 이끈 인물이었다. 그의 통치기간은 평화시대였고(대상 22:9참조), 그의 지혜와 지식은 만방에 알려져 이름을 높였다. '스바여왕'의 이야기처럼 주변 열방들과 우호적이었고, 무역은 활발해 재물이 쌓여갔으며, 그의 영화는 한없이 고조되었다.

이어지는 말에서 '나를 위하여 집들을 짓고 포도원을 일구었다'는 것, 그것은 자신의 집을 지었는데(왕상 7:1-7, 왕상 9:15-22, 대하 8:3-6참조), 이것들은 쓸모를 위한 집이 아니라 쾌락 용도의 집이었다. 포도원은 '바알하몬בעל המון'아가 8:11 에 있었으며, '아가서'에는 그가 동산과 공원을 소유했음을 알 수 있다(아가서 6:2-11참조). 베들레헴 남서쪽 예담에 동산과 공원을 두고 즐겼다. 그리고 '솔로몬의 연못들'이 베들레헴 인근에 있었다는 전승도 있다. 새로운 나무를 심고 물을 줄 연못을 만들어 산림을 가꾸는 일에도 애썼으니 그 또한 그 자신의 만족을 위한 행위였던 것이다. 그러나 그는 쾌락과 마찬가지로 성공적인 삶에서도 만족을 할 수 없었다. 그것 또한 선한 길, 참된 삶과는 거리가 먼 것이었음을 알게 모르게 암시하며 글을 이어가고 있는 것이다.

♠ 전도자가 솔로몬이라면 본절은 자기 자랑이 넘친다고 할 것이다. 독자들이 바라볼 때, 솔로몬의 교만스러움이 돋보이지 않는가? 지혜자로서, 하나님의 백성으로서, 하나님을 진정으로 사모하는 자의 태도로서는 어딘가 미흡하지 않은가? 뒤에 나올 구절들을 보면 그런 느낌을 더욱 강하게 받을 것이다. 환언하면, 일차적 의미만으론 전도서의 계시, 예언서로서의 참 뜻을 결코 이해할 수 없으리라는 것이다. 하물며 그런 시각으로 어떻게 이 책에서 예수 그리스도를 발견해 내겠는가? 학문적 논리와 비평, 분석을 벗어나 신앙의 눈을 가질 필요성이 있음을 말하는 것이다.

'나의 사업'은 하나님이신 예수 그리스도의 '일'이다. 예수 그리스도께서는 하나님의 선한 일을 하심에 있어 유대민족을 넘어 만국에 이르는 영적 일을 하시고자 하신다. 이 일은 하나님의 일이기도 하다. 율법에 매임은 이스라엘에 국한된 것이나 십자가를 지심은 전 인류를 구원코자 하시는 원대한 사업인 것이다. 율법적 일, 곧 성전제사는 시간에 구애받는 짧은 시간 동안의 한정적 일(속죄에 관한)이나, 십자가를 통한 속죄제사는 영원한 생명을 이루는 크고 귀한 뜻이 반영된 것이다.

주님은 주님을 위하여 집들을 지으신다. 땅에 있는 장막이 아니라 하늘의 집들을 짓고 계신다. 요한복음 14장 2절에, "내 아버지 집에 거할 곳이 많도다 그렇지 않으면 너희에게 일렀으리라 내가 너희를 위하여 거처를 예비하러 가노니"라고 하시지 않았는가?

주님의 집, 곧 우리들의 집을 마련하고 계신다.

'포도원을 일구신다'고 하셨다. 우리는 마태복음 21장에 나오는 포도원의 비유를 알고 있다. 포도원의 주인은 하나님이시다. 하나님이 포도원을 일구시고 열매를 거두려고 아들을 보내셨다고 했다. 그 아들은 바로 예수 그리스도시다. 율법만을 신봉하는 자들, 최종 메시아이신 예수님을 알아보지 못하고 십자가에 못 박으라 외쳤던 자들, 아들을 죽인 자들이 바로 유대 종교지도자들이었다. 그리하여 그들은 버림받는 존재가 되었다. 반대로 하나님의 사업은 확장되었다. 이스라엘 민족에서 전 인류를 대상으로, 물론 지금도 여전히 확장 중이다.

'여러 동산과 과원을 만들고 그 가운데에 각종 과목을 심었으며'에서 '과원'은 70인 역에서 원문 '우파르테심ופרדסים'을 '파라데이수스', 곧 '낙원'이라고 번역하고 있다.[52] 그만큼 아름다운 곳이었다는 것이다. 하나님이 우리의 거처인 새 예루살렘성을 예비하셨듯이 또한 아름다운 동산과 과원, 곧 우리의 낙원(파라다이스)을 준비하고 계신다. 요한계시록 22장 2절에 보면, "… 강 좌우에 생명나무가 있어 열두 가지 열매를 맺되 달마다 그 열매를 맺고 …"라고 하지 않았는가? 또한 '나를 위하여 수목을 기르는 삼림에 물을 주기 위하여 못들을 팠으며'라고 했다. 하나님의 동산, 과원, 삼림엔 마르지 않는 샘물, 생수가 솟아나는 연못이 있다. 그 발원지가 어디인가? 요한계시록 22장 1절에, "또 그가 수정 같이 맑은 생명수의 강을 내게 보이니 하나님과 및 어린 양의 보좌로부터 나와서"라고 했으니 생명수가 솟아나는 못, 그 원천은 하나

---

[52] παραδεισους LXX 2:5 모든 성경의 장절이 같은 것은 아니다.

님의 보좌이고, 그곳으로부터 하나님의 나라를 구성하는 삼림(영적으로 하나님의 자녀들)에 물(생명수)을 공급하게 되는 것이다.

하나님께서 '나를 위하여' 이 모든 것을 준비하셨다는 말씀은 곧 상속자 되는 성도들을 위한 것임을 암시하고 있는 말씀이기도 하다. 왜냐하면 하나님의 것은 또한 상속자 되는 아들들, 곧 성도들을 위한 것이기도 하니까 말이다. 할렐루야הללויה!

7절] '남녀 노비들을 사기도 하였고 나를 위하여 집에서 종들을 낳기도 하였으며 나보다 먼저 예루살렘에 있던 모든 자들보다도 내가 소와 양 떼의 소유를 더 많이 가졌으며'

값을 주고 산 노예와 집에서 난 종들이 집안의 대소사에 관계하는 일꾼들이 되는 것이다. 노예가 무엇인가? 그의 주인을 위해서 스스로 희생할 줄 알아야 하는 자들이다. 전도자는 앞선 어떤 사람들 보다 더 많은 소와 양을 가지고 있었다고 했다. 솔로몬은 실제로 성전에서 많은 동물을 제물로 바쳤다. 열왕기상 8장 64절에 보면, "그 날에 왕이 여호와의 성전 앞뜰 가운데를 거룩히 구별하고 거기서 번제와 소제와 감사제물의 기름을 드렸으니 이는 여호와의 앞 놋 제단이 작으므로 번제물과 소제물과 화목제의 기름을 다 용납할 수 없음이라"고 했다. 63절에 그 숫자가 나오는데, "…여호와께 드린 소가 이만 이천 마리요 양이 십이만 마리라…"고 했다. 팔레스타인 지역에서 소와 양의 숫자는 곧 부의 척도였다. 이 내용으로 보아 솔로몬의 부는 상상불허일 정도인 것이다. 결국 본절의 일차적 의미는 전도자의 부유함, 번영, 안정되고 성공된 삶을 나타낸 것이나, 이면(裏面)에선 여전히 이것 또한 '헛됨'의 이미지를 떠오르게 하는 구절이 되는 것이다.

히브리어 원문을 보자. '노비들은'은 원문이 '아바딤עבדים 우쉐파호트ושפחות'다. '아바딤עבדים'은 '에베드עבד(노예/하인)'의 복수형이고, '우쉐파호트ושפחות'는 '여종'의 뜻인 '쉬프하שפחה'의 복수형이다. 한글 '사기도'는 원문이'카니티קניתי'로 이것은 원형이 '사다', '얻다'의 뜻을 갖는다. '원문'을 중심으로 다시 번역하면 '그리고 나는 나를 위하여 남자 종들과 여자 종들을 얻었다'가 된다.

'나를 위하여 집에서 종들을 낳기도 하였으며'에서 '종들을'은 '우베네ובני'로 이것은 접속사 '우ו(and)'와 아들을 나타내는 '벤בן'의 복수가 합친 것이다. '집에서 종들을 낳기도 하였으며'는 원문을 직역하면, '그리고 집에서 아들들이 있었다'가 된다. '나보다 먼저 예루살렘에 있던 모든자들보다도 내가 소와 양 떼의 소유를 더 많이 가졌으며'에서는 '예루살렘에'가 원문은 '비루쌀람בירושלם'이어서, 이것은 '~ 안에'의 의미를 갖는 전치사 '베ב'와 '예루살렘ירושלם'의 결합이어서 '예루살렘 안에'가 된다. 즉, '나보다 먼저 예루살렘 안에 거주하던 모든 자들보다도'가 된다.

♠ 요엘서 2장 29절에, '그 때에 내가 또 내 영을 남종과 여종에게 부어 줄 것이며'라는 구절이 있다. 본절에서 '남녀 노비를 사기도 하였고'라고 했는데, 이것의 원문의 직역은 '그리고 나는 나를 위하여 남자 노예들과 여자 노예들을 얻었다'가 된다고 했다. 어떻게 얻으셨는가? 예수께서 핏값을 주고 사서 얻으신 것이다. 요엘서의 말씀을 미래, 종말의 때에 이루어질 일이라고 말하는 성경학자들이 있다. 그런데 구약 성경은 예수님이 오심으로 완성된 것이다. 누가복음 16장 16절에, 예수님께서 "율법과 선지자는 요한의 때까지요 그후부터는 하나님 나라의 복음이 전파되어 사람마다 그리로 침입하느니라"고 했다. 율법과 선지자의 역할이 예수

님의 출현으로 그 사명을 다 했다는 것이다. 그러므로 요엘서는 예수님이 승천하신 후, 성령의 오심을 말씀한 것이지, 종말의 때를 말한 것이 아니다. 여기서 '남종과 여종'이 바로 예수께서 피로 사신 성도를 말하는 것이다.

'나를 위하여 집에서 종들을 낳기도 하였으며'는 간단히 해석할 수 있을 것이다. 앞의 남종과 여종은 외부로부터, 곧 이방인 가운데서 획득한 주의 종들이고, 집에서 낳은 종들은 '우베네ובני,' 곧 '아들들'이니, 이들은 이스라엘 땅에서 얻은 유대인들, 곧 하나님의 선지자나 예수 그리스도의 제자들을 가리킴이다.

솔로몬, 곧 참 솔로몬인 예수 그리스도께서는 이렇게 말씀하셨다. '나보다 먼저 예루살렘에 있던 모든 자들보다도 내가 소와 양 떼의 소유를 더 많이 가졌으며'라고 말이다. 예수님보다 먼저 예루살렘에 있던 모든 자들이 누구인가? 이들은 유대 종교지도자들이다. 이들이 사탄의 영적 권세를 이용해 사로잡아 마치 주인 행세를 하던 무리가 바로 이들 유대 지도자들을 추종하던 무리를 말함이다. 그들보다 예수께서 더욱 부유하시다는 것이다. 영적 부유함이다. 따라서 소와 양 떼는 부유함의 상징이며, 따라서 본절은 단순히 물질적 부유함을 말씀하신 것이 아니라는 것이다. 세상의 어느 누구도 예수님만큼 부유하지 않다. 그런데 그분이 가난하게 되심을 스스로 택하셨다.

고린도후서 8장 9절에, "우리 주 예수 그리스도의 은혜를 너희가 알거니와 부요하신 이로서 너희를 위하여 가난하게 되심은 그의 가난함으로 말미암아 너희를 부요하게 하려 함이라"고 하신 것이다. 영적 부요, 영적 충만하신 분이 낮은 자리에서 육신의 죽음을 당하리만큼 가난하게 되셨다. 만인의 죄를 다 짊어진 모습이야 말로 그분의 가난을 지칭하는 가장 비참한 모습인 것이다. 왜 그렇게 가난해지셨나? '우리를 부요케 하시려고' 그러하신 것이다. 한 영혼이 천하보다 귀하다고 했다. 물질의 부요는 비교조차 할 수 없는 것이다. 부요케 하시는 그것, 그것이 그리스도의 은혜다. 바로 그 십자가의 속죄와 부활의 은총인 것이다.

8절] '은 금과 왕들이 소유한 보배와 여러 지방의 보배를 나를 위하여 쌓고 또 노래하는 남녀들과 인생들이 기뻐하는 처첩들을 많이 두었노라'

전도자는 7절에서 종들과 가축으로 자신의 부요함을 말했으며, 본절에서는 은금과 같은 보배를 그 자신을 위하여 축적하였음을 말하고 있다. 그는 각 지역, 사람들로부터 수많은 선물을 받았고 (왕상 10:15, 22), 수도 예루살렘에서 은이 돌 같이 흔했다고 할 만큼(대하1:15)의 거대한 보화를 보유했다는 것이다.

본절의 '쌓고'에 해당하는 원문 '카나세티כנסתי'는 원형이 '카나쓰כנס'로 이것은 '쌓다', '저장하다', '모으다'의 뜻이 있다. 소유를 목적으로 모은 경우에 해당되는 말이다. 여기서는 왕이나 개개 나라들이 소유한 재산이란 것이다. 알려지기로 솔로몬으 '오빌'에 가는 선단을 보유했고, '두로'의 왕족과도 우호적인 관계에 있었으며, 심지어 중앙아시아와 아프리카에까지 교역의 영역을 넓혔다고 했으니 각 지역의 대표적인 소산물, 보배를 다 소유할 수 있었으리라.

'보배와'에 해당하는 원문은 '우세굴라트וסגלת'로, 이것은 접속사

'우יְ'와 '쎄굴라הסְגֻלָּה'의 연계형이다. '쎄굴라הסְגֻלָּה'는 '재산', '부', '특별한 소유', '보배'의 뜻이다. 솔로몬의 처와 첩은 천명 이상이었다 (왕상 11:3). 이 여인들은 솔로몬의 쾌락을 위하여 소유했던 여인이었다.[53] 본절은 전도자 자신이 정욕, 향응, 향락을 위해, 자신의 흥을 만족시키기 위해 준비된 것을 열거하고 있다. 물론 그가 그것에 빠져들지 아니하였으며 그것으로도 부족한 무엇이 있음을 암시하고 있기도 하다.

'노래하는 남녀들과'에서, '노래하는'에 해당하는 원문은 '샤림שרים'이며 이것은 복수로서, 원형이 '쉬르שיר'이고, 그 뜻은 '노래하다', '찬송하다'이다. '인생들이'는 '베네이 하아담בני-האדם'이 원문이며 문자대로 직역하면, '베네이בני'는 복수 연계형이고, '하아담האדם'은 정관사ה가 붙어 '그 사람'이 되므로 합치면 '그 사람의 아들들'이 된다.

'두었노라'는 원문이 '아시티עשיתי'로, 원형은 '아사עשה'다. 이것은 '행하다', '만들다', '얻다'의 뜻이 있다. '처첩들을 많이'는 원문이 '쉳다שדה 웨쉳도트ושדות'로서 해석이 애매하다. 왜냐하면 흔히 사용되는 단어가 아니기 때문이다. '쉳다שדה'는 여성 단수이고 '웨쉳도트ושדות'는 '쉳다'와 접속사가 결합된 것으로 여성 복수형이다. 70인 역에서는 '시종을 드는 시종과 시녀들로서 연회 종사자'를 말하고, 루터는 '각종 악기'라고 번역하기도 했다. 솔로몬의 상황을 염두에 둔 해석가들은 '많은 첩들을'로 번역한다.

---

[53] 또 다른 해석으로서는 그 여인들의 상징성을 제사 예배의 수종자들과도 연관 시킬 수도 있다.

♠ 신명기 26장 18절엔 '여호와께서도 네게 말씀하신 대로 오늘 너를 그의 보배로운 백성이 되게 하시고…'라고 했으며, 말라기 3장 17절에, "만군의 여호와가 이르노라 나는 내가 정한 날에 그들을 나의 특별한 소유로 삼을 것이요 또 사람이 자기를 섬기는 아들을 아낌 같이 내가 그들을 아끼리니"라고 한 바와 같이 본절의 '보배סגלות;סגלה'는 하나님을 잘 섬기는 이스라엘 백성을 지칭하기도 하는 말이다. 이스라엘 백성들은 하나님에게 있어 은금과 같은 보배였으며, 특별한 소유였다. 이제 신약에선 영적 이스라엘을 말하고 있으니 그 의미가 같다고 할 것이다. 그런데 베드로전서 1장 5절에 보면, "너희 믿음의 확실함은 불로 연단하여도 없어질 금보다 더 귀하여 예수 그리스도께서 나타나실 때에 칭찬과 영광과 존귀를 얻게 할 것이니라"고 함으로써 신약시대의 귀하디 귀한 보배는 바로 믿음을 가진 성도임을 분명히 하신다.

본절의 '쌓는다כנס'는 것은 원문에선 '모으다'의 의미도 있다. 추수할 때가 되면 주님의 백성을 모으시겠다는 것이다. '노래하는 남녀들'은 누구인가? '이 노래하다는 찬양하다는 뜻도 있다. 즉, 하나님을 위해 찬양하는 성도들, 복음 전파자들을 가리키는 말이다.' 인생들 '곧' 그 사람의 아들들이 되는데 이때 '아들들'은 단수도 되고 복수도 된다고 했다. 히브리어 문법상 그러하다는 것으로 '하아담האדם', 즉 '그 사람'은 단수다. 그 사람의 아들은 곧 '인자בני האדם'를 말함이고 인자는 또한 예수 그리스도를 가리키는 말이다. '처첩들을 많이 두었노라'에서 '두었노라'가 '얻었다'는 뜻이라고 했다. '인생들이 기뻐하는 처첩들'은 누구일까? '인생들'은 '인자' 되신 예수 그리스도를 나타낸 말이라고 했다. 처첩들에 관해서는 해석상 어려움이 있어 시종을 드는 여인들인지, 악기인지, 처와 첩들을 가리키는 말인지 불확실하다. 다만 여성형이란 것만 분명하다. 어쨌든 처첩들이라고 가정할 때, 열처녀의 비유를 생각해보면 간단히 답이 나온다. 이들은 모두 신랑을 기다리고 있는 신부들이다. 신랑은 예수님이고 신부는 다수의 여인들, 곧 그리스도인들을 가리키는 말이다. 혹자는 신랑 예수님에 대해 처는 또 다른 보혜사인 성령이며, 첩들은 보내심을 받은 자, 곧 성령을 받은 자라고 말하기도 한다. 필자의 견해론 예수님을 믿는 성도들이 맞는다고 본다. 그래야만 앞 뒤 문맥의 흐름이 매끄럽기 때문이다. 열처녀의 비유처럼 처와 첩들은 혼인식을 할 것이다. 지상에서 예수를 믿음은 사실상의 약혼식이며, 결혼식은 영적 세계에서, 예수님을 만날 때에 이루어질 것이다.

9절] '내가 이같이 창성하여 나보다 먼저 예루살렘에 있던 모든 자들보다 더 창성하니 내 지혜도 내게 여전하도다'

'내가 이같이 창성하여'의 히브리어 원문은 '웨가달레티וגדלתי'다. '가달'이 원형이다. 그 의미는 '단결시키다', '위대해지다' '성장하다'가 된다. 접속사 '와우ו'가 결합된 완료형이다. 이것으로 보아 솔로몬의 영화가 극에 달했음을 알 수 있다. 그것은 성공의 측면에서 완전한 사람이었다고 할 것이다. 인간이 생에서 누릴 수 있는 최고의 부와 쾌락, 지위와 권세를 다 가진 자였으니, 그 영광은 지상 최고의 수준이었을 것이다. 그는 그럼에도 불구하고 '지혜도 내게 여전하도다'라고 말함으로써 자기 자신의 긍지와 현명함을 잃지 않았음을 알 수 있으며, 그의 탐구여정으로 보아 신앙도 굳건히 유지되고 있었음을 알 수 있는 것이다.

'여전하도다'는 원문이 '아메다עמדה'이다. 이것은 원형이 '아마드עמד'로서, '사람이 서다', '확고히 서다', '임명하다', '선포하다'라는 뜻이 있다.

♠ 예수께서는 가장 낮고 비참한 자리에까지 내려가셨으나 마침내 '먼저 예루살렘에 있던 모든 자들보다 더 창성하게' 되셨다. 창성하다는 것은 위대해졌다는 의미가 된다. 예루살렘, 아니 전 이스라엘을 통틀어, 심지어 모세와 아브라함까지도 포함한 그 누구도 예수님처럼 위대해지지 않았다. 아니, 그렇게 될 수도 없다. 또한 지혜자로서 그분의 지혜에 필적할 아무도 없으며, 그분의 지혜는 과거나 현재나 미래나 항상 지속되고, 확고히 서 있을 것이다.

10절] '무엇이든지 내 눈이 원하는 것을 내가 금하지 아니하며 무엇이든지 내 마음이 즐거워하는 것을 내가 막지 아니하였으니 이는 나의 모든 수고를 내 마음이 기뻐하였음이라 이것이 나의 모든 수고로 말미암아 얻은 것이로다'

전도자는 점점 더 창성해지고, 흥왕 해진다. 지혜의 감퇴가 없이 지속되고 있고, 스스로 원하면 무엇이든 기쁨을 맛볼 수 있는 지경에 이르렀다. 스스로 모든 일을 행하고, 판단할 수 있었다. 그가 눈으로 본 모든 것들, 세상의 욕망을 위한 모든 것들이 가능해졌다는 것이다.

일차적 의미를 파악하기 위해 본문을 몇 부분으로 절개해 분석해보자. '무엇이든지 내 눈이 원하는 것을 내가 금하지 아니하며'에서 이 번역은 어딘가 어색하다. 원문을 살펴볼 필요가 있다. '무엇이든지'는 원문이 '웨콜וכל'이며, 이것은 접속사 '와우ו'와 '모두'의 뜻을 가진 '콜כל'의 결합이다. '원하는'의 원문은 '솨알루שאלו'로,

이것은 '샤알'이 원형인데, 그 뜻은 '구하다' '문의하다', '부탁하다', '빌려주게 하다'가 된다. '금하지 아니하며'는 '로לא 아찰티אצלתי'로서, 절대 부정어 '로לא'와 '결합하다', '분리시키다'의 뜻을 갖는 '아찰אצל'이 원형이다. 따라서 이 부분은 결과적으로 전도자가 원하는 모든 쾌락을 다 얻었다는 의미다. 한글 번역에 빠진 '메헴מהם'이 원문에 있는 바, 이것은 '그것들로부터, 혹은 그것들을'로 번역된다. NASB는 이 부분을 '나의 두 눈이 갈망하는 모두를, 그 것들을 나는 거절하지 않았다'로 번역했다. 다 취택했다는 말에 다름이 아니다.[54]

이 문장 다음이 '무엇이든지 내 마음이 즐거워하는 것을 내가 막지 아니하였으니'가 된다. 이것도 앞 문장과 비슷한 뉘앙스를 갖는다. 즉, 쾌락의 대상에 대하여 기피나 거절을 결코 하지 않았다는 것을 뜻하는 말이다. 여기서 '즐거움'은 원문이 '시므하שמחה' 로 '기쁨', '기쁜 소리', '즐거움'의 뜻이다. '무엇이든지'는 원문이 '미콜מכל'이며, '~ 로부터'의 뜻을 갖는 전치사 '미מ'와 '모두'의 의미를 갖는 '콜כל'의 결합이다. 그러므로 '기쁨을 주는 모든 것으로부터 나의 마음을 결코 막지 아니하였다'는 말이 된다. 즉, 쾌락에 대해 절제하거나 금하지 않았다는 것이다. 물론 이 부분을 말하는 성경학자들은 대개 이때의 쾌락을 세속적 쾌락이라고 말한다. 왜냐하면 그것도 결국은 '헛됨(하벨הבל)'이라고 보기 때문이다. 솔로몬은 요한일서 2장 16절의 말씀처럼 그야말로 '육신의 정욕, 안목의 정욕, 이생의 자랑'으로 똘똘 뭉쳐진, 그런 삶을 추구했다는 것이다. 그런데 놀라운 사실은 솔로몬 자신의 쾌락 추구와 같은 이런 시도들조차 그가 원하는 지혜의 탐구과정이고, 진리의 추

---

[54] 1560/KJV의 경우는 withheld not

구 방안의 일환이라고 고백하고 있다는 것이다.

이어지는 본문은 '이는 나의 모든 수고를 내 마음이 기뻐하였음이라'가 된다. '이는'은 원문이 '키כי'이고 '왜냐하면'의 뜻이다. '나의 수고를'은 원문이 '아말리עמלי'로, 이것은 '고난', '힘든 노동', 비유적으론 '마음고생', '수고', '노역'의 뜻이 있다. 특이한 것은 1장 3절에서는 '고난', '노역'의 의미로 사용된 데 반해 여기서는 쾌락을 추구하는 과정에서의 '수고'를 말한다는 것이다. 전과 달리 부정적 의미의 '수고'가 아니란 말이다. 여러번 강조하거니와 솔로몬은 육체적인 삶 가운데서 쾌락을 즐겼지만 거기에 잠식되지는 않았다. 그가 즐거운 삶을 살기 위해서 그 나름대로의 '애씀과 노력'이 있었다는 것이다. 포도원을 만들고, 삼림을 가꾸며, 연못을 파고, 건축물을 짓고 경제와 무역 활동 등 그가 한 일련의 행위들은 그 과정이 만만하지 않았을 것이다. 이런 노역과 수고의 결과가 곧 그의 마음의 기쁨을 가져왔다는 것이다. 마지막 문장인 '이것이 나의 모든 수고로 말미암아 얻은 것이로다'가 그러한 의미다. 관주성경은 '얻은 분복'이란 말을 썼다. 원문이 '헬레키חלקי'로 전도서에 많이 나오는 단어다. '평탄함', '몫', '유산', '분깃', '상속'의 뜻이다. 솔로몬이 얻은 것들이 그의 성실한 수고의 산물이며 정당한 행위에 의해 이루어진 당연한 '몫'이라는 것이다.

♠ 본절의 앞부분을 보면 전도자 스스로가 이룬 복이라기보다는 하나님께로부터 받은 복과 거의 비슷한 것을 알 수 있다. 신명기 16장 14절은 절기를 지킬 때 즐거워하는 모습인데 그 때의 즐거움이 바로 본절의 즐거움과 같은 단어인 '시므하שמחה'를 사용한다. 또 신명기 14장 26절에 보면, "네 마음에 원하는 모든 것을 그 돈으로 사되 소나 양이나 포도주나 독주 등 네 마음에 원하는 모든

것을 구하고 거기 네 하나님 여호와 앞에서 너와 네 권속이 함께 먹고 즐거워할 것이며"라고 한 말씀이 있다. 그런데 이 말씀은 '하나님 여호와를 경외하여 그의 모든 도를 행하고 그를 사랑하며 마음을 다하고 뜻을 다하여 그의 하나님을 섬기며 여호와의 명령과 규례를 지키는 자'(신명기10:12-13참조)에게 내려주시는 복이다. 주님은 주님 자신의 마음에 원하는 모든 것을 금하거나 막지 않으신다. 이것이 하나님의 뜻에 어긋나는 것이 아니라면, 그 선한 일에 장애물을 두실 까닭이 없기 때문이다.

본절의 '나의 모든 수고'는 예수 그리스도의 공생애 전체에 걸친 구원사역 전부를 말함이다. 그 모든 수고를 기뻐하셨다. 그 수고의 절정은 십자가다. 온 몸을 바친 고난이 바로 수고인 것이다. 그 수고로 얻으신 분깃, 분복, 몫이 무엇인가? 하나님의 선한 일, 그것은 주님을 따르는 자들에게 제공되는 영원한 생명이다. 그러니 예수께서 어찌 기쁨으로 그 수고를 맞이하지 않으시겠는가?

11절] '그 후에 내가 생각해 본즉 내 손으로 한 모든 일과 내가 수고한 모든 것이 다 헛되어 바람을 잡는 것이며 해 아래에서 무익한 것이로다'

'그 후에 내가 생각해 본즉'은 무엇을 생각해 보았다는 말인가? '본즉'은 원문이 감탄사적 의미다. '나 자신이 내 손으로 이루어낸 나의 모든 사업과 일들을 살펴보니'라는 말이다. 그의 삶의 성찰에 대한 자평, 관조를 통한 평가다. 그가 행한 모든 것들도 결과를 볼 때, 기쁨 중에서도 허무함만 짙어질 뿐, 얻고자 했던 것들은 바람과 같았으니, 한 때의 환상이나 신기루 같은 것이었다는 말이며, 결국 이 땅에서는 모든 수고에도 불구하고 참된 진리를 얻을 수 없고 진정한 행복이 있을 수 없다는 것이다. 종국엔 '헛됨'만이 남는 슬픈 상황이어서 유익이 없다는 것이다. 물론 이런 글들의 주요 목적이 설사 인간이 누릴 수 있는 최대, 최고의 쾌락을 누린다 할지라도 그 안에서 삶의 참된 가치, 의미, 보람을 찾을 수 없으므로 의미 없는 삶으로 전락하게 된다는 것을 말함과 동시에 다른 그 무엇을 찾고자 하는 기대감을 낳게 하는 구절이기도 하다.

주요 원문을 살펴보자. '그 후에 내가 생각해 본즉'의 원문은 '우파니티ופניתי 아니'로서, 이것은 '그 후에 내가 돌이켜 보았다/나의 면전에서'로 번역된다. 하반절은 1장 14절, 1장 3절과 유사한 내용이다. 특히 '무익한 것이로다'의 원문이 '웨엔ואין 이트론יתרון'인 바, '이트론יתרון'은 '소득', '이익', '탁월함', '뛰어남'의 뜻이며, 접속사와 결합된 '에인אין'은 '존재하지 않다(없다)'에서 유래한 것으로 부정의 의미다.

♠ 전도서는 시가서로 분류되어 있다. 그런데 유대인들은 성문서로 보고 있으며 구별된 다섯 개의 두루마리의 하나로 취급한다. 전도서와 아가서, 예레미야 애가, 룻기, 에스더서가 그것들이다. 이것들은 절기 때에 읽는데, 전도서는 장막절에 읽는다. 유대인들은 장막절에 전도서를 읽으면 구원받는다는 속설을 갖고 있다고 한다. 유대인들은 철저히 하나님주의자들이다.
예를 들면, 그들은 그들의 삶 가운데서 불행과 고난이 닥쳐도 하나님을 찾고 기쁘고 좋은 일이 발생해도 하나님을 찾는다. 그들은 스스로 하나님 밖에 모른다고 거리낌 없이 말한다. 장막절 일주일 동안 전도서를 읽으며 유대인들은 모세 같은 '지혜자'를 보내달라고 울며 기도할 정도다. 이들은 전도서에서 메시아를 발견했다고 주장하며, 이것이 이방인들에겐 해석적으로 비밀이라고 여긴다. 유대인들에게 있어 전도서는 메시아, 혹은 모세가 독백하는 듯이 보이는 책이라고 여긴다. 따라서 전도서의 주인공은 참 메시아라는 것이다. 개혁교회에서도 솔로몬이 예수 그리스도를 예표한다는 정도는 인정하고 있다. 하지만 전도서에서의 솔로몬의 언급에서 참 메시아인 예수 그리스도의 말씀이 중첩되어 보인다는 정도까지는 나아가지 못하고 있다. 전도서를 읽을 때 솔로몬도, 예수 그리스도도 다 인정하고 바라보라. 그러면 달리 보이는 것이 있을 것이고, 그것이 바로 속뜻이다.

본절의 '생각해 본즉'은 '그 후에 본즉(Then looked)', 혹은 '그 후에 돌이켜 본즉'이 원문의 번역으로 어울린다. 예수께서 무엇을 돌이켜보셨는가? 예수께서 행하신 모든 선한 일들, 예수께서 당한 모든 고난들이 다 한 호흡 정도의 잠깐(하벨הבל)이라는 것이다.

'바람을 잡는 것'은 원문이 '우레우트ורעות 루아흐רוח'다. '우레우트ורעות'는 '붙잡으려 함' 또는 '애씀'의 의미고 '라아רעה'에서 유래한 말이다. 이 '라아'는 '다스리다', '양육하다'의 뜻을 갖는다. 바람이 '루아흐רוח', 곧 '바람', '영', '호흡', '생기' '하나님의 영'의 의미가 있다. 즉, 주님께서 행하신 모든 것이 다 영혼을 붙잡기 위한(혹은 양육하기 위해) 것이라는 말씀이다. 더욱이 이런 영혼을 살리는 일은 해 아래, 곧 육의 세계에서는 존재하지 않는다는 것이다. 요한복음 6장 63절에, "살리는 것은 영이니 육은 무익하니라 내가 너희에게 이른 말은 영이요 생명이니라"고 했다. 영원한 생명은 해 아래, 천하, 이 땅에서는 결코 존재하지 않는다. 오직 예수 그리스도만이 이 일을 행하실 수 있는 것이다.

12절] '내가 돌이켜 지혜와 망령됨과 어리석음을 보았나니 왕 뒤에 오는 자는 무슨 일을 행할까 이미 행한 지 오래 전의 일일뿐이니라'

본절 이후로부터 전도자는 놀라운 반전을 그려내고 있다. 단락이 바뀌는 것이다. 그에게 있어 사고와 사유의 한계가 끝 간 데 없을 정도다. 그동안 세상만사가 다 헛되다 해도 지혜만은 그렇지 않으리라는 기대감을 갖게 했었는데, 이어지는 구절들에서는 마치 지혜를 쫓으려는 것이 사람을 기뻐하게 하고, 행복을 보장해주는 것이 아니라 오히려 내적 근심과 번민을 증가하게 할 것이라는 충격적인 말을 하고 있는 것이다(15절). 전도자는 스스로의 오랜 삶의 경험을 바탕으로, 지혜와 어리석음의 차이와 그 구분, 그리고 지혜가 과연 어리석음보다 나은 지, 어떤 지에 관해서까지 깊게 궁구(窮究)하고 있다.

먼저 12절을 보자. '내가 돌이켜 지혜와 망령됨과 어리석음을 보았나니'에서, '돌이켜'의 원문은 '우파니티ופניתי'로 이것은 원형이 '파나פנה'다. '파나'의 뜻은 '어딘가로 가기 위해 향하다', '돌다', '돌아보다'가 된다. 전도자는 다시 그의 탐구와 사고의 방향을 바꾸게 되는데, 그것의 대상이 지혜와 망령됨과 어리석음의 관계라는 것이다. '보았나니'는 원문 '릴오트לראות'의 원형이 '보다'라는 뜻의 '라아ראה'다. 결국 자세히 보았다는 의미가 된다. 지혜는 '호크마חכמה'로, '숙련', '지혜', '하나님에 대한 경건'을 뜻하고 하나님, 통치자 등에 주로 사용되는 단어다.

'망령됨'은 1장 17절에서 '미친 것'으로 번역된 것으로, 원문은 '웨홀렐로트והוללות'다. '홀레로트'는 '홀렐라הוללה', 즉 '미련함', '어리석음'을 가리키는 말의 복수형이라고 했다. 이 경우, '어리석음'

이 오히려 맞는 번역이다. '미친 것' 혹은 '망령됨'은 번역이 과한 표현이다. '어리석음' 또한 원문이 '웨시켈루트וסכלות'로서, '씨켈루트סכלות'는 '어리석음', '우매함'을 나타내는 말이니 두 단어가 의미가 사실상 비슷하다. 유사한 의미의 단어가 겹침으로서 강조가 되어 정말로 '허탄한 것'을 보았다는 뜻이 되는 것이다. 성경연구가들의 대다수가 본절의 '지혜'가 하나님과 관련된 지혜(시111:10, 잠1:7절 같은 하나님의 지혜)가 아니라 인간세계, 곧 세속에 합리적으로 적용되는 유용한 지혜인 이성적 지혜를 가리킨다고 말한다. 그 이유는 문맥의 흐름이 그와 같이 흐르고 있기 때문이라는 것이다.

'왕 뒤에 오는 자는 무슨 일을 행할까'라는 문장을 살펴보자. '무슨'은 원문이 '메מה'로 이것은 의문대명사, 의문부사로 사용되는 것으로 '무엇', '누구'라는 뜻으로 사용된다. '왕 뒤에 오는 자는'은 원문이 '하아담האדם 쉐야보שיבוא 아하레אחרי 함멜렉המלך'이다. 직역하면, '그 왕의 뒤를 따라온 그 사람은 무엇이냐'가 될 것이다. 이 문장이 어딘지 어색하며, 또 이 부분에 대한 원문 해석도 여러 가지다. 예를 들면, 의역으로, '그 왕의 후계자가 할 수 있는 것이 무엇이 더 있겠는가?' 혹은 '그 왕의 뒤에 오는 자가, 무슨 종류의 사람인가?'라고 번역하기도 한다.

'이미 행한 지 오래 전의 일일뿐이니라'라는 이 한글 번역도 참 어색하다. 의미 파악이 쉽지 않다는 것이다.

원문이 '에트את 아쉘אשר 케바르כבר 아수후עשוהו'다.

'오래 전의 일'은 '케바르כבר'로 '카바르כבר'에서 유래한 것이다.

'카바르כבר'는 '묶다', '크다' '늘리다'의 뜻이며, '케바르'는 '길이', '거리', 부사로서 '이미', '오래전에', '지금', '현재'의 뜻이다. '아수후עשוהו'가 원형은 '아사עשׂה'이며 '아사'는 '노동하다', '만들다', '어떤 일을 하다'의 뜻이다. 따라서 '아수후'는 3인칭 복수형으로서 여기서는 '행한 지'로 번역한 것이다. 그러므로 이 부분은 일반적인 번역이 '그가 어떤 일을 행하여 이미 이루어진 것들이다'가 된다. '아수후עשוהו'가 복수형이라고 했지만 어떤 사본들에는 '아사후עשׂהו'로 나오며 이것은 3인칭 남성 단수가 된다. 이것을 접목하면 '그가 어떤 일을 행하여 이미 이루어진 것이다'가 된다. 다시 말하면 전도자의 후계자가 전도자가 이미 행한 일을 반복하여 행하게 될 뿐이라는 의미를 갖게 된다는 것이다.

이리저리 엮어 본문의 대강을 그려보면, '그가(왕이) 오래 전에 하였던 것만을 행할 수가 있다는 것', 즉, 후계자는 왕이 본 것을 반복하고 확인할 정도의 능력만을 가질 것이라는 뜻이다. 솔로몬의 오랜 왕위의 경험으로 완성된 그에 비해 후계자가 그러하지 못하리라는 추측이거나 확신적인 견해를 말한 것이라는 주장이다. 솔로몬의 사후에 나타날 후계자가 그만 못하게 되리라는 말과 더불어(실제로 그의 후계자는 어리석었다) 이면에는 세상에서 가장 뛰어난 지혜(인간적, 세속적 지혜)를 가진 그 조차 죽음의 한계를 넘을 수 없었으니 하물며 자신만도 못한 후계자에 대해 말한 들 무엇하겠느냐라는 말이라는 것이다. 이렇게 보면, 전도자의 비애가 감지되는 것으로서 또 다른 '헛됨'을 말하는 것이 된다. 바로 이것이 일차적 의미가 되는 것이다.

♠ 전도자, 곧 솔로몬 왕은 그림자요, 진체(眞體)인 왕은 예수 그리스도시다. 솔로몬의 사유의 산물이 전도서라고 본다면 일차적

의미만으로 만족해야 할 것이다. 그런데 그와 같이 전도서를 살펴보면, 삶의 의미가 허무로 기울고, 하나님에 대한 신앙이 약화될 수밖에 없다. 더군다나 솔로몬이 예수의 예표가 된다는 말을 적용하기도 쉽지 않게 된다. 따라서 이런 견지에서라면 전도서를 과연 성경으로 취급해야만 하는가에 의문이 달릴 정도로 그 가치가 격하될 것이다. 따라서 독자들은 솔로몬 개인에 대한 시선을 예수 그리스도에게로 높이 올려다보아야만 한다. 그것이 진정 하나님이 원하시는 바가 된다는 것이다. 그러므로 함께 이차적 의미, 곧 속뜻을 살펴보자.

'내가 돌이켜 지혜와 망령됨과 어리석음을 보았나니'라고 말씀하셨다. 주님께서 소위 지혜와 어리석음을 살펴보셨다는 것이다. 무슨 뜻일까? 성경연구가들의 대다수가 본절의 '지혜'가 하나님과 관련된 지혜(시111:10, 잠1:7절 같은 하나님의 지혜)가 아니라고 하지만 그것은 인위적인 판단이라고 생각된다. 성경은 지혜의 대부분이 하나님의 지혜를 말하고 있다. 시편 111편 10절에서, "여호와를 경외하는 것이 지혜의 근본이라"고 했고, 잠언 1장 7절엔, "여호와를 경외하는 것이 지식의 근본이거늘 미련한 자는 지혜와 훈계를 멸시하느니라"고 했다. 잠언에서 지혜와 미련한 자가 구분되듯 본절에서도 지혜와 '망령됨 및 어리석음'이 구분되어야만 한다. 지혜는 하나님의 지혜니 곧 예수 그리스도가 지혜자가 되신다. 무엇이 망령되고 어리석은 것일까? 율법에 매여 예수님을 몰라보는 유대 종교지도자들에 대해 말씀하신 것이다. 그들의 교만스런, 진리를 외면한, 그런 망령됨, 곧 잘못 판단하는 어리석음을 보셨다는 것이다. 많은 기독교인들은 이 전도서를 포함한 구약이 이스라엘 백성을 대상으로 했다는 것에서 의문을 갖는다. 그것은 사실이다! 이방인들은 그 다음이다. 마태복음 15장 21절에서 28절에 걸친 가나안 여인이야기를 보라. 그녀의 딸이 귀신들린 것을 고쳐달라는 간절한 요청에 말씀하시기를, "예수께서 대답하여 이르시되 나는 이스라엘 집의 잃어버린 양 외에는 다른 데로 보내심을 받지 아니하였노라"고 답하신다. 당시의 이스라엘 백성들은 이방인들을 짐승취급을 했고, 구원에서 제외된 자들로 여기고 무시하고 있었다. 그러자 여자가 와서 절하며 다시 도와달라 하니 예수님은 "자녀의 떡을 취하여 개들에게 던짐이 마땅하지 아니하니라"고 답하셨다. 어쩌면 무정한 말씀으로 들렸을 것이다. 그 여인의 대답이 놀랍다. "주여 옳소이다마는 개들도 제 주인의 상에서 떨어지는 부스러기를 먹나이다"라고 했고, 이에 예수님은 "여자여 네 믿음이 크도다 네 소원대로 되리라"고 하신 것이다. 참으로 의미심장한 말씀이다. 후일에 제자들이 이방인 전도 문제로 다툴 때 이 말씀을 상기했을 것이다. 예수님은 사실상 전 인류를 대상으로, 믿음을 가진 자들에게 구원의 은혜를 베푸실 것을 말씀하신 것이다. 그러나 일단 구약성경(토라)은 그 대상에 있어 먼저가 유대인이고 나중이 이방인인 것이다. 따라서 성경을 해석함에 있어(특히 구약은) 항상 이 점을 염두에 두어야만 한다는 것이다.

이어지는 문장, 곧 '왕 뒤에 오는 자는 무슨 일을 행할까 이미 행한 지 오래 전의 일일뿐이니라'는 말씀도 보자. 어떤 학자는 번역하기를, '왕의 뒤에 오는 자는 무슨 일을 행할 것인가? (그는) 오래전부터 그 자신의 일을, 즉 왕으로부터 보좌를 유업으로 받는 일을 행하고 있었고'라고 했다. 왕의 뒤에 오는 자를 후계자로 보는 것은 일차적 의미에 매인 자들이다. 왕 뒤에 오는 자는 후계가 되는 왕이 아니다. 필자의 견해는 이러하다. 즉, '예수 그리스도의 뒤에 오는 자가 무슨 일을 할 것인가? 그들은(유대 종교지도자들)

이미 행하던 그 짓, 예수님이 이 땅에 오셨을 때 하던 짓, 망령되고 어리석은 짓, 곧 하나님이신 예수를 미워하고, 반역하며, 거부하던 일, 즉 오래전에 행하던 그 일을 예수님이 십자가를 지시고 돌아가신 그 뒤에도 여전히 회개치 않고 반복한다'는 의미가 된다는 것이다. 마태복음 23장 34절에 보면 예수께서 서기관과 바리새인 곧 종교지도자들를 향해 말씀하시기를, "그러므로 내가 너희에게 선지자들과 지혜 있는 자들과 서기관들을 보내매 너희가 그 중에서 더러는 죽이거나 십자가에 못박고 그 중에서 더러는 너희 회당에서 채찍질하고 이 동네에서 저 동네로 따라다니며 박해하리라"고 했다. 예수님 이전에도, 예수님 때에도, 예수님이 십자가를 지신 뒤에도 유대인들은 이천년이 지난 현재까지도 그와 같은 일을 선조들처럼 반복하고 있다. 구원은 왕 되신 예수 그리스도로부터 오는 것이지 율법으로 해결되는 것이 아닌 것인데도 말이다.

13절] '내가 보니 지혜가 우매보다 뛰어남이 빛이 어둠보다 뛰어남 같도다'

일차적 의미로서의 지혜는 이성적 지혜로, 하나님의 지혜가 아니라 솔로몬이 가진 능력, 인본주의에 바탕을 둔 지혜를 뜻한다. 그는 자신의 왕위를 유지하고, 자신의 국가를 번영시키는데 이 지혜를 활용했으며, 자신의 사유의 세계를 여는데도 적극적으로 활용했다. 지혜가 비록 세속적 지혜이기는 하지만 우매함보다 뛰어나니 그런 뜻에서 본절의 말씀은 솔로몬 자신이 가진 지혜가 후계자로 올 자들보다 탁월하다는 것을 강조하고 있는 듯이 보인다. 솔로몬의 앞으로 올 구절들, 죽음에 관한 것들에 비추어 보면, 이 구절은 이런 인본주의적, 이성적 지혜조차 죽음 앞에선 무용지물이란 말을 하기 위한 예비 작업처럼 보이기도 한다.

주요 원문을 찾아보자. '지혜가 우매보다 뛰어남이'는 원문이 '이트론יתרון 라호크마החכמה 민מן 핫시켈루트הסכלות'다. '지혜'는 많이 나오는 '호크마חכמה'이고, '우매'는 '하시켈루트הסכלות'로서, 앞 절에서 그 의미가 '어리석음'이라고 했다. '뛰어남이'는 '이트론יתרון'으로 이것은 '초과하다', '뛰어나다', '앞지르다'를 나타내는 '야타르יתר'에서 유래한 말이며, '소득', '유익', '탁월함'의 뜻을 갖는다. 전도서에만 나오는 단어로 알려져 있다. '민מן'은 '~ 으로부터' 혹은 '~ 보다'의 뜻을 갖는 전치사다.

♠ 지혜가 우매보다 뛰어나다. 당연하다. 이 지혜에 관해서는 일차적 의미에서는 솔로몬의 지혜라고 했으나 영적 관점에서는 하나님의 지혜로, 예수 그리스도께서 지혜자가 되신다. 지혜가 어리석음보다 뛰어남을 빛과 어둠으로 비교했다. 지혜가 어리석음보다 유익하니 빛이 어두움보다 유익한 것과 같다는 것이다. '유익'을 나타내는 '이트론יתרון'은 실제적인 결과, 혹은 소득을 얻게 하는 의미의 단어다. 어느 정도의 유익인가? 욥기 38:19절에, "어느 것이 광명이 있는 곳으로 가는 길이냐 어느 것이 흑암이 있는 곳으로 가는 길이냐"라고 했다. 광명이 있는 곳은 '천상'의 세계이며, '흑암'은 '지옥'을 가리킨다.

어리석음은 예수님을 제대로 알지 못하는 유대 종교지도자들의 어리석음이다.

마태복음 23장 시편 14편 1절에, "어리석은 자는 그의 마음에 이르기를 하나님(예수님)이 없다 하는도다 그들은 부패하고 그 행실이 가증하니 선을 행하는 자가 없도다"라고 했으니 예수님도 유대인 종교지도자들을 향해 "뱀들아 독사의 새끼들아 너희가 어떻게 지옥의 판결을 피하겠느냐"라고 호통을 치신 것이다. 본절을 다시 의역해보면, '예수 그리스도께서 살펴보시고 말씀하신다. 예수 그리스도의 지혜가 유대 종교지도자의 어리석음 보다 유익하니 빛이 어두움보다 유익한 것 같도다'라고 할 수 있을 것이다. 시편 36편 2절에 어리석은 자의 모습이 나타난다. 즉, "그가 스스로 자랑하기를 자기의 죄악은 드러나지 아니하고 미워함을 받지도 아니하리라 함이로다"라고 했다. 어리석은 자의 특징이다. 빛은 예수님을 상징한다. 시편 36편 9절에, "진실로 생명의 원천이 주께 있사오니 주의 빛 안에서 우리가 빛을 보나이다"라고 했다. 주의 빛이니 곧 영적인 빛이다. 생명의 원천이니 그로 인해 영원한 생명을 얻는 것이다.

요한복음 1장 4-5절에, "그 안에 생명이 있었으니 이 생명은 사람들의 빛이라/ 빛이 어둠에 비치되 어둠이 깨닫지 못하더라"고 했다. 일부 사본에는 '깨닫지 못하더라'가 '또는 이기지 못하더라'고 나온다. 어두움이 무엇인가? 빛이 예수님, 그리스도를 상징하듯이 어둠은 사탄, 적그리스도를 상징한다. 영적 어두움은 영적 불행, 영적 사망을 나타낸다. 어둠은 결코 빛을 이길 수 없다. 때가 되면 사탄의 세력은 멸절될 것이고 빛의 나라, 곧 하나님의 나라가 완성될 것이다.

14절] 지혜자는 그의 눈이 그의 머리 속에 있고 우매자는 어둠 속에 다니지만 그들 모두가 당하는 일이 모두 같으리라는 것을 나도 깨달았도다'

'그의 눈이 머리 속에 있고'는 번역이 이해하기 쉽지 않다. 한글 개역 관주성경은 그래서 '눈이 밝고'라고 번역했다. 지혜로운 자는 그의 머리 속에 그 자신의 눈이 있다. 즉, 환언하면 그가 그의 머리 속에 눈을 가졌으니 사물과 사람을 살펴보고, 검토하며, 판단하는 참으로 이성적인 눈, 바르게 보는 눈을 갖고 있다는 것이다. 반면에 우매자는 이성적인 관찰, 판단, 검토를 하지 못한다. 눈뜬 소경이기 때문이다. 눈은 가졌으나 보지 못하는 소경이다. 마가복음 4장 12절에, "이는 그들로 보기는 보아도 알지 못하며…"라고 했다. 눈뜬 소경이다. 같은 의미다.

히브리어 원문을 분석해보자. '지혜자는 그의 눈이 그의 머리 속에 있고'는 원문이 '헤하캄החכם 에나우עיניו 베로쇼ברשו'다.

여기서 '지혜자는'은 '헤하캄החכם'으로 형용사에 관사가 붙은 것이다. 원형 '하캄חכם'은 미완료형으로서 '현명해지다', '지혜롭게 되다'의 뜻이며 '헤하캄'은 그래서 '그 지혜로운 자'가 된다. '머리 속에'는 '베로쇼ברשו'이며, 전치사 '베ב'와 '머리ראש'를 뜻하는 '로쉬의 결합형'이다. 즉, '머리 안에'라는 뜻이다. '에나우עיניו'는 '그의 눈'이란 뜻이다. 직역하면 '지혜자는 그의 눈이 그의 머리 안에 있고'가 된다. 의역할 때, 고려할 것이 '그의 눈이 머리 안에 있고'가 되니 이것은 지혜자가 우매한 자와 달리 판단력, 통찰력 등을 갖고 있음을 뜻한다 할 것이다. 그래서 공동번역은 '지혜로우면 제 앞이 보이고'라고 한 것이다.

'우매자는 어둠 속에 다니지만'의 뜻은 어떠한가? 원문은 '웨학케실והכסיל 바호세크בחשך 호레크הולך'다. '우매자'에 해당되는 '웨학케실והכסיל'은 그 유래가 '카쌀כסל'이고 이것은 '살찌다', '무기력하게 하다'의 뜻이 있다. 그래서 이 '웨학케실'은 '바보', '어리석은 사람', '백치'를 지칭하는 말이다. 단순한 어리석음이 아니라 천치

151

바보다. 어둠은 '바호세크ךשּׁב'로, '호세크ךשּׁ'가 '흑암', '어두움'의 뜻이다.

이어지는 구절은 '그들 모두가 당하는 일이 모두 같으리라는 것을 나도 깨달았도다'가 된다. 지혜자나 우매자나 궁극적으로 같은 일을 당한다? 무슨 말인가? 인생, 삶이 무의미하다는 점에서 같다는 뜻이다. 절대적 허무, 무의미는 무엇인가? 한 마디로 다 죽음 앞에서는 동일하다는 말이다. '같으리라는'은 원문이 '에하드אחד'로서, '똑같은', '첫째의', '어떤 사람'의 뜻이다. '당하는'의 원문은 '이크레הרק'로, 이것은 원형이 '카라קרה'다. 그 뜻이 '만나다', '일어나다'의 뜻이다. 우매자나 지혜자나 종착역에서 같이 만날 것이란 말이다. 그게 무엇이냐? 죽음이라는 것이다. 운명론적이 시각이 엿보이는 듯하다. 이것이 일차적 의미이며, 항상 그렇듯이 무엇인가 해결책이 있을 듯한 암시를 끊임없이 제공하고 있다.

♠ 지혜자는 본절의 성격으로 보아 예수 그리스도이거나 예수 그리스도를 따르는 사람들이 된다. '지혜자는 그의 눈이 그의 머리 속에 있고'를 다른 시각으로 바라보자. 머리는 예수님이다. 예수 그리스도가 있어야 하나님이 보인다. 예수 그리스도의 사역을 보면 하나님이 보인다는 것이다. 어리석은 자는 하나님을 보는 척할 뿐이나 실제로 보지 못하지만, 지혜자는 예수 그리스도를 믿는다.

우매자는 어리석은 자다. 그것도 아주 정도가 큰 어리석음이다. 바보라는 말이다. 바보를 뜻하는 '하케실הכסיל'은 '정직한 길을 떠나 어두운 길로 행하며(잠2:13)'에서 보듯 죄악으로도 쓰이는 말이다. 이처럼 원문의 뜻을 풀어보면 지혜자와 우매한 자의 길이 '어느 정도'의 차이가 아니라 '극과 극', 곧 지옥과 천국의 차이가 되는 것이다. 유대 종교지도자들이 바로 우매한 자들이다. 왜 바보인가? 예수님을 눈앞에 두고도 알아보기는커녕 '귀신의 왕', '이단자', '군중을 미혹하는 자'로 몰아세웠기 때문이다. 평생을 하나님을 믿는다고 하면서 정작 그들 앞에 선 예수님을 알아보지 못했다. 이런 천하의 바보가 어디 있을까?

예수를 따르는 사람들은 오히려 그 마음에 필터(자의적 해석의 거름장치)가 없다. 그래서 성령의 인도하심을 따라 선악을 알고, 신앙과 불신앙을 구분하며, 참 믿음과 가짜 믿음을 복음 안에서 걸러낼 수 있다. 그러므로 예수 없이 믿는 그 믿음(자의적 신념)은 불신앙이다. 유대 종교지도자들이 그러했다는 것이다. 그러나 그럼에도 불구하고 예수를 따르는 자들이나 유대 종교지도자들이나 육신의 죽음은 한 가지다. 육체의 죽음 앞에서는 다 동일하다는 말이다.

본절의 '깨달았도다'는 '야다ידע'가 원형이다. 이것은 '알다'라는 의미다.

무엇을 알았는가? 인간에 대한 유대적 사고를 살펴볼 필요가 있다. 그들은 겉사람과 속사람을 구분한다. 우리가 알거니와 아담은 흙으로 만들어져 썩어질 육체인 겉사람을 상징한다면 아내 '하와'의 뜻은 생명으로 속사람을 상징한다. 그래서 안다는 것은 겉사람과 속사람의 합을 안다는 것이고, 인간이 영적 존재임을 안다는 것이다. 유대인들은 육체와 영을 무 자르듯 그렇게 잘라 구분하지 않는다. 육체에 깃든 것이 영혼이라는 것이다. 마치 몸이 태양이라면 영혼은 빛처럼 서로 불가분의 관계가 있다는 것이다. 인간의 껍질이 육체이고 영혼은 안쪽인데 이 둘이 태양과 빛과의 관계와 같다는 것이다. 그래서 동전의 앞과 뒤처럼 영혼과 육체를 억지로 구분하지 않는다. 육체 안에 영혼이 깃든다고 했는데, 그들은 영혼도 어느 정도 구분한다. 즉, 완벽한 영을 '루아후יהוה'라고 하고, 혼적인 것을 '네페쉬נפש'라고 한다는 것이다. 그래서 '네페쉬נפש'는 히브리어로 '혼soul', '영spirit'이라는 뜻인데, '몸body'이라고 읽기도 한다는 것이다. '소마(soma)'의 개념과 유사하다. 고대 그리이스어에서의 '소마'는 정신적 육체적 기능을 모두 포함한 총체적 생명체를 가리킨다.[55] 단순한 육체와 구분되는 신체라는 것이다. 혼을 담은 몸이다. 이게 '네페쉬נפש'이고 이것이 유대적 몸과 비슷한 뜻인 것이다. 유대인들의 개념에 따르면 메시아의 강림의 때에 그들이 갖는 '몸body'에 대한 해석이 기독교와 차이가 있다. 즉, '신령한 몸'은 주의 강림에서 나타나는 몸인데, 이 몸은 유대적 개념으론 '재 조성된 네페쉬'가 되는 것이고 육체라기보다는, 이름은 몸을 붙였으되 사실상 몸이 아닌 '영혼적 연합된 존재(들)'와 같은 것이라고 할 것이다. 그러나 신약성경, 특히 바울이 말하는 '신령한 몸'은 오히려 '네페쉬נפש'보다는 '루아흐יהוה'에 가깝다. 그럼에도 불구하고 많은 사람들이 유대적 관점으로, 신령한 몸을

---

[55] 아무리 훌륭한 라틴어 교사라고 해도 라틴어에서의 carnis(flesh)와 corpus(body)를 같은 개념으로 보는 것은 문제가 있다. 이것은 해석적으로 죽은자들의 부활이 물리적으로 육체의 부활이어야 한다는 개념이 된다. 천국은 물리적 세계인가? 미사가 실제 그리스도 육체의 현현이라는 개념과 상징성이 아니라 현현이라면, 그것을 기념해야 하는 것은 논리적으로도 인생에 한번 유월절 기간 곧 부활절 1주전이다. 이에 관하여 프로테스탄트는 기념설을 채택한 것이 아니라 기념설을 믿었다는 사실을 기억해야 한다. 예수 그리스도께서 이것은 나의 몸이니 받으라하신 것은 그리스어로도 소마$\sigma\omega\mu\alpha$(BODY)이지 사륵스$\sigma\alpha\rho\xi$/$\sigma\alpha\rho\kappa\sigma\varsigma$(FLESH)가 아니다.

'네페쉬נפש'로 보고 있어 논란이 되기도 한다.

히브리어에는 또 마음으로 번역되는 '레브לב'가 있다. 아리스토텔레스는 'soul'은 심장에 머물고 'spirit'는 머리에 머문다고 했다.[56] 좀 더 구체적으로 표현한다면 감성 쪽으로 치우친 마음이 '레브לב'이고, 지성 쪽으로 치우친 마음이 '네페쉬נפש'가 된다. 로마서 8장 16절에, "성령이 친히 우리의 영과 더불어 우리가 하나님의 자녀인 것을 증언하시나니"라고 했는데, 여기서 '우리의 영'은 어원적(philological)인 기계번역에 있어서는 맞지만 의미론적으로는 심각한 번역적 문제가 있다고 볼 수도 있다. '그 성령이 친히 우리와 더불어'가 좋다고 본다. '우리의 영(들)'은 아마도 영적으로 거듭난 '혼'을 설명하는 말이 아닐까? 혼은 '네페쉬/프쉬케'다. 예수 그리스도께서 우리와 함께 하실 때 우리가 '산 영(프뉴마티 헤몬)'이 된다. 영은 곧 성령이다.[57] 물론 이 부분에 관해서는 딱히 이렇다고 정의하기엔 아직 불확실하기에 더 연구할 필요성이 있다. 다만 우리가 알 것은 유대인들의 성경 연구가 수천 년이고, 가톨릭만 해도 이천년의 역사를 갖고 있으나 개신교는 불과 오백 년 남짓이니 성경에 대한 연구가 태부족해 어려움이 많다. 그러므로 해석학적 성경연구가들은 유대인들의 성경 연구, 특히 구약은 비판적 시각을 유지하되 어문학적/언어 해석학적으로 대단히 참고할 만하다고 할 것이다.

---

[56] 이러다보니 영혼과 육체라는 이분법적인 사고방식이 현대에까지 퍼져있는 것이다. 인간의 영혼이 어디에 머무는지,
감정이 어떻게 생겨나는지에 관한 것이 단순하게 설명될 방법은 없다.
[57] 이것을 구분하기 위하여 예로부터 그리어 성경에서는 성령은 대문자 Πνευμα 일반 영은 πνωυμα로 구분되기도 했다는 것으로 알고 있다.

자, 그럼 지혜자와 우매자의 차이가 무엇인가? 지혜자는 예수 그리스도를 믿음으로 말미암아 '신령한 몸'을 가질 존재, 곧 영의 세계에서 영원한 생명을 얻은 자요, 우매한 자는 육체(flesh בשר)에 집착하다 파멸을 겪게 될 자가 된다는 것이니 그 간극이 얼마나 큰 것인가?

15절] '내가 내 마음속으로 이르기를 우매자가 당한 것을 나도 당하리라 내게 지혜가 있었다 한들 내게 무슨 유익이 있으리요 하였도다 이에 내가 내 마음속으로 이르기를 이것도 헛되도다 하였도다'

'이르기를'은 '웨아마르티ואמרתי'로, 원형이 '아마르אמר'이고, '소명하다', <u>부르다</u>, '생각하다', '바라다'의 뜻이 있다. '내가 내 마음속으로 생각하기를'이 어울리는 번역이다. '당한 것을'은 원문이 '케미크레כמקרה'다. '미크레מקרה'와 '같은כ'의 뜻을 갖는 전치사의 결합으로서, '미크레מקרה'는 '우연한 기회', '행운'이란 뜻이다. 원형은 '카라קרה'로서, '만나다', '일어나다', '우연히 만나다'라는 의미다. 결국 이 말은 '우매자가 우연히 만난 것처럼'이 된다. 이것은 아마도 우연히 나타날 죽음을 가리키는 말일 것이다. 본절에 대해 성경학자들은 죽음을 피할 수 없는 전도자, 곧 솔로몬이 그로 인해 인생의 허무함을 기술한 것이라고 주장한다.

'내게 지혜가 있었다 한들 내게 무슨 유익이 있으리요 하였도다'는 지혜가 있어도 죽음이라는 운명 앞에는 아무 소용이 없었다는 것으로 해석된다. 관주성경은 '내가 어찌하여 지혜가 더 하였던고'라고 번역했다. 이것은 한탄과 절망을 말하는 문구다. 이 절망의 연원은 지혜조차 죽음 앞에서 소용이 없다는데서 오는 것이었다. '어찌하여'는 '웨람마לְמָּה'로서, '마מָּה'는 의문대명사, 부정대명사, 관계대명사, 의문부사로 사용된다. 여기서는 '람마לָמָה', 곧 의문부사로서 '왜', '어찌하여'로 사용된 것이다. '유익'은 여기서 원문이 '요테르יוֹתֵר'로서, 이것은 '이득', '소득'의 뜻이며 부사로서는 '더 많이', '초과해서'가 된다. '내게 지혜가 있었지만 내게 무슨 이익을 더 주었는가'라는 의미다. 어울리기는 '더함'이 더 맞는다. 그가 그토록 애써 획득하려고 애썼던 지혜조차 무의미하니 그 마음이 공허할 수밖에 없다는 것이다.

♠ 전도자가 심중에 말하고 있다. 마음속, 곧 심중은 '벨립비בְלִבִּי'다. 이것은 '레바브לֵבָב'의 다른 형태로서, '레바브לֵבָב'는 '마음<들>'의 의미이며, '벨립비בְלִבִּי'는 '레브לֵב'와 전치사의 בְ의 결합이다. '레브לֵב'는 '마음', '심중'의 뜻이다. 이것은 마치 자기가 자신의 마음, 혹은 심령에게 말하는 듯한 느낌이다.

우매자는 '어리석은 자', 곧 아주 어리석은 '바보'라는 뜻이라고 했다. 여기서 우매자는 누구일까? 메시아의 시대 때에는 유대 종교지도자라고 했다. 이들도 죽고 예수 그리스도를 따르는 성도라고 해도 그들조차 다 죽게 될 것이다. 물론 육체가 그렇다는 것이다. 차이가 분명 있을 것이니, 지혜자의 영은 살 것이요, 우매자의 혼은 영원히 파멸될 것이다. 파멸될 자, 그들이 바로 바보다. 실로 죽음 앞에서는 다 무용지물이다. 예수님께서도 육체의 죽음 앞에서 인간들의 허망함과 망설임에 관하여 모범을 보이시기를 마태복음 26장 39절에, "… 만일 할 만하시거든 이 잔을 내게서 지나가게 하옵소서…그러나 주 뜻대로 하옵소서"라고 하셨다. 그러나 십자가는 만백성을 위한 것이니 인간 예수는 죄의 짐을 지셨기에 죽을 수밖에 없었으며 또 기꺼이 죽음의 쓴 잔을 받으신 것이다.

'이에 내가 내 마음속으로 이르기를 이것도 헛되도다 하였도다'의 말씀에서 이 책에 26번이나 나오는 '하벨הבל'을 다시 한 번 강조해야 할 것이다. 이 '하벨'에 관해서는 전부 다는 아니지만 문자주의적, 자유주의적 성향의 성경연구가들은 이것을 '헛됨'으로 번역한다. 하지만 이것은 '한 호흡'의 순간, 곧 짧은 시간을 의미한다고 했다. 다시 말하면 예수의 공생애의 지상사역도 그러하며, 더욱이 십자가의 고초는 더욱 짧은 시간인 것이다. 영원 앞에서 이런 것들은 아무 것도 아니다. '헛됨'이 아니라 '일 순간'이라는 것이다. 그러므로 '헛되다 하였도다'는 '이것도 잠시 잠깐이다'가 바람직한 번역이라는 것이다.

16절] '지혜자도 우매자와 함께 영원하도록 기억함을 얻지 못하나니 후일에는 모두 다 잊어버린 지 오랠 것임이라 오호라 지혜자의 죽음이 우매자의 죽음과 일반이로다'

표면에 나타나는 의미는 아마도 금방 파악될 것이다. 지혜자도 우매자도 죽음 앞에서는 한 가지라, 인생의 근본이 허무할 수밖에 없다는 것이다. 본절의 앞에는 '왜냐하면'을 나타내는 '키כי'가 있으나 번역에는 빠져 있다. '지혜자도 우매자와 함께 영원하도록 기억함을 얻지 못하나니'는 그래서 '왜냐하면 지혜자도 어리석은 자처럼 오래 기억되지 않을 것이라'가 된다. '영원하도록'은 '레올람לעולם'으로, 이것은 '영원', '오랜 시간이 지남', '일생동안'의 뜻이다. 영원토록 기억함을 얻지 못한다는 것은 영원토록 지속되지 않는 것, 그리고 계속 존재하지 않을 것이라는 말과 같은 것이다. 그렇다 후일에는 다 잊혀지고 말 것이다.

'후일에는 모두 다 잊어버린 지 오랠 것임이라'고 했다. 지혜자나 우매한 자나 둘 다 죽음을 떨쳐버릴 수 없고, 둘 다 이후 세대에게서 잊혀지게 될 것이라는 말이다. '후일에는 모두 다'는 원문이 '하야밈הימים 하바임הבאים 하콜הכל'이다. '하야밈הימים'은 '낮', '날마다' '심판의 날(들)'의 뜻이고, '하바임הבאים'은 복수로서, 원형 '바בא'는 '오다/들어가다'의 뜻이다. '날마다 해가 들어가다(오다)'가 되어 '후일'의 뜻을 갖게 된 것이다. '하콜הכל'은 '그ה 모든כל'의 뜻이다. '잊어버린 지 오랠 것이라'는 '니쉬카흐נשכח'다. 이것은 원형이 '샤카흐שכח'이고 미완료형이며, 니팔형으로서, '잊혀지다'가 된다. 결국 '후일에는 그 모두가 잊혀지게 될 것이다'는 말이다.

'오호라 지혜자의 죽음이 우매자의 죽음과 일반이로다'에서 '죽음이'는 '야무트ימות'로서, '죽다'의 뜻을 가진 '모트מות'의 미완료형이다. 이 부분은 지혜자의 죽음도 우매자의 죽음처럼 그렇게 될 것이라는 뜻으로 사용된 것이다. 죽음은 어리석은 자에게 행한 것 같이 지혜로운 자에게도 영원한 망각에 빠지게 할 뿐이다. 그래서 솔로몬은 부르짖는다. '오호라'라고. 왜 '어리석은 자 같이 지혜로운 자도 죽는가'라고 말이다. 만약 솔로몬의 처지라면 그의 부귀영화, 업적, 그가 가진 통찰력, 지혜 등에서 남다른 바 있음에도 불구하고 저 어리석은 자들처럼 똑 같이 죽을 수밖에 없다는 점, 그런 슬픈 발견에서 크나큰 비애와 허무감에 사로잡혔을 것이라는 추측을 가능케 하는 것이다. 일차적 의미를 계속해 왔거니와 여러 번 언급했듯이 이렇게 해석하면 불교적 그림이 채색되듯 그려진다. 그러하니 이런 해석(번역)의 지속에 필자의 마음도 심히 답답하다는 것이다.

♠ '지혜자도 우매자와 함께 영원토록 잊혀질 것이다. 후일에는, 곧 죽은 뒤에는 다 잊혀질 것이다. 그러니 지혜자나 우매자나 매

한가지 아니겠는가?' 이런 취지를 염두에 두고 해석하고자 하면 본절은 다시 인생무상이 된다. 그런데 이런 해석에서는 영원한 삶이나, 영원한 생명에 관한 이야기가 조금도 없다. 그저 세상 이야기고, 천하(天下)의 것이며, 해 아래의 이야기일 뿐이다. 우매자는 당연히 죽음과 함께 잊혀질 것이고, 그 후가 없을 것이다. 그것은 분명한 사실이다! 지혜자의 이야기도 잊혀질 것이다. 이 땅은 결코 영원할 수 없기 때문이다. 그러므로 이 땅에서의 죽음은 지혜자나 우매자나 다 같다. 지혜자가 예수 그리스도라면 그분의 죽음은 한층 더 비참한 죽음이었다. 그러나 장차 주님의 나라가 도래할 때에는, 곧 새 하늘과 새 땅이 성도들에게 부여될 때에는 과거는 다 잊혀질 것이다. 그 고통스럽던 이 땅의 삶 이야기도 잊혀질 것이고 그의 눈에서 눈물도 씻겨질 것이다. 아니, 꼭 그래야만 한다. 그런 삶이어야만 천상의 삶이라 할 것이다. 육신의 생은 마쳐져야 하고, 잊혀져야 하나 영적 생명은 영원한 생명이 되어야만 한다.

요한계시록 21장 4절에, '모든 눈물을 그 눈에서 닦아 주시니 다시는 사망이 없고 애통하는 것이나 곡하는 것이나 아픈 것이 다시 있지 아니하리니 처음 것들이 다 지나갔음이러라' 하지 않았는가? 육의 세계에서 경험했던 모든 것들이 다 잊혀질 것이다. 전부 다 '트라우마'처럼 상처를 준 것들이 유한한 인생에서 경험한 처음 것들은 망각의 늪에 던져지고 다시는 부상(浮上)하지 않게 될 것이다. 그래서 전도서는 인생무상의 책으로 읽혀져서는 안 된다. 그것은 영원한 생명으로 이끄는, 구원의 길로 이끄는 좋은 안내서가 되어야만 하는 것이다.

17절] '이러므로 내가 사는 것을 미워하였노니 이는 해 아래에서 하는 일이 내게 괴로움이요 모두 다 헛되어 바람을 잡으려는 것이기 때문이로다'

이 구절은 마치 나이 늙어 모든 힘이 소진된 노인이 고개를 숙이고 석양을 향해 터벅터벅 걷는 듯한 모습을 연상시킨다. 그 정도로 맥이 없어 보인다는 것이다. 전도자가 마치 인생을 증오하고 있는 듯이 보이는 글이다. 해 아래서 행한 수고, 곧 그가 평생에 수행했던 노력들이 오히려 악하게 보였다는 것이다. 원문을 직역해 보면, '그래서 내가 삶을 미워했으니 이는 해 아래에서 행해지는 일이 내게 악했기 때문이었다. 참으로 모든 것이 헛되어 바람 잡는 일이었다'가 된다.

'이러므로 내가 사는 것을 미워하였노니' 번역이 부자연스럽다. '미워하였노니'는 원문이 '웨사네티ושנאתי'로, 이것은 원형이 '사네שנא'로서, 미완료형이다. 이것의 뜻은 '미워하다', '싫어하다'가 된다. 더욱이 이 싫어함은 대적과의 만남이라고 할 정도의 거부감을 말한 것이다. '사는 것을'은 '하하임החיים'으로, 원형은 '하이חי'이며, 복수일 때는 '생명과 짝된 두번째 생명'의 의미가 된다. 그래서 이것을 다시 번역하면 '그리고 내가 생명(들)을 싫어하였다'가 된다. 문자적으로 해석하면 삶, 인생의 '잠깐'이 그의 모든 생명 자체를 싫어하기까지 되었다는 것이다.

'이는 해 아래에서 하는 일이 내게 괴로움이요'에서 원문엔 접속사 '키כ'가 있다. 그래서 '왜냐하면'이 들어가야 한다. 생명까지 싫어하게 된 이유를 설명하고 있다. '하는'은 '쉔나아사שעננה'가 원문이며, 원형은 '아사עשה'로서, 이것은 '어떤 일을 하다', '만들다'

의 뜻이다. '일이'는 원문이 '함마아세המעשׂה'로 '아세שׂה'에 관사ה가 결합된 것이다. '마아세מעשׂה'는 '일', '임무', '행위', '자산'의 뜻이다. '괴로움이요'는 원문이 '라רע'로서, 이것은 '라'에서 유래했고, 이 '라아'는 '악하게 하다'의 뜻이며, 따라서 '라'는 '나쁜', '해로운', '사악한'의 뜻이 된다. 즉 해 아래에서, 곧 이 땅에서 자신이 가진 탁월한 능력을 다 발휘해 이룬 것들이 다 헛된 것이니 그 형편없는 인간의 실존, 그 모습이 그를 고통스럽게 한다는 것이다. 참으로 이렇게 표현하면 인생 그 자체가 허무가 아닐 수 없을 것이다. 흔한 말로 '왜 살아?'와 같은 의문을 갖게 하는 것이다.

'모두 다 헛되어 바람을 잡으려는 것이기 때문이로다' 여기서도 '바람'은 이미 설명한 '루아흐רוח'이다. 접속사 '키כי'가 있어 '왜냐하면'으로 시작되는 것이다. 사실상의 11-17절의 마무리에 해당된다. 그 결론이 비참하다하리만큼 '허무(하벨הבל)'의 절정인 것이다. 그야말로 바람을 목적 삼고, 바람을 그 열매인 양 추구했던 것 같은 모양새로, 그 수고가 다 헛되어 실망만 깊게 드리운 불쌍한 처지가 된 것이다.

♠ '해 아래에서 하는 일이 내게 괴로움이요'라고 했다. 해 아래, 곧 세상에서 일어나는 일들이 얼마나 하나님 보시기에 역겨울 것인가? 타락한 인간 군상들이 행하는 못된 짓들은 예수 그리스도께서 보시기에 잠시도 곁에 머물기 싫을 정도로 '사악한 것들'이었다. 본절의 '사는 것'은 원문의 의미가 이 경우엔 '생명'이 된다. 주님께서는 세상 것, 곧 육신에 의존하는 생명을 한탄하셨다. 거듭 말하거니와 생명을 미워하셨다는 표현보다는 한탄하셨다가 더 문맥에 어울린다.

그러나 자기 백성을 모으시기 위해, 인류에 대한 사랑을 보이시기 위해, 결코 공생할 수 없는, 멸절해야 마땅한 이 땅에 오신 것이다. 이것은 크나큰 사랑이었다. 상상을 초월하는 사랑이었다. 하나님 예수가 인간 세계에 오셔서 그들(특히 유대 종교지도자들) 가운데서 박해와 모욕을 받으시며 견딘 것 또한 놀라운 사랑이었던 것이다. 예수께서 해 아래, 곧 세상에서 하는 일이 인간 예수로서는 참으로 괴로운 일, 고통이셨다.

하나님은 인류를 창조하시고 기뻐하셨다. 코에 생기를 불어넣으셔서 만드신 생령(네패쉬נפש[쇼트]נפשות 하임חיים)을 기뻐하셨다. 그럼에도 불구하고 스스로 범죄하여 타락한 생령(혼-타락한 영)들에게 하나님은 땅의 생명이 아닌 하늘의 생명, 영원한 삶에로의 길을 다시 제시하셨다. 즉, 타락한 채로 버려두신 것이 아니라 구원의 길을 여신 것이다. 주께서 성육신 하셔서 보낸 이 땅에서의 삶은 결코 유쾌한 삶이 아니셨다. 고통과 고난, 괴로움의 삶이었던 것이다. 완전한 선이신 하나님, 그 분의 보보(步步)마다, 즉 걸음걸음마다 죄악을 바라보시며 심히 괴로우셨을 것이다. 특히 유대 종교지도자들이 해 아래에서 하는 '그 일'이 주님께 큰 고통이셨을 것이다. 그들의 일은 주님에 대한 거부와 박해 활동, 변절된 활동들, 예수가 기다려온 메시아가 아니라는 주장들, 소경들이 소경들을 인도하는 일이 전부였던 것이다.

'모두 다 헛되어 바람을 잡으려는 것이기 때문이로다'라는 말씀을 주목해 보자. 이것은 두 가지 의미로 해석이 된다. 이 세상의 그 어느 것으로도 바람을 잡을 수 없듯이, 성령으로 다시 태어난 것이 그리스도의 사람들에게만 해당되는 것이기에 육의 세계는 영의 세계를 도무지 잡을 수도 알 수도 없다는 의미가 그 첫째다.

유대인 종교지도자들의 예수님에 대한 박해와 거부 활동들이 모두 다 잠깐이면 사라질 것들이었다. 그들의 행위야 말로 헛짓거리가 아닐 수 없다. 잡을 수 없는 영혼구원을 위해 애쓰는 어리석은 짓이기 때문이다. 1장 14절에도 동일한 문장이 나온다. 예수님 당시의 종교지도자들은 영적구원 보다도 파멸의 길을 택하고 있었다. 세상에서의 삶, 그것은 그러나 잠깐이었을 뿐인 데도 마치 그들이 해 아래에서 행동으로 하는 일들이 영혼구원의 수단인 줄 알고 예수님을 끝내 거부하고 있었다는 것이다. 그러므로 진정한 하나님의 백성이 되고자 하면, 그리고 '해 아래'의 세계에서 벗어나 '하늘 위', 곧 천상의 삶을 살고자 하면 다만 한 가지 방법만이 있을 뿐이다. 곧 그것은 오직 예수 그리스도를 믿는 수밖에는 없는 것이다. 반복하거니와 이 헛되다고 한 단어 '하벨(헤벨הבל)'은 '한 호흡이라 할 만큼 짧은 시간'을 의미하는 뜻이 있다. '바람을 잡는 것'이라 했는데, 이 바람은 '루아흐רוח'로 '영혼', '영', '호흡', '마음', '심령'의 의미로 사용된다.

'붙잡는 것'의 원문은 '우레우트ולרעות'로서, '레우트רעות'와 접속사 '우ו'의 결합이다. '레우트רעות'는 '애씀', '붙잡으려함'의 뜻이고 원형은 '라아רעה'다. 이 '라아רעה'는 '다스리다', '양육하다'의 뜻을 갖는다. '모두 다 헛되어 바람을 잡는 것이기 때문이로다'는 그래서 의역할 때 진의가 드러난다. '모두 다 예수께서 짧은 생애 동안이지만 영혼을 붙잡으려(인도하려) 애쓴 것이다'가 된다. 이것이 두 번째 해석이다.

18절] '내가 해 아래에서 내가 한 모든 수고를 미워하였노니 이는 내 뒤를 이을 이에게 남겨 주게 됨이라'

18절은 17절과 다른 단락이다. 본문을 직역하면, '내가 해 아래에서 수고하는 내 모든 수고를 미워했으니 이는 내 다음에 있을 사람에게 놓아둘 것이기 때문이다'가 된다. 18절부터 이어지는 23절까지는 죽음 앞에서의 인간의 수고가 허무한 것임을 내내 말하고 있다. 이것이 일차적 의미가 된다.

'내가 해 아래에서 내가 한 모든 수고를 미워하였노니' '미워하였노니'는 '웨사네티תינאשו'로 17절의 것과 동일하다. 이것은 원형이 '사네שנא'이고, 뜻은 '미워하다', '싫어하다'가 된다. '가증스럽게 여긴다'고 할 정도의 싫어함이다. '내가 한 모든 수고를'은 원문에서는 '콜כל 아말리עמלי 쉐아니שאני 아멜עמל'이 된다. '수고한'은 '아멜עמל'이고 '(나의) 수고를'은 '아말리עמלי'다. '아말리'는 명사로서 '아말עמל'에서 유래한 것이며, 원형은 '고역하다', '노력하다'가 된다. 그래서 '아말'은 '힘든 노동', '마음고생', '수고'의 뜻이 된다. '아멜עמל'은 '수고스러운', '슬픈', '비참한'의 의미를 가진 형용사다. 결국 '고난'이란 의미의 '아말'이 '아말리עמלי'와 '아멜עמל'로 나타나 있는 것이다.

자칭 전도자[58]였던 솔로몬은 적당히 삶을 산 것이 아니었다. 그가 행한 모든 것들은 다 수고, 즉 고난의 산물이었다는 것이다. 그의 나라의 번영, 그 자신의 영육의 확장을 위한 노력들이 수고

---

[58] 예수님의 사역 초기에 그분은 바리새인과 사두개인, 성전의 섬기는 자들의 시각으로는
'자칭' 사람의 아들(유대인의 메시아 표현)이셨다.

로 표현된 것이다. 그런데 그러한 수고들을 미워한다고 한 것이다. 시편 49편 10절에, "지혜 있는 자도 죽고 우둔하고 무지한 자도 같이 망하고…"라고 했다. 죽음 앞에서는 모든 수고가 다 수포로 돌아가는 것이니, 그저 '헛됨'만 그의 마음속으로 다가가는 것이다.

이는 내 뒤를 이을 이에게 남겨 주게 됨이라' 전도자가 왜 이런 말을 했을까? 솔로몬 왕의 입장으로 분석해보면, 그의 뒤를 이을 자가 유능한 자인지 무능한 자인지 모르기에 염려스럽고, 또한 그가 수고한 것들을 거저 넘겨주는 사실에 대한 흔들리는 감정이 있고, 마지막으로 자신이 일으킨 것을 정작 자신이 더 오랜 시간 누릴 수 없다는 것에 대한 감회가 있을 것이다.

원문으로 분석해 보자. '내 뒤를 이을 자'는 '라아담לאדם 쉐이흐 예히יהיה 아하라이אחרי'이다. '라아담לאדם'은 '그 사람에게'가 되고, '내 뒤를'은 '아하라אחר'로서 이것은 '뒤에 있는 것', 부사로서 '뒤에', 시간과 관련해 '후에'의 뜻이 있다. '이을'은 '쉐이흐에יהיש' 로서, 이것은 원형이 '하야היה'로, '있다', '존재하다', '만나다'의 뜻이 있다. 즉, '후에 있을 그 사람에게'가 된다.

♠ 여기서 '미워하였노니'는 원문의 성격상 '한탄했다'는 의미도 가능하다고 했다. 의역해보자. '예수께서 세상에서 행한 모든 노력과 마음고생들에 한탄하셨으니 그 이유는 예수 그리스도의 뒤를 이을 자들(제자들)에게 남겨 주게 된 탓이라' 예수 그리스도의 뒤를 이을 자들, 그들은 하나님의 상속자들이다. 즉, 로마서 8장 17절에, "자녀이면 또한 상속자 곧 하나님의 상속자요 그리스도와 함께 한 상속자니 우리가 그와 함께 영광을 받기 위하여 고난도

함께 받아야 할 것이니라"고 했다. 우리들의 왕, 예수 그리스도의 뒤를 이을 자들은 하나님의 상속자이나 고난도 함께 받아야만 한다. 구원은 절로 주어지는 것이 아니다. 영광을 받기 위한 고난은 필연이다. 그럼에도 불구하고 고난 중에도 기뻐해야 할 것이다. 마태복음 5장 11절에, "나로 말미암아 너희를 욕하고 박해하고 거짓으로 너희를 거슬러 모든 악한 말을 할 때에는 너희에게 복이 있나니/ 기뻐하고 즐거워하라 하늘에서 너희의 상이 큼이라…"고 했으니 말이다.

일차적 의미로만 보면 사뭇 인생이 무의미하고, 한없이 헛되어 삶 자체에 거부감이 들 정도에 이를 것이다. 그러나 이차적 의미인 속뜻을 살펴보면 대단히 희망적이다. 소망이 함께 하니, 기뻐하고 즐거워해야만 한다. 이런 입장에서는 인생이 결코 무상이 아니라 영원한 생명을 얻기 위한 징검다리가 되는 것이다.

19절] '그 사람이 지혜자일지, 우매자일지야 누가 알랴마는 내가 해 아래에서 내 지혜를 다하여 수고한 모든 결과를 그가 다 관리하리니 이것도 헛되도다'

왕의 후계자가 어떠한 종류의 사람이 될 것인지, 아무도 미리 알 수는 없다. 그러나 이 후계자는 왕, 곧 여러 가지로 시험하던 자가 그의 수고에 의해 온갖 지혜를 다해 이룬 모든 수고의 대가를 자유롭게 주관하고 관리할 수 있게 될 것이나, 그 후계자의 미래의 입장이 어떠한 지 알 수도 없거니와 그에게 그 어떤 영향력도 미칠 수 없으니 이 또한 그가 어찌할 수 없는 한계로 그 또한 '헛되다'는 것이다.

'그 사람이 지혜자일지, 우매자일지야 누가 알랴마는'은 수사 의문문이다. 그리고 물음에 대한 예상 답변은 당연히 'No'가 된다. '내가 해 아래에서 내 지혜를 다하여 수고한 모든 결과를'을 분석해 보자. '수고한 모든 결과를'은 원문이 '베콜בכל 아말리עמלי 쉐아 말티שעמלתי'다. 이것은 '모든 수고한 수고의 열매에 대하여'로 번역할 수 있다. '그가 다 관리하리니'에서 '관리하리니'는 '웨이시라트שיישלוט'로서, 원형 '샬라트שלט'의 미완료형이고, '샬라트שלט'는 그 뜻이 '지배하다', '통치하다'의 의미다. 즉, '그가(후계자가) 통치하리니'가 어울린다. 솔로몬이 수고하여 얻어낸 결과물들, 피와 땀으로 일군 것들을 자신이 어찌할 수 없는 후계자에게 맡길 때에 스스로에게 드는 자괴감, 무력감 같은 것들이 왕으로 하여금 한탄하게 한다는 것이다. 이것은 그의 미래에 대한 불안감, 절망감 등으로 인해 '헛되도다'라고 말할 수밖에 없다는 쓰디쓴 심정을 토로한 것이라는 견해가 성경학자들의 본절에 대한 일반적인 입장이며, 이것이 일차적인 의미가 된다. 놀랍게도 여전히 '헛됨'의 내용이 계속해서 이어져 오고 있는 것이다.

♠ '그 사람이 지혜자일지, 우매자일지야 누가 알랴마는'이라고 했을 때, 일차적 의미에 경도된 많은 성경학자들은 그 답이 'No'일 것이라는 전제 하에서의 질문이라고 했다. 예수 그리스도는 당연히 그 답이 'Yes'가 된다. 왜냐하면 예수님은 하나님이시기 때문에 뒤에 오는 자가 누구인지 아신다. 예수께서 해 아래, 곧 이 땅에 오셔서 받은 그 고난을 누가 관리해야 할까? 요한복음 14장 7절에 보면, "너희가 나를 알았더라면 내 아버지도 알았으리라 이제부터는 너희가 그를 알았고 또 보았느니라"고 하셨다.

주목할 것은 '너희가 그를(하나님)을 알았고 또 보았느니라'다.

제자들이 하나님을 보았다? 이것은 그들 앞에 계신 예수께서 자신이 하나님이심을 밝히신 것이다. 이어지는 8절엔, 말씀을 이해하지 못한 빌립이 이렇게 묻는다. "주여 아버지를 우리에게 보여 주옵소서 그리하면 족하겠나이다"라고, 이에 예수님은 "빌립아 내가 이렇게 오래 너희와 함께 있으되 네가 나를 알지 못하느냐 나를 본 자는 아버지를 보았거늘 어찌하여 아버지를 보이라 하느냐"고 하신 것이다. 예수님이 하나님이란 것이다. 이 하나님께서 우리에게 이렇게 말씀하신다. 12절에, "내가 진실로 진실로 너희에게 이르노니 나를 믿는 자는 내가 하는 일을 그도 할 것이요 또한 그보다 큰 일도 하리니…"라고 하신 것이다.

주님의 제자들은 그분의 후계자가 되기에 넉넉하다. 예수님이 하시는 일도 할 것이고, 그보다 더 큰 일도 하리라고 하셨다. 일차적 의미에서 솔로몬은 후계자에 대한 걱정이 많았다. 왜냐하면 후계자가 자신에게 훨씬 못 미칠 것이라고 짐작했기 때문이다. 그런데 속뜻은 후계 걱정이 없다. 왜? 이 말씀을 하신 분이 하나님 예수시니까. 속뜻은 긍정적 해석이다.

이와 같이 복음을 받은 자가 지혜자라면 당연히 주님의 제자들일 것이며, 우매자라면 예수의 복음을 듣고도 거부한 유대 종교지도자들이 될 것이다. '우매자'가 '바보'를 지칭한다고 이미 말했다. 유대 종교지도자들은 영적으로는 정말 바보천치, 어리석은 자들이었다.

'내가 해 아래에서 내 지혜를 다하여 수고한 모든 결과를 그가 다 관리하리니 이것도 헛되도다'를 다시 보자. 해 아래 곧 이 땅에 오신 예수께서 고난 받으며 남긴 복음이 바로 고난의 열매가 된다. 이것을 이젠 왕 되신 예수님의 제자들이 관리한다. 그런데 왜 '헛되도다(하벨הבל)'라고 말해야 하나?

'하벨(헤벨הבל)'은 '짧은 시간', '한 호흡' 정도의 시간을 의미한다고 했다. 예수님도 짧은 시간 이 땅 위에 계셨고, 그 후계자들, 예수님의 제자들도 그러했다. 우리들 또한 하벨, 곧 짧은 한 호흡 같은 시간만을 이 땅위, 해 아래에서 살게 될 것이다. 그 삶은 결코 허무하거나 인생무상의 세월이 아닐 것이다. 하나님의 상속자가 되는 귀한 만남의 시간이기 때문이다. 기뻐하고 즐거워할 일이다.

20절] '이러므로 내가 해 아래에서 한 모든 수고에 대하여 내가 내 마음에 실망하였도다'

본절 서두의 '이러므로 -도리어'는 원문이 '웨삽보티וסבותי'다. 원형은 '싸바브סבב'로, 이것은 '돌아서다', '스스로 돌다', '회전하다'의 뜻으로 아마도 마음이 돌아섰다는 의미가 될 것이다. 자동사적 의미로 마음을 바꾸는 것을 말하는 것이니 돌아서서 어떻게 되었나? '실망하였도다'가 이어진다. 이것은 원문이 '레야에쉬ליאש'로서, 전치사 '레ל'와 '실망하다', '절망하다'의 뜻을 갖는 '야아쉬יאש'의 결합형이다. 이 모두를 합쳐보면, '그래서 나는 돌이켜서 나의 마음 속으로 실망하게 되었다'는 것이다. 그래서 그는 포기했다는 것이고, 더 이상은 수고에 대해 마음을 쓰지 않겠다는 것이다.

♠ 원문 '싸바브סבב'는 '행하기 위해 도는 것', 혹은 더욱 더 철저하게 검토하기 위해 도는 것, 즉 마음이 그렇게 움직였다는 것을 의미한다고 할 수 있다. 7장 25절의, '내가 돌이켜 전심으로 지

혜와 명철을 살피고'의 부분에서 '돌이켜'가 같은 말이다. 결국 이것은 방향 전환을 뜻하는 것으로, 등장한 어떤 새 것을 향해 방향을 바꾼다는 속내가 있다. 예수께서 해 아래, 곧 이 땅 위에서 행하신 고난, 수고에 대한 사고의 전환을 암시하고 있다.

놀라운 것은 '실망케 하였도다'의 '레야에쉬ליאש'의 해석이다. 앞에선 이것을 부정적 의미로 해석했으나 고대 언어에서 절망이나 실망, 소망의 포기의 의미론 주로 '노아쉬נואש;יאש'를 많이 사용한다.

성경이 아닌 탈무드에서 '야아쉬יאש'를 절망의 의미로 사용하고 있을 뿐 성경에서는 그다지 사용치 않는 단어라는 말이다. 그렇다면 본절의 '실망케 하였도다'는 번역이 바뀌어야만 한다. 그것은 실제론 '이게 뭐냐מה יש?', 혹은 '이게 어떤 것이냐'라는 뜻이다. 실망이라기보다는, 부정적이라기보다는 **중립적인 언급**이어서 마치 당황한 듯한, 기대에 미치지 못해 마음을 바꾸어야겠다는 생각이 들었다는 것이다. 이어지는 다음 절에 마음을 바꾸어야 하는 이유가 돌출된다.

21절] **'어떤 사람은 그 지혜와 지식과 재주를 다하여 수고하였어도 그가 얻은 것을 수고하지 아니한 자에게 그의 몫으로 넘겨주리니 이것도 헛된 것이며 큰 악이로다'**

'어떤 사람은 그 지혜와 지식과 재주를 다하여 수고하였어도'에 대하여 어떤 학자(에발트-복음주의 신학자)는 '그의 수고가 지혜를 얻는 데 있고'라고 번역한다. 솔로몬이 수고했고, 그가 이루었다는 의미라고 말하기도 한다. 본절은 일차적인 의미로서 재능,

행운, 부단한 노력 등에 의해 얻어진 것들을 그것을 낭비할 다른 사람에게 넘겨준다고 할 때, 그것을 얻기 위해 한 수고와 염려를 생각하면 지극히 큰 악이라는 의미가 된다는 것이다.

본문은 조건절이다. 처음에 '왜냐하면'이란 이유를 나타내는 접속사의 원문 '키כי'가 나오기 때문이다. 20절에 대한 이유를 설명하고 있다. 지식과 지혜와 재주를 다해 수고한 자가 있는 반면에, 이런 수고에 아무런 공을 세우지 아니한 자가 소유자가 된다는 것에 대한 불편한 마음을 숨기지 않는다. 이렇게 풀이하는 것을 보면 참 이성적이고 인간적이다! 죽음이 찾아올 때, 이런 생각을 하게 되면 엄청난 실망과 허무감을 느끼지 않을까? 이게 솔로몬의 심정이라는 것이다. 관주성경은 '그 얻은 것을 수고하지 아니한 자에게 업으로 끼치리니'라고 해서 다소 의아스런 느낌을 갖게 한다. 본절의 마지막에 '이것도 헛된 것이라 큰 해로다'라고 하여 업에 대한 설명을 하는 것 같다. 갖은 노력 끝에 얻은 것에 대해 노력 없이 거저 얻는 자에 대한 불합리, 이것도 인생의 부조리이고 헛되게 하는 이유가 된다는 것이고, 이런 인생은 환란의 인생이기에 그 인생 자체가 악한 것이라는 것이다. 한편 거저 얻은 자에겐 또한 하나의 업으로 작용해 그의 일생 또한 평안치 않을 것임을 암시하고 있기도 하다. 어쨌든 관주성경적 입장은 수고한 자나 거저 얻은 자나 다 허무한 것이니 그러하니 인생무상이란 말이기도 하다.

원문을 좀 더 살펴보자. 본 절에선 '지혜'를 '베호크마בחכמה'로, '지식'은 '우베다앝ובדעת'으로, 그리고 '재주'는 '우베키쉬론ובכשרון'이라고 기록했다. '호크마חכמה', '다아트דעת', '키쉬론כשרון'에 전치사 '베ב(안에서)'가 각각 붙어 있다. 어떤 사람은 '아담'이고, '몫으로 넘겨주리니'는 '이투넨누יתננו 헬코חלקו'로서, '이투넨누'는 원형이 '헬레크חלק'로, '분깃', '소유', '몫'의 뜻이다. '이투넨누יתננו'는 원형이 미완료형인 '나탄נתן'으로, 이것은 '주다', '드리다', '갚다'의 의미다. 그러므로 '몫을 주다'가 된다.

'악이다'는 '웨라아וְעליו'로서, 이것 '라'는 여러 번 나왔거니와 '라아'에서 유래한 것이다. '라아'는 '깨뜨리다', '악하게 하다', '나쁘게 하다' 등의 의미가 있고, '라'는 '나쁜', '사악한', '해로운', '악', '재난'의 뜻이다.

♠ '어떤 사람이(a manאדם ש)'는 히브리어 원문이 '아담'이다. 이 사람이 다윗의 자손이요, 둘째 아담이신, 바로 인자 되신 예수 그리스도다. 솔로몬이냐 예수님이냐에 따라 해석은 아주 큰 차이가 발생한다. 속뜻을 보자. 예수 그리스도는 지혜와 지식과 재주를 다하여 수고하셨다. 여기서 재주는 원문이 '우베퀴쉬론ובכשרון'인데, 단순한 재주가 아니다. '옳다', '번성하다', '바르다'라는 뜻의 '카세르כשר'에서 유래한 단어로, '성공', '번영', '이득', '이익', '보수'의 뜻을 갖는다. 지혜와 지식과 병행하여 재주라고 한 것이나, 실제론 지혜와 지식을 다해 수고하심, 즉 수많은 가르침과 교훈, 그리고 고난으로 얻은 성공보수의 성격이 의미상 맞는 것이다. 그처럼 생전에 전심전력을 다하시고, 십자가의 고난을 통해 속죄의 방편을 마련하신 것이다. 그것을 누가 거저 얻는가? 바로 죄인들이 속죄의 혜택을 누리게 되는 것이다. 그것도 값없이 주신 은혜로 거저 얻는다. 죄인들이 한 것은 아무 것도 없다. 거저 받는 것이다. 그 몫이 무엇인가? 세상의 재물이나 권세, 명예가 아니다. 세상 것들이 아니다. 구원의 은혜이며, 부활의 은총이고, 하나님의 상속자가 되는 것이며, 영원한 생명을 소유하는 것이다.

그런데 본절대로 표현한다면 그것이 '헛된 것이며 큰 악'이라고 한다. 맞는 말인가? 계속 반복하지만 '헛됨'은 '하벨הבל'이며, 이것은 '한 순간'이고 짧은 시간을 말하는 것이다. 그런데 '지혜자', 곧 예수님의 제자들, 예수 그리스도를 믿는 자들에겐 이 은혜가 그대로 다 성립된다. 그야말로 다 함이 없는 충만한 '분깃-복חלק' 이지만 '우매자'인 유대 종교지도자들 같은 경우엔 '악רע'이고 '해로운 것'이 되는 것이다. 우매자들에게 예수님은 최대의 악이고 그들의 앞길을 막는 가장 해로운 자였기 때문이다.

22절] '사람이 해 아래에서 행하는 모든 수고와 마음에 애쓰는 것이 무슨 소득이 있으랴'

인간에게 있어 죽음은 거대한, 그리고 영원히 부수지 못하는 장벽이고, 다시는 나올 수 없는 검은 늪이다. 그 무엇으로도 부술 수 없기에, 살아나올 수 없기에 그 앞에서 깊이 절망할 수밖에 없다. 유익을 얻고자, 영화를 이루고자 밤낮없이, 지혜와 지식과 재주를 다 했어도 종래엔 그 벽, 그 늪을 만나게 되니 인생에 있어 그보다 큰 절망이 없다. 그런 인생의 허망함, 허무함에 깊이 탄식할 수밖에 다른 도리가 없는 것이다. 그야말로 원초적 절망이다. 22절도 그런 탄식의 일부가 된다.

'애쓰는 것'은 원문이 '우베라욘ובר עיון'이고 '욕망', '애씀'의 뜻이 있으며 '라아רעה'에서 유래했다. 이 '라아רעה'는 '다스리다', 양육하다'가 된다. '무슨 소득이 있으랴'고 했으니 원문은 '메מה 호웨הוה'다. '메'는 흔히 사용되는 의문사이고, '호웨הוה'는 원형이 '하바הוה'로, 이것은 '호흡하다', '숨을 내쉬다', '바라다' '열망하다', '멸망하다'의 뜻을 갖는다. 원문엔 '메מה 호웨הוה 라아담לאדם'으로 되어 있으니, 따라서 의미는 '그 사람에게 바라는 게 무엇인가?'가 된다. 의역이 되어 본절처럼 된 것이다. 이런 의문에 대한 답은 'No'가 예상되고 예견된 것이다. 수고와 마음에 애쓰는 것에 대해 아무런 소득이 없다는 것이다. 그렇다. 해 아래에선 당연히 그러할 것이다. 왜? 사탄이 공중권세를 잡고 있고, 인간의 영혼이 그의 종이 되어있기 때문이다(롬8:15절 참조). 그 안에서 세속적인 소득은 있을지 몰라도 영적 유익은 기대할 수 없다.

♠ 본절의 '사람'이 누구일까? 이전의 구절들과 연계하면 솔로몬이 자기 자신을 가리켜 한 말이 된다. 물론 겉뜻을 헤아릴 때 그러하다는 것이다. 그렇다면 속뜻을 살펴보고자 하면 이 사람을 예수 그리스도로 보아도 무방하지 않겠는가? 예수께서 '해 아래', 곧 '이 땅위에서 행하신 모든 고난과 고생하며 애쓴 노력들이 무엇을 바라고 하신 것이냐'라는 의미가 된다. 유대 종교지도자들의 시각에서 예수님을 보면 아무 것도 없는 것이다. 공연히 세상을 구한답시고 애쓰고 고생하다 형장의 이슬로 사라진 것이니 얻은 것이 하나도 없는 것이다.

그러나 정말 그러한가? 외면상으론 유대 땅에 한 동안 거센 풍파를 야기했다가 사라져 간 고난의 인물이지만 지금 전 세계 15억 이상이 그분을 따르게 되는 놀라운 변화를 가져온 것이다. 유대인의 눈엔 하잘 것 없는 '이단아'고, '귀신의 왕'이지만 그의 제자들과 추종자들에겐 '메시아'이고 '부활하신 주님', 곧 사랑을 베푸신 하나님이시다. 그러하기에 복음이고, 또 그렇기에 지금도 땅 끝까지 전파되고 있는 것이다.

거듭 말하지만, 우리가 전도서를 읽으며 선택해야 할 것은 이 책이 과연 솔로몬 개인 사유(思惟)의 산물이냐, 혹은 성령의 감동 하에서 솔로몬의 손으로 기록된 예수 그리스도에 대한 계시서, 혹은 예언서냐를 판단해야 한다는 것이다.

전자라면, 이 책은 성경답지 않아 그 가치가 급락할 것이고, 후자라면 성경다운 성경으로 그 가치가 한없이 격상될 것이다.

23절] '일평생에 근심하며 수고하는 것이 슬픔뿐이라 그의 마음이 밤에도 쉬지 못하나니 이것도 헛되도다'

'수고하는 것이'는 서술어가 아니라 주어가 된다. 그 수고가 슬픔이라는 것이다. 노력과 고생이 있지만 그것이 슬픔과 고통을 가져다 줄뿐이라는 의미다. 밤에도 휴식이 없다고 한다. 인위적 노력과 애씀이 없는 밤이라 할지라도 내면의 수고와 계획 등이 그때에 이루어지기 때문이다. 전도자는 이것도 헛되다고 말한다. 그런 고생의 결과를, 수고와 시시때때로 닥치는 불안 중에 이룬 소유들을 다른 사람, 곧 후계자에게 거저 남겨야 하기 때문이다. 또한 지혜자인 자신이나 어리석은 자나 모두 다 같이 죽음을 맞이하지 않을 수 없기 때문이다. 그러니 불합리고, 불공정한 것 같이 느껴지는 것이다. 그래서 즐거움이 없다. 그 심정은 그래서 '헛되다(하벨הבל)'의 정도가 아니라 '헤벨הבל 헤벨림הבלים'이니 곧, '대단히 허무하다는 것'이다. 진의를 파악하기 위해 원문을 살펴보기로 하자.

'일평생에 근심하며 수고하는 것이 슬픔뿐이라'의 원문은 '키כי 콜כל 야마우ימיו 마케오빔מכאבים 와카아스וכעס 이네야노ענינו'이다. '일평생에'는 '콜כל 야마우ימיו'로, 이것은 '콜כל'이 '모두'의 뜻이고

'야마우ימיו'가 복수로서, '날들-동안'이 되기에 '모든 날들'이 되는 것이다. '슬픔뿐이라'는 '마케오빔מכאבים'이며, 이것은 원형이 '마케오브מכאב'이고, 이 단어는 '고통', '슬픔', '수고'의 뜻을 갖는다. '수고하는 것이'는 '이네야노ענינו'로, 이것은 원형이 '아나ענה'에서 유래한 '인얀ענין'이 접미어와 결합된 것이다. '아나ענה'는 '어떤 것에 노력을 가하다', '힘을 쓰다'의 뜻이고, '인얀ענין'은 '직업', '일', '사건'의 뜻이다. '근심하며'는 '와카아스'로서, '근심', '슬픔'의 뜻이 있다. 이를 합쳐 다시 번역해 보면, '왜냐하면(키כי) 모든 날들 동안 근심하며 애쓴 일이 고통스럽기 때문이다'가 된다. 게다가 그의 마음은 밤조차도 편히 쉬지 못한다. 밤낮 없이 일했기 때문이다. 그런데 죽음으로 다 허사가 되는 것이다. 그러니 그 삶이 헛되다 할 수밖에 없다는 것이다.

♠ 앞에서 본절을 원문에 맞게 재번역한 부분을 다시 보자.

'왜냐하면(for, 키כי) 모든 날들 동안 근심하며 애쓴 일이 고통스럽기 때문이다' 이것은 예수님의 공생애 전부에 해당하는 말이다. 주님의 이 땅, 곧 양립할 수 없는 악의 세계에서에서의 삶은 근본 하나님이신 그 분이 감내하기엔 하루하루가 고통스러우셨을 것이다. 주님은 하나님의 나라를 선포하셨으나, 따르는 자들은 소수이고, 곳곳마다 병자와 귀신들린자들 투성이었다. 날마다 수고하고 애쓰셨다. 낮에는 복음을 전하고 병자들을 치유하셨으며 밤과 새벽엔 쉬지 않고 기도하셨다. 오죽 답답하셨으면 이런 말씀을 하셨을까? 즉, 마태복음 17장 17절엔, "예수께서 대답하여 이르시되 믿음이 없고 패역한 세대여 내가 얼마나 너희와 함께 있으며 얼마나 너희에게 참으리요 …"라고 하셨으니 말이다. 그러나 이 모든 수고와 애씀, 고통은 '짧은 순간(하벨הבל)일뿐이다. 결코 인생무상

(人生無常)도, 헛됨도 아니라 잠시 잠깐 지나 갈 고통일 뿐이라는 것이다. 우리네 인생들에게 시사하는 바 실로 크다.

24절] '사람이 먹고 마시며 수고하는 것보다 그의 마음을 더 기쁘게 하는 것은 없나니 내가 이것도 본즉 하나님의 손에서 나오는 것이로다'

분위기가 전환되고 있다. 수고의 결과가 없는, 그야말로 허무만 잔재로 남는 그런 삶으로 고통을 겪는다는 것, 밤낮으로 일하고 일평생 근심하고 애쓴 후에 만나는 것이 죽음이라는 피할 수 없는 운명이라면 돌이켜 현실을 보듬고, 그 안에서 기쁨을 찾는 것이 옳은 것이 아닐까? 먹고 마시며 현재를 즐기는 것이 더 현명한 일이 아닐까? 전도자는 이와 같은 생각을 하게 된 것이 아닐까? 그의 구도의 여정은 이처럼 돌고 돌아 현실로 돌아온 것일까? 아니다. 그렇지 않다. 전도자는 새로운 탐구의 여정에 든다. 그는 하나님과의 관계에서, 그 안에서 허무를 이겨내고 참 기쁨을 얻을 수 있는 길을 탐색하게 되는 것이다. 이 탐색이 3장 22절까지 이어지는 것이다. 특히 본절에서 26절까지는 하나님 안에서 기쁨을 누릴 수 있다는 희망을 제시한다. 분절하여 원문과 더불어 좀 더 분석해보자.

'사람이 먹고 마시며 수고하는 것보다 그의 마음을 더 기쁘게 하는 것은 없나니'에서 언 듯 느낌은 세속에서 인간이 누릴 수 있는 가장 좋은 것은 '먹고 마시며 수고하는 것'이라고 말하고 있는 것처럼 보인다. 물론 이것은 육체적 쾌락을 말함이 아니라 당연한 삶, 원만한 삶으로서의 먹고 마심을 말하는 것이리라. 수고를 통해 힘든 노동 안에서도 보람을 찾고, 수고를 통해 먹고 마시는 기쁨을 얻는다는 것이 인간세상에서 누릴 수 있는 희락이라는 것이다. 그런데 여기서 언급된 긍정적인 면은 1장 12절에서 2장 23절까지 전개되었던 부정적 시선과 전혀 다른 모습을 띠고 있어 일순, 독자들을 당황스럽게 했을 수도 있다. 그러나 앞선 구절들을 해 위의 삶, 즉, 하나님과의 원만한 관계가 없이 인간 자신의 모습 가운데서, 즉 해 아래인 이 땅위에서 자기 수단과 방법으로만 성취된 것들에 대한 허무에 해당하는 것이다. 하나님과의 관계가 원만해진 상태 안에서는 다르다는 것이다. 그 답이 하반절에 나온다.

하반절의 '하나님의 손에서'는 '하나님의 장중(掌中)에'가 더 어울린다. 사람이 자신에게 그것을 줄 수가 없기 때문에 하나님에 의해서 주어지는 것이다. 이런 기쁨은 하나님의 주권 하에서 가능하다는 것이다. 하나님과의 좋은 관계 안에서, 해 아래, 곧 이 세상의 삶 가운데 수고하며 또 먹고 마시는 평안한 삶이 온전한 삶이라는 '뉘앙스'를 풍기고 있는 것이다. 해 아래에서 가장 큰 기쁨이 무엇일까? 3장 13절엔 이것이 하나님의 선물 ממתת אלהים이라고 했다. 즉 '사람마다 먹고 마시는 것과 수고함으로 낙을 누리는 그것이 하나님의 선물인 줄도 또한 알았도다'라고 한 것이다. 또한 8장 15절에, '이에 내가 희락을 찬양하노니 이는 사람이 먹고 마시고 즐거워하는 것보다 더 나은 것이 해 아래에는 없음이라 하나님이 사람을 해 아래에서 살게 하신 날 동안 수고하는 일 중에 그러한 일이 그와 함께 있을 것이니라'고 했다. 이것이 일차적 의미가 된다.

본문의 '먹고 …것보다'에 해당하는 '쉐요칼 שיאכל'은 관계사 '쉐שׁ'와 '아칼אכל'의 결합이다. '아칼אכל'은 '먹다', '없애다', '즐기다'의 뜻을 갖는다. '마시며'는 '웨쇼타ושתה'로, '웨쇼타ושתה'는 '샤타שתה'에 접속사가 결합된 것이다. '샤타'는 미완료형이고, 이것은 '함께 마시다'의 뜻이다. '없나니'는 '엔אין'으로 이것은 '존재하지 않다'는 어원에서 유래했다. '없음'의 의미다. '기쁘게 하는'은 '웨헤레아והראה'로, 이것은 원형이 '라아ראה'로서, '라아ראה'는 '보다', '~대하여 보다', '바라보다', '기쁨으로 보게하다'의 뜻을 갖는다. 전체적인 번역은 그래서, '사람이 먹고 마시고 그리고 일에서 만족을 발견하는 것보다 더 좋은 것은 없다. 또한 내가 보건대 이것은 하나님의 손으로부터 온 것이다'가 된다. 원문에 더 충실한 번역은, '사람을 위해 먹고 마시며 즐겁게 하는 것보다 더 좋은 것이 없나니, 또한 수고하는 중에 그의 영혼을 좋게 하는 것 또한 그러하다. 왜냐하면 내가 본즉 이것이 하나님의 손(권능)에서 나는 것이기 때문이다'가 된다.

♠ 본절은 두 가지로 속뜻을 헤아려 볼 수 있을 것이다. 첫 번째는 번역과 관련된 것이다. '바아담באדם 쉐요칼שיאכל 웨쇼타ושתה'에 대해 다른 헬라어 번역과 종교개혁가이며 순교자였던 제롬, 그리고 70인 역은 본문의 한글 개역과 정반대의 번역을 하고 있다.[59]

---

[59] Ουκ εστιν αγαθον ανθρωπω ο φαγεται και ο πιεται και ο δειξει τη ψυχη αυτου αγαθον εν μοχθω αυτου
και γε τουτο ειδον εγω οτι απο χειρος του θεου εστιν
It is **not good in humans(perhaps-There is nothing better in humans than)** what they will eat and what they wll drink and what they will show to their soul as good in their toil. Indeed,this, I saw, is from the hand of God.
N.E.T.S 버전 70인역에 대한 영어 번역

즉, '사람이 먹고 마시는 것이 유익한 것이 아니니', 혹은 '그가 먹고 마시는 이것이 그에게 참으로 유익한 것이 아니니'라고 한 것이다. 이 부분이 23절과 연결되면 전체적인 의미가 '사람에게 먹고 마시며… 낙을 누리게 하는 것은 좋지 않다'는 뜻이 된다. 이런 해석이 문맥과 어울리지 않는다고 하여 아람어 성경, 시리아역, 라틴역에서는 '쉐아칼'에 '보다 더', '~로부터'의 의미를 갖는 '에인-엔אין'을 전채 문맥에 더해 해석함으로써 본문처럼 바꾸었다. 한글개역은 그래서 '에인-엔אין'을 추가한 번역을 택한 것이다.

오히려 더 나은 번역은 '사람이 수고하는 가운데 먹고 마시는 것이 유익한 것이 아니다. 왜냐하면 마음(네페쉬-영혼, 생명)을 즐겁게 하는 것(혹은 생명을 바르게 하는 것-필자는 이것이 더 낫다)이 하나님의 손(능력, 권위)에서 나는 것이기 때문이다.'가 아닐까? 이때의 하나님의 손은 하나님의 장중에, 환언하면 인간 구원은 예수 그리스도에게 달렸다는 의미가 되는 것이다.[60]

두 번째는 본절이 물질의 축복에 관한 이야기가 아니라는 것이다. 먹고 마시는 것이 누구를 위한 것이었냐는 것이다. 하나는 예수 그리스도와 제자들의 성찬 장면이고, 다른 하나는 복음을 위해 애쓰는 자들의 먹고 마시며 수고하는 것이라 함이니 복음을 위한 이런 애씀 외에 예수 그리스도의 마음을 기쁘게 하는 것이 없다는 것으로 이러한 일련의 것들이 곧 하나님의 손, 하나님의 장중에 달린 것으로 유대 종교지도자들과 같은 죄인들은 결코 할 수

---

[60] 또다른 해석으로서 이것은 성찬과 복음사역으로 생각해 볼수도 있다. 그렇다면 그것은 반드시 하나님의 손에서 나오는 것이다. 아멘.

없는 것이라는 말이다.

일상에서의 먹고 마시는 종교적 의식 행위에 천착하는 종교가 유대교다. 이들은 대단히 행동화 지향적이다. 이들의 사고방식은 하나님께서 물질을 주시는데, 하나님의 손, 즉 하나님의 권능으로 말미암아 절대로 배고플 일이 없을 것이라고 주장한다. 그래서 일상의 행위적(표면적) 예배를 위해 열심히 일한다. 일하는 수고만큼 넉넉히 주실 것이라고 믿고 있기 때문이다. 만약 그들이 물질적으로 궁핍해진다면 무엇인가 하나님 일을 열심히 하지 않은 자기 탓이라 여기고 더 열심히 신앙생활을 하는 것이다. 놀랍게도 유대인들은 십분의 일이 아니라 평균적으로 오분의 일을 헌금하며, 게다가 번돈의 50%는 기부한다. 왜 그렇게 많이 헌금할까? 모든 물질의 근본은 하나님의 손에서 나온다고 믿기 때문이다.

물론 유대교도 학자에 따라 본절에 대한 의미를 다르게 해석한다. 예를 들어, 유명한 랍비 '이븐 에즈라Ibn Ezra'는 먹고 마시는 것을 '성경공부[61]'라고 했다. 역시 유명한 랍비인 '라시Rashi'는 본절의 내용이 실제로 먹고 마시는 것과 관계가 있다고 주장하고 있다. 기독교는 본절에 대해 어떤 입장을 취하고 있고 또 어떻게 해야 할까? 일반 성경학자들은 '라시Rashi'와 유사한 말을 한다. 그러나 이 이야기를 예수 그리스도의 이야기로 돌리면 이것은 영적 의미가 된다. 그래서 먹고 마시는 것이 성찬일 가능성이 크다는 것이다. 물론 수고는 곧 복음에 대한 수고라고 말해야 한다.

---

[61] 여기서의 성경 공부는 미쉬나와 탈무드의 전체적인 해석학을 포함시킨다. 그들에게 있어서 랍비는 그 시대 또는 이 시대의 선지자 또는 모세와 같은 존재들이기 때문이다.

여러분의 생각은 어떠한가?

25절] '아, 먹고 즐기는 일을 누가 나보다 더 해 보았으랴'

원문은 앞에 접속사 '키(כי that, because 왜냐하면)'가 나온다, 전(前)절에서 인생에게 기쁨, 희락을 주시는 아름답고 귀한 최선의 삶이 하나님의 손, 즉 하나님의 주권 하에 있다고 했다. 본절과 26절을 통해 전도자는 다시 한 번 더 하나님의 주권에 이 모두가 달렸음을 강조하고 있다.

'더 해 보았으랴'는 '후츠חוץ 밈넨니ממני'가 원문이다. '후츠חוץ'는 '에워싸다'라는 말에서 유래했다고 하며, 그래서 '바깥', '밖에 있는 것'의 뜻이며, 부사로 사용될 때 '사방팔방으로', '옥외에'라는 뜻으로 사용된다. '밈멘니ממני'는 'ᅟ로부터', 'ᅟ보다 더'를 나타내는 전치사 '민מן'과 1인칭 접미어ני(내 안에서)의 결합이다. '즐기는 일을'은 '야후쉬יחוש'로, 원형이 '후쉬חוש'다. 이것은 '서둘다' 쾌락과 욕망 같은 것에 대해 '촉진하다', '서두르다'의 뜻이 있다. 원문대로 직역하면, '누가 먹고 그리고 누가 나 외에 더 즐기는 일에 매진했겠느냐'로 하면 될 것이다.

솔로몬이 먹고 즐기는 일을 누가 나보다 더 해보았겠느냐고 마치 자신의 경험을 들어 하는 말과 같지 않은가? 인간 솔로몬의 이야기라면 그의 영화, 지위, 권세, 그의 전성기의 모습들을 상상하면 적합한 말이 된다. 여기서 그친다면 성경이 아니라 솔로몬 개인의 자랑이 되고 마는 것이다. 어쨌든 이것이 일차적 의미다.

♠ 일차적 의미만 보면 참으로 그럴 듯하여 반론의 여지가 없어

보일 것이다. 그런데 고대 번역서들, 즉 70인 역이나, 라틴어 벌게이트, 시리아역 페시타 모두에서 '밈멘니ממנו'가 1인칭이 아니고 3인칭 접미어라고 번역하고 있다. 그렇게 하면 전혀 다른 말이 된다. 즉, 솔로몬 개인이 아니게 된다는 말이다. 다시 번역해 보면, '그분이 아니고 누가 먹고, 그리고 누가 즐거움을 얻을 수 있으랴'가 된다. 앞절에서 먹고 마시는 것이 유익하게 하는 것이 아니고, 생명을 바르게 하는 것이 중요하며 그것이 하나님의 손 안에 있다고 했다. 그렇다면 이 구절에선 당연히 솔로몬의 독백으로 읽을 것이 아니라 70인 역의 번역이 맞는 것이다. 먹고 즐거움을 얻는 것을 우리가 특별히 '세상 것'으로 한정할 필요도 없다. 왜냐하면 주님은 성찬식에서 먹고 마시는 것을 주님의 피와 살로 상징하기도 했으니 이 성찬식은 예수께서 몹시도 기다려왔던 일이다. 물론 본절의 먹고 마시는 것은 예수님 생전엔 성찬식이 실제로 베풀어졌으니 현실이었다. 동시에 우리들에겐 기념이 되어 상징적인 실제 시행이 되고 있다.

26절] '하나님은 그가 기뻐하시는 자에게는 지혜와 지식과 희락을 주시나 죄인에게는 노고를 주시고 그가 모아 쌓게 하사 하나님을 기뻐하는 자에게 그가 주게 하시지만 이것도 헛되어 바람을 잡는 것이로다'

긴 구절인데 본래의 뜻에 크게 어긋나지는 않으나 연결이 매끄럽지 못하다. 수고하고 애쓴 자라고 해서 모두 다 기쁨과 희락을 얻을 수 있을까? 본래 세상살이가 그렇지 않다. 사회 통념상으로도 마찬가지다. 그러나 신앙적 측면에서 본다면 그 수고의 목적, 결과가 하나님의 뜻에 합당한가의 여부에 따라 갈린다는 데 주목해야만 한다. 사람이 스스로 판단하여 수고했다고 해서 항상 그 결과가 좋을까? 그것은 마치 바람을 잡으려는 것과 같아서 그 결과는 허무, 곧 아무 것도 얻지 못하리라는 것이다. 이와 같은 경우에 흔히 떠오르는 것은 먼저 재산, 재물이나 세속적 성공일 것이다. 하지만 본절에서 하나님께서 주시는 것은 재화와 관련된 것이 아니라 지혜, 지식, 희락이다. 어떤 학자들은 이것을 은사로 표현한다. 지혜의 은사, 지식의 은사, 기쁨의 은사라고 말이다.

히브리어 원문들을 찾아 도움을 받기로 하자. '하나님은 그가 기뻐하시는 자에게는'의 원문은 '키כי 레아담לאדם 쉐토브שטוב 레파나우לפניו 나탄נתן'이다. 접속사 '키כי(that, because)', '레아담לאדם'은 '사람에게', '레파나우לפניו'는 '얼굴'의 뜻을 가진 '파님פנים'이 전치사 '레ל'와 그리고 3인칭의 접미어와 결합된 것으로서, 결국 '그분 앞에서'가 된다. '주시나', '주시고'는 원문이 '나탄נתן'이며 이것은 '주다', '드리다'의 뜻이 있다. 여기서는 '그가 그것을 주시리니'라고 하면 좋을 것이다. 다시 번역하면, '그런즉 하나님은 그분 앞에서 기쁘게 하는 자에게는 그것을 주시나'로 직역할 수 있겠다. 이 문장은 **미완료형**이다.

무엇을 주신다고 하셨나? '지혜와 지식과 희락을 주시나 죄인에게는 노고를 주시고'라고 하셨다. 인간이 하나님과 어떤 관계를 갖느냐에 따라 결과가 달라진다는 것이다. 이미 여러 번 분석했듯이 '지혜'는 '호크마חכמה'이고, '지식'은 '다아트דעת'로서, '지식', '앎', '지성', '지혜'의 뜻이 있으며, '희락'은 '웨시므하ושמחה', 곧 '시므하שמחה'와 접속사의 결합이다. '시므하שמחה'는 '기쁨', '즐거움'의 뜻이다. 지식, 지혜, 희락(행복, 기쁨)은 인간이 인간답게 혹은 성공적인 인생으로 살아가기 위해 절대적으로 필요한 정신적 자산(資産)이며 동시에 추구하는 그것이다. 그런데 본절은 이것이 인간이 어떻게 하나님을 대하느냐에 따라 주어질 수도 아닐 수도 있다는 것이다.

반면에 '죄인에게는 노고를 주시고 그가 모아 쌓게 하신다'고 했다. '죄인에게는'은 원문이 '웨라호테אוחטי'다. 접속사 '웨ו'와 전치사 '레ל' 그리고 '하타חטא'의 분사형의 결합이다. '그리고 죄인에게'의 뜻이다. 원형 '하타חטא'는 '벗어나다', '죄를 범하다'의 뜻이 있다. 이 죄인은 하나님 앞에 죄를 범한 자뿐만 아니라 하나님에 대해 무관심한 자다. 결국 영적으로 볼 때는 죄 가운데 빠져 결과적으로 사탄을 섬기는 자가 되는 것이다.

'노고'에 해당하는 원문은 '이네얀עניו'이며, 이것은 '직업', '악한 일', '일', '괴로운 것', '노고'의 뜻이며 여기서는 '사람이 어떤 일을 해서 피곤한 상태에 이른 것'을 뜻한다.

'그가 모아 쌓게 하사 하나님을 기뻐하는 자에게 그가 주게 하시지만'은 무슨 뜻인가? '모아 쌓는다'는 것은 고되고 힘든 과정을 가리키는 말이다. 그러므로 본절의 앞부분에서는 하나님과의 관계가 제대로 되면 지혜, 지식, 희락을 얻을 것이며, 그 반대의 경우인 죄인에겐 모으고, 쌓는 고된 노고를 얻을 뿐이라는 것이다. 누가복음 12장 16-21절까지의 어리석은 부자의 이야기를 생각해보라. 곡식을 모으고 쌓아 두었으나 하나님은 "어리석은 자여 오늘밤에 네 영혼을 도로 찾으리니 그러면 네 준비한 것이 누구의 것이 되겠느냐"고 하시지 않았는가? 죄인의 현재적 모습이다. 죄를 범한 자나 하나님께 무관심한 자들이 세상살이 중에 모으고 쌓는 일에 치중하고 있지만 하나님과 화목하지 않으면 그 영혼은 파멸의 길을 걷게 되는 것이다. 오직 하나님을 기쁘게 하는 자에게라야만 온전한 것을 얻게 하신다는 것이니, 이 모든 것이 하나님의 손 안에 있기 때문이다.

그런데 하반절의 끝에 보면 '이것도 헛되어 바람을 잡는 것이로다'라고 하셨다. 마치 앞부분과 반대여서 모순인 듯이 보일 수도 있을 것이다. 하나님이 주셨는데 헛되다고? 의미가 없다고? 그렇다면 여기서 '이것도'가 도대체 무엇을 가리키는 말일까? 성경학자들의 일반적인 견해를 종합해 보자. 가능성으로 보아 '이것도'에 해당하는 첫 번째는 하나님과의 좋은 관계에 있는 경우에 해당된다는 것이다. 먹고 마시고 낙을 누리는 것이 하나님의 손 안에 있고, 게다가 하나님과의 관계가 좋으면 지혜, 지식, 그리고 희락을 얻을 수 있다고 했으나 이것도 헛되다고 말한 이유가 그것들 중에 빠진 것이 있다는 것이다. 그것은 바로 '영원성'이 결여되어 있다는 것이다. 세상사는 동안에 하나님과의 관계가 좋으면 무탈하고, 지혜, 지식, 희락의 은사로 즐겁게 살 수 있지만 그렇다고 해서 그에게 영원한 삶이 보장된 것이 아니며, 죽음 앞에서는 이겨낼 방법이 없기 때문에 헛되다고 했다는 것이다. 이런 견해의 맹점은 하나님이 기뻐하시는 자에게 영생을 주시지 않는다? 무엇인가 이치에 어긋난다고 하지 않을 수 없다고 할 것이다.

두 번째는 죄인들이 모으고 쌓는 과정의 노고, 그리고 이뤄낸 재물, 재산이 죽음으로 다 소멸될 것이므로 그로 인한 허무감 때문에 헛되다고 한 것이라는 말이다. 인간의 기쁨과 희락이 하나님의 손에 달렸는데 하나님의 장중 밖에 있는 죄인들에겐 희락을 좇는 그 자체가 아예 원천적으로 허무하다는 것이다. 그런데 '이것도 헛되다'고 할 때의 '이것도'는 죄인과 기뻐하는 자 모두에게 다 포함되는 것이라는 점 때문에 이런 견해 또한 온전치 않다. 물론 이러한 견해들은 나름 일리(一理)가 있다고 여겨지지만 내면적 의미와는 아직도 거리가 있다고 할 것이다.

♠ 죄인은 그렇다고 하더라도, 하나님은 그가 기뻐하는 자에게 지혜, 지식, 희락을 주신다고 하셨는데 이것도 헛되어 바람을 잡는 것이라고? 이 말 그대로 하자면 하나님이 주셨는데, 만일 솔로몬이 헛되다고 했다면 솔로몬이 하나님과 맞먹는 것이 된다. 하나님과 진배없다면 이것은 큰 문제가 있는 것이다. 물론 앞부분과 뒷부분의 모순됨에 대한 설명을 앞에서 두 가지로 말했거니와 여전히 부족한 감이 있다. 그러하니 내면적 의미를 다시 살펴보자.

하나님께서 예수님을 향해 직접적으로 '기뻐하는 자'라고 말씀하신 때가 있다. 첫째는 예수님이 세례를 받으신 때다. 마태복음 3장 17절에, "하늘로부터 소리가 있어 말씀하시되 이는 내 사랑하는 아들이요 내 기뻐하는 자라 하시니라"고 하셨다. 하나님이 기뻐하는 자가 누구인가? 바로 예수 그리스도시다. 그분에게 지혜와 지식과 희락을 주셨다는 것이다. 이 셋은 하나님의 은사다. 성령이 비둘기 같이 내려오심으로 이런 은사가 나타나게 되었을 것이다.

두 번째는 베드로후서 1장 16-17절에 보면, "우리 주 예수 그리스도의 능력과 강림하심을 너희에게 알게 한 것이 교묘히 만든 이야기를 따른 것이 아니요 우리는 그의 크신 위엄을 친히 본 자라/지극히 큰 영광중에서 이러한 소리가 그에게 나기를 이는 내 사랑하는 아들이요 내 기뻐하는 자라 하실 때에 그가 하나님 아버지께 존귀와 영광을 받으셨느니라"고 하신 것이다. 이 두 번째는 변화산에서 들려온 하나님의 음성이었다. 그때에 제자들이 들은 말씀의 내용인즉, "… 구름 속에서 소리가 나서 이르시되 이는 내 사랑하는 아들이요 내 기뻐하는 자니 너희는 그의 말을 들으라 하시는지라"고 했다는 것이다.

본절에 나오는 죄인은 또 누구일까? 예수님 당시에 하나님이 기뻐하는 자가 예수님이라면 죄인은 당연히 예수님을 대적한 자들, 곧 유대 종교지도자들이 될 것이다. 이들은 오랜 세월 동안 노고에 시달렸다. 노고의 의미가 앞에서 '사람이 어떤 일을 해서 피곤한 상태에 이른 것'이라고 했다. 그들이 부단히 연구해온 토라에 대한 그 수많은 연구물들, 공부해온 것들이 쌓이고 수집되었다. 그것이 무엇에 대한 것인가? 성문 율법(תורה토라)에 대한 것들이다. 본절을 물질로만 보면 재산이겠으나 영적 관점에서 보면, 예수님과 유대 종교지도자들의 이야기가 된다. 이들의 율법이 예수님으로 이전되어 완성된 것이다. 예수님은 율법의 완성자이시다. 어떻게 완성된 것인가? 속죄를 위한 성전제사가 폐하게 되고 십자가를 지시는 온전한 제사로 속죄를 단 한 번에 완성하신 것이다. 그리하여 율법은 온전한 계명으로 바뀌어 '그를 기뻐하는 자에게 주신다'고 한 말씀이 이루어지게 된 것이다. 이 계명은 예수님에 의해 두 가지 계명으로 압축되어 예수님을 영접하는 자들(그들은 예수님을 기뻐하는 자들이다)에게 주어지게 된다는 것이다. 두 가지 계명이 무엇인가? 마가복음 12장 30-31절에, "네 마음לבבך을 다하고 목숨נפשך을 다하고 뜻을 다하고 힘מאדך을 다하여 주 너의 하나님을 사랑하라 하신 것이요/ 둘째는 이것이니 네 이웃을 네 자신과 같이 사랑하라 하신 것이라 이보다 더 큰 계명이 없느니라"가 그것이다.

그런데 본절의 끝에 '이것도 헛되어 바람을 잡는 것이로다'라는 말씀이 있어 문맥상 납득하기 힘들어 당황할 수도 있을 것이다. 이것은 무슨 의미인가? 여러 번, 계속해서 반복하거니와 이 헛되다고 한 단어 '하벨הבל'은 '한 호흡이라 할 만큼 짧은 시간'을 의미한다고 했다. 이 전도서에서 가장 많이 나오는 가장 중요한 단어라고 했다. 이것을 짧은 순간이라고 해석하면 예수님의 이야기가 되는 것이다. '루아흐רוח'를 물질인 '바람'이라고 하면 솔로몬의 이야기가 되고, '영'이라는 관점으로 보면 예수님의 이야기가 된다. 이것은 선택의 문제이자 신앙의 문제다!

이 말씀에 대한 해석은 두 가지로 구분된다. 첫 번째는 이미 앞에서 이 세상의 그 어느 것으로도 바람을 잡을 수 없듯이, 성령으로 다시 태어난 것이 그리스도의 사람들에게만 해당되는 것이기에 육의 세계는 영의 세계를 도무지 잡을 수도 알 수도 없다는 의미가 된다는 것이다.

두 번째는 원문의 분석이다. '바람을 잡는 것'이라 했는데,

이 바람은 '루아흐רוח'로 '영혼', '영', '호흡', '마음', '심령'의 의미로 사용된다. '붙잡는 것'이라고 번역된 것의 원문은 '우레우트ורעות'로서, '레우트רעות'와 접속사 '우ו'의 결합이다. '레우트רעות'는 '애씀', '붙잡으려 함'의 뜻이며 원형은 '라아רעה'다. 이 '라아רעה'는 '방목하다', '다스리다', '양육하다' '…을 즐거워하다'의 뜻을 갖는다.

'이것도'는 히브리어 원문이 '감גם 제הז'로, '감גם'은 '또한', '진실로'의 의미를 가진 부사다. '제הז'는 '이것'이란 뜻이니 결국 '이것도 또한'의 뜻이다. 그러므로 '이것도 헛되어 바람을 잡는 것으로

다'는 해석적인 의역할 때 어떤 예 언적인 조각그림이 드러난다. '이것도 또한 예수께서 짧은 생애 동안이지만 영혼을 붙잡으려(인도하려-양육하려-목자로서 이끄시려고) 애쓴 것이다'가 된다.

제 3장 세상의 때와 주의 때,
그리고 수고와 악, 죽음, 심판에 관하여

1-2절] '범사에 기한이 있고 천하 만사가 다 때가 있나니'

전(前) 절들에서 먹고 마시는 것이 하나님의 손에 있고, 지혜와 지식, 희락이 하나님의 뜻에 달렸다고 했다. 그런데 본절에서 15절까지는 세상만사(世上萬事), 천하만사가 다 하나님께 달려있다고 말한다. 그러므로 매사에 하나님을 의지하고 경외하는 것을 학습해야만 하는 것이다. 해 아래, 이 땅 위, 곧 세상에서 어떤 일을 행하고자 할 때에 모든 것은 정해진 때에, 하나님에 의해서 확정되었으며 인간의 의지와 능력과는 무관하게 하나님의 의지, 뜻, 규범, 섭리에 따라 행하여진다는 것을 알아야만 한다는 것이다. 반복하면, 해 위에 계시는 하나님의 섭리를 인지하고 의지함으로 해 아래의 삶에서 나타나는 허무(한 호흡 만큼이나 짧은 지나감)를 극복하는 길이 열린다는 것이다.

이것이 3장 전반부의 취지의 대강인 것이다.

원문 분석을 해 보자. '범사에 기한이 있고'는 원문이 '라콜 לכל 제만זמן'이다. '라콜לכל'은 전치사ל와 '모두'를 말하는 '콜כל'의 결합이니, 그 뜻은 '모두'가 된다. 이것을 한글 개역은 '범사'라고 표현한 것이다. 이것은 삶의 영역 전체가 이에 해당된다는 의미다. '제만זמן'은 '때', '정한 때', '기한'이란 말이다. 이 문단은 '모두에 대하여 사전에 정해진 때가 있고'가 된다.

'천하 만사가 다 때가 있나니'는 원문이 '웨에트אֵת 레콜לְכֹל 헤페츠חֵפֶץ 타하트תַּחַת 핫솨마임הַשָּׁמַיִם'이다. '웨에트אֵת' 접속사와 '에트אֵת'의 결합이다. 이것은 '정한 시간, 기회, 때'의 뜻이 있다. 보통의 기한이나 특정한 시점을 가리키기도 한다. 하나님의 시간엔 질서, 섭리의 시간과 때가 있다는 것을 암시한다. '헤페츠חֵפֶץ'는 '기쁨', '바램', '소중한 것' '추구', '계획'의 뜻을 갖는다. 관주성경에서는 목적이라고 번역했다. 아마도 이루기를 원하는 소원의 개념으로 본 것 같다. '핫솨마임הַשָּׁמַיִם' '관사ה'와 '샤마임שָׁמַיִם'의 결합이다. '샤마임שָׁמַיִם'은 '하늘', '하늘의 하나님'의 뜻이다. '타하트תַּחַת'는 '낮은 곳'의 뜻이고 부사로 쓰이면 '아래', 전치사로 '~ 아래'가 된다.

그러므로 본절은 어떤 것이 일어날 때에, 그것은 정해진 때가 있다는 뜻이다. 다시 말해 모든 것은 그에 대한 정해진 때가 있거나 그것이 합당한 때가 있다는 것이다. 이것은 당연히 하나님의 섭리를 가리킨 것이다.

♠ 베드로후서 1장 20절에, "먼저 알 것은 성경의 모든 예언은 사사로이 풀 것이 아니니/ 예언은 언제든지 사람의 뜻으로 낸 것이 아니요 오직 성령의 감동하심을 받은 사람들이 하나님께 받아 말한 것임이라"는 말씀이 있다. 이런 취지에서 즉, 사사로이 풀지 않고 성경을 바로 해석하고자 하면(풀고자 하면) 항상 하나님 중심으로, 혹은 예수 그리스도에 관한 내용으로 풀어야만 한다는 것이다. 필자가 이와 같은 탐구 방식을 택하면서 경이로움을 경험한 것은 구약이 전부 다 예수 그리스도로 향하고 있다는 것이었다. 토라, 그 말의 해석대로 화살의 과녁이 예수께로 향하고 있다는 것에서 전율스러울 만큼의 강한 감동을 경험한 것이다. 성경이 무

엇인가? 하나님을 설명하는 책이다. 그 하나님이 누구신가? 예수님이다. 예수님을 멀리 팽개쳐두고 성경 안에서 윤리와 도덕을 찾은들 신앙이 바로 서겠는가? 비평을 일삼고, 학문적 수단만을 강구한들, 그의 신앙이 증진되겠는가? 구약에서 예수님을 찾는다는 것, 그것은 미지의 영역인 동시에 신앙회복의 지름길 가운데 하나다. 구약은 예언서다. 예수 그리스도에 대한 예언서다.

본절의 때에 관해 유대인들은 '메시아의 때'를 말하곤 한다. 그들의 때는 칠천년을 말한다. 지구역사 7천년설은 유대인들이 만든 것이다. 그들은 안식이 되는 칠천년에 이르게 되면 유대인들이 세상에 군림할 것이라고 말한다. 아니다. 그렇지 않다. 여기서 말하는 이때는 예수 그리스도의 때다. 즉, 속죄의 때다. 왜냐하면 성경은 예수님을 중심으로 예수님 이전과 이후로 갈라진다고 봐야만 한다.

그렇다면 본절을 예수님께 적용되면 어떤 의미가 될까? 하나님의 거대한 프로젝트는 한 치의 오차도 없이 진행되어 왔다. 예수께서 오심은 이미 태초부터 예정된 것이며, 우리의 예정 또한 그리스도 예수 안에서 예정된 것이다. 에베소서 1장 9절에, "그 뜻의 비밀을 우리에게 알리신 것이요 그의 기뻐하심을 따라 그리스도 안에서 때가 찬 경륜을 위하여 예정하신 것이니"라고 했다. 이 구절에서 '그리스도 안에서… 예정하신 것이라'에 주목해보라. 우리는 창세 전에 그리스도 안에서 택함을 받은 자들이다(엡1:4참조). 예정되었다 함은 기한과 때가 있다는 것이고, 그 정함이 하나님의 섭리에 맞추어져 있다는 것이다. 본문은 그래서 '해 아래 바라는 모든 것을 이룰 때가 있나니'로 번역할 수도 있을 것이다. 하나님께서 원하시는 것, 그것은 악의 궤멸, 곧 사탄의 멸절이다. 그것을 위한 한 과정으로 성육신 하셨고, 십자가를 지셨으며, 우리의 구원의 길이 열린 것이다. 하나님의 때에 대해 의심할 필요도 없고 기다릴 필요도 없다. 그 분이 때가 되고, 기한이 되면 다 이루실 것이다.

사도 바울은 때와 시기에 관해 한가지 경고를 하고 있다. 데살로니가 전서 3장 1-2절에, "형제들아 때와 시기에 관하여는 너희에게 쓸 것이 없음은 /주의 날이 밤에 도둑같이 이를 줄을 너희 자신이 자세히 알기 때문이라"고 했다. 이어지는 6절에, "그러므로 우리는 다른 이들과 같이 자지 말고 오직 깨어 정신을 차릴지라", 8절에, "우리는 낮에 속하였으니 정신을 차리고 믿음과 사랑의 호심경을 붙이고 구원의 소망의 투구를 쓰자"고 한 것이다. 예수께서는 "때와 시기는 아버지께서 자기의 권한에 두셨으니 너희가 알 바 아니라(행1:7)"고 했고 바울은 '쓸 것이 없다'고 했다. 오직 깨어 정신을 차리자고 한 것이다. 그 때와 시기에 매여 헛된 짓을 하지 말라는 것이다.

2절] '날 때가 있고 죽을 때가 있으며 심을 때가 있고 심은 것을 뽑을 때가 있으며'

여기로부터 8절까지 전도자는 특별한 형식을 취한다. 즉, 7의 배수, 곧 14가지를 서로 쌍으로 배치해 비교 분석한다. 세상사와 하나님의 섭리에 대한 언급이다. 7이 무엇인가? 유대인들의 완전수다. 그리고 배수가 되는 것, 즉, 둘은 증인의 숫자로 법정에서 통용되는 것이다. 유대인들은 짝을 중시한다. 예를 들면, 모세와 아론, 예수와 세례요한이 짝이다. 이들은 메시아도 짝이 있다고 한다. 고난을 당하는 메시아와 왕으로 군림하는 메시아가 그것이다.

그래서 그들은 오는 메시아가 짝으로 온다고 믿고 있다.

'날 때와 죽을 때'는 아주 대표적인 짝이다. 삶의 시작이 날 때고, 삶이 마칠 때가 죽을 때다. 인생이 이 범주 안에 다 들어간다. 일생동안 한 일이 그 안에 든다. 낳고 죽는 것이 동물, 특히 사람의 것이라면 심고 거둠은 식물의 생사다. 동식물의 모든 것이 다 하나님의 섭리 하에 있음을 강조한 것이라고 할 것이다. 하나님의 이스라엘 민족에 대한 평가에서 사용되는 주요 단어가 심고 뽑는다는 것이었다. '심음'은 나라의 안정, 회복을 뜻하고 '뽑음'은 멸망을 상징한다. 천지만물의 생사의 주관자가 하나님이심을 밝히고 있다. 이것이 일차적 의미다.

원문을 분석해 보자. '날 때가 있고'는 '엩עת 랄레데트ללדת'다. '엩את'은 '때'라고 했고, 랄레데트ללדת'는 전치사 '레ל'와 '낳다', '생기다', '보다', '열매를 맺게 하다'는 뜻인 '얄라드ילד'의 결합이다. '얄라드ילד'는 주로 '낳다'로 사용된다. 본절은 '출산에도 때가 있고'가 맞는 번역이다. '심을 때가 있고'에서 '심을'은 '라타아트לטעת'로, 원형은 '나타נטע'이고, 이것은 '세워두다', '상징으로서- 백성을 일으키다', '나무, 정원, 포도원 등을 세우다'의 뜻이다. '뽑을'은 '라아코르לעקור'로서, 전치사ל와 '뿌리뽑다', '쓰러뜨리다'라는 뜻을 가진 '아카르עקר'의 결합이다. 뿌리가 뽑힌다는 것은 나무의 생명을 끝내는 것으로 죽음에 관한 내용이다. '세울 때가 있고 쓰러뜨릴 때가 있으며'라고 번역해도 무방하다.

♠ 때에 관한 헬라인의 견해를 살펴보자. 그들은 '기한'을 뜻하는 히브리어 '제만זמן'을 '크로노스'로, '때'를 말하는 '에트עת'를 '카이로스'로 번역한다. 무슨 차이가 있는 것일까? '제만'이나 '에

트'는 모두 '시간', 혹은 '기회'를 나타내기에 유사한 표현이다. 그러나 '제만זמן'은 '기간'의 의미가 더 크고, '에트עת'는 '어떤 한 시점'의 의미가 강하다. 그래서 '에트עת'는 특별한 사건이 발발하는 특정한 시간, 혹은 순간을 가리킨다고 할 것이다. 사도행전 1장에 보면, 제자들이 모였을 때에 부활하신 주님 앞에서 '이스라엘 나라를 회복하심이 이 때니이까'라고 묻는다. 이들의 사고는 여전히 세상에 군림해 통치하는 세상 나라의 왕으로서의 메시아를 말하고 있는 것이다. 이것이 유대인들의 메시아 사상인 것이고, 지금도 여전히 그런 메시아를 기다리고 있기에 예수님을 끝까지 부인하고 있는 것이다. 그 때 예수님은 '때와 시기는 아버지께서 자기의 권한에 두셨으니 너희가 알 바 아니요'라고 답하셨다. '에트עת'와 '제만זמן', '크로노스'와 '카이로스'를 말씀하신 것이다. 아직도 수많은 그리스도인들이 '때와 기한'에 매달려 있다. 대표적인 것이 세대주의 사상이다. 필자도 세대주의를 깊이 연구해 보았거니와 예수님의 말씀처럼 '너희의 알 바 아니요'가 정답이다. 예수님이 이어서 말씀하신 것은 '내 증인이 되라'는 것이었다. 이것이 우리의 할 일이다.

본절에서 '날 때가 있고 죽을 때가 있으며 심을 때가 있고 심은 것을 뽑을 때가 있으며'라고 할 때의 말씀에서 여러분은 예수님과 유대 종교지도자들의 관계를 떠올려 보라. 이 전도서가 예수님에 대한 말씀이라면 그 관계설정은 필연인 것이다. 마태복음 15장 13-14절에 바리새인들을 향해 하신 예수님의 말씀을 들어보라, "예수께서 대답하여 이르시되 심은 것마다 내 하늘 아버지께서 심으시지 않은 것은 뽑힐 것이니/그냥 두라 그들은 맹인이 되어 맹인을 인도하는 자로다 만일 맹인이 맹인을 인도하면 둘이 다 구덩이에 빠지리라"고 하셨다. 이 말씀 중에 '하늘 아버지께서 심으시지 않은 것은 뽑힐 것'이라는 말씀을 유념해보라. 당시의 유대 종교지도자들은 "이 백성이 입술로는 나를 공경하되 마음은 내게서 멀도다(사29:13)"의 상태였다. 하나님을 공경한다고 하면서 정작 자기 앞에 계신 하나님이신 예수 그리스도를 알아보지 못하고 있으니 이들은 아버지께서 심으시지 않은 자들, 곧 가라지 같은 자들이었으니 수확의 날에 반드시 뽑힐 것이다.

본절의 때에 관해 오해가 없기를 바란다. 본절의 '때'는 곧 '메시아의 때'를 가리킴이다. 그래서 본절의 '날 때'는 '태어나게 할 때'가 어울리는 번역이다. 예수님의 낳고 죽으심의 전 기간, 복음을 심고 당신이 구하신 영들을 거두실 때, 곧 수확의 때의 모든 기간이 곧 복음의 때니, 이럴 경우의 때는 '제만יוֹם'의 때며, 십자가에 못 박히심으로 단 번에 속죄를 이루심은 '속죄의 때'니 바로 '에트עת'인 때다.

마태복음 24장에 보면, '그 때에'와 '그 날에'라는 말이 열 번이나 나온다. 그 때와 그 날이 어떤 때고 어떤 날인가? 세대주의자에 과몰입된 자들은 바로 24장의 '그 때'와 '그 날'을 가리켜 말세의 때, 곧 대환난의 때라고 주장한다. 세대주의 신학사관의 신앙적인 좋은 점도 많기에 그 자체를 비난하는 것이 아니라 극단적이고 지나칠 때 문제가 된다는 것이다. 자칫 때와 시간을 발견한 듯 설치는 자들이 너무도 많아 이단을 양산하기 때문이다. 여기서도 그러하다. 마태복음의 특징으로 보아 오히려 '그 날'과 '그 때'는 예수님께서 십자가의 고난을 겪으시는 때가 맞는 것이다. 이제 주님께서 수확하실 때가 되셨다. 수확의 때에 관해서 혹자는 하나님 때가 왜 이리 안 오는 가고 탄식할 수도 있을 것이다. 하지만 하나님이 느리신 것이 아니라 우리가 하나님을 모르기 때문이고, 우리가 늦는 것이지 하나님이 느린 것은 결코 아니다. 요한계시록 6장 10-11절에 보면, "…땅에 거하는 자들을 심판하여 우리 피를 갚아 주지 아니하시기를 어느 때까지 하나이까"라고 먼저 순교한 영혼들이 외치자, 하나님은, "… 아직 잠시 동안 쉬되 그들의 동무 종들과 형제들도 자기처럼 죽임을 당하여 그 수가 차기까지 하라 하시더라"고 했다. 하나님의 때, 곧 예수 그리스도의 때נע가 있다. 기다리심과 일부러 늦는 것은 경우가 전혀 다르다.

그 때가 언제일까? 전도서는 3장 8절에서 그 답을 한다. 즉, "사랑할 때가 있고 미워할 때가 있으며 전쟁할 때가 있고 평화할 때가 있느니라"는 말씀 안에 있다는 것이다. 다시 말하면, 속죄를 위해 오셨던 예수님이 추수하러 오실 것이니 그때에 예수께서 심판석에 앉아 하나님을 사랑하는지 그렇지 않은지를 직접 확인하신다는 것이다.

그리스도인들에게 적용될 말씀도 있다. 갈라디아서 6장 8절에, "자기의 육체를 위하여 심는 자는 육체로부터 썩어질 것을 거두고 성령을 위하여 심는 자는 성령으로부터 영생을 거두리라/ 우리가 선을 행하되 낙심하지 말지니 포기하지 아니하면 때가 이르매 거두리라"고 한 것이다. 그리스도인은 육체에 매이지 말아야 한다. 육체의 것은 욕심과 관계있다(갈5:16). 이 둘은 서로 대적한다. 하나님 앞에서 선을 행한다 함은 하나님의 편에 서서 주님의 복음을 전하는 것이다. "그리스도 예수의 사람들은 육체와 함께 그 정욕과 탐심을 십자가에 못 박았느니라(갈5:24)"고 하지 않았는가? 무엇을 심고 무엇을 거두어야 하나? 성령을 위하여 심고 성령으로부터 영생을 거두어야 한다(갈6:8).

3절] '죽일때가 있고 치료할 때가 있으며 헐 때가 있고 세울때가 있으며'

죽이고 치료하는 것은 개인은 물론 국가도 해당되는 말이다. 전쟁도 하나님의 섭리 하에 있고, 질병도 그러하다. 본절의 앞부분이 생명 있는 존재, 즉 생물과 관련된 것이라면 뒷부분은 생명 없는 존재, 즉 무생물과 관련된 건축 이야기다.

원문을 통해 살펴보자. '라하로그להרוג'는 전치사와 '하로그הרוג' 즉, 죽이는 것의 결합이다. 치료하는 것과 대립된다. 원형이 '하라גרה'로 '죽이다'의 뜻인데 어떤 학자들은 '하로그הרוג'를 '상하고'로 번역하기도 한다. 그 이유는 '죽이다'와 '치료하다'는 대조되는 개념이 아니기 때문이라는 것이다. 그래서 상처와 치료로 대조시키는 것이 맞다는 입장인 것이다. 건강한 생명이 죽는 것은 치료에 의해서 그 생명을 건진다. 본절의 때는 도덕적으로 합당한 때를 말함이 아니다. 이것은 세상을 주관하시고 역사를 구성하는 분, 섭리하시는 하나님에 의해 결정되는 때인 것이다. '치료할'에서 원문은 '리레포לרפו'다. 원형은 '라파רפה'로, 이것은 '고치다', '치료하다', 하나님께 사용될 때는 '용서하다', '위로하다' 뜻이 된다.

'헐 때가 있고 세울 때가 있으며'는 포도원과 같은 것들, 성벽이나 건축물과 같은 것들을 헐고 세운다는 말이다. 솔로몬은 건축에 관한 한 둘째가라면 서러워할 정도로 많은 공사를 했다. 그는 그런 와중에도 항상 자기 계획이 아닌 하나님의 섭리가 있음을 말한 것이다.

♠ 영적 죽음, 곧 '하로그הרוג'의 상태에 처한 사람은 부활함으로

서만 치료가 가능하다. 에스겔서 37장 6절에, "너희 위에 힘줄을 두고 살을 입히고 가죽으로 덮고 너희 속에 생기를 넣으리니 너희가 살아나리라 또 내가 여호와인 줄 너희가 알리라 하셨다 하라"는 말씀이 있다. 이 말씀은 부활의 예표다. 부활은 오직 하나님만 하실 수 있는 능력이다.

말라기 4장 2절에, "내 이름을 경외하는 너희에게는 공의로운 해가 떠올라서 치료하는 광선을 비추리니 너희가 나가서 외양간에서 나온 송아지 같이 뛰리라"고 했다. 공의로운 해가 곧 예수님이시고, 치료하는 광선은 육신의 병을 치료하는 것이 아니라 이 경우도 부활의 의미다. 다시 살아나 기쁨을 누리게 된다는 것이다.

'헐 때가 있고 세울 때가 있으며'라고 했다. 예수님께 적용해 보면 언제를 가리키심일까? 물적 성전을 헐고 영적 성전을 세우심을 말씀하신 것이다. 요한복음 2장 20-22절에, 예수께서 표적을 보여달라는 유대인들에게 대답하시기를, "너희가 이 성전을 헐라 내가 사흘 동안에 일으키리라/ 유대인들이 이르되 이 성전은 사십육 년 동안에 지었거늘 네가 삼 일 동안에 일으키겠느냐 하더라/ 그러나 예수는 성전 된 자기 육체를 가리켜 말씀하신 것이라/ 죽은 자 가운데서 살아나신 후에야 제자들이 이 말씀하신 것을 기억하고 성경과 예수께서 하신 말씀을 믿었더라"고 한 것이다. 많은 사람들이 이 전도서를 펴고 솔로몬을 기억하고, 그의 영화, 재물, 지혜 등과 연관시켜 해석하고자 한다. 이는 마치 유대인들이 보이는 건축물로서의 성전에 대한 말로 예수님을 오해한 것과 한가지라고 할 것이다. 예수님은 영적의미의 대답을 하신 것이다. 전도서에서 도덕을 논하고, 세속을 말하고, 그 안에서의 헛됨에 절망하고, 하나님께로 돌이키라는 내용만을 찾는다면 유대인들과 마찬가지가 되는 것이다. 마태복음 15장 8-9절에, "이 백성이 입술로는 나를 공경하되 마음은 내게 멀도다/ 사람의 계명으로 교훈을 삼아 가르치니 나를 헛되이 경배하는 도다"라고 했다. 유대인들이 그러했다는 것이다. 마음이 멀다는 것은 예수님과 멀리 떨어져 있다는 말이고, 그런 사람들이 헛되이 경배하는 것이다. 유대인들이 어디까지 갔나? 율법을 들고 하나님께로 갔고, 메시아에게까지 갔으나 최종 메시아이시며 하나님이신 예수님을 끝내 발견하지 못했다. 세속적 메시아를 기다렸던 탓이다.

4절] '울 때가 있고 웃을 때가 있으며 슬퍼할 때가 있고
 춤출 때가 있으며'

본절은 감정의 움직임을 표현한 말씀이다. 울고 웃는 것, 슬픔과 기쁨은 모두 인간의 감정인 듯 보여도 그 배후에는 이런 행동을 가능하게 하는 하나님의 섭리가 있다는 것이다. 울 일이 있어야 울고, 웃을 일이 있어야 웃는 것이며, 슬픈 일이 닥쳐야 슬퍼하고 말로 다 할 수 없는 기쁨이 다가와야 절로 춤을 추는 것이다.

원문을 살펴보면, 우선 '울 때'는 '엩עת 리베코트לבכות'로서, '리베코트לבכות'는 원형이 '바카הבכ'로, 이것은 '울다', '통곡하다'이며, 때로 참회자의 슬픔에 사용되기도 한다. '웃을 때'는 '웨에트ועת 리세호크לשחוק'로, '리세호크לשחוק'는 원형이 '사하크שחק'이고, 이것은 '웃다', '노래하며 춤추다'의 뜻이 있다. '슬퍼할 때'는 '엩עת 세포드ספוד'로서, '세포드ספוד'는 원형이 '싸파드ספד'다. '가슴을 치다 (죽은 자에 대해)', '통곡하다'의 뜻이다. 히브리인들에게 있어 깊은 애도는 장례식장에서, 그리고 춤추는 것은 결혼식장에서 하는

행위다. '춤출 때가'는 '웨에트ועת 레코드רקוד'다. '레코드רקוד'는, 원형이 '라카드רקד'로, 이것은 '뛰어오르다', '춤추다', '뛰놀다'의 뜻이다.

울 때와 슬퍼할 때는 죽은 자를 위해서 애곡하는 것이다. 춤을 추는 때는 혼인잔치와 같은 잔치 때 춤추는 것을 말함이다.

♠ 이차적 의미 파악에 그다지 어려움이 느껴지지 않을 것이다. 본절의 울고 슬퍼하는 것은 죽음과 관계된 울음이고 슬픔이다. 바로 예수 그리스도께서 십자가를 지실 때를 가리키는 말이다. 누가복음 23장 27절에, '또 백성과 및 그를 위하여 가슴을 치며 슬피 우는 여자의 큰 무리가 따라오는지라'고 했으니 본절의 말씀이 바로 그런 상황을 말함이다.

그러면 언제 웃고 언제 춤을 추게 되는가? 예수 그리스도의 부활의 때에 웃을 것이며, 예수 그리스도와의 혼인잔치 때에 춤을 추게 된다. 말라기 4장 2절의 이룸이다. "외양간에서 나온 송아지 같이 뛰게 될 것"이다. 육체에 매이고, 세상에 매이고, 사망에 매이고 악한 영에게 매여 있던 영혼이 예수 그리스도로 인해 해방되었을 때 기뻐하며 춤을 추게 될 것이다. 신부되는 그리스도인들이 신랑 예수를 만날 때, 그 때(에트) 그와 같은 일이 나타나게 될 것이다. 시편 126편 5-6절에, "눈물을 흘리며 씨를 뿌리는 자는 기쁨으로 거두리로다 /울며 씨를 뿌리러 나가는 자는 반드시 기쁨으로 그 곡식 단을 가지고 돌아오리로다"라고 했다. 시편의 이 말씀도 예수님에 관한 말씀인 동시에 오늘날 주님을 따르는 그리스도인들에게도 적용이 되어 사명의식을 북돋는 말씀이 되는 것이다.

5절] '돌을 던져 버릴 때가 있고 돌을 거둘 때가 있으며 안을 때가 있고 안는 일을 멀리 할 때가 있으며'

열왕기하 3장 19절에, "… 돌로 모든 좋은 밭을 헐리이다"라는 말씀이 있다. 밭을 헌다는 것은 돌을 밭에 던져 못쓰게 만든다는 것이며, 죽음과 관계있는 말인 것이다.

'안을 때가 있고, 안는 일을 멀리 할 때가 있으며'에서는 무엇을 안는다는 것인지 분명치 않아 다소 혼란스럽다. 그러나 잠언 5장 20절에, "내 아들아 어찌하여 음녀를 연모하겠으며 어찌하여 이방 계집의 가슴을 안겠느냐"는 것으로 미루어 애정 표현이라고 주장하는 학자들이 많다. 그래서 보통 이 부분을 사랑할 때와 미워할 때라고 보는 경향이 있다는 것이다. 그래서 이 하반절의 구절은 개인적인 사람의 마음조차도 하나님의 주권적 섭리가 작용하고 있다는 말을 의도적으로 한 것이라는 견해가 유력한 일차적인 의미가 된다.

♠ 본절의 '안을 때'에 대한 유대적 해석을 소개한다. 유대인들의 '안는다'는 것은 포용 이상의 것이다. 그들의 성경을 대하는 태도는 본받을 만한데, 심지어 어린아이들이라 할지라도 손만 뻗으면 닿을 만큼 항상 성경을 가까이 두고 틈만 나면 읽는다. 그들은 이를 닦을 때도 마치 성경을 부적처럼 옆에 둔다. 그들은 항상, 언제든지 성경을 펴서 읽어야만 한다는 것이다. 이것이 성경을 '안는 자세'라는 것이다. 그렇다면 본절의 참 의미, 속뜻을 예수님과 연결해 살펴보자.

먼저 '돌을 던져 버릴 때가 있고 돌을 거둘 때가 있으며'라는 말씀에 대해 두 가지 정도의 해석을 보탤 수가 있을 것이다. 첫째는 에베소서 2장 20-22절의 말씀과 관련된 것이다. 예수님께 돌을 던진 것, 그것은 곧 주님에 유대 종교 지도자들의 박해를 말하거나, 혹은 돌 하나도 돌 위에 남지 않게 부서지는 성전(헤롯 성전) 이야기라는 것이다. 그러면 돌을 거둔다는 것은 무엇인가? 에베소서의 말씀과 깊이 연결된다는 것이니, 이 말씀은 "너희는 사도들과 선지자들의 터 위에 세우심을 입은 자라 그리스도 예수께서 친히 모퉁잇돌이 되셨느니라/ 그의 안에서 건물마다 서로 연결하여 주 안에서 성전이 되어 가고/ 너희도 성령 안에서 하나님이 거하실 처소가 되기 위하여 그리스도 예수 안에서 함께 지어져 가느니라"고 한 것이다. 성전의 파괴와 성전의 세움이라는 것인 바, 파괴는 물질적인 것이고 세움은 영적 성전을 말함이니, 예수 그리스도를 통해 함께 지어져 간다는 것이다.

두 번째는 마태복음 23장 37-39절의 말씀이 본절의 해석이 된다고 할 것이다. 예수님의 말씀이 이렇게 나온다, "예루살렘아 예루살렘아 선지자들을 죽이고 네게 파송된 자들을 돌로 치는 자여 암탉이 그 새끼를 날개 아래에 모음과 같이 내가 네 자녀를 모으려 한 일이 몇 번이더냐 그러나 너희가 원하지 아니하였도다/ 보라 너희 집이 황폐하여 버려진 바 되리라"고 함으로써 예루살렘의 멸망을 예언하신 것이다. 이것은 성전 파괴가 아니라 예루살렘, 곧 민족의 고난을 뜻한다는 것으로, 이것이 돌을 던져 버릴 때가 상징하는 것이라는 말이다. 그런데 그 바로 다음 구절에, "내가 너희에게 이르노니 이제부터 너희는 찬송하리로다 주의 이름으로 오시는 이여 할 때까지 나를 보지 못하리라 하시니라"고 하셨다. 주의 이름으로 오시는 이여 할 때, 그 때가 돌을 거두실 때다.

그 때는 바로 새 예루살렘성이 내려오는 때를 가리킴이라는 것이다(계21:2절) 하반절도 23장의 말씀으로 설명이 되는데, 즉, "암탉이 그 새끼를 날개 아래에 모음과 같이 내가 네 자녀를 모으려 한 일"이 바로 '안을 때'며, "그러나 너희가 원하지 아니하였도다/ 보라 너희 집이 황폐하여 버려진 바 되리라"고 하신 것이 안는 일을 멀리 할 때라는 것이다.

6절] '찾을 때가 있고 잃을 때가 있으며 지킬 때가 있고 버릴 때가 있으며'

본절도 다소 애매하다. 왜냐하면 목적어가 뚜렷이 제시되지 않기 때문이다.

혹시나 재물을 얻을 때와 잃을 때를 말한 것은 아닐까? '찾을 때'는 원문이 '엩עת 레박케쉬לבקש'다. '레박케쉬לבקש'는 원형이 '바카쉬בקש'로, 이것은 '찾다', '얻다', 원하다'의 뜻이다. '잃을 때가 있으며'에서 원문은 '엩עת 레압베드לאבד'이다. '레압베드לאבד'는 원형이 '아바드אבד'로, 이것은 '길을 잃다', '목숨을 잃다', '민족이 멸망하다', '포기하다'는 뜻이다. '잃어버린 것으로 포기하고', 즉 '단념하고' 라는 의미로 파악하기도 한다.

'지킬 때'는 원문이 '엩עת 리쉐몰לשמר'이다. '리쉐몰לשמר'은 원형이 '쇼마르שמר'이고 그 뜻은 '보호하다', '보존하다'가 된다. '버릴 때'는 '웨에트ועת 레핫쉴리크להשליך'가 된다. '레핫쉴리크להשליך'는 원형이 '샬라크שלך'이고 뜻은 '던지다', '버리다', '내어쫓기다'가 된다. 본문처럼 전치사 '레ל'가 포함되면 '버림을 당하다'가 된다. 이 단어는 5절에서 '던져버리다'로 사용된 단어이기도 하다. 혹자는 이 하반절 또한 재물과 관련된 것으로 여겨 재물을 보존할 때도 있고, 던져버려야 할 때도 있음을 말하고 있다고 주장한다. 결국 본절은 재물, 재산과 관계된 말씀이고, 따라서 재물도 하나님의 주권적 섭리 하에 있음을 말한 것이라고 한다.

♠ '찾을 때'가 언제인가? 하나님이 찾으실 때, 여호와를 만나야만 한다. 이사야 55장 6-7절에, "너희는 여호와를 만날 만한 때에 찾으라 가까이 계실 때에 그를 부르라 /악인은 그의 길을, 불의한 자는 그의 생각을 버리고 여호와께로 돌아오라 그리하면 그가 긍휼히 여기시리라 우리 하나님께로 돌아오라 그가 너그럽게 용서하시리라"고 했다. 3절에도 하나님이 찾으시는 간절한 음성이 있다. "너희는 귀를 기울이고 내게로 나아와 들으라 그리하면 너희 영혼이 살리라 내가 너희를 위하여 영원한 언약을 맺으리니 곧 다윗에게 허락한 확실한 은혜니라"고 했다. 지금 이 말씀은 이스라엘 백성에게 한 말씀이지만 가만히 들여다보면 예수님에 대한 예언의 말씀이다. 하나님이 자기 백성에게 만나라고 하는 여호와, 가까이 계신 하나님이 바로 예수 그리스도다. 다윗에게 허락한 확실한 은혜가 무엇인가? 예수 그리스도를 통한 구원이다.

그럼에도 불구하고 이 구원을 잃어 예수 그리스도를 잃어버린 자들이 있다. 마태복음 12장 30절에, '나와 함께 아니하는 자는 나를 반대하는 자요 나와 함께 모으지 아니하는 자는 헤치는 자니라'고 했으니 예수 그리스도와 함께 하지 아니하는 자가 잃어버린 자가 되는 것이다. 예수님 당시의 종교 지도자들과 그를 따르던 추종자들이 바로 그러한 자들이며 오늘날엔 이단의 무리들이 또한 그러하다.

마태복음 7장 21-23절의 말씀을 상기하라. "나더러 주여 주여 하는 자마다 다 천국에 들어갈 것이 아니요 다만 하늘에 계신 내 아버지의 뜻대로 행하는 자라야 들어가리라/ 그 날에 많은 사람이 나더러 이르되 주여 주여 우리가 주의 이름으로 귀신을 쫓아내며 주의 이름으로 많은 권능을 행하지 아니하였나이까 하리니/ 그 때에 내가 그들에게 밝히 말하되 내가 너희를 도무지 알지 못하니 불법을 행하는 자들아 내게서 떠나가라 하리라'

'잃을 때'를 가리키는 원문 '레압베드'는 그 원형이 고어적 의미로서는 '멸망으로 없어진다'는 뜻이 더 강했다고 한다. 예수 그리스도와 함께 하지 아니하는 자들은 다 멸망으로 없어지게 될 것이다.

'지킬 때가 있고'하면 떠오르는 것이 예수님의 기도장면이다. 요한복음 17장의 말씀인데 읽는 자에게 큰 감동을 솟구치게 하는 부분이다. 9절에서 12절을 보자. "내가 그들을 위하여 비옵나니 내가 비옵는 것은 세상을 위함이 아니요 내게 주신 자들을 위함이니이다 그들은 아버지의 것이로소이다/ … 나는 세상에 더 있지 아니하오나 그들은 세상에 있사옵고 나는 아버지께로 가옵나니 거룩하신 아버지여 내게 주신 아버지의 이름으로 그들을 보전하사 우리와 같이 그들도 하나가 되게 하옵소서/ 내가 그들과 함께 있을 때에 내게 주신 아버지의 이름으로 그들을 보전하고 지키었나이다 그 중의 하나도 멸망하지 않고 다만 멸망의 자식뿐이오니 …"라고 했다. 이 말씀을 보면 주께서 제자들을 '보전하고 지키셨다' 고 하셨다. 주님은 이처럼 '하나도 멸망하지 않도록' 보전하고 지키신다. 본절의 '지킴'을 뜻하는 원문이 바로 그러하다. '보호하고 보전하는 것'이다. 하나님의 지키심이 있으니 영원한 생명을 얻는다는 것이다.

'버릴 때가 있으며'라고 했다. 제자 중에 단 한 사람이 버려졌다. 그는 멸망의 자식이었다. 그러하다. 주님을 따르는 길은 좁고 협착하다. 찾는 이가 적다. 모두 다 구원받는 것이 아니다. 회개의 기회를 주어도 회개하지 않으면 가룟 유다처럼 버려진다.

마태복음 11장 20-24절에 보면, 예수께서 권능을 행하셨으나 회개하지 아니하므로, "화 있을진저 고라신아 화 있을진저 벳새다야 너희에게 행한 모든 권능을 두로와 시돈에서 행하였더라면 그들이 벌써 베옷을 입고 재에 앉아 회개하였으리라/내가 너희에게 이르노니 심판 날에 두로와 시돈이 너희보다 견디기 쉬우리라/…/내가 너희에게 이르노니 심판 날에 소돔 땅이 너보다 견디기 쉬우리라 하시니라"고 하셨다. 결국 이 말씀도 그들을 버렸다는 것이다. 회개의 기회를 주셨으나 외면한 것이다. 가룟유다의 경우도 마찬가지였다. 예수님 당시의 유대인들의 대다수 또한 그러했다. 귀를 막고 스데반을 돌로 쳐서 죽인 무리들도 마찬 가지다. 기회를 주었으나 회개하지 않았다. 이들은 심판 날에 버려질 것이다.

7절] '찢을 때가 있고 꿰맬 때가 있으며 잠잠할 때가 있고 말할 때가 있으며'

성경에는 신구약을 막론하고 옷을 찢는 경우가 많다. 두어 가지 예를 찾아보자. 신약에서 사도 바울이 루스드라에서 발을 쓰지 못하는 사람을 걷게 하자 제우스 신당의 제사장이 소와 화환을 가지고 대문 앞에 와서 무리와 함께 제사하고자 하니 '두 사도 바나바와 바울이 듣고 옷을 찢고 무리 가운데 뛰어 들어가 소리를 지르는 장면이 있다(행14:13-14절 참조). 하나님의 영광을 가리우는 이런 참람한 말에 분노한 것이다. 비근한 예가 구약에도 있는데, 앗수르왕 산헤립이 침공해 여호와를 힐난하자 엘리아김과 서기관 셉나와 아삽의 아들 요아가 자기의 옷을 찢고 히스기야에게 나아갔으며(사36:22절 참조), 이에 히스기야 왕도 자기의 옷을 찢고 굵은 베 옷을 입고 여호와의 전으로 갔다고 했다(사37:1절 참조).'

사무엘하 13장 31절에, "왕이 곧 일어나서 자기의 옷을 찢고 땅에 드러눕고 그의 신하들도 다 옷을 찢고 모셔 선지라"는 말씀이 있다. 압살롬이 반란을 일으켜 다윗의 아들들을 죽이고 하나도 남기지 않았다는 소문을 들은 다윗왕이 슬픔에 격하여 저지른 행위다. 이스라엘에서 나쁜 소식이 올 때, 죽음의 소식이 올 때 그 슬픔이 극에 달할 때, 옷을 찢음이 전통적 관습이었다고 한다. 따라서 본절의 찢는다는 것과 꿰맨다는 것은 슬픔의 표현이고 슬픔의 봉합이라는 것이 일반적인 견해이며, 그러한 것에조차 하나님의 섭리 하에 놓여 있음을 전하고자 한 것이라는 말이다.

'잠잠할 때가 있고 말할 때가 있으며'에 관해 살펴보자. 시편 62편 1절에, "나의 영혼이 잠잠히 하나님만 바람이여 나의 구원이 그에게서 나오는도다"라고 했다. 조용히 기도할 때, 잠잠히 기다려야 한다. 그러나 하나님을 찬양할 때는 말해야 한다. 시편 51편 15절에, "주여 내 입술을 열어 주소서 내 입이 주를 찬송하여 전파하리이다"라고 했다.

♠ 찢고 꿰맨다는 것은 일반적으로 옷과 관련된 것이나 유대인들이 하나님께 대한 참람한 말을 들었을 때, 많이 나타나는 현상

이다. 마가복음 14:53-65절을 보면, 예수를 잡아갔던 대제사장과 장로들, 서기관의 무리들이 어떡하든지 예수를 칠 증거를 찾다가 예수님께 묻기를, "···네가 찬송 받을 이의 아들 그리스도냐/ 예수께서 이르시되 내가 그니라···"고 하자 대제사장이 자기 옷을 찢으며 예수를 사형에 해당한 자로 정죄한다. 그것뿐이 아니다. 어떤 사람은 침을 뱉고, 얼굴을 가리고 주먹으로 쳤으며 심지어 하인들도 손바닥으로 때렸다.

유대 종교지도자들과 그 추종자들은 여호와의 신성모독에 대해 옷을 찢는데, 그들 앞에 계신 분이 바로 근본 하나님의 본체 되심을 전혀 알지 못하고 옷을 찢었다.

그러니 인간들에게 있어 찢어야 할 것은 옷이 아니라 마음이어야만 하는 것이다. 요엘서 2장 13절, "너희는 옷을 찢지 말고 마음을 찢고 너희 하나님 여호와께로 돌아올지어다 그는 은혜로우시며 자비로우시며 노하기를 더디하시며 인애가 크시다 뜻을 돌이켜 재앙을 내리지 아니하시나니"라고 했다. 유대 종교지도자들은 예수께로 돌아오지 않았다. 니고데모를 비롯한 극히 소수를 제외하고는 말이다.

예수께서 돌아가셨을 때, 찢어짐의 큰 역사가 있었다. 예수께서 십자가에서 마침내 영혼이 떠나가셨을 때, 성소 휘장이 위로부터 아래까지 찢어져 둘이 되었다(마27:51절 참조). 이것이 무엇인가? 성전제사의 종말이고, 예수께서 친히 제물이 되어 단 한 번의 제사로 속죄가 가능함을 알려주는 상징의 발현인 것이다. 더 이상의 성전제사는 필요 없어진 것이다. 하나님과 인간과의 관계가 인간의 죄로 말미암아 서로 찢어진 관계가 되었다면, 이 찢어짐이 예수 그리스도로 말미암아 다시 꿰매진 것이고, 봉합된 것이다.

'잠잠할 때가 있고 말할 때가 있으며'라고 했다. 예수님께 적용해보자. 예수님의 고난의 때, 곧 예수를 체포한 유대 종교지도자들 앞에서 예수님은 침묵하셨다(마26:63, 마15:5,61). 누가복음 23장 9절에도 헤롯이 "여러 말로 물으나 아무 말도 대답하지 아니하시니"라고 했다. 그러나 그 가운데서도 한 번도 거부하지 않고 당당히 말씀하신 때가 있다. 주님께서 말씀하신 공통된 부분이 있다는 것이니, 그것이 무엇인가? 마태복음 26장에 보면, 대제사장이 예수님을 심문할 때, 하나님의 아들 그리스도인지 말하라 할 때, 침묵하시던 예수께서는 '네가 말하였느니라'고 하시며 당당히 인정하셨다. 주께서는 하나님의 아들이심을 인정하신 것이다. 또 마가복음 15장 2절에, "빌라도가 묻되 네가 유대인의 왕이냐 예수께서 대답하여 이르시되 네 말이 옳도다 하시매"라고 하셨다. 요한복음 18장 33-38절 말씀의 일부도 같은 말이다. 즉, 빌라도가 묻기를 "네가 유대인의 왕이냐"라고 물었을 때, 예수님은 "네 말과 같이 내가 왕이니라 내가 이를 위하여 태어났으며 이를 위하여 세상에 왔나니 곧 진리에 대하여 증언하려 함이로라 무릇 진리에 속한 자는 내 음성을 듣느니라"고 대답하신 것이다. 당당히 말씀하셨다. 예수님은 유대인의 왕만이 아니시다. 세상에 오신 이유가 진리를 증언하려 함이라고 하셨다. 진리가 무엇인가? 바로 진리 되신 예수님 자신에 대한 증언이다. 자신이 최종 메시아이며, 영적 세계의 진정한 왕이시고, 그분이 우주를 창조하신 하나님이신 것을 밝히신 것이다. 그분이 말씀하신다. '진리에 속한 자는 내 음성을 듣는다'고 말이다.

또한 그분이 마가에 다락방에 모여 외부에 대해 침묵하며 오로지 기도에 힘쓰다가 성령세례를 받은 제자 무리들에게 하신 동일한 명령을 우리에게 전하고 계신다. 더 이상 침묵하지 말라고 하신다. '너희는 온 천하에 다니며 만민에게 복음을 전파하라'고 말이다. 지금은 잠잠할 때가 아니고 말할 때다!

8절] '사랑할 때가 있고 미워할 때가 있으며 전쟁할 때가 있고 평화할 때가 있느니라'

사랑과 미움은 일상에서, 개인 들 사이에서 가장 많이 회자되는 대조적인 말이다. 사람과의 상호관계에서 중시되는 말이 그와 같은 것이라면 국가와 국가 간에서 가장 핵심이 되는 말이 전쟁과 평화다. 인간 감정의 총화가 사랑과 미움이라면 세속, 세상에서 가장 큰 영향력을 행사하는 것이 전쟁과 평화라는 것이다. 이 두 쌍의 서로 대조되는 '때'에 관해서도 하나님의 절대적인 섭리가 작용한다면 하나님의 주권 하에 세상이 움직인다는 다른 무슨 증거가 더 필요하겠는가?

하나님께서 원하시는 때, 원하시는 기한에 이 일들, 곧 하나님의 원하시는 바대로 다 이루실 것이다. 거기엔 어떤 항의나 반대도 불가하며, 어떤 수단이나 방법도 그 원대한 크고 작은 계획이나 과정, 결과에 대해 거부할 수 없다는 것이다. 인간은 그저 하나님께 복종하고 그 뜻에 따르는 것이 행복을 위한 가장 효과적인 수단이라는 것을 말하고 있다는 것이 일반적인 학자들이 입장이고 견해가 된다는 것이다.

원문을 살펴보자. '사랑할 때'는 '엩עת 레호브לאהב'가 된다. '레호브לאהב'는 원형이 '아하브אהב'로서, 그 뜻은 '좋아하다', '사람을 사랑하다', '하나님이 사랑하다', '기뻐하다'의 뜻을 갖는다. '미워할 때'는 '웨에트עת 리스노לשנא'다. '리스노לשנא'의 원형은 שנאה'증오하다', '적의' 뜻이다. '전쟁할 때'는 '엩עת 밀하마מלחמה'가 원문이며 '밀하마מלחמה'는 명사로서, '라함לחם'에서 유래한 단어다. '라함לחם'은 '먹다', '먹히다' '싸우다'의 뜻이다. 따라서 '밀하마מלחמה'는 '싸움', '전쟁', '승리'의 뜻이다.

'평화할 때'는, '웨에트עת 솰롬שלום'이다. '솰롬שלום'은 형용사로는 '온전한', '안전한'의 뜻이며 명사로서는 '평화', '평강', '화평' 등의 뜻이 있다.

♠ 사랑할 때와 미워할 때는 서로 상반되는 개념이다. 특히 미워할 때는 본절의 경우, 원문이 미움의 정도가 '적'이라 할 정도로 증오하는 미움이었다. 그렇다면 이 사랑과 미움을 단순히 인간관계에 적용하기는 너무 무겁지 않은가?

요한일서 4장은 그야말로 사랑장이다. 사랑 노래다. 왜? 하나님은 사랑이시기 때문이다(요일 4:8절 참조). 4장 9절에 보면, "하나님의 사랑이 우리에게 이렇게 나타난 바 되었으니 하나님이 자기의 독생자를 세상에 보내심은 그로 말미암아 우리를 살리려 하심이라"고 한 것이다. 그러니 우리는 어떻게 해야 하나? 4장 15-16절이 그 답이다. 즉, "누구든지 예수를 하나님의 아들이라 시인하면 하나님이 그의 안에 거하시고 그도 하나님 안에 거하느니라/ 하나님이 우리를 사랑하시는 사랑을 우리가 알고 믿었노니 하나님은 사랑이시라 사랑 안에 거하는 자는 하나님 안에 거하고 하나님도 그의 안에 거하시느니라"고 했다.

참으로 감사한 것은 요한 1서 4장의 말씀대로 예수를 하나님의 아들이라 시인하는 누구에게나 그들 안에 하나님이 계시고, 그들도 또한 하나님 안에 거한다고 하는 것이다. 물론 이 시인은 목숨을 건 시인이다. 초대 교회 당시의 그리스도인들은 예수 그리스도를 믿는다고 고백하는 것은 곧 순교라고 할 정도의 박해를 받았다. 믿음은 의지나 감정의 소산물이 아니라 하나님의 선물이다.

주님은 육신을 미워하시고 영의 생각을 사랑하신다. 로마서 8장 5-6절에, "육신을 따르는 자는 육신의 일을, 영을 따르는 자는 영의 일을 생각하나니/ 육신의 생각은 사망이요 영의 생각은 생명과 평안이라"고 했다. 육신의 생각은 해 아래, 이 땅 위에 적용되는 것들이다. 그래서 육신에 있는 자들은 하나님을 기쁘시게 할 수 없을 뿐만 아니라(롬8:8), 그런 자들의 생각이 하나님과 원수가 되기 때문이다(롬8:7). 원수는 적이고, 이 적은 바로 미움의 대상을 가리키는 것이다. 데살로니가 후서 2장 9-12절에는 원수, 곧 대적자에 대한 말씀이 나온다. 즉, "악한 자의 나타남은 사탄의 활동을 따라 모든 능력과 표적과 거짓 기적과 /불의의 모든 속임으로 멸망하는 자들에게 있으리니 이는 그들이 진리의 사랑을 받지 아니하여 구원함을 받지 못함이라/이러므로 하나님이 미혹의 역사를 그들에게 보내사 거짓 것을 믿게 하심은/ 진리를 믿지 않고 불의를 좋아하는 모든 자들로 하여금 심판을 받게 하려 하심이라"

7절에서 이미 '무릇 진리에 속한 자는 내 음성을 듣느니라'는 예수님의 말씀에 대해 말한 바가 있거니와 그 반대가 바로 진리를 믿지 않고 불의를 좋아하는 자들인 것이며 미움의 대상이기에 심판을 받게 되는 것이다.

'전쟁할 때가 있고 평화할 때'가 있다고 했다. 예수께서 전쟁과 평화에 관한 말씀을 하신 적이 있다. 마태복음 10장 34절에, "내가 세상에 화평을 주러 온 줄로 생각하지 말라 화평이 아니요 검을 주러 왔노라"고 하셨다. 이 말씀 후에 이어서 그 내용을 설명하고 있다. "내가 온 것은 사람이 그 아버지와, 딸이 어머니와, 며느리가 시어머니와 불화하게 하려 함이니/사람의 원수가 자기 집안 식구리라/아버지나 어머니를 나보다 더 사랑하는 자는 내게 합당하지 아니하고 아들이나 딸을 나보다 더 사랑하는 자도 내게 합당하지 아니하며(마10:34-37)"라고 하신 것이다. 잘못 보면 예수께서 마치 가족 전쟁이라도 조장하는 듯 보일지도 모르겠다. 샬롬, 즉 평화를 말씀하시는 예수님의 평화는 하나님과의 화평이고, 평안이며 평화다. 마태복음의 이 말씀의 진의는 유대인들에게 그대로 적용되는 말씀이다. 유대교에서 벗어나 예수를 따르게 되면 그것으로 말미암아 그 가정은 영적 싸움을 하게 된다는 것이며, 그 때에 예수 그리스도를 따르라는 말씀인 것이다. 마태복음 15장 14절에, "…맹인이 맹인을 인도하면 둘이 다 구덩이에 빠지리라"고 예수께서 말씀하셨다. 유대 종교지도자들은 영적으로 맹인이었다. 그들을 따르면 사망의 구덩이에 함께 빠져들 것이다. 그곳에서 벗어나고자 하면 필히 영적 싸움이 벌어질 것이니 예수를 따르는 자들만이라도 벗어나라는 것이고, 그때는 영적 전쟁이 필연인 것이다. 이 싸움에서 이기는 것이 영혼이 사는 길이다. 예수님 당시의 예수를 따르는 사람들과 유대교 신봉자들의 대결이 그러했다. 그런데 요즘은 어떤가? 지금도 영적 싸움은 계속되고 있다. 에베소서 6장 12절을 보자. 즉, "우리의 씨름(싸움)은 혈과 육을 상대하는 것이 아니요 통치자들과 권세들과 이 어둠의 세상 주관자들과 하늘에 있는 악의 영들을 상대함이라"고 했다. 이 싸움은 주님과 해 위, 곧 천상에서 만날 때 종결될 것이다. 그런데 이기는 효과적인 방법이 있다. 에베소서 6장 11-18절의 말씀이다. 한마디로 말해 하나님의 전신갑주를 입으라는 것이다.

9절] '일하는 자가 그의 수고로 말미암아 무슨 이익이 있으랴'

본문은 마치 1장 3절의 복사판 같지 않은가? 3절에, '해 아래에서 수고하는 모든 수고가 사람에게 무엇이 유익한가'와 비교해보라. 유사한 수사적 질문이다. 수고를 했지만, 수고의 지속으로 얻은 바가 없다는 것이다. 아무 것도 남은 것이 없다는 말이다. 화자의 질문에 이익이 없다고 받아들일 수밖에 없다는 것이다. 히브리어 성경은 일단 8절에서 단락이 마무리되고 9절부터 새로운 문단이 시작된다. 특히 10절은 9절과 그대로 연결되는 구조다.

본절에서 '이익'은 '이트론יתרון'이며, 이것은 '소득', '이익', 탁월함의 뜻이 있다. 원형이 '야타르יתר'인데, 그 뜻은 '초과하다', '앞지르다', '이익을 얻게 하다'의 뜻을 갖는다. '일하는 자'는 원문이 '하오세העשה'로, 원형은 '아사עשה'다. '아사עשה'의 뜻은 '노동하다', '만들다', '일꾼', '품군'의 뜻이 있다. '수고로'는 '아멜עמל'이며, 이것은 '수고스러운', '슬픈', '수고', '곤고한 자'의 뜻을 갖는다.

♠ 본절의 '일하는 자'가 누구일까? 히브리어 원문에서 보듯 '일꾼', 혹은 '품군'의 뜻도 있으니 주님은 아닐 것이다. 첫째로 이것은 성전제사와 관련이 있다. 유대 종교지도자가 행하는 제사, 그와 관계된 수고가 아무 소용이 없다는 것이다. 왜냐? 예수께서 단번에 속죄 제물이 되셨으니 다시는 성전제사를 드릴 필요가 없게 된다는 말이고, 그에 더하여 성전제사의 의미 자체가 상실될 것이라는 말이기도 하다. 부정적인 답을 유도하는 질문이다. 두 번째

는 현재적 적용으로서, 일하는 자는 복음 전파자가 된다. 즉, '복음을 전하는 일군들에게 무슨 유익이 있겠느냐'라는 물음의 될 수도 있다는 말이다. 이 경우는 긍정적인 답, 곧 유익이 있다는 식의 답을 유도한다고 하겠다.

10절] '하나님이 인생들에게 노고를 주사 애쓰게 하신 것을 내가 보았노라'

9절과 10절은 사실상 하나의 구절이라고 보아야 할 것이다. '보았노라'고 표현함으로써 진지하게 살펴보았음을 토로(吐露)한다. '노고를'에서 '노고'는 원문이 '하이네얀ענין'이다. 이 단어는 정관사ה가 '인얀ענין'과 결합된 것으로 '아나ענה'에서 유래한 것이다. '아나ענה'는 '괴롭혀지다', '힘을 쓰다'의 뜻이다. 특이한 것은 1장 13절에서는 '괴로운 것', 2장 23절에서는 '수고한 것', 26절과 본절에서는 '노고'라는 뜻으로 사용되었다는 것이다. 게다가 이 단어가 4장 8절, 5장 2절, 13절, 8장 16절에서는 '일 또는 사건'으로 나타난다. 전체적으로 좋지 않은 의미로서의 고난이 있고, 또 노력을 요구하는 일이나 직업을 가리키는 말이다. 본절만 바라보면 이 구절 또한 '헛됨'의 이미지를 연상케 하고 있다.

♠ 본절은 마치 하나님께서 힘든 일을 주신 것이라고 책임을 물을 수도 있는 여지를 남긴 듯한 느낌을 갖게 하지만 실상은 그렇지 않다. 에덴동산에서도 아담은 동산을 관리하는 일을 했다. 이때의 일은 '애쓰는 것'과 같은 고된 노동이 아니었다. 하지만 아담이 범죄함으로 에덴에서 쫓겨나 평생에 '수고함'으로 그 소산을 먹게 된 것이다(창2:17). 흙으로 돌아갈 때까지 얼굴에 '땀을 흘려야(노고)' 먹을 것을 얻으리니 네가 그것에서 취함을 입었음이라

너는 흙이니 흙으로 돌아가야 할 것이라고 하신 것이다(창2:19). 하나님의 명령을 어긴 대가지만 그 이면에는 하나님의 돌보심이 작용된 것이다.

9절에서 이 말씀은 속뜻으로서의 성전제사와 관련이 있다고 했다. 성전제사는 또한 율법과 관계가 있으며 속죄와 깊이 연관된다. 이 부분에 대해 짚고 넘어가야 할 부분이 있다. 율법은 하나님의 의의 반영이고 하나님의 하나님 되심에 대한 계시적 형태로 나타난 것이며 죄의 기준이 된다는 것이다. 로마서 2장 12절에, "무릇 율법 없이 범죄한 자는 또한 율법 없이 망하고 무릇 율법이 있고 범죄한 자는 율법으로 말미암아 심판을 받으리라"고 하신 말씀대로, 모든 인간은 알게 모르게 율법, 곧 죄의 기준 아래에서 의인은 하나도 없는 것이다(시14:1참조, 롬2:10). 로마서 3장 19절에, "우리가 알거니와 무릇 율법이 말하는 바는 율법 아래에 있는 자들에게 말하는 것이니 이는 모든 입을 막고 온 세상으로 하나님의 심판(또는 정죄) 아래에 있게 하려 함이라"고 했다. 이 말씀은 율법을 맹종하는 유대인들에게 일침을 가하는 바울의 말이다. 그런데 이 율법은 참 지키기가 힘들다. 율법을 주신 것이 마치 하나님께서 인생들에게 '노고'를 주신 것처럼 신앙생활을 힘들게 한 것으로 비춰질 수도 있다는 것이다.

유대인들은 이 율법을 지키는 것이 몹시 힘들지만 그것이 구원과 관계가 있다고 여겨서 온 힘을 다해 지킨다. 그들의 구원은 그래서 행위구원이다.

그러나 율법의 진정한 역할은 바울이 말한 것처럼 이것이 있음으로 인간이 죄를 깨달을 수 있는 것이다. 로마서 3장 20절에, "그러므로 율법의 행위로 그의 앞에 의롭다 하심을 얻을 육체가 없나니 율법으로는 죄를 깨달음이니라"고 한 것이 그것이다. 아무리 힘쓰고 애써 율법을 지키려 한들 그것으론 의롭다 여김을 받을 수가 없다. 율법의 역할에 있어 핵심은 죄에 대한 깨달음일 뿐이다.

그런데 로마서 3장 21절에, "이제는 율법 외에 하나님의 한 의가 나타났으니 율법과 선지자들에게 증거를 받은 것이라"고 했다. 율법과 하나님의 의가 구분되는 것이 아니다. 율법을 주신 분도 하나님이시니, '율법 외에'라는 말에 주목해야 한다. 율법으로 인한 노고로부터 자유함을 얻을 또 한 가지가 있다는 것이다. 율법 말고 하나님의 의를 나타내는 '그 무엇인가'가 더 있다는 말이다. 율법은 죄의 깨달음을 위한 준거요, 그것 외에 율법의 정죄로부터 벗어나는 수단이 있으니 그것이 바로 속죄의 수단으로서의 성전 제사가 아니라 예수 그리스도의 십자가를 통한 속죄 방식이라는 것이다. 율법은 죄의 깨달음을, 또 다른 것은 죄로부터의 탈출을 말하는 것으로, 이런 수단을 통해 하나님의 의가 발현된다는 것이다. '율법 외의 하나님의 한 의' 그것이야말로 정말 하나님의 선물이고 은혜인 것이다!

조금 더 부연 설명하자. 우리가 영광이란 말을 자주 사용하는데 진정한 의미로서의 영광이란 무엇인가? 하나님이 하나님 되심이 드러나는 것이다. 명령을 어긴 아담의 후손, 곧 죄인들에게 구원의 방식을 제공하심으로써 영광을 받게 되신 것이다. 이 방식은 율법으로부터의 자유가 아니라 율법의 정죄로부터 자유함을 얻게 되는 것이다. 그것이 무엇인가? 예수께서 자기를 믿는 유대인들과 대화할 때, '진리를 알지니 진리가 너희를 자유케 하리라(요8:32)'

고 하셨다. 이때 유대인들이 말하기를 '남의 종이 된 적이 없거늘 어찌하여 우리가 자유롭게 되리라 하였느냐'고 반문한다. 그러자 예수님은 '죄를 범하는 자마다 죄의 종이라'고 답하신 것이다. 유대인들은 그토록 열심히 율법을 학습하고 힘써 지킨다 하면서도 그 율법을 통해 자신들이 죄인임을 깨닫지 못하고 있던 것이다. 이러니 '노고 중에도' 자유함을 얻지 못하는 것이다. '율법 외에 다른 하나님의 의'의 발현, 그것은 예수께서 이 땅에 오신 것이며, 예수님이 바로 '진리'이시고, 율법의 정죄로부터 자유케 하시는 유일한 분이시라는 것이다(요8:36참조).

11절] **'하나님이 모든것을 지으시되 때를 따라 아름답게 하셨고 또 사람들에게는 영원을 사모하는 마음을 주셨느니라. 그러나 하나님이 하시는 일의 시종을 사람으로 측량할 수 없게 하셨도다'**

11절은 전도자가 본 것, 곧 진지하게 생각한 것, 경험에 대한 결과다. '하나님은 모든 것을 지으시되'라고 했다. '지으시되'는 원문이 '아사עשה'로 완료형으로 나타났으니 '지으셨고'가 된다고 할 것이다. 하지만 이 단어 '아사עשה'는 창세기 1장 1절의 창조(바라 ברא)와는 다르다. 오히려 여기서는 '아사עשה'를 '행하다'라로 바꾸어 '행하셨고'라고 함이 오히려 적당할 것 같다. 실제로 14절에서는 이 '아사'를 '행하다'로 번역하고 있다. '모든 것'을 나타내는 '하콜'이 맨 앞에 나온다. 강조용법이다. 하나님이 행하게 하시는 분이시고, 그 행함이 하나님이 때에 맞추어 모든 것을 아름답게 하신다는 것이다. 세상이 얼마나 아름다운가! 우리나라의 사계절을 보면 이 말씀이 실감날 것이다.

본절의 '아름답게'는 원문이 '야페יפה'로서, 이것은 원형이 '야파 יפה'다. '야파'는 '빛나다', '아름답다'는 뜻이니 형용사 '야페יפה'는 그래서 '아름다운', '매력 있는'의 뜻을 갖는다. '선한', '좋은'의 의미를 갖는 '토브'와 동의어다. '때를 따라'라는 말씀을 하심으로 그 아름다움이 정한 때가 있게 하셨음을 알 수 있다. 그 아름다움이 변화가 있어 늦거나 이르게 되는 것이 아니라 섭리에 따라, 계획 하에서, 하나님의 전체 사역에 맞추어서 구성된다는 것이다. '때를 따라'의 원문은 '베잇토בעתו'다. 이것은 전치사ב와 '때'를 나타내는 'עתעת', 그리고 3인칭 단수 접미어ו의 결합이다. '그것의 때', 혹은 '그의 때'가 된다. 아마도 여기서는 '하나님의 때'가 맞을 것이다. 하나님의 지혜와 지식, 그리고 그 뜻 안에서 한 치의 어김도 없이 역사의 과정 안에서 구체적으로 이루어 질 것이기 때문이다.

창조세계의 근본과 그 행함이 하나님께 있으니 원래는 아름다운 것이고, 인간 본성에도 영원을 사모하는 마음을 주셨으니 '허무함(הבלהבל하벨)'에서 벗어나는 길이 하나님께 달렸음을 은연중에 말하고 있다.

전도자는 하나님께서 사람들에게 영원을 사모하는 마음을 주셨다고 했다. 인간의 위대함의 정점이 바로 여기에 있다. 이것이 인간의 존재이유가 된다고 보는 것이 신앙적 관점이기도 하다. 원문은 'עתאת 하올람העולם 나탄נתן 벨립밤בלבם'이다. 사모하는 마음'을 가리키는 '벨립밤בלבם'은 전치사ב와 '레브לב'의 결합에 복수 접미어ם가 붙은 것으로, '레브לב'는 '마음', '혼', '영혼'을 가리키는 '레바브לבב'의 다른 형태로서 보통 '마음', '숨', '진정', '심령' 등 여러 의미로 사용된다. 즉, '그들의 마음속에'가 된다. 정관사 '하'와 결합한 '올람'은 '감추다'라는 뜻을 가진 '알람'에서 유래한 단어다.

그 뜻이 '영원', '오랜 시간이 지남', 미래적인 의미로서의 일생 동안의 뜻이 있으며, '엘 올람אל עלם'이 되면 영원한 하나님의 뜻이 된다. 주석학자 '카일 델리치'는 본절의 '엩 하올람העלם'에 대해, 무한히 지속되는 기관으로서, 과거와 미래를 향하는 영원한 것뿐만 아니라, 영원토록 지속되는 세상을 의미한다'고 했다. 원문은 '사모하다'라는 글자는 없다. 원문과 차이가 있는 번역이며, 이 부분은 '사람들의 마음에 영원을 주셨다'는 말이 직역이 된다.

본절에 대한 일차적 의미의 대강은 이렇다. 즉, 하나님이 개개인에게 역사 안에서 그 자신의 정한 때를 주셨고, 그로 인해 사람에게 하나님이 정한 사실을 알게 하실 뿐만 아니라 인간 속에서 영원을 향하는 마음을 갖게 하심으로 써 인간들이 현실의 한계성을 넘어, 그가 정한 속박과 동요를 떠나 그 생각을 영원으로 향하게 한다는 것이다. 사람의 마음속에 그러한 것이 심겨져 있다는 것이다. 좀 더 확장된 의미로는, 비록 인간이 시간의 제한을 받고는 있어도, 인간의 내적 결핍이 이런 제한 안에서 만족될 수 없으며, 영원을 의지하는 속성이 있어 이것으로 자신을 구원하게 만드는 단초가 제공된다는 의미이기도 하다. 이것이 인간 본성의 독특한 품성으로, 영원을 이해하게 하는 본능이라는 것이니, 만약 그마저 없었더라면 인간은 약육강식하는 짐승과 조금도 다를 바가 없을 것이다.

그러나 전도자는 설사 이런 품성이 있다 하더라도 인간은 하나님의 사역을 처음부터 끝까지 살필 수가 없으니 그 노력이 헛되다는 암시를 주고 있다. 글자 그대로 '올람', 곧 영원은 숨기어진 것이고, 전후를 헤아릴 수 없으며, 해 아래에 속한 인간에게 부여된 자연스러운 영원에 대한 생각도 하나님 앞에서는 아무 것도 아님을 다시 언급함으로써 하나님을 의지하게 하고자 하는 것이다.

♠ 하나님께서 사람의 마음 안에 영원을 주셨다? 직역으론 이상해서 의역하여 '영원을 사모하는 마음을 주셨느니라'고 했을 것이다. 그러나 앞에서 '지으시되'에 해당하는 '아사'가 '행하셨고'가 된다면, 그리고 이 말씀이 예수 그리스도께 적용된다면 의역은 바뀔 것이다. '시종을'은 '알파와 오메가', 즉 '시작과 끝' '처음부터 그리고 끝까지'라는 말이다. 태초부터 종말까지다. 아니 그 이상인 영원이다. 그러니 영원의 한 틈바귀에서 잠깐 살아가는 인간은 절대로 알 수 없는 영역이다. 시종을 측량할 수 없음은 하나님의 비밀이기 때문이다. 그 안에 속죄가 있고, 그 안에 부활이 있으며 그저 우리는 믿는 것이고 믿는 자의 마음속에 영원하신 하나님이 계신다. 이것이야말로 대단한 신비이고 또한 은혜가 아닐 수 없는 것이다. 본절을 다시 예수님께 적용해 의역해보자. '하나님께서 모든 것을 행하셨고 하나님의 때를 따라 빛나게 하셨다. 또한 사람들의 마음 안에 그 영원하신 하나님(성령)을 주셨으나, 그 시작과 끝은 신비라 알 수가 없다'가 될 것이다.

이 책의 마지막 절(12:13-14절)엔 '일의 결국을 다 들었으니 하나님을 경외하고 그의 명령들을 지킬지어다 이것이 모든 사람의 본분이니라/ 하나님은 모든 행위와 모든 은밀한 일을 선악 간에 심판하시리라'고 했다. 유대인들은 이것이 율법을 지키라는 명령으로 알고 있으나 예수 그리스도를 영접하라는 것이니 주님을 영접하는 자가 선이요, 거부하는 자가 악이 되는 것이다. 이것에 대한 심판이 반드시 있을 것이다.

12절] '사람들이 사는 동안에 기뻐하며 선을 행하는 것보다 더 나은 것이 없는 줄을 내가 알았고'

하나님의 시종(始終), 그 안에서 이뤄지는 거대한 프로젝트를 우리가 다 알 수도, 측량할 수는 없으나 적어도 우리가 아는 것이 있으니 그것은 이 모든 것들이 하나님의 섭리 하에서 주도면밀하게 이루어져 나갈 것이라는 사실이다. 여기서 전도자는 사람들이 사는 동안에 가장 나은 것이 무엇인가를 말하고 있다. 전도자가 그동안 그토록 수많은 허무와 헛됨을 말했고, 독자들을 깊은 절망에 노출시켰지만 인간의 마음 안에 영원을 사모하는 마음을 주셨다는 것으로 헛됨, 허무, 인생무상으로부터의 탈출 가능성을 보여주었다. 그리고 본절에서 어떤 소망을 일깨우고자 한다. 과연 영원성, 곧 영원을 향한 본능을 가진 인간들이 그들의 인생살이에서의 최선의 삶의 영위를 위한 바른 자세가 무엇인가?

전도자는 '알았고'라고 했다. 원문은 '야다티ידעתי'로, 1인칭 단수의 접미어'와 결합되어 있다. 이것의 원형은 '야다ידע'로서, 이것은 '보다', '깨닫다', '알게 되다'이다. 그래서 '내가 깨달았고'가 좋겠다. 무엇을 깨달았다는 것인가? '사람들이 사는 동안에 선을 행하는 것보다 더 행복한 것이 없다는 것'이다. 하나님이 주신 은혜, 은총을 기뻐하고, 선을 행하는 것이야말로 가장 좋은 것이라는 말이다. 그런데 선을 행하는 것은 또 무엇인가? 아마도 신앙적인 삶, 하나님을 따르는 삶을 말하는 것이 아닐까? 개인과 국가, 나아가 인류를 위해서도 유익하고 좋은 삶이 될 것이라는 입장이다. 이런 해석이 참 그럴듯하다. 좋은 말씀 같기도 하다. 그런데 이와 같은 말, 곧 한 구절만을 전하기 위해 그토록 긴 '허무의 가시밭길'을 말했을까?

♠ '사람들이 사는 동안에 기뻐하며 선을 행하는 것보다 더 나은 것이 없다고? 이 구절만 보면 이것은 영락없이 도덕적 행위다. 해 아래, 이 땅위의 일이다. 그렇기에 신앙적으로 오류라는 것이다. 그렇다면 무엇이 속뜻인가?

본절의 '선טוב'이 핵심이다. 이 '선', 곧 히브리어 '토브טוב'는 어떤 의미인가? 신앙적의미로 볼 때 이것은 단순한 '선', '좋은 것'이 아니다. 이것은 분명 '하나님의 뜻 안에 있는 것'이다.

일반 사람들은 지금도 죄의 종이 되어 자신들의 의지가 선의 토대인 줄 알고 자행자지(自行自知) 하고 있으며, 소위 잘난 사람들은 스스로 인본주의자가 되어 지성을 일깨우려 애쓰고 있고, 도덕심의 함양이 최선인 줄 알고 있다.

또 일찍이 하나님을 섬긴다고 말하는 유대인들은 하나님께 돌아와 율법을 지키고 공부하는 것과 성전제사를 지내는 것이 최고의 '선'이신 하나에 대한 절대적인 의라고 한다. 정말 그러한 것들이 '선'일까? 절대 그렇지 않다. 예수 그리스도를 영접하고 마음으로 믿는 그것을 통해 하나님께로 돌아와 화평을 이루는 것이 가장 중요한 '선'이다. 다시 말해 하나님 되신 예수 그리스도를 사랑하는 것이다. 그런 그리스도인들에게 영원한 생명이 주어진다. 세상사는 동안에 이보다 더 큰 기쁨, 행복이 없는 것이며, 그보다 더 가치 있는 삶이 더 이상 없는 것이다.

13절] '사람마다 먹고 마시는 것과 수고함으로 낙을 누리는 그것이 하나님의 선물인 줄도 또한 알았도다'

앞절에서 전도자는 기뻐하며 선을 행하는 것이 '헛된' 삶을 이겨내는 방안이라고 했는데, 여기서는 한 가지를 더 추가한다. '먹고 마시는 것과 수고함으로 낙을 누리는 그것'이라는 것이다. '사람마다 먹고 마시는 것과'라고 할 때에서 '사람마다'의 원문 '콜 하아담כל האדם'은 본래는 인간 전체를 의미하지만 여기서는 인간 개개인 하나씩을 뜻한다. 여기서 '수고'는 원문이 '아말עמל'이다. 이것은 '힘든 노동', '마음고생', '수고' 등의 뜻으로 1장 3절의 '수고'와 같은 단어다.

'낙'은 원문이 많이 나온 단어 '토브טוב'로, 이것은 12절에서는 '선'이라 번역되어 있다. '누리는'의 원문은 '웨라아וראה'로 접속사와 '라아ראה'의 결합이다. 이 '라아ראה'는 '보다', '살피다'의 뜻이다.

솔로몬 당시 이스라엘 사람들은 식탁교제를 했다고 한다. 그러므로 '먹고 마시는 것'은 가족과 지인들의 교제의 때고, 일상을 말하는 시간이 된다. 고된 노역을 하고, 함께 먹고 마시며 교제하는 일, 그런 즐거움을 누리는 것이 하나님의 선물 덕택이라는 것이다. 놀라운 것은 지금까지 계속해서 부정적인 의미(헛된 것으로)로 사용되던 '수고'가 여기서는 힘든 노동이라고 할지라도 긍정적으로 사용되었다는 것이다. 왜 그러한가? 1장 3절과 2장 11절의 수고는 인간의 욕망을 추구하기 위한 수고였기에 '헛되다'는 결과를 낳았으나 본절의 수고는 하나님께 순응한 상태에서의 수고이기에 만족과 낙을 누릴 수 있었다는 것이다. 하나님이 개입된 '선(12절)'과 하나님이 개입된 '수고'는 모두 다 인간에게 유익하다는 것이다.

♠ 유대인들의 성경사랑은 유별나다. 그들은 타인이 성경이 하나님의 말씀이 아니라거나 무시하는 말을 하면 '너는 사람이 아니어서야 사람이라면 어떻게 하나님을 모를 수가 있지?'라고 반문하며 상대를 안 한다. 그뿐인가? 율법을 싫어하는 사람에겐 하나님의 백성이 아니라고까지 단언한다.

유대인의 가정에서는 어린아이가 울어도 우리나라처럼 달래지 않는다. 가만히 그의 옆에서 성경을 운율에 맞추어 읊조리듯 읽는다. 그 모습을 보고 아이가 울음을 그치고 변화되는 것이다. 그런 환경에서 자란 아이가 장차 얼마나 성경을 사랑하겠는가!

개개인이 '먹고 마시는 것'은 구약에서는 성전에서 이루어지던 제사의 한 과정이고, 신약에서는 성찬을 상징하는 것이다. 그렇다면 '수고'는 무엇일까? 그것은 바로 '주의 일'을 하는 것이고, 또한 '예배'를 가리키는 것이기도 하다. 하나님의 선물은 예수 그리스도를 상징하는 말이다. 이제 예수 그리스도로 말미암아 성전제사는 폐지되었으니 지금은 성찬과 예배, 그것이 가장 기쁜 일이고 낙을 누리는 것이고, 선한 행위가 되는 것이다.

14절] **'하나님께서 행하시는 모든 것은 영원히 있을 것이라 그 위에 더 할 수도 없고 그것에서 덜 할 수도 없나니 하나님이 이같이 행하심은 사람들이 그의 앞에서 경외하게 하려 하심인 줄을 내가 알았도다'**

본절의 상반절을 보면 '완전'이란 말이 떠오른다. 전도자의 경험에서, 그가 받은 지혜 가운데서 내린 현재와 미래에 적합한 결론이다. '영원히 있을 것이라'는 원문이 '후 이흐예 레올람'이다.

'후(הוא그것은)'가 들어있고, 미완료형인 '이흐예(יהיה있을)'가 있는 이 문장은 영원을 의미한다기보다 영원하게(לעולם계속성) 되는 것이고, 영원의 정당성을 언제든지 입증할 수 있다는 것이다. 하나님이 행하시는 모든 것이 영원히 지속될 것이라는 말이다. 왜? 하나님께서 행하시는 사역이기 때문이다. 하나님의 주권적 역사는 인류역사 가운데서, 자연세계 속에서 하나님의 섭리에 따라, 때와 기한에 맞게 지시하시고 인도하시는 그 모든 것 안에서 하나님이 주관하신다는 사실이 진실하다는 것이기도 하다. 그 섭리와 주관의 권한은 감히 피조물이 어찌할 수 없는 것이고, 어떤 것을 더하거나 뺄 수도 없다는 것이다(잠30:6 참조).

'그 위에 더 할 수도 없고 그것에서 덜 할 수도 없나니'의 원문은 '알라우עליו 엔인אין 레호시프להוסיף 우밈멘누וממנו 엔인אין 리그로아לגרע'다. '알라우עליו'는 전치사 '알על'과 3인칭 단수 접미어ו의 결합으로 '그것 위에'가 된다. '레호시프להוסיף'는 원형이 '야싸프יסף'로, 이것은 미완료형이고, '더하다', '늘리다'의 의미다. '우밈멘누וממנו'는 접속사와 '민מן(~로부터)', 그리고 3인칭 단수 접미어ו의 결합이다. 즉, '그리고 그것으로부터'가 된다. '리그로아לגרע'는 미완료형이고, 원형이 '가라גרע'이며, 이것은 '수염을 깎다', '나르다', '감소시키다'의 의미를 갖는다. 그러므로 전체를 원문에 맞게 직역하면, '그것(하나님이 행하시는 것) 위에 더 할 수도 없고 그리고 그것으로부터 덜 할 수도 없나니'가 될 것이다. 부정대명사 '엔인אי'이 전치사구 둘 앞에 있어 '전혀 없다'고 강조하고 있으므로 결국 하나님의 섭리 하에 이루어지는 사역은 완전하다는 것을 나타내고 있다.

'하나님이 이같이 행하심은 사람들이 그의 앞에서 경외하게 하려 하심인 줄을 내가 알았도다'고 하신 말씀대로, 하나님의 불변성, 완전하심은 인간으로 하여금 그런 모든 것을 섭리하시는 하나님을 경외해야만 하고, 두려움을 갖게 만드신다. 전도자는 하나님을 두려워하고 경배하게 되는 사람들은 그 안에서 복을 누리는 삶을 살게 된다는 것이며, 바로 그것이 또한 '헛됨'과 '허무'로부터 벗어나는 길이라고 주장하는 것이다.

하나님의 섭리와 사역에 대한 경외에 대해 좀 더 구체적으로 살펴보면, '경외'는 원문이 여기서 '쉐이르우'다. 이것의 원형은 '야레'이고, '무서워하다', '놀라다', '경외하다'라는 뜻이다. 공포라는 의미가 아니고 존경과 사랑, 두려움이 복합된 단어다.

♠ 유대인들은 '후 이흐예 레올람', 곧 '영원히 있을 것이라'에 대해 서슴없이 율법이 그러하다고 단정짓는다. 영원히 존재하는 율법, 그 위에 더 할 수도 없고, 덜 할 수도 없다고 주장한다. 율법에 대한 경외는 가히 하나님 대하듯 하고 있는 것이다. 로마서 2장 17-24절을 살펴보라. 그 중에서 17-20절에, "유대인이라 불리는 네가 율법을 유지하며 하나님을 자랑하며/ 율법의 교훈을 받아 하나님의 뜻을 알고 지극히 선한 것을 분간하며 / 맹인의 길을 인도하는 자요 어둠에 있는 자의 빛이요/ 율법에 있는 지식과 진리의 모본을 가진 자로서…"라고 한 사도 바울의 말처럼 이들은 율법을 철저히 지키려 했고 또 학습하고자 했다. 그러나 24절에 보면, "기록된 바와 같이 하나님의 이름이 너희 때문에 이방인 중에서 모독을 받는도다"라고 했다. 율법 자체가 문제가 아니라 유대인들, 그들이 문제라는 것이다. 또한 율법의 행위로 하나님 앞에 의롭다 할 자가 없으니(롬3:20) 라고 했듯이 율법주의자들인 유대인의 구원은 틀린 방식인 것이다.

그렇다면 예수 그리스도 중심으로 적용하면 어떻게 될까? 김길중 목사(메시아닉교회 토라공동체 연합회장, 2016)는 토라(모세오경)에 대해 이렇게 말했다. '진리의 과녁을 맞추어 그분이 누구인지 아는 것이고 이 토라를 파자하면 십자가에 못 박히신, 머리되신 분을 뜻한다'고 했다. 그리고 그는 또한 '토라 공부시 모든 초점이 예수 그리스도께 맞추어져야 한다'고 했다. 옳은 말이다. 그러나 협의의 토라는 모세오경[62]이지만 광의의 토라는 구약 전체가 된다.[63] 따라서 구약 전체가 예수 그리스도에게 과녁이 맞추어져야만 하는 것이다. 이와 같은 견지에서 이 전도서도 마찬가지가 된다.

본절의 하나님은 '하엘로힘האלהים'이다. 즉, '그 하나님'이 된다. 이때의 하나님은 곧 속죄를 위해 십자가의 고난을 겪으신 예수 그리스도가 될 수 있다. 본절에서 '영원히 있을 것'에 대해 앞부분에서 '영원을 의미한다기보다 영원하게(계속성) 되는 것'이라고 말했다. 예수께서 행하신 그 속죄의 영향이 영원히 지속되리라는 것이다. 그로 인해 그리스도인들이 영원한 생명을 가진 것이 확증될 수 있다. 하나님의 뜻대로 하는 자, 그들은 영원히 있을 것이다. 아니 영원한 생명을 얻어 무궁한 삶을 살게 될 것이다.

---

[62] חמשה המש תורה일 경우에는 모세를 통한 오경 토라이지만, 성문서나 선지서도 하나님이 주신 말씀이면 적혀진 율법으로 봄이 타당하다.
[63] 보통의 토라의 개념이 성문 율법에 국한되지만, 원래 토라의 축자적 문화적 의미는 '하나님의 말씀모음'이다. 또는 '하나님의 가르침'이다. 말씀이 육신이 되어 우리에게 거하시니 은혜 위에 은혜라는 의미는 그래서 예수 그리스도가 하나님의 자기계시인 토라의 완성이라는 속뜻이 있는 개념으로 볼 수 있다.

속죄 받은 자들의 마음 자세가 본절 후반부에 나와 있다. 본문의 '그의 앞에서'는 직역이 '그의 얼굴 앞에서'가 된다. 예수 그리스도 앞에서 성도는 어떤 마음을 가져야 하나? 빌립보서 2장 12절에, "…항상 복종하여 두렵고 떨림으로 너희 구원을 이루라"고 했는데, 이런 마음이 바로 경외하는 마음이다. 복종과 두려움이 깔린 존경, 사랑이 경외의 뜻이 된다. 왜 복종하고, 왜 두려워해야 하나? 하나님은 천상의 존재, 해 위에 계신 분이며 완전하시고 흠결이 없으신 영원한 분이고, 인간은 천하, 곧 해 아래의 존재이고, 유한하며 죄인인 하찮은 존재이기 때문이다. 그런 인식에서 하나님, 곧 예수님을 바라보면 절로 경외심을 갖게 되는 것이다.

15절] '이제 있는 것이 옛적에 있었고 장래에 있을 것도 옛적에 있었나니 하나님은 이미 지난 것을 다시 찾으시느니라'

하나님의 뜻과 의지는 시간의 진행과 무관하다. 창조사역과 구원사역에 있어서 인간은 잠시 존재했다가 사라지나 하나님은 영원하신 분이시니 지금 존재하는 것이 전에도 있었고 앞으로도 계속 있을 것이라는 말이다. 장래에 있을 것이 옛적에도 있었으니 하나님께는 언제나 현재인 것이다.

본절을 가만히 살펴보면, 하나님의 영원하심과 더불어 과거에 발생했던 일들이 현재에도 또 미래에도 반복되어 나타난다는 의미를 말하고 있는 듯하다.

히브리어 원문 분석을 해보자. '이제 있는 것이 옛적에 있었고'는 원문이 '마מה 쉐하야שהיה 케바르כבר 후הוא'가 된다. '마מה'는 의문대명사이고, '쉐하야שהיה'는 원형이היה '있다', '존재하다'의 뜻이다. '케바르כבר'는 '길이', 부사로 '이미', '오래전에,' '현재', '지금'의 뜻이다. '오래전에 있었던 것 그것이 무엇인가?'가 직역이다.

'장래에 있을 것도 옛적에 있었나니'의 직역은 '장래에 있을 것도 이미 있었다'가 된다. '하나님은 이미 지난 것을 다시 찾으시느니라'고 했다. '지난 것을 다시 찾으시느니라'는 '예박케쉬יבקש' 엩 את 니르다프נרדף'다. '예박케쉬יבקש'는 '바카쉬בקש'의 피엘 미완료형이다. '찾다', '요구하다'의 뜻이다. '니르다프נרדף'는 원형이 '라다프רדף'고, 미완료형이다. '추적하다', '뒤를 쫓다', '핍박하다' 혹은 비유적으로 '의를 좇다'의 뜻을 가진다.

♠ 하나님의 영원성이 뚜렷이 부각되는 말씀이다. 본절도 14절과 마찬가지로 하나님은 '하엘로힘האלוהים', 즉, '그 하나님'이다. '그 하나님'이 누구신가? 예수 그리스도다. 본절의 '지난 것을'의 원문 '니르다프נרדף'가 니팔형 수동 분사형이어서 '지난 것'도 라는 뜻 외에도 '핍박당하는 자'나 '추적을 받는 자'로도 번역이 다 가능하다. 핍박당하는 자로 번역이 될 때는 하나님의 공의와 심판을 언급한 것이 된다. 즉, 그러한 자를 찾아오셔서 돌보심이 바로 공의로우심이고, 핍박한 자에 대한 정당한 심판이 있음이 또한 공의로우심이기 때문이다.

요한복음 1장 1-3절을 보라. 예수께서는 "태초부터 하나님과 함께 계셨고, 만물이 그로 말미암아 지은 바 되었다"고 했다. 예수님은 하나님이시다. 그분이 이제도 계시며, 장차 새 하늘과 새 땅을 이루시며, 영원한 나라에서 영원히 계실 것이다. 바로 '그 하나님', 곧 예수께서 핍박당하는 자, 그들을 돌보시기 위해 다시 오실 것이다. 시편 23편 1절에, "여호와는 나의 목자시니 내게 부족함이 없으리로다"에서 '여호와'는 원문이 '아도나이'다. 즉, 주님이라는 말이다. 그 주님께 부족함이 없다는 말은 곧 현재도 그러하지만 미래도 그러하리라는 것이다. 예수께서 오셔서 속죄의 길을 여셨으니, 예수로 인하여 박해받고 핍박으로 고통을 겪은 그리스도인들에겐 주님께서 오셔서 위로와 보상을 주실 것이다.

16절] '또 내가 해 아래에서 보건대 재판 행하는 곳 거기에도 악이 있고 정의를 행하는 곳 거기에도 악이 있도다'

본절부터 22절까지는 새로운 방향으로 전도자의 말이 전환된다. 특히 16절은 세속의 재판과 오염된 통치로 인해 공의에 관한 언급으로 시작된다. 재판이 행해지는 곳이 어디인가? 불의가 드러나고, 죄 짓는 자가 처벌을 받아야 하는 곳이다. 즉, 그곳으로부터 정의가 확산되어야 하며, 또한 통치자로부터 정의가 확인되고 바르게 집행되어야만 하는 것이다. 본절의 말씀을 액면 그대로 보자면 재판(미쉬파트משפט)과 정의(체데크צדק)와 악(라아רע)의 관계가 모호하게 느껴지지 않는가? 왜 그러한가? 그것은 '해 아래'에서 재판과 공의가 행해질 때, 그것은 악의 개입으로 말미암아 불완전한 재판이 되고 또 불완전한 공의가 되기 때문이다.

히브리어 '미쉬파트משפט'는 합당하고 적절한 판단이 전제되어야만 한다. 왜냐하면 객관성의 유지가 생명이기 때문이다. 그에 반해 통치와 연관성이 깊은 '체데크צדק'는 주관적 특성이 있다. 예를 들면 A국가의 공의가 B국가에서는 공의가 아닐 수도 있기 때문이다. 그런데 본절은 이 재판과 정의가 행해지는 곳에도 악이 있다고 말한다. 그렇다. 실제로 우리는 주변에서 말하는 수많은 악들이 재판정과 정의가 이루어지는 곳이라고 내세우는 곳들에서 악한 모습을 발견하곤 한다. 이것은 전도자가 발견한 또 한 가지, 그것은 정의와 공의가 존속되어야만 하는 곳에 드리워진 악의 오염에 대한 것이다. 현대로 말한다면 재판 곧 사법적인 행위가 이루어지는 곳과 공의 곧 행정적, 통치적인 정의תורתמשפט가 필요한 곳에서 악רי이 만연하고 있다는 것이다. 하나님이 없는 곳에 악은 성행하기 마련이다. 재판דין과 공의משפט가 이루어져야 할 그곳에 악, 곧 범죄가 끼어들어 있음은 이미 해 아래, 곧 인간세상에선 너무나 흔한 일인데 성경이 그것에 대한 지적만을 말한 일차적인 의미가 너무 단순하지 않은가?

원문 분석을 해보자. '해 아래에서'는 '타하트תחת 핫쇠메쉬הששמש'로, 이미 여러 번 말해온 바대로 '해 아래', 곧 '이 땅', '천하(天下)'를 말함이다. '재판하는 곳에'는 원문이 '메콤מקום 함미쉬파트המשפט 샴마שמה'다. 여기서 '샴마שמה'는 한글번역엔 나오지 않는 것으로, 부사 '솸שם'은 '거기', '그때에', '그 시간에'의 뜻이 있다. 강조를 나타내는 접미어 '헤ה'가 붙어 있어 '바로 거기에'라는 뜻을 갖게 된다. 따라서 '재판하는 바로 거기에도'라고 번역하면 좋을 것이다. 이것은 다시 '공의를 행하는'에도 반복된다. 그러므로 '공의를 행하는 바로 거기에도'라고 함이 의미상 강한 느낌을 제공한다.

♠ 시편 1편 1절에, "복 있는 사람은 악인들의 꾀를 따르지 아니하며 죄인들의 길에 서지 아니하며 오만한 자들의 자리에 앉지 아니하고"라 했다. 여기서 복있는 사람에 대하여, 유대 종교지도자들은 율법을 잘 공부하고 지키는 사람이라고 말한다. 또 많은 성경학자들이나 목회자들이 그리스도인이라고 표현하기도 한다. 정말 그러한가? 정답은 아니다. '복 있는 사람'은 바로 예수 그리

스도를 가리키는 말이다. 시편 1편과 2편은 본래 하나다. 이 둘을 하나로 붙여 숙독해보면 금방 답이 나온다. 어쨌든 여기서 복 있는 사람(인자이신 예수)은 악인들과 절대 같이 하지 않는다는 것을 알 수 있다. 하나님은 결코 정의와 공의에 악과 타협하지 않으신다.

본절의 속뜻은 사법이나 행정에서의 공의와 정의를 말하고자 함이 아니다. '해 아래'라고 했으니 예수님의 공생애 시절이다. 예수께서 체포되어 재판하는 곳, 곧 재판정에 끌려가셨을 때, 그곳에 정의가 있었는가? 죄 없으신 예수께서 사형언도를 받으셨다. 그곳은 '악'이 횡행하는 곳이었다. 율법의 준행자 가운데 가장 우두머리인 대제사장 앞, 곧 정의를 행하는 곳인 그곳에서 정의가 있었는가? 모함당하고 매 맞고 침 뱉음의 모욕을 당했다. 또 그리스도인들이 박해를 당할 때, 그곳의 재판정과 공의를 행해야 하는 장소에서 과연 정의와 공의가 실현되었는가? 아니다. 전혀 아니다. 해 아래는 그 어느 곳이나, 곳곳마다 악이 집안의 먼지처럼 보이는 듯 보이지 않는 듯 끼어 있고 작용하고 있다. 영적인 관점에서 볼 때, 하나님이 개입하지 않는 곳은 악이 지배한다. 즉, 사탄이 왕 노릇하고자 한다는 것이다.

17절] **'내가 내 마음속으로 이르기를 의인과 악인을 하나님이 심판하시리니 이는 모든 소망하는 일과 모든 행사에 때가 있음이라 하였으며'**

16절에 보면 선한 자가 재판정에 있어야 하고, 옳은 통치자가 정의로운 곳에 있어야 하지만 악인이 그 곳에도 있으니 불합리고 불공정이다. 선과 악이 뒤죽박죽인 상황이다. 전도자는 그때에 말하길, 하나님께서 심판을 행하신다고 한 것이다. 오직 하나님만이 진정한 재판관이고, 하나님만이 온전한 정의를 세우실 분이라는 것이다. 그러나 의인과 악인이 같은 심판을 받는 것이 아니다.

'심판하시리니'의 원문은 '이쉬포트שפט'다. 원형은 미완료형으로, '샤파트שפט'다. 이것은 '심판하다', '벌하다'의 뜻을 갖는다. 미완료형은 미래다. 해 아래의 모든 인간에 대해 하나님은 심판하실 것이다. 그러나 이때 의인에겐 보상의 판결이 있을 것이고, 악인들에겐 징벌의 판결이 있을 것이다. 마태복음 25장 46절에, "그들은(악인들은) 영벌에, 의인들은 영생에 들어가리라 하시니라"고 했다.

전도자는 말한다. 해 아래, 곧 세상엔 불의가 가득하여 '헛됨'과 '인생무상'으로 절망할 것이나 공의로운 재판장 되신 하나님께서 주권적인 섭리로 만물과 인간들을 통치하시는 분이시니 합당하고 적절한 심판을 내리실 것이라는 말이다.

본절에서 '모든 소망하는 일과 모든 행사에 때가 있다'고 하신다. 이를 개역 관주성경은 이 부분을 '이는 모든 목적과 모든 일이 이룰 때가 있음이라'고 번역한다. 3장 1절엔 '범사에 기한이 있고 천하만사가 다 때가 있으며'라고 했다. 선인과 악인에 대한 상벌의 때, 그 때가 있다는 것이다. 하나님이 원하시는 목적과 모든 일이 심판을 통해 다 이루어질 날이 있을 것이라고 하신다. 본절의 '모든 소망하는 일'은 원문이 '레콜 לכל 헤페츠חפץ'가 된다. '헤페츠'는 '기쁨', '바램', '귀중한 것', '열정'의 뜻이 있는데, '하파츠 חפץ'에서 유래한 것이니, '하파스חפץ'는 '찾다', '조사하다'의 뜻이다. 한글 번역인 '소망하는 일'이나 '목적'은 모두 의역이 된 것으로 정확한 뜻은 두 단어의 의미를 다 포함하는 정도일 것이다. '모든 행사'에 해당하는 원문은 '콜כל 함마아세הממעשה'다. 함마아세הממעשה'는 정관사 '하ה'와 '마아세ממעשה'의 결합으로, '마아세ממעשה'는 '일', '직업', '행위', '노동'의 뜻이 있다. '모든 그 행위'가 내용상 어울리는 번역이다.

의인과 악인을 하나님이 심판하신다? 요한계시록 20장 11-12절에, "또 내가 크고 흰 보좌와 그 위에 앉으신 이를 보니 땅과 하늘이 그 앞에서 피하여 간 데 없더라/ 또 내가 보니 죽은 자들이 큰 자나 작은 자나 그 보좌 앞에 서 있는데 책들이 펴 있고 또 다른 책이 펴졌으니 곧 생명책이라 죽은 자들이 자기 행위를 따라 책들에 기록된 대로 심판을 받으니"라고 했다. 이어지는 13절엔, "… 각 사람이 자기의 행위대로 심판을 받고"라고 했다.

♠ 본절의 '소망하는 일', 혹은 '목적'은 예수님 중심의 해석으로 볼 때는 오히려 '기쁨'이 맞는 번역이라 하겠다. '모든 행사', 혹은 '모든 일'이라는 한글 번역도 속뜻은 그 일의 때가 바로 하나님의 뜻에 따라 사탄을 멸하는 때가 되는 것이다. 의인에게는 기쁨의 때요, 악인과 사탄의 무리들은 불못인 지옥에 던져지는 때인 것이다. 요한계시록 20장 14절에, "사망과 음부도 불못에 던져지니 이것은 둘째 사망 곧 불못이라"고 했다. 인간의 영혼을 사망으로 이끄는 자, 그 자가 바로 사탄인 것이다.

의인과 악인은 모두 다 재판장 앞으로 나아가야 한다. 의인은 하나님 앞에 무죄한 자로 인정된 자다. 인간의 의지로 될 성질의 것이 아니라 오직 예수 그리스도를 영접한 자들만이 가능하다. 악인은 죄 지은 자다. 레위기에 보면 재판장으로 번역하지만 하나님,

곧 '하엘로힘'인 경우가 종종 나온다. 마태복음 25장 31절에, "인자가 자기 영광으로 모든 천사와 함께 올 때에 자기 영광의 보좌에 앉으리니/ 모든 민족을 그 앞에 모으고 각각 구분하기를 목자가 양과 염소를 구분하는 것 같이 하여"라고 했다. 이것은 재판정의 모습이다. 이때의 재판장이 누구신가? 인자라고 했으니 예수님이고, 이 분이 바로 '하엘로힘'이시니 하나님이시다. 오른편에 있는 자들에게는 '예비된 나라를 상속받으라(마25:34참조)'고 하셨고, 왼편에 있는 자들은 '저주를 받는 자들아 나를 떠나 마귀와 그 사자들을 위하여 예비된 영원한 불에 들어가라(마25:41참조)'고 하셨다. 선인과 악인의 구분이다. 그와 같은 심판이 모두에게 있을 것이라는 말이다. 물론 우리는 그 시기와 때를 알지 못한다. 하나님은 악을 일단 묵인하신다. 그 악이 스스로 행케 하고 하나님이 개입하실 때까지 오랫동안 지속하게 하신다. 그러나 반드시 정해진 때와 정해진 기한이 있다. 그러니 다만 우리가 명심해야 할 것은 마태복음 25장 13절의말씀 그대로다. "그런즉 깨어 있으라 너희는 그 날고 그 때를 알지 못하느니라"는 말씀 말이다.

18절] '내가 내 마음속으로 이르기를 인생들의 일에 대하여 하나님이 그들을 시험하시니리 그들이 자기가 짐승과 다름이 없는 줄을 깨닫게 하려 하심이라 하였노라'

본절에서 21절까지는 사람과 짐승 사이의 연관성과 차이점이 언급된다. 전도자는 사람이나 짐승 모두가 죽음 앞에선 동일하다는 점을 들어 인생의 허무함을 다시 토로하게 된다. 해 아래, 곧 세속에서는 재판과 통치에서조차 악이 관여한다는 것을 말한 전도자는 그럼에도 불구하고 하나님이 악을 곧바로 징치하지 않는 점에 관해 말한다. 그 이유는 하나님이 시험하시기 때문이며, 또한 그와 같은 시험을 통해 인간이 하찮은 존재로 여기는 짐승의 삶이 악의 길에 들어선 사람과 그다지 차이가 없음을 깨닫게 하실 것이라고 말한다. 영혼 없는 사람은 짐승과 차이가 없다. 일차적인 의미로서의 본절의 의도는 이처럼 만일 사람이 인간 역사에 대한 하나님의 개입의 의미를 무시하고 하나님에 대한 생각을 상실한다면 인간과 짐승의 생활 간의 차이는 없어지고 인간이 동물과 다름없게 된다는 것이다.

원문 분석을 통해 본절의 의미를 다시 살펴보자. '시험하시리니'에 해당되는 원문 '레바람לברם'은 원형이 '바라르ברר'다. 이것은 '깨끗이 하다', '시험하다', '분리하다' '선발하다', 불순물을 골라내어 없애다'가 된다. '인생들의 일에 대하여'는 '알על 디베라트דברת 베네이בני 하아담האדם'이다. '디베라트דברת'는 '관습', '태도', '원인', '이유'의 뜻이다. 이 단어가 '말', '일'을 뜻하는 '다바르דבר'에서 유래했다고 해서 '일'로 번역한 듯하다. '베네이 하아담בני האדם'은 '그 사람의 아들들'의 뜻이다. 이를 다시 고치면 '첫 아담의 자손들에 태도에 대하여'라고 할 수 있다. 결국 아담의 자손, 곧 인간들의 태도를 판단하여 분리하시겠다는 말씀이다.

'그들이 자기가 짐승과 다름이 없는 줄을 깨닫게 하려 하심이라 하였노라' 2장 12-23절에도 죽음으로 인한 허무를 다루지만 그때는 지혜로운 자와 어리석은 자의 죽음을 다루었으니, 여기서는 인간과 짐승이다. 그러니 인간 사이에나 짐승과의 비교에서나 결국 죽는 것은 매 일반인 것이다. 원초적 허무라 할 수 있다. 그런데 여기서는 인간을 시험하는 이유가 인간과 짐승이 죽음 앞에서 한 가지임을 그들(인간들) 스스로가 깨닫게 해 주시기 위함이라는 표현을 하고 있다.

♠ 하나님은 정하신 때가 임할 때까지, 그 의로운 개입을 연기하신다. 그것은 인간을 위해서다. 즉, 하나님이 인생들을 살피시는 뜻에서 행하시는 일이며, 또한 그들 인격의 자유로운 신앙적 선택을 저해하지 않기 위해서다. 그런데 이 개입은 곧 영적 종말을 의미한다. 왜 영적 종말인가? 그것을 통해 영벌과 영생의 구분이 지어지기 때문이다. 본절의 '시험하시리니'는 말씀의 취지가 잘못 번역되어 있다. 야고보서 1장 13절에, "사람이 시험받을 때에 내가 하나님께 시험을 받는다 하지 말지니 하나님은 악에게 시험을 받지도 아니하시고 친히 아무도 시험하지 아니하시느니라"고 하셨다. 시험하는 자, 곧 미혹시키는 자는 사탄이다. 하나님은 다만 검증하실 뿐이다. '시험하시리니'의 원문 '레바람לברם', 이것은 마치 '키질하는 것', 즉 좋은 것을 악한 것과 구별하는 의미가 의도된 글이다. 키질이 무엇인가? 알곡과 쭉정이를 구별해내는 수단이다. 하나님은 시험을 하지 않으신다. 오직 검증을 하시고 그것을 통해 구분하실 뿐이다. 하나님이 검증하시는 것은 선악간의 구별이 분명하게 드러나게 하시기 위함이다.

로마서 8장 13절에, "너희가 육신대로 살면 반드시 죽을 것이로되 영으로써 몸의 행실을 죽이면 살리니"라고 했다. 육신적 삶을 사는 것이 바로 쭉정이가 되는 지름길이다. 육신대로 산다는 것은 하나님의 영이 떠난 삶을 산다는 것이다. 창세기 6장 3절에 "여호와께서 이르시되 나의 영이 영원히 사람과 함께 하지 아니하리니 이는 그들이 육신이 됨이라"고 했다. 6절에 보면, "땅 위에 사람 지으셨음을 한탄하사 마음에 근심하시고"라고 했다. 결과가 어찌되었나? 당대에 완전했던 노아와 그 가족들 외에는 다 홍수로 멸망당했다. 하나님의 영이 함께하지 아니하는 자들, 곧 육신이 된 자들은 영적으론 동물과 다를 바가 없는 것이다. 그런 자들에겐 영벌, 곧 영적 종말이 있을 뿐이다. 영적 종말이 무엇인가? 그것은 둘째 사망, 곧 불못이라 이름한 지옥에 드는 것이다.

영생, 곧 영원한 생명은 그 반대니, 하나님의 영이 함께 하는 것이고, 그 뜻은 예수 그리스도를 믿음으로 말미암아 거듭나 성령께서 내주하시는 것이다. 그런 자들에겐 영생, 곧 천상의 삶을 살게 되리라는 것이다.

19절] '인생이 당하는 일을 짐승도 당하나니 그들이 당하는 일이 일반이라 다 동일한 호흡이 있어서 짐승이 죽음 같이 사람도 죽으니 사람이 짐승보다 뛰어남이 없음은 모든 것이 헛됨이로다'

죽음 앞에서는 현인(賢人)이나 각자(覺者)나 위대한 스승이나, 혹은 깊은 족적을 남긴 영웅들이나 다 우리가 하등한 것으로 치부하는 짐승과 한 가지라는 것이다. 이런 사고 하에서 느끼는 그 허무감은 말로 다 할 수 없을 것이다. 뛰어난 사람일수록 그 정도가 심할 것이다. 본절은 '짐승도 당하는 일을 인생도 당하나니'라고 번역하는 것이 맞는다. 본절에서 '당하나니'라고 표현한 것의 원문은 '미크레הקרמ'이다. 여기서 '미크레הקרמ'는 '예기치 않은 기회', '우연한 기회', '제비', '추첨'의 뜻이나 그 유래가 '카라הרק'이고 이것의 의미는 '만나다', '일어나다', '생기다'이다. 이로 미루어 이것은 '예기치 않게 만나는'의 뜻으로 보면 좋을 것이다. 개역개정에서는 '임하나니'로 번역했다.

'다 동일한 호흡이 있어서'에서 '호흡'의 원문이 '루아흐הור'로 나온다. 이것은 '숨', '생기', '영' 등의 다양한 뜻을 갖는다. 그러나 본절에선 사람과 짐승에게 해당되므로 '숨'이란 의미의 것인 '육체의 호흡'을 말하는 것 같다. 19절과 20절에 '모두'를 뜻하는 '콜'이 다섯 번이나 나오는 것으로 보아 전부 다 예외 없이 죽음을 강하게 암시한다고 할 것이다.

짐승과 사람은 다 같이 숨을 쉰다. 즉, 다 같이 죽는다는 것이다. 생명의 숨(רוח 루아흐/생령)가 몸에서 떠나는 것이 죽음이다. 그런 점에서는 인간이 짐승보다 우월한 것이 없다. 이것은 생물계에 주어진 법칙, 곧 죽음의 법칙이다. 그러하니 헛됨(הבל 하벨)이다. 물론 헛됨만 놓고 보면 무가치한 것이다. 하지만 전도자는 이 죽음이 실존이 될 때, 이것이 사람으로 하여금 하나님을 찾아 나서게 하는 시작, 곧 출발점이 될 수 있음을 암시한다. 이것이 일차적 의미다.

♠ '첫 아담의 아들들'이 예기치 않게 만나듯이 짐승도 예기치 않게 만나게 되는 것'이 있다. 무엇인가? 죽음이다. 본절로만 본다면 전도자는 이 죽음이 서서히, 혹은 필연성이 아니라 우연성에 의해 결정된다고 표현했다. 또한 생사의 영향은 그 스스로가 아니라 외부의 힘에 의해서라는 것이니, 다시 말하면 하나님의 섭리가 여기도 작용함을 알 수 있다.

그런데 짐승은 죽어야 되기 때문에 죽는다. 죽음은 당연하다. 그런데 사람의 경우, 모두가 다 짐승이 죽는 것 같이 죽는 것은 아니다. 왜냐하면 짐승처럼 죽는 사람도 있거니와 그렇지 않은 사람들도 있기 때문이다. 짐승처럼 죽는 자들이야말로 참으로 어리석은 자들이다. 왜냐하면 영원히 죽지 않는 길이 있기 때문이다. 그것이 무엇인가?

유대인들은 본절의 짐승이 율법을 모르는 자를 가리킨다고 말한다. 그러나 영적인 의미로는 예수 그리스도를 영접하지 아니한 자, 예수님을 믿지 않는 자들, 곧 하나님의 뜻에 어긋난 자들이 바로 짐승과 마찬가지다. 그런 자들의 죽음은 필연이다. 속죄함 받지 못한 자들이기 때문이다. 그러니 짐승의 죽음과 조금도 차이가 없다.

'첫 아담의 아들들'이 본절의 번역대로 '인생'이라면 그리고 그 인생이 반드시 죽는 것이라면, 반대로 '둘째 아담'의 아들들이 되면 죽지 않는다. 첫째 아담의 자손들은 육의 자손들이요 둘째 아담의 자손들은 영적 자손들이다. '둘째 아담'은 예수 그리스도이시고, 그분은 하나님이시다. 로마서 8장 14절에, "무릇 하나님의 영으로 인도함을 받는 사람은 곧 하나님의 아들이라"고 했다. 15절에는 '양자의 영을 받았다'[64]고 했다. 양자의 영을 받은 자들에게 대한 복이 있다. 마태복음 25장 34절엔, "…창세로부터 너희를 위하여 예비된 나라를 상속받으라"고 한 것이다. 창세로부터 예비된 나라, 곧 천국에 들 자들은 영원히 죽지 않는다. 영원한 생명을 가졌기 때문이다.

20절] '다 흙으로 말미암았으므로 다 흙으로 돌아가나니 다 한 곳으로 가거니와'

'다 한 곳'은 6장 6절에도 나온다. 무시무시한 말씀이다. 즉, '그

---

[64] 이것은 한국어 자체가 가지는 번역 오류가 될 수도 있다. 양자의 영이라 함은 [그리스도의] 영יהוה을 맞이함으로서 양자되었다는 의미이지 양자의 영이 따로 존속 존재하는 의미가 아니다.

가 비록 천 년의 갑절을 산다 할지라도 행복을 보지 못하면 마침내 다 한 곳으로 돌아가는 것뿐이 아니냐'라고 한 것이다. 그곳이 어디냐? 모든 생명체가 죽었을 때, 인간의 몸에 덮혀지는 것, 아니 분해되어 합해지는 곳, 무덤으로서의 흙이다. 흙은 원문이 '헤아파르העפר'다. 이것은 '먼지가 되다', '회색으로 되다'의 뜻을 갖는 '아파르עפר'에서 유래한 것으로, '먼지', '마른 땅', '흙', '진토'의 의미다. 원문은 이 흙(עפר아파르) 앞에 관사 '하ה'가 붙어있다. '그 흙'이다. 그 의미는 '그가 난 흙'을 말함이다.

♠ 시편 90편 3-4절에, "주께서 사람을 티끌로 돌아가게 하시고 말씀하시기를 너희 인생들은 돌아가라 하셨사오니/ 주의 목전에는 천 년이 지나간 어제 같으며 밤의 한 순간 같을 뿐임이니이다"라고 했다. 또 욥기 34장 15절에는, "모든 육체가 다 함께 죽으며 사람은 흙으로 돌아가리라"고 했다. 흙에서 났으니 흙으로 돌아가는 것이다. 그런데 '그가 만일 뜻을 정하시고 그의 영과 목숨을 거두실진대'라는 말씀이 바로 앞절인 14절에 있다. 흙으로 돌아가는 것은 육체다. 모든 인간은 다 육체는 흙으로 돌아가 소멸될 것이다. 그러나 '영'은 어떤가?

'다시 사는 것, 거듭남, 그것은 바로 성령이 내주하시는가의 여부로 판가름 난다. 양자의 영'을 받는 자들은 소멸되지 않는다. 영생하는 것은 영이지 육체가 아니다. 모든 육체는 풀과 같으니(벧전 1:24) 마르고 시들며 끝내는 흙으로 사라지고 만다. 이것은 예외가 없다. 부활은 육체가 아니라 영적 부활이다. 신령한 몸에로의 부활이다. 신령한 몸은 결코 우리가 아는 그런 육체가 아니다. 그것은 영적인 몸이다. 이 공로가 누구의 것인가? 예수 그리스도로 말미암아 다 가능하게 된 것이다. 그분이 누구인가? 이 땅에 오신 하나님이시다.

21절] '인생들의 혼은 위로 올라가고 짐승의 혼은 아래 곧 땅으로 내려가는 줄을 누가 알랴'

'인생들', 곧 '첫 아담의 아들들'인 사람이나 짐승들은 모두 죽는다. 그 죽음에 관해 전도자는 말하길 사람의 혼은 위로, 짐승의 혼은 아래, 곧 땅으로 내려간다고 했다. 그런데 여기서는 혼을 가리키는 원문이 '네페쉬נפש'가 아니라 '루아흐רוח'다. 본절의 '혼'이라고 번역한 것은 사람이나 짐승 모두 원문에서는 동일한 '루아흐רוח'로 나타난다는 것이다. 그런데 이 '루아흐רוח'는 실로 다양한 의미를 갖고 있다. 즉, '영', '호흡', '숨', '공기', '생기', '이성적인 정신', '하나님의 영', '성령', '마음', '폭풍' 등 그 뜻이 여러 가지다. 따라서 본절의 '루아흐רוח'에 대해서도 번역이 다양하게 표출된다. 'KJV, RSV, NIV' 등이 '영'의 개념으로 번역했고, 한글 관주성경과 개역개정은 '혼'이라고 번역했다. 그런데 짐승이 영이 있다? 영혼이 있다면 그것은 말이 안 된다. 그러므로 짐승의 경우 '호흡'이나 '숨'이라 함이 맞을 것이다. 왜냐하면 '혼은 아래, 곧 땅으로 내려간다'고 했으니 아마도 짐승의 호흡이 끊어짐을 뜻하는 것이리라.

창세기 7장 15절에, "무릇 생명의 기운이 있는 육체가 둘씩 노아에게 나아와 방주로 들어갔으니"라는 구절이 있는데, 이 구절은 동물에 관한 이야기였다. 여기서 '기운'이라고 표현한 것이 '루아흐'였던 것이다. 생명의 기운이 바로 호흡이 아닐까? 12장 7절에도 '루아흐'가 나오는데, "흙은 여전히 땅으로 돌아가고 영(רוח루아흐)은 그것을 주신 하나님께 돌아가기 전에 기억하라"는 말씀이 있는 것으로 보아 본절의 '위로 올라가는 인생들의 혼'은 바로 '영'인 것을 알 수 있다. 그러나 이것은 어디까지나 추측일 뿐, 그 정확한 것은 잘 알 수 없다고 함이 맞을 것이다.

본절에서 말미에 '누가 알랴'고 했다. 원문은 서두에 나온다. 즉, '미מי 요데아יודע'가 그것이다. '요데아יודע'는 원형이 '야다ידע'로서, 이것은 '인지하다', '이해하다', '알게 되다', '알다'의 뜻이다. '미מי'는 의문대명사다. 사람에 적용할 때는 '누가?'의 뜻이고, 소유격으로 사용되면 '누구의'가 된다. 부정적인 답을 예상할 때 '어느 누가 ~하겠느냐?'로 사용되기도 한다. 결국 본절의 경우는 알지 못한다는 말이다. 결국 사람의 영혼이 하늘로 올라가는 것과 짐승의 호흡이 끊어짐에 관해 인간은 알 수 없다는 것으로서, 인간의 한계점이 여실히 들어나고 있다. 그러니 인간이 어떻게 해야 하는가? 그 답을 전도자가 이어지는 22절에서 제시하고 있다는 것, 그것이 일차적인 의미라고 일반 성경학자들이 바라보고 있다.

♠ 예수 그리스도 중심의 해석에선 두 가지 방향을 생각해 볼 수 있을 것이다. 첫째는 '인생들'을 '사람'으로 보는 경우다. 필자는 '베네이בני 하아담האדם'을 '첫 아담의 아들들'이라고 번역했다. 그들 사람에겐 죽음 이후의 세계가 분명히 존재한다. 영원한 생명이 있고, 영원한 형벌이 있다는 것이다. 영원한 형벌을 가리켜 둘째 사망이라고 한다. 요한계시록 21장 8절에, "… 유황으로 타는 못에 던져지리니 이것이 둘째 사망이라"고 했다. 둘째 사망은 육체가 아니라 영이 당하는 형벌이다(육체는 썩어 흙이 될 것이므로). 로마서 8장 15절 표현대로라면 '양자의 영(롬8:15)'을 받은 자, 곧 '하나님의 영을 받은 자(롬8:14)'가 영적 의인이 된다고 할 것이다. 그러나 악인이건 의인이건 상관없이 '인자가 자기 영광으로

모든 천사와 함께 올 때에(마 25:31참조)' 그들의 영혼은 양과 염소의 무리로 구분될 것이다.

두 번째 견해는 '인생들'의 혼'에 해당하는 '루아흐חור 베네이בני 하아담האדם'에서 '아들'을 복수로 보는 것이 아니라 단수로 보는 것이다. 그러면 '사람의 아들의 영'이 되고 이것은 곧 예수님께서 자신을 가리켜 말할 때 자주 사용하시던 '인자의 영'이 된다. 이런 견지에서 살피면 영이 위로 올라간 분은 예수님이다. 즉, 예수께서 부활이후에 승천하여 올라가셨다는 것을 말함이라는 것이다. '누가 알랴'는 이와 같은 일에 관해 누가 알겠느냐는 것이다. 하나님께서 알려주시지 아니하시면 인간 가운데 이 비밀, 곧 십자가의 비밀을 알 자가 없다는 것이다. 이 비밀을 아는 것이 하나님의 선물이고 은혜이다.

22절] '그러므로 나는 사람이 자기 일에 즐거워하는 것보다 더 나은 것이 없음을 보았나니 이는 그것이 그의 몫이기 때문이라 아, 그의 뒤에 일어날 일이 무엇인지를 보게 하려고 그를 도로 데리고 올 자가 누구이랴'

본절은 17-18절에서 언급된 바, 정의와 공의가 필요한 재판정이나 행정적 통치의 자리에서도 악이 성행하고 있다는 현실과 사람의 죽음이 짐승과 똑같다는 그 허무감이 여전히 자리하고 있음을 암시적으로 말하고 있으면서도, 다른 한편으론 그 가운데서 사람이 '즐거워하는 것', '즐기는 것'이 최선이라고 말하고 있다. 하반절 부분은 보완설명을 하고 있다. 즉, 사람이 죽을 때 사람의 영이 어떻게 될지 누가 알겠느냐, 따라서 죽은 뒤의 문제를 인간의 지식으로 무엇을 알겠느냐, 그런 연유로 현재를 즐기는 것이 최상의 일이라는 것이다. 인간의 기쁨의 원천이라고 할 수 있는 것, 그것은 자기의 일을 열심히 한 결과에서 비롯되는 그의 분깃(몫)이기 때문이라는 것이다. 그리고 사람이 죽었을 때, 그 후에 사람이 어떻게 될 것인지는 전도자가 확고한 지식이 없어 사후 세계에 관해 전혀 알 수 없다는 의미의 말도 하고 있다. 이것이 일차적 의미이나 다소 해석이 안개처럼 모호하다. 그러니 구분해 구체적으로 살펴보자.

'그러므로 나는 사람이 자기 일에 즐거워하는 것보다 더 나은 것이 없음을 보았나니'에서 원문의 시작은 '웨라이티וראיתי'다. 이것은 3장 10절에도 나오듯 원형이 '라아ראה'다. '보다', '(목적을 가지고) 바라보다'의 뜻이다. '그리고 내가 보았다'가 된다. '즐거워하는'은 '이세마흐ישמח'로, 이것은 원형이 '사마흐שמח'로서, 이것은 '기뻐하다', '즐거워하다'의 뜻이다. '자기 일에'는 '베마아사우במעשיו'로서 전치사 '베ב'와 '마아세מעשה'의 결합이다. '마아세מעשה'는 '일', '임무', '행위', '재산'의 뜻이다. 3인칭단수로서, '그의 일'이 된다. 이 부분을 직역하면, '그리고 나는 사람이 그의 일을 기뻐하는 것보다 더 좋은 것이 없음을 보았다'가 된다.

'이는 그것이 그의 몫이기 때문이라'는 원문이 '키כי 후הוא 헬코חלקו'가 된다. '헬코חלקו'는 '평탄함', '전리품의 몫', '유산', '몫'의 뜻이며 3인칭 단수다. 직역은 '왜냐하면 그것이 그의 몫이기 때문이다'가 된다. 자기 일을 기뻐하는 것이 그의 몫이라고 한다. 몫이라면 보상의 의미를 말한 것 같다. 전체적으로 허무한 삶, 헛된 삶을 살면서 그나마 하나님께서 맡기신 자기 일을 즐거워하면 그것이 하나님이 주신 보상이고 선물이라는 의미가 된다.

본절에서 가장 문제가 되는 부분은 '베메הבמה 쉐이흐예היהש 아하라우יואחר'다. '쉐이흐예היהש'는 원형이 '하야היה'이며, '하야היה'는 '있다', '~이 이루어지다'의 뜻이 있다. 핵심은 '아하라우יואחר'가 되는데, '뒤'라는 뜻의 '아하르'와 3인칭 접미어의 결합이다. '그 후에'가 되나 의역해 '그 신후(身後)', 곧 '그가 이 세상을 떠나거나, 떠나 갈 때에'라고 번역할 수도 있다. 합치면 '그의 후에 있을 것'인데, 이것에 대해 '그것(그의 죽음)후에 그에게 무슨 일이 일어나고'라고 번역할 수도 있고, '그가 지금 자신을 발견한 그 상태 후에 무슨 일이 되어지고'라고 번역할 수도 있다.

'그의 뒤에 일어날 일이 무엇인지를 보게 하려고 그를 도로 데리고 올 자가 누구이랴'는 앞부분에서 왜 즐거워해야 하는지에 대한 구체적인 설명을 여기서 추가한 것이다. 일반적으로 지지를 많이 받는 의미는 이렇다. 즉, 사람이 죽은 후에 어떤 일이 일어날지 모른다는 것이다. 즉, 죽은 후에 다시 돌아와 어떤 영향을 끼친다는 것이 불가능하다는 것이니 차라리 살아있는 동안에 하나님이 주신 자신의 일을 하면서 그 가운데서 즐거움을 찾으라는 뜻이라는 말이다.

♠ 본절도 두 가지의 해석이 모두 가능하다. 첫 번째는 '하아담האדם'을 예수 믿는 사람인 '그리스도인'으로 보는 것이다. 그러할 때, '자기 일에 즐거워하는 것'은 것은 하나님과의 동행을 가리킨다는 것이다. 하나님과의 동행이 무엇인가? 그것은 예수 그리스도를 믿는 것이다. 요한복음 14장 20절에, "그 날에는 내가 아버지 안에, 너희가 내 안에, 내가 너희 안에 있는 것을 너희가 알리라"고 하신 그대로다. 동행하는 자는 예수 그리스도를 전하게 된다. 예수께서 '내 아버지께서 이제까지 일하시니 나도 일한다(요15:17

참조)'고 하신 것처럼 예수께서 일하시니 나도 일한다고 해야 참 그리스도인인 것이다. 이것이 바로 '더 나은 것', 곧 '선(טוב토브)'이다. 그런 '선'한 일을 행한 자의 보상이 무엇인가? 요한복음 5장 29절에, "선한 일을 행한 자는 생명의 부활로 악한 일을 행한 자는 심판의 부활로 나오리라"고 했다. 생명의 부활에 참예한 자는 영원한 생명을 얻는 것이다. 그리스도인들이 세상을 떠날 때, 부활의 자리에 데리고 올 자가 누군가? 바로 예수 그리스도시라는 것이다.

두 번째는 본절의 '하아담האדם'을 '인자בר אנוש'이신 예수님으로 보는 것으로 이것도 일차적 의미와 전혀 다른 각도의 결과가 나타난다. 예수께서 자신의 임무를 기뻐하셨다. 몸은 비록 고난의 쓴 잔을 마시는 십자가의 고통으로 괴로울 것이나 영적 기쁨인 이 기쁨은 하나님의 기쁨이시다. 사랑이신 하나님께서 기꺼이 베풀어 주시는 영적 기쁨이고, 이것이 또한 인간 구원과 사탄의 절멸을 위한 하나님의 원하시는 바 최고의 선(טוב토브)이라는 것이다. 이것은 인간이 결단코 할 수 없는, 인간의 속죄를 위해 오로지 하나님 자신만이 가능한 유일한 길이고, 예수 그리스도의 몫인 것이다.

'그의 뒤에 일어날 일', 곧 원문이 '베메במה 쉐이흐예שיהיה 아하라우יאחרו'는 '그의 후에 있을 것', 또는 '그가 죽은 뒤에 일어날 일'이란 뜻 외에도 다각도로 번역된다고 했다. '그의 뒤에 일어날 일', 혹은 '그의 때 후에 일어날 일' 등 여러 가지다. 따라서 '그의 후에'는 예수께서 십자가의 고난을 겪으신 후에, 곧 예수 그리스도께서 속죄의 제물이 되신 후이니 사망하신 후라 해도 무방하겠다. 그 후에 일어날 일은 부활이다. 요한복음 14장 19절에, "조금 있으면 세상은 나를 보지 못할 것이로되 너희는 나를 보리니 내가 살아 있고 너희도 살아 있겠음이라" 이것은 결코 육체의 이야기가 아니다. 영의 이야기다.

예수께서는 육신이 죽임을 당하셨으나 부활하셨다. '그를 도로 데리고 올 자가 누구이랴'고 했다. 인간이 예수님을 데려올 수 없다. 주께서 오시는 것이다! 예수께서 승천하실 때에, 흰 옷 입은 두 사람이 제자들 곁에 서서 말하길, '갈릴리 사람들아 어찌하여 서서 하늘을 쳐다보느냐 너희 가운데서 하늘로 올려지신 이 예수는 하늘로 가심을 본 그대로 오시리라하였느니라(행1:11)'고 했다. 그분이, 그분 스스로가 다시 오실 것이다. 만주의 주로, 만왕의 왕으로, 영광의 주로, 심판주로 그렇게 오실것이다!

제 4장 해 아래 – 위로자 없는 곳, 그곳에 왕께서 임하시다.

1절] '내가 다시 해 아래에서 행하는 모든 학대를 살펴보았도다 보라 학대 받는 자들의 눈물이로다 그들에게 위로자가 없도다 그들을 학대하는 자들의 손에는 권세가 있으나 그들에게는 위로자가 없도다'

본절부터 5장 20절까지는 인생무상, 헛됨을 강화시키는 불행들에 관해 열거하고 있다. 그 첫절이 치명적이라할 만큼의 비탄에 젖게 만든다. 해 아래 인생들의 추한 모습, 서리 맞은 잡초처럼 기운 잃은 모습, 평안도 위로도 없는, 삶의 절대적 허무가 일관되게 나열된다. 이러한 비관적 상황은 본절에서 12절까지는 끊김이 없이 계속해서 이어지게 된다.

'내가 다시 … 살펴보았도다'는 원문이 '웨샵티ושבתי 아니אני 와에르에הוראה'다. '웨샵티ושבתי'는 원형이 '슈브שוב'다. 이 단어 '슈브שוב'는 '돌이키다', '돌아서다'의 뜻이다. '와에르에הוראה'는 원형이 '라아ראה'로, '보다', '감찰하다', '나타나다'의 뜻이다. 감찰의 뜻이 포함된 것으로 보아 아주 세세히, 깊이 관찰한 것을 말하는 단어다. 이것을 직역하면, '그리고 내가 돌이켜 보았도다'가 된다. 전도자의 시선이, 곧 관찰 대상이 바뀌었음을 알 수 있다. 무엇을 살펴보았는가? '해 아래에서 행하는 모든 학대를' 살펴보았다고 했다. '행하는'은 원문이 '나아심נעשים'이고, 이것은 '일하다', '행하다'의 뜻이 있는 '아사עשה'의 니팔형이다. 수동이니 '행해지는'이 맞을 것이다. 수동65의 의미가 무엇인가? 원하지 않아도 그렇게 된다는 것이니, 모든(콜) 학대가 권세자의 손에서 그렇게 이루어지고 있었다는 말이다.

'학대를'은 원문이 '하아슈킴העשקים'으로, '압박', '상해'의 뜻이며 복수다. '억압하다', '빼앗다'는 뜻의 '아사크עשק'에서 유래했다. 문맥의 흐름으로 보아 권세자의 압제가 심해 강탈 수준에 이른 것을 알 수 있다. 본래 하나님은 이웃이나 자기 종을 압제, 약탈함을 금지하셨다(출22:21, 신23:16). 왜 압제하고 강탈하나? 그 기저엔 인간의 탐욕이 있음이고, 자기 권위 과시욕이 있음이다. 악의 제국을 만드는 것이 권세자의 행위라고 볼 때, 본절은 이 부분을 강조한 것이라 할 것이다.

'보라 학대받는 자들의 눈물이로다 그들에게 위로자가 없도다'라는 말씀을 보자. '학대받는 자'의 원문 '하아슈킴העשקים'이 복수라는 점을 유념해보면, 힘 없는 그들이 할 수 있는 것은 고통과 서러움의 눈물뿐인 것이다. 그럼에도 불구하고 그들을 위로하는 자가 없다. 그러니 더욱 한스럽고 더욱 눈물이 날 것이다. 원문은 감탄문 '웨힌네והנה'로 시작한다. '그럼에도 불구하고 보라', 혹은 '오호라'라고 번역할 수 있다. 왜 이런 표현을 했을까? 불쌍하고 안타깝고 답답해서다. 박해와 학대받는 자들의 아픔, 고통, 슬픔을 목격하면서도 그들을 돕고 위로하는 자가 없으니 심히 답답한 것이다.

'그들을 학대하는 자들의 손에는 권세가 있으나 그들에게는 위

---

65 그러나 수동과 피동도 다른 문법적인 요소가 있다.

로자가 없도다'

 본절의 '권세'는 원문이 '코아흐ךכ'로, 이것은 '힘', '능력', '자산'의 뜻이다. 글자그대로 보면 불공평한 이 사회의 단면을 보는 듯하다. 힘이 잘못 사용되면 폭력이 되고, 정의를 말살시키는 것이다. 학대하는 자가 힘과 능력을 가졌고, 학대받는 자는 가진 것이 없어 비탄의 눈물만 흘릴 뿐이니 말이다. 본절의 일차적 의미는 이와 같은 현실이 모두 '해 아래'에서 벌어지는 것이니 이를 타파하는 길은 오직 정의와 공의에서 결코 벗어나지 않는 하나님의 도움, 그분의 손길만이 현명한 해결책임을 말하고 있다는 것이다.

♠ 본절의 모습은 천상이 아닌 '천하', 곧 '해 아래'의 상황이다. 본절의 '학대(들)', 혹은 '학대받는 자(들)'는 모두 복수 형태다. 예수님이 아니라는 말이다. 하나님이신 예수는 위로자다(고후 1:3,4절 참조). 그리고 학대라기보다는 '압제'나 '억압'이란 말이 어울릴 것 같다. 또 '행하는'이라기보다는 '당하는'이 맞고, 그들은 영적으로도 죄인이기에 알게 모르게 사탄의 종노릇을 하고 있다. 종의 영을 받았기 때문이다(롬8:15). 이 영은 제아무리 발버둥을 치고 애써도 공중 권세를 잡은 자, 사탄의 그 하수인들로 육의 세계를 살아간다.

 본절의 '눈물'의 원문 '디무아트דמעת'는 '눈물', '울음'을 뜻하는 '데마דמעה'의 여성형이다. 이스라엘 백성들이 영적으로는 사탄의 하수인인 유대 종교지도자들의 압제와 학대에 눈물을 흘린다는 것이고, 그 압제 때문에 고통을 받고 있다는 것이다. 예수님 당시의 종교지도자들의 모습이 압제자의 모습 그대로였다. 그들은 부와 권력을 향유했으나 식민지에 속했던 일반 백성들은 고통을 당하고 있었다. 야고보서 2장 9절에 보면, "만일 너희가 사람을 차별하여 대하면 죄를 짓는 것이니 율법이 너희를 범법자로 정죄하리라"고 했다.

그럼에도 불구하고 이스라엘 백성들은 예수님을 영접하지 않았으므로 영적으로는 사탄의 하수인이었다. 많은 종교지도자들이 압제와 강압의 수단으로 백성들을 잘못된 길로 인도했던 까닭이다. 예루살렘으로 입성할 때에 호산나를 외치며 환영하던 군중들이 나중에
[종교지도자들에게 현혹되어] 그 마음들이 돌변하여 소리를 질러가며 예수님을 십자가에 못 박으라고 외쳤다(마27:23-25참조). 마태복음 5장 4절에, "애통하는 자는 복이 있나니 그들이 위로를 받을 것임이요"라고 했다. 그러나 유대인들은 사탄의 하수인들에게 물적, 영적으로 매인 자들이었다. 그리하여 애통한다 할지라도, 눈물을 아무리 흘린다 할지라도 그들에겐 위로자가 없었다. 왜냐하면 그들은 위로자 되신 예수님을 거부했기 때문이다.

2절] '그러므로 나는 아직 살아 있는 산 자들보다 죽은 지 오랜 죽은 자들을 더 복되다 하였으며'

앞절에서 '해 아래'엔 학대받는 자를 위로할 자가 없어 헛된 세상임을 말한 전도자는 본절에서 마치 죽은 자를 더 동경하는 듯한, 신앙적으로 용납하기 힘든 뉘앙스를 풍긴다. 죽은 자를 더 복되다고 할 정도라면 이 상황은 실로 허무의 극치라 아니할 수 없는 지경이기 때문이다.

전도자가 세상에 대한 지혜로 가득 찬 인간 솔로몬이라면, 그리

고 본절의 말씀이 그의 사색의 결과로만 나타난 것이라면 충분히 이해가 가능한 모습일 것이다. 그가 바라본 삶, 현실적인 문제들이 그만큼 올바르지 못하다는 사실을 직시하고 있었기 때문이다. 설사 그렇다고 해도 왜 그는 산 자들보다 죽은 자들이 더 복되다 했을까? 살아 있는 것보다 죽은 자들이 더 가치롭다는 것일까? 그게 솔로몬 개인의 심정을 피력한 것일까? 이런 의문들에 대해 원문을 분석하며 다시 살펴보기로 하자.

'아직 살아 있는 산 자들보다'는 히브리어 원문이 '민מ 하하임החיים 아쉐르אשר 헴마המה 하임חיים 아데나עדנה'이다. '하임חיים'은 '그 살아있는 자들'의 뜻이고, '헴마המה'는 인칭대명사 '그들'의 뜻이다. '아데나עדנה'는 '아직', '지금까지'의 의미다. 다시 직역하면, '지금까지 살아 있는 그 살아있는 자들보다'가 된다. 강조적 용법이랄 수 있다.

'죽은 지 오랜 죽은 자들을'은 '엩את 함메팀המתים 쉐케바르שכבר 메투מתו'로서, '함메팀המתים'은 원형이 '모트מות'로, '죽다', '사라지다'의 뜻이며 복수형이다. '그 죽은 자들'이 된다. '메투מתו'는 3인칭 복수다. '쉐케바르שכבר'는 '이미', '오래전에'의 뜻이니 전체적인 의미는 한글 번역과 같은 의미가 된다.

그런데 본절의 원문 첫 부분이 '웨솹베아흐ושבח 아니אני'인데, 이것은 '웨솹베아흐ושבח'는 접속사와 '샤바흐שבח'의 결합이다. '샤바흐שבח'는 피엘형으로, '파도를 잔잔케 하다', '칭찬하다' '(하나님을) 송축하다'의 뜻이다. 이것을 '그러므로… 복되다 하였으며'로 번역하는 것보다는 '그러므로 내가 찬양하였다 하였으며'가 맞을 것이다. '복되다'는 참으로 문맥과도, 내용과도 맞지 않으며 어색하다.

아마도 전도자는 생각하기를, 이미 죽은 자들은 '해 아래'의 허무적인 것들, 비극적인 것들, 불의한 것들'을 보지 않고 경험하지 않아도 되니 차라리 낫다는 식으로 표현한 것 같다. 죽은 자들이 더 낫다고 할 정도로 이 세상이 마땅찮으며, 그로 인한 '인생무상', 혹은 '허무감'으로부터 탈출하고 싶어 했다는 것이리라. 그런데 이처럼 그리스도교의 신앙과 다소 거리가 있는 해석은 문제가 있다. 왜냐하면 이런 해석은 이 구절이 솔로몬 개인의 의견으로 격하되게 하고, 따라서 전도서가 성령의 감동으로 기록된 성경이란 이미지가 손상을 입는다는 치명적인 문제를 낳기 때문이다.

♠ '해 아래'의 형편은 녹록치 않다. 세속의 삶이 평탄하지 않음은 상식인 바 영적인 문제는 더욱 심각하다. 게다가 위로자를 거부했거나, 혹은 위로자를 찾지 않는 '종의 영을 받은' 무리들에겐 육적, 영적 삶 모두가 최악의 삶이 아닐 수 없을 것이다. 그런 자들에게 과연 죽은 자들의 삶이 더 복되다고(찬양할만하다고) 말할 수 있을까? 아니다. 그렇지 않다. 그들의 영은 둘째 사망에 들어갈 것이기 때문이다.

하지만 그리스도인의 삶은 다르다. 아직 살아 있는 자들의 삶보다 오래 전에 죽은 자들의 삶이 훨씬 복되다. 빌립보서 1장 23-25절에서 사도 바울은 말하기를, "…차라리 세상을 떠나서 그리스도와 함께 있는 것이 훨씬 더 좋은 일이라 그렇게 하고 싶으나/ 내가 육신으로 있는 것이 너희를 위하여 더 유익하리라/ 내가 살 것과 너희 믿음의 진보와 기쁨을 위하여 너희 무리와 함께 거할 이것을 확실히 아노니"라고 했다. 바울의 말대로 그는 이생의 삶보다 그리스도와 함께 있는 삶이 더 나은 것임을 분명히 했다. 그가 세상에 대해 원한 것은 주의 말씀을 전파하기 위한 수단으로서의 남은 삶이었을 뿐이다.

고린도후서 5장 8절에서는, "우리가 담대하여 원하는 바는 차라리 몸을 떠나 주와 함께 있는 그것이라"고 했으니 바울의 삶은 '해 아래'의 삶이 더부살이였다는 것이다. 또 고린도후서 5장 1절에서도, "만일 땅에 있는 우리의 장막 집이 무너지면 하나님께서 지으신 집 곧 손으로 지은 것이 아니요 하늘에 있는 영원한 집이 우리에게 있는 줄 아느니라"고 하지 않았는가? 이 세상의 삶, 곧 '해 아래', '이 땅 위'의 삶은 노고와 수고를 필요로 하는 삶이다. 그런 수고에도 불구하고 쉽게 무너지는 장막집 같은 삶이다. 그러나 죽은 뒤의 삶은 영원한 삶이고, 영원한 집이 있으며 더욱이 그 집은 하나님께서 지으신 집이다. 그리스도인으로서 죽은 지 오랜 자들의 삶이 얼마나 아름다울까! 얼마나 복된 삶일까!

3절] '이 둘보다도 아직 출생하지 아니하여 해 아래에서 행하는 악한 일을 보지 못한 자가 더 복되다 하였노라'

산 자보다 오래전에 죽은 자가 더 낫다는 얼핏 이해하기 힘든 말을 한 전도자가 한술 더 뜬다. 아예 태어나지 않음이 더 낫다는 것이다. 태어난 자보다 더 좋은 자는 태어나지 않은 자이고, 그가 되려 복되다고 했다. 왜 태어나지 않은 자가 더 나은가? 그는 해 아래에서 행하는 악한 행위를 의식하지 못하기 때문이라고 말한다. 전도서가 신앙적으로 맞느냐 안 맞느냐를 차치하고 이 세상의 고통과 비극을 초월할 수 있는 위로가 '이 땅위', 곧 '해 아래'엔 없다는 그런 사상이 전도서에 엿보인다는 것이다. 본절의 이 말씀이 사상이라면 말씀으로서의 대접을 받지 못할 것이다. 왜냐하면 솔로몬의 생각의 일단(一端)이 되기 때문이다. 그러나 이것이 진리의 말씀이라고 인정한다면 이 구절이 하나님의 원대한 계획과 섭리에 다소 어긋난 듯한 느낌이 들 수밖에 없는 부분이기도 하다.

물론 죽음은 육신에 속한 자들에겐 철저한 절망이고, 피할 수 없는 벽이긴 하지만 차라리 태어나지 않는 것이 살아 활개치고 다니는 사람보다 행복하다고 말하는 것에 대한 깊은 반감이 들지 않는가? 속된 말로 '개똥밭에 굴러도 이승이 낫다'는 말도 있지 않은가? 만약 이런 사고가 역시 허무를 말한 것이라면, 그 허무의 질과 강도가 극한에 이르렀다고 할 것이다. 역으로 말하면 전도자의 사고와 경험의 결과, 영화를 가장 크게 누렸던 솔로몬의 삶의 고통이, 그의 내면속에서 출렁이는 허무의 파도가 해일처럼 그를 괴롭혔으리라는 짐작을 갖게 한다. 우리는 그런 그의 고뇌와 고통의 진정성과 그 무게를 이해할 수 있는가? 아무리 그렇다고는 해도 앞절처럼 산 자가 죽은 자보다 못하고 또 삶이 태어나지 않음만 못하다는 그런 생각에 쉽사리 공감이 가진 않을 것이다. 그렇다면 정녕 탈출구는 없는 것일까? 이런 허무감의 상승작용이 일어나는 것이 의미의 전부일까?

주요 원문을 풀어봄으로써 본절의 의미를 보다 상세히 알 수 있을 것이다. '아직 출생하지 아니하여'는 원문이 '아덴עד 로לא 하야היה'다. '아덴עד'은 부사로, '아직', '지금까지'라는 뜻이다. 여러 번 나온 '하야היה'는 '있다', '존재하다'의 뜻이다. 따라서 '로לא 하야היה'는 '로לא'가 강한 부정이므로 '절대 존재하지 않는'이 된다.

아마 출생할 가능성, 기미조차 없는 상황을 말한 것이리라. 그래야만 해 아래서 행해지는 악을 절대로 보지 못할 것이기 때문이다. '행하는 악'은 '하라ערה 아쉘אשר 나아사נעשה'다. '하라'는 악을, '나아사'는 니팔형으로 수동이다. '행해지는 악'이다.

♠ 산 자보다 오래전에 죽은 자가 더 복되다? 그리고 출생하지 아니한 자가 오히려 더 복되다? 그렇다면 낳고 자라고 죽는 것이 도대체 무슨 의미가 있다는 것인가? 정녕 삶이 '헛됨'이거나 그 이상이랄 수 있는 공(空)이고, 무(無)란 말인가? 마치 불가나 노장사상이 더 어울릴 법한 내용이 이어지고 있다는 점에 깊은 회의가 느껴지지 않는가? 필자 또한 요한복음 5장 39-42절의 말씀을 심각하게 받아들이기 전까지는 성경에 대한 가치를 그다지 높이 평가하지 않았었다. 특히 구약을 말이다. 그 중에서 전도서는 더욱 그러했다.

39절의 이 말씀은 유대인들에게, 특히 율법에 매달리는 그들에게 하신 말씀이다. 곧, "너희가 성경에서 영생을 얻는 줄 생각하고 성경을 연구하거니와 이 성경이 곧 내게 대하여 증언하는 것이니라/ 그러나 너희가 영생을 얻기 위하여 내게 오기를 원하지 아니하는도다/…/다만 하나님을 사랑하는 것이 너희 속에 없음을 알았노라"고 하셨다. 유대인들이 성경을 파고드는 이유는 두 가지다. 그 하나는 영생을 얻기 위함이며, 다른 하나는 '오는 세상', 곧 메시아의 세상에서 낙오되지 않기 위해서다. 그런데 그들을 향해 예수님은 하나님을 사랑하는 것이 그들 속에 없다고 말씀하신 것이다. 영생이 없을 것이고, '오는 세상'에 그들의 자리가 없을 것이라는 말씀이다. 유대인들이 누구인가? 성경을 끼고 사는 사람들이고 전 세계에서 하나님을 가장 받들고 따르는 자들이었다. 그런데 왜 예수님은 하나님을 사랑하지 않는다고 하셨을까? 그들이 읽는 성경이 메시아이신 예수, 이 땅에 오신 하나님이신 예수를 말하고 있는데 거부하고 있었기 때문이다. "하나님을 사랑하는 자, 곧 그 뜻대로 부르심을 입은 자들에게는…(롬8:28)"이라고 했다. 결국 유대인들은 하나님을 사랑하지 않았으니 부르심을 입은 자들이 아니라는 것이다. 버림받은 것이다! 왜 그런가? 이유는 한 가지다. 요한복음 5장 43절에 그 답이 있다. "나는 내 아버지의 이름으로 왔으매 너희가 영접하지 아니하나 …"라고 하신 것이다. 예수님을 영접하지 않았다! 그것이 하나님을 사랑하지 않은 것이라는 말이다. 왜? 예수님이 곧 하나님이신데 하나님 예수를 영접하지 않은 것이다. 예수님이 말씀하신 성경은 구약이다. 전도서도 구약이다. 그렇다면 전도서는 누구를 증언하고 있는가? 예수님이다. 그러니 예수님을 전도서에서 찾아야만 했던 것이다. 유대인들은 전도서가 메시아에 대한 예언서라는 것까지는 밝혀내었다. 그러나 최종 메시아이신 예수는 거부했다.

그런데 필자가 이 예수님의 말씀을 명심하고 전도서 안에서 예수님을 찾으니 전도서가 사상서나, 솔로몬의 사고의 산물이 아니라 성령의 감동으로 기록된 성경으로 비로소 다가왔던 것이다! 그때부터 전도서는 '달고 오묘한 말씀'이 되었다.

예수님과 본절을 연결하면 얼핏 떠오르는 인물이 있다. 가룟 유다다. 마태복음 26장 25절엔 그를 가리켜 "예수를 파는 유다"라고 했다. 실로 이 세상에 와서 악역만 하다가 갔다. 그에 대해 예수님은 말씀하시기를, '인자는 자기에 대하여 기록된 대로 가거니와 인자를 파는 그 사람에게는 화가 있으리로다 그 사람은 차라리 태어나지 아니하였더라면 제게 좋을 뻔하였느니라'고 한 것이다.

불행하게도 세상엔 수많은 가룟 유다가 있다. '해 아래'에 와서 세상살이 험난한 삶에 자신도 모르게 악인이 되었거나 혹은 예수님을 거부하고 내치다가, 아니 어떤 사람은 예수 믿는 것을 방해하다가, 또는 예수 믿다 가룟 유다처럼 배신하다가 영원한 형벌에 들어가게 된 것이다. 이런 사람들은 차라리 출생하지 않았더라면 적어도 '영벌'은 없을 것이 아닌가? 가룟 유다에게 미치는 화(禍), 그것은 둘째 사망, 곧 불못이라 하는 지옥에 들어가는 것이었다.

그러나 세상에 와서 예수 그리스도를 영접하면, 그 사람의 인생은 영원한 생명을 얻는 절호의 기회를 갖는 것이다. 이런 사람은 반드시 태어나야 하고, 그들에겐 이 세상의 삶이 절대 허무가 아니라 이루 말할 수 없이 귀한 그런 '해 아래'의 삶이 되는 것이다. 그리스도인들이 해야 할 일이 무엇인가? 허무와 절망 가운데 헤매는 것이 아니다. 주님을 영접한 자들은 사도 바울처럼 그리스도의 복음을 전하기 위해 하루하루를 보물처럼 아끼는 귀한 '이 땅 위의 삶'을 살아내야 하는 것이다.

4절] '내가 또 본즉 사람이 모든 수고와 모든 재주로 말미암아 이웃에게 시기를 받으니 이것도 헛되어 바람을 잡는 것이로다'

본절에서 다시 '헛되어 바람을 잡는 것이로다'라는 말씀이 나타나고, 이런 허무감이 6절까지 이어진다. 이 구절은 그다지 난해하지 않아 읽는 대로 이해가 될 것이다. '수고'의 원문은 '아말עמל'로서, 이것은 '힘든 노동', '(비유적으로는) 마음 고생', '수고'의 뜻이다. '재주'는 한글 개역관주에서는 '교묘한 일'로 번역했다. 원문은 '키쉬론כשרון 함마아세המעשה'로, '키쉬론כשרון'은 '옳다', '번성하다'

라는 뜻을 가진 '카셰르כשר'가 원형이고, 여기서는 '성공', '번성', '이득', '재주'의 뜻이다. 본절에서는 이것도 '수고'로 번역할 수 있다. '함마아세המעשה'는 관사ה와 '마아세מעשה'의 결합이다. '마아세מעשה'가 '일', '행위'이므로 '그 행위'가 될 것이다. 그러므로 앞 부분은 '그리고 내가 또 보니 모든 수고(노력)와 성공의 일로 인하여'가 된다.

'이웃'은 원문이 '메레에후מרעהו'로, 이것은 '레아רע'가 전치사(민מן)와 2인칭 단수접미어가 결합된 것으로, 그 뜻은 '친구', '동료', '이웃'이 된다. '시기'는 '키네아트קנאת'로서, '부러워하다', '시기하다'의 뜻을 갖는 원형 '카나קנא'에서 유래한 단어로 '질투', '시기'의 뜻이다.

'이것도'를 가리키는 원문 '히היא'는 여기서 '노력과 성공'에 대한 것이다. 이런 것도 동료나 이웃에게 시기와 질투를 낳게 한다는 것이다. 사람이 사회에서 성공을 거두려면 수많은 난관을 돌파하고, 어려움을 극복해야 한다. 그러나 성공한 후에조차 칭찬이 아니라 시기와 질투의 대상이 되고 있다. 이 사회의 악하지만 많은 경우에 나타나는 일상적 모습을 반영한 구절이랄 수 있다. 어쩌면 '해 아래'에선 당연한 악한 행위 가운데 하나로서, 전도자는 이것도 또한 헛된 것הבל(잠시 있다가 지나가는 것)임을 말하고 있다.

♠ 여기서 '모든 수고'는 '모든 힘든 노역'이다. 노력을 요하는 힘겨운 활동을 말함이다. '모든 재주'는 '모든(콜) 성공'을 말하며 긍정적인 의미의 구절이다.

예수 그리스도께서 이스라엘의 곳곳을 다니며, 힘쓰고 애쓰는 가운데 성공적인 선교활동을 하셨다. 이를 못마땅하게 여기며 환호를 받는 예수님의 모습을 시기하고 질투하던 무리가 있었다. 바로 유대 종교지도자들이다. 유대 종교지도자들은 사실상 시기와 질투로 끝나지 않았다. 마태복음 26장 4절에 보면, "예수를 흉계로 잡아 죽이려고 의논하되"라는 말씀이 있다. 이들은 시기와 질투를 넘어 흉계를 꾸며 실제로 예수 그리스도를 십자가로 처형하는 역할을 한 것이다.

본절의 끝에, '이것도 헛되어 바람을 잡는 것이로다'라고 했다. 이 부분은 이미 여러 번 말했거니와 '헛되어', 즉 '하벨הבל'이 짧은 순간, 즉 한 호흡이란 의미라고 했다. '바람'이라고 번역한 '루아흐רוח'는 '바람'이라고 할 수도 있고, '영'이라고 번역할 수도 있다고 했다. '바람'이 되면 예수님의 애씀과 성공적 선교에 대한 유대 종교지도자들의 시기와 질투가 흉계로 이어지고 끝내는 예수님을 처형에까지 이르게 했으나 그런 모든 것들이 바람 같이 짧은 순간에 다 지나갈 것이며, 그들의 하는 짓들이 의미 없는 짓이 된다는 것이다. '루아흐'를 '영'이라고 보고 해석하면 이것도 비록 짧은 시간이지만 유대 종교지도자들이 알 수 없는 영적 일이라는 뜻이 되니, 곧 세속의 것으론 영에 관해 깨달을 수 없음을 말하고 있다고 할 것이다.

5절] '우매자는 팔짱을 끼고 있으면서 자기의 몸만 축내는도다'

4절에서는 수고와 성공으로 달려간 인생이 오히려 시기와 질투를 받아 그런 삶도 헛되며 의미가 없다고 했는데, 여기서는 또 정반대로 게으른 자에 대한 이야기를 하며 이 또한 파멸의 길임을 말하고 있다.

본절에서 '우매자'는 원문이 '학케실הכסיל'로, 관사와 '바보', '어리석은 사람', '백치'의 뜻인 '케씰'의 결합이다. '팔짱을 끼고 있으면서'의 원문은 '호베크חבק 엩את 야다우ידיו'다. '호베크חבק'는 원형이 '하바크חבק'이고, 이것은 '포옹하다', '손을 거두다'의 뜻이다. '야다우ידיו'는 '야드יד'의 복수형이다. '손', '일', '힘'의 뜻이다. 직역하면, '손을 거두고'가 맞는다. 손을 거둔다는 것은 잠언의 말씀과 유사한 것으로, 즉, 잠언 24장 33절에, "네가 좀더 자자, 좀더 졸자, 손을 모으고 좀더 누워있자 하니"라는 말씀 그대로다. 게으른 모습의 계속 진행을 뜻한다.

'자기의 몸만 축내는 도다'라고 했다. 이것은 원문이 '웨오겔ואכל 엩את 베사로בשרו'다. '웨오켈ואכל'은 접속사ו와 '먹다אכל'라는 뜻이다. '베사로בשרו'는 '살아있는 몸의 살', '몸', '육체'를 뜻한다. 3인칭단수다. 그래서 직역하면 '그의 살을 먹는다'가 된다.

자기 손의 수고로 자기 자신의 먹을 것으로 버는 대신에 그 '자신의 살을 먹는다'? 즉, 파멸을 초래한다는 말이다. 이것이 문자적, 일차적 의미다.

♠ '우매자'가 과연 게으른 사람을 가리키는 말일까? 속뜻은 그런 의미가 결코 아니다. 본절은 전(前)절과 이어진다. 앞절에서 필자는 예수의 노력과 선교의 성공에 대해 시기하는 자가 유대 종교지도자들이라고 했다. 그렇다면 여기에 나오는 '우매자', 곧 '어리석은 바보'가 누구인가? 이들이 바로 유대 종교지도자들이다. '손을 거두고'는 사실상 자기 자신은 아무 것도 안하면서 시기와

질투하는 그런 유대 종교지도자들의 모습의 반영이다. 하반절의 '자기 몸만 축내는 도다'와 관련지었을 때, 이 부분에 대해 원어사전(헬라어 히브리어사전: 시온성, 2004)은 '시기심으로 가득찬 어리석은 사람을 가리켜 말한다'고 했다. 그런 뜻이다. 예수님의 성공과 노력에 대해 본받거나 수용하거나 격려하는 것이 아니라 시기와 질투 속에 가득 차 있는 그런 유대 종교지도자들이 우매자라고 말씀하고 있는 것이다.

6절] '두 손에 가득하고 수고하며 바람을 잡는 것보다 한 손에만 가득하고 평온함이 더 나으니라'

전도서 4장을 깊은 탐색적 사고(思考)를 염두에 두지 않고 무심히 읽은 분들은 그다지 해석이 어렵다고 느끼지 않을 것이다. 본절도 그러한 구절이다. 그런데 본절의 '평온함'에 대한 해석이 학자들 가운데 이견(異見)이 많다. 보통 가장 많이 인용되는 답은 '나태함'을 가리킨다는 것이다. 하지만 묘하게도 '나태함'이란 단어가 주는 뉘앙스는 부정적인데 반해 여기서는 그 반대의 이미지를 갖는다고 말하고 있다. 즉, 사람이 만족을 위해 수고하고, 활동하며, 재산과 명예를 계속해서 추구하거나 그보다 더한 짓을 하는 것(이것이 두 손에 가득하고 수고하며 바람을 잡는 것)이 오히려 문제이고, 그것에서 벗어나 그런 활동을 자제하는 것과 같은 그런 소위, '좋은 의미의 나태함'을 말한다는 것이다.

어리석은 자는 게으른 자(부정적 의미의 게으름)이나, 오히려 지나친 부지런함보다는 적당히 휴식을 취하는 것과 같은 나태함이 곧 평온함의 숨은 뜻이라는 말이다. 이렇게 보면 적절한 인생길의 안내자 같지 않은가? 솔로몬의 사색에서 비롯된 유익한 금언 같다는 것이다. 일차적 의미로서의 답이다. 하지만 거듭 반복하거니와 구원을 향한 신앙적 말씀으론 어딘가 못 미친다는 생각이 들지 않는가? 성경엔 언제나 그렇듯 숨은 비의(秘義)가 내재되어 있다.

주요 원문을 살펴보자. 번역은 원문과 도치되어 있다.[66] '한 손에만 가득하고 평온함이… 더 나으니라'는 원문이 '토브טוב 메로מלא 카프כף 나하트נחת'이다. '메로מלא'는 '가득함', '만족', '무리', '군중'의 뜻이다. '카프כף'는 '손바닥', '손', 여기서는 단수다. '나하트נחת'는 '고요함', '안식', '평안함'의 뜻으로 수고, 즉 힘든 노동과 반대의 이미지를 갖는다. 열심히 일하되 탐욕적이 아닌, 분수에 맞는 그런 상태의 열심인 사람의 마음 상태 같은 그런 평온함이다. '두 손에 가득하고 수고하며 바람을 잡는 것보다'는 그 뜻이 두 손에 잔뜩 갖고 계속해서 고통스런 수고를 지속하는 상태를 말하는 것이다. 그래서 본절에 대해 성경학자들은 풍부를 지향해 제 죽는 줄 모르고 일하는 그런 것과 달리 적더라도 마음이 평안한 것이 낫다는 의미로 해석한다. 환언하면, 자족하는 마음이 하나님을 의지하고 경건생활을 하는데 더 좋다는 뜻을 말하고자 한다는 것이다.

♠ 필자의 어린 시절에, 동네에 무당과 하나님을 동시에 섬기는 여인이 있었다. 교회에선 집사직인데, 그분의 집 곁방엔 무속 도구들이 가득 있었다. 이분은 늘 분주하고, 늘 귀신에 시달리고 있었는데, 결국 자살로 생을 마감했다. 이 구절은 그것과 비슷한 의

---

[66] 히브리어의 어순이 있는가의 문제는 학자마다 의견이 다를것이다. 히브리어는 굴절어인가?

미다. 이스라엘 백성들은 하나님과 우상을 함께 섬기는 일이 비일비재했다. 호세아서 10장 2절에 보면, "그들이 두 마음을 품었으니 이제 벌을 받을 것이라…"고 했다. 예수님 당시에도 유대 종교지도자들은 율법을 준행한다고 입으로는 말하고 실제로 율법적 행함의 모습을 많이 보여주었으나 회칠한 무덤처럼 외식적이었고, 뒤로는 재물을 탐하고 명예욕이 강했다. 이것은 종교지도자의 바른 모습이 아니었다. 예수 그리스도와 유대교를 동시에 따르거나, 하나님과 재물을 함께 섬기는 것은 잘못이라는 말씀이다. 필자는 본절을 차라리 한 손엔 예수님을 다른 한 손엔 우상(재물이나 다른 신 같은)이라고 의역했으면 한다. 그런 사람들에게 무슨 평온함이 있겠는가?

예수 그리스도만을 따르는 자에겐 반드시 주께서 주시는 진정한 평안함이 있을 것이다. 요한복음 14장 27절에 보면 예수님께서 이렇게 말씀하셨다. "평안을 너희에게 끼치노니 곧 나의 평안을 너희에게 주노라 내가 너희에게 주는 것은 세상이 주는 것과 같지 아니하리니 너희는 마음에 근심하지도 말고 두려워하지도 말라"고 하신 것이다.

본절의 말씀의 일차적 의미는 '해 아래', 곧 천하(天下)의 의미요, 속뜻은 '해 위', 곧 천상(天上)의 의미인 것이다. 이처럼 성경 안엔 이차적 의미, 곧 겉뜻과 속뜻이 다 존재하는 것이다. 왜냐하면 '귀 있는 자에게만' 들려주시기 위해서다.

7-8절] '내가 또 다시 해 아래에서 헛된 것을 보았도다. 어떤 사람은 아들도 없고 형제도 없이 홀로 있으나 그의 모든 수고에는 끝이 없도다. 또 비록 그의 눈은 부요를 족하

게 여기지 아니하면서 이르기를 내가 누구를 위하여는
이같이 수고하고 나를 위하여는 행복을 누리지 못하게
하는가 하여도   이것도 헛되어 불행한 노고로다'

'내가 또 다시 해 아래에서 헛된 것을 보았도다'에서, '다시'라는 말에서 문단이 바뀜을 알 수 있다. 전도자가 인생의 허무를 어떻게 표현했는가를 돌이켜 보자. 4장 3절까지는 학대받는 자는 있으되 위로자가 없어 헛되다 했다. 4-6절까지는 수고와 성공도 사실상 헛됨을 말했다. 본절에서 전도자는 다시 친구의 가치와 고독의 비극성에 대해 말하고 있다.

'어떤 사람은 아들도 없고 형제도 없이 홀로 있으나 그의 모든 수고에는 끝이 없도다' 직역하면, '아무도 없이 오직 한 사람이 있다 또한 아들도 형제(또는 친척)도 그에게 없다 또한 모두에 수고하기를 끝이 없도다'가 된다. 고독한 생이 아닐 수 없다. 아들이 없다고 했으니 물려줄 상속자가 없고, 심지어 양자도 없다. 형제(혹은 친척)도 없으니 심지어 더 이상의 아무도 없다. 본절에는 '아무도 없이'라는 말이 빠져 있는데, 원문은 '웨엔 쉐니'가 있다. 이것은 '그리고 둘째가 없다'는 것이다. 둘째가 무엇일까? 배우자인 '아내'일 수도 있을 것이고, '친구', '의지할 자', 등등 여러 가지 해석들이 난무한다. 어쨌든 혼자인 어떤 사람은 지극히 고독한 처지에 있음이 분명하다고 할 것이다.

그런데 이 사람의 고된 노역, 곧 수고가 끝이 없다. 의지할 곳도, 일가친척도 없는데 욕심이 있어 수고는 계속하니 재산은 지속적으로 증가할 것이다.

'또 비록 그의 눈은 부요를 족하게 여기지 아니하면서 이르기를'이라고 했다. 그런데 본절의 '눈'을 가리키는 단어 '에나우יניו'가 단수로 되어 있어[67] 당황스럽게 한다. 눈은 두 개이므로 쌍수래야 맞는 것이다. 왜 단수로 했을까? 아마도 역할로 나눈 듯하다. 오른쪽 눈은 의로운 눈, 다른 한쪽은 불의한 눈과 같이 나눈 것은 아닐까? 마태복음 25장 33절에, "양은 그 오른편에, 염소는 왼편에 두리라"고 한 말씀대로라면 당연히 오른 쪽 눈이 의로운 눈이 되어야 하는 것이다. 왜 홀로인 이 사람이 수고에 집착하는가? 그의 눈이 부요에 대해 만족을 모르기 때문이다. 부자가 더 부자가 되고 싶어 한다는 세상의 이치처럼 말이다.

'내가 누구를 위하여는 이같이 수고하고 나를 위하여는 행복을 누리지 못하게 하는가 하여도 이것도 헛되어 불행한 노고로다'라는 부분을 보자. 그냥 문장대로 의미를 추구하면 부자가 있어 스스로 탄식하는 듯이 보인다. 열심히 노고를 통해 부자가 되었으나 행복하지 않으니 수고가 다 속된 말로 '허당'이라는 것이다. 부자가 된 것이 다 헛수고라는 말이다. 일만 열심히 하고 되돌아보니 전혀 행복하지 않은 상황에 놓여있다는 것이다.

본절의 '나를 위하여는 행복을 누리지 못하게 하는가'에서 원문은 '우메하세르ומחסר 엩את 나프쉬נפשי 밑토바מטובה'가 된다. '우메하세르ומחסר'는 원형이 '하쎄르חסר'로 이것은 '결여되다', '부족하다', '없다'가 된다. 여기서는 피엘형으로, '부족하게 하다', '모자라

---

[67] 읽기와 쓰기의 문제는 히브리어 성경의 난제이다. 쓰여있는 것과 읽는 것이 다른 부분이 있다. 이에관한 심도 있는 연구는 사본학 관련 분야 서적들을 참고 하라. 현재의 히브리어 성경과 구약 그리스어 성경 70인역의 번역적 관계와 맛소라 연구들을 통해 이 분야는 연구되어 왔다.

다'가 된다. '나프쉬'는 '네페쉬נפש'로 '숨', '영혼', '생기', '생명'의 뜻이다. '밑토바'는 전치사(מ)와 '토브טוב'의 결합이다. '토브טוב'는 '선한', '좋은'의 의미가 있다. 직역하면, '내 심령에 좋은 것을 없어지게 하다'가 된다. 한 마디로 말해 자기 마음에 낙이 없다는 것이다. 부자의 삶의 의미가 무엇이냐는 물음을 던지는 글이다. 물론 하나님을 의지하고 경외하며 그분을 따르는 것이 최선임을 말하고자 하는 복선이 깔려있으나 아직 직접적으로 말하고 있지 않고 있다는 것이 일반적, 일차적 의미가 된다.

♠ 전도자는 이 세상에서 여전히, 짧은 순간에 지나갈 것들, 그와 같은 것들을 돌이켜 살펴보고자 하고 있다. 전도자가 예수님을 가리킨다고 가정하고 해석해 보면 어떨까? 예수님의 어머니와 동생들이 사람들을 보내어 예수를 부를 때, 예수께서는 '누가 내 어머니이며 동생들이냐'고 말씀하셨다(막3:33 참조).
7절에서 보았듯이 '해 아래'에서는 예수님은 철저히 혼자이셨던 것이다. 예수님을 제외하곤 전부 다 죄인들이었다!

예수님께 육신의 어머니, 형제들은 영적인 어머니와 형제들이 아니었다. 마태복음 3장 34-35절에 보면, 예수께서 "둘러앉은 자들을 보시며 이르시 되 내 어머니와 내 동생들을 보라/누구든지 하나님의 뜻대로 행하는 자가 내 형제요 자매요 어머니이니라"고 하신 것이다. 육신적으로 예수님은 '해 아래'에서는 철저히 혼 자셨으나 영적인 관점에서는 하나님의 뜻대로 행하는 자들이 바로 형제고 자매며 어머니라고 하셨다. 천상에 오르신 예수님은 수많은 가족을 갖고 계신다. 해 아래에서(죄인들 가운데서) 홀로 이셨던 예수께서 부활 승천하시고 성령이 오심으로 온 천하에 가족들이 풍성해지신 것이다.

예수님의 수고(고된 노역)는 공생애 동안 조금도 쉬시지 못한 것으로 알 수 있고, 또 그 수고는 끝이 없었다. 예수님의 눈은 수고를 계속하셨으나 탐심을 가지지는 않으셨으니 곧 물질적 부를 추구하신 것이 아니셨다.

본절의 말씀, 곧 '내가 누구를 위하여는 이같이 수고하고 나를 위하여는 행복을 누리지 못하게 하는가 하여도 이것도 헛되어 불행한 노고로다'고 한 부분은 원문과 번역이 많이 틀어져 있다. 일단 이 부분에서 원문에는 '불행한 노고'라는 말이 없다. 원문이 '웨이네얀וענין 라ער 후הוא'다. '웨이네얀'은 접속사와 '일'의 의미를 가진 '인얀ענין'의 결합이다. '라ער'는 형용사로서 '악한', '나쁜' 의 뜻을 말한다. 그래서 이 부분은 '그리고 이것이 악한 일이다' 가 된다. 원문 '우메하세르ומחסר 엩את 나프쉬נפשי 밑토바מטובה'는 '그리고 내 혼에 선함이 없게 하느냐'가 된다. 이 부분을 의역해 보면 이러하다. 즉, '내가 누구를 위하여 이같이 고된 노역을 하고, 내 혼에 선함이 없게 하느냐 그리고 이것은 악한 일이다'가 된다. 예수께서 십자가를 지시고 골고다 언덕으로 오르시는 그 수고와 고통이 누구를 위한 것이었는가? 이 부분을 풀어서 말하면 예수님의 몸에 그토록 악한 일을 겪게 하느냐 십자가에 처형하는 일, 그것이 얼마나 악한 일이냐 라는 의미가 되니 이것이야말로 속뜻, 곧 이차적 의미가 되는 것이다.

9절] '두 사람이 한 사람보다 나음은 그들이 수고함으로 좋은 상을 얻을 것임이라'

혹자는 이 말씀의 겉모습에서 글자그대로 보이는 그런 것, 즉 성실한 우정과 그 보상에 관한 것이라고 말할 것이다. 9-12절을 보아도 그러하다. 협력이 좋은 점을 말하고 있는 것 같이 보인다.

그 중에서 9절은 두 사람의 협력에 관한 이야기로 나오는 듯하지만 반드시 둘이라기보다는 여럿이란 의미랄 수도 있다. 둘이(혹은 여럿이) 협력하고 협조하면 한 사람이 이룬 것보다 더 나은 결과가 그 보상으로 나타날 것이라는 말이다. 8절에서 보이던 고독자의 모습이 여기서는 그 반대로 나타난다. 그러므로 고독을 해결하고, 더 나은 보상을 얻는 방안으로서의 협력이 인간들에게 유익함을 말한 것이라는 주장이 일반적인 일차적 의미가 된다.

본절의 '상'은 '사칼שכר'이다. 이것은 '(고용에 대한) 임금', '보수', '상급', '품삯', '값'의 의미다. '두 사람'은 '하쉬나임השנים'으로, '관사ה'와 '셰나임שנים'의 결합이다. '셰나임שנים'은 쌍수형으로, '둘', '이중', 여기서는 '그들의 둘'이 된다. '나음'의 원문 '토빔טובים'은 '토브טוב의 복수형'이다.

♠ 본절에 나타난 '상'은 수고에 대한 대가다. 그런데 원문 '하쉬나임השנים'에서 '쉬나임שנים'은 둘이지만 짝으로 묶인 하나다. 예수님을 영접함으로써 영적으로 하나가 될 때, '좋은 상'을 얻게 되리라는 것이다. '토빔טובים'은 '토브טוב', 곧 '선(善)'의 복수형이라고 했는데, 히브리어는 단수와 복수가 의미적으로 같은 경우가 참 많아서 다소 혼란스럽다. 히브리어 원문은 이 '토빔טובים'처럼 개별적이 아니면서도 개별적인 의미로 받아들여지거나 그 반대로, 개별적이면서도 개별적이 아닌 것으로 나타나는 경우도 많다. 그 때마다 신중히 살펴보아야만 한다.

유대문화에서, 사람 하나에 영이 여럿으로 나타나는 경우도 가끔 있다. 성경의 악령 이야기, 즉 군대 귀신이나 일곱 귀신이야기도 그런 경우다. 그러하기에 본절에서 보듯 예수님과 영적으로 하나가 된다는 해석도 유대인들에겐 전혀 이상하게 받아들여지지 않는 것이다.

로마서 8장 16절에, "성령이 친히 우리의 영과 더불어 우리가 하나님의 자녀인 것을 증언하시나니"라고 했다. 성령과 우리의 영, 다시 말해 둘이 하나가 됨으로써 하나님의 자녀가 되는 것이다. 우리는 보통 이것을 '성령의 내주하심'이라고 표현한다. 본절의 '상'을 가리키는 원문 '사칼'은 '상급'의 의미다. 수고에 대한 대가라고 이미 언급했다. 둘이 하나가 된 삶, 곧 성령과 하나 된 삶을 통해 그리스도인들은 '해 아래'의 삶을 영위하는 동안 적잖은 수고(고된 노역)가 요구되겠지만 그 모든 것을 극복한 뒤엔 '의의 면류관'을 상급으로 받게 될 것이다.

디모데후서 2장 9절에, "복음으로 말미암아 내가 죄인과 같이 매이는 데까지 고난을 받았으나…"라는 말씀이 있다. 또 디모데후서 2장 11절엔, 미쁘다 이 말이여 우리가 주와 함께 죽었으면 또한 함께 살 것이요'라고 했으니 이때의 산다는 것은 영원한 삶을 말하는 것이다. 영광을 위한 고난은 필수지만 그 열매는 한없이 달 것이다.

10절] '혹시 그들이 넘어지면 하나가 그 동무를 붙들어 일으키려니와 홀로 있어 넘어지고 붙들어 일으킬 자가 없는 자에게는 화가 있으리라'

9절에서 두 사람이 한 사람보다 낫다고 했다. 그 이유를 설명하고 있다. 원문이 '키', 곧 '왜냐하면'으로 시작하고 있다. 한 사람이 넘어졌을 때, 다른 사람이 붙들어 일으켜줄 수 있기 때문이라는 것이다. '저희가 넘어지면'의 원문은 '잎폴루'로서, 이것은 '떨어지다', '불행이나 재난에 빠지다', '넘어지다'라는 뜻을 가진 '나팔'의 미완료형, 3인칭 복수다. 여기서 '나팔'은 단순한 넘어짐이 아니라 생명과 관계있을 만큼 심한 상해, 재난, 사망 등의 상황으로 인한 추락에 사용되는 단어다. 그래서 원문의 앞부분은, '왜냐하면 만일 그들이 넘어지면'이라 번역하면 좋을 것이다.

'동무'는 원문이 '하베르חבר'로서, 이 단어는 '동무', '친구'라는 뜻이나 '하바르חבר'에서 유래한 것으로, '하바르חבר'가 '결합하다', '교제하다'의 뜻이어서 상당히 가까운 사이, 깊은 연대감을 갖고 있는 친구라는 의미가 내재되어 있다. 본절의 일차적 의미는 허망하고, 무상한 인생길에 동반자가 있고, 또 그 사람이 내가 넘어졌을 때 일으켜 줄 수 있는 사람이라면 좋을 것이라는 의미를 담고 있다고 할 것이다.

♠ 삶의 동반자가 있다면 그 동반자가 아내이든, 친구이든, 지인이든 나쁠 리 없다. 더욱이 그 동반자가 고난이 생겼을 때 다시 세워줄 수 있는 그런 좋은 동반자라면 얼마나 더욱 좋겠는가? 나그네 같은 인생길에 더 없이 좋은 동무가 있다? 큰 축복일 것이다. 하지만 본절이 속뜻은 그 이상의 의미를 품고 있다.

'홀로 있어 넘어지고 붙들어 일으킬 자가 없는 자에게는 화가 있으리라'라는 말씀의 진의(眞意)는 어마어마한 말씀이다. 그냥 단순한 화(禍)가 아니라, 영원한 형벌, 둘째 사망의 화(禍), 지옥에 드는 무서운 불행인 것이다. 고난 중에 자신을 세워줄 동반자, 동무, 그가 누구인가? 특히 세속의 것이 아닌 영적인 경우라면 정녕 누구인가? 둘째 사망의 화(禍)를 면하게 해 줄 동무는 바로 성령님이시다. 그분만이 우리가 하나님의 자녀인 것을 증언해 주실 수 있다. 사탄의 미혹으로부터 건져내 줄 수 있다. 예수 그리스도를 영접한 자들에겐 성령께서 내주하신다고 했다. 바로 영적 동반자를 얻음이다. 요한일서 5장 6절에, "…증언하는 이는 성령이시니 성령은 진리니라"고 했다. 성령님이 누구신가? '진리'라고 했다. 진리가 누구인가? 예수님이다. "내가 곧 길이요 진리요 생명이니…"(눅8:24)라고 했으니 하나님의 영은 예수의 영, 또 성령이시다.

요한일서 5장 5절에, "예수께서 하나님의 아들이심을 믿는 자가 아니면 세상을 이기는 자가 누구인가?"라고 했다. 넘어질 때, 고난을 당할 때 성령께서 일으켜주실 것이다. 요한일서 5장 12절에, "아들이 있는 자에게는 생명이 있고 하나님의 아들이 없는 자에게는 생명이 없느니라"고 했다. 우리가 누구를 믿고 있는가? 예수 그리스도다. 그분은 성령님과 동일한 분이시고 또한 하나님이시다. 그러니 예수를 믿고 사랑하는 것은 하나님의 편에 선 것이며, 성령께서 심판 때에 증언해 주실 것이다. 우리가 하나님의 자녀인 것을…

11절] '또 두 사람이 함께 누우면 따뜻하거니와 한 사람이면 어찌 따뜻하랴'

상당수의 성경연구가들이 이 구절에서 결혼 관계를 연상하기도 한다. 또 한편으론 두 명의 친구를 상상하기도 한다. 예를 들어보자. 추운 겨울, 쌀쌀한 눈바람이 몰아치는 날, 두 친구가 산에서 길을 잃고 헤매다 지쳐 눈 위에 누웠을 때, 혼자였다면 얼어 죽었을 것을 둘이 꼭 껴안고 서로의 체온을 이용해 버티다 구조되었다는 이야기 같은 것 말이다. 실제로 이스라엘 지역엔 북부지방의 경우, 겨울에 상당히 춥다고 한다. 변변찮은 옷을 입은 가난한 자들이 겨울에 객사하기 십상인데, 이런 때, 동행자가 있어 서로의 체온을 이용해 함께 자면 따뜻하게 되어 생존에 유리해지기도 한다는 것이다. 대개의 성경주석가들이 이런 두 가지 경우와 유사한 의미로 본절에 대해 일반적인 해석을 가한다.

본절의 원문도 '감גם 임אם'으로 시작한다. 이것은 '또한 만일'이라는 가정으로 시작한다는 것이다. '따뜻하거니와'와 '따뜻하랴'고 하여 같은 의미가 두 번 나오지만 원문은 다소 차이가 있다. 전자는 '웨함חמו'으로, 원형은 '하맘חמם'이며 '따뜻해지다', '뜨겁다'의 뜻이다. 또 원문엔 '한 사람이면'의 앞에 전치사와 3인칭 남성 복수형인 '라헴להם'이 있는 바, 이것은 '그들이'라는 뜻이다. 또 '어찌'라는 부사 '에크איך'가 있어 혼자일 때는 절대로 따뜻해지지 않음을 강조하고 있다.

♠ 성경에서 눕는다는 것은 자기 위한 것이고, 잔다는 것은 죽음을 상징하는 것이다. 반대로 따뜻함은 곧 항온동물인 인간에게 있어 혈액순환이 잘 됨을 의미하는 바, 곧 생명이 있다는 것이다.

본절을 보면 '두 사람이 함께 누우면 따뜻하거니와 한 사람이면 어찌 따뜻하랴'고 함으로써, 영적인 측면에선 혼자라면 화(禍)가 있으리라는 앞절의 말씀과 유사한 구절이 된다. 하나님의 영, 곧 성령이 함께 하지 않으면 영원한 생명이 없을 것(따뜻해진다는 것이 상징하듯)이라는 말씀이다. 땅에 눕게 되어도 따뜻하게 될 것이다. 누가? 그리스도인의 경우가 그렇다는 것이다. 요한복음 11장 25절에, "나는 부활이요 생명이니 나를 믿는 자는 죽어도 살겠고…"라고 하셨다. 예수 믿는 자들에겐 동반자 성령께서 계시니 육신의 수명이 다해 땅에 눕게 될 때, 그는 다시 부활함으로써 영원한 생명이 유지될 것이라는 말이다.

12절] '한 사람이면 패하겠거니와 두 사람이면 맞설 수 있나니 세 겹줄은 쉽게 끊어지지 아니하느니라'

성경학자들은 대개 12절에서 함께 하는 삶의 유익으로 적을 만났을 때, 쉽게 방어할 수 있는 협동과 협력의 유익을 찾아낼 수 있다는 입장을 취한다. 마치 이 장면은 길 가던 나그네가 강도나 도적을 만났을 때의 상황을 묘사한 듯하다.

원문을 분석해보자. '패하겠거니와'는 원문이 '이트케프יתקפו'다. 이것은 원형이 '타카프תקף'로서, 이것은 '이기다', '압도하다'의 뜻이다. 압도하는 것, 붙잡는 것, 완전한 종속, 폭력적 공격을 의미하는 단어다. '이트케프יתקפו'는 미완료형이고 남성 3인칭 단수 접미어ו가 결합된 것이다. 그래서 '한 사람이면 패하겠거니와'는 원문이 '웨임ואם 이트케포יתקפו 하에하드האחד'이다. 직역할 때, '그리고 만일 그가(적이) 그 하나를 압도할 것이냐'가 된다. '두 사람이면 맞설 수 있나니'는 원문이 '핫쉬나임השנים 야아메두יעמדו 넥도נגדו'이다.

'맞설 수 있나니'는 원문이 '야아메두יעמדו'다. 이것은 원형이 '아마드עמד'로, '서다', '면전에 서다'의 뜻을 가지며, '야아메두יעמדו'가 3인칭 복수 미완료형이다. '넥도נגדו'는 '앞에'라는 뜻의 전치사 '네게드נגד'에 3인칭 남성 접미어ו가 결합된 것이어서 '그의 앞에'

가 된다. '두 사람이면 그의(적의) 앞에 설 수 있나니'가 직역이다.

'세 겹줄은 쉽게 끊어지지 아니하느니라'에서 '세 겹줄은'은 원문이 '웨하우트והחוט 함메슐라쉬המשלש'이다. '웨하우트', 이것은 '그리고 그 줄은'이며, '함메슐라쉬המשלש'에서 원형 '샬라쉬שלש'는 '삼등분하다'의 뜻이고 푸알형 분사 '메슐라쉬ממשלש'가 '세겹의, 삼중의'라는 뜻이며 관사 '하ה'와 결합해 '그 세겹'이 되는 것이다. 합치면 '그리고 그 세겹의 줄은'이 된다.

♠ 본절의 핵심은 아마도 '세 겹줄'이 될 것이다. 그 답에 관해 의견을 나누어 보자. 첫째는 잠언 9장 10-12절을 살펴보면 어렴풋이나마 그 뜻을 짐작할 수 있다는 것이다. 즉, "여호와를 경외하는 것이 지혜의 근본이요 거룩하신 자를 아는 것이 명철이니라/ 나 지혜로 말미암아 네 날이 많아질 것이요 네 생명의 해가 네게 더 하리라/ 네가 만일 지혜로우면 그 지혜가 네게 유익할 것이나 네가 만일 거만하면 너 홀로 해를 당하리라"고 하신 말씀이다.

잠언 9장 10절의 경우, '명철'은 원문이 '비나בינה'로, 이것은 잠언의 경우 '총명', '통찰'의 뜻이 된다. 근본이란 말은 원문 '테힐라트תהלת'의 의미가 '시작'이다. 하나님을 경외하는 것이 지혜의 시작이고, 거룩하신 자(예수님)을 아는 것이 명철이라는 것이다. 11절에서 '나 지혜'라고 했다. 의인법을 사용했다. 어떻게 이해해야 할까? 성경은 예수님을 지칭하는 말로, '참 지혜, 참 진리, 참 율법'이란 표현을 사용하기도 한다. 그러면 '나 지혜'는 곧 예수님을 달리 표현한 말이다. '날이 많아진다는 것'에서, '날들이 많아지는 것', 곧 '매일의 연속'이 곧 영원의 의미가 되는 것이다. '생명의 해가 길어진다는 것은 단순히 오래산다는 것이 아니라 영원히 산다는 것이다. 그렇다면 11절을 이렇게 달리 말할 수 있다.' '나 예수로 말미암아 네가 영원한 생명을 얻어 영워히 살게 될 것이다'라는 말이다. 12절의 '거만하면'은 원문이 '웨라츠타'로 나온다. 원형이 '루츠יִיִ'로, 이것은 '조롱하다', '비웃다'라는 의미가 있다. '웨라츠타'는 접속사와 2인칭 단수가 결합된 것으로, '그리고 네가 비웃는 사람이면'의 뜻이다. 홀로 해를 당한다는 것은 둘째 사망의 해, 곧 불못의화를 입을 것이라는 말씀이다. 결국 12절은 예수를 따르면 살 것이나 예수 그리스도를 비웃고 거부하면 지옥의 화를 입게 될 것이라는 말씀이다.

그렇다면 잠언에서 발견되는 세 겹줄은 무엇인가? 첫 번째 줄은 여호와를 경외하는 것, 두 번째 줄은 거룩하신 자를 아는 것, 그리고 세 번째 줄은 참 지혜 되신 예수님을 받아들이는 것이다. 당시 유대 종교지도자들과 그들을 따르는 유대인들은 예수님을 받아들이기는커녕 비웃고 거부했다. 그들의 종국은 '홀로 해를 입게 되는 것'이다.

두 번째 해석은 전도서 4장 10-11절과 연관을 지은 것이다. '두 사람'이 상징하는 것은 영적인 관점에서 '나의 영과 성령'이라는 것이다. '종의 영을 받은 자', 곧 중생하지 않은 영혼은 함께 할 친구(성령)가 없어 '홀로 해를 당한다는 것(둘째 사망에 이른다는 것- 구원을 못 받는다는 것)'이고, 두 사람이면 맞설 수 있다고 했으니, '성령이 내주하신 경우'가 된다. 즉, '나의 영과 성령'을 가리킨다는 것이다. 환언하면, '해 아래' 곧 세상사는 동안에 하나님과 동행하는 자가 바로 두 사람이 함께 하는 경우가 되니 공중 권세를 잡은 사탄과 대적할 수 있다는 것이다. 그렇다면 세 겹줄은 무엇이 될까? 요한복음 14장 20절에, "그 날에는 내가 아버지 안에,

너희가 내 안에, 내가 너희 안에 있는 것을 너희가 알리라"고 했다. '내가', '너희가', '아버지'의 세 겹줄이라는 것이다. 구체적으로 다시 표현된 것이 이어지는 23절이다. 즉, '예수께서 대답하여 이르시되 사람이 나를 사랑하면 내 말을 지키리니 내 아버지께서 그를 사랑하실 것이요 우리가 그에게 가서 그와 함께 하리라'고 하셨다. 이 표현은 마치 '사람(그리스도인)'과 '예수와 아버지(하나님)'의 모습으로 그려져 세 겹줄이 된다는 것이다. 그러나 예수님은 곧 하나님이시니 두 겹줄이 또한 세 겹줄과 같은 것이다. 디도서 2장 13절에, "복스러운 소망과 우리의 크신 하나님 구주 예수 그리스도의 영광이 나타나심을 기다리게 하셨으니"라고 한 바와 같이 예수는 하나님이시다.

13절] '가난하여도 지혜로운 젊은이가 늙고 둔하여 경고를 더 받을 줄 모르는 왕보다 나으니'

14-16절까지는 권력, 왕, 지혜, 영광 같은 최상류 계급에서 일어나는 현상을 말하고 있다. 전도자의 사고는 이런 것 또한 인생의 허무, 헛됨과 관련이 있음을 피력하고자 한 것이다. 가난하지만 지혜로운 젊은이가 왕이지만 늙고 어리석으며, 간언을 무시하는 자보다 낫다는 표현을 하고 있는 것이다. 16절까지의 분석을 먼저 한 후에 통합적으로 일차적 의미에 대한 의견을 표시하는 것이 나을 것 같다.

먼저 주요 원문을 나름대로 분석해보자. '가난하여도'에서 '가난한'은 원문이 '미쓰켄מסכן'으로, 이것은 '가엾은', '가난한', '불행한'의 뜻으로 9장 15,16절에도 동일한 의미로 사용된다. '지혜로운'은 '웨하캄וחכם'이 원문이다. 접속사 '웨ו'와 '하캄חכם'의 결합이다. 원형은 '하캄חכם'이며, 이것은 '현명해지다', '지혜롭게 되다'의 뜻이고, 본문에서는 형용사로 사용되어, '능숙한', '지혜로운', '(인생의 경험으로부터 생겨나는 지혜로운 모습을 나타낸다는 의미에서의) 기민한'의 뜻이다.

'젊은이'는 '옐렏ילד'으로, 이것은 '아이', '어린이'를 뜻하는 말이지만 본절에서는 '젊은이'라고 했다. 보통 10-40세 사이의 다소 미성숙한 상태의 사람을 대할 때 이 표현을 사용하는 것이 유대민족의 문화다. 따라서 젊은이나 청년, 소년 모두 다 가능하다. '둔하여'는 원문이 '우케실וכסיל'로 접속사ו와 '케씰כסיל'의 결합이다. 원형이 '카쌀כסל'로서, '살찌다', '비대하다', '강하게 하다'의 뜻이 있는 바, '케씰כסיל'이 '어리석은', '둔한'의 뜻이다. 따라서 '우케실וכסיל'은 '그리고 어리석은'이 된다.

'경고를 더 받을 줄 모르는'에서 '경고를'은 원문이 전치사가 결합된 '레힛자헤르להזהר'이며 원형이 '빛나게 하다', '간하다' '니팔형으론 경고받다', '훈계받다'의 뜻을 가진 '자하르זהר'이다. '더'는 원문이 '오드עוד'로, 이것은 '다시', '반복하여', '계속적으로'의 뜻을 갖는 부사다. 그러므로 본절의 직역은 '가난하지만 지혜로운 청년이 계속적으로 간언 받기를 싫어하는 늙고 어리석은 왕보다 더 낫다'가 된다.

어리석은 왕은 나이가 많다. 보통 유대인들의 경우 백발이 늘면 지혜가 더하는 자로 여겨 존경을 받는데 여기서는 정반대다. 늙었으나 어리석어 타인의 지적, 간언 등에 관해 귀를 기울이지 않는다. 이 왕은 누구일까? 본절과 이어지는 구절들의 내용으로 보아 구약에서 몇 사람의 모습이 떠올릴 수 있게 된다. 첫째로는 사울과 다윗의 이야기다. 늙고 어리석은 사울, 그리고 젊고 지혜로운 다윗의 경우 말이다. 두 번째는 젊은 솔로몬과 말년의 다윗왕의 이야기라고 보기도 한다는 것이다. 세 번째는 한때 감옥살이를 했던 요셉과 바로왕의 이야기와도 일맥상통한다고 한다. 특히 왕의 다음 자리에까지 올랐다는 사실에서 더욱 그러하다. 노예였던 요셉이 15절에 보면 크게 출세한다. 후에 왕에 버금가는 수레를 타고 다녔던 요셉이었기에, 오늘날의 학자들의 주류가 그의 이야기로 여긴다. 물론 요셉이나 다윗은 둘 다 예수 그리스도의 예표로 알려져 있다.

♠ 본절의 젊은이가 솔로몬이거나, 다윗이거나, 혹은 요셉이거나 상관없이 이와 같이 이해한 것은 문자적, 역사적 이야기로 풀어낸 것이다. 속뜻이 아니라는 말이다. 그러면 이차적인 의미는 무엇일까? 늙고 둔한 왕은 율법을 상징하는 말씀이고, 동시에 이 범주에 유대 종교지도자들을 포함한다. 당연히 가난하여도 지혜로운 젊은이는 예수 그리스도와 새 계명을 뜻하는 것이다. 왕은 백성들에게 숭배와 복종을 요구한다. 이스라엘의 율법과 유대 종교지도자들의 모습이 그러했다는 것이다. 과연 예수님은 가난한 젊은이였을까? 고린도후서 8장 9절에, "우리 주 예수 그리스도의 은혜를 너희가 알거니와 부요하신 이로서 너희를 위하여 가난하게 되심은 그의 가난함으로 말미암아 너희를 부요하게 하려 하심이라" 천지만물의 주인이신 분이 세상 죄를 다 짊어지셨으니 그분보다 귀한 분이 그분보다 가난해진 경우는 전무후무(前無後無)라 할 수 있는 것이다. 가난하고 지혜로운 젊은이는 예수님의 모습이고, 또 최종 율법을 상징하는 것이다.

디모데전서 1장 8-9절에, "율법은 사람이 그것을 적법하게만 쓰면 선한 것임을 우리는 아노라/ 알 것은 이것이니 율법은 옳은 사람을 위하여 세운 것이 아니요 오직 불법한 자와 복종하지 아니하는 자와 경건하지 아니한 자와 죄인과 거룩하지 아니한 자와 …"라고 했다. 율법이 틀리거나 잘못된 것이 아니다. 하나님께서 주신 것이다. 선한 것이다. 그러나 옳은 사람을 위해 세운 것이 아니라고 했다. 바꿔 말하면, 율법에 목을 맨 자들, 유대 종교지도자들이나 그를 따르는 유대인들은 모두 다 옳은 사람이 아니라는 말씀이기도 하다.

새 술은 새 부대에 담는 것이 옳다. 최종적인 율법, 새 율법(유대교식으로 의인화 한다면)이신 예수 그리스도를 배척한 유대 종교지도자들, 그들이 율법을 마치 왕께 대하듯 지키려한 것은 어리석은 짓이었다. 예수께서 율법주의자들에게 성전제사가 아니라 예수 그리스도를 메시아로 여기고 받아들여야 한다고 수없이 경고했지만 끝내 거부했다. 그러니 구율법은 새계명으로 대치되어야만 했다. 예수께서 참 왕, 새로운 왕이 되셔야만 했다는 것이다.

**14절] '그는 자기의 나라에서 가난하게 태어났을지라도 감옥에서
　　　나와 왕이 되었음이라'**

솔로몬은 자기의 나라에서 태어났으나 감옥에 간 적이 없고, 다윗은 가난하게 태어난 듯하지만 역시 감옥에 간 적이 없다. 요셉은 감옥에 간 적이 있고 왕의 다음 자리에까지 올랐으나 왕이 된 적은 없다. 14절을 볼 때, 전도자가 말하는 이 젊은이가 요셉을 가리키는 말이었을 것이라는 가능성이 가장 크다는 것은 사실이다. 하지만 이 모두가 아닌 가상(假想)의 어떤 다른 사람일 수도 있다

는 것이다. 그렇다면 이 구절이 말하고자 하는 바가 무엇일까? 가난은 바꿀 수 있으나 어리석음은 어찌할 수 없다. 이 젊은이가 비록 가난하게 태어났지만 지혜가 있어 권력과 권세, 물질적 부(富)를 가진 왕을 이기게 된 것이다. 물론 이와 같은 배경에선, 다윗의 경우처럼 순탄하게 왕위가 이어지진 않았을 것이다. 비록 가난하게 태어났으나 지혜를 가졌던 한 젊은이가 그가 가진 지혜를 활용해 왕위를 얻게 되었다. 즉, 지혜로 왕위가 바뀐 것이라는 말이다. 따라서 본문이 말하고자 하는 바는, 지혜의 가치가 권세, 권력, 지위, 재물보다 우위에 있음을 피력하고자 한다는 것이다.

내용에 대한 이해가 그다지 어렵지 않으므로 원문은 중요한 부분만을 찾아보기로 한다. '감옥에서 나와 왕이 되었음이라'는 원문이 '키כי 미베트מבית 하수림הסורים 야차יצא 리믈로크למלך'다. '키כי'는 접속사로 '왜냐하면'의 뜻이 있고' '미베트מבית'는 '전치사מ'와 '바이트בית'의 결합이다. '바이트'는 '장막', '성전', '무덤', '집'의 뜻이다. 따라서 '미베트מבית'는 '집으로부터'가 된다. '하수림הסורים'은 원형이 '아싸르אסר'로, 이것은 '매다', '결박하다', '구속하다'의 뜻이다. 따라서 '미베트מבית 하수림הסורים'은 '구속하는 집'이 됨으로 한글번역이 '감옥'이 된 것이리라. '야차יצא'는 원형이 미완료형이고, 그 뜻은 '진행하다', '나아가다'의 뜻이다. '가난하게'는 원문이 '라쉬רש'로, 이것은 원형이 '루쉬רוש'로서 '궁핍하다', '부족하다'의 뜻이며, '라쉬'의 형태가 되면 '가난한'의 뜻이 된다.

왜 이 지혜로운 젊은이가 감옥에 갔을까? 죄를 지어서일까? 아닐 것이다. 아마도 지나친 가난으로 인해 빚을 졌을 것이고, 갚지 못해 감옥에 갔을 것이니 경제적인 이유 탓이었을 것이라는 말이다. 가난해 빚을 지고 그런 이유로 감옥에까지 갔다면 권세나 권력, 물질적 부요와는 아주 거리가 먼 젊은이였음을 알 수 있다. 그런데 그가 늙고 어리석은 왕과 달리 그 모든 것을 이겨내고 왕 이 될 수 있는 장점이 있었으니 곧 지혜로웠다는 것이다.

♠ 예수님 중심적 성경관에 따르면, 두 가지 정도의 해석이 가능하다. 그 첫째는 본절의 감옥과 관련된 해석이다. '미베트מבית 하수림הסורים'이 '가두는 집'의 뜻이라고 했다. 영적 의미로서의 '감옥'은 '육체', '무덤', '종교적 체제', '스올' 등이 그것이다. 이스라엘에서 가난한 자로 태어나셨지만 무덤을 열고 부활하셔서 만왕의 왕이 되셨다. 누구신가? 예수님이다.

두 번째는 가난하게 태어났다(고후 8:9 참조)는 의미가 율법 아래에서, 곧 율법이 지배하는 자기의 나라, 유대 민족에게서 태어났다는 것이다. 영적 관점에서 새 계명이 부(富)라면 구율법은 가난이다. 이때의 감옥은 '가두는 집'이란 의미여서 인간을 율법으로 가둔다는 뜻을 유추하여 율법이라고 보는 것이다. 예수께서 그런 나라에서 태어났으나 '감옥에서 나와', 즉, 그 율법을 벗어던지고 영적 의미로서의, 천상의 왕이 되셨다는 것이다. 성경에서 왕권을 가진 선지자 또는 선지자로 인정된 왕이 사실상 둘이 있었다. 누구인가? 하나는 다윗이다. 그도 어린 시절 가난했고, 자기 나라인 이스라엘에서 태어났다. 다른 하나는 역시 예수님이다. 그런데 그 다윗이 누구를 상징하나? 예수님이다. 그 메시아는 다윗의 자손 예수 그리스도인 것이다. 결국 어떻게 가져다 놓아도 예수님이 튀어나온다. 예수님 이야기라는 것이다. 본절의 원문 맨 앞에 '왜냐하면'의 뜻을 갖는 접속사 '키כי'가 있어 앞절에 대한 이유를 설명하고 있으니, 어떻게 보든 자연스럽게 예수님 이야기로 흘러간다. 왜냐하면 이것이 성경이 말하는 참 뜻, 곧 속뜻인 것이기 때문이다.

15절] '내가 본즉 해 아래에서 다니는 인생들이 왕의 다음 자리에 있다가 왕을 대신하여 일어난 젊은이와 함께 있고'

　전도자는 '내가 본즉'이라고 말한다. 원문은 '라이티ראיתי'로, '보다', '살펴보다'라는 뜻을 가진 '라아ראה'가 원형이고 1인칭 단수다. 즉, 전도자가 자세히 살펴보았다는 것이다. '해 아래에서 다니는 인생들'은 '해 아래'가 '천하', 곧 '이 땅위'라고 했다. 그러므로 새 왕의 주변에 모여 젊은 왕의 통치를 따르는 무리를 가리킨다.

　그런데 '왕의 다음 자리에 있다가 왕을 대신하여 일어난 젊은이'에 대한 해석이 쉽지 않다. 개역 관주성경은 '왕의 버금으로 대신하여 일어난 소년과 함께 있으매'라고 번역했다. 킹제임스역은 '왕의 후계자인 청년을 따르는'이라고 했다. 그렇다면 이 청년은 누구를 가리키는 말일까? 13절의 젊은이 일까? 혹은 제 3의 젊은이 일까? 원문 상으로도 해석에 따라 달라진다. 우선 두 가지 경우를 다 생각해보자.

　원문의 핵심은 '핫쉐니הׁשני'란 단어다. 이것은 관사 '하(הthe)'와 '두 번째', '둘째의'뜻인 '셰니שני'의 결합이다. 두 번째가 무슨 의미인가에 초점이 맞추어져 있다는 것이다. 먼저 이 단어를 왕의 후계자, 곧 왕 다음의 왕으로 볼 때는 '그 대신 다스리는 둘째 사람에게'가 된다. 이렇게 되면 이 젊은 왕은 13절의 늙고 어리석은 왕을 지혜로 물리치고 일어난 그 소년 왕이 아니게 된다. 또 다른 젊은 왕이 되기 때문이다. 그렇다면 이때는 본절의 내용이 13절의 소년 왕이 늙고 인기가 떨어지고 다시 제 3의 젊은 왕에게 세상 모든 사람들이 모여들었다는 말이 된다.

    다음으로, 성경 연구가들의 대부분이 지지하는 것은 13절의 젊은 왕이라는 의견이다. 그러나 이 두 가지 경우 모두 16절에서는 '헛되어 바람을 잡는 것이로다'라고 했다. 이것은 어쨌든 인기가 떨어져서 그랬든, 혹은 다른 원인이든 상관없이 왕의 입장에서 볼 때는 이 세상 사람들로부터 받는 칭송이 영원하지 않음을 말하고 있다는 것이다. 또 다른 각도로, 인생들의 입장에서는 젊은 왕에게 기대를 했지만 그 소망도 환상에 불과했다는 것이다. 결국 이렇든 저렇든 '해 아래'에 있는 모든 것이 헛되다(잠시 잠깐 한 호흡)는 결론이라는 것이다.

    ♠ 본절에서 주목할 것은 젊은 새로운 왕에게 '해 아래에서 다니는 인생들'의 이목과 관심이 집중되어 있다는 것이다. 그렇다면 그가 누구냐 하는 것이 중요하다. 원문 '아쉘רשא 야아모드דמעי 타흐타우ויתחת'는 '(그를) 대신하여 일어난'으로 번역됨으로 전체를 직역해 보면 다음과 같다. 즉, '내가 살펴보았더니, 해 아래에서 다니는 모든 그 생명들이 (그를) 대신하여 일어난 두 번째 젊은이와 함께 있으매'라고 한 것이다. 13-14절과 함께 생각해 보라. 13-14절은 예수님 이야기라고 했다. 왕 되신 예수님께서 부활 승천하신 후에 그분을 대신하여 일어난 두 번째 젊은 왕이 누구인가? 성령님이시다. 해 아래의 수많은 생명들, 사탄의 미혹에 고통받던 그들이 성령님과 함께 있다는 것이다. 구원받은 그리스도인들이다. 이것이 이차적인 의미, 곧 예수 그리스도 중심으로 본 속뜻이다. 놀랍지 않은가!

16절] '그의 치리를 받는 모든 백성들이 무수하였을지라도 후에

오는 자들은 그를 기뻐하지 아니하리니 이것도 헛되어 바람을 잡는 것이로다'

젊은 왕을 따르는 무리가 많았으나 어쩐 일인지 그의 치리에 대해 기뻐하지 않는 자들이 나타난다. 그 이유로 추측되기는, 지혜로 왕이 되었던 젊은 왕이 다시 늙어가고, 새로운 세대의 새로운 환경을 만나는 백성들이 나타남으로 그들의 마음이 점차 변화되어 간 까닭일 것이다. 결국 이런 백성들 앞에서 왕위에 오른 들 허무감에서 벗어날 수 없다는 것이다. 지혜로운 왕이었으나 아무리 잘 치리한다 해도 종래는 민심의 동요와 더불어 그의 영화와 권세도 시들해지니 마치 헛되어 바람을 잡는 것과 같다는 것이다. 이 구절은 날씨로 말하면 늦가을 같은 느낌이 든다. 화려함은 가고 낙엽이 깔려가는 그런… 계절의 반복처럼 역사도 그러하고, 권력과 명예, 재물도 그러하리라는 것이다.

원문을 다시 분석해 그 의미를 더 자세히 추적해 보자. '그의 치리를 받는 모든 백성들이 무수하였을지라도'의 원문은 '엔יןא 케츠קץ 레콜לכל 하암העם 레콜לכל 아쉘אשר 하야היה 리페네헴לפניהם'이다. '엔יןא'은 '없음', '없어지다'의 뜻, 어원은 '존재하지 않다'에서 유래했다. '케츠קץ'는 명사로, '극단', '끝'의 뜻이다. '하암העם'은 정관사ה와 '백성', '민족'의 의미를 갖는 '암עם'의 결합이며, 여기서 '하야היה'는 3인칭 단수이고, '있다', '존재하다'의 뜻이다. '리페네헴לפניהם'은 전치사 '레'와 남성 3인칭 복수 접미어ה, 그리고 '얼굴', '인간', '현존', '표면'을 뜻하는 '파님פנים'의 결합형이다. '그의 치리를 받는'은 직역하면, '그들 앞에 있는'이 된다. '리프네헴'이 복수여서 다소 의문이 되나 때때로 히브리어는 강조를 위해 복수를 사용하기도 하므로 '그의 앞에 있는'이라고 번역해도 무방하다.

'모든 백성들이 무수하였을지라도'는 '모든 백성이 끝이 없다'라는 직역이 되니 많다는 뜻을 강조한 것이다. 전체를 다시 직역하면, '그의 앞에 있는 모든 백성들이 끝이 없다'가 된다. 왕의 통치에 수많은 백성들이 복종하고 따른다는 의미가 될 것이다.

'후에 오는 자들은 그를 기뻐하지 아니하리니'에서 원문은 '감ם하아하로님האחרונים 로לא 이스메후ישממי 보בו 키כי'가 된다. '감גם'은 '또한'의 뜻이고, '하아하로님האחרונים'은 관사ה와 '아하론אחרון'의 남성복수형ם이 결합된 것이다. '뒷편의', '후의', '다음의', '늦은'의 뜻을 갖는다. '로לא'는 절대부정이고, '이스메후ישממ'는 남성 3인칭 복수로, 원형 '사마흐שממ'가 '기뻐하다'의 뜻이다. '또한 후에 오는 자들은 그를 정녕 기뻐하지 아니하리니'가 직역이다.

♠ 13-16절은 우리에게 문자적으로도 참 지혜에 귀를 기울이고, 그것을 추구하는 자가 왕의 삶보다 더 가치 있다는 것을 말해주고 있다. 야고보서 1장 5절에, "너희 중에 누구든지 지혜가 부족하거든 모든 사람에게 후히 주시고 꾸짖지 아니하시는 하나님께 구하라 그리하면 주시리라"고 했다. 이처럼 지혜는 재물, 권세, 영화보다 더 소중하다. 그런데 참 지혜가 무엇일까? 예수 그리스도를 아는 지혜다. 이처럼 예수 중심적인 해석에서는 성경의 말씀하고자 하는 속뜻을 보다 극명하게 밝혀낼 수 있다.

15절에서 두 번째 젊은 왕은 곧 성령님을 가리키는 말씀이라고 했다. 마가의 다락방에 성령께서 강림하셨을 때 얼마나 뜨겁고, 얼마나 그 영향력이 컸었는가? 그 역사는 끝이 없고, 수많은 사람들이 호응하였다. 하지만 모두가 환영한 것은 아니다. 그 문이 좁은 문이고, 그 길이 협착하기 때문이다. 오히려 대다수의 사람들은 그 은혜와 사랑을 거부하고 성령의 역사를 기뻐하지 않게 된다는 것이다. '헛되어 바람을 잡는 것이로다'고 한 말씀의 이면엔 '왜 안 받아들이냐'는 질책이 숨어 있다. 성령의 역사를 기뻐하지 않는 자들의 삶은 결코 길지 않을 것이다. 짧은 한 호흡의 시간(הבל헤벨)이다. 성령의 역사를 기뻐하지 않는 이유는 물질적 삶, 곧 '해 아래'의 삶에 대한 애착과 동경이 남아있기 때문이다. 소돔성, 곧 옛 세상을 돌아보다 소금기둥이 된 롯의 처와 같은 입장인 것이다. 이들의 '해 아래'의 삶에 대한 애착과 동경은 다 영원한 생명과는 거리가 멀다. 마치 잡을 수 없는 바람을 잡는 것처럼 의미 없는 짓이라는 말이다.

제 5장 해 아래 - 불의의 만연, 재물 추구 속의 인생들과 주의 은혜로 인한 삶의 가치로움

1절] '너는 하나님의 집에 들어갈 때에 네 발을 삼갈지어다 가까이하여 말씀을 듣는 것이 우매한 자들이 제물 드리는 것보다 나으니 그들은 악을 행하면서도 깨닫지 못함이니라'

본절은 히브리어 성경의 경우는 4장 17절에 해당한다. 히브리 성경 독법으로는 summa verbuorm(발화 결집)으로서 앞절의 이야기들(문단)의 압축을 보여준다고 할 수 있다. 하나님의 집, 곧 성전에 들어갈 때에 발을 삼가라는 것이었다. 삼가라는 것은 비단 성전에 대해서만 말한 것이 아니다. 항상 하나님께 마음을 드릴 때, 예배할 때 성심성의껏 하라는 것이고, 정결한 마음과 순종하는 마음을 가지라는 것이다. 전도자가 허무만을 말한 것이 아니다. 그는 허무의 극복을 암시적으로 계속 진행해 왔다. 그 극복의 첫째가 하나님과 바른 관계를 맺는 것임을 알려주시는 말씀이 본절이다.

'하나님의 집에 들어갈 때에'라고 했으니 이미 이 사람은 늘 종교생활을 영위하는 자임을 알 수 있고, 그의 입장에서 바른 예배는 제물(제사)보다 말씀을 듣는 것이 먼저라는 것이다. 하나님의 집은 성전이다(삼하 12:20). 구약에서 전도자의 중요한 역할은 선지자였다. 선지자들은 가끔 성전에 들어가 예언서를 읽곤 했다고 한다. 성전에서 말씀을 듣는다는 것이 바로 그런 행위였다는 것이다.

들어야(성경을 읽어야) 깨달음이 있고, 들어야 바른 행동을 할 수 있는 것이다. 제물을 드린다 할지라도 어리석으면, 바로 듣지 못하면 그 제물은 헛것이 된다는 것이고, 이런 자들의 특징이 깨달음이 없으니 악을 행하면서도 악인 줄 스스로도 모른다는 것이다. 사무엘상 15장 22절에, "사무엘이 이르되 여호와께서 번제와 다른 제사를 그의 목소리를 청종하는 것을 좋아하심 같이 좋아하시겠나이까 순종이 제사보다 낫고 듣는 것이 숫양의 기름보다 나으니"라고 하신 것도 유사한 의미다.

'네 발을 삼갈지어다'에서 '네 발'은 원문이 '라글레카רגליך'다' 이것은 '발'의 뜻을 가진 '레겔רגל'의 2인칭 접미어ך가 붙은 것으로서, 쌍수이므로 '네 발들'이 된 것이다. '발'이 무엇을 의미하는가? 행동의 표현이니 행동을 조심하라는 말씀이다. '악을 행하면서도 깨닫지 못함이니라'는 원문이 '키כי 에남אינם 요드임יודעים 라아소트לעשות רע'이다. '키כי'는 '정녕', '한 것을'을 나타내는 접속사다. '요드임יודעים'은 원형이 '야다ידע'로, 이것은 '깨닫다', '이해하다'의 뜻이다. '라아소트לעשות'는 전치사ל와의 결합형으로, 원형은 '아사עשה'로서 '일을 하다', '만들다'의 뜻이다. 직역하면, '그들이 악을 행하는 것을 알지 못하고'가 된다. 몇몇 주석학자들은 이 부분을 적절히 의역했다. 예를 들면, 주석학자 '힛지그'는 이 부분을 '그들이 얼마나 슬픈지를 알지 못하니라'고 번역했고, '멘델스존'은 '그들이 무지하기에, 죄를 짓고'라고 했으며, '라스밤'은 '그들의 무지로 악을 행하는 일에 빠져있고'라고 번역했다.

수많은 이단들이 예배를 드리고, 헌금을 하며, 마음을 다해 봉사하지만 그들은 스스로 하나님 앞에서 악을 행한다는 사실조차 알지 못한다. 스스로 자멸의 늪 속으로 빠져 들어가는 것이다. 그 이유는 하나님의 말씀에 청종하지 않거나 말씀을 왜곡하기 때문이다. 무지(無知)하기에 죄를 짓는 것이고, 무지하기에 악을 행하는 것이며 그러하기에 또 슬픈 것이다. 그러니 예배에 대한 바른 자세와 더불어 잘 듣는 것, 곧 성경 말씀을 읽어야만 한다는 것이다. 오늘날로 말하면 성경을 바로 읽고 바로 알아야만 한다는 것이다.

♠ 유대인들이 예수님께 표적을 보여달라고 물었을 때(요2:19-22 참조) 예수님은 이렇게 말씀하셨다. '너희가 이 성전을 헐라 내가 사흘 동안에 일으키리라'고 하신 것이다 이 말씀의 진의를 깨닫지 못한 유대인들이 다시 말하기를, "이 성전은 사십육 년 동안에 지었거늘 네가 삼 일 동안에 일으키겠느냐 하더라/ 그러나 예수는 성전 된 자기 육체를 가리켜 말씀하신 것이라(요2:20-21)"고 했다. 예수님의 육체가 성전을 상징한 것이듯, 예수님이 계신 곳이 곧 하나님의 나라다. 예수님께 나아감은 바로 하나님이신 예수님께 예배하는 것이고, 그 예배의 핵심은 예수 그리스도의 말씀대로 그분을 믿는 것이다.

마가복음 12장 41-44절엔 예수께서 헌금함을 앞에 두고 앉으셔서 무리들이 어떻게 헌금함에 돈 넣는가를 살펴보시는 장면이 나온다. 그 때, 여러 부자는 많이 넣었으나 한 가난한 과부가 두 '렙돈'만을 넣는 것을 보고 말씀하시기를, "····내가 진실로 너희에게 이르노니 이 가난한 과부는 헌금함에 넣는 모든 사람보다 많이 넣었도다"라고 하셨다. 그 여인은 자기의 모든 소유 곧 생활비 전부를 넣었다고 하신 것이다.

한 렙돈은 1/100 데나리온이다. 노동자 하루 품삯이 한 데나리온이라면 극히 작은 돈이다. 우리나라의 경우 한 200원 정도면 맞을까? 당시 유대교에서는 이 정도의 헌금은 신성모독일 정도로 비판의 대상이었다. 아무리 가난하더라도 200원 정도만 헌금한다는 것은 있을 수 없는 일이었기 때문이다. 신성모독이라 할 정도의 헌금이었으나 예수께서 가장 헌금을 많이 한 사람으로 인정하셨다는 것은 예수님이 곧 하나님이라는 것이라고 선포하는 것과 마찬가지였다. 이 여인은 메시아이신 예수님을 믿었을 것이다. 그래서 예수님 앞에서 생활비 전체를 드린 것이다. 주님만은 그 마음을 아실 것이라는 확신이 있었을 것이다. 어리석은 물질 부자들의 많은 헌금보다 삼가는 마음을 가진 여인이었다. 본절의 '삼갈지어다'는 원문이 '쉐몰שמר'이며 2인칭 단수다. 이것의 원형은 '샤마르שמר'로, '지키다', '주의하다', '스스로 조심하다'의 뜻이다. 그래서 '너는 스스로 조심하라'가 된다. 이 여인인들 두 렙돈이 신성모독이라고 비판받을 만큼의 적은 돈인 것을 몰랐을까? 알았을 것이다. 그러나 예수님을 사랑하고 믿었기에 예수께서 바라보심을 보고 안심하고 헌금한 것이니, 삼갈 줄 아는 여인이었다는 것이다. 예수께서 가장 많은 헌금을 했다고 칭찬하시는 말씀을 듣고 얼마나 기뻤을까? 예배에 있어서 정작 중요한 것은 물질이 아니라 마음이라는 것이다.

2절] '너는 하나님 앞에서 함부로 입을 열지 말며 급한 마음으로 말을 내지 마라 하나님은 하늘에 계시고 너는 땅에 있음이라 그런즉 마땅히 말을 적게 할 것이라'

함부로, 혹은 경솔하게 하나님께 간구하는 기도 방식에 대한 경고의 말씀이다. '하나님 앞에서'는 원문이 '리페네לפני 하엘로힘 האלהים'이다. '리페네לפני'는 전치사 '레ל'와 '얼굴', '대면'의 뜻을 가진 '파님פנים'의 결합형이다. '그 하나님의 면전에서'라는 뜻이다. 급한 마음으로 말을 낸다는 것은 말이 생각에 앞서서 그의 입에서 나온다는 표현이다. 사람은 기도할 때 말을 억제하지 않고 그가 배운 바, 자신의 방법에 따라 처음부터 말을 많이 한다. 경솔한 기도를 드린다는 말이다.

또한 사람은 대개 하나님의 뜻이 우선되지 않고 자신의 것을 위해 기도하려는 경향이 있다. 하나님은 말을 많이, 그리고 오래할 때 잘 들으시는 줄 안다. 그러나 중언부언하는 기도는 금물이다. 하늘이 인간의 거주지인 땅보다 높음 같이, 하나님보다 아래에 있는 세상의 인간보다 높으신 분이다. 하나님께 기도하면서 그분의 전지전능하심과 초월하시는 분임을 잊은 자들이 자신들의 소망과 생각을 함부로 그리고 일방적으로 쏟아놓는다. 이런 행위를 금하라는 말씀이 본문의 경고다.

'하나님은 하늘에 계시고 너는 땅에 있음이라'고 했다. 원문은 '키כי 하엘로힘האלהים 밧솨마임בשמים 웨앝타ואתה 알על 하아레츠הארץ'이다. 접속사 '키כי'가 있어 이유를 설명한다. '밧솨마임בשמים'은 '~ 안에'라는 뜻의 전치사ב와 '하늘'의 뜻을 갖는 '샤마임שמים'의 결합으로 '하늘 안에'라는 말이다. '웨앝타ואתה'는 접속사 '웨ו'와 인칭대명사 '앗타אתה'의 결합이다. '그리고 너는'이 된다. 따라서 '그 하나님은 하늘 안에 계시고 그리고 너는 그 땅 위에 있음이라'가 직역이 된다.

왜 우리가 기도할 때 말을 적게 해야(조심해야)하나? 시편 115편 3절에, "오직 우리 하나님은 하늘에 계셔서 원하시는 모든 것을 행하셨나이다"라고 했다. 그분은 모든 것을 자신의 뜻대로 다

하실 수 있는 분이다. 전지전능하신 분이다. 그러니 그분과 우리 사이에는 근본적, 본질적인 차이가 있기 때문에 조심하라는 것이다. 결국 하나님이 하늘에 계시다함은 우주 전체의 통할권을 가지신 분이고, 이 땅 위에만 존재하는 우리는 한정된 인간에 불과함을 알라는 것이다. 절대자 하나님의 권위, 위대하고 크심과 인간의 낮고 천함, 연약함을 상기시켜 주의하라고 하신 것이다.

'그런즉 마땅히 말을 적게 할 것이라'고 했다. 하나님의 초월성, 거룩하심, 위대함을 안다면 감히 말(기도를 포함하는)을 함부로 할 것이 아니라는 의미다. 예수님 말씀하시기를 중언부언하는 기도를 하지말며, 이방인과 같이 기도하지 말라고 하신 것이 생각나는 구절이다.

♠ '하나님은 하늘에 계시고'라고 할 때, 원문은 '그 하나님(하엘로힘האלהים)'이다. 그 하나님이 누구일까? 이 부분은 '그 하나님은 하늘에 계셨고'라고 번역해도 무방하다. 요한복음 3장 13절에, "하늘에서 내려온 자 곧 인자 외에는 하늘에 올라간 자가 없느니라"고 했다. 혹시 엘리야를 상상할 수도 있겠으나 그는 본래 하늘에서 내려온 자가 아니라 땅 위의 사람이었다. 하늘에 계셨던 분이 땅에 오셨다가 다시 하늘에 올라가신 분은 오직 예수님뿐이시다. 그렇다면 '너'가 누굴까? 유대 종교지도자들이다. 현재적으로 적용하면 우리들이 될 수도 있을 것이다.

본절의 말씀과 유사한 말씀을 예수님도 여러 번 하셨다. 마태복음 6장 6-8절에, "너는 기도할 때에 네 골방에 들어가 문을 닫고 은밀한 중에 계신 네 아버지께 기도하라 은밀한 중에 보시는 네 아버지께서 갚으시리라/ 또 기도할 때에 이방인과 같이 중언부언하지 말라 그들을 말을 많이 하여야 들으실 줄 생각하느니라/ 그러므로 그들을 본받지 말라 구하기 전에 너희에게 있어야 할 것을 하나님 너희 아버지께서 아시느니라"고 하셨다.

하나님은 구하기 전에 이미 그 마음을 다 아신다. 그 좋은 실례가 다니엘서 9장 23절에 있다. 다니엘이 자기 민족을 위하여 회개하며 간구할 때, 하늘에서 천사가 내려와 말하기를, '곧 네가 기도를 시작할 즈음에 명령이 내렸으므로 이제 네게 알리러 왔느니라…'고 했다. 다니엘은 기도를 시작할 때 이미 응답을 받았다는 것이다. 막상 중요한 것은 기도할 때의 그 마음이다. 응답 받는 기도의 자세가 무엇인가? 첫 번째 자세는 그 기도가 하나님의 뜻에 합당한 것이라야만 한다는 것이고, 두 번째는 중언부언 하지말아야 하며, 세 번째는 그 마음에 진정성이 있어 성심성의를 다 해야만 한다는 것이다.

3절] '걱정이 많으면 꿈이 생기고 말이 많으면 우매한 자의 소리가 나타나느니라'

본절은 원문의 경우, 앞에 이유를 나타내는 접속사 '키כי'가 있어 앞절과 연관이 되어 있음을 알 수 있다. 본절 전체가 하나의 경구처럼 보인다. 본절에서 '걱정'이라고 한 것은 지나친 의역으로 오역에 가깝다. 개역개정은 '일이 많으면 꿈이 생기고'라고 했다. 여기서 '이네얀ענין'은 '직업', '일', '사건'의 뜻이나 이 단어가 본래 '괴롭혀지다', '힘을 쓰다', '박을 당하다'는 의미의 '아나ענה'에서 유래한 것으로 보아 그다지 긍정적 의미의 '일'이 아니다. '베롭ברב'은 전치사ב와 '로브רב'의 결합이다. '로브רב'는 '풍성함', '많음', '위대함'의 뜻이다. 꿈은 원문이 '하할롬החלום'으로, 정관사

'하ֲ'와 '꿈', '잠'을 뜻하는 '할롬חלום'의 결합이다.

할 일이나 사건 등이 많을 때 그 기도는 집중도 잘 안될뿐더러 걱정으로 인해 기도의 질도 저하될 수밖에 없을 것이다. 속된 말로 정신이 딴 데 가있는데 무슨 기도가 되겠느냐는 것이다. 본절에선 일이 많을 때 꿈이 온다고 말한다. 본절의 '일'이 부정적 의미였기에 '꿈' 또한 그러한 것으로 보인다. '할롬חלום'이 복수형이면 '하잖은 일'의 의미가 되는 것으로 보아 부정적인 뜻이 확실하다. 만일 꿈이 좋은 의미라면, 희망이나 소망의 뜻이겠으나 여기서는 '이룰 수 없는 것', '덧없는 것' 혹은 '비현실적인 어떤 것'이 될 것이다. 전도자는 여기서 쓸데없는, 무의미한 그런 일에 매달리다보면 헛된 꿈을 꾸게 될 것이라는 말을 함으로써 이런 상황에 놓일 때 그것이 기도에 방해가 된다는 것을 말하고자 함일 것이다.

'우매한 자의 소리가 나타나느니라'고 한 하반절을 직역하면 '그리고 어리석은 자의 소리가 생기느니라'가 된다. 본래 이 문장엔 원문의 경우 동사가 없으나 상반절에 '오다', '생기다'의 뜻인 '바'가 있어 그 뜻인 '그리고'를 통해 연결된 것이다. 따라서 일들이 하잘 것 없는 꿈이 생기게 하듯, 어리석은 자의 많은 쓸데없는 말들 또한 아무런 가치가 없다는 의미가 된다.

♠ 요엘서 2장 28절에, "그 후에 내가 내 영을 만민에게 부어 주리니 너희 자녀들이 장래 일을 말할 것이며 너희 늙은이는 꿈을 꾸며 너희 젊은이는 이상을 볼 것이며"라고 했다. 이때 말하는 '꿈'은 본절과는 달리 미래에 대한 소망을 나타낸다는 점에서 긍정적인 의미다. 이 역할을 누가 감당하는가? 성령님이 하실 것이

다. 성령께서 언제 역사하시는가? 바른 기도의 자세를 갖고 성심을 다해 기도할 때다. 늙은이의 꿈, 자녀들이 말하는 예언, 젊은이가 보는 환상(이상)과 같은 것들도 중요한 표적임이 틀림없으나 이것들은 고요한 중에 개개인들에게 나타나는 표적이었다.

예수님 당시 유대 종교지도자들은 끊임없이 예수님께 표적과 기사를 요구했다. 일과 행사, 외식을 거두고, 골방에서 은밀한 중에 하나님께 기도해야 하는 그들이 표적만 찾는 어리석은 자들이 되었다. 만인에게 인정받을 그런 표적들을 요구한 것이다. 시원찮은 표적이면 내치고, 만인이 우러를 표적이면 세상의 왕으로 삼으려 했는지도 모른다. 예수님은 그들에게 요나의 예와 성전 허무는 예와 같은 그들이 알아듣지도, 상상도 못할 말씀만 하셨다. 그들은 표적을 요구할 것이 아니라 예수님 말씀을 듣고 그대로 따랐어야만 했던 것이다.

예수님의 말씀을 들어야 하는 그들의 생각 속엔 쓸데없는 '일'이 꽉 들어차 있었을 뿐이었다. 마태복음 6장 5절에는 예수께서 종교지도자들에게 날카로운 비판을 하시는 장면이 나온다. 즉, "너희는 기도할 때에 외식하는 자와 같이 하지 말라 그들은 사람에게 보이려고 회당과 큰 거리어귀에서 기도하기를 좋아하느니라…"고 했다. 이들의 기도 장소는 골방이어야 했고 은밀한 곳이어야만 했다(마6:6참조). 그런데 이들은 사람들에게 보이려고 사람들의 왕래가 많은 곳에서 큰 소리로 기도한다. 이들에게 있어 이런 기도는 일종의 행사고 중요한 일이었다. 한 마디로 말해 외식의 극치였다. 마태복음 23장 3절에도, "…그들은 말만 하고 행하지 아니하며"라고 했다. 말만 많은 사람들, 겉으로만 하나님을 믿는 사람들, 이들의 어리석음에서 비롯한 소리가 어떠했는가? 마태복음 23장

13절에서 예수님은 말씀하시기를, "화 있을진저 외식하는 서기관들과 바리새인들이여 너희는 천국 문을 사람들 앞에서 닫고 너희도 들어가지 않고 들어가려 하는 자도 들어가지 못하게 하는 도다"라고 하신 것이다. 일과 행사만 즐기고, 헛된 꿈만 꾸다가 스스로 어리석은 자들이 되어 자기들은 물론이거니와 그를 따르는 자들까지도 더불어 망하게 만드는 자들이 되었다.

4절] '네가 하나님께 서원하였거든 갚기를 더디게 하지 말라 하나님은 우매한 자들을 기뻐하지 아니하시나니 서원한 것을 갚으라'

서원의 사전적 의미는 '하나님께 어떤 선행을 하거나 헌물을 바치겠다고 맹세함'이다. 그렇다면 성경적 의미는 무엇일까? 우선 대개의 서원은 충성의 맹세였다. 창세기 14장 22절에 보면, 아브람이 소돔 왕에게 하나님의 이름을 들어 맹세하는 장면이 나온다. 이것은 사람인 아브람(아브라함)의 맹세다. "아브람이 소돔왕에게 이르되 천지의 주재이시오 지극히 높으신 하나님 여호와께 내가 손을 들어 맹세하노니"라고 했다. 서원은 단순한 맹세가 아니다. 그것은 기도이기도 했다. 민수기 21장 2절에 보면, "이스라엘이 여호와께 서원하여 이르되 주께서 만일 이 백성을 내 손에 넘기시면 내가 그들의 성읍을 다 멸하리이다"라고 백성들이 하나님께 기도했다. 요나서 2장 9절엔 "나는 감사하는 목소리로 주께 제사를 드리며 나의 서원을 주께 갚겠나이다 구원은 여호와께 속하였나이다"라고 하여 감사를 나타내기도 했다. 하나님의 사람에 대한 맹세도 있다. 출애굽기 6장 8절에는, "내가 아브라함과 이삭과 야곱에게 주기로 맹세한 땅으로 너희를 인도하고 그 땅을 너희에게 주어 기업을 삼게 하리라 나는 여호와라 하셨다 하라"는 말씀이 나온다. 노아 홍수 후에 하나님께서는 온 땅을 휩쓰는 홍수가 다시는 없을 것(창9:11)이라고 맹세하셨다. 이것은 하나님께서 맹세한 말씀의 내용이다. 신명기 10장 20절에는, "네 하나님 여호와를 경외하여 그를 섬기며 그에게 의지하고 그의 이름으로 맹세하라"고 했다. 이처럼 구약은 하나님도 맹세하셨고, 또 '하나님의 이름으로 맹세하라'고 명하기도 하셨다. 구약의 말씀들로 보아 맹세가 하나님과 사람 사이, 혹은 사람과 사람 사이에서 이루어지고 있었으며 하나님과 관련되어진 맹세는 반드시 이행되어야만 했고, 실제로 이행되었다.

그러므로 사람이 함부로 서원하거나, 경솔하게 서원을 이행하려 하면 그것 또한 하나님께 범죄하는 것이다. 신명기 23장 21-23절에, "네 하나님 여호와께 서원하거든 갚기를 더디하지 말라 네 하나님 여호와께서 반드시 그것을 네게 요구하시니리 더디면 그것이 네게 죄가 될 것이라/ 네가 서원하지 아니하였으면 무죄하리라 그러나 /네 입으로 말한 것은 그대로 실행하도록 유의하라…" 맹세나 서원은 강요에 의한 것이 아니었으나 반드시 지켜야만 하는 것이다. 왜냐하면 하나님과의 약속이기 때문이다. 약속을 어기면 하나님의 진노를 피하지 못하게 된다. 약속을 더디게 이행해도 죄가 된다고 하셨다.

원문의 일부를 분석해보자. '네가 하나님께 서원하였거든'은 원문이 '카아쉘כאשר 티돌תדר 네델נדר 레로힘לאלהים'이 된다. '카아쉘כאשר'은 관계대명사אשר와 전치사כ의 결합형이다. '티돌תדר'은 남성 2인칭 단수로, 원형은 '맹세하다', '서원하다'의 뜻을 갖는 '나다르 נדר'이다. 그러므로 '네가 서원하였다'가 된다. '네델נדר'도 원형은 '나다르נדר'이나 이것은 명사로서, '맹세', '서원한 것'의 뜻이 있다.

따라서 직역은 '네가 하나님께 서원을 서원했다'가 된다. 히브리어에서 반복은 최상급을 뜻한다. 서원에 대한 강조용법이 된 것이다.

본절에서는 서원을 지켜야 할 이유를 이렇게 말하고 있다. 즉, '하나님은 우매한 자들을 기뻐하지 아니하시나니 서원한 것을 갚으라'고 하신 것이다. 직역하면, 두 가지가 가능해진다. 하나는 주어를 하나님으로 본 경우이고, 이때는 '왜냐하면 하나님이 어리석은 자들을 기뻐하지 아니하시나니 서원한 것을 갚으라'가 된다. 다른 하나는 '우매자'의 원문이 '박케실림בכסילים'인데, 전치사 '베ב'와 '케실כסיל'의 복수형ים이어서 '어리석은 자들 안에'가 되기에 전체는 '왜냐하면 어리석은 자들 안에는 기쁨이 없다'가 된다.

전체를 직역해보면 겉뜻은 쉽게 다가올 것이다. 즉, '너는 하나님께 서원을 서원하였거든 갚기를 더디 하지말라, 왜냐하면 어리석은 자 안에는 기쁨이 없다 너는 서원한 것을 갚으라'가 된다.

♠ 예수님 중심적 해석에서는 크게 두 가지 측면에서 생각해 볼 수 있을 것이다. 첫째는 '서원한 것을 갚으라'는 말씀에 중점을 둔 것이다. 유대 종교지도자들을 향한 지엄한 예수님의 명령이시다. 창세기 28장에는 야곱의 서원이 나온다. 즉, "야곱이 서원하여 이르되 하나님이 나와 함께 계셔서 내가 가는 이 길에서 나를 지키시고 먹을 떡과 입을 옷을 주시어/ 내가 평안히 아버지 집으로 돌아가게 하시오면 여호와께서 나의 하나님이 되실 것이요(창 28:20-21)"라고 했다. 이것은 유대 민족의 서원이다. 이 맹세에도 시한이 있다. 창세기 49장10절에는 야곱의 유다에 대한 예언이 나온다. 즉, "규가 유다를 떠나지 아니하며 통치자의 지팡이가 그 발

사이에서 떠나지 아니하기를 실로가 오시기까지 이르리니 그에게 모든 백성이 복종하리로다"라고 한 것이다. '실로가 오시기까지'가 무엇인가? 최종 메시아, 곧 예수님이 오시기까지 적용되는 말씀이다. 그런데 메시아가 오셨다. 그 하나님이 유대인들 가운데 오셨다. 그런데 유대인들이 수용하지 않는다. 그런 그들을 향해 예수님이 말씀하신다. '서원한 것을 갚으라'고 하신 것이다. 즉, '네 조상의 서원한 바를 지켜라 그 메시아에게 모든 이스라엘의 권한을 이양시켜라 그리고 청지기 사명을 다하라'고 하신 것이다.

두 번째는 함부로 하는 서원(맹세)에 대한 새로운 계명을 주신 것에 대한 말씀이라는 것이다. 이것이 5절의 말씀이다. 5절의 해석에서 설명하기로 하자.

5절] '서원하고 갚지 아니하는 것보다 서원하지 아니하는 것이 더 나으니'

시편 50편 14절에, "감사로 하나님께 제사를 드리며 지존하신 이에게 네 서원을 갚으라"고 했다. 그러니 하나님께 드린 맹세는 반드시 지켜야 하며, 거짓 맹세는 용서받지 못하는 것이었다. 스가랴서 8장 17절에, "…거짓 맹세를 좋아하지 말라 이 모든 일은 내가 미워하는 것이니라 여호와의 말이니라"고 했으니 이처럼 무책임하고 경솔한 거짓 맹세는 구약에서도 절대로 금하는 것이었다.

대개의 헛맹세는 주로 당장의 위기를 모면하고 회피하려는 수단으로 주로 사용된 것이었다. 따라서 이런 거짓 맹세는 모세의 율법에 어긋나는 행위였던 것이다. 헛맹세, 즉 거짓 맹세를 한다는 것은 헬라어로 '에피오르케세이스επιορκησεις'라고 한다. 이것의 동사, '에피오르케오επιορκεω'는 전치사 '에피(επι ~ 에 더하여)'와 '호르코스(ορκος맹세)'의 합성어다. 따라서 이것은 '맹세를 그대로 이행하지 않고 그에 더하여 변질시켰다'는 의미를 갖는다. 그러니 과시가 목적이든, 숨김이 목적이든 진실 위에 무엇인가를 더함으로써 거짓을 만드는 행위가 헛맹세인 것이다.

또 이것은 '맹세를 파기하다'라는 의미를 갖는다. 거짓 맹세는 맹세를 깨뜨리는 것이고, 특히 하나님께 거짓 맹세를 하는 것은 하나님의 이름을 모독하고 더럽히는 것이 된다. 그러니 헛맹세를 하지 말라는 말씀은 우리의 불성실과 위선을 고발하는 말씀이 되는 것이다. 유대인들의 관습에서는 진실하지 않은 사람, 거짓말하는 사람, 중상 모략하는 사람, 위선자 등은 하나님 앞에 설 수 없다고 말하고 있다.

성경에서 거짓 맹세에 대한 처벌을 어떻게 했는지 두어 군데만 찾아보기로 하자. 레위기 6장에 보면, 분실물을 주운 다음에도 그 사실을 부인하고 거짓 맹세를 범한 자에게 그 물건의 1/5을 더해 주인에게 돌려주도록 했고, 스가랴서 5장 4절에는 "하나님께서 거짓 맹세하는 자의 집에 들어가 그 집을 나무와 돌까지 모조리 소멸할 것"이라고 했으며, 말라기 3장 5절에는 "내가 심판하러 너희에게 임할 것이라…거짓 맹세하는 자에게와…"라고 했다. 거짓 맹세가 심판의 대상이라고 하신 것이다. 그러니 차라리 서원하지 않는 것이 낫다는 것이다.

♠ 구약시대 때 하나님을 핑계로 한 서원이 남발되심을 아시는 예수님은 '맹세(서원)하지 말라고 하셨다, 즉, 마태복음 5장 33-34

절에, "또 옛 사람에게 말한 바 헛 맹세를 하지 말고 네 맹세한 것을 주께 지키라 하였다는 것을 너희가 들었으나/ 나는 너희에게 이르노니 도무지 맹세하지 말지니…"라고 하신 것이다. 왜 이렇게 말씀하신 것일까? 세상의 삶에서 수많은 사람들이 타인과 대화하는 중에 자신들의 말에 신뢰라는 인증을 얻어내기 위해 맹세를 한다. 그리고 때로는 그 맹세를 합리화하기 위해 온갖 것을 다 갖다 대기도 한다. 예를 들면, 우리 옛말에도 '하늘에 맹세코'라는 말이 흔히 쓰일 정도니 아마도 세상 모든 사람들이 맹세를 흔하게 사용하고 또 가벼이 여기는 것 같다.

그런데 예수께서는 맹세 자체를 금하고 계신 것 같지 않은가? 유대인들에게 있어 맹세는 하나님과 관련된 중요한 행위 중에 하나였다. 그런데 예수님 당시의 서기관과 바리새인들은 하나님께 한 맹세는 반드시 지켜야 하지만 하나님의 이름과 관계없는 맹세는 비교적 덜 중요하다고 여겨 그다지 문제로 삼을 만한 것이 아니라고 말했다.

예수께서 서기관과 바리새인들을 향해 하신 말씀이 많으나 특히 마태복음 23장 16절에는 이런 말이 나온다. "화있을진저 눈 먼 인도자여 너희가 말하되 누구든지 성전으로 맹세하면 아무 일 없거니와 성전의 금으로 맹세하면 지킬지라 하는도다"라고 말씀하신 것이다. 다시 23장 18절에는 제단으로 맹세하는 것에 관한 말씀도 이어져 나온다. 이처럼 이들 바리새파 사람들이나 율법교사들은 맹세에도 차이를 두어 사소한 수준의 것들은 하나님의 이름을 더럽히지 않는 것이라고 가르치고 있었던 것이다. 이들은 위증죄(僞證罪)를 짓는 것은 율법을 어기는 중대한 죄라고 여겼으나 헛 맹세만 아니면 아무 때나 맹세하는 것이 그렇게 해로운 것은 아니라고 말하고 있었던 것이다.

그러므로 주님께서 '네 맹세한 것을 주께 지키라'고 하신 것은 절대적 명령에 속한다. 그런데 예수께서 마치 구약의 말씀들을 파기하는 듯한 말씀을 시작하셨다. '나는 너희에게 이르노니 도무지 맹세하지 말라'라고 하신 것이다. 구약에서는 헛맹세를 하지 말고 하나님께 맹세한 것은 반드시 지켜야 한다고 했는데, 예수께서는 아예 맹세 자체를 하지 말라고 하신 것이다. 여기서 '도무지'라는 말은 헬라어로 '홀로스oλως'라고 하며 복음서에는 이곳만 나온다. 이것은 '하나도 빠짐없이 모두(all/whole)'라는 말이다. 그러므로 글자 그대로 바라보고자하면, 본문이 어떠한 맹세든지 맹세하는 모든 것이 금지되는 것처럼 느껴지는 것이다.

잠시 구약으로 다시 돌아가 보자. 하나님은 맹세를 여러 번 하셨다. 그런데 예수님은 아예 도무지 맹세하지 말라고 하신다. 그런데 또 이상한 것은 본문에서는 맹세를 철저히 금하셨는데, 마태복음 23장 16-22절을 살펴보면, 마치 예수께서 맹세를 인정하시는 듯한 인상을 갖게 된다. 그렇다면 이처럼 구약과 예수님의 말씀, 그리고 예수님의 말씀 사이의 것들 사이에서 나타난 이러한 모순이 되는 것 같은 여러 말들은 어떻게 설명되고, 또 그 모순을 해소시킬 수 있는 것일까? 도대체 예수님의 말씀의 진의가 무엇일까?

예수님은 맹세하는 것을 원칙적으로 금하셨다. 예수님의 이런 가르치심이 유대인들의 전통과 대립된 것인가? 구약과 대치되는 것인가? 하나님께 대한 맹세는 구약에서 허용되고 있었다. 그런데 신약의 다른 부분을 살펴보았을 때, 본문의 말씀대로 제자들이 예수님의 말씀을 지켜 맹세를 전혀 하지 않았을까? 그렇지 않다. 사도행전 18장 18절에는, "…바울이 일찍이 서원이 있었으므로 겐그레아에서 머리를 깎았더라"고 했으니, 그가 서원(맹세)한 바가 있음을 짐작할 수 있다. 또 사도행전 21장 23절에도, "우리가 말하는 이대로 하라 서원한 네 사람이 우리에게 있으니"라고 한 것처럼 서원한 이야기가 나온다. 고린도후서 1장 23절에는, "내가 내 목숨을 걸고 하나님을 불러 증언하시게 하노니…"라고 함으로 바울의 맹세가 하나님을 불러 증언한다고 할 정도로 강조된 맹세를 발하기도 했다.

예수께서도 맹세하신 장면이 마태복음 26장 63절에 나온다. 즉, "…대제사장이 이르되 내가 너로 살아 계신 하나님께 맹세하게 하노니 네가 하나님의 아들 그리스도인지 우리에게 말하라"고 하는 말에 침묵하시던 예수께서 맹세의 말을 인정하시고, 이렇게 말씀하신다. 64절의 말씀이다. "예수께서 이르시되 네가 말하였느니라 그러나 내가 너희에게 이르노니 이 후에 인자가 권능의 우편에 앉아 있는 것과 하늘 구름을 타고 오는 것을 너희가 보리라 하시니"라고 한 장면이다. 예수님의 이 발언으로 인해 주께서 신성모독 죄를 저질러 그 죄가 사형죄에 해당한다는 말을 들었던 것이다. 이는 예수께서도 맹세의 타당성을 인정하시고 응하신 것이다.

이제 이처럼 어떻게 보면, 서로 간에 모순적인 듯 여겨지는 '맹세에 관한 말씀'에 대해 정리해 보기로 하자. 바울이 맹세를 행하고, 예수님 자신도 맹세에 응하신 것은 곧 본문의 말씀에 대해 바울이 문자적으로 해석하지 않았음을 이해해야 한다. 또 마태는 '너희가 들었으나…나는 너희에게 이르노니'라는 표현을 사용함으로, 구약의 교훈을 온전히 배격하지 않으셨음을 은연중에 밝혔다. 또 5장 17절에서, "내가 율법이나 선지자를 폐하러 온 줄로 생각하지 말라 폐하러 온 것이 아니요 완전하게 하려 함이라"고 한 바와 같이 구약의 파괴가 아니라 보완이고 완성적 측면이 강했다는 것이다. 그러면 이와 같이 강경한 말씀을 하심으로 율법을 보완한 것은 무슨 이유이셨을까?

유대인들 풍속, 혹은 관습상 하나님의 이름이 들어가지 않은 맹세는 저버려도 큰 허물도 아니고, 율법에 저촉되지도 않는 것으로 알고 있었던 것이다. 그런데 이 유대인들이 편법을 사용해 하나님의 이름 대신에 하늘이나 땅, 예루살렘, 머리, 성전, 제단 등의 이름을 들어 맹세를 남발하는 폐해가 수없이 발생하고 있었다. 유대인의 사회도 오늘의 우리 사회나 마찬가지였던 것 같다. 이들도 불신의 강도를 낮추려고, 또 서로 신뢰하기 힘들었기에 맹세라는 수단을 사용했던 것이다. 그러니 유대인들이 율법에 어긋나니 차마 하나님의 이름은 거론치 못하고 다른 이것저것을 들어 맹세를 하려 들었고, 맹세라는 방법을 이용해 거짓말을 하고, 또 거짓말을 하려고 맹세하려고 들었던 이들의 악습을 제거하기 위해 예수께서 이 말씀을 하신 것이라는 말이다. 예수께서 도무지 맹세하지 말라고 하신 목적이 바로 이런 악습을 제거하기 위해서였다는 것이다.

그러므로 구약에서 나오듯 하나님께 대한 맹세 자체가 금해지는 것이 아니었으니, 이 말씀은 헛맹세를 말고 꼭 지켜야 하며, 사람들 사이에 행해지는 맹세의 폐해를 없애기 위해 맹세 자체를 금하시게 하신 것이라는 말이다. 예수님의 제자들은 예수님의 말씀의 진의(眞意)를 이해하고 있었기에 자신들도 맹세를 하였던 것이고, 예수님도 그 맹세의 폐해 때문에 금하셨으나 맹세 자체를 부인하지는 않으셨기에 스스로도 맹세를 하신 것이다. 그리하여 예수께서는 유대인들의 악습화한 맹세를 금하게 하시기 위해 그렇게 말씀하신 것이고, 그 설명의 내용이 바로 34-36절에 나오는 말씀이 되는 것이다.

6절] '네 입으로 네 육체가 범죄하게 하지 말라 사자(使者) 앞에서 내가 서원한 것이 실수라고 말하지 말라. 어찌 하나님께서 네 목소리로 말미암아 진노하사 네 손으로 한 것을 멸하시게 하랴'

하나님을 믿는 자들은 성실하게 맹세를 지켜야만 한다. 하나님께 서원(맹세)한 것, 그것들은 반드시 지켜져야 한다. '서원한 것이 실수라고 말하지 말라'고 하셨다. 이것은 하나님을 진노케 하는 행위인 것이다.

'네 입으로 네 육체가 범죄하게 하지 말라'는 여러 가지 번역이 있다. 예를 들면, '네 입으로 네 육체를 범죄케 말라', '네 입으로 형벌을 받지 말라', '네 육신으로 죄를 짓지 말게 하라' 등과 같은 것들이다. 여기서 육체가 상징하는 것은 인생 그 자체가 될 것이다. 말로 범죄를 저지르면 그 사람의 인생 전체가 망가진다는 의미가 되는 것이다. 이것의 원문은 '알אל 티텐תתן 엩את 피카פיך 라하티לחטיא 엩את 베사레카בשרך'가 된다. '알אל'은 부정부사로, '~ 아니다'의 뜻이며, '티텐תתן'은 원형이 '주다', '내어주다'의 뜻인 '나탄נתן'이며 남성 2인칭 단수다. '라하티לחטיא'는 원형이 '벗어나다', '죄를 범하다'의 뜻을 가진 '하타חטא'이고, 전치사 '레ל'와 결합된 것이다. 보통 '라하티לחטיא'는 죄를 짓는 것을 의미하고, 동시에 속죄하는 것도 의미한다. 죄를 짓는 것, 죄책, 또는 형벌에 대해서 책임을 지는 것 같은 것을 의미한다. '베사레카בשרך'는 남성 2인칭 단수로서, '살아있는 몸의 살', '육신'의 뜻이다. 영 또는 마음과 대비되는 몸을 말한다. '피카פיד'는 '남성 2인칭 단수로, "입פה'의 뜻이다. 그러므로, 직역하면, '네 육신을 네 입으로 범죄하게 내어주지 말라'가 된다. 입술의 범죄로 그 사람이 죄에 빠지는 것을 경계하는 말씀이다. 서원(נדר맹세)가 입에서 나오는 말에 따라 죄를 범할 수도 있음을 주의시킨 것이다. 이 번역은 다시 '네 입으로, 네 육신으로 죄를 짓지 말게 하고'로 번역할 수도 있다. 왜냐하면 죄는 육신이 짓는 것이 아니고 육신의 정욕에 의해서 혹은 육신의 정욕에 의해서 결정된 의지가 짓는 것이다. 또 입은 죄를 갖게 하는 것이 아니라 경솔한 생각으로 죄를 지은 사람을 뜻한다. 그 사람은 성급해서 죄를 그 육신에 가져온다. 이러한 사람이 서원을 범할 때에, 하나님이 가하시는 형벌이 다가온다는 것이다. 입은 눈이나 손처럼 사람의 지체이고, 입이 말한 것 때문에 사람 전체가 형벌을 받게 되기 때문이다.

'사자(使者) 앞에서 내가 서원한 것이 실수라고 말하지 말라'에서 '사자'가 누구일까? '함말아크המלאך'가 원문인 이것은 관사ה와 '말라크מלאך'가 결합된 것으로, 말라크מלאך는 '대리로 파견하다'에서 유래한 것이다. '보내진 자', '전령', '하나님의 사자', '천사', '선지자', '예언자', '제사장' 등 여러 가지 뜻이 있다. 주로 '천사'로 많이 사용된다.

그런데 본절에서 '함말아크המלאך', 곧 사자라고 한 것은 구약에서 제사장의 공식 별명이라고 한다. 구약 시대에 제사장들이 하나님 앞에서 서원하고 헌물을 바쳤다는 점에서 제사장으로 보는 경향이 있다. 탈굼תרגום은 형벌의 선고의 집행이 심판 날에 행하게 될 사자로 이해하기도 한다. 70인 역이나 시리아어 번역본에서는 이 사자, 함말라크המלאך를 하나님으로 인식하고 '하나님 앞에서' 라고 번역하기도 한다. 이 부분은 그래서 보통 '하나님의 사자 앞에서 그것이 약한 죄(실수)라고 말하지 말라'고 번역해도 무방할 것이다. '실수'가 원문은 '쉐가가שגגה'로, 이것은 '부주의한 범죄'를 가리키기 때문이다.

레위기 5장 4절에, "만일 누구든지 입술로 맹세하여 악한 일이든지 선한 일이든지 하리라고 말하면 그 사람이 함부로 말하여 맹세한 것이 무엇이든지 그가 깨닫지 못하다가 그것을 깨닫게 되었을 때에는 그 중 하나에 그에게 허물이 있을 것이니"라고 했다. 얼마나 두렵고 치밀한 말씀인가? 무심한 서원, 맹세도 걸림돌이 된다. 그래서 하나님 앞에서는 사람이 헛된 말을 할 수가 없고 행한 모든 말은 신중하게 간수해야 한다.

사람에게는 부주의에 의한 실수라고 얼마든지 변명할 수 있으나 하나님 앞에서는 모두 다 죄가 되는 것이다. 서원은 어디까지나 자신의 의지의 발로이기에 변명은 성립되지 않는다.

'어찌 하나님께서 네 목소리로 말미암아 진노하사 네 손으로 한 것을 멸하시게 하랴'고 했다. '네 목소리'는 원문이 '콜레카קולך'로, 남성 2인칭 단수다. '목소리'를 뜻하는 '콜קול'과 접미어ך의 결합이다. 손으로 한 것이 무엇일까? '사업, 재물, 권세, 성공' 등과 같이 '해 아래'에서 이룬 것들을 재난이나 질병, 사업 실패 등으로 없애신다는 말씀이다. 무심코 했든, 의도적으로 했든, 서원의 경중(輕重)에 관계없이 서원한 자가 갚지 않으면 하나님께서 징벌하신다는 것이다.

♠ 시편 15장 3절에, "그의 혀로 남을 허물하지 아니하고"라 했다. 입술로 인한 화(禍)를 열거한 말씀이다. 본절의 '사자(使者)'는 보내심을 받은 자를 말하고 영적 사역자를 가리킨다. 그렇다고 해서 반드시 천사가 하나님이 부리시는 종이라는 개념이라고 주장하는 것은 틀린 것이다. 예수님도 보내심을 받은 분이니 사역적 설명으로는 보내심 받은 천사이고, 사도 또한 천사이며, 우리가 예수 그리스도 안에서 바른 복음을 전한다면 우리 또한 천사라고 불려도 이상하지 않은 것이다. '리페네לפני 함말아크המלאך', 곧 '사자(使者) 앞에서'는 '예수님 앞에서'라고 번역해도 틀리지 않는다는 말이다. 만약 하나님이 부리시는 전령의 의미로서의 천사라면 '사자 앞에서 내가 서원한 것이 실수라고 말한다는 것 자체가 어불성설(語不成說)이다. 하반절에 '하헬로힘האלוהים', 곧 '그 하나님'이 나오는데, 그분이 바로 예수님이다. 유대 종교지도자들이 예수님 앞에서 얼마나 함부로 말을 했는지 모른다. 그들이 종말의 때, 곧 심판석에 앉으신 예수님 앞에서 감히 예수님께 대해 행했던 비방들을 실수라고 변명할 수 있을까?

예를 들어보자. 마태복음 27장 11-26절에 보면 빌라도 총독 앞에선 예수님에 관한 이야기가 나온다. 빌라도가 예수님에 대한 처리를 유대인들에게 물으니 '십자가에 못 박혀야 한다'고 외친다. 다시 빌라도가 '이 사람의 피에 대하여 나는 무죄하니 너희가 당하라'고 하니, 유대인 무리들(아마도 종교 지도자 중심이었거나 그들에게 사주 받은 자들)이 한 목소리로 외치기를, '그 피를 우리와 우리 자손에게 돌릴지어다'라고 했다. 이런 죗값을 감히 실수라고, 약한 범죄라고 용서해 달라고 말할 수 있을까? 그들의 입으로 한 범죄가 그 몸을 다 망치게 하는 것이다. 그뿐이 아니다. 육신은 물론이거니와 그들이 손으로 한 것, 즉 그들이 마음을 다 바쳐 이루고자 한 명예, 권력, 재물 등 모두가 다 징벌의 대상이 될 것이다.

7절] '꿈이 많으면 헛된 일들이 많아지고 말이 많아도 그러하니 오직 너는 하나님을 경외할지니라'

주요 원문을 보자. 본절은 앞에 접속사 '키'가 나온다. '~한 것을', '그래서', '결국', '~할 때', '그러나' 등으로 다양하게 사용되는 접속사다. '꿈이 많으면'의 원문은 '키כי 베로브ברב 할로모트חלמות'다. '베로브ברב'는 전치사ב와 '많음', '위대함'의 뜻을 갖는 '로브רב'의 결합이다. '할로모트חלמות'는 복수로 '꿈들'이 된다. '헛된 일들'은 원문이 '와하발림והבלים'인데, 접속사ו와 '헤벨הבל'의 복수형ים의 결합으로서, '헛된 것들'의 뜻이다. 원문은 그래서 '그리고 그 헛된 것들'이 된다. 본 구절은 문법이 불완전해 번역이 여러 가지로 나타난다. '꿈이 많으면 헛된 일들이 많아지고 말이 많아도 그러하니'에 대해, 예를 들면 킹제임스역은 '꿈이 많고 말이 많은 데는 또한 갖가지 헛됨이 있도다'라고 했고, 그 외에도 '꿈들이 증가할 때는 헛된 말들이 많아진다(RSV)', '많은 꿈이 있는 곳에 헛된 것과 많은 말이 역시 있고', 혹은 '많은 꿈에, 역시 헛되고, 즉 거기에서 나오는 것이 아무 것도 없고 많은 말도 헛되고'라고 번역하기도 한다.

본절의 핵심은 '우데바림ודברים 하르베הרבה'이다. 즉, '말이 많아도 그러하다', 곧 다시 쓰면, '말이 많아도 헛된 것들'이라는 것이다. 그러므로 말이 많은 것은 헛된 꿈과 같이 피해야 할 것이고,

오히려 하나님을 경외해야 한다는 것이다. 여기서 '경외할지니라'의 원문은 '예라ירא'이다. 이것은 남성 2인칭 단수 명령형으로, 원형은 '떨다', '두려워하다', '존경하다', '경배하다'의 뜻이다. 두려운 마음으로 경배하는 것이 곧 경외하는 것이다.

♠ 본절은 유대 종교지도자들을 향한 전도자, 곧 예수 그리스도께서 하시는 말씀이다. 헛된 꿈, 헛된 일에 마음 쓰지 말고 쓸데없는 말로 떠들어대지 말라는 것이다. 이처럼 그들이 할 일이 있으니 원문에 '엩את 하엘로힘האלהים 예라ירא', 곧 '너는 그 하나님을 경외하라'고 하신 것이다. '그 하나님'이 누구인가? 바로 예수님이시다. 잠언 20장 15절에, "세상에 금도 있고 진주도 많거니와 지혜로운 입술이 더욱 귀한 보배니라"고 했다. 지혜로운 입술이 무엇인가? 복음을 전하는 입술이다. 유대 종교지도자들은 예수의 복음을 전하는 자가 되었어야만 했다. 그런데 그렇게 하지 않았다. 이제 그 일은 예수 믿고 구원받은 자들이 이어받아야 한다.

시편 24편 3-4절에, "여호와의 산에 오를 자 누구며 그 거룩한 곳에 설 자가 누군고 곧 손이 깨끗하여 마음이 청결하며 뜻을 허탄한 데 두지 아니하며 거짓 맹세치 아니하는 자로다"라는 말씀이 있다. 이 말씀이 누구에 대한 것일까? 경건한 그리스도인? 열정적인 구약의 선지자? 아니다. 이것은 예수 그리스도에 대한 말씀이다. 이 구절 같은 사람은 인간 세상에 없다. 누가 감히 여호와의 산에 오를까? 누가 그런 자격이 있을까? 오직 예수님뿐이다. 그러나 감사하게도 그분을 통해 속죄함을 입은 자들이 또한 훗날, 세상에서 사명을 다한 후에 그렇게 될 것이다. 베드로전서 4장 11절은 그런 속죄함 받은 자들에게 당부하는 말이 나온다. "만일 누가 말하려면 하나님의 말씀을 하는 것 같이 하고 누가 봉사하려면 하나님의 공급하시는 힘으로 하는 것 같이 하라…"고 한 것이다. 이것이 그리스도를 본받는 삶이다.

8절] '너는 어느 지방에서든지 빈민을 학대하는 것과 정의와 공의를 짓밟는 것을 볼지라도 그것을 이상히 여기지 말라 높은자는 더 높은자가 감찰하고 또 그들보다 더 높은자들도 있음이니라'

새로운 문단으로 접어들었다. 8절과 9절은 함께 묶여 빈민 학대, 공의의 박멸 등에서 보듯 포악한 권세자의 압제와 공의의 훼손의 심각성에 대해 슬픈 눈으로 바라보고 있다. 해 아래 인생들의 가련한 모습이 하나님의 거룩한 잣대 앞에서 다시 측량되고 있다. 3장 16절과 4장 1절과 중복되는 부분이 있으나 본절에서는 경제적 삶의 불평등이 강조되고 있다고 할 것이다.

공의를 짓밟는 것, 공의를 박멸하는 것을 보아도 이상히 여기지 말라는 것은 주변에 그러한 일이 만연하고 있다는 것이다. 높은 자는 가난한 자를 학대하는 자이고 공의를 약탈하는 자이다. 거기에 그보다 더 높은 자가 있고, 그가 그 입장에서 자기 세력을 강화하기 위해 어떻게 더 낮은 자를 약탈하는 지 관찰한다. 이 두 사람보다 너 높은 자가 있고, 그는 그 자신의 이익에서 이들 두 사람을 학대한다. 왜냐하면 이 두 사람이 거기에서 자기 밑에 있기 때문이다.

주요 원문을 분석해 보자. '너는 어느 지방에서든지 빈민을 학대하는 것과 정의와 공의를 짓밟는 것을 볼지라도'에서, '어느 지방에서든지'는 원문이 '밤메디나במדינה'이다. 전치사ב 와 מדינה'재판',

'영역', '도', '지방'의 뜻이다. '학대하는 것'은 '오쉐크עשק'로, '포악', '상함', (가난한 자를) '압제함', '불의로 취한 것' 등의 뜻을 갖는다. '공의를'은 '와체데크וצדק'로서 접속사와 צדק '똑바름', '의로움', '공의'의 뜻이 있다. '짓밟는 것'은 '웨게젤'로서, 접속사와 '약탈', '강탈'의 뜻을 가진 게젤의 결합형이다. 경제적 약탈이나 수탈을 뜻하는 말이다. 직역하면, '만일 어느 도에서든지 빈민을 압제하는 것과 그리고 정의와 공의를 강탈하는 것을 네가 볼지라도'가 된다. 내용상 정의로워야 할 재판은 그렇지 못하고, 공의에 충실해야 할 행정력은 가난한 자를 박대하고, 있는 자, 가진 자, 높은 자가 활개 치는 모습이 연상되는 구절이다. 이런 모습에 대해 전도자는 이상히 여기지 말라고 말하고 있다. '해 아래' 세상의 전형적인 광경이기 때문이다.

'이상히 여기지 말라'는 원문이 '알אל 티트마흐תתמה'다. 'אל'은 부정어(not)이고, '티트마흐תתמה'는 남성 2인칭 단수다. 원형은 '타마흐תמה'인 바, 이것은 '놀라다', '공포와 두려움에 질리다'의 뜻이다. 즉, '너는 공포와 두려움에 질리지 말라', 혹은 '너는 놀라지 말라'가 된다.

원문은 이어서 이유를 나타내는 접속사 '키כי'가 있어 '왜냐하면' 하고 설명을 하고 있다. 그것이 '높은 자는 더 높은 자가 감찰하고 또 그들보다 더 높은 자들도 있음이니라'는 말씀이다. '높은 자'는 누구일까? 아마도 악을 집행한 관리였을 것이고, '더 높은 자'는 왕이었으리라. '감찰하고'의 원문은 '쇼멜שמר'이며, 이것은 원형이 '샤마르שמר'이고, 그 뜻은 '지키다', '관찰하다', '기억하다', '(나쁜 의미로) 감시하다', '(좋은 의미로) 보호받다'가 된다. 감시한다는 의미가 맞을 것이다. 그런데 본절은 그들보다 더 높은 자들이 있다고 한다. 누군가? 바로 하나님이시다. 원문은 '우게보힘וגבהים' 이다. '그리고 하나님'이다. 하나님은 한 분이시나 여기서는 장엄 복수형으로 사용된 것이다.

높고 높으신 분, 영원한 분, 최고이며 최대의 권세를 가지신 전지전능하신 초월자가 되시는 분이니 장엄 복수다. '해 아래' 세상에서의 박대, 강탈, 착취는 가난하고 비천한 자들이 당하는 일상이지만, 아마도 그 부조화와 부조리가 끝이 없을 것 같겠지만 그 위에 더 높은 분이 '해 위', 곧 천상에 계셔서 언젠가 그들을 심판하실 것임을 암시하는 말씀이다.

♠ 자연 생태계를 관찰해 보면 포식자와 피식자의 관계가 뚜렷하다. 풀밭의 벌레를 개구리가 먹고 개구리는 다시 뱀에게 잡혀 먹힌다. 그러나 풀밭의 왕처럼 군림하는 뱀, 마치 지상의 왕 같다. 그러나 멀리 하늘 높은 곳에서 독수리가 그 하는 짓을 바라보고 있다. 적절한 비유인지는 모르겠으나 높은 자는 1차 소비자요, 더 높은 자는 2차 소비자다. 그러나 그들보다 더 높은 분, 하늘에 계신 분이 있다. 인간이 만일 하나님을 알지 못하거나 거부하면 피식자의 신세가 되거나 잘났다 해도 먹이사슬의 꼭대기가 될 수 없다. 왜냐하면 지상이라는 한계가 있기 때문이다. 먼 하늘 높은 곳의 독수리처럼 하나님께서 천상에서 감찰하신다. 그분이 훗날 모든 죄에 대해 심판하실 것이다.

하나님은 인간을 이처럼 악하게 창조하시지 않으셨다. 하나님이 바램이 어떠했을까? 이스라엘의 조상 아브라함에게 하신 하나님의 말씀을 들어보자. 창세기 18장 18-19절에, "아브라함은 강대한 나라가 되고 천하 만민은 그로 말미암아 복을 받게 될 것이 아니냐/ 내가 그로 그 자식과 권속에게 명하여 여호와의 도를 지켜 의와 공도를 행하게 하려고 그를 택하였나니 이는 나 여호와가 아브라함에게 대하여 한 일을 이루려 하심이니라"고 하신 것이다. 그 어느 곳에도 부정적인 말씀이 없다. 또 이사야 11장 3-5절엔 훗날 예수께서 행하실 다스림에 관한 예언이 있다. "그가 여호와를 경외함으로 즐거움을 삼을 것이며 그의 눈에 보이는 대로 심판하지 아니하며 그의 귀에 들리는 대로 판단하지 아니하며/ 공의로 가난한 자를 심판하며 정직으로 세상의 겸손한 자를 판단할 것이며 그의 입의 막대기로 세상을 치며 그의 입술의 기운으로 악인을 죽일 것이며/ 공의로 그의 허리띠를 삼으며 성실로 그의 몸의 띠를 삼으리라"고 했으니 본절과 너무나 차이가 나지 않는가?

그러나 이 땅위에서 정의와 공의가 짓밟히고 무시되는 것은 어쩌면 당연지사(當然之事)일 것이다. 사탄이 공중권세를 잡고 있기 때문이다. 적그리스도와 악령들이 있어 미혹활동을 하기 때문이다. 특별히 가난한 자, 병든 자들이 더욱 견디기 힘들다.

예수님은 그런 사람을 먼저 찾으셨다. 마태복음 9장 12-13절에 보면, 예수께서 세리 마태의 집에서 식사를 하시니, 바리새인들이 꼬투리를 잡는다. "너희 선생은 세리와 죄인들과 함께 잡수시느냐(마9:11참조)"고 한 것이다. 예수께서는, "… 건강한 자에게는 의사가 쓸 데 없고 병든 자에게라야 쓸 데 있느니라/ … 나는 의인을 부르러 온 것이 아니요 죄인을 부르러 왔노라 하시니라(마9:12-13참조)"고 하신 것이다. 예수님은 스스로 건강한 자를 찾지 않으신다. 죄인임을 자각하고 하나님을 찾는 자들, 예수님을 구주로 맞이하고, 그분에게 의지하는 자들을 먼저 찾으신다. 이 땅위에 존재하는 모든 인간들은 죄인이다. 스스로 어찌할 수 없는, 날 때부터 죄인이고, 죽을 때까지 죄인이며, 생태계 안의 동식물처럼 그렇게 존재할 뿐이다. 자연의 일원으로 죄 가운데 살다가 하릴없이 가야하는 허무한 인생이다.

만약 하나님이 찾지 않으셨다면, 그 하나님이 성육신하셔서 죄 가운데 들어오시지 않았더라면, 그리고 그 죄를 다 끌어안으시고 십자가의 형벌을 감당하시지 않으셨더라면 인간은 생태계의 잡풀 하나, 물질계에 존재하는 돌 하나와 다름없는 그런 의미 없는 삶이었을 것이다. 그런 우리를 주께서 찾아주셔서 죄의 뿌리를 제거하셨고, 성령을 주셔서 삶의 승리자가 되게 하신다.

감찰을 의미하는 원문 '쇼멜שמר'은 악령에겐 '나쁜 의미'의 감시가 적용되고, 성령께선 '좋은 의미'의 보호가 되는 것이다.

9절] '땅의 소산물은 모든 사람을 위하여 있나니 왕도 밭의 소산을 받느니라'

좋은 밭을 가진 농부와 그들을 다스리는 왕, 그 왕은 농업에 예속된, 즉 농업을 기반으로 살아가는 왕이다. 이 왕은 전쟁, 소송, 그리고 자신의 의견대로 지배하는 자가 아니고, 그의 나라의 번영을, 평화스러운 향상에서 기쁨을 가진다. 농업에 근거한 어떤 국가의 왕국이다

'땅의 소산물은 모든 사람을 위하여 있나니'에서 '땅의 소산물은'의 원문은 '웨이트론ויתרון 에레츠ארץ 바콜בכל 히היא'이다. '웨이트론ויתרון'은 접속사1와 '소득', '이익'이라는 뜻의 '이트론יתרון'의

결합이다. '에레츠ארץ'는 땅을, 그리고 '바콜בכל'은 전치사ב와 '모두'를 뜻하는 '콜כל'의 결합이다. '히(כתב)היא'는 여성 3인칭 단수로서 땅을 가리킨다. 따라서 직역은 '그리고 땅의 소득은 모두에 있고, 땅도 모두를 위하여 있다'가 직역이다.

'왕도 밭의 소산을 받느니라'는 원문이 '후(קרי)הוא' 멜렉מלך 레사데לשדה 네에바드נעבד'이다. '후הוא'는 남성 3인칭 단수이고 인칭대명사다. '멜렉מלך'은 '왕', '레사데לשדה'는 전치사ל와 '밭שדה'을 뜻하는 '사데שדה'의 결합이다. '네에바드נעבד'는 '노동하다', '일하다'의 뜻을 갖는 '아바드עבד'의 니팔형(재귀수동형) 분사다. 직역은 '왕 자신도 밭에 의해 섬겨진다'가 되거나, 혹은 '네에바드נעבד'가 밭을 수식하는 경우에, '밭을 경작한 왕이 땅에서 소득을 얻는다'가 된다.

본절의 경우는 농사와 왕, 그리고 땅의 관계다. 땅은 소득을 주는데, 농부와 왕 모두가 그 혜택을 입는다는 것으로, 왕으로 하여금 농민들을 잘 돌볼 것을 말한다고 할 것이다.

♠ 상징적 해석이 요구되는 구절이다. 왕과 농부가 모두 다 유익을 얻는 좋은 관계다. 땅은 세상이고, 그 실제적 주인은 하나님이시다. 단지 땅의 소산물로만 나라를 경영하는 왕은 대국이 아닌 소국의 왕일 수밖에 없다. 그런데, 여기서는 영적인 의미를 살펴야 한다. 따라서 왕은 유대의 왕, 곧 예수 그리스도를 의미한다. 마태복음 27장 11절에 보면, "예수께서 총독 앞에 섰으매 총독이 물어 이르되 네가 유대인의 왕이냐 예수께서 대답하시되 네 말이 옳도다 하시고"라고 했다. 예수님께서는 빌라도가 놀랄 정도로 그 외에는 침묵으로 일관하시고 일체의 변명이나 항의도 않으셨다

(마27:14). 분명 인자 예수는 유대인의 왕이시다. 농부는 이 왕의 통치를 받는, 그리하여 소산물을 함께 하는 농부다. 악한 농부가 아니다. 함께 유익을 취하고 있기 때문이다.

그렇다면 땅에서 얻는 '이트론(יתרון'유익)'은 무엇을 상징하는 것일까? 그것은 예배다. 어떤 예배인가? 요한복음 4장 24절에, "하나님은 영이시니 예배하는 자가 영과 진리로 예배 할지니라"고 한 대로 영과 진리로 드리는 예배를 뜻한다. 예배 가운데서 농부들, 곧 그리스도인들은 영의 양식을 먹으며, 하나님은 기도의 향기를 받으신다(계8:3참조). 땅, 곧 농부가 경작할 밭에서 저절로 유익(소산물)이 생기는 것이 아니다. 그것은 땀 흘려 일해야 얻을 수 있는 것이다. 그렇다. 이것이 복음 전파요, 하나님의 일을 하는 것이다. 요한복음 15장 16절에, "너희가 나를 택한 것이 아니요 내가 너희를 택하여 세웠나니 이는 너희로 가서 열매를 맺게 하고 또 너희 열매가 항상 있게 하여 내 이름으로 아버지께 무엇을 구하든지 다 받게 하려 함이라"고 했다. 열매가 바로 땅의 소산물이다. 열매를 얻는 일, 그것이 그리스도인들이 할 일이다.

10절] '은을 사랑하는 자는 은으로 만족하지 못하고 풍요를 사랑하는 자는 소득으로 만족하지 아니하나니 이것도 헛되도다'

'해 아래'에서 빈민과 약자들에게 행해진 압제와 공의의 실종은 또 하나의 인생무상을 경험케 하는 것이었다. 헛됨(הבל헤벨)의 지속이다. 본절부터 17절까지는 '헛됨'의 화살이 재물에 과녁을 맞추고 있다. 전도자의 세밀한 관찰이 돋보이는 지점이기도 하다. 재물은 사실상 허망한 것이다. 특별히 죽음 앞에서는 더욱 그러할 것이다. 모든 사람이 자신의 끝을 안다. 그러면서도 대부분의 사람들이 재물을 좇는다. 왜냐하면 재물이 바로 그들의 우상이 되기 때문이다. 재물은 사탄이 사용하는 무기 가운데 상위를 차지할 것이다. 현재도 재물(맘몬) 우상이 횡행하고 번영신학이 교계와 학계에 버젓이 자리 잡고 있다. 본절은 그와 같은 것들이 다 헛되다고 말하고 있는 것이다. 결국 돈 자체가 문제가 아니라 그것에 대해 만족할 줄 모르는 욕망이 문제라고 할 것이다.

'은을 사랑하는 자는 은으로 만족하지 못하고'라고 했다. 원문은 '오헤브אהב 케셒כסף 로לא 이스바ישבע 케셒כסף'이다. '오헤브אהב'의 원형은 '아하브אהב'로, '사람을 사랑하다', '사물을 좋아하다', '하나님을 사랑하다', '기뻐하다'이다. '은'은 '케셒כסף'으로서, '은'의 뜻이나 '바라다', '구하다'의 뜻인 '카사프כסף'가 원형이다. '이스바ישבע'는 남성 3인칭단수로서, '많다', '족하다'의 뜻이 있다. '은을 사랑하는 자는 은으로 그이 만족이 없다'가 된다. 이 부분을 '재산을 사랑하는 자'로 번역하기도 하지만 결국은 물질에 대한 사랑을 나타낸다고 할 것이다. '풍요를 사랑하는 자는 소득으로 만족하지 아니하나니'에서 '풍요'는 원문이 '베하몬בהמון'이며, 전치사ב와 '무리', '군대', '풍부' 등의 뜻을 갖는 '하몬המון'의 결합이다. '소득'은 '태부아התבואה'로서, 이것은 '소산', '소득', '이익', '(은유적으로) 열매, 결과'의 뜻이다. 본절엔 이 '태부아תבואה' 앞에 절대부정인 '로לא'가 있어 '소득이 전혀 없다'는 뜻이 된다. 풍부를 사랑하는 자에게 소득이 전혀 없다는 것이 무슨 의미인가? 풍부를 사랑한다 할지라도 절대로 만족하지 못하리라는 것이다. 그러니 그 추구 자체가 헛된 것이라는 말씀이다.

♠ 주목할 것은 '하몬המון'이다. 이것은 '풍부'라는 뜻보다는 소란,

시끄러운 무리라는 뜻도 있다는 것이다. 풍부는 좋은 의미고, 소란은 나쁜 뜻이다. 실제적인 이익과 소득을 주는 모든 것들에게 마음을 주면 반대로 모든 즐거움과 기쁨을 잃게 된다는 것이다. 환언하면, 소유의 증가로 불안의 증가 역시 있다는 것이다. 유대교의 성전제사가 왜 망하게 되었나? 마가복음 11장 15-18절에 보면, 성전에서 장사치가 활개 치는 모습을 예수께서 쫓아내시는 장면이 나온다. 성전 안에서 매매하는 자들을 내쫓으셨고, 돈 바꾸는 자들의 상과 비둘기 파는 자들의 의자를 둘어 엎으셨고, 물건을 갖고 성전 안으로 다니지 못하게 하신 것이다. 그때 예수께서는 "…내 집은 만민이 기도하는 집이라…"하신 것이다. 성전이 거룩한 제사의 장소가 아니라 상인들의 놀이터가 되고 유대 종교지도자들의 배불리는 장소가 된 탓에 망한 것이다. 재물에 마음이 기울면 절제가 되지 않는다. 왜냐하면 그 자체가 우상숭배가 되기 때문이다. 그러면 우리는 어찌해야 할까?

　　디모데전서 6장 7-10절에, "그러나 자족하는 마음이 있으면 경건은 큰 이익이 되느니라/ 우리가 세상에 아무 것도 가지고 온 것이 없으매 또한 아무 것도 가지고 가지 못하리니 / 우리가 먹을 것과 입을 것이 있은즉 족한 줄로 알 것이니라/ 부하려 하는 자들은 시험과 올무와 여러 가지 어리석고 해로운 욕심에 떨어지나니 곧 사람으로 파멸과 멸망에 빠지게 하는 것이라/ 돈을 사랑함이 일만 악의 뿌리가 되나니 이것을 탐내는 자들은 미혹을 받아 믿음에서 떠나 많은 근심으로써 자기를 찔렀도다"라고 했다. 바울 당시의 유대 종교지도자들은 풍요와 부를 자랑하며 더욱 큰 부를 추구했었다. 그런 그들이나 바울처럼 오직 복음을 전하기 위해 불철주야 애쓴 사람들이나 지금 이 땅 위엔 존재하지 않는다. 다 '짧은 한 호흡 같은 순간(הבל헤벨)'이기 때문이다. 인생이 그러하다면 우리가 정말 추구하고 따라야 할 것이 무엇인가? 인생의 최고 가치는 영원한 생명을 얻는 것이다. 하나님께서 원하시는 것도 또한 그러하다.

요한복음 17장 3절에, "영생은 곧 유일하신 참 하나님과 그가 보내신 자 예수 그리스도를 아는 것이니이다"라고 했다. 바라고 따라야 할 인생 최선의 목표가 바로 여기에 있는 것이다.

11절] '재산이 많아지면 먹는 자들도 많아지나니 그 소유주들은 눈으로 보는 것 외에 무엇이 유익하랴'

앞절에 이어 재산의 증가가 그다지 좋은 일이 아님을 구체적으로 말하고 있다. 본절은 금고에 재산을 넣어 놓고, 문을 닫은 채, 그것을 바라보며 만족하는 자보다 오히려 탐욕스런 사람이 더 불행한 사람이라고 말하고 있다. 재산이 증가하면서 부양을 책임져야 할 사람도 증가함에 따라 자신의 불안과 걱정도 비례하기 때문이라는 것이다. 이런 경우처럼 재산의 증가 또한 만족을 제공하지 못한다는 것이다. 이사야 5장 8절에, "가옥에 가옥을 이으며 전토에 전토를 더하여 빈틈이 없도록 하고 이 땅 가운데에서 홀로 거주하려 하는 자들은 화 있을진저"라고 했다. 탐욕자의 전형이다. 과거에 필자가 해운업으로 성공해 큰 부자가 되었다가 다시 가난해진 한 사람과 대화한 적이 있었다. 평생 써도 부족함이 없을 만큼 부유해졌는데도 자꾸 새로운 사업을 벌이다가 결국 망한 것이다. 왜 그렇게 했느냐고 물으니 한 마디로 말하길, '탐욕이었다'라고 대답했다. 탐욕은 사망의 죄의 아버지다(약1:15).

'재산이 많아지면 먹는 자들도 많아지나니'에서 본절의 '재산'은 원문이 '하토바הטובה'이다. 이것은 정관사ה와 '토브טוב'의 결합형이다. '토브טוב'가 명사로 사용될 때는 '아름다움', '선', '은혜', '행복', '유익', '복록'의 뜻이 있다. 본절처럼 '재산'이란 뜻은 없는데, 의역한 것이다. 오히려 '좋음(선함)'의 의미가 맞을 것이다. 가난은 나쁘나 재산은 좋다는 의미가 아닐까? '먹는 자'는 원문이 '오켈레하אוכליה'는 3인칭 여성단수 접미사가 붙어있다. 원형은 '아칼אכל'이며, 이것은 '먹다', '없애다', '맛을 보다'의 뜻이 있다. 따라서 '그것을 먹는 자'가 된다. 재산이 증가할수록 일가친척이나 지인들, 피고용자들 등과 같이 껴묻는 사람들이 많아 경비가 증가한다는 의미다.

본절의 '그 소유주들은 눈으로 보는 것 외에 무엇이 유익하랴'는 번역이 애매하다. 재산이 증가할 때, 소유주가 그의 눈으로 바라보는 것을 제외하고 무슨 유익이 있겠느냐는 말이다. 재산은 증가했지만 막상 유익은 다른 사람이 취하고 재산의 소유자는 바라만 볼뿐이라고 한다. 재물이 증가해도 소유자는 다만 보는 것이 전부요, 누리지 못하니 이것 또한 '헛되다'는 것을 말하고 있다,

♠ 이차적 의미를 살피기 쉽지 않은 부분이다. 기도하는 마음으로 살펴본다. 앞부분에서 '하토바הטובה'는 '재산'의 의미라고 본 것은 의역일 뿐, 단어 자체에는 그런 뜻이 없다고 했다. 본래 '토브'는 명사로 사용될 때, 신앙적 해석에서는 그 뜻이 '선' 혹은 '은혜', '좋은 것'과 같은 뜻으로 가장 많이 사용된다. 따라서 '재산이 많아지면'은 다시 '은혜가 증가하면'으로 번역하면 좋을 것 같다. '오켈레하אוכליה', 곧 '그것을 먹는 자'라고 했는데, 원형 '아칼'이 어떤 사람이 교훈을 먹는 경우엔 '열심히 경청하는 것'을 나타내기도 한다. 따라서 이 부분은 두 가지 해석이 다 가능하다. 은혜가 풍성해질 때, 그것을 받아들이는 자가 증가한다거나, 혹은

그 은혜에 대해 경청하는 자가 늘어난다고 해석할 수도 있다는 것이다. 본절, '그 소유주들은 눈으로 보는 것 외에 무엇이 유익하랴'에서 원문은 '우마וּמַה 키쉬론כִּשְׁרוֹן 리브알레하לִבְעָלֶיהָ 키כִּי 임אִם 레이야트רְאוּת 레우트רְאוּת 에나우עֵינָיו'가 된다. 먼저 '레이야트רְאוּת 레우트רְאוּת 에나우עֵינָיו'에 대한 분석을 해보자. '레우트רְאוּת'는 '바라봄', '만족'의 뜻이다. 유사한 '레이야트רְאִית'는 '바라봄', '보는 것'의 뜻이다. '에나우עֵינָיו'는 '눈עַיִן'이란 뜻의 명사로서 3인칭 단수 접미어יו가 결합되어 있다. 글자 그대로하면 쌍수여서 '그의 눈들'이 된다. 이것을 합치면, '그의 눈들로 만족하며 바라보는 것'이 된다. 누구를 바라보는가? 두 가지 해석이 가능하다. '그 은혜'일 수도 있고, '먹는 자들'일 수도 있다. '우마וּמַה'는 접속사ו와 의문대명사 '마מַה'의 결합이다. '그리고 무엇'이 된다. '리브알레하לִבְעָלֶיהָ'는 전치사 '레לְ'와 '주인', '소유자', '남편' 등의 뜻을 가진 '바알בַּעַל'과 여성 3인칭 단수הָ의 결합형이다. 단수와 복수가 다 가능하다. 필자는 단수로 보았다. '키쉬론כִּשְׁרוֹן'은 명사로서, '성공', '번영', '이익', '소득'의 뜻을 가지며 '옳다', '번영하다', '선히 여기다', '잘되다'의 뜻이 있는 '카세르כָּשֵׁר'에서 유래했다. 임'은 자주 사용되는 불변사로, 감탄사로 가장 많이 쓰인다. '오!', '보라!'가 되고 양보, 소망, 시간의 불변사로 사용되며 접속사로도 활용되어, '만약 ~ 이면'처럼 사용되기도 한다.

한글 번역에선 문장이 헛됨을 강조하는 부정적 의미가 되지만 숨은 뜻은 오히려 긍정적이다. 원문을 중심으로 다시 의역해 번역해보자. '그 은혜가 더해지면 그 은혜를 받는 자도 더해지니 그래서 그 주인에겐 만족하며 바라보는 것 외에 무엇이 성공이겠느냐'가 된다는 것이다. 주인 되신 예수께서 '좋은 것', 혹은 '은혜'가 더함으로 그 혜택을 누리는 자들에 대해 만족과 기쁨으로 그 성장을 바라볼 뿐이라는 것이다. 주님은 우리를 사랑하시니 우리에게 어떤 조건을 요구하시지 않는다. 그분을 믿고 그분의 편에 서면 족하게 여기신다는 것이다. 자식들의 성장을 바라보며 기뻐하시는 아가페 사랑의 전형이다.

12절] '노동자는 먹는 것이 많든지 적든지 잠을 달게 자거니와 부자는 그 부요함 때문에 자지 못하느니라'

본절의 핵심은 재산이 재산 소유자에게 실제적인 유익을 주기는커녕 유익이 아니라 걱정과 근심, 불안을 야기시켜 그것 또한 평안을 제공하지 못한다는 것이다. 단잠을 자는 노동자와 선잠, 혹은 불면증에 시달리는 부자를 대비함으로써 부유함이 만족을 주지 못한다는 것을 환기하고 있다. 환언하면, 그 많은 부(富)가 평안은커녕 오히려 고통을 유발한다는 비극적인 면을 말하고자 함이라는 것이다.

본절의 노동자는 원문이 '하오베드העבד'이다. 관사와 '노동하다', '섬기다', '봉사하다'의 뜻을 갖는 '아바드עבד'의 결합이다. 그러므로 노동자는 그다지 좋은 번역이 아니며 오히려 '하오베드העבד'를 '그 일꾼'이라고 번역하는 것이 일차적 의미로서의 내용상 적절할 것이다. 본절에서 노동자가 먹는 것이 많든지 적든지 잠을 달게 잔다고 했는데, 사실 그러한가? 보통 잠을 잘 잔다는 것은 열심히 수고한 것에 대한 보상이고 대가다. 일반적으로 정상적인 직업이 있는 노동자는 품삯이 많든 적든 그 일을 갖고 있어 가난하다고 할지라도 행복을 느낄 수 있을 것이다. 직업의 안정성은 그에게 일한 후에 단잠을 제공한다.

일꾼의 경우는 어떠할까? 그들도 소유한 재물에 대한 염려는 없을 것이고, 심한 일로 육체가 피곤할 것이니 역시 깊은 잠을 잘 수는 있을 것이다. 하지만 일꾼들이 풍부에 처하기는 힘드니 대개의 일꾼들은 편안히 잠들지는 못한다. 8절과 9절에서 보듯 이 일꾼은 압제와 착취를 당하는 사람일 수도 있다. 그렇다면 가난과 일거리에 대한 걱정이 늘 따르기 때문이다. 피곤에 지쳐 곤한 잠을 잘 수는 있으나 달게 자진 못한다는 것이다.

그나저나 본절의 내용에 대한 이런 종류의 해석은 성경말씀, 진리의 말씀, 하나님의 말씀이라고 하기엔 무엇인가가 부족하다. 불완전하다. 그래서 속뜻이 중요한 것이다.

원문을 조금 더 분석해보자. 본절의 '부요함'은 원문이 '웨핫사바עבשה'이다. 접속사와 정관사ה, 그리고 '풍부', '식량이 넉넉함'이라는 뜻을 가진 '사바עבש'의 결합형이다. '그리고 그 양식의 풍부함'이 된다. 그런데 '사바עבש'는 원형이 '만족하게 되다, 싫증나게 되다'처럼 서로 반대가 되는 의미를 다 갖는 동사로서의 '사바שבע'다. 이것은 음식, 땅, 영혼에 다 사용된다. 그런데 만일 일꾼이 많이 먹고 그의 배가 불러진다면, 부자가 많이 먹어 배가 부른 것과 무슨 차이가 있을까? 재물이 풍부해 그 걱정으로 못 잘 수도 있고, 과식으로 인한 포만감으로 잘 못잘 수도 있다. 아마 문맥으로 보아 전자가 인듯하다. 그러나 확실한 것은 본절의 '사바'의 의미가 객관적으로 볼 때 지극히 많다는 뜻이며, 사람에게 부족한 것을 많이 가지고 있는 것을 의미한다는 것이다. 그의 많은 재산(혹은 좋은 것들)이 그에게 잠을 자지 못하게 한다는 것이다. 왜냐하면 그의 일, 사업 등에 관한 걱정과 근심이 밤늦게까지 계속되어 그의 마음을 편안하게 하지 않기 때문에 잠을 못 이룬다는 것이다.

♠ 개역개정의 본문인 '노동자는 먹는 것이 많든지 적든지 잠을 달게 자거니와 부자는 그 부요함 때문에 자지 못하느니라'와 다른 번역인 '그는 또한 좋은 것과 많은 것을 먹을 수는 있지만 겨우 생계를 유지하면서 사는 일꾼들보다 더 편안하게 잠을 잘 수는 없다'라고 번역한 것과 서로 비교해 보라. 비슷하면서도 조금 의미가 다르다. 다시 말하면 번역은 번역자의 의도가 상당히 많이 반영된다는 것이다. 따라서 속뜻을 파악함에 있어서도 그 중심축과 기본틀이 확고하지 않으면 그 의미 파악이 갈팡질팡하게 된다. 그런 견지에서 이 책의 속뜻은 일관성을 끝까지 유지하고 있다. 그것은 전도서가 진리의 말씀이며, 예수 그리스도에 대한 '예언서'인 동시에 '계시서'라는 관점을 한 순간도 놓치고 있지 않기 때문이다.

70역은 '하오베드העבד'를 '종(둘로스)'이라고 번역했다. 노동자와 종은 다르다. 왜냐하면 종은 주인에게 매여 있기 때문이다. 물론 부지런한 종도 있고, 게으른 종도 있다. 그러나 어떤 경우든 종들에겐 특권과 자유함이 없다. 그래서 종은 어떤 주인을 만나느냐에 따라 그의 삶이 변한다. 악한 주인을 만나면 그의 삶은 비극이고 삶다운 삶을 영위하지 못한다. 그러나 풍부하고, 선한, 종을 심히 아끼는 주인을 만나면 그의 삶은 행복할 것이다. 주의 종이 된 자, 우주의 주인을 주인으로 섬기는 것이다. 그 주인은 악한 영에게 사로잡혀 있던 인간을 목숨과 피로 주고 사셔서 당신의 나라의 상속자로 삼으셨다. 천상천하에 이런 주인이 없다. 그 주인이 말씀하시기를, "사람이 친구를 위하여 자기 목숨을 버리면 이보다 큰 사랑이 없나니 / 너희는 내가 명하는 대로 행하면 곧 나의 친구라/ 이제부터는 너희를 종이라 하지 아니하리니 종은 주인이 하는 것을 알지 못함이라 너희를 친구라 하였노니…(요15:13-15 참조)"라고 했다. 영원히 죽을 수밖에 없는 자들을 피로 값을 치루시고 종이 아니라 그 격을 높이어 친구로, 더 나아가 상속자인 양자로 삼으신다(롬 8:17). 세상에 이런 사랑이 어디 있는가? 그런 놀라운 사랑을 받는 종이 어찌 평안하지 않으며, 어찌 단잠을 자지 않을까?

본절의 부자는 원문이 '레아쉬르לעשר'이다. 이것은 전치사ל와 '아쉬르עשר'의 결합이다. '아쉬르עשר'는 형용사로 사용되면 '(좋은 의미로) 영예로운, 고귀한'의 뜻이고, '(나쁜 의미로) 거만한, 불경건한'의 의미다. 여기서는 명사로서, '부자'를 뜻한다. 이 부자는 누구인가? 바울은 예수님을 '부요하신 이(고후8:9참조)'라고 했다. 그분은 조금 부자가 아니라 상상불허의 부자다. 창조주이시며, 온 우주의 주인이시다. 물질과 비물질 세계를 망라한 주인이시니 그분보다 부유한 자가 어디 있을까? 그런데 그 분이 부요함 때문에 잠을 못 주무신다? 아니다. 부유하신 하나님은 본래 졸지도 주무시지도 아니하신다. 눈동자 같이 지키시는 분이다(신32:10). 시편 121편 3-7절을 보라. "여호와께서 너를 실족하지 아니하게 하시며 너를 지키시는 이가 졸지 아니하시리로다/ 이스라엘을 지키시는 이는 졸지도 아니하시고 주무시지도 아니하시리로다/…"고 말씀하지 않으셨는가?[68]

---

[68] 그러나 여기서의 의미는 하나님의 소유에 대한 것이 아니라 세상 지혜를 의미한다고 보는 것이 더 합당하다. 그 재물 곧 자의적 하나님 관으로 예수를 못 받아들인 다면 그것은 악한 재물인 것이다. 하나님과 재물을 겸하여

13절] '내가 해 아래에서 큰 폐단 되는 일이 있는 것을 보았나 니 곧 소유주가 재물을 자기에게 해가 되도록 소유하는 것이라'

재물은 탐욕도 문제가 되지만, 더 큰 악은 소유주가 자신에게 '해가 될 정도로 자기의 재물을 지키려한 것'이라고 전도자는 말하고 있다. 이것은 '라아 홀락' 곧 '심각한 재난'이고, '큰 악'이며 또한 '큰 폐단'이 아닐 수 없다는 것이다. 부자가 재산을 지키기 위해 불면증에 시달리거나 근심, 걱정, 불안에 싸여 몸을 상할 수도 있고, 또 그로 인해 '해'를 당할 수도 있는 것이다. 전도자는 17절까지 계속해서 재물, 재산을 추구하거나 탐욕을 부리거나 지나치게 소유하는 행위들 또한 헛된 짓이라는 것을 말하고자 한다는 것이 일차적 의미가 된다.

원문을 조금 더 살펴보자. '큰 폐단'이라고 번역된 '라아ערה 홀라הלוח'에서 '홀라הלוח'는 분사다. 원형이 '할라הלח'로, 이것은 '광이 나다', '힘이 빠지다', '병이 들다', '고통을 받다'는 뜻이다. '라아'는 '나쁜', '해로운', '재난', '화', '악'의 뜻이나 주로 '악'으로 많이 사용된다. '라아ערה 홀라הלוח'는 6장 2절에서 '악한 병'으로 나온다. 개정개역에서는 '큰 폐단'이라고 번역했다. 여기서 직역하면 '고통을 받게 하는 악'이 될 것이다. 그래서 이 악은 평범한 악이 아니라 재난을 주는 악이고, 상처를 크게 일으키는 악이다. 전반부의 직역은 '내가 해 아래에서 고통스럽게 하는 악을 보았다'가 될 것이다. 그런데 본절에서 왜 '큰 폐단'이라 했을까? 재산이 그 소유주에게 득이 되는 것이 아니라 해가 될 때가 있다는 것이다. 그때

섬길 수 없다.

가 언제인가? 재물이 소유주 자신에게 해가 되도록 지키는 때라고 했다.

'소유주가 재물을 자기에게 해가 되도록 소유하는 것이라'는 원문이 '오쉐르עשׁר 쇼무르שׁמור 리베알라우לבעליו 레라아토לרעתו'가 된다. '오쉐르עשׁ'는 명사로, '부', '재물'의 뜻이다. '쇼므르שׁמ'는 원형רשׁמ이 '지키다', '기억하다'의 뜻이다. '리베알라우לבעליו'는 전치사와 '주인', '소유자'의 뜻을 가진 '바알'이 남성 3인칭단수 접미어ו와 결합된 것이다. '레라아토לרעתו'는 전치사 '레ל'와 '악ר', '해'의 뜻을 가진 '라רע'에 남성 3인칭단수 접미어תו가 결합된 것으로 '그에게 악이 되도록'의 뜻이 된다.

그런데 14절에 아들의 이야기가 나오는 것으로 보아 '레라아토לרעתו'의 '그'가 재산의 소유주가 아닌 상속자일 수도 있다. 만약 그렇다면 소유주가 쌓은 재산이 유산이 되기보다는 자손에게 해롭게 될 수도 있다는 의미가 될 것이다. 물론 '레라아토לרעתו'의 '그'가 소유주 자신일 것이라는 견해가 우세하기는 하다.

♠ 이 책에서 일차적 의미에 관한 기술(記述)을 멈추지 않는 것은 그것은 그것대로 의의(意義)가 있기 때문이다. 우선 실질적인 저자가 성령님이 아니라 솔로몬의 순수 저작이라고 가정한다고 해도, 이 책의 내용은 그의 사색에서 비롯된 합리적, 이성적 판단의 준거를 얼마든지 찾을 수 있다는 점에서 좋은 책이다. 따라서 일차적 의미는 세속적인 저술로서의 가치, 즉 윤리서로, 철학서로, 사색서로서도 돋보이는 책이기에, 그리고 그의 실제 경험과 사색의 탐구과정에서 용융된 신앙생활에 유익한 부분들이 많기에 일차적 해석만으로도 하나님에 대한 신앙을 증진시키는데 큰 도움

을 줄 수 있기 때문이다. 하지만 전도서에 대한 이해가 그 정도에 그친다면 여타 외경과 비교할 때 큰 차이를 보이지 않을 정도여서 그다지 뛰어난 책으로 여겨지지 않게 된다. 따라서 독자들은 전도서의 이차적, 혹은 삼차적 의미를 찾아내는데 주력해 주시기를 바란다. 필자가 여러 번 언급한 바, 유대인들이 그토록 전도서를 귀하게 여기는 것은 메시아에 대한 예언서라는 확신이 그들에게 있기 때문이다. 그러하기에 우리는 이 책의 내용에 대해 궁구할 때, 최종 메시아인 예수 그리스도에 대한 말씀들이 곳곳에 숨겨져 있음을 전제로 하고 그 탐구에 열(熱)과 성(誠)을 다해야 할 것이다.

본절은 두 가지로 속뜻을 살펴볼 수가 있을 것이다. 그 하나는 부자청년 이야기다. 마태복음 19장 16-24절의 말씀이다. 예수께서는 부자가 천국에 들어가는 것이 낙타(실제로는 밧줄)가 바늘귀로 들어가는 것보다 어렵다는 표현을 하셨다(마19:24). 청년은 영생을 얻고 싶어 했다. 계명도 잘 지켰으나 다만 부자라는 점이 걸림돌이 되었다. 예수께서 재물을 팔아 가난한 자들에게 주라고 하셨지만 그는 근심하며 돌아갔던 것이다. 이 청년은 재물에 대한 집착이 본절의 말씀처럼 자신에게 해가 되리 정도로 강했던 것 같다. 여기서 예수께서는 보화를 하늘에 쌓아두라고 하셨다. 밭 가운데 보화 이야기처럼 모든 재물을 팔아 살만한 것이 천국이며, 영생인데 그에게는 재물이 그에게 '큰 악'이 되고 만 것이다. 예수님의 제자가 되고, 영생을 소유하는 기막힌 기회를 놓쳤으니 이보다 큰 해가 어디 있겠는가? 한 영혼의 가치는 어떠할까? 마가복음 9장 36-37절에, "사람이 만일 온 천하를 얻고도 자기 목숨을 잃으면 무엇이 유익하리요/ 사람이 무엇을 주고 자기 목숨과 바꾸겠느냐"고 예수께서 말씀하셨다. 그리스도인들은 가끔 '천하보다 귀한 영혼'

이란 말을 사용한다. 그런데 가만히 마가복음의 이 구절을 살펴보면, 천하를 얻어도 제 목숨을 잃으면 소용이 없으니 천하와도 바꿀 수 없는 것이 목숨이었다. 그런데 이것은 분명 목숨이지 영혼이 아니다. 35절에서 예수님은 "…나와 복음을 위하여 자기 목숨을 잃으면 구원하리라"고 하셨다. 구원받는 것은 목숨이 아니라 영혼이다. 그렇다면 천하보다 귀한 것은 목숨이고 목숨보다 더 귀한 것이 영혼이 아니겠는가? 그 귀한 영혼을 위해 예수께서 목숨을 내어 주신 것이다. 예수님의 육체가, 그 목숨이 여느 목숨과 같은가? 성육신 하신 하나님이시다. 부자청년은 재물과 영생을 바꾼 것이다.

그 다른 하나는 본절에 대해 상징적 해석을 하라는 것이다. 즉, '재물'이라고 번역되어 있으나 이것은 '재산'이라고 번역해도 상관없다. 이 경우는 유대인들의 재산에 관한 인식이 해석의 주안점이 된다는 것이다. 유대인들이 재산으로 여기는 것 중에 가장 아끼는 것은 유형재산인 물질이 아니라 무형 재산인 '지식', '지혜'였다. 그리고 소유주는 유대 종교지도자들을 가리킨다. 종교 지도자들에겐 다시 재산이 종교체제이고, 전승과 율법을 맹종하는 신앙이었다. 이것들을 해가 되도록 지키려 한 것이다. 그 결과가 어떠했는가? 예수께서 오셨을 때, 그들은 '구 율법'은 버리고 '새 계명'을 따랐어야 했다. 그리고 마땅히 메시아이신 예수를 인정하고 구세주로 받아들였어야 했다. 그러나 그들의 잘못된 지식, 지혜, 종교체제, 율법에 매인 행위구원적 신앙이 자신들의 눈을 가리고 말았다. 가진 바 무형 재산이 결국 치명적인 독이 되고 만 것이다. 그들은 '해 아래', 곧 세상에서 가장 '해로운 악'인 자신들의 영혼을 잃어버리게 하는 '큰 폐단'이 되는 일을 저질렀던 것이다.

14절] '그 재물이 재난을 당할 때 없어지나니 비록 아들은 낳았으나 그 손에 아무 것도 없느니라'

13절의 부자는 마치 욥처럼 어떤 재난을 당해 재산을 잃어버리게 된다. 주석학자 '힛지그'는 본절의 주어가 '재산을 잃어버린 부자'라고 보았다. 물론 그 부자의 재산 상실은 그가 원하는 바가 아니었을 것이다. 재난의 종류가 무엇인지는 불분명하다. 자연적인지 인위적인지도 언급되지 않았다. '재난을 당할 때'는 원문이 '베이네얀בענין 라רע'가 된다. '베이네얀בענין'은 전치사ב와 '일', '사건', '수고한 것', '노고' 등으로 번역되는 '인얀ענב'의 결합이다. 여기서는 '재난'으로 번역되었으나 전도서 1:13에선 '괴로운 것'으로 번역되어 있다. '라רע'가 '악', '나쁜' 등의 의미가 있으니 '베이네얀בענין 라רע'는 '악한 일'로 번역하는 것이 가장 타당할 것이다. '없어지나니'는 원문이 '웨아바드ואבד'다. 접속사ב와 '잃다', '멸망하다'의 뜻을 가진 '아바드אבד'의 결합이다. 따라서 '그리고 잃으니'라고 좋을 듯하다. 그런데 일부만 재산을 잃은 것이 아니라 '멸망'이란 표현이 나올 정도여서 완전히 다 잃었다는 것이 강조된다. 재물을 쌓아봤자 '소용없다'라는 말을 하고자 한 것이리라.

'비록 아들은 낳았으나 그 손에 아무것도 없느니라'고 한 부분도 생각해 보자. 부자가 아들을 낳았다고 한다. 그런데 그때는 이미 모든 재산을 다 잃어버린 상태였다. 상속자에게 줄 것이 남아있지 않았다. 2장 18절과 4장 8절은 '고된 노동'같은 수고를 하지만 상속자가 없었는데, 여기서는 상속자는 있으나 재산이 없는 반대의 상황이 벌어진 것이다. 공통점은 모두 다 비극적이라는 것이다. '그 손에 아무것도 없느니라'고 했는데 원문은 '웨엔ואין 베야도בידו 메우마מאומה'다. '웨엔ואין'은 '그리고 없다'는 의미이고, '베야도ניב'는 전치사ב와 '손'의 뜻을 가진 '야드יד'에 3인칭 남성단수 접미어ו가 결합된 것이다. '그의 손에'가 된다. '메우마מאומה'는 의문대명사다. '그의 손에 무엇도 없느니라'가 되나 '그 손에 아무 것도 없느니라'라고 번역해도 무방하다. 그런데 '그의 손'이 누구의 손일까? 부자의 손? 혹은 아들의 손? 불확실하기는 하지만 재산이 없다는 것은 일치한다.

결국 본절도 재산 관련한 행위들이 다 헛되다는 것을 말하고자 함이라는 점에 대해 성경학자들의 견해는 대체로 일치하고 있다.

♠ 요한계시록 12장 1-2절에, "하늘에 큰 이적이 보이니 해를 옷 입은 한 여자가 있는데 그 발아래에는 달이 있고 그 머리에는 열두 별의 관을 썼더라/ 이 여자가 아이를 배어 해산하게 되매 아파서 애를 쓰며 부르짖더라"라는 말씀이 나온다. 여기서 '해를 옷 입은 한 여자'가 누구일까? 열두 별, 곧 야곱의 열두 아들을 상징하는 관을 쓴 여인이다. 이 여인은 이스라엘의 상징이다. 열두 지파의 상징이 곧 열두 별인 것이다. 이 여인이 밴 아이가 누구인가? 바로 예수 그리스도다. 예수님은 이스라엘에서 출생했으니 이스라엘의 아들인 것이다. 이처럼 본절의 아들은 곧 예수님을 상징한다.

본절의 재산을 잃어버린 부자는 곧 유대 종교지도자를 상징한다. 재물은 원문이 재산과 마찬가지라고 이미 언급했으니, 여기서는 '유대인들이 가진 지식, 지혜, 종교체제, 율법과 율법적 행위' 등이라고 할 수 있다. 유대 종교지도자들의 입장에서 '베이네얀בענין 라아רע', 곧 '재난', '괴로운 것', '악한 일'은 무엇인가? 유대 종교 지도자들이 그토록 고수하려 했던 가장 큰 재산인 구(舊)율법이 예수 그리스도로 말미암아 파괴된 것이다. 그들이 율법의 핵심 중에 핵심으로 여겼던 성전제사가 십자가에서 단 번에 드린 제물 되신 예수 그리스도로 인해 전격적으로, 영원히 폐기되었으니 그들에겐 이보다 더 큰 재난이 없는 것이다. 성전제사가 가능해야 속죄가 되는데, 속죄가 불가능해진 것이다. 그래서 오늘날의 유대인들은 속죄에 대한 편법을 쓰고 있다. 즉, 토라תורה를 공부하는 것이 그 제사의 대행이라는 것이다. 이것은 진실을 외면한 자기 합리화일 뿐이다.

이스라엘이 아들을 낳았다. 다윗의 자손으로서 오신 예수님이다. 그러나 아무 것도 그 손에 없게 되었다. 그들이 그토록 소중히 여겼던 지식, 지혜, 종교체제, 율법 등이 다 구원과 영생과는 무관하게 된 것이다. 그 까닭은 단 한 가지 이유 때문이다. 다윗의 자손 예수를 메시아로 받아들이지 않았기 때문이다. 그로 인해 그들이 그토록 염원하던 영원한 생명을 얻는 구원이 불가능해졌다. 유대인들은 영적 관점에서 정말 그 손에 가진 것이 아무것도 없게 되었다.

15절] '그가 모태에서 벌거벗고 나왔은즉 그가 나온 대로 돌아가고 수고하여 얻은 것을 아무것도 자기 손에 가지고 가지 못하리니'

전도자는 또 다른 허무를 말하고자 한다. 본절은 욥기 1장 21절의 앞 부분을 빼다 박은 듯하다. 즉, "이르되 내가 모태에서 알몸으로 나왔사온즉 또한 알몸이 그리로 돌아가올지라…"고 한 것이다. 욥은 사탄의 시험으로 재산을 상실했으나 본절은 무슨 연유인지 알지 못한다. 마치 경구나 금언 같은 말씀이다.

원문의 경우 앞부분만 살펴보자. '그가 모태에서 벌거벗고 나왔은즉 그가 나온 대로 돌아가고'에서 그가 모태에서 벌거벗고 나왔은즉'은 원문이 '카아쉘כאשר 야차יצא 미베텐מבטן 이모אמו 아롬ערום'에서 '카아쉘כאשר'은 전치사כ와 관계사אשר의 결합이다. '야차יצא'는 '나아가다', '나오다'의 뜻이 있으며 3인칭 단수다. '미베텐מבטן'은 전치사מ와 '배', '태'의 뜻을 갖는 베텐בטן의 결합형이다. '임모אמו'는 남성 3인칭단수이고, '할머니', '친척관계를 나타낼 때 사용', '어미', '한 민족' '다른 사람에게 은혜를 베푸는 여자'의 뜻이다. '아롬ערום'은 여기서 형용사로서, '벗은', '벌거벗은'의 뜻이다. 합쳐서 직역하면, '그가 모태에서 벌거벗고 나온 것 같이'가 된다.

'나왔은즉' 돌아간다. '돌아가고'는 '아슈브ישוב' 랄레게트ללכת'로서, '아슈브ישוב'는 남성 3인칭 단수와 '돌아가다'의 뜻을 가진 '슈브שוב'와의 결합이다. '랄레게트ללכת'는 전치사 '레ל'와 '가다', '걷다', '행하다'의 뜻이 있는 '얄라크ילך'의 결합이다. 인간은 낳고 죽는다. 벌거벗고 태어나 벌거벗은 채, 아무것도 남기지 못하고 죽는다. 벌거벗고 나온 것처럼 그는 그렇게 돌아간다. 참으로 이렇게 보면 허무한 삶이 아닐 수 없다. 하반절은 더 심각해진다. 즉, '수고하여 얻은 것을 아무것도 자기 손에 가지고 가지 못하리니'라고 했다. '아무것도'는 원문 '우메우마'로서 '그리고 무엇도'가 된다. 그의 수고, 즉 고생의 산물 중 아무것도 갖고 갈 수 없으니 빈 몸으로 와서 빈 몸으로 가는 삶이다. 덧없음과 허무함이 중첩된 구절이다. '헛되고 헛되니 모든 것이 헛되도다'라는 말이 절로 나오게 한 구절이기도 하다. 그런데 보라. 이 헛됨이 어디에서 헛되다는 것인가? '해 아래', 곧 '이 땅위'에서 헛된 것이다. 그것이 전부가 아니라는 말이다. 이 구절 안에 숨은 진실한 뜻, 그 무엇이 있다. 그것이 무엇일까?

♠ 앞부분에서 욥기 1장 21절을 살펴보았다. 다시 한 번 욥기 1장 21-22절을 보면, "이르되 내가 모태에서 알몸으로 나왔사온즉 또한 알몸이 그리로 돌아가올지라 주신 이도 여호와시오 거두신 이도 여호와시오니 여호와의 이름이 찬송을 받으실지니이다 하고/ 이 모든 일에 욥이 범죄하지 아니하고 하나님을 향하여 원망하지 아니하니라"고 했다. 육체가 나온 것은 모태지만 그 속내엔 주신 이가 여호와라고 했다. 낳고 죽음이 하나님의 뜻 안에 있다는 것이다. 욥은 허무의 극을 체험했지만 결코 하나님을 원망하지 않았다. 왜 그럴까? 본절의 부자의 경우는 16절에서 보듯, '홀라חולה 라아רעה', 즉, '큰 불행', 혹은 '큰 폐단'을 만난 것이다. 그러나 욥에게는 전혀 그렇지 않았다. 그 또한 다시없을 고난을 겪었지만 그에게 '큰 불행'이 아니었다. 오히려 그는 출생과 사망에 관해 담담히 말하며 오히려 하나님을 찬양한다. 본절의 부자와 욥은 전혀 달랐다. 욥의 자세가 신앙인의 참 모습이다.

본절의 이차적 의미는 다음과 같다. 즉, 예수께서는 유대 종교 지도자들에게 '라아 홀라'에 관해 다시 설명하신다. 그들이 자기의 재산(전승적, 거짓된 지식, 자신들의 세속적 지혜, 율법에 매인 신앙심, 율법적 구원방식, 종교체제)을 예수 그리스도를 거부함으로 사실상 다 잃어버리고(구원과 영생에서 멀어지고)나면, 빈손과 빈 몸으로 왔다가 그대로 돌아가게 되는 것으로 그 손에 쥔 것이 없게 된다고 한 것이다. 그들이 그토록 염원하던 영원한 생명은 신기루로 변하고 만 것이다. 본절의 참된 의미에 대한 깨우침을 통해 변화되기를 원하시는 하나님이시다. 그들이 수고한 모든 것들이 수포로 돌아가는데, 왜 예수 그리스도를 영접하지 않느냐고 반문하시는 구절이다.

16절] '이것도 큰 불행이라 어떻게 왔든지 그대로 가리니 바람을 잡는 수고가 그에게 무엇이 유익하랴'

본절의 첫 부분에서 '이것도 큰 불행이라'고 했다. 원문은 '웨감 조זה라아הער훌라חולה콜כל'이다. '조זה'는 지시대명사다. '이것', '저것'의 뜻이다. '라아רעה 훌라חולה'는 '큰 폐단', '큰 불행'으로 번역된 것이나 '악한 일'도 된다. '훌라חולה'가 '힘이 빠지다', '약해지다', '병들다', '고통을 받다'의 뜻이다. 직역하면, '그리고 이것도 모두가 고통받는 악이다'가 된다.

'어떻게 왔든지 그대로 가리니'라고 했다. 재산과 재물이 바람같아서 바람을 결코 잡지 못하듯 재산도 그처럼 빠져나갈 것이라는 말이다. '바람을 잡으려는 수고'라고 했다. 헛짓거리라는 말이다. 이것은 원문이 '쉐야아몰שיעמל 라루아흐לרוח'이다. '쉐야아몰שיעמל'은 관계사ש와 '아말עמל'과 결합된 것이다. 남성 3인칭 단수다. '아말עמל'은 '힘든 노동', '수고', '고난', '악'의 뜻이다. '라루아흐לרוח'는 전치사 '레ל'와 '루아흐רוח'의 결합이다. '루아흐רוח'는, '영', '바람'의 뜻을 갖는다. 따라서 이 부분을 직역하면 '바람을 위해 지속해서 수고하는 그'가 된다. 전도자는 여기서 바람을 위한 수고가 바로 재물과 재산을 추구하는 노력이라고 말하고 있으나 이런 '애씀들'이 종국엔 아무 유익이 없다는 결론을 내고 있는 것이다.

♠ 시편 49편 12절에, "사람은 존귀하나 장구하지 못함이여 멸망하는 짐승 같도다"라고 했다. 인간은 존귀하다. 그러나 인간의 능력으론 영원을 쟁취할 수 없다. 근자에 인간들이 과학의 힘을 빌려 이런 노력을 부단히 전개하고 있으나 수명을 일부 늘릴 수 있

을 뿐, 장구할 수는 없다. 환언하면 물적 세계, 해 아래의 세계에서는 절대로 영원히 존재할 수 없다는 것이다. 인간이 하나님의 형상으로 창조되어 존귀한 자라 하지만 죄로 인해 영성을 잃고, 멸망하는 짐승처럼 되어 버렸다. 사람이나 짐승이나 벌거벗고 와서 벌거벗은 채로 간다.

디모데전서 6장 7절에도, "우리가 세상에 아무 것도 가지고 온 것이 없으매 또한 아무 것도 가지고 가지 못하리리"라고 했다. 시편 49편 17절엔 다시, "그가 죽으매 가져가는 것이 없고 그의 영광이 그를 따라 내려가지 못함이로다"라고 했다. 인간이 죽을 때, 아무 영광도, 아무 가진 것도 없을 것이다. 그저 흙에서 났으니 흙으로 다시 돌아갈 뿐인 것이다. 아니 그것뿐이 아니다. 둘째 사망이 있으니 오히려 짐승보다 더 참혹하다.

본절에서 '라아רע 홀라הולה'를 '큰 불행'이라고 번역했으나 필자는 그 이상의 의미라고 본다. 정말로 '고통스런 악'이다. 왜냐하면 영원한 생명을 얻을 수 있는 방법이 있는데 유대 종교지도자들은 그들의 구원방식, 즉, 율법의 준수를 통한 행위 구원과 성전제사를 통한 속죄를 고집하다가 영적 멸망을 자초했으니 그 얼마나 큰 악이고 큰 불행인가? 개인에겐 불행이고, 그런 종교지도자들을 따른 유대인들에겐 크나큰 악을 저지른 것이다.

본절의 '루아흐רוח'는 바람이란 뜻 외에 '영'이란 뜻도 있다고 했다. 앞에서 '바람을 잡는 수고가'는 직역할 때, '바람을 위해 지속해서 수고하는 그'라고 했다. 바람을 영으로 바꾸면, '영을 위해 계속해서 수고하는 그'가 된다. 그가 누군가? 유대 종교지도자들이라고 했다. 영원한 생명을 얻으려고, 천국에 가려고 계속해서 수고, 즉 고된 일을 하지만 아무 유익이 없을 것이라는 말씀이다. 오직 예수 그리스도를 주로 인정하고 그분을 하나님으로 여겨 영접하는 길만이 멸망에서 영원으로 돌이키는 유일한 길임을 알라는 것이다. 이것이 이차적 의미다.

17절] '일평생을 어두운 데에서 먹으며 많은 근심과 질병과 분노가 그에게 있느니라'

15-16절에서는 빈손으로 왔다가 빈손으로 가는 인생의 허무함을 말했다면 본절은 원문인 '감גם', 곧 '또한'으로 시작한다. 살아 있는 동안, 곧 일평생 동안에도 결코 기쁨이 없음을 말하고 있다. 왜 일평생이 허무인가? '어두운 데서 먹기 때문이라는 것'이다. '일평생'은 원문이 '콜כל 야마이우ימיו'이다. '그의 모든 날들'이다. 매일 매일이 모여 일평생을 이룬다. 하루 하루 어두운 데서 먹는다고 한다. 무슨 의미인가? 첫 번째는 '재산을 다 잃고 가난해져서 식사 중에 불을 켤 수 없거나, 혹은 늦게까지 일하다 저녁 늦게 간신히 식사를 한다는 의미를 생각해 볼 수 있을 것이다. 이런 때의 근심과 질병과 분노는 아마도 자신의 처지로 인한 분노일 것이다. 부자로 시작했다가 가난뱅이로 전락했으니 말이다.

두 번째는 재산은 있으나 긴 인생동안 슬픔의 떡을 먹고 감옥 같은 음식을 먹었다는 것을 의미한다고 할 수도 있다. '먹으며'의 원문 '요켈יאכל'은 원형이 '아칼אכל'이고 이것은 '먹다', '먹어치우다'의 뜻이다. 3인칭 단수와 결합되어 있어 '그가 먹으며'가 된다. 그는 편안하거나 기쁜 가운데 방에서, 그리고 훌륭한 식탁에서 음식을 먹지 못했다. 왜냐하면 '많은 근심과 질병과 분노가 있어서'라는 것이다.

부자도 자신의 수고에도 불구하고 걱정과 근심이 떠나지 않는다. 왜냐하면 그의 계획 중에 많은 것이 실패하기도 하고, 다른 사람의 큰 성공이 그에게 시기심을 갖게 하기도 하기에, 그는 항상 지극히 불안하고, 그 마음속에 병적인 것이 있고 몸에도 병이 생긴다. 계속된 불만이 마침내 자신과 하나님과 세상 사람에 대하여 불만에 이르게 되기도 한다. 바울은 그에 대하여 "부(富)하려 하는 자들은 시험과 올무와 여러 가지 어리석고 해로운 욕심에 떨어지나니 곧 사람으로 파멸과 멸망에 빠지게 하는 것이라(딤전 6:9)"고 했다. 또한 "… 이것을 탐내는 자들은 미혹을 받아 믿음에서 떠나 많은 근심으로써 자기를 찔렀도다(딤전 6:10)"라고 했다. 그런데 본절의 하반절에 '많은 근심과 질병과 분노가 그에게 있느니라'고 했다. 평생 동안 이런 삶이라면 얼마나 비참한 인생인가? 정말 인간이 인생에서 얻을 수 있는 것이 겨우 근심, 질병, 분노 밖에 없는가? 더욱이 성경 말씀이 그렇게 결론을 낸다? 아니다. '해 아래'의 인생에게만 해당되는 말씀이다.

원문의 뜻을 좀 더 보자. '근심'이라 번역한 것의 원문은 '웨카아쓰וכעס'이다. 접속사ו와 '불쾌하다', '격노케하다', '화나다'라는 뜻의 '카아쓰כעס'의 결합이며 남성 3인칭단수다. '질병'의 원문은 '웨할레요וחליו'이며, 접속사ו와 '병', '고통', '근심', '재난'의 의미를 갖는 '홀리חלי'가 결합했고 남성 3인칭 단수다. '그리고 질병'의 뜻이다. '분노'를 의미하는 원문은 '와카체프וקצף'이다. 이것은 접속사ו와 '케체프קצף'가 결합된 것으로, '분노'를 뜻한다.

♠ 본절에 대한 속뜻을 살펴보면 이러하다. '어두운 데서 먹으며'가 무슨 의미인가? 이사야 29장 15절에, "자기의 계획을 여호와께 깊이 숨기려 하는 자들은 화 있을진저 그들의 일을 어두운 데에

서 행하며 이르기를 누가 우리를 보랴 누가 우리를 알랴 하니"라는 말씀이 있다. 이 말씀 중에 '어두운 데서 행하며'가 바로 유사한 의미다. 유대 종교지도자들은 예수 그리스도에 대해 이처럼 몰래 수도 없이 모의하며 주님을 죽이고자 했다. 날마다 그와 같은 생각 속에 살았다.

본절의 '일평생'이 원문대로 직역하면 '그의 모든 날들'이라고 했다. 이들이 매일, 날마다, 계속해서 예수님을 모해하려 들었다는 것이다. 본절에서 근심과 질병과 분노라고 했는데, 근심의 원문도 또한 분노라는 뜻이다. 근심과 고통과 분노라는 뜻인 바, '카체프 כצף'는 칼로 심장을 찌르는 듯한 격한 분노의 표현이다. 유대 종교지도자들이 예수 그리스도를 얼마나 싫어했는지를 실감케 하는 구절이다.

18절] '사람이 하나님께서 그에게 주신 바 그 일평생에 먹고 마시며 해 아래에서 하는 모든 수고 중에서 낙을 보는 것이 선하고 아름다움을 내가 보았나니 그것이 그의 몫이로다'

원문엔 '보라!'라는 감탄사 '힌네הנה'로 시작한다. 그리고 '내가 보았나니(아쉘אשר 라이티ראיתי 아니אני)'라고 연이어서 말하고 있다. 그런데 본절은 2장 24절과 상당부분 일치한다. 즉, '사람이 먹고 마시며 수고하는 것보다 그의 마음을 더 기쁘게 하는 것은 없나니 내가 이것도 본즉 하나님의 손에서 나오는 것이로다'고 한 말씀과 유사하다는 것이다. 본절에서 20절까지는 내용이 바뀌고 있다. 특히 본절은 허무와 허망함이 노출된 전(前)절들과 달리 하나님께 기댄 자의 분복, 곧 허무의 극복 방안을 말하고 있다. 원문 분석과 더불어 세분화하여 그 의미를 찾아보자.

'사람이 하나님께서 그에게 주신 바 그 일평생에'라고 했다. 본절의 일평생은 17절의 일평생이라고 한 '콜כל 야마우ימיו'와 달리 '예매ימי 하야우חיו'다. '예매ימי'는 남성복수로 '날들'의 뜻이고, '하야우חיו'는 '살아 있는 것', '생명', '평생'의 뜻이 있는 '하이חי'의 남성복수 3인칭단수가 결합한 것이다. 따라서 '그의 살아 있는 날들'이 되는 것이다. 전도자는 사람의 살아 있는 매일 매일이 하나님이 주신 날이라고 말한다. 이것은 신앙 고백이다. 허무와 헛됨으로부터의 탈출의 방안이 바로 하나님을 섬기는 것이라는 말을 하고 있다는 것이다.

'먹고 마시며 해 아래에서 하는 모든 수고 중에서'라고 했으니 이 말은 곧 사람의 삶의 모든 것에 대한 하나님의 기여자, 혹은 제공자임을 자인(自認)하라는 것이다. 이 세상, 곧 '해 아래'의 삶에서 영위하는 모든 행위들, 힘들고 애써야만 하는 모든 것들이 있으나 그 가운데서 보람을 느끼며 자족할 줄 알아야 한다는 것이다. 앞절들에서 재물에 대한 탐욕, 그것을 지키기 위한 불안한 나날들, 또 그것으로 인한 불행들을 말한 것에 비해 본절은 긍정적인 삶을 말하고 있다. 단, 그 조건이 바로 하나님이 행복과 축복의 원천임을 바로 인식하라는 것이다.

'낙을 보는 것이 선하고 아름다움을 내가 보았나니 그것이 그의 몫이로다'이라고 했다. 본절의 '낙을 보는 것이'라고 할 때, 원문은 '웨리레오트ולראות 토바הטוב'가 된다. '웨리레오트ולראות'는 접속사ו와 전치사ל가 '라아ראה'와 결합된 것으로, 이 '라아ראה'는 '보다', '바라보다'의 뜻이다. '토바הטוב'는 '좋은 것', '선' 등의 의미로 많이 사용된다. 본절의 '선하고'에도 '토브טוב'가 쓰였다. 신명기 26장 11절의 "인간이 누리는 복"이나, 신명기 6장 10절의 "보기에 아름다움"과 같은 것도 바로 이 단어가 사용되었다. 따라서 이 부분은 직역하면, '그리고 선을 바라보는 것이'가 될 것이다. '아름다움을'은 원문이 '야페הפי'로서, 이것은 형용사이고 그 뜻은 '아름다운', '예쁜', '좋은'이 된다. 전도자가 '내가 보았나니'라고 했으니 이것은 경험에서 비롯된 것이라는 의미다. 재물과 관련해서는 하나님이 제공자이므로 디모데전서 6장 8절의 말씀처럼 살라는 것이다. 즉, '우리가 먹을 것과 입을 것이 있은즉 족한 줄로 알 것이니라'고 한 말씀이다. 이처럼 탐욕도 부리지 말고, 수고에 인색하지도 말며 열심히 일하되 자족할 줄 알라는 것이다.

전도자는 '그것이 그의 몫이로다'라고 말하고 있다. 원문은 '키 כי 후אוה 헬레코חלקו'이다. '헬레코חלקו'는 명사로 남성 3인칭단수다. '평탄함', '몫', '분깃', '유산' 등의 뜻을 갖는다. 따라서 직역하면, '왜냐하면 이것이 그의 몫이기 때문이다'가 된다. 하나님이 사람에게 분배한 분깃, 곧 유산이라는 것이다. 하나님이 주신 것 안에서 열심히 일하며 자족할 줄 알고 그 가운데서 복을 누리는 것이 선하고 아름다운 것이고, 그것이 바로 사람의 진정한 몫이라는 것이다. 물론 '분깃', '유산'이란 '헬레코חלקו' 안에는 생사화복(生死禍福)이 다 함축된 그런 의미가 될 것이다. 그런데 가만히 살펴보면, 이 구절 안에는 구원이 없고, 속죄도 없다. 정작 인간에게 있어 가장 중요한 것은 하나님을 섬기며 이 세상에서 잘 먹고 잘 살자가 아니다. 예수 그리스도가 없이 하나님만 찾는 유대인들은 끝내 버림을 받았다. 영원한 생명, 속죄, 구원이 사실상의 핵심인 것이다. 이 구절의 속뜻 안에 그런 말씀이 용해되어 있다면 어떻겠는가?

♠ 본절의 '해 아래'에 관해 필자는 일차적 의미로는 '이 땅 위',

'천하', '세상' 혹은 '세속'이라고 해석했다. 그러나 영적 의미론 이 '해'가 예수 그리스도를 상징한다고 했다(말 4:2참조). 따라서 '해 아래'는 '예수님의 복음 아래'라고 말할 수 있다는 것이다. 유대인 들은 이 '해'를 율법으로 보아 '율법 아래'라고 주장한다.

그리고 또한 본절의 하나님은 원문이 '하헬로힘'이다. '그 하나님'이 누구신가? 성경에서 하나님은 관사를 잘 붙이지 않는다. 그럼에도 불구하고 관사를 붙인 것은 전도자가 섬기는 대상이 유일한 하나님을 꼭 집어 지칭한 것이라고도 할 수 있고, 예수님을 가리킬 수도 있다. 필자의 견해는 당연히 후자인 예수님을 지칭하는 말로 인식한다.

이와 같은 견지에서 본문을 보면 그 의미가 변화하게 된다. 인간에게 하나님이 주신 것 중에 가장 좋은 것이 무엇인가? 전도자가 말하기를, 사람이 매일 매일의 나날 가운데서, 혹은 일평생에, 예수 그리스도의 복음을 전하는 중에 최상의 것, 곧 예수 그리스도의 구원을 바라보는 것이 가장 좋은 것이고 아름다운 것임을 알았다는 것이고, 또 그것이야말로 인간에게 주어진 최고, 최상의 분깃이라는 것이다. 이것이 바로 이 구절의 진정한 속뜻, 곧 이차적인 의미가 된다는 것이다.

19절] **'또한 어떤 사람에게든지 하나님이 재물과 부요를 그에게 주사 능히 누리게 하시며 제 몫을 받아 수고함으로 즐거워하게 하신 것은 하나님의 선물이라'**

3장 13절과 비슷한 문장을 이루고 있다. 즉, '사람마다 먹고 마시는 것과 수고함으로 낙을 누리는 그것이 하나님의 선물인 줄도 또한 알았도다'라고 한 말씀과 본절이 모두 긍정적이라는 특징이 있다. 본절의 첫 원문이 '감גם', 즉 '또한'이 나오고 18절의 '몫חלק'이란 단어가 연이어 나오는 것으로 18절의 보충설명이라고 할 수 있다.

'어떤 사람에게든지'는 원문이 '콜כל 하아담האדם'이다. '콜כל'이 '전체', '모두', '누구든지'의 뜻이 있고, '하아담האדם'이 정관사와 '사람'의 의미인 '아담אדם'의 결합이므로 '사람 전체'가 되는 것이다. 따라서 이것은 '모든 사람', 혹은 '사람 누구에게나'가 된다.

어쩌면 본절 전체가 이 '콜כל'의 지배를 받는다. 세상에서 가장 바람직스러우면서도 필요한 그것은 바로 삶에서 기쁨을 누리는 것인데, 본절은 하나님이 재물과 풍요를 누리게 하시고, 각자의 몫에 따른 수고를 통해 기쁨을 갖게 하신다는 것이며, 그 또한 하나님의 선물이라고 말하고 있는 것이다. 물론 기쁨 그 자체는 세상 재물 때문이 아니라 하나님의 특별한 선물, 은사로 인한 것이라는 말씀이 문장 안에 스며 있다. '제 몫'이라 했으니 사람이 이 세상에서 누릴 수 있는 기쁨인 것이다.

하나님은 아담에게 "흙으로 돌아갈 때까지 얼굴에 땀을 흘려야 먹을 것을 먹으리니(창3:19참조)"라고 하셨다. 이 말씀을 하나님의 저주라고 말하는 사람들이 있으나 그것은 잘못 생각한 것이다. 아담이 하나님의 말씀을 거부했으니 마땅히 죽었어야 하나 오히려 구제책שני מעשה을 마련하신 것이다. 그리고 훗날 그의 자손 가운데 둘째 아담이신 예수 그리스도를 준비하셨으니 사랑의 다른 표현인 것이기도 하다. 어쨌든 사람은 땀 흘리면, 이 땅 위에서 얼마든지 자기의 몫대로 수고하는 가운데 재물과 풍요를 누릴 수 있고 기쁨 안에 거할 수 있다는 것이다. 마태복음 5장 45절에, "…하나님이 그 해를 악인과 선인에게 비추시며 비를 의로운 자와 불의한 자에게 내려주심이라"고 한 바와 같이 세상 사는 동안 성실하게 사는 인간 모두에게는 하나님이 제공해 주시는 '제 몫חלק'이 있는 것이다.

♠ 본절에서 재물과 풍요라는 단어가 나온다. 재물은 '오쉐르עשר'로 그 외에 '부', '재산'의 뜻이 있다. '풍요'는 '우네카심ונכסים'으로 나오는데, 이것은 접속사ו와 '네케스נכס'의 복수형ים과의 결합형이다. 그 의미는 '재산', '재물', '부요'가 된다. '오쉐르עשר'와 유사한 뜻이다. 이와 같은 재물과 부요를 누가 주신다는 것인가? 하나님이시다. 하나님의 허락이 있을 때 그 재물과 부요가 따라올 것이라는 말이다. 단지 따라오는 것에 그치지 않고 누리게 하시는 분도 하나님이시다. 하나님의 은혜로 인한 누림이라는 것이다. '제 몫을 받아 수고함으로 즐거워하게 하신 것은 하나님의 선물מתן האלהים이라'고 하셨다. 삶의 진정한 의미와 기쁨의 근원이 하나님이신 것을 단적으로 표현하고 있다. 다른 한편으론 그렇게 되기 위해서는 하나님께 전적으로 매달리고 의지해야만 한다는 것을 말씀한 것이기도 하다. 그런데 물어보자. 본절이 과연 일반적인 원리의 하나님의 선물과 은혜만을 말한 것일까? 그 안에 든 영적 의미가 없는 것일까?

본절의 재물과 부요는 같은 뜻이라고 했다. 그런데 진정한 부요는 무엇일까? 고린도후서 8장 9절에, "우리 주 예수 그리스도의 은혜를 너희가 알거니와 부요하신 이로서 너희를 위하여 가난하게 되심은 그의 가난함으로 말미암아 너희를 부요하려 하심이라" 여기서 말한 '부요'가 무엇인가? 물질적 풍부함인가 혹은 영적 의미로서의 구원을 말한 것인가? 당연히 이 말씀은 둘째 아담으로서 인류의 죄를 대신하신 예수 그리스도를 통해 구원(속죄를 통해 하나님의 상속자가 됨으로 진정한 부를 이룬 것)을 받음으로 영적으로 부요를 누리게 된 것을 말씀하신 것이다.

'어떤 사람에게든지'라고 하셨다. 이것은 요한복음 3장 16절을 연상케 하는 말씀이다. "그를 믿는 자 모두"에 해당하는 말씀이다. 마태복음 5장 43-45절에, "또 네 이웃을 사랑하고 네 원수를 미워하라 하였다는 것을 너희가 들었으나/ 나는 너희에게 이르노니 너희 원수를 사랑하며 너희를 박해하는 자를 위하여 기도하라/ 이같이 한즉 하늘에 계신 너희 아버지의 아들이 되리니 이는 하나님이 그 해를 악인과 선인에게 비추시며 비를 의로운 자와 불의한 자에게 내려주심이라"고 예수께서 말씀하셨다. 일차적 의미에서도 마태복음의 말씀을 인용했거니와 사실상 이 구절은 영적 의미에 해당하는 것이지 물질적 의미가 아니다. 유대인들에게 하신 말씀이다. 이 부분을 조금 언급하고 갔으면 한다. 이웃 사랑, 원수 사랑이 윤리적인 말씀이었을까? 그들을 윤리적으로 사랑하면 '이같이 한즉 하늘에 계신 너희 아버지의 아들이 되리리'라고 했으니 그렇다면 속죄가 되고 구원받는다는 말인가? 만약 그런 생각을 하고 있다면 그것은 행함에 의한 구원이라는 절대적인 실책을 범하게 되는 것이다. 그것이 결코 아니다. 유대인들에게 예수는 동포였고 이웃이었으며, 동시에 그들이 미워하는 원수였다. 다시 말해 이 말씀들은 예수를 사랑하고 미워하지 말라는 말이며 영접하라는 말씀이기도 하다. 그렇게 하면 '하나님의 아들'이 된다는 것이다.

원문엔 앞부분에선 하나님을 '하엘로힘האלהים'이라고 했다. 즉,

이것은 예수 그리스도를 지칭하는 것이라고 이미 여러 번 말했다. 예수를 믿는 자들에겐 누구든지 예수께서 풍요(영적 의미로서의)를 누리게 하신다는 것이니, 바로 구원, 영원한 생명을 얻는다는 것이다. 영원한 생명보다 더 풍요로운 것이 어디 있겠는가? 인간이 세상에 와서 받을 몫(분깃חלק) 중에 가장 소중한 것이 바로 영원한 생명을 얻는 것이다. 그것은 반드시 '힘든 노역', 곧 '수고'가 필요하다. 이 땅에서 고난을 받는다는 것이다. 로마서 8장 17절에, "자녀이면 또한 상속자 곧 하나님의 상속자요 그리스도와 함께 한 상속자니 우리가 그와 함께 영광을 받기 위하여 고난도 함께 받아야 할 것이니라"고 했다. 하나님의 상속자보다 더 큰 재산을 가진 자가 누구인가? 그런데 그런 영광을 얻기 위해 고난(수고로움)이 있다는 것이다. 본절의 하반절에 이러한 것들이 '하나님의 선물'이라는 말씀이 나온다. 이때의 하나님은 원문이 '엘로힘'으로, 관사가 없다. 다시 말하면 예수 그리스도를 이 땅에 보내신 분은 바로 아버지 하나님이시라는 말씀이다. 그 선물이 무엇인가? 그것은 바로 예수 그리스도를 우리에게 보내주신 것이다.

20절] '그는 자기의 생명의 날을 깊이 생각하지 아니하리니 이는 하나님의 그의 마음에 기뻐하는 것으로 응답하심이니라'

먼저 일차적인 의미를 살펴보자. 속뜻과 본절의 경우는 그 차이가 극심하기 때문에 구체적인 설명을 필요로 한다. 긍정적인 문장인 18-19절을 통해 전도자는 해 아래의 인생들의 삶이 하나님의 은혜, 선물로 인해 허무한 삶을 극복할 수 있음을 알 수 있었다. 하나님이 제공하신 자신들의 분깃(몫)에 따라 얼마든지 즐거운 삶을 영위할 수 있다고 한 것이다. 그와 같은 긍정적 사고의 이어짐이 바로 본절이다.

'그는 자기의 생명의 날을 깊이 생각하지 아니하리니'라고 했다. 다소 의문스런 번역이다. '자기의 생명의 날'은 원문이 '예메ימי 하야우חייו'이다. '예메ימי'는 복수로 '낮', '날마다', '날'의 뜻을 갖는다. '하야우חייו'는 남성 3인칭 단수로, 명사로 쓰일 때는 주로 '생명'이란 의미를 나타내기도 하기에 '생명의 날'이라고 번역한 듯하다. 그러나 직역은 '그의 사는 날들', 혹은 '그의 지나간 날들'이 적절하다. '깊이 생각하지 아니하리니'는 원문이 '로לא 하르베הרבה 이즈코르יזכר'이다. '로לא'는 절대부정이고, '하르베הרבה'는 부사로서 '많이', '오래', '심히' 등의 뜻이 있다. '이즈코르יזכר'는 남성 3인칭 단수이고, 원형은 '자카르זכר'다. '회상하다', '기억하다', '생각하다'가 된다. '그가 절대로 깊이 기억하지 않는다'가 직역이다. 왜 생각(기억, 회상)하지 않으려 할까? 아마도 자신도 어찌할 수 없는 자신의 미래에 대해 걱정하지 않는다거나 혹은 '지난 날들'에 대해 후회하지 않고 자기 일을 하고자 한다는 의미도 될 것이다. 원문은 이처럼 '사는 날들', 혹은 '지난 날들'처럼 미래와 과거가 다 의미로 통한다. '이는 하나님이 그의 마음에 기뻐하는 것으로 응답하심이니라'고 하셨으니 걱정할 필요가 없다는 것이다.

'응답하심이니라'는 원문이 '마아네מענה'다. 이것은 '어떤 것에 노력을 가하다', '힘을 쓰다', '점령하다', '차지하다'의 뜻을 갖는 '아나'의 능동분사다. 따라서 하나님은 이러한 일을 일회성이 아니라 계속해서 그렇게 하신다는 것이다.

따라서 일차적 의미는 과거든 미래든 상관하지 않고 하나님께서 주신 날들이니 주 안에서 (구약적으로는 율법 안에서 신약적으로는 그리스도의 법 아래에서) 열심히 살며 즐기라는 의미로서의 권면이라는 것이다.

♠ 본절의 시작은 원문의 경우엔 접속사 '키כי'로 시작한다. 이 접속사는 '왜냐하면'이란 의미로 가장 많이 사용된다. 앞절에 대한 설명이 계속된다. 앞에서 '자기의 생명의 날'을 원문으로 분석했다. 필자가 판단하기엔 '그의 지나간 날들'이 맞는다. 본절의 하나님은 '하엘로힘האלהים'이다. 이 경우는 '그 하나님האלהים=האדון', 곧 예수 그리스도를 지칭하는 때가 많다고 반복해서 말한 바 있다. 예수 그리스도를 통해 구원받은 자는 '자신의 지나간 날들'에 대해 절대로 깊이 기억하지 않는다. 그날, 육신의 옷을 벗고 예수 그리스도와 만나는 날이 오면 요한계시록 21장 4절의 말씀이 이루어 질 것이다. 즉, '모든 눈물을 그 눈에서 닦아주시니 다시는 사망이 없고 애통하는 것이나 곡하는 것이나 아픈 것이 다시 있지 아니하리니 처음 것들이 다 지나갔음이러라'고 했다. 옛 기억, 고난의 기억, 슬픔과 아픔의 기억들이 다 잊혀지게 될 것이다.

본절의 상반절의 이유가 하반절에 분명히 명시되어 있다. '이는 하나님이 그의 마음에 기뻐하는 것으로 응답하심이니라'고 한 것이다. 인간의 마음에 가장 기뻐하는 것이 무엇인가? 구원이다. 영원한 생명이다. 하나님 곧 예수 그리스도와 함께 있는 것이지 그저 잠깐일 뿐인 이 땅 위의 삶이 아니다.

조금 더 부연 설명하기로 하자. 본절의 '응답하심이니라'에서 원문 '아나ענה'는 '응답하다' 외에 '차지하다'는 뜻도 있다. 헬라어 번역본인 70인역과 RSV도 이런 의미로 번역한다. 예를 들어 70인역은 '하나님이 그의 마음의 기쁨으로 그를 사로잡으셨기에'라고 했다. 그렇다면 '점령하다'와 '응답하다'는 무슨 차이가 있을까? 바로 예수 그리스도의 역할의 차이가 드러난다. 그것은 곧 하나님이 주신 기쁨이 사람의 마음을 차지하기에(점령하기에) 자신의 지난 날들에 대해 깊이 기억하지 않게 된다는 것이다. 어떻게 되어야 이런 일이 일어날까? 예수 그리스도를 주님으로 영접하는 자들의 마음 안엔 성령께서 그 자리를 차지하게 되고, 이런 놀라운 거듭남의 역사로 인해 나타나는 현상이라는 것이다.

제 6장 인생들의 마음을 무겁게 하는 것들, 영혼의 가치 발견하기

1절] '사람이 해 아래에서 한 가지 불행한 일이 있는 것을 보았 나니 이는 사람의 마음을 무겁게 하는 것이라'

전도자는 '내가 보았나니'라고 말함으로써 개인적 관찰과 경험의 산물임을 피력한다. 전도자가 무엇을 보았을까? 이 책을 관통하는 것은 해 아래의 절대적 허무를 말하고자 하는 것이고, 또한 그것의 극복을 위해서는 하나님과의 화평, 곧 관계회복이라는 것을 줄곧 언급하고 있다는 것이다. 그런데 본절에서 전도자는 해 아래에서 한 가지 불행한 일이 있는 것을 보았다고 말한다. 그것이 무엇일까? 이 경우는 2절에서 답을 말하고 있다.

원문과 더불어 살펴보자. 본절은 '예쉬שׁי' 라아רעה'로 시작한다. 여기서 '라아רע'는 '한 가지 불행'이라고 번역했고, 5장 13절에서는 '폐단'으로 16절엔 '불행'이라고 번역했다. '라아רע'는 '나쁜', '해로운', '재난', '화', '악'의 뜻이나 주로 '악'으로 많이 사용된다. 본절에서만 '라아'에 대해 왜 굳이 '한 가지'를 강조해 번역했는지는 알 수 없다. 물론 단수여서 틀린 것은 아니나 강조한 것이라 짐작할 뿐이다. '예쉬שׁי'는 '존재', '있다', '있었다', '있을 것이다' '이미 있다' '일', 등 여러 가지로 사용된다. 직역하면 '악(불행, 폐단)이 있음을'이 될 것이다.

'사람의 마음을 무겁게 하는 것이라'도 원문은 '웨라바ורבה 히היא 알על 하아담האדם'이다. '웨라바ורבה'는 접속사(ו그리고의 뜻)와

라바רבה의 결합으로, '라바רבה'는 '풍성한', '많은', '큰'이란 의미를 갖는 '라브רב'의 여성형 단수다. '그것은 그 사람에게 지워진. 그리고 큰 것이라'가 직역이 된다.

♠ 원문엔 '사람의 마음'이란 말이 없다. 그래서 원문을 나름대로 다시 직역해 보았다. 즉, '해 아래에서 내가 한 가지 악(혹은 불행)을 보았나니 그것은 그 사람에게 지워진 큰 것이라'가 그것이다. 세상에서 가장 큰 악(라רעה), 그것이 어떤 사람에게 지워졌다. 그것이 무엇인가? 예수 그리스도에게 짊어지게 한 십자가다. 세상 죄의 짐을 지셨으니 그것보다 큰 악이 어디 있을까? 악은 사람이 악이 아니라 인간이 처한 상태다. 즉, 인간은 죄인의 상태에 있고, 세상은 사탄의 영향을 받는다. 그래서 악의 근원은 사탄이 되는 것이고, 그의 영향력 아래에 놓인 인간이 죄인인 것이다.

마태복음 13장 45-46절에, "또 천국은 마치 좋은 진주를 구하는 장사와 같으니/ 극히 값진 진주 하나를 발견하매 가서 자기의 소유를 다 팔아 그 진주를 사느니라"고 했다. 이때 상인(商人)이 천국이 아니라 '진주를 구하는 장사'라고 했다. 무슨 뜻인가? 상인 자체가 아니라 장사라는 행위, 장사의 생애가 바로 하늘나라의 상징이 된다는 것이다. 어떤 행위인가? 진주는 예수 그리스도를 상징한다. 내 모든 것을 다 던지고 예수 그리스도를 영접하고 그분만을 사랑해야 한다는 것, 그것도 전 생애를 다 바쳐서 그렇게 하라는 것이다. 그런 사람은 이미 천국을 소유한 것이다. 전도자가 무엇을 가르치고 있나? 사람이 마태복음의 상인처럼 하라는 것이다. 왜냐하면 인간이 하나님 앞에서 큰 죄를 지었고, 그 악을 해소하기 위해 예수 그리스도께서 큰 불행을 당하셨기 때문이다. 하나님과의 관계개선은 사탄의 포로가 된 죄인들인 인간의 능력으론 불가능하기 때문이다. 본절은 그래서 예수께서 십자가를 지신 이야기를 하고 있다는 것이다.

2절] '어떤 사람은 그의 영혼이 바라는 모든 소원에 부족함이 없어 재물과 부요와 존귀를 하나님께 받았으나 하나님께서 그가 그것을 누리도록 허락하지 아니하였으므로 다른 사람이 누리나니 이것도 헛되어 악한 병이로다'

전도자가 본절에서 밝히는 불행(폐단, 악)한 일이 무엇일까? 그것은 본문에서 보듯 어떤 사람이 하나님의 허락 하에 재물, 부요, 존귀를 받았으나 자신이 못 누리고 다른 사람이 그것을 누리게 되었다는 것이다. 전도자가 솔로몬이라고 가정하면, 본절은 그 자신이 하나님께 받았던 약속에 대한 기술이 될 것이다. 역대하 1장 12절에, "그러므로 내가 네게 지혜와 지식을 주고 부와 재물과 영광도 주리니…"라는 말씀과 본절이 비슷하기 때문이다.

본절의 '어떤 사람'은 원문이 '이쉬אש'다. 이것은 '사람', '남자'의 뜻이다. 일반적인 사람을 뜻하며 6장 1절의 '아담אדם'과 유사하지만 굳이 차이점을 말하자면 '아담אדם'은 흙에서 난 존재로서의 보잘 것 없는 사람을 말하고, '이쉬אש'는 비교적 존귀한 이미지의 사람을 뜻한다 할 것이다. 따라서 본절의 '어떤 사람'은 보잘 것 없는 사람이 아닌, 세상에서 존귀한 자였고, 하나님으로부터 많은 것을 받은 사람이 된다. '받았으나'로 번역된 것의 원문은 '이텐יתן'이다. 이것은 남성 3인칭 단수이고, 원형은 '나탄נתן'이다. '나탄נתן'은 '주다', '받다', '가르치다' '무엇에 헌신하다' 등 여러 가지 의미가 있으나 여기서는 미완료형이므로 계속해서 주시고 계심을 강조하고 있다.

그의 영혼이 바라는 모든 소원에 '부족함이 없어'라고 번역한 부분에 논란의 여지가 있다. 원문은 '웨에넨누ואיננו 하셀חסר 레나프쇼לנפשו 미콜מכל 아쉘אשר 이트아웨יתאוה'가 된다. '웨에넨누ואיננו'는 접속사ו와 '없음', '아니하다', '없어지다'의 뜻을 갖는 '아인אין'이 결합된 남성 3인칭 단수נו다. '하셀חסר'은 부족, 결핍의 뜻을 가진 형용사다. '레나프쇼לנפשו'는 전치사ל와 '숨', '영혼', '생명' 등의 뜻을 가진 '네페쉬נפש'가 결합된 남성 3인칭단수다. '네페쉬נפש'가 본래 생명을 이루는 기운의 의미도 있어 순수한 의미의 영혼의 뜻은 아니며 온전한 인간의 모습을 나타낼 때 주로 사용된다. '영'을 말할 때는 '루아흐רוח'가 많이 사용된다. 따라서 본절의 의미는 '그의 영혼에게'의 뜻이기는 하지만 인간의 모습이다. '이트아웨יתאוה'는 남성 3인칭 단수로, 원형은 '아와אוה'이며 '아와אוה'의 뜻은 '바라다', '원하다', '좋아하다'의 뜻을 갖는다. 명사로는 '소원', '탐욕'의 의미로 사용된다. 직역하면, '자기의 영혼이 원하는 모두에 모자람이 없어'라고 하면 맞는다. 하나님이 주신 복이 얼마나 큰지 인간이 가질 수 있는 모든 것에서 부족함이 없다는 말이다.

'하나님께서 그가 그것을 누리도록 허락하지 아니하였으므로'라고 했다. 앞 부분과 달리 반전의 결과를 낳은 말씀이다. 이 부분은 '웨로ולא'로 시작한다. 이것은 접속사ו(그리고의 뜻)와 절대부정 '로לא'의 결합이다. 하나님께서 원하는 모든 것을 다 주셨는데, 재물, 부요, 존귀를 다주시고 계시는데, 그 좋은 것을 절대로 누리지 못하게 하신다고 하신다. 복은 받았으나 누리지 못한 이유를 설명하지 않는다. 학자들의 주장은 '받았으나 선용(善用)하지 않았기에', 바른 곳에 사용하지 않았기에, 그렇게 된 것이라고 말한다. 주시는 분도 하나님, 누리도록 허락하지 않는 분도 하나님이심을 가르치고 있다고도 말한다. 더 더욱 안타까운 것은 이런 좋은 것을 자신이 아닌 다른 사람이 누린다고 한다. 그래서 이것도 헛되어 악한 병이라고 말하고 있는 것이다. '악한 병'은 '와홀리וְחֳלִי 라עַר'가 원문이다. '라עַר'는 이미 여러 번 언급했다. 한글 번역자는 전도서의 '라עַר'에 대해 '질병', '불행', '폐단', '악'과 같이 여러 의미로 번역하고 있다. 형용사로 사용되면, '악한', '나쁜'의 뜻이다. '와홀리'는 접속사와 '홀리'의 결합이다. '홀리'는 '질병', '외상', '고통', '괴로움', '근심' 등의 의미가 있다. 직역하면, '그리고 나쁜 고통'이 된다.

♠ 솔로몬과 같은 민족인 이스라엘 백성들과 그 종교 지도자들의 모습이 '어떤 사람'이 된다. 지구상에서 하나님께로부터 가장 복을 많이 받은 민족이 이스라엘이다. 또 그 중에서 가장 영광을 누린 자들이 그들의 종교 지도자들이다. 재물과 부요와 존귀를 다 가졌다. 그런데 하나님께서 그들이 그것을 누리도록 허락하지 아니하셨다. 왜 그러한가?

두 가지로 답을 할 수 있을 것이다. 첫 번째는 마태복음 13장 25-29절에 그 답이 나온다는 것이다. "… 주여 열어주소서 하면 그가 대답하여 이르되 나는 너희가 어디에서 온 자인지 알지 못하노라 하리니/ 그 때에 너희가 말하되 우리는 주 앞에서 먹고 마셨으며 주는 또한 우리를 길거리에서 가르치셨나이다 하나 /… / 너희가 아브라함과 이삭과 야곱과 모든 선지자는 하나님 나라에 있고 오직 너희는 밖에 쫓겨난 것을 볼 때에 거기서 슬피 울며 이를 갈리라/ 사람들이 동서남북으로부터 와서 하나님 나라 잔치에 참여하리니"라고 했다. 영적 부와 재산, 존귀를 다 받은 자들이 유대인들이었다. 그들의 지도자들 또한 하나님의 특별한 부르심을 받은 자들이었다. 하지만 그들은 정작 하나님 예수께서 '해 아래', 곧 세상으로 오셨을 때, 기대와 달리 영접은커녕 십자가에 못 박았다. 그 피흘림의 대가를 자신들에게 돌리라고 외쳤다. 그런 그들에게 영적 부와, 영적 재산과, 하나님의 상속자가 되는 그 존귀함과 영광의 자리에 그들이 들어가게 하실 리가 없는 것이다. 반면에 그 혜택을 누가 누리는가? 동서남북으로부터 온 이방인들, 예수를 구주로, 하나님으로 영접한 사람들이 누린다는 것이다. 한 호흡처럼 잠깐이면(הבל헤벨) 끝날 세상인데 이스라엘은 하나님 예수를 내쳤다. 그러니 천국에 들어감을 허락하지 않으신 것이다. 이스라엘에게 있어 이보다 더 큰 괴로움, 나쁜 것(와홀리רע 라아 רע: 재앙)이 어디 있겠는가?

두 번째는 '어떤 사람'이 이스라엘 백성들과 그들의 종교 지도자들임은 동일하지만 그들이 받은 재물, 존귀, 풍요가 바로 율법을 상징한다는 것이다. 실제로 유대인들은 율법을 구원의 절대적 수단으로 알고 있어 가장 귀한 재산으로 여긴다. 그 율법을 받은 자신들이 하나님의 특별한 복을 받은 선민(選民)이며, 그 외의 타인은 짐승이라 여기고 구원 불가(不可)라고 외친다. 유대인들은 율법으로 하나님의 뜻을 받았으나 못 누린다. 율법으로 구원받는 것도 아니며, 유대인들이 구원받는 것도 아니었다. 예수 그리스도를 통해 구원받는 것이며, 오히려 예수를 영접한 이방인들이 그 천복을 누린다는 것이다. 시편 48편 14절에, "이 하나님은 영원히 우리 하나님이시니 그가 우리를 죽을 때까지 인도하시리로다"라고 한 그것은 유대인들이 율법을 목숨처럼 지켜가며 바라고 원하던 말씀이나 정작 누린 것은 예수님을 아는 이방인들이었다. 유대적 병은 '악한 병'이다. 이러한 병은 하나님께 못 나간다. 그러니 이스라엘에게 있어 이보다 더 '큰 재앙(와홀리 라아)가 어디 있겠느냐는 것이다.

3절] '사람이 비록 백 명의 자녀를 낳고 또 장수하여 사는 날이 많을지라도 그의 영혼은 그러한 행복으로 만족하지 못하고 또 그가 안장되지 못하면 나는 이르기를 낙태된 자가 그보다는 낫다 하나니'

유대인들은 다산(多産)과 장수(長壽)를 하나님의 복으로 여겼다 (창24:60, 시127:3-5, 잠10:27참조). 백 명의 자녀를 낳고 장수했다고 하니 이것은 큰 복을 받았음을 말한다. 원문의 첫 부분은 '임אם 요리드יוליד 이쉬איש 메아מאה'로 시작한다. '임אם 요리드יוליד'가 가정 구문이므로 '비록 그가 백 사람이 생기게 한다 할지라도'가 된다. 이어지는 직역은 '그리고 그가 많은 해들을 살아갈 것이다. 그리고 그의 여러 해 날들이 많을지라도'로 연결된다. 그런데 그럼에도 불구하고 그의 영혼이 행복이라 여기는 그것으로부터 자기만족을 누리지 못한다는 것은 결국 그의 생애에서 행복하지 않았음을 뜻한다고 할 것이다. 그의 영혼과 생애가 다산과 장수로도 만족이 안 되고 여전히 모자람이 있는 상태임을 말하고 있다.

'그가 안장되지 못하면'이라고 했다. '안장'은 원문이 '케부라קבורה'로, 이것은 '매장', '무덤'의 뜻이다. 영혼은 원문이 '웨나프쇼ונפשו'로서 접속사와 '네페쉬נפש'의 결합된 3인칭 단수형이다. '그리고 그 영혼'이 된다. '그러한 행복으로 만족하지 못하고'는 원문에 따른 직역은 '그 좋은 것(הטובה하토바)으로부터 절대로 만족하지 못하고'가 된다. 본절에 따르면 영혼이 만족하지 못한 자가 게다가 죽음까지 문제가 있다. 아마도 그 몸이 제대로 매장되지 못한 것 같다. 장례조차 제대로 치르지 못할 만큼의 삶이었던 것 같으니 생애의 마지막이 비참한 상황인 것이다. 유대 사회에서 훌륭한 장례식 또한 큰 복으로 여긴 탓인가 한다. 전도자는 여기서 장수와 다산의 행복도 그 영혼을 만족하지 못할 수 있고, 비참한 죽음을 맞을 수도 있음을 말하고자 한 것이 아닐까?

'나는 이르기를 낙태된 자가 그보다는 낫다 하나니'에서 원문은 '아말티אמרתי 토브טוב 밈멘누ממנו 한나펠הנפל'이다. '토브טוב'는 형용사로, '좋은'의 의미이고, '아말티אמרתי'는 완료형으로 '나는 이르기를'의 뜻이니 전도자가 확신을 갖고 단언하는 말이다. 그리고 '밈멘누ממנו'는 전치사이며 남성 3인칭 단수다. '그보다'의 뜻이다. '한나펠הנפל'은 정관사ה와 '네펠נפל'의 결합이며, '네펠נפל'은 '유산'의 뜻이므로 어미의 태에서 배었으나 생명 없이 나온 태아를 낳음을 지칭한다. 전도자는 왜 낙태된 자가 더 낫다고 말했을까? 유산된 아이는 인생에서 반드시 경험하게 되는 고통의 날들을 경험하지 않아도 되기 때문이라는 것이다. 객관적으로 볼 때 장수와 다산이 해 아래의 삶에서 가장 복받은 것이라고 하나 그조차 영혼은 만족하지 못한 것이며, 더욱이 이생의 마지막이 비참한 모습이라면 그런 자보다는 차라리 태어나지 않는 것이 낫다는 것이다. 이에 대한 더 구체적인 설명은 5절까지 이어진다.

♠ 황제와 왕들 또는 특별한 인생이 아니라면 일반적인 사람은 일평생 동안 일백 명의 자녀를 낳지 못한다. 현실적으로 어렵다는 말이다. 유대인들은 제자를 자녀와 같이 여긴다. 따라서 본절의 다산은 곧 많은 제자를 양성했다는 말이고, 장수하여 많은 날들을 산다는 것은 육체의 생명의 연장이 아니라 그의 가르침, 그의 사상이 지속된다는 것을 상징한다. 그러나 그들은 '그 좋은 것'으로 만족하지 못한다. 왜 그럴까? 그 답은 하반절에 있다.

그런데 본절엔 마치 다산과 장수가 하나님께서 주신 복인 것처럼 나오지 않는다. 그래서 성경학자들도 앞절에 빗대어 혹시 하나님의 복이 아닐까 짐작해 그처럼 말하고 있을 뿐이다. 그런데 특이하지 않은가? 왜 많은 제자를 양성하고 그의 생각과 사고가 지속되는데 그 영혼이 만족하지 못하는 걸까? 본절의 영혼 또한 '루아흐חור'가 아닌 '네페쉬שפנ'다. 이 '네페쉬'는 인간을 숨쉬고, 살게 하는 기운의 의미가 있을 뿐, 진정한 의미의 '영'은 아니다.

'안장되지 못하면', 즉 올바로 죽지 못하면 유산 당하느니만 못하다는 말씀은 비장하다. 해 아래 세상에서 유대인들은, 특히 유대 종교지도자들은 그들의가르침을 지속하면서 수많은 제자들을 양성하고자 했다. 그러나 하나님의 관점에서 보면 그들의 영혼은 결코 만족되지 못하는 것이다. 왜냐하면 근본적으로 잘못된 가르침이었기 때문이다. 율법적 신앙은 결코 구원에 이르지 못한다. 율법은 다만 죄를 깨닫게 하는 지침서이기 때문이다. 죄인임을 알게 되었으면 속죄를 받아야 하는데 여전히 성전제사에 목을 매는 형편이니 어찌 구원이 있을까? 유대 종교 지도자들이 '그 좋은 것', 즉 제자 양성과 전승과 율법의 가르침에 만족할 수 없음은 그것이 실제론 영혼구원과 아무 상관이 없기 때문이다. 유일한 해결책이 예수 그리스도를 영접하는 것이나 그들은 지금도 예수를 거부하고 있다. 영적 의미로서, 무덤에 안장되지 못한다는 것은 결코 부활이 없을 것이라는 말과 다름이 아니다. 부활이 없는 그들의 죽음은 도무지 안식할 수 없다. 오히려 둘째 사망이 기다리고 있으니 이 세상에 태어나지 않음만 못하게 된 것이다.

4-5절] '낙태된 자는 헛되이 왔다가 어두운 중에 가매 그의 이름이 어둠에 덮이니/ 햇빛도 보지 못하고 또 그것을 알지도 못하나 이가 그보다 더 평안함이라

본절은 낙태된 자가 더 나은 이유를 설명하고 있어 원문은 '키 כי', 곧 '왜냐하면'으로 시작한다. '헛되이 왔다가 어두운 중에 가매'는 원문이 '바헤벨 בהבל 바 בא 우바호쉐크 ובחשך 에렉 ילך 우바호쉐크 ובחשך'이다. '바헤벨 בהבל'은 전치사ב와 '헤벨 הבל'의 결합이다. '헛됨 중에'가 직역이다. '바 בא'는 남성 3인칭 단수로, '그가 들어오다'의 뜻이다. '우바호쉐크 ובחשך'는 접속사ו와 전치사ב 가 '어두움', '불행', '슬픔'의 뜻을 가진 '호세크 חשך'와 결합된 것이다. '그리고 어두움 중에'가 직역이다. '에렉 ילך'은 원형이 '가다'의 뜻인 '얄라크 ילך'가 남성3인칭 단수와 결합한 것으로, '그가 가다'가 직역이다. 이 부분을 직역하면, '왜냐하면 그가 헛됨 중에 들어왔다가 어두움 가운데로 가다'가 된다.

왜 '헛됨 중에(바헤벨 בהבל)'일까? 독자적 생명이 시작하기 위해 세상에 태어나고자 했으나 생명의 기운이 없이 존재하였고, 어두운 중에(바호세크 בחשך) 죽었기 때문이다. 그리고 '어두운 중에(우바호쉐크 ובחשך)' 그 이름이 감추어진다. 그가 본래 이름도 없고, 무명의 존재로 있으며, 태어나지 못했기에 잠시 후면 망각되기 때문이다. 살아 있는 존재로 태어나기보다 오히려 하늘의 해를 보지 못하고, 알지도 못하여 이름도 알 수 없는 그런 유산된 아이에게 복이 있다는 것이다.

본절의 '평안함'은 원문이 '나하트 נחת'로, 이것은 '내림', '휴식'의 뜻이다. '평안함'은 의역이다. 낙태된 자는 해 아래 세상의 모

든 헛된 것과 재난, 속이는 것과 슬픔의 장면이나 지식 등과 아무 상관이 없기 때문이다. 이 말씀은 진정한 기쁨이 없는 인생은 태어나지 못한 태아보다 못하다는 것을 말하고자 한다. 역으로 말하면 절대적인 기쁨을 찾지 못하면 그 인생은 아무 것도 아니라는 것을 전도자가 말하고 있다.

일부 성경학자들 중에 다른 의견이 있다. 주어를 여전히 '낙태된 자'로 보고는 있으나 그의 실상을 다르게 표현한다. 즉, 낙태된 자는 태어나보지도 못하고 헛되이 죽음을 당하기에, 따라서 그는 아무 의미도 없이 세상에 왔다가 죽음으로 돌아가니 본절처럼 말했다는 것이다. 앞절과 연결할 때 그다지 옳게 보이지는 않는다. 의견이 다소 다르기는 하지만 모두가 헛된 인생이라는 점에서는 공통적이다.

♠ 예수 그리스도 중심의 해석을 가하면 이 경우는 유대 종교지도자들이 제자 양성과 자신들의 가르침이 계속된다는 행복을 누렸으나 실제로는 그들이 그토록 애쓴 이유가 영혼 구원인데도 불구하고 구원받지 못하는 비참한 결과를 갖게 되었다고 앞절에서 이미 말했다.

많은 성경학자들은 본절의 주어가 명확하지 않으나 '낙태된 자'를 주어라고 말한다. 그러나 '매장 당하지 못한 자'가 될 수도 있다. 이런 입장에서 본절을 보면 의미가 달라진다. 특별히 본절의 '그의 이름이 어둠에 덮이니'는 참으로 두려운 말씀이다. 이것은 단순히 이름이 없어진다는 정도가 아니라 그 존재와 삶 전체가 어둠 가운데 소멸된다는 것이다. '덮이니'의 원문은 '예쿳세כסה'다. 이것은 '숨기다', '덮다'의 뜻이 있는 '카사כסה'의 수동 미완료형이고 남성 3인칭이다. 어둠 속에 덮이되 지속적으로 그 상태가 이어질 것임을 말하고 있다. 영원한 죽음을 말한 것이 아닐까? 영원한 죽음, 곧 둘째 사망은 세상에 태어나보지도 못하고 죽은 낙태된 자보다 더 나쁜 형편에 처하게 되는 것이다. 낙태된 자들이 이들보다 나음은 지하에서 휴식(평안함으로 번역했으나)할 수 있지만 매장 당하지 못한 자, 곧 유대 종교지도자들은 영원토록 평안을 누릴 수 없게 될 것이기 때문이다.

6절] '그가 비록 천 년의 갑절을 산다 할지라도 행복을 보지 못하면 마침내 다 한 곳으로 돌아가는 것뿐이 아니냐'

사람이 장수(長壽)한다고 해도 기껏해야 일백 년 남짓일 뿐인데 본절은 천 년의 갑절, 곧 이천 년을 말하고 있다. '행복을 보지 못하면'은 원문이 '웨토바הבוטו 로אל 라아האר'가 된다. '웨토바הבוטו'는 접속사ו와 '토브בוט'의 결합형으로, '그리고 좋은 것', 혹은 '그리고 선'의 뜻이다. '로אל'는 절대부정, '라아האר'는 남성 3인칭단수로, '보다'의 뜻이다. '그리고 그가 좋은 것(선בוט)을 보지 못하다'가 된다.

마침내 다 한 곳으로 돌아간다고 한다. 그곳이 어디인가? '한 곳'은 3장 20절에 '마콤 에하드'로 나온다. 흙으로 돌아간다는 것을 설명할 때 나왔다. 본절에서도 '마콤םוקמ 에하드דחא'로 같다. 그렇다면 무덤과 하데스이다. 살아 있는 모든 자가, 한 사람도 예외 없이 가는 곳이다. 전도자의 견해가 무엇인가? 하나님을 경외하는 것, 하나님과 친교를 맺는 것, 그것이 바로 가장 실제적이고 본질적이며, 복된 것이고, 최고 최대의 좋은 것(토브בוט)라는 것이 전도자가 하고자 하는 말이라는 것이다. 이것이 일차적 의미다. 그런데 도대체 어떻게 해야만 하나님과의 친교를 맺을 수 있는 것인가에 대한 대답이 일차적 의미엔 나오지 않는다.

♠ 본절의 '행복'은 원문이 '토브טוב'다. 이 단어가 가장 성경적으로 사용되는 것은 '선(善)'이다. 선의 주체가 누구인가? 하나님이다. 따라서 '토브טוב'가 내적으로, 영적으로 이해된다면 '선'은 인류를 위해 십자가의 사랑을 베푸신 하나님 곧 예수 그리스도가 된다. 그리고 정말로 '좋은 것(선)'이 무엇인가? 본절에 나오는 '라아ראה'엔 성경적으로 귀한 의미가 있다 곧 '하나님의 얼굴을 보다'의 뜻도 있다는 것이다(출24:10, 33:20참조). 본절에서 '행복을 보지 못하면'이란 말은 반대로 '행복을 보면', '다 한 곳'으로 갈 때, 그들의 영은 다른 곳으로 갈 것을 말하고 있다. '다 한 곳'으로 가는 자들은 하나님을 외면한 자들이다. 하나님의 얼굴을 보게 될 사람들, 그들은 바로 예수 그리스도를 영접한 사람들이다. 예수님을 아는 자들이다.

이 시대의 인본주의자들, 그 가운데 과학자, 의사들을 위시한 많은 그룹들이 인간의 수명 연장에 혈안이 되어 있다. 일백 년으로 평균 수명을 늘리기 위해 노력하고 있고, 현재의 어린이들은 어쩌면 150-200년을 기대수명으로 할 수도 있을 것이라는 희망찬 상상을 하기도 한다. 그들이 정말 많은 애를 쓰겠지만 본절은 천 년의 갑절, 곧 이천 년을 산다고 할지라도 결국엔 '다 한 곳'으로 갈 것이라고 명시하고 있다. 그곳은 영원한 사망이 똬리를 틀고 있는 곳이다. 단순히 흙으로 돌아가는 것에 그치지 않는다. 무(無)로 끝나는 것이 아니라, 영원한 유황불 못이 기다리고 있는 곳이다. 예수 그리스도를 거부한 유대 종교지도자들이나 하나님을 거부하는 인본주의자들이나 마침내 '다 한 곳'으로 가고 말 것이다.

현대인들에게 전도자는 크고 두려운 날이 이르기 전에 회개하고 예수께 돌아올 것을 간접적으로 외치고 있는 것이다.

7절] '사람의 수고는 다 자기의 입을 위함이나 그 식욕은 채울 수 없느니라'

본절의 '사람의 수고는'은 원문이 '콜כל 아말עמל 하아담האדם'이 된다. '콜כל'은 '모두'라는 의미이고, '아말עמל'은 '노력하다', '애쓰다'의 뜻인 같은 발음의 원형 '아말עמל'에서 유래한 것으로서 '힘든 노동', '마음고생', '노역', '수고', '고난', '악' 등의 여러 의미로 사용된다. 직역은 '사람의 모든 수고는'이 된다. '다 자기의 입을 위함이니'가 뜻하는 바는, 사람이 해 아래에서 행하는 모든 수고(노역과 같은)가 모두 다 입을 위한 것이라는 말이어서 결국 자기 배를 채우고 식욕을 충족시키기 위한 것이라는 말이다. 본절에서 '식욕'은 원문이 '하네페쉬הנפש'가 된다. '네페쉬נפש'가 이미 여러 번 언급한대로 '영혼', '마음', '심령', '생명', '숨', '기운' 등의 여러 가지로 사용된다. 다만 여기서는 '식욕'으로 번역되었다. 식욕은 여기서 인간의 탐욕을 상징하는 것이라 할 것이다. 사람의 식욕은 끝이 없으므로 인간이 그 어떤 수고(힘든 노력)를 한다 할지라도 그들의 탐욕은 결코 만족되지 못할 것이라는 말이다. 거꾸로, 인간이 아무리 노력한다고 할지라도 자신의 식욕조차 만족시키지 못할 것이라는 말이기도 하다. 그러므로 이것 또한 인간의 한계인 동시에 허무한 것이니, 쓸데없는 신경 끄고 그저 자족하는 마음을 가지라는 것이 일차적 의미가 될 것이다.

♠ '그 식욕은 채울 수 없느니라'가 본절의 핵심이다. 원문은 '웨감וגם 하네페쉬הנפש 로לא 팀말레תמלא'가 된다. '웨감וגם'은 접속사ı

와 부사 '감גַם'의 결합이다. '또한', '역시'로 많이 사용되고 '~조차', '진실로'의 뜻도 있다. 그런데 굳이 '영혼'의 뜻으로 많이 사용되는 '네페쉬נֶפֶשׁ'를 여기서만 왜 '식욕'으로 번역했을까? 일차적 의미와 맞추기 위해서 일 것이다. 그런데 앞부분의 '입'과 대비하여 '영혼', 혹은 '생명'이라고 하면 안 되는 것일까? 사람이 수고함으로써 그의 입은 만족시킬 수 있으나 그 영혼은 절대로 만족시키지 못한다고 번역할 수 있다는 것이다. '팀말레תִּמָּלֵא'는 니팔형이고 여성 3인칭 단수다. 원형은 '말레מלא'다. 이것은 '만족시키다', '채우다'의 뜻이 있고, 니팔형으로는 '차다', '충만하다'로 사용된다. 이 부분을 직역하면, '그 영혼은 절대로 채워지지 않느니라'가 된다.

유대 종교지도자들이 갖은 노력을 다 한다 할지라도 속내는 하나님을 위한 것이 아니라 '자기 영광', '자기 욕심', '자기 재산' 등과 같이 자신의 탐욕을 위한 것일 뿐, 이러한 것들은 결코 자기 영혼의 필요를 만족시킬 수 없다는 것이다. 영혼을 채우지 못한다는 것은 하나님의 형상을 닮은 본래적 인간의 요구, 곧 하나님을 향한 그 간절함을 채우지 못한다는 것이다. 그 간절함, 곧 영혼의 갈증, 목마름을 채울 수 있는 분은 오직 한 분뿐이니 예수 그리스도만 가능한 것이다.

8절] '지혜자가 우매자보다 나은 것이 무엇이냐 살아 있는자들 앞에서 행할 줄을 아는 가난한 자에게는 무슨 유익이 있는가'

본절은 원문이 '키כִּי'로 시작한다. '왜냐하면', '참으로'라는 뜻의 접속사다. 따라서 7절과 연계하여 생각하면 본절을 보면 이해가 용이해질 것이다. 앞절은 인간이 아무리 노력해고 애써도 그 자신의 식욕조차 만족시킬 수 없음을 말한 것으로 그 또한 삶과 인생의 허무, 헛됨을 뜻한다 할 것이다. 그런데 전도자는 다시 본절에서 7절 같은 결코 만족되지 못하는 탐욕은 지혜자나 우매자의 경우나 다 동일하기에 별 차이가 없다고 말한다. 그러나 '살아 있는 자들(인생) 앞에서 인간의 기본적 욕망이랄 수 있는 것조차 만족시키지 못하는 것으로 미루어 볼 때, 인생의 수고나 필사적인 노력들이 결국엔 다 허무이고 헛된 것이라는 것이다.

주요 원문을 살펴보자. 본절에서는 '행할 줄을 아는 가난한 자에게는'에 대한 한글번역이 그다지 선명하지 않다. 원문은 '레아니לעני 요데아יודע 라하로크להלך'이다. '레아니לעני'는 전치사ל가 결합된 것으로, '아니עני'는 형용사다. 그 뜻은 '고통당한', '가난한', '마음상한', '가난한 자', '곤고한 자'가 된다. '요데아יודע'는 원형이 '알다', '이해하다', '알게 되다'의 뜻이 있는 '야다ידע'이다. '라하로크להלך'는 전치사와 '가다', '나아가다', '행하다'의 뜻인 '할라크הלך'의 결합이다. 이 부분의 직역은 '행함을 이해하는 가난한 자에게'가 된다.

본절의 '살아 있는 자들(혹은 인생)' 앞에서 행할 줄을 아는 가난한 자에게는 '무슨 유익이 있는가'에 대한 해석이 문제가 된다. '살아 있는 자들 앞에서 행할 줄을 아는'의 뜻은 일반인, 곧 '다른 사람들 앞에서 바르게 행할 수 있는 분별력을 가진 사람'을 말한 것이다. 이것이 '가난한 자'를 수식한다. 그러므로 여기서는 비록 가난하지만 바르고, 분별력 있게 행하는 자를 나타내는 것이다.

그런데 문제는 이들조차도 타인이 볼 때는 그렇게 현명하게 보일지라도 본래적인 탐욕은 있어서, 가난에 따른 불만족, 그에 따른 개선의 욕망 같은 것은 있을 것이니 설사 그들이 지혜로운 자라 해도 결국은 탐욕을 가졌다는 측면에서는 어리석은 자와 다를 바가 없다는 것이다.

일차적인 의미를 다시 분석해보자. 이것은 또 다른 견해가 될 수도 있을 것이다. 살아 있는 자들(인생) 앞에서 행할 줄을 아는' 이 나타내는 말은 인생의 합당한 법칙을 이해하고 있다는 것이고, 또 그것을 합당한 생활 가운데서 경험하고 있는 것이라고 말할 수 있을 것이다. 지혜로운 자의 특징이다. 그런데 도대체 지혜로운 자가 우매한 자보다 무슨 유익을 얻는다는 것인가? 가난하지만 자신의 사회적 지위를 유지할 줄 아는 자가 무슨 유익을 얻는가도 의문이다. 아마도 그 답은 지혜로운 자는 자신의 탐욕을 다스리려고 하고, 가난한 사람 또한 그런 탐욕을 억제하는 방법을 안다는 것이 아닐까? 하지만 종국적으로 인간의 탐욕은 지혜로운 자나 우매한 자나 큰 차이가 없다. 다만 어리석은 자는 매일 자신의 탐욕을 쫓으며 그런 생활을 영위한다는 점에서 지혜로운 자와 다를 뿐이라는 것이다.

그리고 유익이라는 측면에서 '지혜롭고, 총명하고, 참는 사람이 인생 앞에서 행하는 어리석은 자보다 무슨 유익이 있느냐'는 물음을 던진다면 그에 대한 답으로서, 지혜롭고 참는 사람은 인생을 참아내는 데에서 얻어지는 유익을 갖게 된다는 것이리라. 따라서 욕망이 그를 지배하지 못하게 되고, 파멸이 막아지며, 조용히 사는 것에서 만족을 느낀다는 것을 뜻한다고도 말할 수 있을 것이다. 하지만 정도 차이일 뿐, 근본적인 탐욕은 표출정도와 분출수단만 다를 뿐, 지혜로운 자나 어리석은 자나 둘 다 갖고 있으니 이 또한 헛된 것일 뿐이라는 것이다.

♠ 본절의 '살아 있는 자들'은 원문이 '하하임חיים'이다 복수로서, 정관사ה와 '하임חיים'이 결합된 것이다. '하임חיים'은 '하이חי'의 복수ם이며, '살아 있는', '생존하는', '번영하는'의 의미가 있고 명사로는 '생명', '일평생'의 뜻이 있다. 주석가 제롬은 '하하임חיים'을 '미래의 축복'으로 이해하고 있다. 다소 엉뚱한 해석이다. 이처럼 히브리어는 해석이 다양하게 표출된다. '반드시 이것이다'라고 정형화된 해석이 그리 많지 않다. 따라서 해석상의 융통성이 얼마든지 가능하다는 그런 점을 항상 염두에 두고 해석해야만 한다. 따라서 정작 중요한 것은 해석을 하기 위해 해석자가 가진 바 어떤 관점, 틀이 중요하다. 그것이 있어야만 일관성이 부여되기 때문이다. 윤리적 관점에서 해석하고자 하면 윤리서가 되고, 율법적 관점에서 해석하려 하면 율법서가 되는 것이다. 정말로 이처럼 관점이나 틀은 중요하다. 필자가 전개하는 이 책의 해석을 위한 기본 틀은 하나님 중심, 그리고 예수 그리스도 중심이라는 신앙적 관점이다. 신앙의 눈, 믿음의 눈으로 이 전도서를 읽고 해석한다. 그때에 비로소 이 책은 예언서로, 계시서로 보이게 되는 것이다.

예언서로서, 계시서로서 이 책을 해석하고자 할 때, 유대인들의 관점은 큰 도움이 된다. 그들은 수천 년간 성경을 연구해왔다. 그 긴 세월동안 연구한 바를 쓰레기 취급만 한다면 그것이야말로 참으로 어리석은 행동인 것이다. 유대인들이 관점을 참고로 삼는 그런 견지에서 본절을 바라보자. 우선 한글 번역으로서 '살아 있는 자들', 혹은 '인생'이라고 번역한 '하하임חיים'을 유대인들은 '그 생명(the living)', 혹은 '그 영생'으로 본다. 이렇게 보면 이 부분의 내용이 해석상 크게 변화하게 된다.

지혜자는 보통 성경에서 예수 그리스도를 가리키는 상징어의 하나가 되며, 우매자는 대개 예수님을 반대했던 유대인 혹은 유대 종교지도자들을 가리키게 된다. '무슨 유익이 있는가'는 의역이다. 원문은 '마מה'이니, 그것은 의문대명사로, '무엇'이란 뜻일 뿐이다. 이 책의 해설과정에서 여러 번 언급한 바와 같이 '가난한 자' 또한 예수님을 가리킨다. 본절을 예수님 중심의 관점에서 다시 번역해 보자. '예수 그리스도께서 유대 종교지도자보다 나은 것이 무엇인가? 생명 앞에서 바르게 행할 줄 아는 예수님은 무엇인가?'로 의역할 수 있다는 것이다.

시편 49편 8절에, "그들의 생명을 속량한 값이 너무 엄청나서 영원히 마련하지 못할 것임이니라"고 했다. 예수께서 영원한 생명을 위해 영원히 마련할 수 없는 값을 지불하셨다. 이것이 유대 종교지도자들보다 더 예수 그리스도가 나은 점 가운데 하나다.

9절] '눈으로 보는 것이 마음으로 공상하는 것보다 나으나 이것도 헛되어 바람을 잡는 것이로다'

'눈으로 보는 것이 마음으로 공상하는 것보다 나으나'이란 말씀 중에 '눈으로 보는 것'은 5장 11절에도 나온다. 재산을 눈으로 보는 것과 관계가 있던 말이니 본절의 '눈으로 보는 것이 마음으로 공상하는 것보다 나으나' 또한 공상이나 상상과 달리 현재성, 경험의 이미지를 띠고 있다고 할 것이다.

원문은 '토브טוב 마르에מראה 에나임עינים 메할라크מהלך 나페쉬 נפש'이다. 여기서 '토브טוב'는 형용사 비교급이다. '더 좋은'의 뜻이다. '마르에'는 '모양', '이상', '통찰력', '환상', '형상', '보다', '알다'의 뜻이다. '에나임עינים'은 '눈'의 뜻이며 쌍수다. '메할라크מהלך'는 전치사מ와 '할라크הלך'의 결합이다. '할라크הלך'는 '가다', '걷다', '살다' '떠나가다'의 뜻이나 여기서는 부정사 연계형이며, '걷기', '떠돌기'로 번역된다. '마음으로'로 번역된 것의 원문은 '나페쉬נפש'이다. 이것은 원형이 '네페쉬נפש'로서, '마음', '기운', '생명', '영혼' 등 여러 뜻이 있으나 킹제임스역은 '욕구'로 번역했다.

루터의 번역은 독특하나 문제가 있다. 그는 '다른 낙을 생각하기 보다는 현재의 낙을 즐기는 것이 더 낫고'라고 했다. 궤도 이탈처럼 보이나 의미심장하다.

일차적 의미는 눈으로 보는 것이라는 것에 방점을 두면, 현실에 만족하고 자족하는 것으로 보는 것이 좋을 것이다. 공상적, 가질 수 없는 것을 찾으려 방황하는 것보다 눈에 보이는 현실에서 예배자로 살아가라는 의미가 아닐까? 당시의 가톨릭 신앙이 하늘의 하나님만을 생각할 때 그 분이 이미 우리와 함께하신다는 진정한 동행의 의미로서 말이다. 하반절에서 '이것도 헛되어 바람을 잡는 것이로다'라고 함으로써 마음(심령)의 공상은 탐욕의 발로라는 것이니 현실과 괴리되어 있어 그러한 것을 아예 추구하지 말라는 것이다.

♠ '눈으로 보는 것이 마음으로 공상하는 것보다 나으니'라고 했다. '마음으로 공상하는 것'에 대한 해석이 과연 일차적인 의미 만일까? 여기서 마음은 원문이 '네페쉬נפש'라고 했다. 여기서는 '심령'이나 '영혼'이 맞는 번역이 될 것이다. 또 '공상하는 것'은 '할라크הלך'의 부정사 연계형이라고 했다. 이것 또한 '방황하는 것'이 더 좋은 번역이다. '눈으로 보는 것이 영혼(심령נפש)이 방황하는

378

것보다 나으냐'로 번역하면 어떠한가? 유대 종교지도자들은 율법과 전승을 통해 메시아의 출현을 고대하고, 기다렸다. 그들의 방황과 기다림은 외적으로부터의 압제와 시달림 속에서도 굳건했다. 하지만 그 상상의 기다림, 방황보다 더 좋은 것이 있었으니 예수 그리스도를 눈으로 목격하게 된 것이다.

그런데 유대인들은 예수님을 만났고, 보았으나 그들이 탐낸 것은 속죄가 아니라 표적과 기사였고, 그를 통한 굶주림의 해결이었다. 그러니 '이것도 헛되어 바람을 잡는 것이로다'가 되었다는 것이다. 이 하반절의 '헛되어הבל'은 잠깐의 시간이란 표현으로 바꾸는 편이 낫다고 했다. 한국어에서의 '헛됨'은 희망이 전혀 없는 것이어서 극히 부정적인 이미지를 가져 문제가 있다고 했다. 원문은 중성적 이미지라고 언급한 적이 있다. 결코 부정적 이미지가 아니라는 것이다. 원문은 '감גם 제זה 헤벨הבל 우레우트ורעות 루아흐רוח'가 된다. '감גם'은 '또한'의 뜻이고, '제זה'는 '이것'의 뜻이다. '헛되어'는 '헤벨הבל'이고, '우레우트ורעות'는 접속사(그리고의 뜻)와 '붙잡으려 함', '애씀'이란 הער뜻이 있으며, '루아흐רוח'는 '바람', '영'의 뜻이다. 킹제임스역은 이 부분을 '이것 또한 영의 고통'이라고 번역했다. 인생의 허무함이 영적 결과 없는 애씀이고 노력이라는 것이다.

본절의 의미는 예수님을 보는 것이, 만나는 것이 영적 방황보다는 낫지만 그러함에도 불구하고 예수님을 보는 것만으로는 부족하다는 것을 말하고 있다는 것이다. 유대 종교지도자들은 예수님을 보았으나 그것에 치중했고, 예수님에게서 하나님을 발견하지 못한 채, 기사와 표적만 요구했다. 당장 눈앞의 실리 추구에만 매달렸을 뿐, 영적인 의미를 전혀 파악하지 못했던 것이다. 예수님의 실체가 최종 메시아(구원자משיח=מושיע)이며, 또한 하나님 자신 이었음을 보기는 보아도 알아보지 못한 것이다. 잠깐이면 지나갈 삶에서 진체는 보지 못하고 허상만을 본 것이다. 그러니 바람처럼 잡을 수 없는 영(루아흐רוח)가 되고 만 것이다.

10절] '이미 있는 것은 무엇이든지 오래 전부터 그의 이름이 이미 불린 바 되었으며 사람이 무엇인지도 이미 안 바 되었나니 자기보다 강한 자와는 능히 다툴 수 없느니라'

본절은 새로운 단락이다. 원문을 분석해 가며 그 일차적 의미를 유추해 보기로 하자. 앞부분의 '이미 있는 것은 무엇이든지 오래 전부터 그의 이름이 이미 불린 바 되었으며'라는 말씀은 1장 10절에, '····우리가 있기 오래 전 세대들에도 이미 있었느니라'와 유사한 구조다. 원문은 '마המ 쉐하야שהיה 케바르כבר 니크라נקרא 쉐모שמו'가 된다. '쉐하야שהיה'는 관계사ש와 '하야היה'의 결합형으로, '하야היה'는 '있다', '존재하다'의 뜻이다. '케바르כבר'는 부사로서, '이미', '오래전에', '지금', '현재'의 뜻이 있다. '니크라נקרא'는 남성 3인칭단수로 니팔형(수동형)이다. 원형은 '카라קרא'로, 이것은 '부르다'이고, 니팔형으론 '불리우다', '이름 지어지다'의 뜻이다. '쉐모שמו'는 명사로, 남성 3인칭단수다. '이름', '명성'의 뜻이다. 직역하면, '오래전부터 있는 무엇이나 그의 이름이 불려 졌으며'가 된다.

유대적인 의미로 이름이 불려 졌다는 것은 그 이름을 짓거나 부르는 자가 절대적 영향력이 있음을 말하고 있는 것이다. 단지 이름뿐일까? 그 속에 함축된 뜻은 사물이든, 사람이든 모든 것(특성, 성격, 모양 등)이 다 드러나 절대자인 그의 영향력 하에 있음을 뜻한다. 그의 이름이 누구에게 불려 졌을까? 하나님에 의해서 그렇다는 것이다. 존재론적 관점에서는 하나님의 섭리에 따른 존재의 의미가 내포되어 있다고 할 것이다.

'사람이 무엇인지도 이미 안 바 되었나니'라고 했다. 원문은 '웨노다ונודע 아쉘אשר 후הוא 아담אדם'이 된다. '웨노다ונודע'는 접속사ו와 '안다', '알게 되다'의 뜻을 가진 '야다ידע' 동사의 니팔(ג수동형) 분사다. 하나님께서 아신다는 의미가 된다. '후הוא'는 인칭대명사로서, 남성 3인칭 단수다. 그래서 여기서는 '그는', '그것'의 뜻이다. '아담'은 여러 번 언급했듯이 흙으로 빚어진 아담 한 사람을 의미하기도 하고, 일반적인 사람을 지칭하기도 한다. 앞부분이 주로 피조물 대상이라면 이 부분은 사람으로 축약된다. 피조물과 마찬가지로 사람도 이미 안 바 되었다고 했으니 하나님의 섭리 하에서 조금도 벗어나지 못한다는 의미가 될 것이다. 그래서 직역은 '그리고 그가 사람인 것을 이미 안 바 되었나니'가 될 것이다. 여기서 아담이 첫 아담을 말한 것이든, 혹은 일반적 의미의 사람이든 간에 상관없이 인간은 하나님께서 지은 것이니 하나님의 주권과 섭리에 대해 잘 표현한 말씀이 된다.

'자기보다 강한 자와는 능히 다툴 수 없느니라'고 말씀했다. 여기서 '자기보다 강한 자'는 원문이 '쉐핱탁키프שהתקיף - כ (쉐탁키프) שתקיף -ק 밈멘누ממנו'가 된다. '쉐핱탁키프שהתקיף - כ'는 관계사 '쉐ש'와 정관사 '하ה', 그리고 '탁키프תקיף'가 결합된 것이다. '탁키프תקיף'는 형용사로서, '강한', '힘센'의 뜻이다. 아마도 여기서 강한 자는 하나님을 지칭하는 말씀일 것이다. '다툴'에서 '다투다'는 원문이 '라딘לדין'이다. 이것은 전치사ל와 '딘דין'의 결합이다. 원형은 '딘דין'으로, 이것은 '재판하다', '심판하다', '싸우다'의 뜻이다. 자기보다(밈멘누ממנו) 강한 자인 하나님께서 하시는 일에 대해 감히 다툴 수 없다는 것이니, 이는 곧 하나님께서 섭리하시는 일에 대해 인간이 왈가왈부하거나 옳고 그름에 대해 감히 판단할 수 없다는 것이다. 그러니 인간이 할 수 있는 것이 무엇인가? 하나님께 순종하고 그 주권적 섭리를 인정하고 순복하는 자세를 가져야 한다는 것이다. 혹자는 본절의 '강한 자'가 하나님이란 말이 나오지 않으니 '죽음'일 것이라고 말하며, 죽음 앞에서 어찌할 수 없는 인간이니 이 또한 허무한 삶을 말한 것이라고 주장하기도 한다.

♠ 이차적 의미는 두 가지로 해석할 수 있다. 첫째는 일차적 의미와 유사한 것이다. 살펴보자. 존재하는 모든 것은 오래전부터 그것의 이름이 불리워졌다고 했다. 온 세상 만물이 다 하나님이 것이고, 하나님께서 지으신 것이며, 그분의 섭리와 주권적 관리 하에 있음을 말씀하고 있다. 그 가운데 인간도 예외가 아님을 말씀하고 있다. 인간이 만물의 영장이고, 인간이 곧 하늘이며, 인간이 장차 지상을 낙원으로 만들 수 있다는 인본주의자들을 향해 외치는 하나님의 거대한 음성이라는 것이다.

인간은 자기보다 강한 자와는 감히 옳고 그름을 따질 수도 없고 해서도 안 된다. 하나님은 인간보다 강한 분이시다. '능히 다툴 수 없느니라'는 원문의 성격상 '절대로 옳고 그르다 재판할 능력이 없다'는 것이다. 그렇다. 인간은 감히 하나님과 경쟁할 수 없다. 예수 그리스도는 그런 분이시다. 하나님이시기 때문이다. 그런데 유대 종교지도자들은 예수님을 판단하고, 시험하고, 다투고자 했다. 얼마나 어리석은 자들인가!

디모데전서 6장 15-16절에, "기약이 이르면 하나님이 그의 나타나심을 보이시리니 하나님은 복되시고 유일하신 주권자이시며 만

왕의 왕이시며 만주의 주시오 /오직 그에게만 죽지 아니함이 있고 가까이 가지 못할 빛에 거하시고 어떤 사람도 보지 못하였고 또 볼 수 없는 이시니 그에게 존귀와 영원한 권능을 돌릴지어다 아멘"이라고 했다. 나타나심을 보이실 하나님이 누구신가? 예수 그리스도를 가리키는 말씀이다. 감히 누가, 강한 자 되시는 예수님과 다투려고 하나? 그분은 심판 주가 되신다.

두 번째는 본절에 대한 해석의 차이를 살펴보는 것이다. 한글성경의 해석은 일차적 의미에 적용한 해석이다. 그 틀이 예수 중심적이 아니라는 말이다. '이미 있는 것은 무엇이든지 오래 전부터 그의 이름이 이미 불린 바 되었으며'를 원문에 가깝게 예수 그리스도 중심적으로 해석해 보면 이렇다. 즉, '이미 있던 어떤 것이 오래 전부터 그의 이름이 이미 안 바 되었으니'가 된다. 오래전부터 안 바 된 이름, 그것이 무엇일까? 하나님이고, 또한 예수 그리스도의 이름이다. 그것은 **'에고Εγο 에이미Ειμι'이다. 요한복음에 나오는 7가지의 '에고 에이미' 나, 출애굽기 3장 14절 אשר איהיה היהא**의 떨기나무 가운데 계신 하나님의 말씀이나 모두 같다.[69] 이것은 예수 그리스도의 이름이 '에고 에이미'인 동시에 하나님의 이름이 또한 '에고 에이미'이니, 반대로 하나님의 다른 이름이 곧 '예수'라는 말이다. 그 하나님 예수께서 사람을 생각하신다. 사람이 무엇인지 이미 알고 계신다. 사람은 죽을 수밖에 없는 죄인이다. 감히 예수 그리스도와 더불어 절대로(원문이 절대부정 '로לא'이다) 다툴 수 없는 죄인이다. 그런 비교조차 안 되는 사람을 위해 십자가를 지셨다. 그 큰 사랑을 어찌 말로 다하겠는가? 요한복음 17장 3절에, "영생은 곧 유일하신 참 하나님과 그가 보내신 자 예수 그

---

[69] 그리스어 70인역 성경은 이것을 에고 에이미로 번역함.

리스도를 아는 것이니이다"라고 했다. 예수와 다툴 것이 아니라 알아야만 한다. 머리가 아니라 마음으로 알아야만 한다. 영생을 갖는 자, 그들은 더 이상 죄인이 아니며, 따라서 하나님 예수와 비교하고 다툴 필요가 없게 될 것이다. 그날이 곧 온다!

11절] '헛된 것을 더하게 하는 많은 일들이 있나니 그것들이 사람에게 무슨 유익이 있으랴'

본절은 그다지 해석이 어려운 부분이 아니다. 다만 '일들'이라고 번역한 원문 '데바림דברים 하르베הרבה'는 '데바림'이 '일들', 혹은 '말들'의 뜻이며, '하르베הרבה'는 '많은'의 뜻이다. 그런데 '데바림דברים'은 여기서 아마도 사건이 아니라 복수로서의 '말들'을 뜻하는 것 같다. 하나님의 결정과 섭리에 도전하거나 대적하는 것이 헛된 일이라는 것이 본절의 의미다. 오직 인간에게는 자신의 한계성을 알고 하나님께 복종하며 경외하는 것뿐임을 말하고자 한 것이다. 그러므로 헛된 것을 더하게 하는 말이 많을수록, 더 많은 헛된 것이 존재한다는 의미가 된다. 이런 것들이 좋은 결과가 있을 까닭이 없으니 유익이 없다는 것이다.

더하게 하는 말이 무엇인가? 인간의 입을 통해 나오는 근심, 삶에 대한 비탄, 실망, 불만족, 절망, 하나님을 부정하는 언사, 하나님께 대한 불평 등과 같이 속에서 나오는 더러운 것들을 말한다. 누가 감히 하나님 앞에 말로써 변론하고자 하는가? 성경엔 욥의 이야기가 있다. 욥은 스스로 하나님과 싸울 대상이 안 됨을 인정했지만(욥 9:1-4 참조), 만용 중에 하나님 앞에서 변론하고자 했다(욥 13:3참조). 그러나 그는 결국 하나님 앞에 회개하고 재 가운데서 잘못을 고한다(욥42:2-6). 의인 욥은 회개하고 용서가 되었으나 일반 사람들은 결코 용서받지 못할 것이다. 따라서 사람은 누구나 하나님 앞에서 순종하고 따르는 미덕을 보여야만 한다는 것이다.

♠ 헛된 것을 더하게 하는 말들, 그것이 무엇일까? 바울이 말하는 초등학문이 그것이고, 유대 종교지도자들이 말하는 전승과 잘못 적용된 율법의 내용들이 또한 그러할 것이다. 철학과 종교는 그것들이 육체와 정신 어느 곳에 적용되든 다 소용없다. 헛된 짓일 뿐이다. 다시 말하면 속죄 없이 구원의 열매는 맺히지 않는다는 것이다. 유대인들에게 유대 종교지도자들이 계속해서 말을 한다. 성전제사를 지내라고, 그렇지 않으면 '오는 시대, 곧 최종 메시아의 때'에 설 자리가 없을 것이라고 주장한다. 이런 것들이 참으로 헛된 말들이다. 망함을 위한 꾀임이다.

어디 그뿐이랴. 유대 종교지도자들은 예수님의 말씀을 끝까지 거부하려 했다. 심지어는 예수님을 가리켜 귀신의 왕 바알세불과 연결하기까지 했다. 그와 같은 짓들이 얼마나 헛된 것인가? 그러한 헛된 짓들은 사람(협의적으론 유대인, 광의적으론 인류 전체)에게 전혀 유익이 없다는 것이다. 반면에 오직 예수 그리스도를 통한 속죄만이 구원의 열매를 맺게 한다는 것이기도 하다. 예수께서 하신 일이 무엇인가? 시편 103편 12절에, "동이 서에서 먼 것 같이 우리의 죄과를 우리에게서 멀리 옮기셨으며/ 아버지가 자식을 긍휼히 여김 같이 여호와께서는 자기를 경외하는 자를 긍휼히 여기시나니"라고 하지 않았는가? 속죄는 오직 예수님을 찾는 그 길에 있다.

12절] '헛된 생명의 모든 날을 그림자 같이 보내는 일평생에 사람에게 무엇이 낙인지를 누가 알며 그 후에 해 아래에서 무슨 일이 있을 것을 누가 능히 그에게 고하리요'

앞절(10-11절)들은 하나님께 불평, 불만 등과 같은 헛된 말을 더 하는 것이 전혀 유익이 없으며, 오히려 하나님께서 매사에 절대적 섭리와 관리하심에 순종하고 순복하는 것이 옳다는 것에 중점을 두었다. 본절에서는 다시 이 책에서 무수히 등장하는 '헛됨(헤벨הבל)'과 관련된 말씀이 핵심 단어로 등장한다.

원문이 '키כי(왜냐하면)'로 시작한다. 이것은 11절과도 같다. 다시 말하면 10절에서 하나님과 감히 인간이 옳고 그름에 관해 판단하거나 다툴 수 없음을 말한 것에 대한 답 형식의 구체적 설명이 된다는 것이다. 원문에 맞추어 해석해 보기로 하자. '헛된 생명의 모든 날을 그림자 같이 보내는'의 원문은 '예메ימי 하에חיי 헤벨로הבלו 웨야아셈ויעשם 카첼כצל 아쉘אשר'이 된다. '예메ימי'는 '낮', '날', '때'를 뜻하는 '욤יום'의 복수다. '하에חיי'는 '생명', '생활', '평생', '목숨'을 뜻하는 '하이חי'의 복수형이다. '웨야아셈ויעשם'은 접속사ו와 남성 3인칭복수ם로, 원형은 '노동하다', '만들다', '행하다'의 뜻이 있는 '아사עשה'다. '카첼כצל'은 전치사와 관사כ가 '그늘', '그림자' 등으로 사용되는 '첼צל'의 결합한 것이다. '헤벨로הבלו'는 이 책에서 가장 많이 나오는 단어인 '헤벨הבל'의 3인칭 단수가 접미어ו로 결합된 것이다. 직역하면, '헛된 생명의 날들을 그림자처럼 만드는'이 된다.

본절은 헛된 생명의 날들이 그림자같이 만드는 일평생을 말하고 있다. 이것은 매일 매일이 무의미하며, 헛되고, 알맹이 없는 쭉정이 인생이며, 그 많은 시간들이 그처럼 의미 없이 지나간다는 것을 말하고 있다.

본절은 다시 '사람에게 무엇이 낙인지를 누가 알며'라고 묻는다. 수사의문문이다. '누가 알며'는 원문이 'מִי 요데아יודע'이다. '요데아יודע'는 원형이 '야다ידע'이고, 이것은 '알다'가 된다. 그냥 인식하는 정도가 아니라 깊이 아는 것, 본질에 대한 이해를 갖고 있음을 뜻한다. 예를 들면, '예수님을 안다'라고 할 때, 지식 정도나 잠깐의 마주침이 아니라, 그분을 구세주로, 하나님으로, 구원자로, 심판주로 이해하고, 온 마음과 몸을 다 바칠 만큼의 본질적 이해를 갖는 것을 의미하듯이 말이다. 이처럼 사람이 해 아래, 곧 세속의 삶에서 무엇이 진정한 낙(좋은 것, 선)인지 알지 못한 채 의미 없이 보내고 있다는 것이다.

'그 후에 해 아래에서 무슨 일이 있을 것을 누가 능히 그에게 고하리요'라고 했다. 여기서는 '그 후에'가 관심이다. 이것은 원문이 '아하라우אחריו'이다. '아하르אחר'의 복수'이고, 남성 3인칭 단수 1다. '아하르אחר'는 '뒷부분', '뒤에', '후에'의 뜻이다. 이 부분을 직역하면, '그의 후의 날들에 해 아래에서 무엇을 만날 것인지를 누가 그에게 능히 고하겠느냐'가 된다. '그후의 날들'은 결국 '죽은 후'에가 될 것이다. 죽은 후에 어떤 일이 벌어질지 누가 알겠느냐는 것이다. 현재의 범위 안에 장벽을 쌓아 놓은 인간 존재의 초라한 모습이 아닐 수 없다. 인간은 미래를 통시하지 못한다. 따라서 자신의 사후에 다른 사람에 대해서 실제적 유익이 무엇인지도 말할 수 없다. 그것은 인간 자신의 개인생활의 영역을 훨씬 뛰어넘는 먼 미래를 살필 수 있어야만 가능하기 때문이다. 인간 역사의 전개, 특히 사후의 일에 관해서는 미래를 알지 못하는 인간에게

숙제 이상의 것이다. 감히 알 수 없다. 알려 줄 아무도 없다. 왜냐하면 그 모든 것들은 하나님의 주권 하에 있기 때문이다. 이것은 원초적 절망이고, 헛된 인생에 관한 또 하나의 기술(記述)인 것이다. 하지만 이 전도서는 헛됨(하벨, 헤벨)만을 말하지 않는다. 하나님은 조금씩 그 탈출구를 알려주신다.

♠ 본절을 가만히 문자 그대로 살펴보면 대단히 비관적이다. 살아 있는 모든 날, 한평생을 그림자처럼 보내고, 죽은 후에도 무슨 일이 있을지 알 수 없다는 것을 말하고 있기 때문이다. 그러나 그림자를 말할 땐 본체가 있다는 것을 암시하는 것이며, 헛됨을 말할 땐 그 반대가 있음도 알아야 한다. 마치 '해 아래', 곧 '세상', '천하'가 있으면 그 반대인 '해 위', 곧 '하늘나라', '천상'이 있음을 짐작할 수 있듯이 말이다. 누가 능히 고하리요'라고 물을 때는 그런 분이 있음을 염두에 두고 하는 말이다. 사람에게 진정한 낙(좋은 것, 선)이 무엇인지, 그리고 죽음 뒤에 어떤 일이 일어날지 알려 주실 분, 그분이 누구신가? 이미 독자들은 한꺼번에 답을 외칠 수 있을 것이다. 그렇다 '예수 그리스도'이시다.

인간은 본절의 말씀처럼 진정한 낙(좋은 것, 선)이 무엇인 줄 알지 못했다. 진정한 낙(좋은 것)이 무엇인가? 영원한 생명을 얻는 것이다. 그 진정한 낙을 얻는 방법에 대해 유대인과 종교지도자들은 바르게 알지 못했다. 하나님께서 성육신 하셔서 '해 아래'로 오셨지만, 그들 가운데로 오셨지만 여전히 깨닫지 못했다. 이들의 헛짓으로 말미암아 이방인들이 예수 그리스도를 만날 수 있었다. 유대인들을 비롯한 모든 인간은 정말로 '우매한 자(어리석은 자)들'이었다. 바보처럼 살았다. 하나님은 궁극적으로 사탄을 멸하시기 위해 그 바보 같은 인간들을 멸하시지 않고 기다리신 것이다. 하나님의 형상으로 지어졌으나 죄로 인해 부정적 형상을 갖게 되었다. 첫 아담 이후의 인간은 철저히 죄를 지을 수밖에 없는 구조로 바뀌어져서 진체(바울이 말한 바 신령한 몸같은)와는 멀어진 그림자로서의 삶을 살 수밖에 없었다. 놀랍게도 유대인들은 일찍이 사람이 하나님의 그림자라고 말해왔다. 그런데 그림자에 불과하다면 본체에 감히 저항해서는 안 되는 것이다. 하나님의 드러나신 본체인 예수님을 부인하고 거부한 그 당시 성전 유대교 유대인들은 자신의 죽음 후에 어떤 일이 벌어질지 전혀 모르면서도 하나님 예수를 거부하고 있다. 유대인들은 하나님을 안다고 주장하지만 예수님은 모른다고 거부했다. 그것은 하나님을 모르는 것과 한 가지인 것이다.

제 7장 지혜자가 들려주는 해 아래 삶의 의미와 가치의 발견

1절] '좋은 이름이 좋은 기름보다 낫고 죽는 날이 출생하는 날보다 나으며'

본절로부터 8장 13절까지에 대해 전도자가 유대민족들에게 남기는 교훈, 혹은 경구들이라고 말하는 성경학자들이 많다. 특히 12절까지는 영원한 가치를 찾으라는 내용이 중심이 되며 또한 중점 단어는 히브리어로 '토브טוב'가 된다. 무려 9번이나 나온다. 여기서는 특히 '낫고'를 '토브טוב'로 표현하고 있다.

'좋은 이름이 좋은 기름보다 낫고'에 대해 살펴보자. 루터는 '좋은 명성이 좋은 기름보다 낫고'라고 번역하기도 했다. '토브טוב'에는 '명성'의 뜻도 있다. 여기서 '좋은 기름טוב שמן'은 유대 땅에서 나는 감람나무 열매의 기름(올리브유)을 가리키는 말이다. 원문인 '셰멘שמן'에 이미 '감람'이란 뜻이 있다. 의약품으로, 식용으로, 화장품으로 다양하게 사용되는 것이며 첫 감람유(extra virgin)는 특별히 성전에서 구별되어 사용되는 기름이기에 보배로운 기름이며 결국 물질적 풍요, 재물을 상징하는 말이 된다. 명성, 명예가 재물보다 낫다는 말이다. 비근한 말로 '호사유피 인사유명(虎死留皮人死留(名)', 즉, '호랑이는 죽어 가죽을 남기고 사람은 죽어 이름을 남긴다'는 말에서도 그만큼 이름(명성)이 중요하다는 것이다.

실제로 이스라엘에서는 이름이 곧 그 사람의 명성, 명예, 인품, 인격 등을 대변하는 것이었다고 한다. 예를 들면, 그들이 '다윗'이라고 하면 그 이름만으로도 그 사람의 가치를 알 수 있듯이 그

만큼 이름을 명예처럼 소중히 여겼다는 것이다. 명성이 무엇인가? 그것은 평판이고 이미지다. 재물과 비교할 수 없는 무형의 가치라는 것이다. 잠언 22장 1절에 보면, "많은 재물보다 명예를 택할 것이요…"라고 했다. 이름은 명예와 관련이 있다. 이사야 56장 5절에도 보면, "내가 내 집에서, 내 성 안에서 아들이나 딸보다 나은 기념물과 이름을 그들에게 주며 영원한 이름을 주어 끊어지지 아니하게 할 것이며"라고 했다. 자식보다 더 좋은 것이 하나님 앞에 바로 선 자로서 이름과 명예를 남기는 것이라는 말이다. 왜 재물보다 이름일까? 재물은 닳고 없어질 것이나 이름은 끊어지지 않기 때문이다.

원문을 살펴보자. '좋은 이름이 좋은 기름보다 낫고'는 원문이 '토브טוב 쉠שם 밋쉐멘משמן 토브טוב'가 된다. '토브טוב'가 '좋은'과 '낫고'로 사용되었다. 이것은 '좋은', '선한', '정직한', '은혜', '선', '행복', '정금', '유익', '진실', '희락' 등의 다수의 좋은 의미로 성경 안에서 참 많이 사용되는 말이다. '미쉐멘משמן'은 전치사 '민מ(~로부터)'과 '셰멘שמן'의 결합이다. '셰멘שמן'은 '향기로운 기름', '비만', '기름', '등유', '감람'의 뜻이다. '쉠שם'은 '이름', '명성', '명예' 등의 뜻을 갖는다.

'죽는 날이 출생하는 날보다 나으며'라고 했다. 죽는 날은 어두운 날이고, 출생하는 날은 밝은 날이 아닌가? 인류에 기여한 바가 큰 위인들의 출생일은 기념되는 날이다. 그들이 사망한 날은 거의 잊혀져 있다. 그런데 본절은 죽는 날이 더 낫다고 말한다. 4장 2절에서도, "… 살아 있는 산 자들보다 죽은 지 오랜 죽은 자들을 더 복되다 하였으며"라고 했듯이 일반적인 통념과 다른 말을 하고 있다. 도대체 무슨 의미인가? 출생은 허무한 삶의 시작을 알리는 종소리와 같다. 이것은 불확실하고, 고난에 찬, 거짓과 허무가 난무하는 거친 삶의 시작에 대한 경종이다. 상반절에서 좋은 이름, 곧 훌륭한 명성이 낫다고 표현했거니와 이것과 연결한다면 명성과 명예를 사망 때까지 유지하기가 어렵다는 것을 암시한다고도 할 수 있다.

그러나 죽는 날이 되면, 그것은 허망하고, 헛된 인생의 마침이니 더 이상의 괴로움, 수난은 없을 것이기 때문에 더 낫다는 것이며, 동시에 생전에 얻은 명성과 명예, 그 이름이 손상됨이 없이 마쳤다는 것을 뜻하기 때문이기도 하다.

혹자는 태어나는 날엔 장차 성장한 후의 모습에 대한 기대감으로 기쁨에 차 있는 정도에 그치지만, 죽는 날엔 그 모습 안에서 인생의 철리(哲理)를 깨닫는 때가 되므로 더 낫다고 한 것이라고 주장하기도 한다.

♠ 이름을 가리키는 히브리어 '쉠שם'과 좋은 기름을 뜻하는 '미쉐멘משמן'의 공통점이 있다. 그것은 둘 다 하나님을 가리키는 알파벳 '쉰ש'이 있다는 것이다. 히브리어에서 첫 글자인 '알레프א'와 일점인 '요드'와 '쉰ש'은 하나님과 밀접한 연관이 있는 문자다. 그러므로 언어 상징성(philological-context)으로 볼 때에는 본절 또한 하나님과 예수 그리스도를 그 해석에서 제외하면 불완전한 해석이 되고 마는 것이다.

개역 관주성경에서는 '아름다운 이름', '보배로운 기름'이라고 번역했다. 온 인류에게 복이 되는 가장 아름다운 이름이 무엇일까? 당연히 예수 그리스도. 그 이름보다 귀하고 영광스런것이 어디 있을까? 마태복음 26장 6-13절에 나오는 옥합을 깨뜨려 보배로운 기름을 예수님의 머리에 부음으로써 예수님의 장사를 미리 준비한 여인에게 기름이 소중한 것이었을까? 예수 그리스도가 소중한 분이었을까? 예수님은 보배로운 기름과 비교되는 분이 아니다.

예수님의 이름은 속죄하시는 분이며, 구원자요, 심판주요, 메시아요, 하나님의 이름이지만, 보배로운 기름은 유대 종교지도자들이 손에 들고 놓지 않는 성전 제사를 상징한다. 속죄 없이, 죄 사함이 없이 구원이 없으니 예수님의 이름이 성전 제사보다 나은 것이 당연하다.

그리고 죽는 날이 출생한 날보다 낫다고 했다. 예수께서 성육신하셔서 이 땅에 오셨지만 단순히 오심만으론 인간의 죄의 문제가 해결되지 않는다. 속죄의 방편이 반드시 마련되어야만 한다. 그래서 예수께서 죽음의 잔을 드신 것이다.

요한복음 16장 7절에, "그러나 내가 너희에게 실상을 말하노니 내가 떠나가는 것이 너희에게 유익이라…"고 하셨다. 예수께서 죽음을 겪지 않으시면 속죄가 없고, 거듭남의 증표가 되는 보혜사 성령의 강림도 없을 것이기 때문이다.

히브리서 12장 10절에, "…오직 하나님은 우리의 유익을 위하여 그의 거룩하심에 참여하게 하시느니라"고 하셨다. 또 요한계시록 22장 3-4절에, "다시 저주가 없으며 하나님과 그 어린 양의 보좌가 그 가운데에 있으리니 그의 종들이 그를 섬기며/ 그의 얼굴을 볼 터이요 그의 이름도 그들의 이마에 있으리라"고 했다. 그러하다. 진정 그렇다. 예수 그리스도의 이름이 그의 이마에 있는 자들, 그들은 하나님의 나라에서 영원히 끊어지지 않을 것이다. 예수께서 사망하신 날은 인류를 위한 크고 위대한 날, 정말 아름다운 날이었다. 부활의 아침을 기대할 수 있는 거대한 행보의 첫 날이었다.

2절] '초상집에 가는 것이 잔칫집에 가는 것보다 나으니 모든 사람의 끝이 이와 같이 됨이라 산 자는 이것을 그의 마음에 둘지어다'

유대지방에서 초상집의 애곡은 7일 간이나 계속되며 이 기간 동안에는 모든 일상이 중지된다고 한다. 모세와 아론의 경우에는 한 달 동안 지속되기도 했다. 그들의 관습에 따르면, 시체를 운구하고 돌아와 시체를 위해 애쓴 사람들을 위한 음식 대접이 있었다고 한다. 물론 잔칫집에서도 음식 대접이 있다. 초상집에 가서 곡하는 사람들과 함께 위로를 나누는 것이 잔칫집에 가는 것보다 낫다고 표현했다. 잔칫집에서는 흥청대고, 춤추며, 기뻐한다. 그러나 초상집에선 생존자들이 사망자를 생각하며, 자신도 죽을 수밖에 없는 존재임을 새삼 깨닫게 된다.

죽음을 목격한 자들의 생각이 어떠한가? 자신의 짧은(הבל헤벨-하벨) 생을 돌아보게 되고, 생의 종말을 기억하게 될 것이다. 그에 더해 자신이 하나님 앞에 설 때의 책임을 돌아보게 되지 않을까? 본절의 '이것을 그의 마음에 둘지어다'는 원문을 직역하면 '그것을 그의 마음에 둘 것이다'가 된다. 그래서 전도자는 '산 자는 이것을, 곧 죽음에 직면할 자신의 모습을 그의 마음에 두라고 한 것이다.

원문을 좀 더 분석해보자. '초상집'은 '베이트בית 에벨אבל'로서

'애곡하는 집'이 된다. 본절에도 '토브טוב'가 나온다. '나으니(is better)'라고 한 것이 그것이다. '잔칫집'은 원문이 '베이트בית 미쉬테תהמש'이고, 여기서 '미쉬테משתה'는 '식탁', '잔치'의 뜻이다. 결혼, 자녀의 출생 등과 같은 좋은 일이 있을 때 벌어진다. 본절에서 '모든 사람의 끝이 이와 같이 됨이라'는 원문이 '바아쉘באשר 후 הוא 소프סוף 콜כל 하아담האדם 웨하하이והחי'가 된다. '바아쉘באשר'은 전치사ב와 관계사אשר이고, '이와 같이'라고 번역된 '후הוא'는 지시사다. 무엇을 가리킨 것일까? '죽음'이다. '소프סוף'는 '결말', '결국', '시종'이란 뜻이다. '웨하하이והחי'는 접속사(ו그리고의 뜻)와 정관사 '하ה'와 '하이חי'의 결합이다. '하이חי'는 '살아 있는', '생명', '목숨', '인생', '산 자'의 뜻을 갖는다. 직역하면, '모든 사람의 결국이 이와 같이 된다'가 될 것이다.

♠ '산 자'를 지칭하는 '하하이החי'는 근본적으로 살아 계신 하나님을 표현할 때 많이 사용한다. 그래서 이 단어의 뜻에서 '생명', '살아 있는'의 의미가 부각되는 것이다. 다만 본절에서는 하나님이 아니라 '새 생명을 얻은 자', '영원한 생명을 얻은 자'를 나타내기 위해 '산 자'라고 한 것이다. 전도자는 초상집보다 잔칫집에 가는 것이 낫다고 하면서 모든 사람의 결국이 그러하기 때문이라고 말하고 있다. 이것은 일반적인 상식과 한참 어긋나는 것이다. 정말로 모든 사람의 경우에 다 적용되는 말일까? 아무리 죽음을 바라보면서 자신을 돌아보라는 이치를 말하고자 하는 것이라고 해도 분명 무리하거나 뜻의 깊이가 낮은 해석인 것이다. 환언하면, 진의(眞意)가 아니라는 말이다. 그렇다면 본절이 말하고자 하는 참뜻, 속내는 무엇일까?

요한복음 15장 13절에, "지금 내가 아버지께로 가오니 내가 세상에서 이 말을 하옵는 것은 그들로 내 기쁨을 그들 안에 충만히 가지게 하려 함이나이다"라고 했다. 앞절과 유사한 요지(要旨)를 갖는 말이다. 예수 그리스도께서 돌아가시는 것이 그리스도인들에겐 결코 슬픔이 아닌 것이다. 그날은 인류 구원의 시작이고, 새 생명의 움틈이고, 영원한 삶의 터를 닦는 날인 것이다. 예수의 사망으로 인한 슬픔, 초상집의 아픔은 3일이면 족한 것이었다. 오히려 예수님은 자신의 죽음을 앞에 두시고 당신의 제자들을 위로하신다. '그들로 내 기쁨을 그들 안에 충만히 가지게 하려 함이나이다'라고 하신 것이다. 예수님의 죽음이 그를 따르는 자들의 마음 안에 기쁨이 충만해지도록 한다는 것이다. 이것이 참뜻이다. 예수의 죽음 없이 부활이 없기 때문이다. 부활이 없는 기독교는 기독교가 아닌 것이 되고 만다.

그리스도인들은 잔칫집처럼 세상에서 얻을 기쁨, 환호를 택하지 말라는 것이다. 그것은 일시적이고, 세상 사랑이며, 해 아래에 안주하게 하는 것이다. 오히려 예수의 죽음의 자리, 그것을 묵상하고, 그 이유를 반추하며 그 가운데 감사하고 그 가운에서 부활의 기쁨을 찾으라는 것이다.

'모든 사람의 결국이 이러하니라'고 했다. 이 '모든'에는 조건이 있다. 전 인류가 대상이 아니다. 요한복음 3장 18절의 말씀, 즉, "그를 믿는 자는 심판을 받지 아니하고 믿지 아니하는 자는 하나님의 독생자의 이름을 믿지 아니하므로 벌써 심판을 받은 것이니라"고 한 바와 같다. '그리스도 예수 안에 있는 모두'이고, '예수를 믿는 자는 모두'가 된다는 것이다. 정녕 잔칫집보다 초상집을 택한 것, 곧 세상의 영광과 기쁨보다 고난과 좁은 길을 택한 자들, 그들 모든 사람들의 끝은 '산 자', 곧 '생명 있는 자'가 되는 것이다. 그리스도인들, 곧 '산 자'들은 반드시 그 예수의 죽음과 부활을 항상 마음에 두고 살아야만 하는 것이다.

3절] '슬픔이 웃음보다 나음은 얼굴에 근심하는 것이 마음에 유익하기 때문이니라'

'슬픔이 웃음보다 나음은'의 원문은 '토브טוב 카아스כעס 밋세호크משחק'이다. 여기서는 '토브טוב'가 '낫다'는 의미로 번역되었다. '카아스כעס'는 '화냄', '괴로움', '슬픔', '진노'의 뜻을 갖는다. 본래 이 단어는 성경에서 임신을 못하는 여인의 아픔(삼상 1:6) 등에 쓰일 정도로 심한 괴로움으로 인한 슬픔을 뜻한다. 그 원인은 때로는 하나님으로부터, 혹은 사람으로 인해 발생하는 아주 고통스런 슬픔이다. '밋세호크משחק'는 전치사 '민מ(~ 보다)'과 '세호크שחק'의 결합이다. '세호크שחק'는 '웃다', '놀다'의 뜻을 갖는 '사하크שחק'에서 유래한 것으로, '웃는 자', '비웃음', '농담'의 뜻이 있다. 직역하면, '슬픔이 웃음보다 더 낫다'가 된다.

자신이건, 타인이건 상관없이 보통 지나친 향락보다는 윤리적 상황에서 보아도 탄식과 슬픔이 더 낫다고 할 수 있다. 슬픈 모습이 웃는 얼굴보다 더 유익하다는 것이다. 슬픈 얼굴이 웃는 얼굴, 즉 떠들썩한 현장에서 즐거운 모습을 한 모양새보다는 사색에 유리하다는 생각도 할 수 있겠다. 아마도 진지한 태도가 그런 슬픈 모습에서 나온다고 보지 않았을까? 마음에 유익하다는 것은 '마음이 슬픔에 의해서 더 좋게 된다'는 뜻이다. 쾌락은 흔적도 없이 빠른 물결처럼 쉽고 빠르게 떠나가지만 슬픔은 마음 안에 머물러 사색의 웅덩이로 남는다는 것이다. 그런데 고대와 달리 어쩌면 현대인들의 실용적 사고(思考)와 비교해 볼 때 이런 말씀들이 그다지 공감이 되지 않는 말이라고 항변할 것 같지 않은가?

원문을 통해 다시 보자. '얼굴에 근심하는 것이 마음에 유익하기 때문이니라'는 원문이 '키כי 베로아ברע 파님פנים 이탑ייטב 레브לב'가 된다. '키כי' 곧 '왜냐하면'으로 시작한다. '베로아ברע'는 전치사 '베ב'와 '나쁨', '악함', '슬픔', '악' 뜻이 있는 '라רע'의 결합이다. '파님פנים'은 '얼굴'이란 의미다. '이탑ייטב'은 남성 3인칭 단수이고 미완료형이다. 원형은 '야타브יטב'이고, 그 뜻은 '좋다', '훌륭하다', '즐겁다', '좋게 여기다', '복을 받다'가 된다. '레브לב'는 '마음', '심중'의 뜻을 갖는다.

본절은 슬픔이 웃음보다 나은 이유를 설명한다. 앞절의 초상집에서 보여주는 얼굴은 결코 웃음이 아니다. 목숨을 잃은 자에 대한 공감, 심적 동질감에서 비롯한 차원 높은 슬픔의 경우는 생각 없는 웃음보다 유익할 것이다. 그러하기에 낫다는 것이다.

얼굴에 근심이 가득한 모양을 하고 있는데 마음에 유익하다? 얼핏 이해가 어려울 수도 있지만, '이탑 레브', 곧 마음이 좋게 된다는 것은 마음이 깊은 사색을 할 수 있는 여지가 일시적 웃음보다는 근심이나 슬픔을 가질 때 더 많아질 수 있기에 유익하다는 것이다. 사람은 본래 넉넉하고 웃을 일이 많으면, 다시 말해 쾌락을 즐기게 되면 하나님을 동경하지 않는 경향이 있다. 거꾸로 말하면, 이것은 마치 환난과 고통, 슬픔, 근심 중에 하나님을 더 찾게 되고, 그것을 통해 영원을 바라보게 되며, 그로 인해 하나님과 가까이 갈 수 있는 기회가 마련되기에 마음에 유익하다고 주장한 것으로 보인다.

♠ 본절의 '웃음שחק'은 마음에 영적 기쁨이 있어 웃는 것이 아니다. 그것은 원문의 성격으로 보아 농담, 혹은 비웃음과 같은 경박한 웃음을 가리킨다. 필자가 이 말씀을 보자마자 설핏 떠오르는 장면이 있었다. 그것은 예수께서 십자가에 달렸을 때, 그 주변에서 그 광경을 바라보는 대중들의 모습, 특히 유대 종교지도자들의 모습이 영상처럼 지나감을 느낀 것이다. 로마병들은 희롱했고(마 27:31, 눅23:36), 관리들은 비웃었으며(눅23:35), 그리고 세상은 기뻐했다(요16:20). 예수의 죽음에 대해 대다수가 환호했지만 슬퍼하는 소수의 사람들이 있었다.

슬퍼하고 애곡하는 소수의 사람들을 향해 예수님은 해산하는 여인에 비유해가며 근심의 유익을 말씀하셨다. 요한복음 16장 21절에, "여자가 해산하게 되면 그 때가 이르렀으므로 근심하나 아기를 낳으면 세상에 사람 난 기쁨으로 말미암아 그 고통을 다시 기억하지 아니하느니라"고 하신 것이다. 이어지는 구절에서 주님은 '지금은 너희가 근심하나 내가 다시 너희를 보리니 너희 마음이 기쁠 것이요 너희 기쁨을 빼앗을 자가 없으리라'고 하셨다. 유대인들, 유대 종교지도자들, 그리고 예수를 알지 못하거나 거부하는 자들의 웃음은 일시적이며, 영원한 형벌을 자초하는 어리석음의 소치였다. 반면에 슬퍼하고, 근심하는 자들, 그들은 영원한 생명을 얻게 되는 사람들이다. 그 슬픔, 근심은 그들의 마음을 예수께로 인도하는 이정표가 되어 줄 것이다.

4절] '지혜자의 마음은 초상집에 있으되 우매한 자의 마음은 혼인집에 있느니라'

혼인집은 원문의 성격상 굳이 혼인집이라고 표현할 필요가 없다. 연락(宴樂)과 안락(安樂)을 누리는 곳이고, 계속 연회(宴會)를 함에 따라 환락에 빠지게 하는 그런 집이다. 반면에 초상집은 슬픔이 마음에 들어서서 삶에 대해 진지한 생각을 하게 만들고, 성찰을 통해 영원한 생명을 바라게 하며, 자신의 한계와 처지를 깨닫게 한다. 그렇다면 지혜자는 마땅히 어느 곳에 마음을 두어야 하는가? 본절은 2절과 3절의 결론 부분에 해당한다. 선택의 기회를 제공하는 것이다. 지혜자가 될 것인가? 어리석은 우매자가 될 것인가? 우매자의 마음이 있는 혼인집은 원문이 '시메하שמחה'다. 이것은 '기쁨', '즐거운 연회', '연락', '낙'의 뜻이다. 2절의 '잔칫집'을 말하는 '미쉬테משתה'도 '마시기', '음주', '잔치', '향연'의 뜻이니 둘 다 진지함과는 관계없이 놀고 즐기는 광경이 연상되는 곳이다. 쾌락의 장소라는 것이다. '우매자'는 원문이 '케쉴림כסילים'으로 '케씰כסל'의 복수ם다. '바보', '어리석은 사람', '미련한 자'다. 지혜자를 뜻하는 '하카밈חכמים'도 복수ם다. 이것은 '현명한 자', '박사'의 뜻이다. 어리석은 자와 정반대되는 말이다.

마음이 초상집에 있다는 것은 죽음에 대한 깊은 성찰, 그리고 극복을 위한 정밀한 탐색 등과 같이 깊은 사고를 필요로 함을 의미한다. 그와 반대로 우매한 자(한 마디로 바보다)는 일시적인 쾌락에 빠져 허우적거리는 자로, 경박하고, 현재적이며, 육신적인 삶을 사는 자다. 전도자가 독자들에게 어떤 것을 택할 것인지 조용히 묻고 있다.

♠ 본절은 두 가지 해석이 속뜻으로 가능해진다. 첫 번째는 지혜자들과 우매한 자들의 비교다. 본절의 '지혜자'는 원문이 복수고, '현명한 자들'이라는 말이니 예수 그리스도를 지칭하는 말은 분명 아니다. 예수 그리스도를 따르는 제자들, 영적 제자들을 가리킨다.

'영에 속한 사람들'이다. 초상집이 무엇인가? '애곡하는 집'이다. 마태복음 5장 4절에, "애통하는 자는 복이 있나니 그들의 위로를 받을 것이요"라고 했다. 이 애통은 죽음을 이기는 애통이다. 그들은 근심하는 얼굴을 하고 있지만(7:3), 그 근심은 영원을 향해 가는 징검다리다. 예수께서 '너희는 마음에 근심하지 말라(요14:1)'고 하셨다. 지금은 근심이 자신들을 휘어잡겠지만 두려워할 필요가 없다는 것이다. 왜? '하나님을 믿으니 또 나를 믿으라'고 하신 것이다. 원문 직역으론 '너희는 마음에 계속 근심하지 말라'가 된다. 영에 속한 사람들은 애통하고 근심하지만 근심과 애통의 길이가 짧다. 한 순간일 뿐이다(헤벨 הבל). 반면에 해 아래의 삶에서 자기들 방식으로 영원한 삶을 추구하는 자들은 인본주의자들이고, 우매한 자들이다. 그들의 영원에 대한 갈망은 인위적이고, 본질에서 떠나 있다. 그들은 연락(宴樂)을 지속하기 위한 수단을 찾으려 애쓰고 있을 뿐이다.

두 번째는 지혜자들은 예수 그리스도 안에 있는 자들(롬8:1)을 지칭하는 말이고, 반대로 우매한 자들은 육신을 따르는 율법주의자들을 가리킨다는 것이다. 로마서 8장 5-7절에, "육신을 따르는 자는 육신의 일을, 영을 따르는 자는 영의 일을 생각하나니 /육신의 생각은 사망이요 영의 생각은 생명과 평안이니라/육신의 생각은 하나님과 원수가 되나니 이는 하나님의 법에 굴복하지 아니할 뿐 아니라 할 수도 없음이라"고 했다. 여기서 육신을 따르는 자들은 율법주의자들의 다른 표현이다. 단순히 영보다 육신을 더 사랑하는 자들만을 의미하는 것이 아니다. 성전제사의 예처럼 율법을 지키는 것만이 구원의 길이라는 유대 종교지도자들의 주장에 반해, 바울은 '그리스도 안에 있는 생명의 성령의 법이 죄와 사망의 법에서 우리를 해방시킨 것'이라고 말하고 있는 것이다(롬8:2). 예수를 따르는 자가 지혜자들이요, 율법주의자가 우매한 자들이라는 것이다. 지혜자들은 죽음 앞에서 자기를 낮추며 겸손히 영원을 사모하고 예수 그리스도를 믿음으로 그것을 극복해내는 자들이고, 우매한 자들은 현실에 매인 채 영원한 생명을 영원히 상실한 자들이다.

5절] '지혜로운 사람의 책망을 듣는 것이 우매한 자들의 노래를 듣는 것보다 나으니라'

전도자는 여기서 잔칫집에서 흔히 들리는 것과 같은 가볍고 천박한 연락(宴樂)보다는 자혜자의 책망이 낫다고 말한다. '책망'은 원문이 '가아라트גערת'다. 이것은 '비난', '훈계', '꾸지람'의 뜻을 갖는 '게하라גערה'의 연계형이다. 잠언 17장 10절에서는 "충고하는 것"이라고 번역하기도 했다. 잠언 13장 1절에, "지혜로운 아들은 아비의 훈계를 들으며 거만한 자는 꾸지람을 즐겨 듣지 아니하느니라"에서 꾸지람의 원문이 '게하라גערה'다. 이것을 본절에서는 '책망'이라고 한 것이다. '진심을 담아 책망하고, 강조적으로 경고하고, 감성을 담아 충고하고, 인정스럽게 훈계를 하는 것이다. 하지만 좋은 의미로 사용되면 훈계요, 비난의 의미로 사용되면 꾸지람이 되기도 한다. '게하라גערה'는 소곤소곤 말하는 것이 아니다. 큰 소리로 '정신차리라'고 야단하는 것이다. 잘못된 방향을 바로 잡는 수단으로서의 책망이다. 훈계와 꾸지람은 아프지만 성장한다. 그래서 어리석은 자들의 달콤한 말보다 더 나은 것이다.

그런데 우매자는 노래를 한다. 노래처럼 들리는 소리, 아첨하는 소리, 미혹하는 소리다. 연회장의 마구 웃으며 떠들썩 노래하는 그런 모습이 연상되는 장면이다. 그러나 그것은 무의미하며, 세속적이며, 영적 삶을 거부하고 영적 원칙이 없으며, 헛되게 웃으며 마치 가시덤불의 불 같이 타 없어질 것(시118:12)이어서 한계가 뚜렷하다. 당장은 즐겁고, 희희낙락(喜喜樂樂)이지만 끝이 두렵다. 그것은 멸망의 길이고, 영원한 사망의 늪이다.

♠ 본절도 원문은 '토브טוֹב'로 시작된다. 여기서도 '낫다'는 의미로 번역되었으나 진짜 의미는 '좋은 것', 혹은 '선'이어야만 한다. 왜 그런가? 앞절의 '지혜로운 사람'의 원문은 '하카밈'으로 복수였다. 그래서 '예수 그리스를 따르는 사람들'이라고 했다. 그런데 본절의 '지혜로운 사람'에 나오는 원문은 '하캄'으로 단수다. 필자는 성경에서 지혜자가 단수로 사용될 때는 많은 경우에 예수 그리스도를 가리킨다고 했다. 잠언에서 특히 그러하다. 따라서 본절에서도 지혜로운 사람을 예수 그리스도로 보아도 크게 문제가 될 것은 없다. 예수 그리스도의 책망을 듣는 것보다 더 좋은 것이 없기 때문이다. 예수님의 책망, 그것은 영원한 생명을 얻는 참 수단이 되기 때문이기도 하다. 잠언 3장 1절에, "내 아들아 나의 법을 잊어버리지 말고 네 마음으로 나의 명령을 지키라"고 했다. 무슨 명령인가? 디모데전서 6장 11절에, "오직 너 하나님의 사람아 이것들을 피하고 의와 경건과 믿음과 사랑과 인내와 온유를 따르며 / 믿음의 선한 싸움을 싸우라 영생을 취하라 …"고 하셨다.

그러나 다만 본절의 경우는 4-7절로 이어지는 연계성으로 보아 '지혜로운 사람'을 예수님이라기보다는 4절에서처럼 '예수님을 따르는 사람들'로 보는 것이 옳을 것이다. 또 그래야만 5절과도 자연스럽게 연계가 된다. 유대 종교지도자들과 예수의 제자들과의 마찰은 예수님 사후에도 끊임없이 일어났다. 유대 종교지도자들의 그리스도인들을 향한 협박과 강권과 미혹은 시험으로 나타났다.

야고보와 같은 제자들은 그래서 유대인 그리스도인들에게 책망과 훈계로 그들을 바른 길로 인도하려 한 것이다. 야고보서 1장 2-3절에, "내 형제들아 너희가 여러 가지 시험을 당하거든 온전히 기쁘게 여기라/ 이는 너희 믿음의 시련이 인내를 만들어 내는 줄 너희가 앎이라"고 했다. 이것은 그들의 고난을 직시하고 다짐을 요구하는 말이었다. 한편으론 책망을 했다. 야고보서 1장 20-21절에 보면, "사람이 성내는 것이 하나님의 의를 이루지 못함이라/ 그러므로 모든 더러운 것과 넘치는 악을 내버리고 너희 영혼을 능히 구원할 바 마음에 심어진 말씀을 온유함으로 받으라"고 한 것이다.

유대인 그리스도인들은 외부와 자기 자신 내부의 시험에 직면하고 있었던 것이다. 어디 그 사람들뿐 이겠는가? 현대의 기독교인들도 다 그러하다. 이단으로부터의 유혹, 세상으로부터의 미혹, 그리고 자신과의 싸움 등이 그런 종류의 것이다. 이런 모든 것들은 우매한 자들의 노래인 것이다.

우매한 자가 누구인가? 우매한 자의 원문 '케실림כסילים'은 복수다. 따라서 여기서는 유대 종교지도자들을 가리킨다. 그들은 유대인들을 미혹한다. 책망보다는 달콤한 말로 유혹한다. 세속의 법도를 가르쳐 성전제사를 지키게 하며, 율법을 왜곡해 전달하고, 또 그것을 지키는 것이 곧 구원의 길이며, '오는 세상'에서 찬란한 영광을 누릴 것이라고 말한다. 유대 종교지도자들의 말은 사탄의 노래다.

본절의 '듣는 것'은 원형이 '샤마שמע'다. 특히 '샤마שמע 이스라엘ישראל', 곧 '이스라엘아 들으라(신6:4)'는 유대인들이 입버릇처럼 외우는 말이다. 그러나 듣기는 들어도 깨닫지 못한다면 헛들은 것이다. 하나님께서 무엇을 들으라고 하셨나? 지혜자의 책망, 곧 유대 종교지도자들을 향한 예수님의 바른 책망의 말씀을 들어야만 하는 것이다.

6절] '우매한 자들의 웃음소리는 솥 밑에서 가시나무가 타는 소리 같으니 이것도 헛되니라'

본절의 원문은 '키(כי왜냐하면, 그런즉)'로 시작한다. 5절의 훈계가 나온 이유를 설명하고 있다는 것이다. '웃음소리'는 원문이 '세호크שחק'이다. 이것은 '웃는 자', '비웃음', '경멸', '농담'의 뜻이다. '솥 밑에서 가시나무가 타는 소리 같다'는 것은 무슨 뜻인가? 가시나무는 고대의 땔감으로 많이 사용된 관목이다. 키작은 나무여서 불이 잘 붙고 큰 소리를 내며 타지만 금방 타버리고 없어지는 특징이 있다. 우매한 자, 어리석은 자의 웃음소리, 그것은 연락(宴樂)과 잔치, 여흥의 자리에서 들리는 소리지만 그런 연회의 자리는 금방 마치게 되고, 그 웃음소리들은 허공에 떠도는 메아리로 끝날 것이다. 마른 가시나무처럼 소리는 요란하나 얻을 것이 없으며, 지속성도 없어 잠시 잠깐 후면 사라질 것이다. 그러므로 이것 또한 헛되다고 한 것이다.

♠ 본절의 '웃음소리'는 밝은 웃음이 아니다. 그것은 '비웃음'이고 '경멸'이다. 유대 종교지도자들의 유대인들을 향한 웃음이 그러하다는 것이다. 그들을 향해 겉으로는 웃고, 다정하며, 진심으로 대하는 듯하지만 '회칠한 무덤'이다. 겉은 멀쩡하나 속은 독향기를 내는 무리들이다.

마태복음 23장 23절에서 예수님은 말씀하시기를, "화 있을진저 외식하는 서기관들과 바리새인들이여 너희가 박하와 회향과 근채의 십일조는 드리되 율법의 더 중한 바 정의와 긍휼과 믿음을 버렸도다"라고 하셨다. 또 이어지는 27-28절에는 "화 있을진저 외식하는 서기관들과 바리새인들이여 회칠한 무덤 같으니 겉으로는 아름답게 보이나 그 안에는 죽은 사람의 뼈와 모든 더러운 것이 가득하도다/ 이와 같이 너희도 겉으로는 사람에게 옳게 보이되 안으로는 외식과 불법이 가득하도다"라고 하신 것이다. 참으로 신랄한 비판이다. 그들의 웃음소리는 그들의 주장하는 바를 상징한다. 그것들은 가짜다. 외식이고, 더러운 것이 가득한 것들이다. 값없는 허언이고, 유한한 미혹이다. 사망의 절벽을 향해 달리는 기차에 탑승하기를 유혹하는 행위다.

7절] '탐욕이 지혜자를 우매하게 하고 뇌물이 사람의 명철 (혹은 마음)을 망하게 하느니라'

주석학자 '프란츠 델리치'는 이 문장을 '학대가 지혜자를 망령되게 하고 부패가 폭력을 많게 하느니라'고 번역했다[70]. 본절의 '탐욕'은 원문이 '하오쉐크העשק'인데, 이것은 관사 '하ה'와 '오세크עשק'의 결합이다. '오세크עשק'를 그는 '학대'라고 번역한 것이다. 반면에 본절은 '탐욕'이라고 했다. 이 단어는 '억압하다', '어떤 사람을 난폭하게 하다', '횡령하다'의 뜻을 갖는 '아샤크'에서 유래한 단어다. 그 뜻은 '포학', '강탈이나 횡령에 의해 빼앗은 어떤 것',

---

[70] 여기에 관해 강박사 이박사 최박사의 의견은 다소 상이할 수 있다. 성경 번역에 관한 논의는 다른 주경신학 저서를 참고하라.

'불의로 취한 것', '학대' 등이다.

'델리치'가 학대라고 표현한 것은, 지혜자를 아랫 사람을 다스리는 관리, 혹은타인의 재산과 생명을 재판하는 재판관으로 본 것으로, 그러한 자들이 뇌물을 받고 법적 도움과 협조를 필요로 하는 사람을 돕지 않는다는 것을 말하고자 함이라는 것이다. 뇌물 때문에 행하는 그러한 학대가 지혜로운 사람인 그들 자신을 망하게 한다는 말이다. 재물에 대한 탐욕이 증가하면 증가할수록 도덕적인 면에서 어 어두워지고 둔감하게 되기 때문이라는 것이다. 선물과 뇌물이 마음, 즉 명철을 망친다고 본 것이다. 흐려진 판단, 마비된 양심과 같은 것들이 그 자신을 정욕의 노예로 삼기 때문이라고 본 것이다. 이런 해석은 한편의 도덕률과 같아서 이 사회에서 충분히 용납되고 칭송받을 만한 경구로 작용할 수 있을 것이다.

그런데 과연 이런 해석이 신앙, 믿음, 하나님을 경외하는 것과 무슨 상관이 있단 말인가? 도덕적인 관점으로만 파악한다면 굳이 성경을 살펴볼 이유가 없다. 세상엔 그런 책들이 수도 없이 많기 때문이다. 다시 말하면 이차적인 의미가 훨씬 더 중요하다는 것이다.

원문을 분석해 보자. 본절도 '키'로 시작함으로써 앞의 이유에 대한 설명을 시도하고 있다. 어떤 번역에서는 여기서 이 '키'가 부사적 의미로 사용되었다고 하여, 그 뜻을 '진실로'라고 표현하기도 한다(RSV, KJV). 강조적 의미라는 것이다. 그러나 의미상으론 그다지 큰 차이가 없을 듯하다. 필자가 보건대, '탐욕'이라 번역한 '하오쉐크'는 탐욕, 탐학, 학대가 모두 적용되는 그런 의미로 보인다. 이 구절의 내용상 그와 같은 속성을 다 포함하고 있기 때문이다. 즉, 타인들을 압제하고, 학대하는 이유가 탐욕 때문에 나타난 현상이라는 것이다.

통상적으로 고대엔 불의한 권력자, 특히 관리와 재판관들이 이런 짓을 많이 저질렀다. 물론 현재의 이 사회도 마찬가지다.

본절은 사람의 명철(마음)을 망하게 하는 다른 요인을 한 가지 더 들고 있다. 그것을 '뇌물'이라고 본 것이다. 원문은 '맡타나'로, 이것은 '선물', '뇌물'의 뜻을 갖는다. 뇌물이 사람의 마음을 미혹하여, 부정한 재물에 마음을 기울이게 함으로써 결과적으로 하나님의 심판에 떨어지게 할 것이라는 점을 부각시킨 말씀이라는 것이 성경학자들의 일반적인 견해다.

♠ 사도 요한은 말하기를, "만일 우리가 하나님과 사귐이 있다 하고 어둠에 행하면 거짓말을 하고 진리를 행하지 아니함이거니와"라고 했다(요한1서 1:6). 그리스도인이라 할지라도 수시로 범죄를 저지른다. 사도 요한은 다시 말하길, "만일 우리가 범죄하지 아니하였다 하면 하나님을 거짓말하는 이로 만드는 것이니…(요한1서 1:10)"라고 한 바와 같이 우리는 처음부터 죄인이고, 죽는 날까지 크고 작은 죄, 알고도 모르고도 지은 죄 등과 같은 죄의 굴레를 완전히 벗어던지지 못할 것이다. 예수님이 아니시면 우리는 절대로 구원받지 못할 존재였다는 것이다.

본절은 앞절에서도 말했듯이 예수 그리스도를 따르는 사람들을 향한 예수 그리스도의 경고의 말씀이 되는 것이다. 여기서도 지혜자는 예수의 제자들이다. 물론 과거와 현재의 모두를 향한 말씀이 된다.

야고보는 성도들의 탐학과 뇌물 등으로 인한 부패가 그들 자신을 망칠 것에 대한 우려와 염려를 강조하고 있다. 야고보서 2장 4절에, "너희끼리 서로 차별하며 악한 생각으로 판단하는 자가 되는 것이 아니냐"라고 했고, 3장 12절에서는, "입법자와 재판관은 오직 한 분이시니 능히 구원하기도 하시며 멸하기도 하시느니라 너는 누구이기에 이웃을 판단하느냐"고 했다. 1장 14-15절에는, "오직 각 사람이 시험을 받는 것은 자기 욕심에 끌려 미혹됨이니/ 욕심이 잉태한즉 죄를 낳고 죄가 장성하여 사망을 낳느니라"고 했다. 지혜로운 사람들, 곧 예수의 제자들이 욕심을 부리면 전인-후과(前因後果)로 결국엔 '망하게 되는 것'이다. 주님의 지엄한 경종의 말씀이 아닐 수 없다. 베드로전서 1장 14-15절에, "너희가 순종하는 자식처럼 전에 알지 못할 때에 따르던 너희 사욕을 본받지 말고/ 오직 너희를 부르신 거룩한 이처럼 너희도 모든 행실에 거룩한 자가 되라"고 했다. 이것이 마땅히 예수의 제자들이 가져야 할 마음 자세인 것이다.

8절] '일의 끝이 시작보다 낫고 참는 마음이 교만한 마음보다 나으니'

8-9절은 다시 단락이 조금 바뀐다. 성급한 마음과 교만함은 일의 성공을 방해하기에 신중과 인내, 곧 참는 마음이 필요하다는 말을 전하기 위한 구절들이다. 일의 끝이 시작보다 낫다? 시작은 계획이고 목표설정 단계이며 씨를 뿌림이니 아직 손에 쥔 것도, 얻은 바도 없다. 그러나 끝은 목표달성이고 완성이며 열매의 수확

이고 달콤한 성공이 보상이 된다. 그러나 시작이 끝에 이르기까지는 집요한 인내가 요망된다. 길고도 지루한 여정을 거쳐야 하기에 인내가 필요하다는 것이다.

본절의 '참는 마음'은 원문이 '에레크ארך 루아흐רוח'다. 여기서 '에레크ארך'는 끝까지 조용하게 자제하면서 기다리는 것이다. '교만한 마음보다'는 원문이 '믹게바흐מגבה 루아흐רוח'가 된다. '믹게바흐מגבה'는 전치사מ와 '게바흐גבה'의 결합이다. 이것은 '고상한', '높은', 교만한'의 뜻이다. 교만한 마음가운데 있을 때, 그때는 지연됨에 대해 안달하고, 목표달성을 위해 폭력적 방법을 동원하게 된다는 것이다. 거만한 사람은 자기 생각대로 진행되어야 한다고 생각하고, 다른 사람까지도 자신의 척도에 의지해야 한다고 여기기 때문에 이런 수단을 강구하게 된다는 것이다.

원문을 조금 더 살펴보기로 하자. 본절도 '토브טוב'로 시작한다. '더 낫다(better)'는 의미로 사용되고 있다. '일'은 '다발דבר'이며, 이것은 주로 '말씀'이란 의미로 쓰이나 '일'로도 사용된다. '끝'은 '아하리트אחרית'이고, 이것은 '뒷부분', '후에'라는 뜻을 가진 '아하르אחר'에서 유래한 단어로서, '뒤에 있는 것', '말단', '끝단', '나중'의 뜻으로 쓰인다. '시작'은 '메레쉬토מראשית'로, '레쉬토ראשית'가 3인칭 단수ו이며, 전치사מ와 결합된 것이다. '레쉬트ראשית'는 '처음', '시작', '첫 열매', '태초'의 뜻이다. 창세기 1장 1절에 나온 유명한 단어다. 시작과 끝은 쌍으로 자주 나오며, 대척점이 되기도 한다. 풍성하고 맛있는 결과를 맺고자 하면, 끝이 좋게 되고자 하면 참는 마음을 가져야 한다는 것이다. 인내는 여정의 밧줄을 끊지 않고, 그 노력이 지속되도록 돕기 때문이다. '인내'의 뜻을 갖는 원문이 '에레크ארך'와 함께 쓰인 '마음'은 원문이 '루아흐רוח'

를 사용했다. 이것은 주로, '생명', '영', '영혼', '마음'의 뜻을 갖는다.

 교만한 마음은 삶의 여정을 어지럽힌다. 길을 헷갈리게 하고, 좌우를 돌아보게 하고, 온전한 삶을 구정물로 흐리게 한다. 주어진 현실에 불복하고, 저항하며, 자존감을 유발시켜 하나님을 멀리하게 만든다. 이것은 최악이다! 잠언 16장 18절에서, "교만은 패망의 선봉이요 거만한 마음은 넘어짐의 앞잡이니라"라고 한 바와 같이 하나님 앞에서 패망하고 넘어지게 될 것이다.

 ♠ 야고보서 1장 4절에, "인내를 온전히 이루라 이는 너희로 온전하고 구비하여 조금도 부족함이 없게 하려 함이라"고 했다. 요한계시록 3장 10절엔 빌라델비아 교회를 향한 주님의 말씀이 나온다. 즉, "네가 나의 인내의 말씀을 지켰은즉 내가 또한 너를 지켜 시험의 때를 면하게 하리니…"라고 했다. 요한계시록의 핵심인 '이기는 자'가 되기 위한 주안점은 '믿음과 인내'였다. 믿음은 시작이고, 그 과정은 인내이며, 그 끝은 영원한 생명이다. 인간의 삶은 짧지만 긴 여정이다. 인간의 수명이 영원 앞에 극히 짧은 순간이 되겠지만 그 인내의 시간이 길기 때문이다. 하나님의 대적인 사탄의 집요한 미혹이 모든 그리스도인들의 앞에 가시덤불을 치고 기다리고 있다.

 본절의 시작이 무엇인가? 인간 구원, 곧 영원한 생명의 획득은 속죄로부터 시작된다. 새 생명의 여로는 하나님과의 화평이 전제조건이기에 속죄가 기본이 된다. 성경에서 속죄의 시작은 율법이 된다. 로마서 3장 20절에, "그러므로 율법의 행위로 그의 앞에 의롭다 하심을 얻을 육체가 없나니 율법으로는 죄를 깨달음이니라"고 했다. 율법의 역할은 속죄의 수단이 아니라 죄의 깨달음이다.

죄의 깨달음인 율법이 곧 구원여정의 시작이라는 것이다. 그렇다면 끝은 무엇인가? 속죄의 두 번째 단계는 죄의 사하심이다. 곧 속죄의 완성은 예수 그리스도의 십자가가 된다는 것이다. 죄의 대속이 곧 죄와의 전쟁에서 승리하는 길이며, 그것이 바로 구원의 문을 여는 열쇠가 되는 것이다. 십자가로 인한 보상이 구원이며, 그것이 바로 영원한 생명의 획득이 된다. 종착역인 하나님의 나라에 입성하는 조건이 여기서 충족되며 부활로 영적 마침이 되는 것이다.

온전한 그리스도인들의 특징은 고난을 참는 마음을 가졌다는 것이다. 반면에 유대 종교지도자들의 교만을 보라. 하나님의 아들 예수 그리스도를 짓밟고 십자가에 처형했으니 천인공노(天人共怒)도 이에 더하랴!

9절] '급한 마음으로 노를 발하지 말라 노는 우매한 자들의 품에 머무름이니라'

본절은 명언 중에 명언이다. 이 사회에 적용해도 널리 회자될 만큼의 굉장한 말씀이다. 그냥 읽기만 해도 일차적인 의미는 쉽게 드러난다고 할 수 있다. 원문을 분석해 보자, '급한 마음으로 노를 발하지 말라'는 원문이 '알אל 테바헬תבהל 베루하카ברוחך 리케오스לכעוס'가 된다. '알אל'은 부정부사로 사용되었으며, '~아니다'의 뜻이다. '테바헬תבהל'은 남성 2인칭단수로, '바할בהל'의 피엘형 미완료다. 따라서 그 뜻은 '겁에 질려 어쩔 줄 모르다', '서두르다', '놀라다'가 된다. '베루하카ברוחך'는 전치사가 '루아흐רוח'와 결합된 것으로 남성 2인칭 단수다. '리케오스לכעוס'는 전치사와 '카아쓰כעס'의 결합이며 부정사 연계형이다. '카아쓰כעס'는 '불쾌해지다', '화나다',

'노하다', '분노'의 뜻이다. 직역하면, '서두르지 말라. 마음을 향해 화내지 말라'의 뜻이다. 아마도 경솔히 행동하지 말 것을 촉구하는 말일 것이다. '분노'에 해당하는 '카아쓰כעס'가 두 번 나왔다. 자신이 처한 상황이나 처지에 대해 분노하는 것이리라. 이런 특징은 현명한 사람, 진중한 사람, 인내하는 성품의 사람에겐 잘 나타나지 않는다. 조급하고 자존심이 강한 사람이나 어리석은 자, 교만한 자들에게 나타나는 공통점의 하나다.

'노는 우매한 자들의 품에 머무름이니라'고 했다. 원문엔 '키כי(왜냐하면)'가 먼저 나온다. '품에'는 원문이 '베헤크בהיק'로서, 전치사ב와 '에워싸다', '사람의 마음', '품', '마음'의 뜻을 가진 '헤크הק'의 결합이다. '머무름'은 '야누하흐יונח'로서, 이것은 남성 3인칭 단수이고, 원형이 '누아흐'이며, 그 뜻은 '쉬다', '휴식하다', '내려놓다'의 뜻이다. 직역하면, '왜냐하면 분노(성냄)가 어리석은 자의 품에 머물기 때문이다'가 된다. 우매한 자, 곧 어리석은 바보 같은 자들은 조급하고 참지 못하는 성품 때문에 항상 분노가 그 내면에 자리를 잡고 있다는 것이다. '품'이라고 번역된 '야누아흐יונח'에는 '사람의 마음'이란 뜻이 있다. 어리석은 자의 마음에 또아리를 틀고 있는 부정적인 것이 바로 분노라는 것이다. 사람의 마음에 자리를 잡고 있어야 할 것이 분노라면 결코 하나님의 마음이 머물 수가 없다. 잠언 16장 32절에, "노하기를 더디하는 자는 용사보다 낫고 자기의 마음을 다스리는 자는 성을 빼앗는 자보다 나으리라"고 했다. 누가복음 21장 19절에, "너희의 인내로 너희 영혼을 얻으리라"고 했다. 또 히브리서 10장 36절엔, "너희에게 인내가 필요함은 너희가 하나님의 뜻을 행한 후에 약속을 받기 위함이라"고 했다. 참고 인내하는 마음, 그리고 자기의 마음을 다스리는 자가 하나님과 가까이 할 수 있게 되는 것이다.

♠ 성경 말씀이 사회의 도덕률에 적합하여 무리 없이 통용되는 명언에 그친다면 그 가치는 속락하고 말 것이다. 성경은 영적 문제, 곧 성도들에게 필요한 속죄, 구원, 영원한 생명, 영원한 하늘나라에 대해 가르침을 주어야 한다. 그래야만 신앙의 책이 되는 것이다. 본절의 일차적 의미는 인간의 내면을 잘 그려낸 심중지도(心中之道)에 불과하다. 경구로서의 가치만 돋보일 뿐, 신앙의 참 모습은 잘 보이지 않는다. 그래서 속뜻을 찾아야만 하는 것이다.

본절엔 '급한 마음으로 노를 발하지 말라'고 했다. 신앙적, 영적 의미로 무엇을 말한 것일까? 여기서 '노(angry)'는 울분 같은 분노다. 슬픔이 깃든 성냄이다. 유대 종교지도자들의 메시아에 대한 기대는 지상 왕국의 회복이었다. 그들의 하나님인 여호와의 신앙을 중심으로 한 이스라엘이 중심이 되는 신권국가의 건설이었다. 식민지를 면하고, 다윗의 전성시대와 같은 강력한 왕국의 도래에 대한 꿈이었다. 그런데 정작 유대인들이 제사장 가문에서 태어난 세례 요한을 메시아인 줄 알고 따랐더니, "…그가 드러내어 하는 말이 나는 그리스도가 아니라…(요1:20참조)"고 한 것이다. 이어지는 27절에서는, "곧 내 뒤에 오시는 그이라 나는 그의 신발끈을 풀기도 감당하지 못하겠노라"는 것이었다. 그가 가리킨 메시아는 예수님이셨다. 그래서 그들이 예수님을 관찰해보니 수많은 기사와 이적을 일으키고, 누가보아도 확실한 메시아였다. 그러나 그분의 입에서 나오는 말씀은 그들의 기대를 철저히 짓밟은 것이었다. 그들이 잘못 해석한 율법대로 국가 회복의 메시아를 기대했으나 마치 그들이 알고 따르던 율법에 무관심한 듯이 보였던 것이다. 지상의 왕국이 아니라 천국을 설파하니 울분 섞인 분노를 발할 수밖에 없었다는 것이다.

본래 유대인들이 많이 사용하는 '마음'이란 표현은 3장 17에서 사용된 것처럼 '레브לב'다. 그런데 본절의 '마음'은 모두 '루아흐רוח'다. 이것은 주로 '영', '영혼'으로 더 많이 사용되는 단어다. 그래서 '급한 마음'은 보다 신앙적인 의미로는 '어쩔 줄 몰라 당황하는 영적 상황'을 묘사한 글이 될 수도 있는 것이다. 그와 같은 상태에서 울분 같은 분노에 싸여있는 모습이 당시의 유대 종교지도자들의 영적 상태였던 것이다. 이러한 영적 모습의 뒤안엔 사탄의 음모가 도사리고 있다. 따라서 이러한 종류의 분노는 예수 그리스도의 제자들에겐 절대로 머물러서는 안 되고 머무를 수도 없는 것이다. 왜냐하면 '예수를 아는 자들'은 이미 속죄에 있어서 율법이 아니라, 성전제사가 아니라 예수 그리스도의 십자가를 통한 속죄와 구원인 것을 알고 있기 때문이다.

10절] '옛날이 오늘보다 나은 것이 어찜이냐 하지 말라 이렇게 묻는 것은 지혜가 아니니라'

옛날은 일반 대중들(여기서는 이스라엘 사람들)이 오늘까지 살아온 날이 된다. 이들이 현재의 것보다 더 좋은 옛날 것을 생각하면서 '도대체 이게 어찌된 일이냐'라고 말하는 것에 대해 그처럼 묻는 것은 지혜가 아니라는 것이다. 현재는 상황이 어둡고, 과거는 모두가 장밋빛이며 좋았다? 그와 같이 생각하는 것은 그 자체가 자기기만이고, 자기만의 일방적 생각이란 것이다. 이것은 은연중에, 간접적으로, 현재가 더 나음을 피력하는 말이기도 한다. 옛 것을 찾지 말라는 것이다. 이와 비근한 예가 출애굽 시절에 있었다. 만나와 메추라기에 질린 이스라엘 백성들과 함께 따라온 이들이 애굽 시절을 동경하며 그때가 더 나았다고 불평불만을 토로한 적이 있었다. 그들은 옛 시절에 그들이 애굽사람과 왕으로부터 받은 학대와 압제는 기억하지 못했다. 이것이 얼마나 어리석은 것인가? 사막여행의 곤고함과 지친 행로가 현재의 모습이지만 과거가 더 좋았다는 것은 용납되지 못할 하나님에 대한 불경이 아닐 수 없는 것이다.

어쩌면 이것은 뒤돌아 보다 소금 기둥이 된 롯의 처의 행동과도 유사한 짓인 것이다. 옛날이 오늘보다 낫다? 이것은 결코 바른 신앙인의 태도가 아니다.

♠ '하캄חכם'이나 '호크마חכמה'는 모두 지혜와 관련된 단어다. 단순히 '하캄חכם'이 형용사로, '호크마חכמה'가 명사로 주로 사용된다는 구분이나, 두 단어가 모두 '현명해지다'의 뜻을 갖는 동사 '하캄חכם'에서 유래했다는 닮은꼴을 말하고자 함이 아니다. '하캄חכם'은 현명한 사람에 많이 적용되는 빈도가 높고, '호크마חכמה'는 '하나님'과 관련되어 언급되는 빈도가 높다. 해석상 참고할 사항이다. 본절에서의 지혜는 '호크마חכמה'다.

'옛날이 오늘보다 나은 것이 어찜이냐'고 탄식하는 무리가 있다. 그들이 누구인가? 유대 종교지도자들이다. 그들은 예수께서 오셔서 '회개하라 천국이 가까이 왔느니라'고 하시며 많은 유대 백성들이 예수께로 몰려들기 이전의 상황이 그들에게 있어서 더 나았다고 탄식하고 있는 것이다. 왜냐하면 그들의 마음은 진정성에 있어서 하나님을 바로 섬기지 않고 있었으며, 겉만 번지르르한 가짜 선생들이었기 때문이다. 예수님은 그런 그들을 향해 "화 있을진저 외식하는 서기관들과 바리새인들이여…(마23:29)"라고 하셨다. 예수님이 진짜이고 그들이 가짜이니 예수님의 나타나심을 얼마나 원망했을 것인가? 예수님만 안 계셨더라면, 나타나지 않으셨더라면 쉽게 백성들을 눈멀게 하고, 재물을 모으고, 존경과 사랑을 받으며 행세했을 것을 그런 좋은 시절이 그들을 비판하는 예수님으로 인해 다 깨져 버린 상태였기 때문이다.

예수님은 그들, 유대 종교지도자들을 향해 공개적으로 비판하셨다. 마태복음 23장 33절에서 예수님은 그들을 향해, "뱀들아 독사의 새끼들아 너희가 어떻게 지옥의 판결을 피하겠느냐"고 하셨다. 그야말로 그들의 말로(末路)는 이미 정해진 상황이었던 것이다. 예수의 제자들에게 옛적, 그들이 열심히 따르던 율법적 신앙으로 다시 돌아가고자 하는 마음이 행여 조금이라도 나타날까 경계하신 말씀이기도 하다.

11절] '지혜는 유산 같이 아름답고 햇빛을 보는 자에게 유익이 되도다'

본절에서 전도자는 대부분의 인간이 세속에서 가장 으뜸으로 여기는 것, 즉, '유산', 혹은 '재물'과 비교되면서도 적어도 같거나 더 나은 것이 지혜인 것을 밝히고자 한다. 지혜와 유산을 비교해 말하고 있으나 문제가 있다. 무엇인가? '지혜는 유산 같이 아름답고'는 원문이 '토바טובה 호크마חכמה 임עם 나할라נחלה'가 된다. '토바טובה'는 '토브טוב'의 여성형으로, '좋은', '선한', '정직한', '아름다운'의 의미다. 7장에 많이 나온다. '나할라נחלה'는 '소유', '상속', '하나님께 받은 분깃'의 뜻이다. 문제는 바로 '임עם'이다. 본절에서 '임'의 뜻은 '함께'라는 의미로 더 많이 사용되기에, '지혜가 유산과 함께하면'이라고 번역해도 무방할 것이다. 또 일부 학자들은 이 '임עם'을 '~ 대항하여'라는 의미로 보고 '유산보다 지혜가 낫고'라고 번역하기도 한다. 결론적으로 말하면, 유산이 있는 지혜는 좋지만, 그럼에도 불구하고 지혜가 본질적으로 유산보다 더 낫다는 의미다. 필자의 견해도 또한 6-7장의 성격으로 보아 지혜가 유산보다 좋은 것이란 견해를 갖고 있다.

'햇빛을 보는 자에게 유익이 되도다'를 원문에 맞추어 직역하면, '그리고 그 햇빛을 보는 자에게 유익하도다'가 된다. 햇빛을 본다는 것이 '이 세상 생활을 시작하는 것'이라고들 말한다. 그러나 본절에서 '나할라נחלה'를 유업이나 유산으로 보고 있는 한, 그것은 상속의 뜻을 가지므로 '햇빛을 보는 자'를 '산 자' 혹은 '깬 자'라고 보는 것이 맞다고 본다. 이것은 상속이 대를 이어나간다는 의미라고 보아, 지혜 또한 그와 같은 가치가 있다는 것을 말하고자 함일 것이다.

♠ 본절의 '지혜'인 '호크마חכמה'는 '현명해지다'를 뜻하는 '하캄חכם'에서 유래했으나 하나님과 관련된 경우에 더 많이 사용되는 단어라고 했다. 욥기에서는 '하나님에 대한 경건(욥28:28)'을 나타내는 단어로도 쓰였다. 따라서 이 지혜는 단순히 '현명함' 이상의 뜻을 갖는다는 것이다. 하나님의 지혜라는 것이다. 하나님을 아는 지혜, 하나님의 지혜, 그 얼마나 중요하고 좋은 것인가? 세속에서 부모로부터 넉넉한 재산을 유업(기업)으로 받으면 삶이 풍요로워지니 참으로 유익한 것이다. 그처럼 좋거나 그 이상인 것이 하나님의 지혜라는 것이다.

고린도전서 2장 6-8절을 보면, "그러나 우리가 온전한 자들 중에서는 지혜를 말하노니 이는 이 세상의 지혜가 아니요 또 이 세상에서 없어질 통치자들의 지혜도 아니요/ 오직 은밀한 가운데 있는 하나님의 지혜를 말하는 것으로서 곧 감추어졌던 것인데 하나님이 우리의 영광을 위하여 만세 전에 미리 정하신 것이라/ 이 지혜는 이 세대의 통치자들이 한 사람도 알지 못하였나니 만일 알았더라면 영광의 주를 십자가에 못 박지 아니하였으리라"고 한 것이다. 예수 그리스도를 아는 것, 그분이 우리의 구원자라는 것을 안다는 것은 상상 이상의 가치로운 지혜다.

'햇빛을 보는 자'는 일차적 의미로는 '육체적으로 산 자'가 되겠지만 영적으로 '산 자', 곧 '하나님의 지혜를 아는 깨달은 자'를 말한다. 그런 영적으로 거듭난 사람들에게 하나님의 유업이 주어질 것이고(롬8:17), 또 그들만이 영원한 생명을 얻는 자로서의 복을 받을 것이다. 부활의 신앙에 대한 아름다운 표현이다. 마태복음 22장 31-33절에 보면, "죽은 자의 부활을 논할진대 하나님이 너희에게 말씀하신 바/ 나는 아브라함의 하나님이요 이삭의 하나님이요 야곱의 하나님이로라 하신 것을 읽어 보지 못하였느냐 하나님은 죽은 자의 하나님이 아니요 살아 있는 자의 하나님이시니라 하시니 /무리가 듣고 그의 가르치심에 놀라니라"고 했다. 영적으로 산 자는 곧 부활한 자를 말한다.

12절] '지혜의 그늘 아래에 있음은 돈의 그늘 아래에 있음과 같으나, 지혜에 관한 지식이 더 유익함은 지혜가 그 지혜 있는 자를 살리기 때문이니라'

본절의 원문은 이유를 나타내는 접속사 '키(כי왜냐하면)'로 시작함으로써 앞절에 대한 설명을 하고 있다. 여기서는 '그늘', '그림자', '보호'의 뜻을 갖는 '첼צֵל'이 두 번 나온다. 그늘의 역할이 무엇인가? 사막을 연상해보면 그늘의 중요성을 금방 알 수 있다. 사막의 따가운 햇살은 여행자를 괴롭히고 심지어 죽음에이르게도 할 수 있으나 그늘막은 보호 기능을 한다.

특별히 여기선 돈 또한 부정적 이미지로 사용되지 않았다. 해 아래의 인생들에게 있어 돈에 대한 욕망은 부정적이나 그 소용 또한 필요하기에 보호 기능을 한다는 것이다. 돈의 효용성을 잘 아는 민생들에게 지혜가 얼마나 중요한지를 재물과 비교해 설명하고 있기도 하다. 당연히 하반절의 말씀에서 지혜가 더 소중함을 말하고 있다. 지혜에 관한 지식은 지혜 있는 자에게 나타날 분노, 격동과 같은 해로움들에 대한 경각심을 갖게 함으로써 결과적으로 '지혜가 지혜 있는 자를 보호하는' 역할을 한다고 할 것이다. 그러나 돈이 갖고 있는 기능은 이와 같은 결과를 낳을 수 없다. 반면에 지혜는 생명을 보존하고, 살리게 한다고 한 것이다.

원문을 조금 살펴보자. 본절에서 '유익함은'이라고 번역된 것의 원문은 '웨이트론ויתרון'이다. 이것은 접속사와 '소득', '이익', '탁월함'의 뜻을 가진 '이트론יתרון'의 결합이다. 지식을 나타내는 원문은 '다아트דעת'로서, 이것은 많이 사용되는 히브리어 '야다ידע'에서 유래한 것이다. '야다ידע'는 '이해하다', '보다', '알다', '가까이하다' 등으로 사용되는 것이다. 따라서 '다아트דעת'는 '앎', '지식', '지성', '이해', '지혜' 등으로 사용된다. 지혜(호크마חכמה)와 지식(다아트דעת: knowledge)은 서로 다른 독자적 개념이다.

♠ 지혜에 관한 지식의 유익함은 '지혜가 그 지혜의 소유자를 살린다는 것, 즉, 그의 생명을 보존케 한다는 것'이기 때문이라고 했다. 그런데 이처럼 생명을 살리거나 보존한다는 식의 번역에 대해 '칠십인역, 루터, 제롬 등'도 같은 견해를 갖고 있다. 그런데 필자의 견해는 조금 차이가 있다. '지혜가 그 지혜 있는 자를 살리

기 때문이니라'의 원문은 '하호크마הֽחָכְמָה 테하예תְּחַיֶּה 베알레하בְעָלֶיהָ'가 된다. '테하예תְּחַיֶּה'는 원형이 '하야חיה'로서, 이것은 '회복하다', '소생케 하다', '보존하다'의 뜻이 있다. 그런데 여기서 '하야חיה'의 피엘형인 경우, '생명을 준다'는 의미의 설명으로 더 많이 사용된다는 점을 고려해야만 한다. 이렇게 보면 이 부분의 직역이 조금 달라진다. 즉, 직역하면, '지혜가 지혜 얻은 자에게 생명을 주기 때문이다'라고 번역할 수 있고, 그것이 더욱 성경적이라는 것이다.

본절의 지혜를 예수 그리스도 중심적 생각으로 판단한다면 잠언에서 주로 피력하는 '지혜자'를 언급해야만 할 것이다. 잠언 3장 18절에, "지혜는 그 얻은 자에게 생명나무라 지혜를 가진 자는 복되도다"라고 했다. 이처럼 생명나무와 관련 있는 지혜가 단순히 세상을 살아가는 효율적인 수단으로서의 지혜를 말한 것일까? 아니다. 결코 아니다. 지혜에 관한 지식도 그러하다.

유대인들은 돈에 대해 상당히 긍정적이다. 돈이 있어야 율법을 지키기에 유리하기에 적극적으로 재물을 추구한다. 그런 자들에게 전도자는 그들이 애지중지하는 돈 만큼, 사실은 그 이상으로 중요한 것이 지혜라고 말하고 있는 것이다. 잠언 3장 14-15절에 보면, "이는 지혜를 얻는 것이 은을 얻는 것보다 낫고 그 이익이 정금보다 나음이니라 지혜는 진주보다 귀하니 너의 사모하는 모든 것으로 이에 비교할 수 없도다"라고 했다. 또 잠언 4장 7절엔, "지혜가 제일이니 지혜를 얻으라…"고 했다. 감히 지혜와 재물은 비교조차 할 수 없음을 말하고 있다. 왜 그런가? 이 지혜는 생명을 살리기 때문이다. 이때의 생명은 목숨이 아니라 영원한 생명이다.

그러면 참 지혜는 무엇인가? 잠언 8장 35절에도, "그러나 나(지혜를 말한다)를 잃는 자는 자기의 영혼을 해하는 자라 무릇 나를 미워하는 자는 사망을 사랑하느니라"고 했다. 영혼, 사망 같은 말은 대단히 신앙적 표현이다. 이런 말씀에 근거해 볼 때 성경적 지혜는 하나님의 지혜이고, 때로는 예수 그리스도를 '지혜', 혹은 '지혜자'로 표현하기도 한 것이다.

돈(재물)을 극진히 사랑하는 경향이 있는 인간들에게 그처럼, 혹은 그 이상 중요한 것이 바로 지혜이며, 그 지혜가 바로 예수 그리스도를 상징하는 것인 동시에, 지혜가 '지혜 있는 자', 곧 예수 그리스도를 따르는 사람들에게 생명을 준다는 것을 알리기 위한 말씀이 본절의 이차적 의미인 것이다.

♠ 지혜와 지식은 무슨 차이가 있을까? 혹자는 지식을 뜻하는 원문 '다아트'도 '지혜'라고 번역할 수도 있다는 점을 들어 '동어반복'을 통한 강조라고 말하기도 하지만 사실상 독자적 개념이다. 이참에 성경적 관점에서 지식과 지혜, 그리고 더불어 깨달음에 관한 소견을 피력하고자 한다. 이런 차이를 파악함에 있어 성경의 뿌리를 형성하고 있는 유대인들의 사고는 반드시 살펴보아야만 할 것이다. 판단은 독자들의 몫이다.

지식(다아트)에 대한 유대적 사고는 '이것이 하나님을 아는 것'에 초점이 맞추어져 있다는 점이다. 물론 하나님을 아는 데 있어서 선과 악에 대한 것을 다 포함한다. 우리들의 경우는 물론 하나님, 곧 예수 그리스도를 아는 것이 참 지식이라고 말하고 있다.

유대적 사고에서 지식은 주어진 것이 아니라 '얻게 된 것'이다.

유대인들의 경우 지식은 '영, 혼, 몸'의 삼분일 때, '몸'에 가까운 표현이며, 반면에 지혜는 '혼(נפש네피쉬)'에, 그리고 '깨달음'은 '영(רוח루아흐)에 가깝다. 그러나 몸과 혼에 대해 딱히 구분하기보다는 몸과 혼이 혼재한다는 개념을 갖고 있다. 그리고 마음(לב레브)과 혼(נפש네페쉬)'의 경우도 유대인들은 동어반복으로 취급할 정도로 유사하게 본다라고 개인적으로 생각한다.

또 잠언 9장 10절에, "여호와를 경외하는 것이 지혜의 근본이요 거룩하신 자를 아는 것이 명철이니라"고 했다. 이런 관점에서 보면 지혜의 근본은 분명 하나님을 섬기는 것이고, 따라서 그분의 뜻에 따라 예수 그리스도를 구원자로 수용하는 것이 바른 지혜인 것이다. 이것을 우리는 '하나님을 아는 지혜'라고 말할 수 있다. 깨달음은 히브리적 사고에서는 신앙의 영역이다. 영적이라는 것이다. 지혜와 지식 사이의 징검다리와 같은 것이기도 하다.

13절] '하나님께서 행하시는 일을 보라 하나님께서 굽게 하신 것을 누가 능히 곧게 하겠느냐'

하나님의 섭리에 대한 순종, 순복에 관한 말씀이고, 신본주의적 혹은 하나님 중심적 사고의 중요성을 말하고자 하는 말씀이다. 이런 내용이 7장의 끝까지 이어진다. 본절은 '하나님께서 행하시는 일을 보라'고 말씀함으로 시작한다. 원문이 '레에האר 엩את 마아세מעשה 하엘로힘האלהים'이다. '레에ראה'는 '힌네הנה'와 유사한 뜻이지만 원형은 '라아ער'다. 이것은 '보다', '살피다'의 뜻이 있어 단순히 보는 정도가 아니라 탐지하듯, 진찰하듯 자세히 살펴보라는 것이다. '레에ראה'는 2인칭 단수다. 따라서 '너는 자세히 살펴보아라'가 된다. 무엇을 그토록 자세히 살펴보라고 하시는 것일까? '하나님께서 일하심(원문은 마아세)을' 보라는 것이다. 하나님의 섭리, 예정, 통치하심을 살펴보라는 것이고, 하나님께서 통치하시는 그 행하심에 대해 보고 인정하라는 것, 다시 말하면, 그에 따라 하나님의 뜻에 순종하라는 것이다.

'하나님께서 굽게 하신 것을 누가 능히 곧게 하겠느냐'고 했다. '하나님께서 굽게 하신 것을'은 원문이 '엩את 아쉘אשר 입웨토עותו' 가 된다. '입웨토עותו'는 남성 3인칭 단수로서, 완료형이고, 그 뜻은 '그가 구부러뜨리다'가 된다. 이 말의 의미가 무엇인가? 한 마디로 합당한 하나님의 사역에 관해 누구도, 무엇도 막을 수 없다는 것이다. 감히 반기를 들 생각조차 하지말라는 것이다.

상반절이 명령형인데 반해 하반절은 수사 의문문이다. 인간들은 자신의 인생에서 각자가 불행, 고난, 시련들을 만날 수 있다. 개중에는 도저히 인간이 하나님의 뜻을 이해할 수 없는 일들이 벌어지기도 한다. 하지만 만약 그것이 하나님의 사역 중에 일부라면 인간은 설사 지성이나 이성으로 이해불가라고 해도 하나님의 뜻에 따른 것이기에 거부해서는 안 된다는 것이다. 하나님께서 구부러뜨렸다는 것은 그분의 의도가 작용된 것이니 인간의 이성적 판단으로 수용하기 어렵다 할지라도 수용함이 옳다. 왜냐하면 그것은 하나님의 의지가 발현된 것이기 때문이다. 잠언 16장 33절에, "제비는 사람이 뽑으나 모든 일을 작정하기는 여호와께 있느니라"고 하지 않았는가? 지혜로운 자의 삶은 순종이 제사보다 낫다는 것이고, 순종과 순복이 곧 성도의 바른 삶의 지침이라는 것이다.

♠ 하나님께서 행하신 일 중에 가장 중요한 것이 무엇이었을까? 너무도 중요했기에 그분이 직접 성육신 하셔서 해 아래로 오셨으

며, 온 생애를 바치시고, 목숨까지 주셨다. 그것은 속죄의 문제였다. 유대 종교지도자들은 이런 하나님의 일에 대해 이해할 수 없었기에 부정적으로 대했다. 성전제사를 폐하셨으나 하나님의 뜻을 이해하지 못한 그들은 여전히 지속했다. 그 결과, 속죄에 대한 하나님의 일을 방해하게 된 것이다. 이 땅에 오신 하나님의 의도, 섭리, 그 통치방식에 저항했다. 하나님의 의중을 변개하고자 했다. 죄를 소멸하고 사탄의 통치를 막으려는 그 뜻에 반하고자 하여, 이미 폐하신 성전 제사를 고집하는 그들에게 준엄한 음성으로 '그 하나님(본절의 하엘로힘האלהים)'이신 예수께서 말씀하신다. '하나님께서 굽게 하신 것을 누가 능히 곧게 하겠느냐'고 말이다.

예수님을 멀리하고, 부정하며, 심지어 귀신의 왕이라고까지 폄훼한 그들, 유대인 종교지도자들에게 주님은 "뱀들아 독사의 새끼들아 너희가 어떻게 지옥의 판결을 피하겠느냐(마23:33)"고 비판하셨다. 이미 유대 종교지도자들은 무서운 심판에 직면해 있다는 것이다.

마태복음 26장 24절, "인자는 자기에 대하여 기록된 대로 가거니와 인자를 파는 그 사람에게는 화가 있으리로다 그 사람은 차라리 태어나지 아니하였더라면 제게 좋을 뻔하였느니라"고 했다. 가룟 유다에 관한 말씀이다. 마태복음의 유대 종교지도자들과 가룟 유다에 대한 이런 두 가지 말씀은 참으로 두려운 말씀이다. 사망하기도 전에 이들은 둘째 사망의 선고를 받았다.

14절] '형통한 날에는 기뻐하고 곤고한 날에는 되돌아 보아라
이 두 가지를 하나님이 병행하게 하사 사람이 그의
장래 일을 능히 헤아려 알지 못하게 하셨느니라'

본절의 '형통한 날에는 기뻐하고'는 원문이 '베욤טוב 토바טובה 헤예היה 베토브בטוב'다. 여기서 '토브טוב'는 '좋은 것'이라기보다는 '번영'과 '즐거움'의 의미로 사용된 것이다. 반면에 '곤고한 날'은 '우베욤ובים 라아רעה'다. 여기서 '라'는 '나쁜', '해로운', '불행한', '악', '재난'의 뜻을 갖는 단어다. 본절에서는 명사로서, '환난', '악', '근심'의 이미지로 사용되었다. '토브טוב'와 '라רע'는 선악관점에서 대립된다. 그러나 여기선 대립구조라기보다는 이 둘 모두가 그 나름의 유익이 있음을 말하는 것처럼 보일 수도 있을 것이다. 왜냐하면, '토브טוב', 곧 '번영', 혹은 '형통'은 삶을 허무가 아닌 기쁨으로 이끌고, '라רע'는 환난과 곤고함을 통해 인생의 의미를 곱씹게 하는 되새김, 성찰, 반성의 자리를 제공하기 때문이다. 따라서 곤고한 날을 당할 때, 즉 환난 날에 하나님의 긍휼하심을 생각해 보라는 의미가 된다는 것이다. 그런데 하나님이 이 두 가지를 병행하게 하셨다? 형통한 날과 곤고한 날을 서로 상응하게 하심은 곧 삶에 대한 테스트 성격이어서 그와 같은 형통과 곤고함을 통해 인간 삶의 발전적 수단으로 사용케 하신 것이다. 그런데 이것에 대해, 인생의 생애에서 하나님께서 의도적으로 선악을 이처럼 뒤엉키게 하셨다는 일부의 주장은 옳지 않다. 왜냐하면 하나님은 그런 악의적 시험을 행하시는 분이 아니시기 때문이다.

그리고 '사람이 그의 장래 일을 능히 헤아려 알지 못하게 하셨느니라'는 말씀도 또한 자칫 하나님께서 '못된 짓을 한 것' 같은 느낌을 갖게 할 수도 있다. 번역의 미숙함이다. 이것은 '사람은

자기 뒤의(장래의) 어느 것도 알 수 없나니'로 말해야 한다. 그렇다. 사람은 자기 뒤의 것을 한치도, 한 순간도 알지 못한다. 지금은 형통하다고 하나 언제 다시 곤고한 날이 올지 모른다. 현재의 뒤란에 있는 그 어느 것도 살피지 못한다. 그저 짐작과 추측은 더러 할 수 있을지 모르나 그것이 반드시 답이 될 수 없기 때문이다. 그러므로 인간은 절대자인 하나님을 절대적으로 의지해야 한다는 것이다. 신본주의적 삶을 살라는 것이다.

주석가 '힛지그'는 하반절의 이 부분에 대해 의역을 가한 번역을 시도했다. 즉, '사람이 죽은 후에 모든 것을 벗어나도록 하나님이 작정하셨기에 그가 살 동안에 악을 행할지라도 그가 죽은 후 그 악으로 그를 징계하시는 대신 그를 미리 선으로 바꾸시고'라고 한 것이다. 그래서 하나님이 인간이 살아 있는 동안에 선악을 경험케 하여 그가 인생 전체를 조망하게 함으로써 그가 사망할 때 경험치 않은 것이 하나도 없게 하도록 했다는 것이다. 정말 그러한가? 해석의 차이가 초래하는 많은 문제들을 다시 돌아보게 하는 그런 번역이다. 많은 성경 번역가들이 자신의 의도를 크게 반영해 성경을 왜곡시킨 것이 너무도 많은데 이 경우가 한 예가 될 것이다.

♠ 본절의 하나님도 원문이 13절에서처럼 '하엘로힘האלהים'이다. 예수님과 관련된 것이라는 의미다. 잠언 25장 2절에, "일을 숨기는 것은 하나님의 영화요 일을 살피는 것은 왕의 영화니라/ 하늘의 높음과 땅의 깊음 같이 왕의 마음은 헤아릴 수 없느니라"고 했다. 본절과 병행구절이랄 수 있을 것이다. 그런데 '일을 살피는 것이 왕의 영화니라'고 했는데 이 왕이 누구인가? 잠언을 기록한 솔로몬인가? 만약 그렇다면 3절의 말씀이 더할 나위 없는 교만이 아

닐 수 없게 된다. 숨기는 분도 살피시는 분도 다 하나님이시니, 하나님이 곧 예수님인 것을 말한것이다. 왕은 예수님이다. 인간은 장래 일을 전혀 알지 못한다. 하나님이 숨기셨기 때문이다. 그러나 하나님은 또한 우리를 살피시고, 형통한 날과 곤고한 날을 다 돌아보신다. 시편 48편 14절에, "이 하나님은 영원히 우리 하나님이시니 그가 우리를 죽을 때까지 인도하시리로다"고 하신 바와 같다. 영원히 우리를 인도하시기 위해 살피시는 것이다. 인간의 앞길에 어찌 형통함만 있으며, 곤고한 날만 있겠는가? 다만 어떤 경우이든 하나님의 인도를 바라면 된다는 것이다.

15절] '내 허무한 날을 사는 동안 내가 그 모든 일을 살펴보았더니 자기의 의로움에도 불구하고 멸망하는 의인이 있고 자기의 악행에도 불구하고 장수하는 악인이 있으니'

본절에서부터 18절까지는 특별한 권고가 주어진다. 원문은 첫 부분이 '엩את 하콜הכל 라이티'ראיתי로 시작한다. '내가 이 모든 일을 살펴보았더니'가 번역이다. 이는 마치 전도자가 실제 경험한 깊은 성찰에 대한 경험치에서 비롯된, 그러나 우리가 판단할 때 다소 의아스럽기까지 한 그런 권고가 나타나는 것이다. 전도서 주석학자 '테일러(1874)'는 이 문장 속에서 동양의 특징을 찾았다고 주장한다. 주석학자 '델리치(F. Delitzsch)'도 아리스토텔레스의 윤리를 발견했다고 주장했다. 그만큼 이 부분은 다양한 인생의 지혜를 품고 있다는 것이다. 동서양에 통하는 도리, 그것이 무엇인가? 15-18절 사이에 보이는 것은 아마도 중용의 도리가 아닌가 한다.

'하콜הכל 라이티'ראיתי, 이 말은 곧 전도자가 모든 종류의, 모든 것을 살펴보았다는 것이다. 상반절은 의와 불의와 관계된 경험의 일부를 말한 것이다. 그런데 자칫 오해하고자 하면, 의보다 불의가 나은 것처럼 보여 질 수 있다. 의로움에서 멸망하는 의인, 그리고 악행에서 오히려 장수하는 악인에 대한 것이 이상하지 않은가? 의에도 불구하고 죽고 악에도 불구하고 오래 산다? 의인이 장수하고 악이 멸망해야 하는 것이 정상이 아닌가? 이런 의문들이 샘솟듯 솟아날 수 있다는 것이다. 어쩌면 이율배반적인 측면에 대한 해석을 어떻게 해야 할까?

잠언의 많은 부분에서 악인은 망하고(잠11:5-8, 12:11), 의로운 자는 환난과 사망 가운데서도 건져지는데(잠10:2, 11:4, 14:32), 본문은 왜 이런 것일까? 장수에 관해서도 그렇다. 이 땅에서의 장수는 율법을 지키는 것이었다(신4:26, 5:16,11:9). 전도자의 의중(意中)에 대해 성경학자들은 사람이 의를 과장해서는 안 되는 것을 말하고자 함이라고 주장한다. 환언하면, 만일 사람이 그가 가진 의에도 불구하고 죽는다면, 그것은 의를 실천함에 있어 합당한 척도와 한계를 넘은 경우라고 본다는 것이다. 악인은 악행에도 불구하고 반대로 자신의 한계를 인식하고 조심함으로써 장수라는 결과를 낳았다는 것이다. 중용이나 과장 등의 해석으로 본절을 해석하는 이런 견해가 과연 옳은 것인가?

다른 각도로 다시 보기로 하자. 이 경우는 앞의 해석과 달리 '그 모든 일'이 세상의 '모든 종류의 일이 아니라'는 견해다. '모든'을 말하는 '콜כל' 앞에 정관사 '하ה'가 있어 전부가 아닌 제한적인 것이라는 말이다. 즉, 의인과 악인의 경우만 해당된다는 것이다. 또한 전도자가 '내 헛된 날에'라고 말한 것으로 보아 세상 모두에게 적용됨이 아니라 해 아래 인생, 곧 죄 가운데 살아가는 인생들에게만 한정적으로 적용된다는 말이다.

이런 견지라면 본절의 의인도 죄와 상관없는 의인이 아니라 세상 윤리를 잣대로 했을 때의 의인이 되는 것이다. 신앙적 관점에서의 속죄가 된 의인이 아닌, 도덕적 기준에서의 의인이라는 것이다. 이런 해석은 이 책의 취지와 맞지 않는다. 또 어떤 성경학자들은 본절의 '의'가 진정한 의가 아니라 바리새인들의 자칭 의인이라 함과 같이 '가식적인 의'라고 보기도 한다. 하지만 이것 또한 반대로 악인은 또한 '가식적인 악인'이기에 장수한다는 모순이 성립되기에 정답은 아니다. 결국 일차적 의미는 속 시원한 해답을 제시하지 못한다.

　♠ 예수 그리스도 중심적 관점에선 두 가지 정도로 해석해 볼 수 있다. 먼저, 본절의 헛된 날은 '비메ימי 헤블리הבלי'다. 여기서 '헤블리הבלי'는 '헤벨הבל'의 1인칭 단수다. 이것은 필자가 '헛된'이라기보다는 '한 호흡의 짧은 시간'으로 보는 것이 낫다고 했다. 짧은 날 동안에 벌어지는 모순이 있다. 즉, 하나님의 뜻대로 사는 '의인'이 시련을 당하고 심지어는 일찍 죽임을 당하기도 한다. 반면에 누가 봐도 하나님을 거부하는 자들이요, 악인인데 의인이 누려야 할 상급인 장수를 누린다. 평생 호의호식(好衣好食)하며 살기도 한다. 이게 모순이라고 여기면 모순 같이 보일 것이다. 그런데 성경은 특히 신약에선 이것이 전혀 이상하지 않다. 누가복음 16장의 거지 나사로의 이야기를 생각해 보라. 나사로는 해 아래 시각에서는 평생을 최하의 인생, 불행이라는 수식어를 달고 거지로 살았으나 죽어 천사들에게 받들려 아브라함의 품에 들어간 것으로 보아 영적으론 의인이었음을 알 수 있다. 반면에 부자는 평생을 세상적 관점에서 볼 때, 부족함이 없이 살았으나 음부에서 고통을 당하게 되었다. 영원한 생명에 비해 아래 삶에서의 악인의 장수는 아무 의미가 없다는 것이다. 왜냐? '비메 헤블리', 곧 '짧은

한 호흡 같은 날'이기 때문이다. 영적 관점에서는 전혀 본절의 말이 이상하지 않다는 것이다.

두 번째로, 본절에 대한 새로운 이해다. 본절의 '자기 의로움에도 불구하고 멸망하는 의인이 있고'에 대해 살펴보자. 히브리어엔 우리말과 다른 특징이 있다. 그 중에 본절의 '의로움'은 '의인'으로 번역해도 무방하고, 또 '악인'은 '학함', '악행', '악한 자' 등으로 번역해도 아무 문제가 없다는 것이다. 그렇게 보면 이 부분은 '의인임에도 불구하고 멸망하는 의인이 있고'라고 해도 괜찮다는 것이다. '멸망하는 의인'이 무엇인가? 그것은 육체가 죽임을 당한다는 것이다. 육신의 죽음은 이 세상의 삶이 한 순간에 불과하고, 영원한 생명을 얻었으니 아무 것도 두려워해야 할 이유가 없고, 불만을 가질 필요도 없는 것이다. 반면에 '자기의 악행에도 불구하고 장수하는 악인이 있으니'라고 했다. 여기서도 '악행'을 '악한 자'라고 해도 히브리어 문법상으론 문제가 되지 않는다. 악한 자가 장수한다? 이것 또한 별 것 아니다. 영원한 삶에 비추어 보면, 이 세상의 삶은 장막의 삶이어서, 금방 지나갈 한 때의 삶이다. 그러니 본절은 신앙적, 혹은 영적 관점에서는 아무런 모순도 없는 귀한 말씀인 것이다.

16절] '지나치게 의인이 되지도 말며 지나치게 지혜자도 되지 말라 어찌하여 스스로 패망하게 하겠느냐'

현실과 이상의 괴리에 대한 설명이 된다. 해 아래 세상에서는 모순된 현실이 상존한다는 것이다. 왜냐하면 죄 가운데 살아가는 인생이기에 온전함을 발견하기가 용이하지 않다. 지나치게 의인이 되지도 말고, 지나치게 지혜자가 되지 도 말라? 여기서 '지나치게'

는 '하르베הרבה'와 '요테르יותר'가 원문으로 사용되었다. '하르베הרבה'는 부정사 절대형이고, 원형이 '라바הרבה'다. 이것은 '증가하다', '많게 하다'의 뜻이다. '요테르יותר'는 '나머지', '이득', '더 많이', '너무 많이'의 뜻이다. 전도자가 이렇게 말한 것에 대해서는 몇 가지로 추측할 수 있을 뿐이다. 첫 번째는 문자적 해석이다. 이 세상에서 적당한 수준에서의 범죄는 용납될 수 있다는 것이다. 하지만 이것은 도무지 성경의 본질과 어긋나 답이랄 수 없다. 두 번째는 15절에서 언급했듯이 동양적 중용의 도리를 언급한 것이라는 입장이다. 이것 또한 비성경적이다. 현실과 이상의 중간에서 적절히 처신하라는 것이니, 이 또한 도덕률이라면 모를까 옳지 못한 견해다. 적당한 의인은 바리새인과 같은 유대 종교지도자들이다. 이들의 처신이 과연 옳은 것인가? 결코 그렇지 않다.

그렇다면 과연 이것은 무엇을 뜻하는 말씀인가? 유대인들의 사고는 그들 마음 안엔 선악이 공존하고 있다고 여긴다. 이런 견지에서 본다면, 본절의 말씀은 아무리 잘난 의인이라 할지라도 그 안에 악이 있으니 과신하지 말고, 스스로도 죄인의 자리에서 온전할 수 없으므로 겸손해지라는 의미로 보는 것이 옳지 않을까? 물론 지혜자의 경우도 그러하다. 자신만이 모든 것을 다 안다는 것 또한 교만이기에 이 또한 위선이랄 수 있다는 것이다. 해 아래에서 스스로 의인, 스스로 지혜자는 사실상 없다. 의인인 척, 지혜자인 척인 사람만 있을 뿐이다. 이런 자들은 스스로 패망하게 된다는 것이다.

♠ 본문에서 전도자가 진정 무엇을 말하고자 하는 것일까? 아마도 죄 가운데 처한 인간, 속죄의 문제가 해결되지 않은 인간들이 의인 혹은 지혜자가 되고자 하는 것은 절대 불가한 일을 추구하

고 있다는 것을 알리려 함이 아닐까? 진정 하나님 앞에 온전한 자가 없음을 고백하고 도우심을 바라는 태도를 가지라는 것이리라.

지나치게 의인이 되지도 말라는 것, 그것은 바리새인들의 의인인양 행세하는 모습의 반영이다. 예수 그리스도만이 진정한 의인일 뿐, 해 아래 누가 의인이 있을 수 있겠는가? 지나치게 지혜자도 되지 말라고 한 것 또한 그러하다. 누가 있어 감히 해 아래, 곧 이 땅위에서 지혜자라고 말할 수 있는가? 하나님의 지혜는 하나님만이 가능한 지혜다. 모든 인간은 죄인이며, 의인은 없으니 하나도 없다. 참된 지혜자도 없다. 이와 같은 사실을 전도자가 유대 종교지도자들에게 반문하는 것이다. 속죄를 받지 않으면 패망할 것이다. 왜 잘못된 길을 가느냐고 묻는 말이다.

17절] '지나치게 악인이 되지도 말며 지나치게 우매한 자도 되지 말라 어찌하여 기한 전에 죽으려고 하느냐'

16절, 17절이 모두 극단을 의도적으로 피하려는 듯이 보인다. 물론 문자적으로만 볼 때 그러하다는 것이다. 본절도 마치 적당한 악은 용인(容認)될 수 있고, 적당한 어리석음 또한 필요한 듯이 말하는 것 같지 않은가? 16절에선 지나치게 의인이 되지 말라더니, 여기선 지나치게 악인이 되지도 말라고 한다. 또 앞절에서 지나치게 지혜자가 되지 말라고 하더니 여기선 지나치게 우매한 자도 되지 말라고 한다. 대조적 관계다. 아마도 독자들에겐 마치 중용의 도리가 그대로 적용된 것으로 보일 것이다. 이것은 마치 한편으론 사람들에게 인생을 즐기고 살되 방종하진 말라고 한 것으로, 또한 율법과 원칙에 어긋나지 않을 정도의 적당한 삶은 괜찮다고 말하는 것처럼 보일지도 모르겠다.

　본절엔 악인과 우매한 자가 기한(期限) 전에 죽을 것이라고 말한다. 이것은 대단히 성경적이다(시37:10). 예를 들면, 잠언 10장 27절엔, "여호와를 경외하면 장수하느니라 그러나 악인의 수명은 짧아지느니라"고 했다. 본절도 지나치게 악인이 되거나 지나치게 우매한 자가 기한 전에 죽는다고 말하고 있다. 본절의 '기한 전'에서 '기한'은 '읻테카עתך'다. 이것은 남성 2인칭 단수여서 '때'를 말하는 '에트עת'에 접미어ך가 붙은 것이다. 즉, '너의 때'가 된다. 본래 그가 받을 심판의 때가 단축된다는 의미로 여겨진다. 그렇다면 적당한 악인, 우매자는 그렇지 않다는 것인가? 15절의 말씀, 곧 '자기의 악행에도 불구하고 장수하는 악인이 있으니'처럼 장수한다는 말인가? 그런 의미는 아닐 것이다.

　그렇다면 전도자가 말하고자 하는 바가 무엇일까? 일차적 의미로서의 해석은 우선, 사람은 해 아래 세상이 기본적으로 악하니 죄로부터 자유롭지 못하고, 누구나 죄 가운데 살지만 그렇다고 해서 마구 범죄를 저질러선 안 된다는 것을 말하고 있다는 것이다. 또한 악한 세상이라고 해도 그 조류에 휩쓸려 지혜를 경시하거나 멀리함으로써 어리석음을 강화하는 것 또한 수명을 단축하는 행위라는 것이다. 지나친 악인, 지나친 우매자는 적극적 악인이고 또한 적극적 우매자를 말한다는 것이다. 이것은 악한 양심의 노골적, 강화된 범죄가 되는 것이다. 사람들 가운데서 이러한 자에게는 그들의 지나친 죄가 하나님의 심판을 앞당기는 촉매제가 된다는 것이다. 그러나 설령 그렇다고 해도 이런 해석은 하나님의 진정한 의도와는 많이 어긋난, 그래서 미흡한 해석이다. 적당한 윤리와 도덕 하에서 살아가면 그만이라는 식의 해석이 가능해지기 때문이다.

♠ 모든 악인들과 우매한 자들은 다 죽게 된다. 본절의 악인과 우매한 자는 광의(廣義)로는 온 인류의 죄인에게 다 해당되지만 협의(狹義)론 전도서의 주 대상인 유대인 종교지도자들과 그들을 따르는 유대인이 된다. 모두가 다 죽기는 죽되 악행과 우매함의 정도가 지나친 자들은 기한 전에 죽는다는 것이다. 즉, 수명이 짧아진다는 것이다(잠10:27). 이것은 회개에 대한, 속죄에 대한 기회 상실이 앞당겨진다는 것을 말함이다. 해 아래의 삶에서 속죄 없이 죽음을 맞는다는 것은 둘째 사망의 곳, 곧 유황 불못으로 든다는 것이니 이보다 더 큰 두려움이 없다. 그런데 지나친 악인과 우매자는 그 회개의 시간마저 줄어들게 되니 더욱 두렵다.

그래서 전도자가 외친다. 왜 기한 전에 죽으려 하느냐? 이 말을 달리 표현한다면 '영원한 생명을 얻을 수 있는 데, 예수 그리스도를 메시아로 인정하고 그분의 뜻에 따르면, 그분을 하나님으로 받들고 믿으면 영원히 사는데 왜 죽고자 하느냐'는 것이다.

18절] '너는 이것도 잡으며 저것에서도 네 손을 놓지 아니하는 것이 좋으니 하나님을 경외하는 자는 이 모든 일에서 벗어날 것임이니라'

본절의 '이것은'은 '지나친 의와 지나친 지혜자'이며, '저것에서도'에서의 '저것'은 지나치게 악인이 되는 것과 지나치게 우매한 자가 되는 것을 말한다. 또한 '하나님을 경외하는 자는 이 모든 일에서 벗어날 것임이니라'고 할 때, '이 모든 일', 혹은 '이 모든 것'은 무엇을 뜻하는가? 대개 성경학자들은 '인생의 복잡다단한 문제들'이라고 주장한다. 합리적이기는 하지만 이 전도서 안에는 그런 문제가 본문으로서 도출되지 않는다. 학자들의 견해가 다분히 작위적이라는 말이다. 결국 '모든 것'은 위에서 말한 '이것과 저것'을 포함하는 말이다.

또한 하나님을 경외하는 자가 이 모든 일에서 벗어난다고 할 때, '벗어날 것임이니라'의 구체적인 뜻은 무엇일까? '벗어날 것이니라'의 원문은 '예체'다. 남성 3인칭 단수다. 원형은 '야차אצי'로, 이것은 '나오다', '돋다', '나가다', '행하다' 등의 여러 가지 의미를 갖는다. 원문의 성격을 감안해 이 부분을 다시 해석해 보면, '하나님을 경외하는 자가 스스로 모든 것에서 자유롭고, 다른 사람은 물론 자신에 대해서도 합당하게 처신하며, 지나치게 의인도 되지 않고, 지나치게 지혜자도 되지 않으며, 또한 지나치게 악인도 되지 않고 지나치게 우매한 자도 되지 않는 것이다'라고 할 수 있다.

15-18절을 아우르는 결론이 무엇일까? 인간은 온전할 수 없으며, 불완전하다. 따라서 선과 악이 혼재된 해 아래에서 완전한 의인, 온전한 지혜자가 되는 것은 불가능하다는 것이다. 그러므로 사람은 의를 지향하는 삶을 살되, 항상 잊지 말 것은 근본적으로 죄인이라는 자각이며, 그에 따라 하나님을 경외하는 삶을 살라는 것이다. 인간 스스로가 의인인 척, 지혜자인 척하지 말며, 하나님의 현존을 의식하고 순종하는 삶을 살아야 하며, 그것이 의로운 삶이라는 것이다. 전도자가 말하는 선악 간에 극단적인 삶에서 벗어나는 길이 무엇인가? 결국 하나님을 경외하는 것 외에는 달리 방법이 없음을 힘주어 명령조로 말하고 있다.

♠ 본절에서 이것과 저것을 확실히 하는 것이 핵심이다. 이것은 16절에서 말하는 것, 곧 지나치게 의인이 되고자 하는 것과 지나치게 지혜자가 되고자 하는 것이다. 이것에 관해서는 16절에서 언급했다. 즉, 유대적인 방식의 하나님을 섬기는 것을 말한 것으로서, 바리새인들이 의인 인양 행세하는 모습의 반영이었다. 가짜 의인이고 가짜 지혜자가 되지 말라는 것이다. 예수 그리스도만이 진정한 의인이고 지혜자가 되시니 감히 이 땅위에서 의인과 지혜자를 논해서는 안 된다는 것, 그런 사고를 꼭 붙잡고 있으라는 것이다.

저것에 관해서는 17절의 말씀이니, 지나치게 악인이 되지도 말고 지나치게 우매한 자도 되지 말라는 말씀에 대한 것이다. 지나친 악인과 지나친 우매한 자들이 누구일까? 인간 세계에서 도덕적·법적 악인과 천지분간을 못하는 어리석은 자가 무수히 많은 바, 그들을 말함은 일차적 의미요, 속내는 영적 악인과 영적 어리석은 자들을 가리킴이다. 이들이 누구인가? 지나친 악인은 예수님으로부터 '독사의 자식'이라 불리워진 바리새인들, 곧 유대 종교 지도자들이다. 하나님의 아들을 처형하고자 한 악인들보다 더한 악인들이 이 세상에 어디 있겠는가? 우매한 자들은 이들을 무턱대고 따른 유대인들을 가리킴이다.

성경은 평범한 사람이라 할지라도 예수 그리스도를 영접하지 않으면 심판의 대상이 될 것을 말하고 있다. 왜냐하면 하나님의 말씀을 듣지도 믿지도 않았기 때문이다. 이와 같은 사람들은 그나마 이 땅위에서 적어도 육체적인 삶에서만큼은 제 수명대로 산다. 물론 영원은 보장되지 않는다. 그런데 인간의 도덕률 이상의 악행이나 어리석은 짓들은 수명마저 단축하게 될 것이라 했으니 이것은 하나님께서 사탄의 영향으로 인해 균형을 상실한 인간 세상의 균형자 역할을 하시는 방법 중에 하나다. 따라서 이런 말씀을 절대로 명심하고 그 가운데 빠지지 말라는 것이다. 이처럼 성경은 속뜻과 겉뜻이 다 있어 적절히 작용하여 하나님의 백성들을 일깨운다.

그렇다면 무엇이 길인가? '하나님을 경외하는 것'이 '이것'과 '저것'에서 자유하는 유일한 길이라는 것이다. 16절과 17절에서 말하는 것은 어쩌면 양 극단이다. 하나님을 경외하는 것이 그러한 극단적인 삶을 피하는 길인 것이다(The man who fears God will avoid all extremes).

19절] '지혜가 지혜자를 성읍 가운데에 있는 열 명의 권력자들보다 더 능력이 있게 하느니라'

본절에 관한 일차적 의미를 살펴보자. 이런 관점에서의 지혜는 인간의 지혜가 된다. 이런 지혜가 비록 불완전하고, 온전히 의롭지는 않으나 본절은 인간이 가진 지혜의 가치에 대해 긍정적인 시각을 갖게 한다. 물론 전도자가 말하고자 하는 바는 이런 지혜보다는 하나님을 경외하는 마음을 갖기를 바라는 의도에서 한 말이기도 하다. 그런데 왜 하필 권력자가 열 명일까? 이것은 일단 많다는 뜻이다(민14:22, 욥19:3). 솔로몬 당시 중동지방에서는 통치자들이 보통 열 명의 보좌관, 혹은 부관들을 두고 이들의 의견을 물었다고 한다. 본래 '10'이 완전수이니, 완벽한 보호, 완벽한 능력을 표현한 것이리라. 혹자는 본절이 '지혜가 스스로 지혜자에 대해 강한 것을 입증한다는 의미를 갖는다'고 말하기도 한다. 그렇다면 원문을 조금 파악해보자.

'타오즈תעז'는 '아자즈עז'의 미완료형이고 여성 3인칭단수다. '타오즈תעז'는 '강하게 하다', '강해지다', '이기다', '승리를 얻다'의 뜻을 갖는다. '권력자들'은 원문이 '쌀리팀שליטים'으로, 이것은 '샬리트שליט'의 복수형이다. 그 뜻은 '단단한', '열정적인', '지배자'가 된다. 여기서는 권력자나 통치자로 사용되었다. '지배하다', '다스리게 하다'를 뜻하는 '샬리트שלט'가 원형이다. 이 '쌀리팀שליטים'은 군사적인 명칭은 아니나 전쟁 시에 무역의 위협이 되는 피해를 줄이고 외부의 침투 세력을 저지하기 위해 보호를 필요로 할 때 나타나는 그런 지배자의 성격을 갖는다. 이사야 60장 17절에, "…화평을 세워 관원으로 삼으며 공의를 세워 감독으로 삼으리니"라고 할 때의 감독이 '쌀리팀שליטים'이다. 그래서 전도자는 지혜가 마치 강력한 10명의 지배자가 성을 보호하는 것 같이 지혜로운 자를 보호한다고 말하고 있는 것이다.

본절에서 전도자가 말하고자 한 핵심은 이러하다. 즉, 참 지혜는 세상이 보유한 물리적인 힘보다 더 뛰어나고, 더 강하다는 것이다. 많은 수의 지배자가 서로의 힘을 합친 것보다 더 큰 능력으로 강하게 하는 것이 지혜라고 말하고 있다. 그러한 힘을 받은 지혜자는 최강의 능력을 갖고 있다는 것이다. 그렇다면 그와 같은 지혜자가 누구인가?

♠ 본절의 열 명의 권력자는 누구인가? 이차적 의미로서의 '열 명'은 유대인들의 사고를 알면 쉽게 알 수 있다. 즉, 그들에게 있어 열 명은 의인을 상징한다. 그래서 유대인들은 열이라는 숫자에 대단히 민감하다. 예를 들면, 세상에 의인 열 명이 없어 소돔과 고모라가 망했음을 기억하고 있다. 지금도 유대인들은 이 열이라는 숫자를 중시하여, 회당 예배의 최소 정족수를 히브리어를 낭독

할 수 있는 성인 유대인 열 명을 고수한다. 그렇다면 본절의 열 명의 권력자는 다수라는 의미 그 이상이다. 세상의 모든 권력자를 합한 그것보다 더 강하게 지혜가 지혜자에게 역사한다는 것이다.

세속의 온전한 지배자, 성읍 가운데 있다는 그 권력자가 무엇을 상징할까? 그것은 바로 유대 종교지도자들이다. 그 중에서도 특별히 유대의 산헤드린 공의회에 속한 자들을 뜻할 것이다. 그런데 그러한 세속의 권력자 열 명보다 더 강하게 하는 지혜가 무엇인가? 그것은 '하나님의 지혜'다. 지혜자가 예수 그리스도를 믿는 사람이라고 여러 번 강조했거니와 하나님의 지혜, 곧 성령의 역사가 예수를 믿는 자들을 강하게 한다는 것이다. 그 강함의 정도가 세상의 자칭 의인이라 칭하는 유대 종교지도자 모두를 합한 것보다 더 강하다는 것이다.

왜 지혜자들이 그토록 강한 것일까? 요한복음 6장 44절에, "나를 보내신 아버지께서 이끌지 아니하시면 아무도 내게 올 수 없으니 오는 그를 내가 마지막 날에 다시 살리리라"고 하셨다. 이처럼 이들은 하나님께서 이끌어 주신 사람들이다. 그래서 영적으로 대단히 강하다. 이들은 부활의 날에 다시 살기로 약정된 자들이다. 영에 속한 사람들이다. 영원히 살 사람들이다.

이들이 얼마나 강력한 능력이 있는지 보자. 요한복음 14장 12절에 보면 예수께서, "내가 진실로 진실로 너희에게 이르노니 나를 믿는 자는 내가 하는 일을 그도 할 것이요 또한 그보다 큰 일도 하리니 이는 내가 아버지께로 감이라"고 말씀하셨다. 예수님처럼 크고 강한 이적을 행사한다기보다 예수께서 하신 일을 이어서 하게 되리라는 것이다. 그것이 무엇인가? 하나님의 일이다. 하나님의 일이 무엇인가? 요한복음 6장 28-29절에, "그들이 묻되 우리가 어떻게 하여야 하나님의 일을 하오리까/ 예수께서 대답하여 이르시되 하나님께서 보내신 이를 믿는 것이 하나님의 일이라 하시니"라고 했다. 예수를 알지 못하던 유대인들에겐 하나님을 믿는 것이 하나님의 일이었다. 그러나 이미 예수를 믿는 자들에겐 하나님의 일이 곧 예수께서 하시던 일, 곧 영혼구원 사역을 이어받는 것이다. 한 영혼이 천하보다 귀하다면, 그와 같은 영혼들을 예수께로 인도하는 그런 일보다 더 큰 일이 어디 있을까? 세상 권력자들은 도무지 할 수 없는 막강한 일이고 사명인 것이다. 그러하기에 세상 권력자들 모두를 합친 것보다 더 강한 능력을 가지고 있다는 것이다.

20절] '선을 행하고 전혀 죄를 범하지 아니하는 의인은 세상에 없기 때문이로다'

열왕기상 8장 46절에는 솔로몬의 기도 내용의 일부가 나온다. 즉, "범죄하지 아니하는 사람이 없사오니…"라고 했다. 그런데 본절은 솔로몬의 기도보다 더 앞으로 나간다. 죄를 범하지 않는 의인이 세상에 없다는 것이다. 이 말을 바꿔말하면 죄를 범한 자는 의인이 될 수 없는 것이다. 이런 류의 의는 불완전하고, 이런 의인은 완전한 의인이 아닌 것이다. 비록 의를 추구하고, 행한다 할지라도 인간의 한계는 너무나 뚜렷하다. 죄를 안 지을 수 없다는 것이다!

본절의 원문은 이유를 나타내는 접속사 'כי(왜냐하면)'로 시작하기에, 본절이 19절에 대한 설명이 된다. 이 부분은 'כי 아담 אדם 엔יִן 차디크צדיק 바아레츠בארץ'로서, 이것을 직역하면, '왜냐하면 세상에 의인은 아주 없느니라'가 된다. 세상에 의로운 사람이 하나도 없다는 것이다. 여기서 아담은 단순히 사람의 뜻이라기보다는 인류를 대표한다. 19절처럼 지혜가 지혜자를 보호하고 강하게 하는 것에 대한 설명이 본절의 핵심이다. 모든 사람, 곧 지혜자라 할지라도 죄를 범할 수 있다. 그러나 지혜가 있어 스스로 그 보호의 방편이 됨으로 열 명의 지배자보다 낫다는 것이다. 본절의 '선을 행하고'에서 원문이 '야아세עשה 토브טוב'다. '토브טוב'가 이번에는 '선'으로 사용되었다. '야아세עשה'는 미완료, 남성 3인칭단수다. 원형이 '아사עשה'로서, 이것은 '어떤 일을 하다', '행하다', '만들다'의 뜻이다. 미완료형이라 함은 계속적인 의미를 갖는다는 것이니, 결국 계속적으로 선을 행하는 자가 없다는 것이다.

♠ 본절로 미루어 유대인들이 율법을 준수하기 위해 몸부림치다시피 했으나 결국은 계속해서 선을 행하는 자도 없고, 본절에서처럼 죄가 없는 자도 없다는 것이다. 로마서 3장 23절에, "모든 사람이 죄를 범하였으매 하나님의 영광에 이르지 못하더니"라고 한 바와 같다. 전도자의 말처럼 세상엔 자력으로 의인이 될 수 있는 방법이 없다. 왜? 모두가 다 죄인이기 때문이다. 로마서 3장 10절에, 그래서 "의인은 없나니 하나도 없으며"라고 한 것과 같다. 킹제임스역의 영역본도 본절에 대해 이렇게 번역했다. 즉, '이 땅에서 선을 행하고 죄를 짓지 아니한 자가 없다'고 한 것이다. CEV는 'No one in this world always does right(이 세상에서 항상 옳은 자가 없다)고 했다. 본절을 의역하면 이러할 것이다. 즉, 왜냐하면 사람으로서 의인이 이 땅에 없는데 그것은 선을 행하고 악(부지중의 죄)을 짓지 않음이 없음이로다'라고 말이다.

인간적인 노력이나 수단, 방법으론 속죄가 불가능하다. 시편 49

편 8절에, "그들의 생명을 속량한 값이 너무 엄청나서 영원히 마련하지 못할 것임이니라"고 했다. 인간의 수단으론 속죄가 영원히 불가능한 것이다. 그런데 로마서 3장 21-26절을 보면 놀라운 속죄의 길이 열린 것을 알 수 있는 것이다. 21절엔, "이제는 율법 외에 하나님의 한 의가 나타났으니 율법과 선지자들에게 증거를 받은 것이라"고 했으니, 이어지는 22절에, "곧 예수 그리스도를 믿음으로 말미암아 모든 믿는 자에게 미치는 하나님의 의니 차별이 없느니라"고 한 것이다. 예수를 믿는 믿음의 결과가 또한 24절에 나온다. 즉, "그리스도 예수 안에 있는 속량으로 말미암아 하나님의 은혜로 값없이 의롭다 하심을 얻은 자 되었느니라"고 한 것이다. 왜 십자가를 지셨나? 26절에서, "곧 이 때에 자기의 의로우심을 나타내사 자기도 의로우시며 또한 예수 믿는 자를 의롭다 하려 하심이라"고 한 것이다. 이 말씀들은 구원의 횃불이다. 죄의 어둠이 비로소 물러가고 빛을 기다릴 수 있게 된 것이다.

21-22절] '또한 사람들이 하는 모든 말에 네 마음을 두지 말라 그리하면 네 종이 너를 저주하는 것을 듣지 아니하리라/ 너도 가끔 사람을 저주하였다는 것을 네 마음도 알고 있느니라'

본절에서 '듣는 것'은 직접적인 것이 아니라 타인을 통해 듣는 것이다. 종이 주인을 향해 저주한다는 소문이 들렸다. 종은 보통 주인 앞에서는 고분고분하지만, 아부와 충성의 표현을 하지만, 뒷담화를 많이 한다. 특히 비난하는 경우가 더 많다. 이런 경우에도 무시하라는 것이다. 종들의 그런 비난은 전혀 들을 필요가 없다는 것이다. 불완전한 인간들에게서 쏟아지는 비난은 어쩌면 당연한 것이어서 일일이 민감하게 대응할 필요가 없다는 것이다. 사람은 이처럼 변덕스럽고 이중적이니 구태여 이런 것에 신경을 기울이지 말고 다만 하나님만 경외하고 섬기라는 의미다.

'네 마음을 두지 마라'는 원문이 '알אל 티텐תתן 립베카לבך'이다. '알אל'은 부정부사로서 '~ 아니다'의 뜻이고, '티텐תתן'은 남성 이인칭 단수이며 미완료형이다. 원형은 '주다', '금하다'의 뜻이 있는 '나탄נתן'이다. '립베카לבך'는 남성 이인칭 단수로 원형은 '마음'의 뜻이 있는 '레브לב'다. 직역하면 '네 마음을 주지 말라'라는 뜻이다. '네 종이 저주하는 것을'은 원문이 '엩את 압데카עבדך 메카레카מקללך'이다. '압데카עבדך'는 '에베드עבד'에 남성 이인칭 단수 접미사 ך가 붙은 것이다. 그 뜻은 '종', '노예', '신하'가 된다. '메칼레카מקללך'도 남성 2인칭 단수이고 원형은 '칼랄קלל'이다. '칼랄קלל'의 의미는 '가볍게 하다', '멸시하다', '경멸하다'로, 여기서는 피엘형이어서 '저주하다', '욕하다'의 의미로 사용되었다. 본절의 원문은 번역문과 거의 일치한다.

'너도 가끔 사람을 저주하였다는 것을 네 마음도 알고 있느니라'라고 했다. 원문은 여기서 접속사를 포함한 '키כי 감גם'으로 시작한다. '왜냐하면 또한'의 뜻이다. 21절에 대한 이유를 설명한다는 것이다. 타인이 뒤에서 저주하고 욕하는 말을 듣는 너도 또한 똑같이 다른 사람을 가끔은 동일한 행동을 하지 않았느냐는 것이다. 그런 짓을 한 것을 그 마음으로 스스로 알고 있기 때문이라는 것이다.

'가끔'은 원문이 '페아밈פעמים 랍보트רבות'이다. '페아밈פעמים'은 '발자국', '걸음'을 뜻하는 '파암פעם'의 복수형이고, '랍보트רבות'는 '많은'의 뜻을 갖는 '라브רב'의 복수형이다. '많은 발자국'이 직역이니 '여러 번'의 뜻이다. '사람을'로 번역된 원문은 '아헤림אחרים' 이다. 이것은 '다른'의 뜻을 갖는 '아헤르אחר'의 복수다. '다른 사 람'이란 뜻이다. 전도자는 여기서 '네 마음도 알고 있느니라'고 말 함으로써 드러나지 않은 내면을 직시하게 한다. 그 자신 또한 다 른 주변의 사람들을 여러 번 욕하고 저주하고 있지만, 그럼에도 불구하고 겉으로 드러나진 않았지만, 자기 자신의 마음만은 속일 수 없이 확실히 알고 있다는 것이다. 결론적으로 말하면 그러한 처지니 남의 말에 굳이 신경 쓰지 말라는 것이다.

♠ 마태복음 5장 22절에, "나는 너희에게 이르노니 형제에게 노 하는 자마다 심판을 받게 되고 형제를 대하여 라카(머리가 빈 자- 히브리인의 욕설)라 하는 자는 공회에 잡혀가게 되고 미련한 놈 이라 하는 자는 지옥 불에 들어가게 되리라"고 했다. 이 말씀은 예수께서 산에 올라 제자들을 향해 하신 말씀 가운데 일부다. 전 도자의 말과 그다지 차이가 없다. 하나님의 심판은 인간이 피할 도리가 없다. 이 말씀만 보아도 구원의 여지가 전혀 없는 것이다. 인간으로서 이웃을 대할 때 경멸하거나, 욕하거나, 비난해 본 적 이 한 번도 없는 사람이 과연 있을까? 아마도 없거나 극히 드물 것이다. 심판과 지옥불은 인간이 곁에 그림자처럼 붙어있다. 속죄 가 선행되지 않는 한 인간은 도무지 떼어낼 수 없다. 어찌할 방법 이 없는 것이다. 이것은 속죄를 통한 자력구원은 사실상 불가하다 는 것에 다름 아니다. 그러므로 하나님만이 속죄의 문제를 해결하 고, 인간을 하나님 곁으로 오게 하실 수 있으니 그 하나님께서 인 간세계 속으로 스스로 오신 것이다.

그런데 막상 구원 받은 예수의 제자라 할지라도 세상 끝날까지 는 여전히 불완전한 인간이기에, 타인으로부터 저주(혹은 조소)의 소리를 들을 수 있고, 그 자신의 마음 안에서도 타인을 욕하고 심지어 저주할 수도 있다. 그러나 그와 같은 마음은 지옥에 들어갈 만큼 못된 마음이니 남의 말에도 괘념치 말고 귀를 막으며 자신도 또한 한결같은 마음으로 하나님만 섬기라는 의미가 된다.

신약에서는 보다 구체적으로 성도들의 행할 바를 가르친다. 예를 들면, 에베소서 4장 25-30절의 말씀이 그것이다. 즉, "그런즉 거짓을 버리고 각각 그 이웃과 더불어 참된 것을 말하라 이는 우리가 서로 지체가 됨이라/ 분을 내어도 죄를 짓지 말며 해가 지도록 분을 품지 말고/ 마귀에게 틈을 주지 말라/… / 무릇 더러운 말은 너희 입 밖에도 내지 말고 오직 덕을 세우는 데 소용되는 대로 선한 말을 하여 듣는 자들에게 은혜를 끼치게 하라/ 하나님의 성령을 근심하게 하지 말라 그 안에서 너희가 구원의 날까지 인치심을 받았느니라"고 한 것이다. 전도서보다 오히려 더 강화된 그리스도인들의 타인에 대한 도리를 말하심이다. 시편 103편 13절에, "아버지가 자식을 긍휼히 여김 같이 여호와께서는 자기를 경외하는 자를 긍휼히 여기시나니"라고 하심 같이 하나님은 성육신하셔서 인류의 죄를 대신하여 지셨다. 그런 긍휼하심을 입은 예수의 제자들이 마땅히 지켜야 할 바가 있으니, 그것은 에베소서 4장 32절에, "서로 친절하게 하며 불쌍히 여기며 서로 용서하기를 하나님이 그리스도 안에서 너희를 용서하심과 같이 하라"는 것이다. 이와 같이 하면 기독교가 흥왕(興旺)하게 될 것이다.

23절] '내가 이 모든 것을 지혜로 시험하며 스스로 이르기를 내가 지혜자가 되리라 하였으나 지혜가 나를 멀리 하였도다'

본절에서 솔로몬은 많은 예언을 잠깐 접어두고 자기 말을 하는 듯이 보인다. 그것은 자신이 한 일과 말들 중에 일부를 소회(所懷)를 말하듯 내면의 말을 토해내며 인간 이성의 한계를 탄식적으로 드러낸다. 그는 '내가 이 모든 것을 지혜로 시험하며'라고 말함으로써 전도자 자신이 스스로 지혜를 수단으로 삼아 지혜자(지혜 있는 자)가 되고자 노력한 흔적을 보여주기도 한다. 당연히 여기서의 지혜는 솔로몬 자신의 지혜, 곧 이성적 능력이 될 것이다.

'시험하며'는 원문이 '닛시티ניסיתי'다. 이것은 '나싸נסה'의 피엘형이다. 그 뜻은 '시험하다'의 뜻이다. 이 단어의 특징은 하나님께서 역경으로 사람들의 신앙을 테스트하거나 혹은 사람들이 하나님의 능력과 도우심을 의심하여 시험한다고 할 때도 사용되는 단어다. 그만큼 전도자가 주의 깊게 검토하고 조사해 보았다는 것이다. 본절의 '이 모든 것'은 '해 아래에서 나타나는 모든 일'을 말한 것이리라. 그런데 결과는 어떠했는가? 솔로몬은 '지혜가 나를 멀리하였도다'라고 안타까운 고백을 하고 있다. '지혜가 나를 멀리하였도다'는 원문이 '웨히יהי 레호카רחוקה 밈멘니ממני'가 된다. '레호카רחוקה'는 원형이 '라호크רחק'다. 이것은 '먼', '멀리 떨어진'의 뜻이며 시공간적으로 멀리 떨어졌다는 것이다. 이것은 한탄이다. 안타까움이다. 지혜가 결국 자신과는 아무 상관없는 것이 되고 말았다는 것이다. 아마도 전자의 지혜를 인간적인 지혜, 곧 이성이라면 후자의 지혜는 하나님의 지혜가 될 것이다. 특별한 지혜를 하나님으로부터 받은 솔로몬조차 한계를 느끼고 탄식하였는데, 하물며 보통 인간들의 지혜가 얼마나 대단하겠는가? 그러므로 인간은 스스로 겸손함으로 하나님의 지혜를 구해야만 하는 것이다. 이것이 일차적 의미가 된다.

♠ 본문은 욥기 28장 12-22절을 요약한 듯한 인상을 준다. 욥기

의 이 부분에서는 세상의 모든 지역과 모든 피조물에 대해 행한 질문이 나오는데, 특히 28장 12-13절을 보면, "그러나 지혜는 어디서 얻으며 명철이 있는 곳은 어디인고/ 그 길을 사람이 알지 못하나니 사람 사는 땅에서는 찾을 수 없구나"라고 하며 탄식하는 장면이 나온다. 그렇다 참 지혜는 이 땅에 없다. 이 말씀은 본절의 솔로몬의 탄식과 유사하다. 욥은 28장의 마지막 절에서 이렇게 고백한다. 즉, "또 사람에게 말씀하셨도다 보라 주를 경외함이 지혜요, 악을 떠남이 명철이니라"고 한 것이다. 악을 떠나라 함은 사탄을 멀리하라는 것이고, 반대로 하나님을 경외하라 함은 하나님을 바로 섬기라는 말이다. 하나님을 바로 섬기는 것이 무엇인가? 하나님의 일이 예수 그리스도를 믿는 것이다.

솔로몬의 탄식은 인간적 노력으론 하나님의 영역, 하나님의 지혜에 절대로 도달할 수 없는 한계를 인식한 것이리라. 그 간극은 하나님만이 메울 수 있는 것이다. 누가복음 10장 23-24절에, "제자들을 돌아보시며 조용히 이르시되 너희가 보는 것을 보는 눈은 복이 있도다/ 내가 너희에게 말하노니 많은 선지자와 임금이 너희가 보는 바를 보고자 하였으되 보지 못하였으며 너희가 듣는 바를 듣고자 하였으나 듣지 못하였느니라"고 하셨다. 제자들이 무엇을 보고 있나? 예수 그리스도다. 그분의 얼굴, 말씀, 능력을 보고 있다. 바로 하나님을 보고 있다는 것이다. 솔로몬조차 보고파 했던 지혜의 원천, 곧 예수님이시다.

솔로몬이 그토록 갖고자 원했던 지혜, 알고자 했던 그것, 그러나 마침내 인간의 노력으로 불가능함을 깨닫고 탄식하게 한 그것, 하나님의 지혜의 핵심은 바로 예수 그리스도이셨다. 그분은 이미 알고 있는 필자와 독자 여러분은 진실로 행복한 사람들이다!

24절] '이미 있는것은 멀고 또 깊고 깊도다 누가 능히 통달하랴'

'지혜가 멀리 있어서, 혹은 지혜의 본질이 인간의 지혜나 지식보다 멀리 있으므로, 그러니 멀고 깊고 깊은 것을 누가 살필 것이며 누가 그것을 검토할 수 있겠느냐'는 것이다. 그런데 전도자 솔로몬이 살피고 또 궁구하는 것이 무엇일까? 그것은 '해 아래'에서 일어나는 모든 일이다. 그가 살펴본 바로 얻은 결론은 솔로몬이 그러하듯 인간 자신의 능력으로는, 즉 인간의 지혜로는 해 아래의 일조차 능히 헤아리지 못한다는 것이다. 왜냐하면 이 세상도 하나님께서 통치하시고 그 주권에 따라 작동하기 때문이다.

'이미 있는 것은 멀고 또 깊고 깊도다'의 원문은 '라호크רחק 마המ 쉐하야שהיה 웨아모크ועמק 아모크עמק'이다. '라호크רחק'는 형용사로, '먼', '떨어진', '오래전에', '도달할 수 없는'의 뜻을 갖는 단어다. '마המ'는 의문대명사이고, '쉐하야שהיה'는 관계사에 동사 '하야היה'가 결합한 형태로 '하야היה'는 '존재하다', '임하다', '섬기다'의 뜻이 있으며 여기서는 3인칭단수다. 완료형이므로 '이미 존재한 것', 혹은 '현존하는 것' 둘 다 된다. '아모크עמק'는 '깊은', '찾을 수 없는'의 뜻이다. 히브리어의 반복은 최상급의 표현이다. 직역하면, '이미 있는 것(된 것)은 멀고 그리고 깊고 깊다'가 된다. 하나님께서 만드시고, 섭리하시고, 이끌어 가시는 것들은 인간의 이해의 범주를 벗어난다. '누가 통달하랴'고 하지 않았는가? 하나님의 지혜에 따라 형성된 계획과 목표, 목적은 인간 지적 능력의 총화를 경험한 솔로몬에게도 이해와 상상의 범주를 넘어서기에 더욱 겸손히 순종할 뿐이다. 해 아래 인생의 일도 그러하거늘 더욱이 영적 세계의 일을 인간이 어찌 알겠는가?

♠ '이미 있는 것' 혹은 '이미 된 것'이 무엇일까? 그것에 대하여는 하나님께 지혜를 구해 얻음으로써 사람의 지혜로서는 출중했던 솔로몬조차 상상하지 못했던 하나님의 비밀이었다.

시편기자는 시편 107편 8-9절에, "여호와의 인자하심과 인생에게 행하신 기적으로 말미암아 그를 찬송할지로다/ 그가 사모하는 영혼에게 만족을 주시며 주린 영혼에게 좋은 것으로 채워주심이로다"라고 했다. 비밀의 단초가 여기서 드러난다. 하나님께서 인생에게 행하신 기적이 도대체 무엇이기에 사모하는 영혼에게 만족을 줄뿐만 아니라 '좋은 것'으로 채워주신 것일까? 만족을 주심은 속죄와 구원의 길을 여신 것이고 좋은 것을 주심은 성령께서 오신 것이다.

신약에서 확고히 그 의미가 드러난다. 에베소서 3장 9-12절에, "영원부터 만물을 창조하신 하나님 속에 감추어졌던 비밀의 경륜이 어떠한 것을 드러내게 하려 하심이라 /이는 이제 교회로 말미암아 하늘에 있는 통치자들과 권세들에게 하나님의 각종 지혜를 알게 하려 하심이니/ 곧 영원부터 우리 주 그리스도 예수 안에서 예정하신 뜻대로 하신 것이라/ 우리가 그 안에서 그를 믿음으로 말미암아 담대함과 확신을 가지고 하나님께 나아가느니라"고 했다. 이 말씀 안에 하나님의 비밀과 경륜이 담겨 있다. 하나님의 계획과 예정은 그리스도를 중심으로 예정되고 마침내 이루어졌다. 남은 것은 심판이니, 두려움으로 섬길 것이다. 이제 바야흐로 하나님께서 행하실 사탄의 소멸의 날이 다가오고 있고,

인간에겐 부활의 아침을 맞이할 때까지 구원의 빛이 밝게 빛나고 있는 것이다.

25절] '내가 돌이켜 전심으로 지혜와 명철을 살피고 연구하여
악한 것이 얼마나 어리석은 것이요 어리석은 것이 얼마나
미친 것인 줄을 알고자 하였더니'

솔로몬은 점차 진지해지고 있다. 그가 살핀 모든 세상 일들이 피상적이고 형식적인 것을 알고, 이제는 지혜와 명철을 살피고 연구하고 있다고 했다.

'내가 돌이켜 전심으로'는 원문이 '삽보티סבותי 아니אני 웨립비ולבי'가 된다. '삽보티סבותי'는 원형이 '싸바브סבב'이고, 이것은 '스스로 돌다', '회전하다'는 뜻을 가진다. 단순히 마음을 돌이키는 것이 아니라 깊게 탐구하고 찾는다는 것이다. '지혜와 명철'은 '호크마חכמה 웨헤쉬본וחשבון'이다. '웨헤쉬본וחשבון'은 접속사와 '이성', '명철', '이해', '계략'을 뜻하는 '헤슈본'의 결합이다. 놀랍게도 명철은 번역되는 성경에 따라 다른 의미로 파악되기도 한다. 예를 들면, NASB는 'an explanation'으로, RSV는 'the sum of things', KJV는 'the reason of things' 등과 같이 조금씩 그 의미를 달리한다. 그만큼 폭 넓고 다양한 뜻을 내포한다는 것이다. 전도자 솔로몬이 살피고 궁구하려 한 것은 바로 이 지혜와 명철이었다. 왜 그러한가? 진리를 알기 위해서였을 것이다. 그래서 그는 '살피고 연구'했다고 강조하며 고백한 것이다.

'살피고 연구하여'는 원문이 '웨라투르ולתור 우박케쉬ובקש'이다. '웨라투르ולתור'는 접속사(그리고)와 전치사ל, '투르תור'가 결합한 것이다. '투르תור'는 '여행하다', '돌아다니다', '무엇을 찾다', '조사하다'의 뜻이다. '우박케쉬ובקש'는 접속사(그리고)와 '바카쉬בקש'의 피엘형 결합이다. 그 의미는 '추구하다', '왕의 얼굴을 보려하다',

'하나님의 얼굴을 보려하다', '얻으려고 애쓰다'의 뜻을 갖는다. 전도자의 진리를 추구하는 열심이 특심이었음을 눈에 선할 정도로 능히 상상할 수 있는 부분이다.

'악한 것이 얼마나 어리석은 것이요 어리석은 것이 얼마나 미친 것인 줄을 알고자 하였더니'에서, '미친 것인 줄을'의 원문 '홀렐로트הוללות'는 복수로 '어리석음', '미련함'의 의미다. '어리석은 것이요'로 번역된 '케셀כסל'도 '허리', '신용', '어리석음', '어리석은 행동'의 뜻이다. 또한 '어리석은 것이'로 번역된 '웨핫시클루트והסכלות'도 접속사와 관사ה가 '어리석은', '우매'를 뜻하는 '시클루트סכלות'와 결합된 것이니, '그리고 그 어리석음'이 된다.

'악한 것'의 원문은 '레솨רשע'이며, 이것은 '시끄럽게 하다', '범죄하다'를 나타내는 '라샤רשע'에서 유래한 것으로, '사악함', '범죄', '거짓됨'의 뜻을 갖는다. 특별히 하나님 앞에서 범한 죄악과 관련된 행실을 뜻한다. 이 부분을 원문에 따라 직역하면, '어리석은 것이 범죄인 것과 그리고 어리석은 것의 망령됨을 알고자 하였더니'가 된다. 앞부분의 지혜와 명철에 대비해 악한 것, 즉 하나님 앞에 범죄하는 것이 얼마나 나쁜 것이고, 하나님 앞에서 어리석은 것이 또한 얼마나 바보짓인지를 말하고 있다. 하나님 앞에서의 어리석음은 하나님을 바로 알지 못하고 자행자지(自行自知) 하는 자를 가리킴이다.

♠ 지혜와 명철의 사전적 의미를 알면 이해에 도움이 될 것이다. 명철이란 상태나 이치가 맑게 이해되는 총명하고 사리에 밝음을 이르는 말이고, 지혜란 사물의 이치를 빨리 깨닫고 사물을 정확하게 처리하는 정신적 능력을 가리킨다. 하지만 본절에서 말하는 지

혜와 명철은 사실상 동의어로서, 동어반복에 해당된다고 할 것이다. 지혜는 인간의 지혜와 하나님의 지혜로 구분할 수 있는 바, 앞에서 기술한 사전적 의미는 인간의 지혜, 곧 이성에서 비롯된 지혜를 말한다.

하나님의 지혜는 하나님을 알게 하는 지혜다. 본절의 속뜻에서 지혜와 명철을 구하고 찾은 것은, 살피고 연구한 것은, 성경적 입장에서는 일반적 세상의 이치와 도리가 아니라 진리에 대한 추구였다. 그런데 인간 이성의 한계를 말한 것이 24절이라면, 진리를 깨닫게 하는데 올무, 또는 방해물이 되는 것이 이성임을 밝힌 구절이 본절과 26절이 된다. 이것은 진리 추구의 방편으로서의 인간의 지혜와 명철, 곧 이성의 힘으로는 불가능하다는 것을 말함이다.

신앙적 시각에서 진리가 무엇인가? 바로 예수님이다. "내가 곧 길이요 진리요 생명이니…(요14:6)"의 말씀 그대로다. 진리를 아는 것은 하나님의 은혜이고 선물이다. 그리고 진리에 속하는 것은 믿음이다. 진리를 아는 자, 진리에 속한 자가 하나님의 나라에 들어가게 되는 것이다. 요한복음 17장 3절에, "영생은 곧 유일하신 참 하나님과 그가 보내신 자 예수 그리스도를 아는 것이니이다"라고 하지 않았는가?

26절] '마음은 올무와 그물같고 손은 포승 같은 여인은 사망보
다 더 쓰다는 사실을 내가 알아내었도다
그러므로 하나님을 기쁘게 하는 자는 그 여인을 피하려
니와 죄인은 그 여인에게 붙잡히리로다'

본절의 원문은 '우모체ומצא אני' 로 시작한다. '우모체ומצא'는

접속사와 '마차מצא'가 결합된 것으로 능동형분사다. '마차'는 '얻다', '발견하다', '찾아내다', '우연히 마주치다', '깨닫다'의 뜻이다. '아니אני'는 일인칭 단수로, '내가'의 뜻이다. 이 부분을 직역하면, '내가 깨달은즉', 혹은 '내가 찾아낸 것은'이 된다.

'마음은 올무와 그물 같고 손은 포승 같은'에서 원문은 '히היא 메초딤מצודים 와하라밈וחרמים 랍바흐לבה 아수림אסורים 야대하ידיה'가 된다. '같은'으로 번역된 '히היא'는 주어와 술어 사이의 연계형이다. 술어를 강조하고 있다. '올무'로 번역된 '메초딤מצודים'은 복수로서 사냥하거나, 사냥하는 그물, 또는 차단하는 것, 즉 포위하는 것과 같은 것을 의미한다. '그물'로 번역된 '와하라밈וחרמים'도 복수이고, 이것은 '찌르다', '관통하다'에서 유래한 것으로 '그물'로 주로 사용되는 단어다. '포승'으로 번역된 '아수림אסורים'도 복수이며, '매다', '포로로 하다'라는 뜻의 '아싸르אסר'에서 유래한 것으로 '죄수의 수갑(착고)', '감옥'으로 사용되었으며 이것은 팔이나 발을 동여매는 것을 말한다. 올무와 그물은 모두 동물을 잡는 도구다. 본절의 여인은 그래서 창녀의 이미지를 갖는다. 손이 포승 같다고 했으니 남자를 마음과 행동으로 사로잡는 여인이고, 이런 여인이 사망보다 더 쓰다고 한 것이다. '사망보다 쓰다'는 것은 원문이 '마르מר 밈마웨트ממות'이며, 이때 비교급을 나타낸 전치사 '미מ'와 결합된 '마웨트מות'는 '죽음이나 혹은 죽는 것'을 말한다. '마르מר'는 '근심하는', '쓴'의 뜻이다. 이 부분은 '사망보다 독한 자'로 번역되기도 했다.

왜 전도자가 여인에 대해 '사망보다 더 쓰다(사망보다 독한 자라)'고 했을까? 도대체 그가(솔로몬)이 원하는 여인관은 어떠하기에 그렇게 지독하리만치 악평을 하고 있는가? 문자적으로만 보면 솔로몬의 삶을 조명할 때 답이 나온다. 먼저 그의 삶이 화려함과 육체적 쾌락으로 수많은 이방 여인들에 둘러싸여 하나님을 멀리 하는 삶이된 것을 돌이켜 후회하는, 그리고 그런 삶이 얼마나 위험한지를 경고하는 것이라는 견해가 있다. 다른 입장은 이 여인을 '음녀'를 상징하는 것으로 본 것이다. 일부 성경학자들은 그러나 이 음녀를 영적으로 파악하기보다는 '이성'으로 보는 것이다. 의인화 한 이성, 그 이성을 그물, 올무, 포승, 혹은 사망보다 독한 여인으로 보았다는 것이다. 인간의 이성을 고집하고 옹호하는 것이 올무, 그물, 포승이라는 것이다.

그런데 이성에 입각한 지혜는 인간의 지혜다. 따라서 그 지혜를 다방면에서 집대성한다 할지라도 하나님의 지혜에는 미치지 못할 뿐만 아니라 오히려 신본주의에 대한 적대로 인해 그 스스로를 파멸로 이끄는 독소 역할을 하게 된다는 것이다. 이것은 오늘날에도 그대로 적용된다. 신본주의와 인본주의의 대결이며, 하나님의 지혜와 인간의 지혜의 대결이기도 하다. 인본주의의 뒤란에는 사탄의 부추김이 존재한다. 그리고 그것은 세상의 종말까지 이어질 것이다.

'하나님을 기쁘게 하는 자는 그 여인을 피하려니와 죄인은 그 여인에게 붙잡히리로다'고 한 말씀을 보자. 여기서 '기쁘게 하는'에 '토브'가 나온다. '하나님을 기쁘게 하는 자는'은 원문이 '토브 טוב 리페네 לפני 하엘로힘 האלהים'이 된다. '리페네 לפני'는 전치사ל와 '파님 פנים'이 결합한 복수연계형이다. '파님 פנים'은 '얼굴', '인간', '대면'의 뜻이다. 직역하면, '하나님의 얼굴 앞에서 선한 자'다. 환언하면, 이것은 하나님과의 관계가 좋게 된다는 의미가 된다.

♠ 하나님을 '하엘로힘האלהים'으로 표현할 때, 그 하나님은 예수를 지칭하는 경우가 많다고 했으니 여기서도 '예수 앞에 선한 사람', 혹은 '예수님을 기쁘게 하는 자'라고 해도 무방하다. 속죄함을 입어 하나님 앞에 설 때에 수치를 당하지 않을 수 있는 그런 자가 하나님을 기쁘게 하는 자다. 하나님으로 족한 삶을 살며, 그분과 동행을 하는 사람이다. 본절의 '피하려니와'는 원문이 '임말레트ימלט'이다. 이것은 수동인 니팔형이고 남성 3인칭단수다. 원형 '말라트מלט'가 '피하다', '구출하다'의 뜻인 바, 인간 이성주의를 상징하는 올무, 포승, 그물의 함정으로부터 구출된다는 것이다. 어떤 사람이 구출되나? 하나님을 기쁘게 하는 자다. 이런 사람은 속죄함 받은 사람이다. 그 반대가 본절의 마지막 부분이다. 본절의 '죄인은 그 여인에게 붙잡히리로다'에서 '죄인은' 원문이 '웨호테וחטא'이다. 접속사ן(그리고)와 원형 '하타חטא'의 결합이다. '하타חטא'는 '벗어나다', '죄를 범하다', '벌 받아 마땅하다'의 뜻을 갖는다. 여기서는 칼형 분사형이어서 능동적, 자발적으로 죄를 범하는 자가 된다. 이런 자는 간악한 음녀에게 잡힐 수밖에 없다.

하나님의 지혜는 잠언에서 누이로 나온다. 이런 말씀들은 다 상징이니 주의 해서 살펴야할 것이다. 이 누이는 지혜와 짝이 된 생명이다. 잠언 7장 4-5절에, "지혜에게 너는 내 누이라 하며 명철에게 너는 내 친족이라 하라/ 그리하면 이것인 너를 지켜서 음녀에게, 말로 호리는 이방 여인에게 빠지지 않게 하리라"는 말씀이 있다. 또 잠언 2장 16절에는, "지혜가 또 너를 음녀에게서, 말로 호리는 이방 계집에게서 구원하리니/ 그는 젊은 시절의 짝을 버리며 그의 하나님의 언약을 잊어버린 자라/ 그의 집은 사망으로, 그의 길은 스올로 기울어졌나니/ 누구든지 그에게 가는 자는 돌아오지 못하며 또 생명 길로 얻지 못하느니라"고 했다. 그냥 문자적으로 읽으면 못된 여인을 주의하라는 의미로만 보일 것이다. 하지만 영적 해석을 가하면 예수님과 사탄의 하수인과의 관계라는 것이 확연히 드러나는 말씀이다.

다시 말하면, 사랑하는 누이로 표현되는 지혜는 영원한 생명을 얻게 하는 예수 그리스도를 상징하는 경우가 많다. 반면에 음녀는 사탄과 밀접한 관련이 있다는 것이다. 음녀에 관한 잠언의 다른 부분을 살펴보자. 잠언 7장 7-10절에, "어리석은 자 중에 젊은이 가운데에 한 지혜 없는 자를 보았노라/ 그가 거리를 지나 음녀의 골목 모퉁이로 가까이 하여 그의 집쪽으로 가는데/저물 때, 황혼 때, 깊은 밤 흑암 중에라/그 때에 기생의 옷을 입은 간교한 여인이 그를 맞으니"라고 했다. 다시 21-23절에, "여러 가지 고운 말로 유혹하며 입술의 호리는 말로 꾀므로/ 젊은이가 곧 그를 따랐으니 소가 도수장으로 가는 것 같고 미련한 자가 벌을 받으려고 쇠사슬에 매이러 가는 것과 같도다/ 필경은 화살이 그 간을 뚫게 되리라 새가 빨리 그물로 들어가되 그의 생명을 잃어버릴 줄을 알지 못함과 같으니라"고 했다. 23절에 특히 '그물'이 나와 본문의 말씀이 생각나게 하지 않는가? 결과가 어떠했나? 생명을 잃어버렸다고 했다. 그래서 본절에서 '사망보다 더 쓰다'고 한 것이다. 겉뜻은 음녀로 인해 목숨을 잃는 것이요, 속뜻은 영혼이 죽는 것이니 곧 영원한 생명을 얻지 못한다는 것이다.

음녀의 특징이 무엇인가? 다분히 미혹적이고, 호사스러우며, 보암직도 하다. 그녀를 따르면 하나님과 같이 될 듯한 강렬한 이끌림이 있다. 그러나 종국엔 죽음보다 독한 것으로, 죽음 이상의 죽음, 곧 둘째 사망에 이르게 하는 참으로 두려운 사망의 화살 같은 것이다. 삶을 사탄에게 통째로 내어주는 결과를 낳는 것이다. 음녀에 관한 것을 다시 신약성경에서 일부만이라도 찾아보기로 하자. 요한계시록 3장 20절에 나오는 가짜 여선지자 이세벨이 음녀다. 그녀가 한 일이 무엇인가? "…그가 내 종들을 가르쳐 꾀어 행음하게 하고 우상의 제물을 먹게 하는도다"라고 했다. 이 말씀은 우상 숭배를 하도록 미혹한다는 것이다. 또한 요한계시록 17장에 보면 '많은 물 위에 앉은 음녀'가 나온다. 17장 5절에 보면, "그의 이마에 이름이 기록되었으니 비밀이라, 큰 바벨론이라, 땅의 음녀들과 가증한 것들의 어미라 하였도라"고 했다. 이 음녀는 단순한 창녀가 아니다. 창녀는 다만 상징일 뿐, 바로 세상을 어지럽히고 예수의 증인들을 박해하는 사탄의 하수인인 인물이나 단체, 시스템 같은 것이다.

하나님을 기쁘게 하는 자, 곧 '하나님의 얼굴 앞에서 선한 자'는 예수님 자신이거나 혹은 온전히 예수 그리스도를 따르는 자가 될 것이나 필자의 견해로는 후자다. 예수님은 하나님이시니 음녀를 피하는 정도가 아니라, 멸할 수 있는 분이기 때문이다. 그리스도인들은 영적 삶에 있어 음녀를 피해야만 한다. 사탄의 유혹을 멀리해야만 한다는 것이다.

27절] '전도자가 이르되 보라 내가 낱낱이 살펴 그 이치를 연구하여 이것을 깨달았노라'

본절은 원문이 '레에ראה 제הִ 마차티מצאתי'로 시작한다. '레에ראה'는 남성 2인칭 단수이고, 원형이 '라아ראה'다. '라아ראה'는 '보다', '살피다'의 뜻을 갖는다. '마차티מצאתי'는 1인칭 단수이고, 원형이 '마차מצא'다. '마차'는 '오다', '도달하다', '발견하다', '찾아내다'의 뜻이다. 이 부분은 '너는 보라 내가 이것을 발견했노라'가 직역이다. 성경학자들의 다수가 26절에서 이성의 문제점을 말한 바, 본절에선 하나님이 주신 깨달음의 중요성을 말하고 있다고 본다.

전도자는 그가 '낱낱이 살펴 그 이치를 연구하여' 깨달았다고 말한다. 이 부분의 원문은 '아하트אחת 레아하트לאחת 림초למצא 헤쉬본חשבון'이 된다. '아하트אחת 레아하트לאחת'는 모두 형용사다. '아하트אחת'는 '똑같은', '첫째의'의 뜻을 가지며, 특히 '아하트אחת 아하트אחת'로 반복되면 '하나는 ~ 다른 하나는'의 용법으로 사용된다. '아하트אחת'가 전치사 '레ל'를 포함했으므로 '하나에서 다른 또 하나로'가 된다. 전도자가 낱낱이, 곧 한 탐구 주제에서 다른 탐구 주제로 옮기는 것과 같은 방법으로 그 이치를 연구했다는 것이다. '림초למצא'는 전치사ל와 원형 '마차מצא'의 결합이다. '마차מצא'는 앞에서 기술했다. 여기서는 '찾아내다', '발견하다'의 의미로 사용되었다. '이치'라고 번역된 '헤쉬본חשבון'은 25절에서 '명철'로 번역되었다. 전도자는 '이것을' 깨달았다고 했다. '이것'이 무엇인가? 그 구체적인 것은 29절에 답이 나온다.

♠ 본절의 번역에 대한 일차적인 의미는 앞절에서 음녀가 이성이라는 전제 하에서 기술된 것이다. 하지만 필자는 영적 관점에서 관찰하기 때문에 '사망보다 쓴(사망보다 독한) 여인', 곧 음녀는 '이성'이 아니라 성도들을 미혹하고 떨어져 나가도록 집요하게 시도하는 사탄의 하수인이거나 거대한 악의 공동체를 상징하는 것으로 보고 있다.

본절의 '낱낱이 살펴 그 이치를 연구하여'라고 한 것에서 '낱낱이'는 하나 하나 세어서 확실히 했다는 것이다. 전도자가 무엇을 살핀 것일까? 율법을 하나 하나 다 살펴보았다는 것이다. 솔로몬도 어쩌면 메시아이신 예수 그리스도를 찾으려고 한 것이리라. 아가서의 술람미 여인도 예수 그리스도를 상징한다. 다음 절에 답이 나온다.

28절] '내 마음이 계속 찾아 보았으나 아직도 찾지 못한 것이 이것이라 천 사람 가운데서 한 사람을 내가 찾았으나 이 모든 사람들 중에서 여자는 한 사람도 찾지 못하였느니라'

'내 마음이 계속 찾아 보았으나 아직도 찾지 못한 것이'에 대해 히브리어 성경을 만든 '긴스버그'[71]는 이 부분을 '내 영혼이 아직도 찾고 있는 것'이라고 번역했다. '내 마음이 계속 찾아보았으나 아직도'에서 원문은 '아쉘אשר 오드עוד 바케쉬בקשה 나프쉬נפשי'이다. '아직도'는 원문이 '오드עוד'이다. 이것은 '우드עוד'에서 유래한

---

[71] Christian David Ginsburg (Hebrew: כריסטיאן דוד גינצבורג, 25 December 1831 – 7 March 1914) was a Polish-born British Bible scholar and a student of the Masoretic tradition in Judaism.

He was born to a Jewish family in Warsaw but converted to Christianity at the age of 15.

Coming to England shortly after the completion of his education in the Rabbinic College at Warsaw, Ginsburg continued his study of the Hebrew Scriptures, with particular attention to the Megillot. The first result was a translation of the Song of Songs, with a historical and critical commentary, published in 1857. A similar interpretation of Ecclesiastes, followed by treatises on the Karaites, the Essenes, and the Kabbala, kept the author prominently before biblical students while he was preparing the first sections of his magnum opus, the critical study of the Masorah.

바, '우드עוד'는 '반복하다', '되풀이해서 말하다'의 뜻이 있고, '오드עוד'는 '다시', '반복하여', '계속적으로'의 뜻을 갖는다. '아쉘אשר'은 관계사고, '바케쉬בקשה'는 피알형이고 여성 3인칭단수다. 그 뜻은 '찾다', '하나님의 얼굴을 보려하다'의 뜻이다. '나프쉬נפשי'는 1인칭 단수로, '숨', '영혼', '마음'의 뜻을 갖고 있다. '내 마음이 계속 해서 찾아보았으나 내가 찾지 못한 것'이 직역이다. 그런데 '내가'가 아니고 '내 마음(내 영혼)'일까? 그 마음의 간절함을 표현한 것이 아닐까? 조금은 과장된 의역으로 하면, '내 영혼이 하나님의 얼굴을 보고자 하여 계속 찾았으나 찾지 못한 것이 이것이라'라고 해도 신앙적 관점에서는 그다지 문제가 되지 않을 것이다.

전도자는 간절히, 그리고 열심히 찾았지만, 선한 한 여인, 혹은 여인상을 천 명의 여자 중에서 찾지 못했다. 그에 반해 천명의 남자 중에서 한 남자는 찾았다. '천명의 남자'는 '모든 남자'를 말하고, '천명의 여인'은 '모든 여인'을 의미한다.

성경학자들은 남자 천 명 중에 한 명이 천분의 일 확률이니 가능성이 별로 없음을 말하고, 여인 천 명 중에 아무도 없으니 사실상 불가능하다는 것을 말한 것이라고 주장한다. 그런데 여기서도 '이것'의 정체가 아직 드러나지 않고 있다. 29절에서 '내가 깨달은 것은 오직 이것이라'고 함으로써 이것을 밝힌다. 과연 무엇일까?

♠ 남자 천 사람 가운데 한 사람이 누구일까? 예수님일까 혹은 솔로몬일까? 일반 성경학자들은 그 사람을 솔로몬으로 본다. 그러나 필자는 천 사람, 곧 '모든 사람' 중에 한 남자, 바로 예수 그리스도를 가리키는 것이라고 본다. 유대인들은 메시아는 반드시 남자로 나타날 것이라고 했다. 그에 부합하는 말씀이다.

그렇다면 찾지 못한 여인은 누구인가? 음녀를 가리킴인가? 아니다. '하나님 앞에 선한 자', '하나님을 기쁘시게 하는 자' 곧 그리스도인들의 대표격인 분, 예수 그리스도이다. 이분도 예수님이다. 잠언에 나오는 술람미의 여인((아6:2-14)도 예수님을 상징한다. 솔로몬의 마음, 혹은 솔로몬의 영혼이 예수 그리스도를 찾으려고 온 힘을 다했으나 찾지 못했다는 것이다.

고린도전서 2장 7-8절에, "오직 은밀한 가운데 있는 하나님의 지혜를 말하는 것으로서 곧 감추었던 것인데 하나님이 우리의 영광을 위하여 만세 전에 미리 정하신 것이라/ 이 지혜는 이 세대의 통치자들이 한 사람도 알지 못하였나니 만일 알았더라면 영광의 주를 십자가에 못 박지 아니하였으리라"고 했다. 누구를 가리킴인가? 예수 그리스도다. 이성은 사람의 지혜이고, 진정한 하나님의 지혜는 바로 예수님을 상징하는 것이다. 감추었던 것이니 인간의 지혜를 가진 솔로몬이 궁구하고 찾아도 찾지 못한 것이다. 그것은 감추인 지혜였다.

29절] '내가 깨달은 것은 오직 이것이라 곧 하나님은 사람을 정직 하게 지으셨으나 사람이 많은 꾀를 낸 것이니라'

본절에서 '이것'의 답이 나온다. '내가 깨달은 것은 오직 이것이라'에서 원문은 '레바드לבד 레에הראה 제זה 마차티מצאתי'가 된다. '레바드לבד'는 전치사ל와 '바드בד'의 결합이다. '바드בד'는 '한 부분', '오직'의 뜻을 갖는다. '마차티מצאתי'는 1인칭단수로 27절의 의미와 동일하다. 따라서 이 부분은 '보라 나의 깨달은 것이 오직 이것이라'가 직역이다. '오직 이것만을 내가 찾았고'라고 말할 수도 있다. '보라'라는 명령문을 통해 솔로몬은 자신의 탐구의 확실성을 강화하고 있다. 마침내 '내가 찾은 이것'의 모습을 드러내고자 하는 것이다. 이것이 무엇이었는가?

'하나님은 사람을 정직하게 지으셨으나 사람이 많은 꾀를 낸 것이니라'고 한 것이 그것이다. 왜 인간이 정직하게 지음을 받았는데도 불구하고 타락한 것인가에 대한 답을 찾았다는 것이다. 본 절에는 남자와 여자를 따로 표시하지 않았으니 남녀가 다 동일하다는 것이다.

여기서 '꾀'에 관해 생각해 볼 필요가 있을 것이다. 원문은 '히쉬보노트חשבנות'로, 명사다. '하샤브חשב'에서 유래한 것이고, '힛쇼본חשבון'은 복수다. 본래 '힛쇼본חשבון'은 명철을 뜻한 '헤쉬본חשבון'과 같은 어원이나 악의적으로 사용된 경우다. '하샤브חשב'는 '생각하다', '발명하다', '(나쁜 의미로 사용되면) 악을 꾀하다, 음모를 꾸미다'가 된다. 여기서는 '책략', '술책', '간계'와 같이 나쁜 의미의 뜻으로 사용된 것이다. '사람'의 원문은 '하아담האדם'으로서, 사람 전체를 대표한다. '정직하게'는 '야솨르ישר'로서 이 단어는 형용사로, '곧은', '의로운', '바른'의 의미로 사용되었으니 정직하게라는 표현보다는 하나님께서 인간을 창조하실 때, 죄 없는 상태로, 가장 이상적인 형태로 지으셨음을 말하고자 한 것이다. 본래는 죄 없이 창조되었던 인간이 '꾀'를 내어 타락했다는 것이다. 우리는 아담과 하와의 선악을 알게 하는 나무와 관련된 이야기를 통해 그 내용을 이미 알고 있다. 아담과 하와가 하나님 앞에서 '악을 꾀한 것'이다. '낸 것이니라'는 원문이 '비케슈בקשו'로, 이것은 3인칭복수이고 피알형이다. 원형은 '바카쉬בקש'이며, 이것은 '찾다', '추구하다'의 의미가 있어 아담과 하와가 고의적, 적극적으로 범죄 했음을 알 수 있다.

본절의 일차적 의미는 인간 타락의 기원을 전도자가 밝힘으로써, 하나님의 형상대로 지음을 받았음에도 불구하고 인간이 적극적으로 범죄한 것을 질책하고 있다는 것이다. 인간이 가진 바, 자신의 지혜인 이성을 오용, 남용하여 그것으로 하나님과 멀어질 수밖에 없는 죄, 곧 간계를 내어 타락하게 되었다는 것이다. 결국 인간의 이성은 인간의 내면적 발전을 돋우기보다는 망하게 하는 역할을 했음을 지적하고 있다. 따라서 그런 이성을 의지하지 말고 하나님 앞에 순종하고, 그분을 의지함으로써만 불완전한 이성으로 인한 세상일에서의 오판에서 해방되고 진정한 자유함을 얻을 수 있음을 피력하고 있는 것이 본절과 솔로몬의 생각으로 점철된 7장의 결론이라는 것이다.

♠ 본절은 다시 직역하면 이렇게 된다. 즉, '내가 깨달은 것은 오직 이것이라 곧 하나님은 그 사람(단수)을 온전하게 지으셨으나 사람(그들, 복수)이 많은 악한 꾀들을 낸 것이니라'가 된다. 아담과 하와의 미혹 당함은 '하나님 같이 되고 싶은 욕망'이 심중의 기저에 있었고 이를 이용한 사탄의 공작 때문이었다. 결과적으로 사람의 지혜로 하나님께 도전한 것이다. 그의 후손들도 마찬가지였다. 죄인의 유전자는 그대로 이어져 도무지 자력으로는 헤어날 길 없이 오늘날까지 적용되고 있는 것이다.

고린도전서 3장 19-20절에, "이 세상 지혜는 하나님께 미련한 것이니 기록된 바 지혜 있는 자들로 하여금 자기 궤휼에 빠지게 하시는 이라 하였고/ 또 주께서 지혜 있는 자들의 생각을 헛것으로 아신다 하였느니라"고 했다. 궤휼이란 말은 간사스럽고 교묘하다는 뜻이다. 세상 지혜는 자기 자신 스스로를 올무, 그물에 걸리게 하는 것이다.

필자가 7장의 상당부분이 예언에서 잠시 벗어나 솔로몬 자신의 사유의 과정을 기술한 것이라고 말한 바가 있다. 그처럼 하나님께 복을 받아 인간세상에서 당대 제일의 뛰어난 지혜를 가진 그였으나 그가 가진 지혜 또한 사람의 지혜였다. 그럼에도 불구하고 선한 의도를 가졌던 솔로몬은 열심을 다해 행한 탐구과정을 통해 두 가지를 분명히 한 것이다. 그 하나는 사람의 지혜, 곧 이성의 불완전성과 무효용성을 충분히 밝힌 것이고, 다른 하나는 인류 타락의 원인을 나름대로 파악한 것이었다. 그렇다. 여기까지가 인간 이성의 한계였다.

그렇다면 본절의 진정한 속뜻은 무엇일까? 이성의 한계성을 알고, 인간 타락의 원인을 찾아내었지만 인간 스스로는 그 한계를 뛰어넘지 못했다. 에덴의 회복 같은 원상회복을 할 수 없었다. 만세 전부터 예정된 프로젝트, 예수 그리스도를 통한 속죄와 구원, 부활과 영생이라는 목표를 향한 노정엔 인간의 지혜가 작동하지 못한다. 오직 하나님의 지혜로만 가능한 것이다. 그러하기에 하나님께 복종하고 겸손히 순종하라는 것이다. 이것이 이차적 의미다.

제 8장 하나님 명령의 순종 여부가 악인과 의인의 차이

1절] '누가 지혜자와 같으며 누가 사물의 이치를 아는 자이냐 사람의 지혜는 그의 얼굴에 광채가 나게 하나니 그의 얼굴의 사나운 것이 변하느니라'

7장의 대강은 신본주의, 하나님 중심주의의 신앙이 '해 아래'의 허무적 삶을 이겨내는 길임을 밝히고, 사람의 지혜 곧 이성이 아닌 하나님의 지혜를 구하라는 취지의 가르침이었다. 반면에 8장은 명령에 순복하고, 순종하는 자세를 가르치고자 한다. 그에 따른 권면과 경고의 말씀이 핵심이 되고 있다. 새롭게 시작되는 본절에서는 특히 전도자, 즉 지혜자의 권위를 말하고, 그 지혜의 가치를 논하고자 하는 것이다.

본절에서 상반절은 질문이 거듭되고 있다. 우선, '누가 지혜자와 같으며'는 '지혜자와 같은 자는 누구냐'는 말이고 동시에 '누가 그와 같은 가'를 묻는 것이기도 하다. 질문을 하면서도 그와 같은 자가 없음을 말한다. 또 다른 물음은 '누가 사물의 이치를 아는 자이냐'고 한 것이다. 이것은 '지혜로운 사람같이 세상에 대해 이해하는 자가 누구냐'는 것이다. 전도자가 자신의 권위를 드러내고 있다. 그런데 그런 드러냄이 겸양의 모양새를 띠고 있다. '지혜자가 누구인가'라고 하지 않고 '누가 지혜자와 같으며'라고 함으로써 자신을 드러내되, 자랑하지 않았다. 본절의 지혜자는 어떠한 사람인가? 성경연구가들은 주로 일상의 사건, 일들에 대해 바르게 해석을 할 수 있는 사람으로 본다.

전도자는 '누가 사물의 이치를 아는 자이냐'고 묻는다. 이 부분을 '사리의 해석을 아는 자 누구냐'로 번역하기도 한다. 원문은, '우미וּמִי 요데아יוֹדֵעַ 페쉐르פֵּשֶׁר 다발דָּבָר'이다. '우미וּמִי'는 접속사(그리고)와 인칭대명사 '미מִי'의 결합이다. '그리고 누구'라는 뜻이다. '요데아יוֹדֵעַ'는 능동형 분사이며, 원형이 '야다יָדַע'로, 주로 '알다'의 의미로 사용된다. '페쉐르פֵּשֶׁר'는 본절에서만 보이는 특이한 단어다. '이치를'이라고 번역되어 있으나 '해석interpretation'의 뜻을 가진다. '다발דָּבָר'은 명사로, '말', '일', '말씀'의 의미가 있다.

'사람의 지혜는 그의 얼굴에 광채가 나게 하나니'는 이것은 지혜가 그 얼굴에서 그늘 같은 베일을 벗기고, 그 얼굴을 밝게 한다는 것이다. 전도자는 사람의 얼굴을 빛나게 한다는 것이 지혜의 첫 번째 가치라고 본다. 왜냐하면 지혜와 어리석음의 관계는 마치 빛과 어두움의 차이만큼이나 거리가 멀기 때문이다. 광채가 나게 한다는 것은 밝게 한다는 것이다. 직역하면, '사람의 얼굴이 밝아지게 한다는 것'이다. 성경에는 모세가 시내산에서 하나님과 대면했을 때 얼굴에 빛이 났다(출34:29-35)고 했고, 성령의 은혜가 충만한 자가 빛이 난다(행6:15)고 했다. 사도행전 6장 15절에, "… 다 스데반을 주목하여 보니 그 얼굴이 천사의 얼굴과 같더라"고 했다. 광채가 나는 얼굴이 그러하다. 그 반대의 경우는 어떠한가? 잠언 21장 29절에, "악인은 자기의 얼굴을 굳게 하나…"라고 했다. 악인은 얼굴에 그늘이 드리우고, 의인은 얼굴에서 빛이 나는 것이다.

본절의 '그 얼굴의 사나운 것이'에서 원문은 '웨오즈וְעֹז 파나우פָּנָיו'이다. 이것은 '고집스럽고 완고한 얼굴 빛'을 뜻한다. 얼굴에 무관심, 냉혹함, 사나움이 깃든 상태에 있는 것이다. 그런데 본절은 '그의 얼굴의 사나운 것이 변하느니라'고 했다. 이것이 두 번째의 가치다. 이 말씀의 의미는 결국 그 얼굴의 사나움이나 붉은 빛이 지혜에 의해서 변화된다는 뜻이다. 본절의 '변하느니라'의 원문 '예슌네אשנ'는 푸알형(수동형)이고 남성 3인칭 단수다. 지혜가 인간의 얼굴을 변화시키는 힘이 있다는 것으로, 결국 얼굴의 엄숙하고 사나운 모습이 밝게 변한다는 의미다.

주석학자 '카일 델리치'는 이 구절에 대한 해석으로, '지혜는 사람에게 밝은 눈과 관대한 얼굴 모습과 우아한 표현을 주고, 외모와 사람의 처신을 세련되게 하고, 품위 있게 한다. 그리고 그로 인해서 거친 외모, 이기적이고 무관심하고, 나쁜 성향이 그 반대로 변화된다'라고 했다. 해석의 말투는 그럴싸하나 신앙과는 무관한 듯한, 사람의 지혜에 따른 결과로서의 인상을 주고 있는 주석이다.[72]

♠ '누가 사물의 이치를 아는 자이냐'를 원문으로 분석할 때 '말씀의 해석을 아는 자가 누구냐'로 할 수도 있다. 예수 그리스도가 바로 그 유일하신 주님이라는 관점에서 볼 때, 이 땅 위에서 하나님의 말씀, 곧 율법을 바르게 해석하고 유대 종교지도자들의 속죄의 오류를 지적한 분은 오직 예수님 한 분이셨다. 따라서 본절의 지혜자는 성경학자들의 일반적 견해처럼 솔로몬이 아니라 속뜻으로서의 지혜자는 바로 예수 그리스도가 되시는 것이다.

시편 119편 130절에, "주의 말씀을 열면 빛이 비치어 우둔한 사

---

[72] 문제는 그것이 영어 번역자 카일이 프란츠 델리취를 이해하지 못해서 생긴 결과일 수도 있고 한국어 번역의 문제일 수도 있다. 유대적으로 그 히브리어는 언제나 신인동형론적이고 비유적이다.

람들을 깨닫게 하나이다"는 말씀을 보라. 예수께서 말씀을 하실 때, 그 말씀을 듣는 사람들은 변화가 되는 것이다. 소위 죽을상을 하고 있던 얼굴이 '살아 있는 모습'으로 변하는 것이다. 왜냐하면 그 내면에 변화가 생기기 때문에, 깨달음의 빛이 다가오기 때문이다. 고린도후서 4장 6절에, "어두운 데서 빛이 비취리라 하시던 그 하나님께서 예수 그리스도의 얼굴에 있는 하나님의 영광을 아는 빛을 우리 마음에 비춰셨느니라"고 했다. 이런 모습이 바로 주님의 얼굴을 닮아 가는 진정한 '살아 있는 모습'인 것이다.

'그의 얼굴의 사나운 것이 변하느니라'고 했다. 말라기 4장 2절에, "내 이름을 경외하는 너희에게는 공의로운 해가 떠올라서 치료하는 광선을 비추리니 너희가 나가서 외양간에서 나온 송아지 같이 뛰리라"고 했다. 얼마나 좋으면, 얼마나 더 기쁘면 '외양간에서 나온 송아지 같이 뛰리라'고 했을까? 송아지의 얼굴빛은 어떠했을까? 상상해보면 본절의 말씀이 바로 이해가 될 것이다.

2절] '내가 권하노라 왕의 명령을 지키라 이미 하나님을 가리켜 맹세하였음이니라'

전도자를 솔로몬으로 보는 성경학자들에겐 이 왕이 당연히 솔로몬 자신을 가리킨다고 할 것이다. 따라서 왕의 명령을 지키라는 말은 신하의 충성심이 바로 종교적 의무와 같은 것이 되는 것이다. 그런데 '내가 권하노라 왕의 명령을 지키라'고 했다. 자기 자신이 왕이 아니고, 제3자인 듯 말하고 있다. 놀랍게도 주석학자 '힛지그'나 '제롬'은 이점을 주목하고, 다시 2-4절에 비추어 볼 때, '자신을 위장한 그러한 사람'이라고 주장하기도 했다. 어떤 학자는 상상을 확대해 그 제3자가 '종으로 있었던 알렉산드리아 궁중의 한 유대인이이 쓴 글(크라이넬트)'이라고까지 주장한다. '루터'는 '내가 왕의 말을 지키고'라고 번역했다. 어쨌든 이들 모두가 여기서 '왕'이 하나님이 아니라는 점에서는 공통된 인식을 갖고 있다. 학자들에 따라 해석이 분분하듯, 성경의 말씀은 어떻게 해석되느냐에 따라 그 의미가 천차만별이 되기도 한다. 본절이 그 예 가운데 하나일 것이다. 다만 대체적으로 일치하는 견해는 '전도자 자신이 왕이고, 그 외에 지혜자이기도 하다는 것'이다.

전도자가 바로 왕이라는 전제 하에 본절의 말씀을 이해하고자 하면, 본절은 왕이 하나님의 대리자가 된다. 하나님의 섭리와 경륜에 따라 왕이 된 자에게 복종하고 겸손히 순종할 것을 사실상 명령조로 말하고 있다는 것이다. '하나님을 가리켜 맹세하였음이니라'에 대해 살펴보면, 이것, 곧 왕의 명령을 지키라는 것이 하나님에게 행한 기도와 호소에서 되어진 약속이고, 따라서 맹세로 되어진 선언이나 약속이라는 말이다.

그런데 '내가 권하노라'고 한 해석에 문제가 있다. 이것은 원문에 '내가'만 있을 뿐, '권하노라'는 말이 없다. 한글 개역 성경은 동사 생략으로 보고 의역한 것이다. 그러나 필자의 견해는 함부로 보충하는 것은 번역가의 의도에 따라 심한 왜곡이 될 수 있기에 바람직하지 않다고 보는 것이다. 전도자가 하나님이 아니라는 전제를 미리 깔고 번역했기에 나타난 왜곡이라고 할 수 있을 것이다.

왕이 바로 전도자라는 사실은 학자들의 생각이 일치하고 있다. 문맥으로 보아 타당하다. 원문을 조금 살펴보자. '왕의 명령을 지키라'는 원문이 '피פ 멜레크מלך 쉐모르שמור'가 된다. '피פ'는 '입',

'말', '말씀'의 뜻이다. '쉐모르שמור'는 '지키다', '관찰하다', '기억하다', '마음에 두다'의 뜻이다. 직역하면 '왕의 말씀을 지켜라'가 되지만 학자들은 문맥을 고려해 명령이라고 한 것이다. 필자는 명령보다는 말씀이 낫다고 본다. 왜 왕의 말씀을 지켜야 하는 지에 대한 답이 '하나님을 가리켜 맹세하였기 때문'이라고 전도자는 말하고 있다. 그 근거로는 왕의 취임식때 하나님의 이름으로 서약했기 때문이라는 것이다(삼하 5:3, 대상 11:3 참조).

말씀을 지켜야 할 대상이 하나님인가? 이 땅의 왕인가? 두 견해가 있으나 해석가에 따라 의견이 갈린다. 성경학자들은 이 두 견해에 대한 조화를 꾀하고자 한다. 즉, 하나님의 명령인 동시에 지상의 왕의 명령이기도 하다는 것이다. 왜 그런가 하면, 이스라엘은 근본적으로 신본주의적 통치관을 갖고 있는 신정국가이기 때문이라는 것이다. 왕은 곧 하나님의 대리 통치자로 위임받았으며, 따라서 왕의 명령에 복종하는 것은 하나님의 뜻에 순종하는 것이 된다는 것이다. 그런데 여기엔 근본적인 문제가 상존한다. 하나님의 대리 통치자라는 왕이 범죄하면, 그가 하나님의 말씀을 거부하면 어떻게 할 것인가?

♠ 본절의 시작이 '아니אני', 곧 '나'가 된다. NIV, RSV, NEB 성경에서 이 '나'에 보충해 '내가 권하노라'고 번역한 것은 예수 그리스도 중심적 관점에서는 크나 큰 오류를 범한 것이다. 성경에 없는 말을 번역가 자신의 관점에서 추가한 것이기 때문이다. 따라서 여기서는 오히려 추가나 보충이 없이 설명된 것이 해석상 맞는 것이다. 그렇다면 원문 '아니(나)'는 무엇을 뜻하는 것일까? 존재동사를 내포하는 단어다. 창세기 15장 7절에, "…나는 … 여호와니라"고 할 때의 그 '나'가 원문 '아니אני'가 되는 것이다. 다시 말

하면, 본절의 '아니אנ'는 곧 '나는 하나님이다'라고 표현한 것은 아닐까 한다.

본절을 다시 보자. '내가 권하노라 왕의 명령을 지키라 이미 하나님을 가리켜 맹세하였음이니라'고 했으니, '내가 권하노라'는 바르게 하면, '내가 하나님이다'가 된다. 하나님께서 '왕의 명령을 지키라'가 아니라 '왕의 말씀을 지켜라'고 하신 것이다. 이때 왕은 누구를 말씀하신 것일까? '예수 그리스도'이시다. 하나님께서 예수님의 말씀을 지키라고 유대 종교지도자들에게 말씀하신 것이 본절의 진짜 의미다. '이미 하나님을 가리켜 맹세하였음이니라'의 원문을 다시 보기로 하자. 원문이 '웨알 על디베라트 דברת 쉬부아트 שבועת 엘로힘 אלהים'이다. '쉬부아트 שבועת'는 '샤바 שבע'에서 유래한 것으로, 이것은 '맹세하다', '엄명하다', '맹세케하다'의 뜻이며 이것의 수동태 분사 여성형이 '쉬부아트 שבועת'가 된다. '웨알 ועל'은 접속사(ו그리고)와 '알 על'의 결합이다. '알 על'은 뜻이 다양하며, 주로 '위'의 뜻이며, '소유하다'의 의미도 있다. '디베라트 דברת'는 '말', '언약'을 뜻하는 '다바르 דבר'의 여성형이다. '관습', '태도', '원인' '일'의 뜻을 갖기도 한다. 직역하면, '그리고 하나님을 가리켜 언약의 말을 가졌다'가 된다.

하반절의 말씀에서 보듯 하나님께서 왕의 말씀을 지키라고 하신 것이 마치 하나님과 예수님이 분리된 듯한 표현으로 보이지만, 동일한 하나님이시다. 이처럼 표현된 말씀은 수없이 많다. 성육신 하신 상태에서의 예수님은 하나님을 아버지라 부르고, 자신을 아들이라 칭하신다. 이사야 11장 3-5절에, "그가 여호와를 경외함으로 즐거움을 삼을 것이며 그의 눈에 보이는 대로 심판하지 아니하며 그의 귀에 들리는 대로 판단하지 아니하며/ 공의로 가난한 자를 심판하며 정직으로 세상의 겸손한 자를 판단할 것이며 그의 입의 막대기로 세상을 치며 그의 입술의 기운으로 악인을 죽일 것이며/ 공의로 그의 허리띠를 삼으며 성실로 그의 몸의 띠를 삼으리라"고 한 바와 같이 예수님은 하나님의 일을 하시는 존재로 보여질 수도 있다는 것이다.

요한복음 15장 6절에도, "세상 중에서 내게 주신 사람들에게 내가 아버지의 이름을 나타내었나이다…"라고 하셨다. 이런 형식을 취하신 것은 사람의 이해를 돕기 위해서다. 특히 유대인들에겐 하나님은 유일하신 한 분으로 인식되어 있었고 메시아 사상이 충일했었기에 예수님에 대하여 이처럼 표현되는 것이 그들에겐 설명이나 납득에 용이했던 것이다. 오늘날에도 유대인들에게 예수님을 하나님이라 부르면 그들이 이해하기 쉽지 않다. 하물며 전도서가 기술되었을 당시는 더했을 것이니, 숨은 뜻으로만 담겨있었던 것이다. 예수님이 하나님의 명령을 받는 분, 아들, 어린양 등으로 다양하게 묘사되었지만 그분은 하나님이시다. 숨은 뜻, 속뜻으로 담겨 진 예수님을 전도서에서 찾고자 하는 것이 필자와 여러분의 또 하나의 과제가 되는 것이다.

3절] '왕 앞에서 물러가기를 급하게 하지 말며 악한것을 일삼지 말라 왕은 자기가 하고자 하는 것을 다 행함이니라'

본절은 경고 혹은 권고로 시작한다. 왕에 대한 봉사, 의무, 경배, 예절을 소홀히 말라고 경고한다. '왕 앞에서 물러가기를 급하게 하지 말며'는 원문이 '알אל 팁바헬תבהל 미파나우מפניו 텔렉תלך'이다. '알אל'은 부정부사로, '~ 아니다'의 뜻이다. '팁바헬תבהל'은 니팔형 미완료형이고 남성 2인칭단수다. '떨다', '놀라다', '놀라 도망치다',

'두려워하다'가 된다. '미파나우מפניו'는 전치사מ와 '파님פנים'의 결합이며 남성 3인칭단수다. '파님פנים'은 '얼굴', '현존'의 뜻이다. '텔렉תלך'은 칼형이고 미완료형이며 남성 2인칭 단수다. 원형은 '얄라크הלך'로, 이것은 '가다', '걷다', '떠나가다'의 뜻이다. '너는 그 얼굴로부터 놀라서 도망치지 말라'가 직역이다. 왕 앞에서 물러나는 것은 10장 4절에서 '제 자리를 떠나는 것'과도 같은 내용이다. 왜 왕 앞에서 급하게 물러가려고 한 것일까? 첫째는 '제 자리를 떠나는 것'이니 왕의 신하, 충복으로서의 임무나 직무를 포기하거나 게으름을 표현한 것이라는 견해가 있고, 두 번째는 이어지는 '악한 것을 일삼지 말라'와 연관된 것으로 왕에 대해 반역을 꾀하는 것을 말함이라는 것이다. 어떤 성경학자는 '악한 것'에 대해 '왕의 뜻을 거역하고 왕의 보좌와 생명을 위협하는 일을 행하는 것'이라고 했다. 세 번째는 왕을 화나게 하거나 불쾌감을 주는 행위를 지칭하는 것이라고 주장하기도 한다. 여러 분의 생각은 어떠한가? '악한 짓'이란 말이 이어져 나오니 두 번째가 가장 유력하다고 할 것이다. '악한 짓'은 원문이 '베다발בדבר 라רע'가 된다. '베다발בדבר'은 전치사ב와 '다바르דבר'의 결합이다. '다바르דבר'는 '말', '일', '사건' 등의 뜻을 갖는다. '라רע'는 무수히 많이 나온 단어로, '나쁜', '사악한', '해로운', '악', '화', '재앙' 등의 여러 의미가 있다. 직역은 '악한 일', 혹은 '악한 말'이 된다. 악한 일은 아마도 배반, 배신이라고 보는 것이 가장 합당하다.

'왕은 자기가 하고자 하는 것을 다 행함이니라'고 했다. 이 하반절은 '왜냐하면'을 뜻하는 원문 '키כי'로 시작해 이유를 설명하고 있다. 솔로몬, 곧 사람인 왕이지만 하나님의 대리통치자로 인정될 때는 얼마든지 적용할 수 있는 말이다. 세상 왕보다 더한 권위를 갖고 있기 때문이다. 여기서 솔로몬은 자신에게 복종하는 자세가 바로 하나님께 복종하는 것과 같다는 의미를 강조하고 있다. 하지만 인간으로서의 왕에게 이처럼 말하는 것은 다소 억지스럽고 과장된 것으로 여겨지지 않는가? 성경으로서의 일차적 의미의 한계가 노출되는 부분이다.

♠ 호세아서 11장 2절에, "선지자들이 그들을 부를수록 그들은 점점 멀리하고 바알들에게 제사하며 아로새긴 우상 앞에서 분향하였느니라"고 했다. 신앙적 관점에서 왕 되신 예수 그리스도 앞에서 도망치는 행위는 지극히 악한 행위이고, 영적 배신이다. '악한 짓'은 죄인의 길에 들어서서 하나님을 배반하는 것이다. 영원한 생명을 스스로 포기하는 것이니 기막힌 실수가 아닐 수 없다. 본절의 말씀은 생명을 잃지 말라는 지극한 가르침이다.

'왕은 자기가 하고자 하는 것을 다 행함이니라'는 왕의 절대 주권에 대한 말씀이다. 전능하신 하나님에 대해 사용되는 표현이다(욥 23:13), 요나서 1장 14절에, "…주 여호와께서는 주의 뜻대로 행하심이니이다 하고"와 같은 말씀이다. 본절에 대해 '왕이 기뻐하는 대로 다 행하고'의 의미로 보기도 한다. 시편 33편 9절에, "그가 말씀하시매 이루어졌으며…"라고 한 바와도 같다. 요한복음 1장 14절에, "말씀이 육신이 되어 우리 가운데 거하시매 우리가 그의 영광을 보니 아버지의 독생자의 영광이요 은혜와 진리가 충만하더라"고 한 바와 같이 기뻐하시는 바대로 말씀 안에서 다 이루어진 것이다. 이 말씀은 전능하신 하나님에게만 적용되는 말씀이다. 하늘의 왕에 관한 이야기라는 것이다. 다행스럽게도 많은 성경학자들이 이런 입장에 동의한다(한, 데일, 행스텐버그 등).

4절] '왕의 말은 권능이 있나니 누가 그에게 이르기를 왕께서 무엇을 하시나이까 할 수 있으랴'

앞절에서 '왕은 자기가 하고자 하는 것을 다 행한다'고 했는데, 본절에서는 그것을 강화시킨다. 왕의 말에 큰 권위가 있어 누구도 감히 왕에게 대들지 못한다는 것이다. 본절의 '권능'은 원문이 '쉬레톤שלטון'이다. 이것은 '권능'의 뜻이나 '지배하다', '통치하다'의 뜻을 가진 '샬라트שלט'에서 유래한 말이다. 통치자가 갖는 막강한 권능이 있으니, 지배자로서의 권력을 상징한다고 할 것이다. 물론 고대국가에서 왕의 권력은 절대적이라 할 정도지만 특히 신정국가인 이스라엘은 왕이 하나님의 대리 통치자로서의 자격을 갖추고 있다고 보기에 그 권위의 강도가 더한 것이다. 따라서 본절은 왕 앞에서 겸손할 것을 강조하는 구절로 본다.

♠ '왕의 말은 권능이 있나니'라고 했다. 마태복음 7장 28-29절에 보면, "예수께서 이 말씀을 마치시매 무리들이 그의 가르치심에 놀라니/ 이는 그 가르치시는 것이 권위 있는 자와 같고 그들이 서기관과 같지 아니함일러라"고 했다. 당대에 서기관과 바리새인들은 종교가로서 최고 권위를 자랑하던 자들이었다. 그러나 백성들이 그보다 더 높은 권위를 가진 자로 인정하는 것은 곧 선지자 혹은 메시아 정도의 말씀을 한 것으로 본 것이다. 하지만 여전히 그들의 눈은 닫혀있었으니, 그 말씀들은 사실상 '하나님의 말씀'으로서의 권위였던 것이다.

그러하다. 왕 되신 예수님의 말씀은 감히 인간이 '무엇을 하시나이까'라고 물을 수 없을 만큼의 권능을 갖고 있었다.

본절에서 '무엇을 하시나이까'라는 물음은 관습상 유대인들에겐 하나님께 묻는 질문이다. 감히 하나님이 아닌 사람에게 이런 질문을 하지 않는다(사 45:9, 단4:35 참조). 이사야 45장 9절에, "질그릇 조각 중 한 조각 같은 자가 자기를 지으신 이와 더불어 다툴진대 화 있을진저 진흙이 토기장이에게 너는 무엇을 만드느냐 또는 네가 만든 것이 그는 손이 없다 말할 수 있겠느냐"고 했으니 언감생심(焉敢生(心), 감히 질그릇 같은 인간이 자기를 만든 하나님께 물을 수 없는 것이다. 다니엘서 4장 32절에 보면, 느부갓네살 왕의 때에 그에 대한 다니엘의 꿈 풀이의 내용 중에, "…지극히 높으신 이가 사람의 나라를 다스리시며 자기의 뜻대로 그것을 누구에게든지 주시는 줄을 알기까지 이르리라 하더라"는 말씀이 있다. 이 말씀은 이 세상 나라의 흥망성쇠와 개인의 모든 것에 이르기까지 하나님께서 관여하신다는 말씀이다. 우리는 하나님께 굳이 물을 필요가 없다. 그것은 불경이다. 겸손히 주의 뜻을 따를 뿐이다. 하나님께서는 '왕은 자기가 하고자 하는 것을 다 행함이니라'가 그대로 성립하는 것이다. 그분에겐 전혀 오류나 실수가 없으시기 때문에 갓난아이가 자신의 아버지를 의지하듯 그렇게 순종하며 따르면 만사형통인 것이다.

5절] '명령을 지키는 자는 불행을 알지 못하리라 지혜자의 마음은 때와 판단을 분변하나니

본절로부터 8절까지는 왕의 명령에 순복하지 않는 자들에 대한 불행, 혹은 화가 나타날 것에 대한 것이 기술된다. 왕의 명령을 지키는 자는 불행(화)을 면하게 된다고 한다. 불행을 알지 못한다는 것이 무엇인가? 왕의 명령에 대한 거부는 곧 형벌을 지칭하는 것이리라. 따라서 명령에 순종하는 자는 이런 화(나쁜 일)를 당하지 않게 된다는 것이다. 역으로 표현한다면 왕의 명령을 거부하면 화가 임한다는 것이기도 하다. 혹자는 본절에 대해, 의역하기를 '명령을 지키는 자는 악한 일을 행치 아니하고, 지혜로운 마음은 시기와 올바른 것을 아느니라'고 했다.

본절의 '명령을 지키는 자는'의 원문은 '쇼메르שומר 미츠와מצוה가 된다. '쇼메르שומר'는 '원형이 미완료형'이고 '지키다', '관찰하다', '행하다'의 뜻이 있다. '미츠와מצוה'는 '지배', '가르침', '명령', '계명', '법도' 등의 뜻이 있다. '로לא'는 부정부사다. 이 부분은 '계명(가르침)을 지키는 자는'이라고 해도 무방하다. '불행을 알지 못하리라'는 원문이 '예다ידי 다발דבר 라רע가 된다.' '예다ידי'는 3인칭 단수이고, '이해하다', '알다', '알게 되다', '예견하다', '총명하다', '분별하다'의 여러 의미가 있다. '다발דבר'은 '말', '교훈', '일'의 뜻을 갖고 있다. '라רע'는 형용사로서, '나쁜', '해로운', '불행한'의 뜻이다. '다발 라'는 '나쁜 일', '나쁜 교훈'을 말한다.

'지혜자의 마음은 때와 판단을 분변하나니'라고 했다. 앞부분에 대한 보충설명에 해당한다. 지혜자의 장점이 무엇인가? 시기와 판단에 있어 실수를 하지 않는다는 것이다. 시기는 시대의 흐름, 또는 시대를 말하고, 판단의 원문 '미쉬파트משפט'는 '심판', '재판', '실수' 등 여러 가지 의미가 있다.

'지혜로운 마음은 시기와 판단을 알고'와 같은 의미이고, 이것은 또한 그런 것들이 반드시 임할 것을 말하고 있다. '에다ידע'가 두 번 나오는데 모두 미래형이다. 지혜자의 현실에 대한 감각이 돋보인다. 왕의 명령을 잘 이해하고, 그 명령을 어길 시에 나타나는 징벌을 알고 있으며, 따라서 올바른 처신을 하고 있기에 화를 면한다는 것이다. 이런 견해가 일차적인 의미가 되고 대부분의 성경해석가들이 동의하는 것이기도 하다.

♠ 명령이라 번역된 '미츠와מצוה'는 세상의 왕의 명령일까? 하나님의 명령일까? 왕의 명령이니 예수 그리스도의 명령이다. 2절에 보이는 '명령'은 원문이 '피'로서 '말씀'으로 번역함이 낫다고 했거니와 본절의 '미츠와מצוה'는 '명령', '계명'의 뜻이다. 예수 그리스도의 명령이 무엇인가? 예수의 명령은 서신서와 요한계시록에만 173개가 있을 정도로 많다. 그 가운데 명령의 시작과 끝을 마태복음을 통해 조금만 살펴보자.

첫째는 때를 잘 알라는 것이다. 회개할 때와 복음을 전할 때로 구분할 수 있겠다. 마태복음 4장 17절엔 예수 그리스도의 첫 명령(말씀)이 있다. 그것은 "회개하라 천국이 가까이 왔느니라"는 것이다. 예수께서 계신 곳이 천국이니 예수를 만나라는 말씀이다. 그분 앞에 회개하면 만나주시고, 그에게 하나님의 나라를 알게 하신다는 것이다. 회개할 때다.

복음을 전할 때다. 마태복음 28장 19-20절에, "그러므로 너희는 가서 모든 민족을 제자로 삼아 아버지와 아들과 성령의 이름으로 세례를 베풀고/내가 너희에게 분부한 모든 것을 가르쳐 지키게 하라…"고 하신 것이다.

두 번째는 판단, 즉, 분별을 잘하라는 것이다. 로마서 12장 2절에, "너희는 이 세대를 본받지말고 오직 마음을 새롭게 함으로 변화를 받아 하나님의 선하시고 기뻐하시고 온전하신 뜻이 무엇인지 분별하도록 하라"고 했다.

지혜자의 마음은 예수 그리스도의 마음이다. 이는 마땅히 성도들이 가져야 할 마음이다. 빌립보서 2장 5절에, "너희 안에 이 마음을 품으라 곧 그리스도 예수의 마음이니"라고 했다. 그리스도 예수의 마음을 품은 자, 곧 성령이 내주하시는 자들은 영원한 생명의 인치심을 받은 자들이다. 부활의 영광을 맞이할 예수 그리스도의 신부들이다.

6절] '무슨 일에든지 때와 판단이 있으므로 사람에게 임하는 화가 심함이니라'

본절의 원문은 접속사 '키(כי)'가 두 번 나온다. 상반절은 '왜냐하면'이 되어 이유를 설명하고 있다. 두 번째 '키'는 이유, 양보, 인과 관계 등으로 접속사의 역할이 갈라진다. 필자의 판단으로는 인과 관계가 가장 합당하다고 본다. 한글 개역 성경이 이런 입장이다. 왜냐하면 5절에서 지혜자는 때와 판단을 분변한다고 했고, 반대로 명령을 지키는 자가 불행을 면할 것을 말씀했으므로 본절에서는 명령을 지키지 않는 자에게 심한 화가 임할 것을 말했기 때문이다.

결국 본절의 일차적 의미는 왕의 명령을 지키지 않는 자가 미래에 당할 엄중한 화(禍)를 말함으로써 지혜자처럼 때와 판단을 잘하는 자가 되어 화를 피하라는 것이다.

♠ 3장 17절에서 전도자는 '의인과 악인을 하나님이 심판하시리니'라고 했다. 사람에게 임하는 화(禍)가 악인에게 임한다는 것이다. 왜 굳이 심하다는 표현을 했을까? 그것은 영적 견지에서는 단지 육체의 죽음만을 말하는 것이 아니기 때문이다. 에스겔서 16장

23절에, "주 여호와의 말씀이니라 너는 화 있을 진저 화 있을 진저 네가 모든 악을 행한 후에"라고 했다. 화가 두 번 거듭됨은 최상급이다. 심한 화가 바로 그러하다. 요한계시록 8장 13절에도 "내가 또 보고 들으니 공중에 날아가는 독수리가 큰 소리로 이르되 화, 화, 화가 있으리니…"라는 말씀이 있다. 여기서는 '화'가 세 번이나 나온다. 이것은 최상급 그 이상의 절대적인, 변개할 수 없는 화를 말한다. 그렇다면 '화'는 단순한 형벌이 아니다. 그것은 바로 그 화가 바로 하나님의 심판이 된다는 것이다.

이 심판은 세상에서 받는 심판이 아니라 영적 세계의 심판이니, 곧 둘째 사망의 해를 당하게 된다는 것이다. 영원한 멸망이다. 이것이 심한(great) 화(禍)가 된다. 마태복음 10장 28절에, '몸은 죽여도 영혼을 능히 죽이지 못하는 자들을 두려워하지 말고 오직 몸과 영혼을 능히 지옥에 멸하시는 자를 두려워하라'고 하지 않았는가? 심한 화, 곧 지옥의 화를 피하는 길은 시기와 판단을 잘 알아 예수 그리스도의 명령(말씀)을 지키는 것이다.

결론적으로, 본절의 속뜻이 무엇일까? 가깝게는 예수 그리스도를 박대하고 그 분의 말씀을 거부한 유대 종교지도자들을 향한 하나님의 경고의 말씀이고, 멀리는 후대의 크리스천들에게 예수 그리스도의 말씀을 때와 시기에 맞추어 잘 분별해 지키라는 것이다.

7절] '사람이 장래 일을 알지 못하나니 장래 일을 가르칠 자가 누구냐'

본절에도 또한 이유를 나타내는 접속가 '키ב(for)'가 두 번 나온다. 이유를 나타내는 접속사. '사람이 장래 일을 알지 못하나니' 의 원문은 '키כי 에넨누איננו 요데아ידע 마הם 쉐이흐예שיהיה'가 된다. '에넨누איננו'는 부정어이고 남성 3인칭단수다. '아니다'의 뜻이다. '요데아ידע'는 원형이 '야다ידע'로 '보다', '알다'의 뜻이고, '마הם'는 의문대명사로서, '무엇', '어떤 것'의 뜻이다. '쉐이흐예שיהיה'는 관계 사ש와 '하야היה'가 결합한 것이고 미완료형이며 남성 3인칭단수다. '하야היה'는 '있다', '존재하다' '~ 행해지다' '~ 이루어지다'의 의미 가 있다. 즉, 이 부분을 직역하면, '왜냐하면 그에게 무엇이 이루어 질지 그가 알지 못하니라'가 된다. 사람의 앞일을 한치 앞도 모르 니 인간 이성의 한계, 곧 인간 지혜의 한계, 그리고 인간 지식의 한계를 냉철히 지적한 말씀이다. 그와 같은 한계를 극복하려 드는 것이 인본주의며, 그 뒤에는 영적인 관점에서 볼 때 사탄의 책략 이 숨어 있는 것이다.

하반절의 '장래 일을'은 원문은 '쉐이흐예שיהיה'로, '그에게 이루 어질 것을'이 되고, '가르칠 자가'는 '야기드'로서, 이것은 원형이 '나가드'다. 미완료형 3인창 단수로, '앞에 두다', '나타나다', '알려 주다'의 뜻을 갖는다. 특별히 이 단어는 어떤 일이 발생하기 전에 미리 알려준다는 의미로 많이 사용된다. 따라서 하반절을 직역하 면, '그런즉 그에게 이루어질 것을 미리 알려주는 자가 누구냐'가 된다.

사람 중에 누가 있어 장래 일을 알려주며 경고를 해주겠느냐는 것이다. 본절에서 전도자를 솔로몬 왕이라고 보는 견지에서는 왕 의 명령을 지키지 않는 자에겐 언제, 어느 때 무슨 일을 당할지, 그가 왕의 명령을 지키지 않았으므로 나타날 징벌이 어떻게 임할 지 알지 못하니 지혜롭게 행하라고 말한 것이 된다. 이렇게 보면,

왕과 신하 사이에 흔히 있는 일로, 별 것 아닌 것으로 보이니 성경의 말씀이라기엔 많이 부족하다. 다시 말하면, 본절에 대한 겉뜻은 볼만한 것이 없다는 것이다.

♠ '사람이 장래 일을 알지 못하나니'라고 상반절에서 말하고 있다. 그렇다. 사람은 장래 일을 알지 못한다. 성경이 진정 말하고자 하는 장래 일이 무엇인가? 점술가나 미래학자들의 의견 같은 것을 말하는가? 여기서 장래 일은 물적, 세상적 의미에서 한 걸음 더 나아간다. 현대 과학의 발달은 인간의 장래에 대해 과거에 보지 못했던 것을 포함해 놀라운 예측이 가능해졌다. 또 소위 점술가들은 여러 수단을 강구한(사탄의 능력을 포함한) 예측성을 이용해 인간을 미혹한다. 따라서 본절의 장래 일은 물적, 육신적, 정신적 장래라고 보면 안 된다. 그것은 영혼의 문제다. 그 자신의 영혼이 어찌 될지 사람은 전혀 알지 못한다. 어떤 수단과 방법을 동원한다 할지라도 이 영역은 도무지 알 수 없다.

또 본절은 묻는다. '장래 일을 가르칠 자가 누구냐'고 말이다. 성경엔 그러한 자들이 많이 나온다. 물론 그것은 하나님의 계시로 가능했다. 사무엘상 9장에 보면, 사울의 아버지 '기수'가 암나귀를 잃고 아들 사울에게 찾아보라고 시키는 장면이 나온다. 그때 열심히 나귀를 찾던 사울이 결국은 찾지 못하고 집으로 돌아가려고 할 때 함께 찾던 사환이 사무엘을 소개한다. 그때 사환이 한 말 중에, '이 성읍에 하나님의 사람이 있는데 존경을 받는 사람이라 그가 말한 것은 반드시 다 응하나니 그리로 가사이다. 그가 혹 우리가 갈 길을 가르쳐 줄까 하나이다(삼상9:6). 여기서 사무엘은 '선견자'로 불리웠고, 그가 하나님께로부터 미리 받은 계시의 명령대로 사울에게 기름부어 왕이 되게 한 것이다.

사람 중에 장래 일을 가르쳐 줄 자가 있다. 사무엘처럼 하나님의 계시를 받은 선견자만 그러하다. 사무엘은 종종 예수의 예표로 표현되기도 했다. 예수께서도 태어나시기 전, 하나님은 여러 사람에게 계시를 하셨다. 이제 그분은 하나님이시니, 모든 영적 문제에 답을 하실 수 있는 분이다. 예수 그리스도는 왕이시다. 하나님이시다. 그분은 당신의 명령(말씀)을 지키는 자들에게 세상이 해결치 못한 영혼의 장래 일을 가르쳐 주시고, 또 가장 좋은 진리의 길이 되셔서 하나님의 나라로 인도하실 것이다. 그분이 이렇게 말씀하신다. 요한복음 15장 16절에, "너희가 나를 택한 것이 아니요 내가 너희를 택하여 세웠나니 이는 너희로 가서 열매를 맺게 하고 또 너희 열매가 항상 있게 하여 내 이름으로 아버지께 무엇을 구하든지 다 받게 하려 함이라"고 하신 것이다.

8절] '바람을 주장하여 바람을 움직이게 할 사람도 없고 죽는 날을 주장할 사람도 없으며 전쟁할 때를 모면할 사람도 없으니 악이 그의 주민들을 건져낼 수는 없느니라'

본절은 하나님의 대리자인 왕의 명령을 거역할 때 나타나는 미래의 불행(화)에 대한 마지막 구절에 해당한다. 여기서는 인간의 무능력, 곧 인간의 네 가지 불가능한 것이 열거되고 있다. 그 첫째는 어느 누구도 바람을 이기거나, 바람을 통제할 수 있는 힘이 없다는 것이다. 그런데 본절의 바람은 원문이 '루아흐רוח'다. 이것은 '바람'의 뜻도 있으나 오히려 '영'의 이미지가 강하고, 그 외에도 '호흡', '기운', '하나님의 영', '성령'의 의미가 있다. 그래서 주석학자들도 해석의 의견이 갈린다. '에발트', '헹스텐버그' 등은 바람으로, '제롬', '루터'는 영으로 이해한다. 일차적 의미로서, 전도자를 솔로몬이라고 전제하면 징벌로 당하는 육체적 죽음을 가정할 때는 바람이 된다. 11장 5절엔, '바람의 길이 어떠함과…네가 알지 못함 같이…'라고 한 바와 같이 바람으로 번역되면 셀 수도, 방향을 알 수도 없는 하나님만의 특권으로 나타난다.

두 번째의 불가능은 죽음의 날을 인간 중에 그 어느 누구도 제어하지 못한다는 것이다. 죽음에 대해 함부로 결정할 수도, 바꿀 수도 없음을 말하고 있다. 죽음은 인간의 불가능성, 무기력함의 정점이다. 세 번째는 전쟁의 법칙이다. 전쟁시에 병역의 의무를 모면하지 못한다는 것이다. 고대국가에서 왕의 명령에 대한 기피는 곧 죽음이기 때문이다. 이것은 크나큰 비극이지만, 또 원인이야 어떠하든지 그 때를 어찌할 수가 없다. 네 번째 불가능성은 악이 그 행악자를 건져낼 수도 없다는 것이다. '행악자'의 원문은 '베알라우בעליו'다. 이것은 '주인', '소유자'의 의미를 가진 '바알בעל'에 남성 3인칭단수가 결합된 것이다. '악의 소유자', 혹은 '악의 주인'을 말하니 악과 더불어 살아가는 자가 된다. 혹자는 포악한 왕을 상징한다고도 말한다. 악의 주인도 그 자신의 죄악으로 인해 벌어진 죄, 곧 자신이 악한 짓을 행하면서도 어찌하든지 살고자 하나 죄악이 그를 멸망의 곳, 곧 죽음으로 끌고 간다는 것이다.

♠ 본절에서, '바람을 주장하여 바람을 움직이게 할 사람도 없고'에 관해서는 논란의 여지가 있다. 개역 관주 성경은 원문 '루아흐רוח'를 '생기'라고 번역했다. 킹제임스역은 'spirit'로 번역하고 있다. 보는 관점에 따라 다른 번역을 하고 있다는 것이다. 그렇다면 하나님과 예수 그리스도 중심의 관점에선 어떻게 볼 것인가? 본절에서 사람의 불가능성의 첫 번째가 '바람'에 빗댄 것은 억지스럽다. 전도서에서 '루아흐'를 '바람'으로 번역한 다른 부분의 것들과 맞추려한 것에 불과하다는 것이다.

예수 그리스도 중심의 관점에서는 본절이 예수 그리스도의 명령(말씀이 더 좋지만)을 거부한 자들에게 나타나는 영적 심판을 말하기 때문에 네 가지 불가능성은 모두 다 육체의 죽음과 연관이 있는 것이다. 따라서 '바람'은 어울리지 않는다. '주장하여'는 원문이 '쌀리트שליט'이다. 이것은 형용사로서 원문 '아담אדם', 곧 사람을 수식하고 있다. '단단한', '지배자', '주장하다'의 뜻을 갖는다. '지배하는 사람'이라고 하면 적절한 번역이다. 필자가 보건대 '루아흐רוח'를 생기라고 보는 것도 어폐가 있으니 생명으로 보면 문맥과 내용이 일치하는 것이다. 따라서 첫 번째 불가능성에 대하여는 '루아흐רוח'를 '생명으로 번역해 보면, '생명을 지배하여 생명을 머무르게 할 사람도 없고'가 되어 가장 이치에 맞는 번역이 된다.

사람은 육신의 생명을 지배하지도, 육신이 죽는 날을 지배하지도, 영적 전쟁에서의 둘째 사망을 모면하게 하지도 못한다. '악이 그의 주민들을 건져 낼 수는 없느니라'를 살펴보자. 본절의 '악'은 '레솨רשע'로서, 이것은 '사악함', '범죄', '거짓됨'의 뜻이다. 그리고 '주민들'이라 번역된 것은 원문이 '행악자들'이다. '건져낸다'는 말은 원문이 피엘형이고 남성 3인칭 단수로서, '달아나게 하다', '구해내다'의 뜻이다. 즉, 이 부분은 직역하면, '악이 행악자를 구해낼 수 없느니라'가 된다. 해석적 의미는 두 가지로 요약된다. 하나는 사악한 자가 그의 내면의 죄악으로부터 자유함을 얻을 수 없다는 것이고, 다른 하나는 악의 원흉인 포악한 왕, 곧 사탄을 악으로 보고, 사탄이 절대로 그의 하수인들을 영원한 사망으로부터 건져내지 못한다는 것이다.

9절] '내가 이 모든 것들을 보고 해 아래에서 행하는 모든 일을 마음에 두고 살핀즉 사람이 사람을 주장하여 해롭게 하는 때가 있도다'

'내가 이 모든 것들을 보고 해 아래에서 행하는 모든 일을 마음에 두고 살핀즉'이란 말씀에서 전도자는 자신이 끝 간 데 없이 진지하게 탐구하고 있음을 강조하고 있다. 원문은 '엩את 콜כל 제 זה 라이티ראיתי 웨나톤ונתתי'으로 시작한다. '내가 이런 것들을 모두 다 보고 살핀즉'이 직역이다. 이 부분의 핵심은 지시대명사 '제זה'이다. 이것은 '이것(this)'의 뜻인 바, 8절에서 말한 사람으로서 불가능한 것 네 가지를 가리킨 말이다. 그런 불가능한 것들을 보고(염두에 두고) 다시 '해 아래에서 행하는 모든 일을 마음에 두고 살폈다'는 것이다.

무엇을 보고 살폈는가? '사람이 사람을 주장하여 해롭게 하는 때가 있도다'라고 했다. '주장하여'의 원문은 '솰라트שלט'이고, 칼형이고 남성 3인칭단수다. '지배하다', '다스리게 하다', '주장하게 하다'의 뜻을 갖는다. 문맥으로 보아 '지배하여'가 더 어울린다. 어떤 경우에 이런 일이 일어나는 것일까? 폭군의 통치에서 이와 같은 일이 일어나는 것이다. 고대의 근동지방은 전제 군주들이 활개치던 때였다. '사람이 사람을'의 원문은 '하아담האאדם 베아담באדם'이다. 한 사람(하ה 아담אדם: 그 사람)의 지배자가 피지배자인 백성들에게 해를 끼치는 것이다. 이런 상황이라면 하나님을 대신한 대리통치자라 할지라도 사람들에게 큰 불행을 가져다주는 경우가 된다. 해 아래 인생들이 통치자를 잘못 만났을 때, 그 삶이 또한 녹록하지 않게 되는 것이다.

♠ 본절에서 전도자가 궁구(窮究)하고 살핀 결과의 내용이 과연 폭군의 지배 하에서 민초들이 겪는 아픔만을 말한 것일까? '사람이 사람을 주장하여 해롭게 하는 때가 있도다'라고 했다. 본절의 말씀이 지배층에 대한, 특히 폭군에 대한 백성들의 아픔만을 말한 것이라면 역사에서 흔히 보는 사건의 하나일 뿐, 그다지 중요한 말씀이 아니게 된다.

마가복음에는 예수께서 성도들이 가져야 할 바, 그 태도와 자세에 관한 말씀을 한 부분이 있다. 마가복음 10장 42-45절의 말씀이다. 예수의 나라가 이루어지길 기대한 제자들 가운데 야고보와 요한이 자리다툼을 하자, "예수께서 불러다가 이르시되 이방인의 소위 집권자들이 저희를 임의로 주관하고 그 고관들이 그들에게 권세를 부리는 줄을 너희가 알거니와(42절)"라고 하신 것이다. 이럴 때 크리스천들의 태도는 어찌해야 할까? 43-45절에 그 답이 있다. 즉, "너희 중에는 그렇지 않을지니 너희 중에 누구든지 크고자 하는 자는 너희를 섬기는 자가 되고/ 너희 중에 으뜸이 되고자 하는 자는 모든 사람의 종이 되어야 하리라/ 인자가 온 것은 섬김을 받으려 함이 아니라 도리어 섬기려 하고 자기 목숨을 많은 사람의 대속물로 주려 함이니라"고 하셨다.

예수님의 방식은 오히려 지배보다는 섬기는 자가 되라는 것이었다. 그리고 그 실례로 자기 자신을 말씀하신 것이다. 대화 중에, 예수께서는 자신이 십자가를 지시는 목적을 말씀하셨다. 제자들이 그때 당시는 그 속내를 알지 못했을 것이나 훗날엔 모두 이해하게 되었던 것이다. 예수의 섬김은 실로 인간의 속죄와 영적 부활, 영원한 생명을 위한 찬란한 희생이었다.

10절] '그런 후에 내가 본즉 악인들은 장사 지낸 바 되어
거룩한 곳을 떠나 그들이 그렇게 행한 성읍 안에서
잊어버린 바 되었으니 이것도 헛되도다'

8장 10-15절에 대한 대강의 뜻을 설명한 유수(有數)의 주석학자 '카일 델리치'는 말하기를, '의인과 악인과의 관계는 악인과 의인과의 관계와 같다, 그러니 하나님이 그것을 허락하시는 한 인생을 즐기는 것이 가장 좋다'라고 했다. 독자들도 그렇게 생각하시는가? 성경적 해석으로 적당하다고 보시는가? 그러하기에 속뜻 파악에 더 정진하게 되는 것이다.

본절로 돌아가자. '그런 후에 내가 본즉'은 원문이 '우베켄ובכן 라이티ראיתי'가 된다. '우베켄ובכן'은 접속사ו와 전치사ב가 '켄כן'과 결합된 것이다. '켄כן'은 '똑바로 선', '올바로', '그 후에', '그러한'의 뜻을 갖는다. '그리고 그 후에 내가 보니'가 직역이나, '우베켄ובכן'은 '그리고 그러한 상황에서'나 '그리고 그러한 경우에'로 의역할 수도 있다. 9절에 나오는 사람을 지배해 해롭게 한 폭군 하에서 이루어지는 그런 상황의 경우를 가리킨다.

'악인들은 장사 지낸 바 되어'의 부분을 보자. 본절의 내용으로 보아 전도자는 악인이 장사되는 것을 유심히 관찰한 것으로 보인다. 본절은 하나님의 올바름에 대한 반대, 곧 상대적 의미로서의 악인들의 운명을 말한 것이다. 고대 국가에서는 비록 폭군이라 할지라도 왕의 경우, 장사를 정상적으로 잘 지낸다. '장사 지낸 바 되어'라는 말로 보아 별 문제없이 장례절차에 따라 장사된 것으로 보인다. 그가 악인인데도 말이다. 이처럼 악한 자가 별 탈이 없이 무사히 장사된다는 것은 비정상의 정상, 그야말로 혼돈 상황

이 초래된 것이다.

'거룩한 곳을 떠나'의 부분을 보자. 한글 개역개정엔 '선을 행한 자는'란 말이 없으나 추가된 번역(개역 성경)도 있다. 이 부분의 원문은 '아수עשו'인데, 이 '아수'엔 '선'의 의미가 없다. '선을 행한 자'라는 말이 있느냐 없느냐와 같은 작은 차이로 인해 한글 번역에 있어서도 종류에 따라 중대한 번역상의 차이가 발생하곤 한다. 한글 개역성경엔 '선을 행하는 자'로 번역되어 있다. 이 부분의 원문은 '아쉐르אשר 켄כן 아수עשו'이다. '아쉐르אשר'는 관계사이고, '켄כן'은 '올바로', '그 후에', '그러한'의 뜻이 있고, '아수'는 칼형, 완료형이고 3인칭 복수다. 원형은 '아사עשה'다. 그 뜻은 '어떤 일을 하다', '만들다', '행하다' 등의 의미가 있다. 직역하면 '그들이 그렇게 행했던'이 된다. 여기서 '선'이란 말이 없다. 오히려 상반절의 '악인'을 수식할 수도 있으므로 이 경우는 본절과 같은 번역이 가능한 것이다.

'거룩한 곳을 떠나'에서, '떠나'를 뜻하는 원문 '예할레쿠יהלכו'는 자신들의 뜻에 반해 강제로 떠나는 사람들의 억지스런 발걸음의 의미를 내포하고 있다. 이것은 악인들이 거룩한 곳을 출입하며 별다른 징계가 없이 편히 지내다가 강제로 떠나게 되었다. 죽음으로 인한 떠남이다. '거룩한 곳'은 어디인가? 이것도 '성전', '재판소', '예루살렘' 등의 여러 의견이 있으나 성전일 가능성이 가장 크다. 어쨌든 백성들에게 해를 끼쳤음에도 불구하고 폭군 같은 악인이 삶에서 누릴 것 다 누리고 살았고, 정상적으로 매장되었으며 나중엔 그의 악한 짓마저도 다 잊혀지게 되었으니 그런 것을 바라보는 전도자의 결론이 인생이 허무하다는 것으로 귀결된다는 것이다. 인간의 정서상 폭군은 벌을 받아야 하고, 명예로운 죽음이 보장되어서는 안 되며, 사람들에게 악인으로 후대에까지 알려져야 하는데 그렇지 않았으니 마땅찮다는 것이다.

더욱 놀라운 것이 있다. 그것은 본절의 '잊어버린 바 되었으니'의 원문 '웨이쉬타케후וישתכחו'에 대한 번역 문제다. 이 단어는 접속사ו와 '샤카흐שכח'의 결합이며 남성 3인칭 복수다. 이것을 70인역, RSV 등이 원문까지 수정해가며 '칭송받았다'는 의미로 바꾸어 번역했다는 것이다. 그렇게 되면 악인이 죽은 후에도 칭송을 받았다는 뜻이 되니 허탈함이 더욱 강조되게 된다. 성경마다 차이가 나는 이유 중의 하나가 개별 언어(단어나 용법)의 문화적 사용의 차이에 의한 의도적 또는 비의도적 의미 이탈에 따른 변개다.

한글 개역에서는 본절이 '내가 본즉 악인은 장사지낸 바 되어 무덤에 들어갔고 선을 행한 자는 거룩한 곳에서 떠나 성읍 사람의 잊어버린 바 되었으니 이것도 헛되도다'라고 되어있다. '아쉐르אשר 켄כן 아수עשו'가 왜 '선을 행한 자'로 번역되었나? 그것은 '켄'의 의미가 '그러한' 외에도 '올바른', '곧은', '정직한'의 의미도 있어 '그들이 올바르게 행했던'이라고 번역할 수 있기 때문이다. 이처럼 번역하게 되면, 악한 통치자는 살아서 잘 지내다가 정상적으로 매장되고, 선을 행한 자는 존경과 대접을 받기는커녕 오히려 성전에서 쫓겨나 마침내 잊혀지는 바, 이것은 하나님의 공의와 반하는 이런 결과니 그런 것을 바라보는 전도자의 심정으로 볼 때, 인생이 허무하다는 것이다.

♠ 본절의 말씀대로라면, 해 아래 인생에서 권선징악(勸善懲惡)의 이치가 제대로 작동되지 않았음을 알 수 있다. 부연하면, 하나님의 공의는 간 곳이 없고 악인이 만사형통(萬事亨通)하다가 죽어

서도 잘 매장되고, 의인은 사는 동안에도 갖은 고통을 다 겪다가 죽어서조차도 쉽게 잊혀지는 불공평한 세상의 현실에 대한 절망적 감정을 나타낸 듯이 보이는 것이다. 겉뜻의 이미지는 이와 같다. 그렇다면 속뜻은 어떠한 것인가?

먼저 '헛되도다'의 '하벨הבל'에 대한 인식을 새롭게 할 필요가 있다. 전도서의 해석 처음부터 강조한 부분이다. 이것을 '헛되도다'로 번역해버리면 전도서 전체가 별 볼일 없는 책, 윤리와 도덕, 혹은 철학적 사유가 포함된 경구의 모음이 되고 마는 것이다. 그렇게 되면 가치에 있어서 여타 종교의 경전만도 못하게 된다. 그러하니 '하벨הבל'을 한 호흡만큼, 아주 짧은 순간을 강조한 것으로 보라는 것이다. 짧은 순간이라면 판단 유보적 이미지가 된다. 그래야만 허무감에 절게 만드는 허탈함, 절망감이 사라지게 되는 것이다. 전도서는 그리스도 예수에 대한 예언서고 계시서지 결코 인생무상을 전파하는 책이 아닌 것이다.

시편 37편 1절에, "행악자를 인하여 불평하지 말며 불의를 행하는 자를 투기하지 말지어다"라고 했다. 잠언도 비슷한 말씀을 한다. 잠언 23장 17절에, "네 마음으로 죄인의 형통을 부러워하지 말고 항상 여호와를 경외하라"고 했다. 또 잠언 24장 1절에도, "너는 악인의 형통함을 부러워하지 말며 그와 함께 있으려고 하지도 말지어다"라고 했다.

성경을 통해 하나님은 악인도 때론 형통할 수 있음을 말씀하고 있고, 의인도 환난을 당할 수 있다고 하신다. 그러나 악인에 대해 불평, 투기하거나 부러워말라고 하신다. 왜 부러워할 필요가 없는 것인가? '하벨הבל'이란 단어의 의미처럼 그들의 삶은 영원한 삶에 비해 한 순간, 한 호흡에 불과하기 때문이다. 악인도 반드시 죽는다. 그들의 형통은 일순간일 뿐이라는 것이다. 의인은 비록 고난이 있으나 영원히 살 것이다. 악인들이 해 아래 삶에서 만사형통이면 어떻고, 의인들이 행한 바가 세상으로부터 잊혀지면 어떠랴. 빛을 내지만 불과 한 달을 채우지 못하는 반딧불의 삶이 이생의 삶인 것이다. 하나님의 공의는 해 아래 삶에서라기보다는 '해 위의 삶', 곧 천국의 삶에서 더욱 빛나게 될 것이다. 그러므로 성도는 누가복음 21장 34절의 말씀처럼 살아야 한다. '너희는 스스로 조심하라 그렇지 않으면 방탕함과 술취함과 생활의 염려로 마음이 둔하여지고 뜻밖의 그 날이 덫과 같이 너희에게 임하리라'고 했다. 그 날은 반드시 온다. 육신이 사망의 칼을 맞는 날이다. 그 날에 악인은 둘째 사망에 들고, 의인은 부활의 영광스런 새날을 맞게 될 것이다.

11절] '악한 일에 관한 징벌이 속히 실행되지 아니하므로 인생들이 악을 행하는 데에 마음이 담대하도다'

하나님이 버젓이 살아 계시는데, 그 하나님이 온 세상을 주관하시고 섭리하시는데 왜 죄악이 증가하는가에 대한 물음이 전 시대에 걸쳐 상존하고 있다. 본절은 그에 대한 답을 제공한다. '징벌이 속히 실행되지 않기에' 그러하다는 것이다. 본절에서 '징벌'은 원문이 '피트감פתגם'으로 나온다. 이것은 명사로, '판결', '법령', '선포'의 뜻이 있다. 여기서는 하나님 혹은 왕이 판결하거나 선포한다는 의미로도 볼 수 있으나 본절에서는 심판의 이미지가 더 강하다.

'인생들이'의 원문은 '베네이בני 하아담האדם'이다. '베네이בני'는 복수로서, '아들들'의 뜻이니, '사람의 아들들이'가 직역이 된다.

'인생들이 악을 행하는 데에 마음이 담대하도다'라고 했다. '담대하도다'는 원문이 '말레מלא'이다. 이것은 칼형 완료형이고 남성 3인칭단수다. '채우다', '충만하다', '담대하다'의 뜻을 갖는다. 악의 기운이 충만하니 날로 악은 더해간다. 하반절을 직역하면, '그리하여 사람의 아들들의 마음이 그들 안에서 악을 행하기에 담대하도다'가 된다. 하나님의 심판이 속히 나타나지 않으니 악한 자는 더욱 악해지고, 하나님께 대한 아무 두려움이 없이 범죄를 담대하게 저지르게 된다는 것이다.

♠ 많은 크리스천들이 본절에 공감할 것이다. 하나님의 심판이 더디기에, 악한 자들이 담대하게 악을 행하게 된다는 것이다. 고대의 악한 통치자는 무소불위(無所不爲)의 권력을 휘둘렀다. 백성들의 지난한 고통을 아랑곳하지 않았다. 그때에 그들은 말한다. '하늘도 무심하시지, 저런 왕을 내버려두시다니…'라고 하늘을 원망하고 탄식했을 것이다. 일반적인 세상의 이치다. 하지만 그와 같이 하신 것엔 속뜻이 있다. 전도서의 이차적 의미는 대부분 영적인 관계성을 내포하고 있다.

이 전도서의 주 독자층이 유대인이었다는 말을 여러번 언급했을 것이다. 그 가운데 유대 종교지도자들이 주로 전도서를 예언서로 분류하고 연구를 지속했다. 시편 50편 16절에 보면 하나님께서 그와 같은 유대인 종교지도자들에게 하신 말씀이 그대로 나온다. 즉, "악인에게는 하나님이 이르시되 네가 어찌하여 내 율례를 전하며 내 언약을 네 입에 두느냐"고 비판하신 것이다. 다시 21절에 보면, "네가 이 일을 행하여도 내가 잠잠하였더니 네가 나를 너와 같은 줄로 생각하였도다…"라고 하셨다. 하지만 그들에게 그 끝이 반드시 있을 것이다. 하나님께서 말씀하셨다. '내가 잠잠하였더니'

라고 말이다. 하나님이 심판을 늦추셨다고 해서 그 심판이 없어지는 것이 아니다. 시편 1장 6절에, "무릇 의인들의 길은 여호와께서 인정하시나 악인들의 길은 망하리로다"고 하신 것이다.

예수님도 유대인 종교지도자들에게 이렇게 말씀을 하신다. 즉, 마태복음 12장 34-35절에, "독사의 자식들아 너희는 악하니 어떻게 선한 말을 할 수 있느냐 이는 마음에 가득한 것을 입으로 말함이라/ 선한 사람은 그 쌓은 것에서 선한 것을 내고 악한 사람은 그 쌓은 악에서 악한 것을 내느니라"고 말씀하셨다. 영적 의미로서의 본절에 나타난 악인은 바로 유대 종교지도자들이었다. 그들이 하나님의 율법을 가르친다고 하면서 오히려 그들이 가르치는 그 입으로 점점 더 심한 범죄를 행했으며, 종래에는 예수 그리스도를 십자가에 못 박는 결정적 역할을 함으로써 사탄의 충실한 종의 구실을 한 것이다. 그런 자들에게조차 즉각적인 심판이 이루어지질 않았으니 그들이 얼마나 기고만장(氣高萬丈)했을까?

예수께서 말씀하신 가라지의 비유야 말로 하나님의 심판이 즉각적으로 나타나지 않게 된 이유, 곧 본절에 대한 온전한 답이 될 것이다. 마태복음 13장 37-43절의 내용을 살펴보면, "대답하여 이르시되 좋은 씨를 뿌리는 이는 인자요/ 밭은 세상이요 좋은 씨는 천국의 아들들이요 가라지는 악한 자의 아들들이요/ 가라지를 뿌린 원수는 마귀요 추수 때는 세상 끝이요 추수꾼은 천사들이니/ 그런즉 가라지를 거두어 불에 사르는 것 같이 세상 끝에도 그러하리라/ 인자가 그 천사들을 보내리니 그들의 그 나라에서 모든 넘어지게 하는 것과 또 불법을 행하는 자들을 거두어 내어/ 풀무 불에 던져 넣으리니 거기서 울며 이를 갈게 되리라/ 그 때에 의인들은 자기 아버지 나라에서 해와 같이 빛나리라 귀 있는 자는 들으라"고 하셨다. 전도서의 본절에 대한 설명으로서의 알파와 오메가가 다 들어 있는 참으로 합당한 말씀이 아닐 수 없다.

12절] '죄인은 백 번이나 악을 행하고도 장수하거니와 또한 내가 아노니 하나님을 경외하여 그를 경외하는 자들은 잘 될 것이요'

항상 악을 행하고, 악을 반복하는데도 장수의 기쁨을 누린다? '백 번'에 해당하는 원문 '메아트מאת'는 '백'이라는 의미지만 사실상 대단히 많은 숫자에 대한 대략적 표현이다. 그렇게 거침없이, 적극적으로 악을 행하면서도 장수하고, 죄를 짓는데도 건강하게 산다는 것은 어쩐지 불공평한 듯이 보일 수 있다. 그러나 본절과 13절은 진정한 장수가 무엇인지 알려준다. 본절에서는 악을 행하고도 장수한다고 말했으나 13절에서는 '악인은 잘 되지 못하며 장수하지 못하고'라고 한다. 언뜻 보면 심각한 모순처럼 보일 것이다. 이것이 무엇을 의미하는가? 세상에서의 장수는 악인에게도 허용될 수 있으나 영속성이 없으며 일시적이라는 말이다. 그 후에는 반드시 하나님의 엄정한 심판이 있을 것이라는 분명한 암시가 된다.

본절을 나누어 분석해보자. 상반절을 직역하면, '비록 죄인이 백 번이나 악을 행할지라도 그가 장수하거니와'가 된다. 특히 여기서 '행하다(do)'는 원문이 '오세עשה'로서, 칼형 분사형이므로 계속의 의미가 포함되기에 악인이 전도자의 관찰시점까지도 범죄를 계속 저지르고 있다는 것을 말하고 있다. 전도자를 솔로몬으로 가정하고 바라본다면, 그가 아는 주변의 한 폭군에 대한 이야기 인 듯이 보인다.

하반절을 살펴보자. '또한 내가 아노니 하나님을 경외하여 그를 경외하는 자들은 잘 될 것이요'라고 했다. 여기서 '잘 될 것이요'는 원문이 '이흐에יהיה 토브טוב'다. '이흐에יהיה'는 미완료형이고 남성 3인칭단수다. 원형이 '하야היה'다. 이것은 '존재하다', '있다', '행하다'의 뜻을 갖는다. 직역하면 '그가 좋게 될 것이요'라는 말이다. 또 원문에는 '밀파나우מלפניו', 곧 '그 앞에서'가 있으나 번역엔 생략되어 있다.

'내가 아노니'라고 말함으로써 전도자는 자기 말에 확신을 더한다. 현실의 상황은 마치 악인이 악을 지속적으로 행함에도 불구하고 번영하며, 장수하는 것으로 보이지만 그것이 궁극이 아니요, 최후까지 잘 되는 것은 하나님을 경외하는 자가 될 것이라는 말이다. '경외하다'는 말은 원문이 '존경하는', '경배하는', 경외하는 '의 뜻을 가진 '야레ירא'다. 이것의 원형 또한 발음이 같은 '야레ירא'로서, '두려워하다', '경외하다', '공경하다'의 뜻을 갖는다. '하나님을 경외하며(fear) 그 앞에서 경외하는 자가 잘 될 것이요'가 직역이다. 경외한다는 말이 반복되는 것은 중요성에 대한 강조다. 더욱이 미완료형이니 계속해서 그렇게 해야 함을 뜻한다. 누구 앞에서인가? 하나님 앞에서다. 절대자 하나님에 대한 신뢰가 확연히 노출되는 부분이다.

♠ 장수의 혜택은 원래 하나님의 법을 잘 지키는 자의 특권이다. 잠언 3장 1-2절에, "내 아들아 나의 법을 잊어버리지 말고 네 마음으로 나의 명령을 지키라/ 그리하면 그것이 네가 장수하여 많은 해를 누리게 하며 평강을 더하게 하리라"고 했다. 이것이 일반적인 하나님의 율법이었다. 본절에서 전도자는 하반절에 이런 도리에 합당한 발언을 하지만 상반절과는 괴리감이 있다. 여러 번 강

조했거니와 '해 아래'와 '해 위'의 삶의 차이다. 해 아래의 현실에서 악인이 장수한 듯 보인다 할지라도 실망할 필요가 없음은 영원한 것이 아니기 때문이다. 악인의 삶은 일시적 번영이고, 육신적 장수일 뿐, 영적 문제와는 전혀 상관이 없다는 것이다.

바라는 바, 하나님의 자녀가 되는 것보다 더 큰 번영이 어디 있으며, 하나님의 상속자가 되는 것보다 더 큰 복이 어디 있는가? 어디 그뿐이랴! 일시적 삶에서 더러 고통과 고난을 당한다 할지라도 영원한 생명이 그에게 주어지는데 불평불만을 가질 이유가 전혀 없다. 오히려 그들의 행할 바는 빌립보서 4장 4절에 있는 말씀과 같아야 한다. 즉, "주 안에서 항상 기뻐하라 내가 다시 말하노니 기뻐하라"고 하지 않았는가? 왜 기뻐해야 하나? 그 앞절에 (빌3:3), 생명책에 이름이 있다고 했다. 또 빌립보서 3장 20절에, "그러나 우리의 시민권은 하늘에 있는 지라 거기로부터 구원하는 자 곧 주 예수 그리스도를 기다리노니"라고 하지 않았는가? '해 아래'는 크리스천들의 본거지, 곧 본향이 아니다. 장막이고, 나그네의 잠시 머무를 곳에 불과하다. 그리고 본절의 하나님은 원문이 '하엘로힘'이다. '엘로힘이 이처럼 표현될 때는 예수님을 지칭하는 경우가 많다고 여러 번 강조했다. 이보다 더 큰 기쁨이 어디 있을까? '그 하나님' 예수께서 하나님을 경외하고 그 앞에서 경외하는 자를 찾으신다. 그분을 만나는 자가 참으로 영적 의미로서의 장수자가 되는 것이다.

13절] '악인은 잘 되지 못하며 장수하지 못하고 그 날이 그림자와 같으리니 이는 하나님을 경외하지 아니함이니라'

본절은 '악인은 잘 되지 못하며 장수하지 못하고'라고 했다. 원문이 '웨토브וטוב 로לא 이흐예יהיה 라라쇼לרשע'가 된다. '웨토브וטוב'는 '그리고 좋게'라는 뜻이다. '라라쇼לרשע'는 전치사ל와 '라샤רשע'와 결합된 것이다. '라샤רשע'는 '사악한', '범죄한'의 뜻이다. 직역하면 '그리고 사악한 자는 좋게 되지 못하며 장수하지 못하고'가 된다.

왜 악인이 장수한다는 앞절의 일부분에서 강조된 말씀과 모순처럼 보일까? 본절에서 악인이 장수하지 못한다는 것은 영원 앞에서의 일시적 삶을 지칭한 것이기 때문이다. 해 아래에서의 장수는 믿음의 눈으로 보면, '헤벨הבל', 곧 일순간일 뿐이다.

'그 날이 그림자와 같으리니'라고 했다. 그림자는 본절에서 원문이 '카첼כצל'로 나온다. 전치사כ와 '그림자', '그늘'로 번역된 '첼צל'과 결합된 것이다. 그림자는 본체가 아니다. 해 아래 인생은 무한자가 아니라 유한자다. 죽음은 모두에게 현실로 돌아온다. 속이 아니라 겉이다. 알맹이가 아니라 쭉정이다. 이런 세상의 삶에서 그의 육체가 장수한들, 죄를 거듭해서 지어도 징벌이 늦다고 한들, 그것이 어찌 장수고, 늦은 징벌이 되겠는가? 심판의 시간은 결코 늦추어지지 않는다. 그들은 반드시 파멸될 것이다. 이들이 이와 같이 되는 것은 하나님을 경외하지 않기 때문이다.

♠ 유대인 종교지도자들은 영적 관점에서는 악인들이다. 그것도 천하에 영향을 끼치는 참으로 못된 악인들이다. 하나님 예수를 적대시한 것으로 보아 분명 독사의 자식들이다. 사탄의 하수인들이다. 그런 악인들도 세상의 삶은 부족함 없이, 별다른 근심과 걱정 없이 번영의 삶을 살고 넉넉한 수명을 누렸다. 현실, 현재도 그러하다. 하지만 그것이 삶의 전부가 아닌 것을 우리는 다 안다. 부

유하다 하여 그가 구원받는 것은 아니다. 모든 사람들에겐 사후의 심판대가 있다. 그러므로 영적 세계에서 바라본다면 세상의 삶은 허상이고, 하늘의 삶이 진상이다. 왜냐하면 해 아래의 삶, 그 뒤의 삶이 영적 삶이기 때문이다.

시편 144편 4절에, "사람은 헛것 같고 그의 날은 지나가는 그림자 같으니이다"라고 했다. 그런 그림자의 삶이 평탄하지 못하면 어떠랴. 믿음의 관점에서 보면 고난과 고통은 최종의 것이 아니라 넘어야 할 언덕이고, 헤쳐 나가야 할 가시덤불일 뿐이다. 목적지가 있고 목표가 있는 삶이라면, 또한 그것이 하나님을 경외하는 삶이라면 '잘 될 것(토브טוב)'이다. 잠언 22장 4절에, "겸손과 여호와를 경외함의 보응은 재물과 영광과 생명이니라"고 했다. 여기서 재물은 물적 재물이 아니라 하늘의 것이고, 영광은 하늘의 영광이며 생명은 영원한 생명이다.

14절] '세상에서 행해지는 헛된 일이 있나니 곧 악인들의 행위에 따라 벌을 받는 의인들도 있고 의인들의 행위에 따라 상을 받는 악인들도 있다는 것이라 내가 이르노니 이것도 헛되도다'

본절부터 9장 12절까지의 대강은 유한한 인생인 인간이 해 아래, 곧 땅위의 삶에서 어떻게 하면 하나님과의 관계에서 손상을 입음이 없이 잘 살 수 있는가를 알려주는 부분이다. 그런데 본절은 얼핏 선악간의 결과가 납득하기 힘든 모양으로 기술되어 있다. 이 말씀만 보면 얼토당토않은 듯이 보이고, 상궤(常軌)에도 어긋난 것 같다. 과연 그러한가?

'세상에서 행해지는 헛된 일이 있나니'라는 말씀의 원문은, '예쉬שׁי 헤벨הבל 아쉘אשר 나아사נעשׂה 알על 하아레츠הארץ'이다. '예쉬שׁי'는 '존재', '있음', '있다', '있었다' '있을 것이다' 등의 뜻이 있고, '헤벨הבל'은 '숨', '한 호흡', '짧은 순간', '허무하다'의 뜻이 있다. '아쉘אשר'은 관계사이고, '나아사נעשׂה'는 니팔형, 완료형, 남성 3인칭단수로, 원형은 '아사עשׂה'다. 이 말은 '만들다', '행하다', '노동하다'의 뜻이 있다. '하아레츠הארץ'는 정관사ה와 '땅', '나라', '세상'을 뜻하는 '에레츠ארץ'의 결합이다. 직역하면, '그 세상에서 행해지는 헛된 것이 있다'가 된다.

헛된 일의 정체가 이어지는 부분에서 밝혀진다. '악인들의 행위에 따라 벌을 받는 의인들도 있고 의인들의 행위에 따라 상을 받는 악인들도 있다는 것이라'라는 말씀을 보면 해 아래 세상에서의 모순과 혼란투성이인 듯한 그러한 비정상적인 모습이 투영된다. 악인의 행위에 따라 벌을 받는 의인이라니 도대체 무슨 말인가? 인과응보(因果應報)의 법칙이 적용되지 않는다는 것이다. 왜 악인들이 당연히 그들이 죗값으로 받아야 할 것을 의인들이 받아야 하는가? 모두가 복수로 표기된 것으로 보아 이와 같은 일이 비일비재(非一非再)하다는 것이다. 자칫 심사숙고하지 않으면 성경을 회의적인 시선으로 바라보게 되고, 그것이 그 자신에게 올무가 될 수도 있다. 이 점은 성경해석가들에게 주의할 사항이 아닐 수 없다.

상반절과 반대로 의인들의 행위에 따라 상을 받는 악인들도 있다고 했다. 이 부분이 직역되면, '그리고 의인들의 행위에 따라 그들에게 일어난 것을 받는 악인도 있다'가 된다. 왜 당연히 의인이 받아야 할 것들, 누려야 할 정당한 것들을 악인들이 누릴 수 있다는 것인가? 이것은 선악간의 보응과 응보의 역전된 심각한 모습이고, 사탄이 지배하는 이 해 아래 세상에서 다반사로 나타나는 현실이기도 하다.

♠ 필자가 전도서에서 가장 많이 등장하는 '헤벨(הבל하벨)'이 '헛됨'으로 번역되면 문제가 심각해진다고 누차 말한 바 있다. '헛되도다'가 되면 전도서 전체가 인생무상이 되고, 염세적 입장이 되며, 하나님의 창조 목적이 희미해져 버리는 것이다. 따라서 한글로서의 '헛됨'이란 이미지는 원문 '헤벨הבל'의 이미지를 지극히 허탄한 삶으로 격하시켜 버린다. 이 단어 '헤벨הבל'의 여럿 의미 가운데 가장 많이 사용되는 뜻은 '호흡'이다. '숨'의 이미지는 '극히 짧은 순간'이 되는 것이다.

본절은 '해 아래'의 삶의 무가치성을 강하게 어필한 듯이 보인다. 그러나 속뜻은 예수 그리스도와 극히 밀접한 관계가 있는 구절이기도 하다. 상반절을 예수 그리스도 중심적 관점에서 의역해 보면, '세상에서 행해지는 한 호흡 같이 짧은 순간에 벌어지는 일이 있나니'가 된다.

그렇다면 하반절은 어떻게 해석될까? 예수님 당시로 돌아가 보자. 당시의 그곳, 유대 땅은 예수님과 유대 종교지도자들 간의 영적 전쟁이 치열한 곳이었다. 그곳에서 악인들은 바로 사탄의 하수인으로 여겨지는 유대 종교지도자들과 그들을 따르는 유대인들을 가리킨다. 본절대로라면 이들의 악한 행위로 인해 벌을 받는 의인들이 있다는 것이다.

'의인들הצדיקים'은 삼위일체적 관점에서 성부, 성자, 성령이 된다.

하나님을 지칭하는 엘로힘אלהים도 복수다. 복수로 표현될 때도 있지만 언제나 동일하신 한 분 하나님이시다. 악인들이 무슨 짓을 했는가? 의인이신 예수 그리스도를 처형하는 짓을 저질렀으니 악인들의 행위로 말미암아 의인 예수께서 십자가형을 받으신 것이다.

반대로 의인들의 행위에 따라 상을 받는 악인들에 관한 이것은, 예수 그리스도를 통해 구원받은 죄인들(악인들)의 모습이다. 회개하여 예수께로 나올 때, 속죄가 순식간에 일어나게 되고, 이것이 악인들이 받는 상으로 묘사된 것이다. 거듭난 죄인들은 영적 징벌이 아니라 생명의 면류관을 받는다.

본절의 원문에는 '상'이란 단어가 없으며, 의인들이 받는 그것을 악인들도 받는다는 것이다. 하나님의 성령을 통해 악인들이 거듭나게 된다면, 이들 또한 하나님의 사람이 되고, 영원한 생명을 얻으니 사실상 상을 받은 것과 마찬가지 일 것이다.

15절] '이에 내가 희락을 찬양하노니 이는 사람이 먹고 마시고 즐거워하는 것보다 더 나은 것이 해 아래에는 없음이라 하나님이 사람을 해 아래에서 살게 하신 날 동안 수고하는 일중에 그러한 일이 그와 함께 있을 것이니라'

본절의 '희락'은 원문이 '핫심하השמחה'다. 정관사ה와 '시므하שמחה'가 결합된 것으로, '시므하שמחה'는 '기쁨', '즐거운 연회', '낙', '희락', '즐거워하다' 등의 뜻이 있다. '찬양하노니'는 원문이 '웨쉽바흐티ושבחתי'가 된다. 이것은 접속사가 '샤바흐שבח'와 결합된 것으로 1인칭 단수이고, 원형의 의미는 ''파도를 잔잔케 하다', '칭찬하다‘, ’찬양하다‘의 뜻을 갖는다. 희락의 사전적 의미는 ’기뻐하고 즐거워함‘이다.

‘희락을 찬양하노니’라는 표현으로 보아 찬양을 받을 정도의 희락은 세상에서 가장 큰 가치를 가졌다고 볼 수 있다. 물론 그 희락이 먹고 마시고 즐거워하는 것에서 기인한다는 전도자의 말은 사람이 막무가내로, 방탕하듯, 쾌락적으로 즐기라는 그런 유형의 형이하학적 의미가 아니다.

‘사람이 먹고 마시고 즐거워하는 것보다 더 나은 것이 해 아래 없음이라’는 말씀을 보면 이것이 ‘희락’과 연결되어 마치 ‘인생을 즐기고 보자’는 식으로 인생관 자체를 바꾸고자 하는 것처럼 보인다. ‘먹고 마시고’의 원문 앞에는 원문 ‘키כי 임אם’ 나온다. ‘ ~을 제외하고’로 번역하면 될 것이다. ‘나은 것’은 원문이 ‘토브טוב’므로 ‘좋은 것’, 혹은 ‘선한 것’으로 번역해도 좋다. 직역하면, ‘사람이 해 아래에서 먹고 마시고 즐거워하는 것을 제외하고는 좋은 것(혹은 선한 것)이 없다’가 된다. 대다수의 성경학자들은 이 부분의 해석에서, 하나님께서 주시는 범위 안에서 족한 줄 아는 삶, 그런 평범한 삶속에서 하나님만을 의지하는 그러한 삶을 살라는 것이 본 구절의 취지라고 보고 있다.

‘하나님이 사람을 해 아래에서 살게 하신 날 동안 수고하는 일 중에 그러한 일이 그와 함께 있을 것이니라’라는 말씀을 생각해 보자. ‘하나님이 사람으로 해 아래에서 살게 하신 날 동안’이란 말씀을 보면, 인간의 생사화복의 주관자가 하나님이심을 분명히 한 것을 알 수 있다. ‘수고하는 일 중에 그러한 일이 그와 함께 있을 것이니라’는 원문이 ‘웨후והוא 이루웬누ילונו 바아말로בעמלו’가 된다.

'웨후(והוא)'는 접속사와 대명사 '후(הוא)'의 결합이고, '그리고 이것이'의 뜻이다. '이루웬누(ילונו)'는 미완료형이고 남성 3인칭단수다. 원형은 '라와(לוה)'로서, '결합하다', '연합하다'의 뜻을 갖는다. '바아말로 (בעמלו)'는 전치사 ב가 '노고', '힘든 노동', '마음 고생'이라는 뜻의 '아말(עמל)'과 결합한 것이다. 이 부분을 직역하면, '그리고 힘든 노동 중에 그에게 이것이 계속해서 연합해 있을 것이라'가 된다. 이 때 '이것은'이 가리키는 것은 '희락'이 된다. 다시 말하면 하나님께서 인간에게 주어진 바대로 그 과업을 제대로 수고로움을 통해 수행하면 희락을 갖게 될 것이라는 말이다. 방탕이나 쾌락추구와 같은 그런 종류의 기쁨이 아니라 건전한 노동과 연계된 정상적인 기쁨이라는 것이다.

♠ 본절에 대해 주목할 것은 이 모두가 '해 아래'의 삶이 반영된 것이라는 점이다. 이것은 인간의 결정적 한계를 드러낸 것이다. 즐기며 살라는 것은 그 한계가 죽음이라는 선을 넘기 전까지만 해당되는 제한된 것이다.

본절의 희락이 일차적 의미에서는 해 아래의 삶 가운데서 행해지는 것으로 보아 필히 육신과 관련된 만족으로 해석되지만, 다른 한편으로서, 영적 관점으로는 전혀 다르게 해석된다.

영적 희락은 하나님이 주시는 기쁨인 동시에 부활의 기쁨이다. 영원한 생명을 얻게 될 때 나타나는 즐거움이다. 이런 종류의 기쁨은 당연히 찬양 받아 마땅하다. 본절에서 먹고 마시고 즐거워하는 것은 최후의 만찬을 연상케 한다. 마태복음 26장 26-28절의 말씀이다. 그때 예수께서는 떡을 떼어 제자들에게 주시며 '내 몸'이라 하셨고, 잔으로 포도즙을 따라 제자들에게 주시며 '많은 사람을 위하여 흘리는 바 나의 피 곧 언약의 피라'고 하신 것이다. 제자들은 영문도 모른 채 먹고 마시며 즐겼다. 그러나 정작 이 만찬은 해 아래에서 일상으로 행해지는 그런 먹고 마심이 아니라 구원의 발걸음을 위한 먹고 마심이었으니 그 연회를 어찌 찬양하지 않겠는가? 해 아래에서 가장 큰 희락의 장면이 마지막 만찬인 것이다.

본절의 '수고' 또한 영적 관점에서는 육체의 노동이 되지 않는다. 그 수고는 예수 그리스도의 복음을 전하는 활동이 되는 것이다. 복음 전파로 인해 얻어지는 그 기쁨은 세상이 주는 그런 기쁨이 아니다. 영혼을 살리는 일에 동참하는 그 일도 이 땅위에, 곧 해 아래에 거주하는 동안에만 가능한 것이다. 따라서 크리스천들에겐 이 땅위의 삶이 곧 복음을 위한 삶이 되어야만 하는 것이다.

16절] '내가 마음을 다하여 지혜를 알고자 하며 세상에서 행해지는 일을 보았는데 밤낮으로 자지 못하는자도 있도다'

전도자가 세상을 관찰하며 깊이 궁구한 것은 '지혜를 알고자 함이었다'라고 했다. 지혜가 되는 지식을 알고, 지혜의 대상인 사물의 본질, 근원과 관련된 지식을 얻고자 한 것이다. 그가 추구한 지혜를 통해 알고자 한 것은 '해 아래에서의 모든 일(수고와 관련된)이었다. 분절해 내용 분석을 해보자.

'내가 마음을 다하여 '의 원문은 '카아쉘כאשר 나타티נתתי 엩את 립비לבי'가 된다. '카아쉘כאשר'은 전치사כ와 관계사אשר의 결합이며, '나타티נתתי'는 칼형, 완료이고 1인칭단수다. 원형은 '나탄נתן'이며, '주다', '가르치다'의 뜻이 있으며, '마음을'은 '엩את 립비לבי'로서,

'립비לבי'는 1인칭단수다. 직역하면, '내가 나의 마음을 주어'가 된다. 이 말의 뉘앙스는 최선의 노력을 경주했다는 것이다. '지혜를 알고자 하여' 전심전력을 다 했다는 의미니 그의 사유와 궁구하는 자세가 놀랍지 않은가?

'세상에서 행해지는 일을 보았는데'의 원문은 '웨리레오트וראות 엩את 하이네얀העניν 아쉘אשר 나아사נעשה 알על 하아레츠הארץ'가 된다. '웨리레오트וראות'는 접속사ו와 전치사 '레ל'가 '보다', '깨닫다', '알다'는 뜻의 '라아ראה'와 결합된 것이다. '엩את 하이네얀העניν'이 '노고를'이라고 번역되지만 '하이네얀העניν'은 원형이 '인얀ענין'으로서, '고용', '사건', '일', '직업' 등의 여러 가지 의미가 있으므로 해 아래 인생들과 관련된 모든 것을 상징한다고 할 것이다. 그러므로 앞에서 언급했듯이 전도자가 궁구한 것은 지혜로서, 이것을 통해 해 아래의 모든 인간 활동의 진정한 의미를 아는 것이었다. 그런데 만약 이런 종류의 지혜라면 그것은 인간의 지혜인 이성이 되는 것이고 또한 이런 지혜는 분명한 한계가 있는 지혜인 것이다.

하반절의 끝에서 전도자는 '밤낮으로 자지 못하는 자도 있도다'라고 했다. 원문을 직역하면, '왜냐하면 또한 그 눈으로 낮과 밤에 잠을 볼 수 없는 자도 있도다'가 된다. 하지만 번역 오류로 보인다. 이것은 '아침이 오기까지 밤에 눈이 떠 있는 자'로 번역하는 것이 어울린다. 마치 제 3의 어떤 사람이 있어 밤낮없이 일을 하는 의미로 번역될 수도 있고, 전도자 자신 스스로 편안히 잠들지 못할 정도로 애쓰며 일에 몰두하는 것으로도 번역될 수 있다. 일차적 의미로 볼 때는 분명 17절을 고려할 때, 후자가 문맥상 이치에 닿는다. 그러나 이차적 의미도 그러할까?

♠ 본절에서 지혜를 추구하는 자는 전도자였다. 그가 솔로몬이라고 해도 무방하다. 솔로몬이 알고자 한 지혜에 대해 일차적 의미는 '해 아래의 인간활동에 관한 모든 것'이라고 했다. 그렇다면 이 지혜는 인간의 지혜에 해당하는 이성적 능력이 되어야만 한다. 그런데 솔로몬이 하나님께 지혜를 구했었고, 하나님은 그에게 '지혜롭고 총명한 마음'을 주셨다고 했으며, 더욱이 그의 앞에도 뒤에도 그와 같은 자가 없을 것이라고 했다(왕상 3:11-12참조). 그러므로 솔로몬은 인간의 지혜로는 차고 넘치는 자였다. 따라서 예수 중심적 관점, 혹은 영적 관점에서 고찰하면, 전도자가 구한 지혜는 인간의 지혜가 아니어야만 한다. 솔로몬이 이미 받은 전무후무한 인간의 지혜를 또 알고자 한다면 그것은 하나님에 대한 불신이 되기 때문이다. 그리고 본절에서 지혜를 '알고자 하며'라고 했다. 이 부분의 단어는 원문이 '라다아트לדעת'로서, 이것은 원형이 '야다ידע'가 된다. 이 단어는 '받는다'는 의미가 없다. '알다', '이해하다', '발견하다'의 뜻을 갖고 있을 뿐이다.

결국 전도자가 알고자 한 지혜는 하나님의 지혜라는 것이며, 그 지혜의 총화(總和)는 바로 예수 그리스도가 된다. 그런데 그는 세상에서 행해지는 일들 가운데서 지혜를 발견하고자 했다. 그러나 지혜롭고 총명한 마음을 가진 그 조차도 인간의 노력으로는 예수 그리스도를 알 수 없었다. '밤낮으로 자지 못하는 자'가 누구인가? 어떤 성경학자는 솔로몬이 신하를 시켜 밤낮으로 탐구하는 일을 시켰다고 주장하기도 했다. 이것은 궤변이다.

밤낮으로 주무시지 아니하시는 분은 오직 하나님뿐이시다. 시편 121편 4절에, "이스라엘을 지키시는 이는 졸지도 아니하시고 주무시지도 아니하시리로다"고 하지 않았는가? 그러므로 전도자가 말한 '자지 못하는 분'은 하나님이신 예수 그리스도이시다. 예수님이 주무신다는 기록은 마가복음 4장 38절에만 나온다. 갈릴리 바다에서 광풍이 일어나 물결이 배에 부딪쳐 배에 가득하게 된 때에, 예수께서 고물에서 베개를 베고 주무셨다고 했다(막4:35-41참조). 그런데, 이때 실제로 예수께서 주무셨을까, 혹은 제자들을 교육하시기 위해 주무시는 척 하셨을까? 배가 광풍에 이리저리 흔들리고, 심지어 배에 가득하게 물이 찰 정도인데도 주무시고 계셨다? 이것은 도무지 상식에 어긋난다. 짐작하건대 예수께서 제자들을 교육하시기 위한 수단으로 택한 방안이었을 것이다. 예수님은 하나님이시니, 주무시지 않으셨을 것이다. 본절에서 이 말을 통해 예수께서 얼마나 자기 백성을 위해 애쓰셨는지 짐작할 수 있는 것이다. 그 예수님께서 우리에게 "그러즉 깨어 있으라…(마2513)"고 말씀하신다. 영적 죽음을 당하지 말라는 것이다.

17절] '또 내가 하나님의 모든 행사를 살펴보니 해 아래에서 행해지는 일을 사람이 능히 알아낼 수 없도다 사람이 아무리 애써 알아보려고 할지라도 능히 알지 못하나니 비록 지혜자가 아노라 할지라도 능히 알아내지 못하리로다'

앞절에서 전도자가 마음을 다하여 지혜를 알고자 했다고 했고, 본절은 그에 따른 애씀에 대한 결론의 기술이 된다. 결론은 점층법을 사용해 인간은 하나님의 일을 알아 낼 수 없다는 것을 말한 것이다. '내가 살펴보아도', 사람이 애써 알아보려고해도, '지혜자라 할지라도' 알 수 없다는 것이다. 그런데 하나님이 해 아래서 행하시는 '일'이 무엇일까? 그것이 무엇이기에 전도자 솔로몬이 그토록 애써 알아내고자 한 것일까?

그런데 지혜로운 사람이 알기를 작정하고 애쓴다 해도 그는 결코 그가 알기 원하는 것, 곧 하나님의 일을 알고자 하는 것에 도달할 수가 없다는 것이다. 인간의 지혜는 한계가 분명히 있기 때문이다. 마치 나무 위에 앉아서 땅을 내려다보며 '아, 이것이 세상의 전부구나'라고 판단하는 자가 있다면 얼마나 어리석은가? 인간의 이성능력은 나무 위의 사람과 같으니 구름 너머, 그 머나 먼 하늘, 그곳의 하나님의 지혜와 비교한다는 것 자체가 웃음거리가 될 것이다. 오히려 지혜로운 인간이라면 솔로몬처럼 그 한계를 알고, 참 지혜를 궁구하는 것이 정답이 되지 않겠는가? 일차적 의미로서의 본절의 결론은 세상 모든 일과 행사의 주체는 하나님이라는 것이고, 인간은 하나님의 행사를 결코 깨닫지 못하리라는 것이다.

'비록 지혜자가 아노라 할지라도 능히 알아내지 못하리로다'에서 원문은 '웨감 임'으로 시작한다. 이것은 '비록 · 할지라도'의 뜻이다. 따라서 이 부분의 직역은 '비록 지혜자가 안다고 주장할지라도 그가 능히 깨닫지 못하리로다'가 된다. 이것은 인간 가운데 자칭 지혜자라고 주장한다고 해도 인간 존재를 한참 넘어서는 하나님의 일이기 때문에 하나님의 행사나 일에 대해 도무지 알 수 없다는 것이다. 한 마디로 말해 '인간의 지혜로는 하나님의 일을 알지 못한다'는 것이다.

♠ 본절에서 '일과 행사'는 원문이 같은 단어다. 즉, '마아세השעמ'서, 이것은 '일', '직업', '행위', '행동', '노동', '사역' 등의 뜻을 갖는다. 그런데 이 일(혹은 행사)가 '해 아래'에서 행해지는 것이라고 했으니 인간 세계의 모든 일을 뜻한다고 할 것이다. 그런데 의문이 있다. 그것은 '하나님의 행사(일)가 과연 물질세계와 인간역사

안에서 이루어지는 것만 말한 것일까?'라는 점이다. 성경은 해 아래의 삶이라 할지라도 눈에 보이는 것만이 보이는 것의 전부가 아니요, 영적 세계가 있음을 분명히 하고 있다.

열왕기하 6장 14-17절에 보면, 아람왕이 엘리사를 잡으러 성읍을 말과 병거로 에워쌌을 때, 그의 사환이 걱정되어 "아아, 내주여 우리가 어찌하리이까"라고 하니, 엘리사가 하나님께 기도하기를, "그의 눈을 열어 보게 하옵소서 하니 하나님께서 그 청년의 눈을 여셨고, 사환이 불말과 불병거가 산에 가득하여 엘리사를 둘러싼 것을 보았다"고 했다. 사환에게 새롭게 보여진 세상은 물질적 세상이 아니었다. 영의 세계의 일면을 본 것이다. 이처럼 인간의 지혜로는 영적 세계를 알 수 없지만 예수 그리스도께서 인간 세계에 들어오셔서 '보이신 하나님'으로 나타나셨기에, 그리고 부활승천하신 후에 성령께서 일하시기에 우리는 하나님의 일, 하나님의 거대한 프로젝트의 일단을 엿볼 수 있게 된 것이다.

요한복음 17장 24절에 나오는 예수님의 기도 중에, "아버지여 내게 주신 자도 나 있는 곳에 나와 함께 있어 아버지께서 창세 전부터 나를 사랑하시므로 내게 주신 나의 영광을 그들로 보게 하시기를 원하옵나이다"라고 하신 부분이 있다. 크리스천들은 주님의 영광을 보게 될 것이다. 그런데 그 영광은 십자가에서 처형된 그런 비참한 모습이 아니라 하나님의 나라를 소유하신 분, 영광의 왕, 심판의 주, 곧 만유의 주 하나님의 모습으로 다시 보게 될 것이다.

제 9장 죽음 앞의 인생들이 만난 현실에 대한 자각
그에 따른 지혜자의 권고

> **1절]** '이 모든 것을 내가 마음에 두고 이 모든 것을 살펴본즉 의인들이나 지혜자들이나 그들이 행위나 모두 다 하나님의 손 안에 있으니 사랑을 받는지 미움을 받는지 사람이 알지 못하는 것은 모두 그들의 미래의 일들임이니라'

8장 16절에서 전도자는 '내가 마음을 다하여'라고 했고, 17절에서는 '내가 … 살펴보니'라고 했는데 본절에서는 '내가 마음에 두고 … 살펴 본즉'이라고 함으로써 전도자가 앞절에서 언급한 진리 탐구의 자세를 거듭해서 강조한다. 전도자의 궁구에 대한 신뢰성을 확보하기 위한 것이리라. 본절의 '살펴본즉'은 원문이 '웨라부르ולבור'이다. 이것은 접속사ו와 전치사ל가 '부르בור'와 결합한 것이다. '부르'는 '탐험하다', '찾아내다'의 뜻이다.

전도자는 이미 8장 17절에서, 인간 가운데서 가장 훌륭하고 가장 지혜로운 자, 곧 이성능력이 최고조에 달한 자라 할지라도 하나님의 일(행사)을 결코 알 수 없다고 말했다. 9장 1절은 원문이 접속사 '키כי'로 시작한다. 이것은 '왜냐하면'의 의미를 가지며 본절이 앞절의 결론을 강조하고 보완하는 것임을 알게 한다.

본절에서 해석에 어려움을 겪는 부분은 하반절이다. 즉, '하나님의 손 안에 있으니 사랑을 받는지 미움을 받는지 사람이 알지 못하는 것은 모두 그들의 미래의 일들임이니라'에 대한 해석에 주석가들마다 다소 간의 차이가 있기 때문이다. 하지만 대체적인 흐름은 시간에 대한 적용이라는 것이다. 즉, 사랑과 미움, 그리고 일반적인 모든 것들이 인간 앞에 있으며, 하나님이 그것들을 인간에게 있게(나타나게)하시는 때가 있다는 것이다. 그리고 그때는 인간의 능력이 미치지 못하는 미래에 속한다는 것이다. 실제로 신앙인의 입장에서는 당연히 인간에게 임하는 것들은 모두 다 하나님이 결정이고, 섭리라고 말하는 것이 옳을 것이다. 이러한 결정은 인간의 이성적 판단에 의한 것이라거나 세상에서 통용되는 도덕과 윤리의 조건에 따라 형성되는 것이 아니다. 왜냐하면 미래의 것이기 때문이다.

'그들의 미래의 일들임이니라'는 원문이 '하콜הכל 리페네헴לפניהם'이다. '하콜הכל'은 정관사와 '모두'를 뜻하는 '콜כל'의 결합형으로서, '그 모든 것'의 의미다. '리페네헴לפניהם'은 전치사ל와 '파님פנים'의 복수, 그리고 남성 3인칭복수다. '파님פנים'은 '얼굴', '인간'의 뜻이나 전치사와 결합하여 관용어로서 ' ~앞에'라는 의미를 갖는다. 그래서 이 부분은 '그 모든 것이 앞에 있다'는 뜻이 된다. 사랑과 미움을 포함한 모든 것들이 다 하나님 앞에 있다는 것이니, 어찌하든 인간은 하나님의 섭리 하에 있음을 강조한 것이다.

♠ '의인들이나 지혜자들이나 그들이 행위나 모두 다 하나님의 손 안에 있으니'에서, '의인들', 그리고 '지혜자들'이 누구를 가리키는 것일까? 진정한 의미의 의인들, 혹은 지혜자들은 의인들은 죄인이었다가 속죄를 통해 구원받은 자들이다. 즉, 예수 그리스도를 믿음으로 말미암아 하나님과 화목한 관계가 된 사람들이 의인들이고, 예수 그리스도를 따르는 자들이 지혜자들이다. 이들조차도 장래 일은 알지 못한다.

본절에서 '사랑을 받을는지 미움을 받을는지 사람이 알지 못하는 것은'이라고 했다. 사랑이든 미움이든 사람은 결코 알지 못한다는 말이다. 그렇다면 사랑과 미움이 누구, 혹은 무엇을 가리키는 것일까? 사람은 하나님께서 인간을 사랑하실지 혹은 미워하실지 알지 못한다는 것일까? 또는 삶에서 인간이 만나는 일들에서 그러한 행사(일)들이 하나님의 사랑 덕분인지, 혹은 미움 받은 탓인지 알지 못한다는 것일까? 예수 그리스도의 인간을 향한 목적 가운데 가장 중요한 것이 죄사함을 위한 것이었다. 최종적 죄사함은 육체를 벗을 때 나타날 것이다. 그때까지는 '사랑을 받을는지 미움을 받을는지'는 아무도 모른다. 오직 하늘에 계신 하나님만 아신다. 그러므로 예수 그리스도의 사람들은 금방 정답을 말할 수 있다. 하나님은 사랑이시니 결코 인간을 미워하시지 않으신다. 다만 죄를 미워하실 뿐이다. 주께서 원하시는 것은 탕자가 돌아오듯 하나님께로 돌아오는 것, 다시 말하면 예수 믿고 구원받는 것이다. 그런 자들은 굳이 사랑과 미움 속에서 헤맬 이유가 하나도 없다.

지금은 예수의 사람이라 할지라도 다시 타락할 수도 있고, 믿음의 길에서 떠나갈 수도 있다. 구원은 완성이 아니라 매일매일 완성을 향해 가는 것이다. 육체의 죽음의 시점에서 비로소 구원은 완성되는 것이기 때문이다. 그러나 의인과 지혜자들의 경우엔 '그들의 행위나 모두 다 하나님의 손 안에 있으니'라고 한 말씀에서 위로가 있다. 하나님께서 의인들과 지혜자들이 스스로 하나님을 떠나지 않는 한 도우실 것이기 때문이다. 히브리서 13장 6절에, "그러므로 우리가 담대히 말하되 주는 나를 돕는 이시니 내가 무서워하지 아니하겠노라 사람이 내게 어찌하리요"라고 했다. 이들이 하나님편에 서 있는 한, 주께서 도우실 것이기 때문에 염려할 필요가 없다. 그들이 주님의 편에 서 있다면 사랑을 받을 것이요,

그 반대편에서 서게 되면 당연히 미움을 받을 것이다. 예레미야서 10장 23절에, "여호와여 내가 알거니와 인생의 길이 자기에게 있지 아니하니 걸음을 지도함이 걷는 자에게 있지 아니하나이다"라고 했다. 인간의 미래는 사망 후에 결정이 난다. 주님의 도움을 따라, 걸음을 지도하는 분의 의지에 따라 인생길을 가는 자가 참으로 지혜있는 자다.

2절] '모든 사람에게 임하는 그 모든 것이 일반이라 의인과 악인, 선한 자와 깨끗한 자와 깨끗하지 아니한 자, 제사를 드리는 자와 제사를 드리지 아니하는 자에게 일어나는 일들이 모두 일반이니 선인과 죄인, 맹세하는 자와 맹세하기를 무서워하는 자가 일반이로다'

본절에서 12절에 이르기까지 문단 전반부의 주제는 죽음과 그에 따른 인생의 불안정하고 불안한 모습을 보게 되며 후반부에서는 8장에서 언급한 희락을 누리며 살라는 이치가 반복된다. 이때 문단 전체를 아우르는 문장이 본절의 첫 부분이다.

즉, '모든 사람에게 임하는 그 모든 것이 일반이라'는 말씀이다. 원문이 '하콜הכל 카아쉘כאשר 라콜לכל 미크레המקר 에하드אחד'가 된다. '하콜הכל'은 '그리고 모든 것'의 의미이며, '카아쉘כאשר'은 전치사 '케כ'와 관계사 '아쉐르אשר'의 결합이다. '라콜לכל'은 '전치사 ל와' 콜כל'의 결합으로 '모든 사람에게'의 뜻이다. '미크레מקרה'는 '만나다', '일어나다'를 뜻하는 '카라קרה'에서 유래한 것으로, '우연한 기회', '행운', '몫'의 뜻을 갖는다. '에하드'는 '하나'라는 뜻의 수사지만 여기서는 형용사로 쓰여 '똑같은'의 뜻이 된다. 이 부분을 직역하면, '모든 사람에게 (일어나는 : come alike) 모든 것이 똑같이 나타난다'는 뜻이다. 개개인에게 닥치는 제반 사항들이 어찌

같을 수 있으랴마는 차별이 없는 것이 있으니 그것이 바로 죽음을 암시하는 말이다.

동양에서 운명이라 표현을 사용한다면 아마도 '미크레מקרה에 하드אחד', 곧 '똑 같이 만나다'가 히브리적 표현일 것이다. 이 말은 '하콜הכל'의 서술어가 된다. 전도자는 좀 더 구체적으로 말하기를, '의인과 악인, 선한 자와 깨끗한 자와 깨끗하지 아니한 자, 제사를 드리는 자와 제사를 드리지 아니하는 자에게 일어나는 일들이 모두 일반이니 선인과 죄인, 맹세하는 자와 맹세하기를 무서워하는 자'가 모두 다 예외 없이 당하는 것이라고 말한다. 좀 더 세분하여 내용을 파악하기로 하자.

'의인과 악인, 선한 자와 깨끗한 자와 깨끗하지 아니한 자, 제사를 드리는 자와 제사를 드리지 아니하는 자에게 일어나는 일들이 모두 일반이니'라고 했다. 상반된 의미로 구분했는데 '선한 자와 깨끗한 자'와 '깨끗하지 않은 자'는 원문으로 보아도 명백한 번역실수이거나 교정실수다. 즉, '선하고 깨끗한 자와 깨끗하지 아니한 자'가 옳은 것이다. 원문 '선하고 깨끗한 자'는 원문이 '랕토브 웨랕타호르ולטהור'이다. '랕토브לטוב'는 전치사ל와 '토브טוב'의 결합이고, '웨랕타호르ולטהור'는 접속사(ו그리고)와 전치사ל가 '타호르טהור'와 결합한 것이다. '타호르טהור'는 '깨끗한', '정결한'의 뜻이다. '선하고 정결한 자'가 어울리는 번역이다. 상반절의 상반되는 개념 3가지와 하반절의 2가지를 합쳐 무려 다섯 가지 대비를 하면서 이것들 모두가 같다는 것이다. 그렇다. 죽음(육체적 죽음) 앞에서는 예외 없이, 모든 종류의 모든 사람에게 다 동일하다. '깨끗치 않은 자'를 뜻하는 '웨랕타메ולטמא'에서 '타메טמא'는 몸과 영혼이 더럽혀졌다(호5:3 참조)는 의미다. 독자들이 다소 의아하게 여길 수 있는 부분은 '맹세하는 자와 맹세하기를 무서워하는 자' 일 것이다. 우리나라의 문화와 유대문화의 차이 탓에 이해가 다소 어려울 수 있을 것이다. 시편 63편 11절에, "왕은 하나님을 즐거워 하리니 주께 맹세한 자마다 자랑할 것이나 거짓말하는 자의 입은 막히리로다"라고 했고, 신명기 6장 13절에도, "네 하나님 여호와를 경외하며 그를 섬기며 그의 이름으로 맹세할 것이니라"라고 했다. 맹세하는 자는 하나님께 하는 것이 유대인들의 관습이기에 맹세 하는 자는 언약에 복종하는 충성스런자이고, 반면에 맹세를 두려 워하는 자는 하나님께 복종하기를 꺼려하는 거짓말하는 자가 된 다.

♠ 본절을 살펴보면 누구에게나, 한 사람도 예외 없이 적용되는 인생의 공통사항이 바로 죽음임을 짐작할 수 있게 한다. 그런데 본절을 가만히 살펴보면 사람들이 좋아하고 원하는 물질, 곧 재산 에 관한 말이 없으며, 또한 빈부귀천의 이야기도 없다. 왜 그러한 가? 이와 같은 세속의 것들은 죽음 이후의 세계와 아무 관련이 없기 때문이다. 인생에 있어서 가장 중요한 것은 물질세계, 현상 의 것들이 아니라 영적 세계다. 육체적 죽음은 일시적이고, **짧은 순간(헤벨)**일 뿐이다. 영원한 삶과 영원한 사망이 갈라지는 분기 점이 바로 죽음의 순간임을 생각해보라.

본절의 다섯 가지의 상반된 대비 중에서, 구원과 관계있는 말이 무엇인가? 의인, 선하고 깨끗한 자, 제사를 드리는 자, 선인, 맹세 하는 자'가 된다. 예수님 이전에는 속죄가 성전제사와 관련되어 있었으며, 예수께서는 맹세하지 말라고 했으니 본절의 내용과 차 이가 있다. 본절의 하나님 섬김의 조건과 제약은 구약적 하나님의 사람의 특징이다. 그때는 구원의 방편으로서 이 다섯 가지가 모두 포함되었을 것이다. 하지만 이제 우리는 율법의 무거운 짐을 벗었다. 하나님께 맹세할 필요도 없고, 단번에 드린 속죄제물이신 예수님으로 인해 성전제사도 무용지물이 되었으며, 믿음으로 말미암아 의인이 되었다. 다만 앞으로의 삶에 있어 선하고 정결한 삶을 살아내야 하는 것만이 죽음의 순간이 오기까지의 요구사항이 된 것이다. 얼마나 감사한가? 전도자가 말한 육체의 죽음은 매 일반이나 영원한 생명을 얻을 수 있는 길을 예수께서 열어주셨으니 이 또한 얼마나 감사한가? 그것을 아는 자, 그리고 죽음을 극복할 기회를 얻은 자, 그들은 주께서 '네가 죽도록 충성하라 그리하면 내가 생명의 관을 네게 주리라(계2:10)'고 하신 말씀을 명심 또 명심할 것이다.

3절] '모든 사람의 결국은 일반이라 이것은 해 아래에서 행해지는 모든 일 중의 악한 것이니 곧 인생의 마음에는 악이 가득하여 그들이 평생에 미친 마음을 품고 있다가 후에는 죽은 자들에게로 돌아가는 것이라'

본절의 원문은 '이것은 해 아래에서 행해지는 모든 일 중의 악한 것이니'가 앞에 나온다. 원문은, '제זה 라רע 베콜בכל 아쎌אשר 나아사נעשה 타하트תחת 핫쉐메쉬השמש'가 된다. 직역하면 '이것은 해 아래에서 행해진 모든 것 중에서 악한 것이니'가 된다. 여기서 '이것은(그것은)'에 해당하는 지시대명사 '제זה'는 무엇을 가리키는 것일까? 앞절의 다섯 가지 모든 사람에게 동일하게 작용하는 죽음을 가리킨다. 앞절의 '미크레מקרה 레하드אחד 라콜לכל'이 본절에도 그대로 나와 '모든 사람의 결국은 일반이라'고 번역된 것이다. 반복이니 강한 강조다. 강조인 동시에 반복이니 가장 악한 것(very great evil)이 죽음이라는 것이다.

519

이어지는 하반부는 우리들로 하여금 더욱 두려운 마음을 갖게 한다. 원문은 '웨감םגו', 곧 '그리고 또한'으로 내용을 설명하고 있다. 즉, '인생의 마음에는 악이 가득하여 그들이 평생에 미친 마음을 품고 있다가 후에는 죽은 자들에게로 돌아가는 것이라'고 한 것이다. 무슨 말인가? '인생의 마음에는 악이 가득하다는 것, 그것은 인생들이 하나님의 뜻에 귀를 기울이지도 않고, 기쁘게도 아니하며, 말씀을 지키지도 않은 상태로 자신들의 정욕과 만족만을 따른다는 것을 말함이다. 죽는 것은 그렇다고 치고, 그것이 외적인 일이라고 하지만 내면 또한 그에 못지않게 악하다는 의미로 받아들여지기도 한다.

'그들이 평생에 미친 마음을 품고 있다가'라는 말에서 '미친 마음'은 원문이 '웨홀레로트והוללות 빌레바밤בלבבם'이다. '웨홀레로트והוללות'는 접속사와 '훌렐르트הוללות'의 결합이다. 이 단어는 '어리석음', '미련함'의 뜻이다. '빌레바밤בלבבם'은 전치사ב가 '레바브לבב'와 결합되어 있고 남성 3인칭복수다. '레바브לבב'의 뜻은 '마음', '혼', '영혼', '심정'의 뜻이다. '그가 어리석은 마음을 품다가'가 직역이다. 그러므로 이 부분은 '그들이 평생에 어리석은 마음을 품다가'가 되는데, 어리석은 마음이 무엇인가? 하나님을 대적하거나 멀리하고 무시하는 마음이다. 이것은 평생의 악인 것이다.

마지막 부분에서 '후에는 죽은 자들에게로 돌아가는 것이라'고 했다. 그 생애도, 육체적 생명도 뒤에 남겨두고, 다시 말하면 그의 자아 의식, 그가 그토록 추구하고 원했던 모든 것들, 예를 들면, 모든 기쁨과 즐거움들도 다 남기고 죽는다는 것이니 죽음은 곧 인생에 대한 철저한 외면이 되는 것이다. 이 또한 허무의 다른 얼굴이 아닐 수 없다.

♠ 마태복음 8장 21-22절의 말씀이 본절과 의미심장하게 얽힌다. 예수의 제자 중에 한 사람이 말하기를, "주여 내가 먼저 가서 내 아버지를 장사하게 허락하옵소서"라고 하니, 예수님이 이렇게 말씀하신다. "죽은 자들이 그들의 죽은 자들을 장사하게 하고 너는 나를 따르라"고 하신 것이다. 이것에 대해 성경학자들은 영혼 죽은 자들이 육신 죽은 자를 장사지내도록 하고 생명을 얻기 위해 나를 따르라고 예수께서 말씀하신 것으로 해석한다. 하지만 마태복음이 유대인을 상대로 한 복음이라는 것을 감안하면, 이 말씀은 유대 종교지도자들과 유대인들에게 하신 말씀이 된다. 율법을 따르는 자가 죽은 자들이요, 예수를 따르는 자가 산 자들이 되는 것이다. 유대종교가 죽은 것이고, 예수를 믿는 것이 사는 것이라는 의미다. 선택은 자유지만 예수님은 살고자 하면 자신을 따르라고 말씀하셨다는 것이다. 본절과는 무슨 관계인가? 광의적으로 본절을 보면 전 인류에게 다 적용되는 것으로서, 영적인 것과 관계없는 모든 것이 다 허상인 듯 말하고 '죽으면 끝이라'는 결론을 맺는다.

그런데 협의적으로는, 특히 이 책이 전해질 유대인들에게는 치명적인 말씀이 되는 것이다. 무슨 뜻인가 하면, 유대 종교지도자들의 마음이 악하다는 것이다. 왜? 그들은 예수님을 버렸기 때문이고 그것은 악 중에 최악이며, 그런 마음은 어리석은 마음이라는 것이다. 더욱이 그런 마음을 평생에 품고 있다가 죽는다면 어떤 결과가 올 것인가?

'후에는 죽은 자들에게로 돌아가는 것이라'고 했는데, 그것의 영적인 의미는 '죽은 자에게 돌아가는데 그가 그의 생애 후에 생애동안 남긴 것을 좇아서 간다는 것'이다. 평생에 어리석은(미친)

마음을 품다가 죽은 자들에게 돌아간다? 그냥 단순히 죽는다는 것에 그치지 않는다는 뉘앙스가 있다. 무엇인가? 어리석은 자들에겐 영원한 형벌이 더 있다는 것이다. 육신의 죽음이 끝이 아니라는 것이다. 평생에 그들이 한 짓, 곧 예수님을 거부하고, 무시하고, 버린 죄, 십자가에 처형시킨 죄에 대한 보응이 있으리라는 것이다. 유대인들에게 주께서 이 책을 통해 경고의 예언을 하신 말씀이라는 것이다.

4절] '모든 산 자들 중에 들어 있는 자에게는 누구나 소망이 있음은 산 개가 죽은 사자보다 낫기 때문이니라'

본절에 대해 '모든 산 자들 중에 동참한 모든 자에게 소망이 있고'라고 번역하기도 한다. 앞절까지는 죽음에 대한 사색과 통찰의 말이라면 전도자는 본절에서 10절까지는 산 자, 다만 육체적으로 산 자에 대한 삶의 자세를 말하고자 한다. '모든 산 자들 중에 들어 있는 자에게는'이라고 했다. 원문은 '키כי 미מי 아쉘אשר 입바헬יבחר 예훕바르יחבר 엘אל 콜כל 하하이임החיים'이 된다. '키כי'는 '왜냐하면'의 뜻을 가진 접속사이고, '미מי'는 의문대명사로서, '누구'이다. '에훕바르יחבר'는 푸알형, 미완료 남성 3인칭단수로서, 원형은 '하바르חבר'다. 그뜻은 '묶다', '모으다', 푸알형으로 '결합되다', '교제하다'의 뜻이다. '입바헬יבחר'은 푸알형이고 남성 3인칭단수이며, 원형은 '바하르בחר'가 된다. 그 뜻은 '시험하다', '선택하다', '사랑하다'가 되며 푸알형으로는 '선택받다'가 된다. '하하이임החיים'은 관사ה와 '하임חיים의 결합인 바,' '하임חיים'은 복수로, '살아 있는', '생기 있는'의 뜻인 형용사다. 직역하면, '왜냐하면 살아 있는 모든 자들에 참예한 자 중에 누가 선택을 받는가'가 된다.

'소망이 있음은 산 개가 죽은 사자보다 낫기 때문이니라'고 했다. 소망이 있다고 하면서, '산 개가 죽은 사자보다 낫기 때문'이라는 단서를 붙인다. 산 개가 무엇인가? 본절의 '개'는 원문이 '레켈레브לכלב'이다. 정관사ל와 '켈레브כלב'가 결합한 것으로, '개', 주인 없는 개, '잔혹한 사람'의 뜻이다. 일반적으로 개는 유대땅에서 불경스럽고 더러운 존재로 인식되었다(삼하 3:8, 삼상 9:8, 삼상 17:43 참조). 더럽고 천박한 존재인 개처럼 부적합한 자라고 할지라도 살아 있다면 강한 존재를 과시하는 상징인 죽은 사자 보다 낫다는 것이다. 우리네 속담에 '개밭에 굴러도 이승이 낫다'는 의미와 유사하다.

♠ 4장 2절에, '그러므로 나는 아직 살아 있는 산 자들보다 죽은지 오랜 죽은 자들을 더 복되다 하였으며'라는 말과 '모든 산 자들 중에 들어 있는 자에게는 누구나 소망이 있음은 산 개가 죽은 사자보다 낫기 때문이니라'는 말씀이 서로 상충되거나 모순된다고 여기지 않는가? 도대체 무슨 차이가 있는가? 전자는 해 아래 세상의 밝은 모습이 아닌, 고통, 슬픔, 괴로움들로 가득 찬 음울한 모습을 바라볼 때의 상황을 말한 것이다. 그러나 본절은 앞절에서 보듯 죽음에 대비했을 때, 산 개가 죽은 사자보다 낫다는 것이다. 왜 더 나을까? 죽음에는 개선이나 변화의 여지가 없다. 다 끝난 것이기 때문이다. 하지만 살아 있다면 아직 남은 그 삶 안에서 하나님을 발견하고 예수 그리스도를 통해 되돌릴 수 있는 기회, 즉 회개에 필요한 시간이 있기 때문에 낫다는 것이다. 비록 형편이 최악이라 할지라도 영원한 형벌상태에 든 것보다는 훨씬 긍정적이라는 것이다.

마태복음 15장 21-28절의 말씀을 보면 가나안 여인이 예수께

나아와 자기 딸을 살리게 된 이야기가 나온다. 귀신들린 딸의 치유를 위해 예수님께 나아왔지만 예수님은 "나는 이스라엘 집의 잃어버린 양 외에는 다른 데로 보내심을 받지 아니하였노라"고 하시며 일단 치료를 거부하셨다. 이것은 여인의 마음을 아시는 예수 그리스도의 일종의 시험이었다. 이어서 말씀하시기를 '자녀의 떡을 취하여 개들에게 던짐이 마땅하지 아니하니라'고 하신 것이다. 그러자 여인이 말하기를, '주여 옳소이다마는 개들도 제 주인의 상에서 떨어지는 부스러기를 먹나이다'고 대답했다. 그때에야 예수께서 칭찬하시기를, '네 믿음이 크도다 네 소원대로 되리라'고 하신 것이다. 이 이야기는 예수께서 유대인들에게 경종을 울리기 위한 교육의 말씀이다. 예수님을 거부하는 유대 종교지도자들과 유대인들에게 이방인의 예를 들어 회개를 촉구하신 것이다. 이스라엘에서 개는 경멸의 대상이었기에 이방인, 세리, 피흘리는 병자 등은 동물취급을 받았고 구원의 대상에서 제외되는 것으로 여겨졌었다. 하지만 예수께서는 병든 자를 치유하시기 위한 의사였고, 죄인을 부르러 오신 분이셨다(막2:17). 본절의 산 개는 죄인들이요, 죽은 사자는 유대 종교지도자인 동시에 유대 종교이기도 하다. 죄인들은 돌이킬 수 있으나 유대 종교지도자들은 '독사의 새끼'가 되고 만 것이다. 마태복음 23장 33절에, "뱀들아 독사의 새끼들아 너희가 어떻게 지옥의 판결을 피하겠느냐"고 하신 것이 바로 유대 종교지도자들을 향한 예수님의 말씀이셨다. 아직 기회가 있으니 산 개가 죽은 사자보다 나은 것이다.

속뜻을 말할 때 또 다른 해석도 있다. 즉, 여기서 산 자'는 영원한 생명을 갖고 있는 자를 가리킨다. 요한복음 11장 26절에, "무릇 살아서 믿는 자는 영원히 죽지 아니하리니 이것을 네가 믿느냐"라고 하신 말씀 그대로다. 살아서 믿는 자, 그 안엔 성령께서 내주하시니 영적 관점에서는 이미 영생이 시작된 것이다. 육신은 껍질을 벗는 것일뿐, 영원히 죽지 아니할 것이다. 그러하니 산 자들의 대열에 들어있는 자는 행복한 사람들인 것이다. 죽은 사자가 무엇인가? 사자는 유다의 상징이다. 그러므로 죽은 사자는 유대 종교지도자들을 가리킨다. 그들은 유대인이나 이미 영적으로 죽은 자라는 것이다.

5-6절] '산 자들은 죽을 줄을 알되 죽은 자들은 아무것도 모르며 그들이 다시는 상을 받지 못하는 것은 그들의 이름이 잊어 버린 바 됨이니라/ 그들의 사랑과 미움과 시기도 없어진 지 오래이니 해 아래에서 행하는 모든 일 중에서 그들에게 돌아갈 몫은 영원히 없느니라'

왜 산 개가 죽은 사자보다 나은 것인가에 대한 보충 설명이 5-6절이다. 그래서 원문도 이유를 나타내는 접속사 '키כי'로 시작한다. 본절의 '상'의 원문은 '사카르שכר'다. 이것은 동일발음의 '사카르שכר'가 원형인 바, 원형의 뜻은 '고용하다', '사다'가 되고 5절의 '사카르שכר'는 '값', '임금', '보수'가 된다. 6절의 '몫(분복)'도 '사카르שכר'와 유사한 개념이다. 즉, '몫'의 원문은 '웨헬렉וחלק'으로 접속사(ו그리고)와 '헬레크חלק'의 결합이다. 이것은 '평탄함', '몫', '분깃', '유산'의 뜻을 갖는다.

죽은 자는 세상에서 더 이상의 상급을 받지 못한다. 분깃도 없다. 왜냐하면 그들의 존재자체도 다 잊혀질것이고, 또한 그들이 생전에 어떤 짓을 했는지에 관해서까지도 다 망각의 세계로 넘겨지게 될 것이기 때문이다. 그들의 사랑, 미움, 시기의 대상조차도, 애정과 노력 자체도, 재물도, 지위도 명예도 다 중단되고 없어질 것이다. 죽은 자는 아무것도 모른다. 왜냐하면 그들은 해 아래 세상과 더 이상 아무런 연관도 남아 있지 않게 될 것이기 때문이다. 그야말로 '해 아래에서 행하는 모든 일' 중에서 그의 것이 아무것도 남지 않게 될 것이기 때문이다. 이런 경고성 말씀 가운데는 하나님과 연합한 자는 이런 죽음에서 탈출할 수 있는 기회가 있음을 말하고자 하는 배려가 숨어있는 것이다. 죄가 세상에 들어온 이상, 어느 누구도 자력으로는 그 오점을 씻어내지 못한다. 하나님만이 하실 수 있는 일이기 때문이다.

♠ 5-6절은 무섭도록 치밀하게 구성된 해 아래 세상의 무상함이 드러난 말씀이다. 세상의 악인들을 향한 하나님의 엄중한 경고다. 하데스 곧 지옥에서는 응징의 형벌을 받을 뿐, 다시는 상을 받지 못하게 된다. 그 상이 무엇인가? 이기는 자가 받는 상, 그것은 생명의 면류관이다. 이 면류관을 쓰는 자는 곧 영원한 생명을 얻은 자가 되지만 그렇지 못한 자는 최악의 비극 속으로 빠져들게 되는 것이다. 시편 6장 5절에, "사망 중에서는 주를 기억하는 일이 없사오니 스올에서 주께 감사할 자 누구리이까"라고 했다. 그러하다. 시편기자가 말한 사망은 스올이다. 이 의미는 육체의 죽음도 되고, 지옥의 뜻도 있다. 어쨌든 주를 부를 수 있는 기회가 상실되는 때이다. 그러니 어떻게 해야 하나? 고린도후서 6장 2절에, "보라 지금은 은혜 받을 만한 때요 보라 지금은 구원의 날이로다" 하신 말씀 그대로, 지금 바로 회개하고 예수께로 돌아서야만 하는 것이다. 육적 사망의 폐해를 들어 영적 사망을 당하지 않도록 길을 여시는 귀중한 말씀이기도 하다.

7절] '너는 가서 기쁨으로 네 음식물을 먹고 즐거운 마음으로 네 포도주를 마실지어다 이는 하나님이 네가 하는 일들을

벌써 기쁘게 받으셨음이니라

 구약 전도서에서 나타나는 인생에 관한 비관적 전망, 혹은 죽음에 대한 공포 등에 관해 본절은 장면을 전격적으로 바꿔서 해 아래에서의 삶에서 그나마 긍정적인 생애를 보낼 수 있는 방안을 피력한다. 어쨌든 7-9절까지는 하나님의 백성들에게 하나님과의 화평한 관계 안에서 희락을 추구하라고 권면하고 있다.

 다만 본절의 말씀대로, 하나님의 백성들이라면, 산 자의 집단에 속해 있기에, 비록 그 삶이 궁핍하고 노역이 가중된다 할지라도 주 안에서 즐거워하며, 삶의 가치를 바로 알고, 주께서 그를 인정하시기에 두려울 필요가 전혀 없다는 점에서 긍정적인 삶을 살 수 있다는 것이다. 왜냐하면 하반절의 말씀대로 하나님이 그의 하는 일을 벌써 기쁘게 받으셨기 때문이기에 생명을 주시는 하나님께서 책임지고 하나님 자신이 이 모든 것을 공급하실 것이기 때문이다. 2장 24절에서 보면, 기쁨이 '하나님의 손에서 나오는 것'이라고 했고, 3장 13절에도, '사람마다 먹고 마시는 것과 수고함으로 낙을 누리는 그것이 하나님의 선물…'이라고 했으니 얼마든지 누릴 수 있는 특권이 되는 것이다. 그러나 이것은 하나님의 사람에게만 해당되는 것이다. 해 아래 삶에서도 생을 즐기는 것은 하나님의 뜻임이 분명하다. 즐기도록 하시니 즐기면 되는 것이다. 하나님을 섬기는 자들이 인상을 쓰고, 괴로워하며 살 이유는 전혀 없다. "항상 기뻐하라"(살전 5:16)가 주님의 뜻이다.

 ♠ 문득, 이 말씀을 보면 또 다시 마지막 만찬을 떠올리게 된다. 마치 하나님께서 예수님을 향해 하신 말씀처럼 보인다. 물론 동일한 하나님이시지만 교육적 측면에서 이와 같은 말씀은 믿음의 생

활에 큰 도움을 주기 때문이다. 많은 사람들이 마태복음 26장 17-30절에 나오는 마지막 만찬에 대해 이 장면은 비장한 광경이고, 마치 싸우러 가기 직전의 각오를 다지는 엄숙함이 있었을 것이라고 말한다. 정말 그러할까? 30절에 보면, "이에 그들이 찬미하고 감람산으로 나아가니라"고 했다. 결코 그런 분위기가 아니었다. 예수님 자신은 가룟 유다가 배반할 것을 아시고 계셨기에 심령이 괴로우셨지만(요13:21), 제자들의 분위기는 딴판이었던 것이다. 심지어 제자들은 하나님의 나라가 곧 올 줄 알고 흥분한 상태에서 서로 간의 자리다툼까지 할 정도였다. 마지막 만찬의 분위기는 흥겨웠다는 말이다.

마가복음 12장 27절에 보면, 부활이 없다고 주장하는 사두개인들이 예수께 물었을 때 예수님이 답하신 말씀이 나온다. 즉, "하나님은 죽은 자의 하나님이 아니요 산 자의 하나님이시라 너희가 크게 오해하였도다 하시니라"고 하셨다. 예수 그리스도께서 부활하셨다. 산 자로서의 첫 열매, 부활의 첫 열매가 되셨다. 그리스도인들은 영적으로 죽을 수 없는 자가 된 것이다. 그것을 바로 안다면 얼마든지 해 아래 세상에서도 하나님을 섬기며 먹고 마시고 희락을 추구할 수 있다. 9절에서 계속해서 언급된 죽음의 공포와 무의미함이 이들에겐 적용되지 않는다. 천상의 삶이 육체의 죽음과 맞닿아 있으니 죽음이 죽음이 아니며, 해 아래의 삶은 영원한 삶의 그림자에 불과하기 때문이다. 하나님은 그리스도인이 하고자 하는 일, 예수 그리스도를 위해 애쓰고자 하는 일(행사)에 대해 이미 응답하시고, 기뻐하고 계신다는 것을 기억하자. 그리고 즐거워하자.

8절] '네 의복을 항상 희게 하며 네 머리에 향 기름을 그치지 아니하도록 할지니라'

외모를 밝게 치장하는 것은 마음 안의 기쁨에 대한 외적 반영이다. 희락의 삶을 살라는 명령이다. 본절의 '항상'은 원문이 '베콜 엩תעת בכל'이다. 이것은 '모든 것 안에', 즉 '모든 시간(때)에'라는 의미다. 흰 옷은 애곡의 검은 옷과 대조된다. 본절의 모습은 잔칫날, 그 잔치에 참예하는 자의 모습을 연상하게 한다. 흰옷은 빛이요 영광의 상징이 된다. 반대로 검은 옷은 어둠이다. 빛 가운데 살라는 것이다. 영광중에 기뻐하라는 것이다. 잠언 27장 9절에, "기름과 향이 사람의 마음을 즐겁게 하나니…"라고 했다. 이사야 61장 3절에도 "기쁨의 기름"이란 표현을 썼다. 머리에 향이 있는 기름을 바름은 기쁨의 표시다. 그렇게 살라는 것이고 그렇게 해주시겠다는 말씀이다.

♠ 구약에서 항상 흰 옷을 입으라는 말은 신약에 대한 예언이 된다. 요한 계시록 3장 4절에 보면, "그러나 사데에 그 옷을 더럽히지 아니한 자 몇 명이 네게 있어 흰 옷을 입고 나와 함께 다니리니 그들은 합당한 자인 연고라"는 말씀이 있다. 합당한 자가 무엇인가? '이긴 자'들이다. 사탄과 세상, 그것과 싸워 이긴 자들이다. 믿음과 인내를 지킨 자들이다. 이어지는 5절에, "이기는 자는 이와 같이 흰 옷을 입을 것이요 내가 그 이름을 생명책에서 결코 지우지 아니하고…"라 했다. 사데 교회엔 옷을 더럽힌 자들이 있었다. 이들에게 주님은 회개하라고 하셨다. 또 라오디게아 교회엔 '벌거벗은 자들이 있었기에(계3:17), 흰 옷을 사서 입으라(계 3:18)고 하셨다. 구원받은 자들의 특징은 흰 옷을 입는다는 것이다. 물론 영적인 모습일 것이다. 흰 옷을 입는 방법이 있다. 요한계시록

7장 14절에, "… 어린 양의 피에 그 옷을 씻어 희게 하였느니라"고 했으니, 어린 양 되신 예수 그리스도를 믿고 속죄함 받으면 된다는 것이다. 주께서 '항상 희게 하며'라고 하셨다는 점에 주목하기 바란다. 죄로 오염되지 않도록, 죄에 빠져 벌거벗게 되지 않도록 항상 유념할 것이다.

향 기름이 그치지 않게 하라고 하셨다. 향 기름은 기쁨이고, 동시에 기도다. 요한계시록 5장 8절에, "…향이 가득한 금 대접을 가졌으니 이 향은 성도의 기도들이라"고 했다. 향 기름은 향내를 풍긴다. 항상 기도하는 자로부터 그 기도의 향이 하나님의 나라, 곧 천국에까지 도달한다. 물론 이것도 영적 의미다. 본절의 말씀은 그래서 신약에 이루어질 모습을 상징적으로 표현한 것이다. 마치 성전제사가 예수 그리스도의 십자가를 통한 속죄의 제사를 상징하듯 구약은 신약의 거울이 되고 예수 그리스도를 초점으로 겨냥한 화살이 되고 있는 것이다.

9절] '네 헛된 평생의 모든 날 곧 하나님이 해 아래에서 네게 주신 모든 헛된 날에 네가 사랑하는 아내와 함께 즐겁게 살지어다 그것이 네가 평생에 해 아래에서 수고하고 얻은 네 몫이니라'

본절에서도 전도자는 즐겁게 살라고 말한다. '네가 사랑하는 아내와 함께 즐겁게 살지어다'의 부분이 원문엔 먼저 나온다. '레에ראה 하이임חיים 임עם 잇솨ישה 아쉘אשר 아합타אהבת'가 그것이다. 특히 '레에ראה'는 '원형이' 보다, '하나님의 얼굴을 보다'의 뜻이며, 남성 2인칭단수다. '하이임חיים'은 '하이חי'의 복수형이다. '살아 있는', '평생'의 뜻이 있다. 이 부분의 직역은 '평생을 네 사랑하는 아내와 함께 네가 보라'가 된다. 즐겁게 살지어다는 의역이다. 이 부분에 대해 주석가 제롬은 '인생과 행복을 네가 사랑하는 아내와 함께 누리고'라고 번역했고, 대부분의 주석학자들은 '네가 사랑하는 아내와 함께 인생을 즐거워하고'라고 번역한다. 희락의 삶을 살되 여자(아내)와 더불어 좋은 가정을 만들어가며 그렇게 살라는 것이다.

'네 헛된 평생의 모든 날'은 6장 12절엔 '헛된 생명의 모든 날'로, 7장 15절엔 '내 헛된 날에'로 유사하게 반복된다. 원문도 그러하다. 본절의 원문이 '콜כל 예매ימי 하에חיי 헤블레카הבלך'다. '예매ימי'는 '욤יום'의 복수연계형이며 그 뜻은 '낮', '날마다', '운명의 날', '파멸의 날'이 된다. '하에חיי'는 '하이חי'의 남성 복수연계형이며, '살아 있는', '평생', '생명'의 뜻을 갖는다. '헤블레카הבלך'는 '헤벨הבל'의 남성 2인칭단수다. '숨', '호흡', '허무하다', '헛되다'의 뜻을 갖는다. 직역하면, '네 헛된 평생의 모든 날들'이 된다. 본절에서 '네 헛된(הבלך헤블레카)'이란 단어가 두 번이나 나온다. 이 단어는 '헤벨'과 남성 2인칭 단수 접미어가 결합된 것이다. 즐겁게 살기는 하지만 근본적으로 인생은 허무하다는 것이다.

하반절에서 그것이 네가 평생에 해 아래에서 수고하고 얻은 네 몫이니라'는 말씀에 비추어보면 이해가 가는 면도 있고 다수의 학자들도 이 번역이 옳다고 본다. 본절의 '수고'는 여러 번 나온 단어로서, 원문이 '아멜עמל'이다. 이것은 '수고스러운', '수고'의 뜻이다. 이렇게 보면 인생 자체가 고통과 수고가 항상 존재한다는 것을 알 수 있다.

'네가 평생에 해 아래에서 수고하고 얻은 네 몫이니라'는 직역하면, '왜냐하면(키) 네가 해 아래에서 수고하고 네가 수고하는 가운데 일평생에 얻은 몫(분깃, 분복)이다'가 된다. 아담의 타락 이후에 땀을 흘려가며 살게 하신 것으로, 인간에게 주어진 멍에와 같은 것이니, '해 아래에서 네게 주신'에서 보듯 하나님으로부터 주어진 것이다. 물론 죗값으로 인한 것이다. 헛된 세상이고 수고로움이 있지만 하나님께서 주신 몫이니 긍정적으로, 희락을 추구하며 살라는 것이다.

♠ 평생의 날은 살아 있는 날, 혹은 생명의 날로 번역할 수도 있다. 하나님이 해 아래의 삶 동안 주신 날들이다. 그렇다면 하루하루가 귀하고 소중한 날이 아닐 수 없다. 그런데 문장이 대체적으로 긍정적인데 반해 버드나무 사이에 가시나무가 끼인 듯 부적절한 모습으로 '헛된 날'이 강조되고 있다. 어색하고 또 의문스럽지 않은가? 하나님께서 해 아래에서 즐겁게 살라고 하시는데도 말이다. 평생을 즐기지만 그 평생이 공허하고, 헛된 날이란 말인가? 공허하고 헛된 날을 기뻐할 수 없는 것이 오히려 어쩌면 당연한 생각이 아닐까? 이 책에서 수없이 반복했던 말이다. '헤벨הבל'은 '헛된'이라 번역되면 부정적으로 치우친 과장된 번역이라고 거듭거듭 말하곤 했다. 이 단어는 '호흡'이나 '숨'과 연결된, 짧은 시간을 상징하는 것이 옳다고 했다. 살아 있는 날이 비록 짧지만 그 짧은 생명의 날 동안을 사랑하는 여인과 함께 하라(원문은 즐겁게가 아니라 보다가 된다)는 것이다. 그런데 과연 이때의 여인이 아내를 의미한 것일까?

영적의미로서 본절을 다시 보자. 본절에서 '아내'라고 번역한 '잇솨אשה'는 '여인', '아내' 둘 다 가능한 번역이다. 그리스도인들에게 평생을 함께 봐야 할 것, 그것은 바로 복음이다. 예수 그리스도에 대한 신앙이다. 이 여인은 그만큼 가깝게 지내라는 뜻으로 여인이라 한 것으로 상징이다. '레에ראה 하임חיים 임עם 잇솨 아쉘 아합타'는 '사랑하는 여인과 함께 평생을 보라'는 것이다. 이삭은 40세에 결혼했고 단 한 명의 여인인 리브가만 사랑했다. '네가 사랑하는 아내와 함께 즐겁게 살라'고 했듯이 해 아래 삶에서 복음과 함께 살라는 말씀이 속뜻이라는 것이다.

본절을 다시 원문에 가깝게, 그리고 예수 그리스도 중심적으로 다시 의역해 보자. '네 한 호흡만큼 짧은 평생의 모든 날 곧 하나님이 해 아래에서 네게 주신 모든 짧은 날 동안에 네가 사랑하는 복음과 더불어 살지어다. 그것이 네가 평생에 해 아래에서 수고하고 수고하는 중에 얻은 네 분복이니라'가 된다. 영적 탐구라는 수고와, 복음전파라는 수고하는 중에 얻은 분복이라는 것이다. 아내와 더불어 즐기며 살라는 것은 겉뜻이요, 속뜻은 오히려 복음을 위해 살라는 말씀이 깃든 구절이라는 것이다.

10절] '네 손이 일을 얻는 대로 힘을 다하여 할지어다
네가 장차 들어갈 스올에는 일도 없고 계획도 없고
지식도 없고 지혜도 없음이니라'

본절을 보면 마치 게으름을 질책하거나 수고하는 것 외에 다른 일에 빠지지 말라고 권고하는 듯이 보인다. '네 손이 일을 얻는 대로 힘을 다하여 할지어다'는 '네가 이룰 수 있고, 또 네가 가능한 것을 소홀히 하지 말고 최선을 다해 하라'는 것이다. 가능한 한 열심히 하라는 것이니, 이것이 정녕 하나님의 명령이라면 만사 제쳐두고 해야 할 것이다. 또 그처럼 충실히 사는 것이야말로 희락 추구, 곧 삶의 기쁨을 유지하는 가장 좋은 방법이라는 것이다. 전

도자가 이와 같은 명령을 하는 것으로 보아 실제로 그 명령을 받는 당사자는 그 일을 해낼 수 있는 능력자일 것이다. 물론 그러한 능력은 하나님이 주신 것이리라. 비록 유한한 존재인 인간이지만 주신 바대로 최선을 다하는 모습이 하나님 보시기에 가장 좋은 삶이라는 것이다.

'네가 장차 들어갈 스올에는 일도 없고 계획도 없고 지식도 없고 지혜도 없음이니라'고 했다. 죽음 이후의 세계에 관한 언급이다. 이 문장엔 앞에 접속사 '왜냐하면'의 의미를 지닌 '키כי'가 나온다. 원문은 '엔אין 마아세מעשה 웨헤쉬본וחשבון 웨다아트ודעת 웨호크마וחכמה 비쉐올בשאול 아쉘אשר 앝타אתה 호렠הלך 샴마שמה'다. '마아세מעשה'는 '일', '행위'의 뜻이고 '웨헤쉬본וחשבון'은 접속사(ו그리고)와 '헤쉬본חשבון'의 결합이며, '헤쉬본חשבון'은 '이성', '명철', '이해'의 뜻이다. '그리고 명철'이 본뜻이다. '웨다아트ודעת'는 접속사(ו그리고)와 '다아트דעת', 곧 '지식', '지혜'의 뜻인 '다아트דעת'의 결합이다. '웨호크마וחכמה'는 접속사(ו그리고)와 '지혜'의 뜻인 '호크마חכמה'의 결합이다. '비쉐올בשאול'은 전치사ב와 '무덤', '지옥'의뜻을 가진 '세올שיול'의 결합이다. '앝타אתה'는 2인칭단수, '호렠'은 '가다'의 뜻이 있고'샴마שמה'는 '거기'라는 뜻을 갖는다. 직역하면, '네가 장차 갈 거기인 음부에는 일도 없고, 명철도 없고 지식도 없고 지혜도 없다'가 된다. 죽은 이후에는 아무것도, 아무 일도 할 수 없다는 것이니 살아 있는 동안에 최선을 다하라는 것이다.

♠ 요한복음 9장 4-5절에, "… 밤이 오리니 그 때는 아무도 일할 수 없느니라/ 내가 세상에 있는 동안에는 세상의 빛이로라"고 하신 말씀이 있다. 일하고 싶어도 일할 수 없는 밤이 올 것이다. 예수님 당시에는 예수께서 빛이셨으나 지금은 성령께서 빛이 되신

다. 하지만 일할 수 없는 밤이 곧 올 것이다. 개인적으론 자신의 죽음의 때가 될 것이며, 인류 전체에게도 언젠가 마지막이 올 것이다. 그 날은 아무도 모르고 하늘에 계신 하나님만 아신다.

'스올שאול'은 의미상 죽은 뒤의 무덤도 될 수 있고 지옥도 될 수 있으나 어찌 되었든 간에 일할 수 없다는 점은 마찬가지다. 스올에서는 지혜도 명철도 지식도 없다. 그것은 '무(無)'와 동일한 의미다. 스올이 무덤이라면 '없음'이요, 지옥이라면 '형벌'이 있을 것이다. 원문에는 '장차 들어갈'이 없다. 이 스올이 지옥이라면 그리스도인들은 '장차 들어갈' 이유가 없는 것이다. 뿐만아니라 9절과 연계된 본절의 내용으로 보아 전도자의 대상이 된 사람은 하나님을 아는 사람, 곧 현재로 적용하면 그리스도인이 분명한 즉, 육신이 세상을 떠나기 전에 하나님의 일에, 능력 주시는 대로 최선을 다하라는 것이다. 죽은 후에는 아무리 원해도 지상에서 할 수 있는 것과 같은 복음 전하는 일을 할 수 없음이다.

11절] '내가 다시 해 아래에서 보니 빠른 경주자들이라고 선착하는것이 아니며 용사들이라고 전쟁에 승리하는것이 아니며 지혜자들이라고 음식물을 얻는것도 아니며 명철자들이라고 재물을 얻는것도 아니며 지식인들이라고 은총을 입는것이 아니니 이는 시기와 기회는 그들 모두에게 임함이니라'

본절부터 다음절까지는 인간 존재의 유한성과 가진 바 능력의 한계성을 가차없이 드러낸다. 어떤 경우에도 가장 중요한 죽음을 인간이 피할 수 없는 것으로, 죽음에 대한 해결은 인간에게 있어 생전에 해결해야 할 최대 과제이고 또한 모두에게 주어진 숙명 같은 것이다. 본 구절은 또한 인간이 일(행사)을 하되, 그 일에 대한 시기와 기회 그리고 성사가 하나님께 달려있음을 가르친다.

본절에도 '내가 다시 해 아래에서 돌이켜 보니' 다음에 번역에는 나오지 않으나 이유를 나타내는 접속사 '키כי'가 등장한다. 그 이유에 대한 설명이 다섯 가지가 나오는 것이다. 이 다섯 가지 사례의 주 단어 앞에는 특이하게도 전치사 '레ל'가 또한 다섯 번이나 나온다. '락칼림(לקלים경주자들이라고)', '라하카밈(לחכמים지혜자들이라고)', '란네보님(לנבנים명철자들이라고)', '라요드임(לידעים지식인들, 혹은 기능자들이라고)', '라깁모림(לגבורים유력자들, 혹은 용사들이라고)'이 그것이다. 이 '레ל'는 여기서 소유의 의미를 갖는다. 물론 이러한 인간이 가진 소유의 의미 안에는 가진 바 무형재산(재능 같은)도 포함된다. 사람이 재산의 주관자가 될 수 있고, 경영하고 자유롭게 처분할 수도 있다는 뜻을 내포한다. 경주하고, 전쟁하며, 지혜와 명철, 재능을 활용하는 것은 인간이 얼마든지 할 수 있다는 것이다. 하지만 본절은 거기까지, 곧 할 수 있다라는 착각이 인간의 한계라는 것을 말하고 있다.

공동번역은 이 다섯 가지 사례를 포함한 번역에 있어 다른 한글 번역들보다는 표현상 유연하기에 소개한다. 즉, '발이 빠르다고 우승하는 것도 아니고 힘이 세다고 싸움에서 이기는 것도 아니며 지혜가 있다고 먹을 것이 생기는 것도 아니고 슬기롭다고 돈을 모으는 것도 아니며 아는 것이 많다고 총애를 받는 것도 아니더라'가 된다. 쉽게 풀어쓴 번역이다. 그 다음에 무엇인가가 있다는 것을 암시한다. 그 다음은 무엇인가?

경주는 경주자가 빠르다고 해서 반드시 승리하고, 또 목적지에 반드시 도달하는 것을 보장하지 않는다. 또한 전쟁의 승패가 유력자, 또는 용사에게만 전적으로 속하는 것도 아니다. 그것의 성사 여부는 하나님께 속한 것이라는 말이바로 그 다음에 해당한다. 사무엘상 17장 47절에 보면, "…이 무리에게 알게 하리라 전쟁은 여호와께 속한 것인즉…"이라고 했다. 하나님만이 전쟁은 물론, 경주에도 진정한 승리를 안겨주실 수 있다는 것이다. 그뿐이 아니라, 음식, 재산, 명예를 얻음도 인간의 지혜, 현명함, 지식이나 재능이 있는 기능성에 있는 것이 아니고 인간의 한계를 넘는 때와 상황에 달려있으며 그 마지막 결과 또한 하나님에 의해 결정된다는 것이다.

하반절에서도 접속사 '키כי'로 시작해 이유를 설명하고 있다. 앞의 다섯 가지 사례에 대한 설명이다. 하반절에서 '이는 시기와 기회는 그들 모두에게 임함이니라'라고 했다. 때와 기회는 모든 사람에게 나타나며 피할 수도 없다. 이 '때(원문 '에트עת'는 정해진 때를 뜻한다)'는 특별한 상황이 있는 때(카이로스)를 말한다. '기회'의 원문은 '페가פגע'이며, 이것은 '우연한 사건', '기회'의 의미가 있으나 '재앙', '불행'의 뜻도 있다. 아마도 역경이나 실망과 관련된, 어쩌면 불행한 사고와 같은 의미일 수도 있다. 두 단어를 합쳤을 때는 '때와 재앙', 혹은 '때와 사건', 그리고 '불행의 때와 재난'을 의미할 수도 있으며, '때가 되어 불행이'라고 번역될 수도 있다. 어쨌든 인간이 어찌할 수 없는 시기와 사건이 생길 수 있다는 것으로 인간의 한계를 드러낸 것이다. 이 문제의 해결은 하나님을 의지하고 따르는 것에 해답이 있다는 것을 말하고자 함이 본절의 내용이라는 것이다.

♠ 잠언 16장 9절에, "사람이 마음으로 자기의 길을 계획할지라

도 그의 걸음을 인도하시는 이는 여호와시라"는 말씀에 대한 실례와 실증을 보여주는 구절이 바로 본절이다. 히브리서 12장 1절에, "무거운 것과 얽매이기 쉬운 죄를 벗어 버리고 인내로써 우리 앞에 당한 경주를 하며"라고 했다. 그리스도인들의 경주에서 최종 목표는 이기는 자가 되는 것이다. 그 방법이 믿음의 선한 싸움을 싸우되 인내로써 감당해야 하는 것이다.

요한계시록 13장 10절에 보면, "사로잡힐 자는 사로잡혀 갈 것이요 칼에 죽을 자는 마땅히 칼에 죽을 것이니 성도들의 인내와 믿음이 여기 있느니라"고 했다. 그리스도인들의 싸움과 경주는 믿음과 인내가 정말 중요하다는 것이다. 어디 그뿐인가? 세상 지혜 자들은 영의 양식을 얻을 수도 없고, 세상에서 현명한 자들이 반드시 하나님의 상속자가 되는 것도 아니다. 세상지식에 충만한 자가 언제나 하나님의 은총과 은혜를 입는 것도 아니다. 복음의 문은 누구에게나 열려있지만, 부르신 자는 많지만 의외로 구원자가 적다. 그 점이 안타깝기만 하다

구원에 관한 모든 것은 하나님의 선물이고, 은혜니 곧 예수 그리스도를 믿음으로 말미암은 것이라 차별이 없다. 인간에게 언제, 어느 때 불행과 재난이 닥칠지는 아무도 모른다. 오직 하나님만 아신다. 본절의 시기와 기회는 12절의 말씀으로 보아 '재앙의 날'이다. 가장 큰 재앙이 무엇인가? 일차로는 첫째 사망인 육적 사망이고, 이차로는 둘째 사망인 지옥에 드는 것이다. 인간에게 있어 이 두 가지 재앙은 공포 그 자체가 아닐 수 없다.

재앙의 날을 어떻게 피하고자 하나? 베드로전서 1장 1절에, "우리 주 예수 그리스도의 아버지 하나님을 찬송하리로다 그의 많으

신 긍휼대로 예수 그리스도를 죽은 자 가운데서 부활하게 하심으로 말미암아 우리를 거듭나게 하사 산 소망이 있게 하시고/썩지 않고 더럽지 않고 쇠하지 아니하는 유업을 잇게 하시나니 곧 너희를 위하여 하늘에 간직하신 것이라"고 했다. 죽은 자가 되는 거짓 소망이 아니라 산 소망이 되는 것, 그것은 예수 그리스도로 말미암은 것이다. 그분을 따르는 자들만이 하늘에 간직된 하나님의 유업을 받게 될 것이다. 그것은 부활의 신앙이고 영원한 생명을 얻는 것이다. 로마서 9장 16절에, "그런즉 원하는 자로 말미암음도 아니요 달음박질하는 자로 말미암음도 아니요 오직 긍휼히 여기시는 하나님으로 말미암음이니라" 간절히 원한다고 해서, 온 힘을 다해 달린다고 해서 영원한 생명을 얻을 수 있는 것이 아니다. 오직 긍휼히 여기시는 하나님, 곧 예수 그리스도를 통해서만 가능한 일이다. 그 일이 우리 곁에, 앞에 나타나고 있다. 예수를 위해 달리고, 전쟁하며, 지혜와 지식 그리고 명철과 재능을 발휘함에 있어 망설여야 할 이유가 전혀 없다.

12절] '분명히 사람은 자기의 시기도 알지 못하나니 물고기들이 재난의 그물에 걸리고 새들이 올무에 걸림 같이 인생들도 재앙의 날이 그들에게 홀연히 임하면 거기에 걸리느니라'

11절에 따르면 사람에게도 상대적으로 뛰어난 자가 존재한다. 따라서 사람에 따라 경주자도, 용사도, 지혜자도, 명철자도, 지식인도, 기능인도 될 수 있지만 어느 누구도 '자기의 시기(때)'를 알지 못한다. 이 시기는 재앙의 때를 말한다. 왜냐하면, 인간은 결코 자기 자신의 생명의 주인이 되지 못하기 때문이다. 자신의 능력을 발휘하여 예측한들, 바라는 바대로 되지 않고, 어느새 자기의 때가 끝나고 목숨이 끊어질 수 있기 때문이다. '자기의 시기'는 원문이 '잍토עתו'이다. 이것은 '시간', '어떤 시간', '때', '시기' 등을 뜻하는 '에트עת'의 3인칭 단수다. 사람은 자기의 시기, 곧 생애의 끝을 갖게 하는 재앙의 시기를 알지 못한다. 이는 마치 갑자기 그물에 잡히는 물고기나, 갑자기 올무에 걸리는 새와 다름이 아니다. 물고기나 새의 신세처럼 사람도 그렇게 재앙의 날을 만나게 된다는 것이다. 성경엔 지나가는 화살에 맞아 죽은 아합의 이야기가 실려있다. 역대하 18장 33절에 보면, 악한 왕 아합이 어떤 한 사람이 무심코 쏜 화살에 맞아 부상을 당했다. 일부러 겨냥해 맞춘 것이 아니었으나 이로 인해 해가 질 무렵에 죽은 것이다. 왕으로서 온갖 호사를 누렸지만 화살이란 예측 못한 재앙을 만난 것이다.

본절의 원문은 '키כי 감גם'으로 시작한다. '왜냐하면(혹은 진실로) 또한'의 뜻이다. 연계된 강조의 역할이다. '사람은 … 알지 못하나니'는 원문이 '로 예다ידע 하아담האדם'이다. 여기서 '로לא'는 절대부정이다. 과거, 현재, 미래를 통해 어느 때에라도 결코 알 수 없음을 말하고 있다. 인간은 절대로, 영원히 자기의 때를 알지 못한다는 것이다. 상식적으로 예측은 할 수 있을지 모르나 죽음의 날은 모른다. 본절에서 '재앙'이라고 번역한 것은 원문이 '라아הרע'다. 이것은 단순히 '나쁜'의 정도가 아니다. 사악한 것이고, 해로운 것이며, 불행이고, 화(禍)이며, 재앙이고 악(惡)이다. 인간에게 가장 큰 악은 바로 죽음이다. 죽음 앞의 인간은 지극히 초라하다. 자기 파멸을 통제할 수 없기 때문이다. 경주로도, 전쟁으로도, 지혜로도, 명철로도, 지식으로도, 재능으로도 도무지 해결 방안이 없다.

본절의 끝 부분은 '그들에게 홀연히 임하면 거기에 걸리느니라'고 한 것이다. 새가 올무를, 물고기가 그물을 벗어나지 못하게 되는 때가 있듯이 '그것들과 같이(번역이 생략된 부분이다) 인간에게도 홀연히 재앙(죽음)이 다가오면 막을 수가 없다'는 것이다. 그리고 인간을 물고기나 새처럼 비유했으니 이런 견지에선 인간도 죽음 앞에서는 결국 동물 이상이 아니라는 의미도 포함된다. 인간 스스로 인본주의를 내세우며 잘난 척 하지만 결국 여타 동물들처럼 재앙을 만날 때, 꼼짝없이 당하고 말기 때문이다. '홀연히 임하면'은 원문이 '케쉐티폴כשתפול 알레헴םעליה 피트옴פתאם'이다. '케쉐티폴כשתפול'은 전치사ש와 관계사כ가 '나팔נפל'과 결합된 것으로 여성 3인칭단수다. '나팔נפל'은 '떨어지다', '불행이나 재난에 빠지다', '빠지다'의 뜻이다. '알레헴םעליה'은 '알על'의 복수형이다. '알'은 '~위에'라는 뜻이다. 따라서 '그들 위에'가 된다. '피트옴פתאם'은 '갑자기', '순간적으로'의 뜻이다. 이 부분을 직역하면, '갑자기 그들 위에 떨어지면'이 된다.

♠ 마태복음 16장 26절에, "사람이 만일 온 천하를 얻고도 제 목숨을 잃으면 무엇이 유익하리요 사람이 무엇을 주고 제 목숨을 바꾸겠느냐"고 했다. 본절은 인본주의자들의 삶에 대한 갖은 노력에도 불구하고 죽음 앞에선 그들도 무력함을 확실하게 보여준 말씀이다. 육신이 살아 있는 동안 천하를 얻는다 할지라도 자기 목숨이 재앙을 만나면 다 끝인 것이다. 그 죽음은 홀연히, 그의 위에 떨어질 것이다.

유대 종교지도자들에게 영적 재난의 그물이 드리워진 날은 메시아의 출현 때였다. 메시아이신 예수는 그들에게 재난의 그물이었다. 그들은 제거되어 풀무불에 던져질 사람들이었던 것이다. 예수님의 물고기를 이용한 비유를 찾아보기로 하자. 마태복음 13장 47절-50절의 말씀이다. "또 천국은 마치 바다에 치고 각종 물고기를 모는 그물과 같으니/ 그물에 가득하매 물 가로 끌어내고 앉아서 좋은 것은 그릇에 담고 못된 것은 내버리느니라/ 세상 끝에도 이러하리라 천사들이 와서 의인 중에서 악인을 갈라내어/ 풀무 불에 던져 넣으리니 거기서 울며 이를 갈리라"고 하신 말씀이다.

세상엔 자칭 의인과 참된 의인이 있다. 유대 종교지도자들은 자신들이 의인인 줄 알고 있었다. 그래서 성전에서 당당하게 두 손을 들고 기도할 수 있었던 것이고, 자신들의 종교행위를 사람 앞에 드러내기를 좋아한 것이다. 오직 참된 의인은 예수 그리스도를 통해 속죄함 받은 자들뿐이다. 예수님의 물고기 비유에서 '의인 중에서 악인을 갈라내어'라고 하신 말씀에 주목하자. 현대교회 안에서도 이와 같은 일이 무수히 벌어질 것이다. 추수할 때가 다가오고 있다. 예수의 영이 없는 자칭 의인들에겐 재앙의 날이 될 것이고, 성령이 내주하시는 참된 의인들에게 복된 날이 될 것이다. 그래서 "세월을 아끼라 때가 악하니라 그러므로 어리석은 자가 되지 말고 오직 주의 뜻이 무엇인지 이해하라 (엡5:16-17)"고 한 것이다.

13-16절] '내가 또 해 아래에서 지혜를 보고 내가 크게 여긴 것이 이러하니/ 곧 작고 인구가 많지 아니한 어떤 성읍에 큰 왕이 와서 그것을 에워싸고 큰 흉벽을 쌓고 치고자 할 때에/ 그 성읍 가운데에 가난한 지혜자가 있어서 그의 지혜로 그 성읍을 건진 그것이이라 그러나 그 가난한 자를 기억하는 사람이 없도다/ 그러므로 내가 이르기를 지혜가 힘보다 나으나 가난한 자의 지혜가 멸시를 받고 그의 말들을 사람들이 듣지 아니한다 하였노라'

본절로부터 16절까지는 마치 전도자의 경험담을 듣는 듯하다. 새로운 문단을 여는 부분이 13절이다. '내가 또 해 아래에서 지혜를 보고 내가 크게 여긴 것이 이러하니'라고 했는 바, 그것의 원문은 '감גם 조זה 라이티רָאִיתִי 호크마חכמה 타하트תחת 핫쇠메쉬השמש 우게돌라וגדולה 히היא 엘라이אלי'된다. '우게돌라וגדולה'는 접속사ו와 '가돌גדול'의 결합이다. '가돌גדול'은 '큰', '위대한'의 뜻을 가진 형용사다. 이 부분을 직역하면, '또한 이것은 내가 해 아래서 지혜를 보고 내게 그것이 크게 여겨졌다'가 된다. 지혜가 얼마나 중요하고 가치로운 지를 말하고 있고, 독자들에게 관심을 유발하고 있는 것이다. 일부 학자들은 지혜의 원문 '호크마חכמה'와 관련한 예가 이어짐을 고려하여 '지혜의 실제적인 예'라고 의역을 하기도 했다. 전도자가 지혜를 보았고, 또한 그 지혜가 중요하게 다가왔음을 말한 구절이기도 하다.

14절을 보자. '곧 작고 인구가 많지 아니한 어떤 성읍에 큰 왕이 와서 그것을 에워싸고 큰 흉벽을 쌓고 치고자 할 때에'가 된다. 앗수르왕 같은 큰 왕이 작은 성읍에 쳐들어와 포위한 상태가 된 것이다. 인위적으로는 이 전쟁에서 작은 성읍이 구원받기에 어려운 상황이었다. 따라서 작은 남은 자들에게 성의 운명이 결정될 처지에 놓인 것이다. 유다의 왕 히스기야 왕의 때에 앗수르의 왕 산헤립이 십팔만오천의 대군을 이끌고 쳐들어온 상황이 아마 비슷할 것이다. 본절은 15절과 이어지면서 전도자가 지혜를 발견하게 한 실례(實例)가 되고 있다. 작고 인구가 적은 성읍이니 내외적인 형편이 자력적인 승리가 힘든 상황에 놓였고 사실상 버려지다시피한 성읍이었다. 대비되는 왕은 '멜레크מלך 가돌גדול', 즉 '큰(위대한)' 왕이었다. 큰 왕이라 했으니 왕이 직접 거느린 것이고, 그 군대의 숫자가 많고 강함을 의미한다.

'흉벽을 쌓고'라고 했는데 이것은 흙으로 쌓은 낮은 담 같은 것이다. '흉벽'은 원문이 '마초드מצודים'로서, '빼앗음', '성채', '방벽'의 뜻이 있다. 이것은 '추드צוד'에서 유래한 것으로 '추드צוד'는 '사냥하다' '새를 잡다', '사람에게 놓은 함정이나 올가미'를 뜻한다. 이러한 흉벽으로 에워쌌으니 도망칠 수도 없는 가련한 처지가 된 것이 작은 성읍이었다. 시간이 문제일 뿐, 당연스레 파멸만을 남긴 절대절명의 불리함을 안고 있는 작은 성읍은 바람 앞의 등불과 같은 모습이었다.

15절은 상반절부터 살펴보기로 하자. '그 성읍 가운데에 가난한 지혜자가 있어서 그의 지혜로 그 성읍을 건진 그것이이라'에서 보면, 모든 사람이 포기한 성읍에 가난한 지혜자가 있었고, 그의 지혜로 말미암아 성읍이 구원받는다는 것이다. 앞에서 말한 산헤립의 대군이 히스기야의 기도를 들으신 여호와의 사자가 치매 패하고 돌아간 사건을 기억해보면 유사한 예가 될 것이다(왕하 19:35-36참조). 다만 히스기야가 가난한 자가 아니었다는 점에서는 좋은 예라고 할 수는 없다. 어쨌든 작은 성읍이 지혜자의 놀라운 어떤 수단으로 말미암아 구원을 받게 되었다는 것이다.

'가난한 지혜자'는 원문이 '이쉬איש 미스켄מסכן 하캄חכם'이다. '이쉬איש'는 '남자', '젊은 남자', '사람'의 의미고, '미스켄מסכן'은 형용사로서, '가난한', '비참한', '초라한'의 뜻을 갖는다. 동사나 명사로 사용될 때는 '가난하다'와 '가난한 자'가 된다.

그런데 이 가난하고 젊은 남자인 지혜자의 정체에 대해 성경학자들의 의견이 상당히 엇갈리지만, 70인역에서는 실제가 아닌 가상적 현실로 파악하기도 했다. 그래서 본절에 의역을 가해, '한 작은 성읍이 있었다고 가정하고'라고 번역하기도 했다. 어쨌든 내용 이해에는 아무 문제가 없으니 논외로 하기로 하자. 놀랍게도 가난한 지혜자는 어떤 방법을 썼는지는 알 수 없으나 자신의 지혜를 활용해 그 성읍을 건진다.

15절의 하반절은, '그러나 그 가난한 자를 기억하는 사람이 없도다'가 된다. 지혜자가 성읍을 구했으나 이 지혜자를 기억하는 사람이 없다는 것은 놀라운 이야기다. 왜 기억되지 않았을까? 그것은 '가난했기 때문'이었다. 번역은 가난이었으나 이것은 물질적 빈곤이 아니라 초라하고 비참한 사람이었음을 뜻한다. 원문은 '하이쉬האיש 함미스켄המסכן 하후ההוא'으로 나온다. '그는 가난한 남자'가 직역이다. 여기서 '기억하다'는 원문이 '자카르זכר'로서, 이것은 단순 기억 그 이상의 의미를 갖는다. 명심해서 마음에 새겨두고, 또 기념해야 하는 그런 기억을 말한다. 가난한 자였다면 부를 안겨주어야 했고, 명예롭게 대우해야 했다는 것이다. 당연히 받아야 할 보상도 감사도 없었음을 뜻한다. 그들의 목숨을 구했는데 버려졌다!

16절의, '그러므로 내가 이르기를 지혜가 힘보다 나으나 가난한 자의 지혜가 멸시를 받고 그의 말들을 사람들이 듣지 아니한다 하였노라'는 말씀이 문단의 결론이다. '내가 이르기를'이란 말로 전도자는 자신의 생각을 소개하고 있다. 왜 지혜가 힘보다 낫다고 했을까? 지혜자를 통해서 육체적, 물리적인 힘보다 다른 사람에게 더 큰 영향력을 발휘하기 때문이다. 7장 19절에, '…열 명의 권력자들보다 더 능력이 있게 하느니라'고 했다. 하지만 현실적으로 출신성분을 따지고, 빈부귀천을 중시하는 작은 성읍 사람들의 태도는 죄악의 굴레를 벗지 못한 자들의 전형적인 모습을 가리키고 있다고 할 것이다. 결국 13-16절에 걸쳐 알려주는 일차적 의미는 최고 최선의 가치를 지닌 지혜마저 무시당하는 현실의 모순점, 문제점을 노출시키고 있다는 것에 초점이 맞추어져 있다는 것이다.

♠ 예수 그리스도 중심적 관점, 곧 이차적 의미에서는 본문의 '가난한 지혜자'가 누구인지 독자들도 이젠 금방 답을 할 수 있을 것이다. 그렇다 그분은 바로 예수 그리스도가 되신다. 작고 인구가 많지 아니한 성읍은 '유대', 곧 '이스라엘'을 상징한다. 요한계시록 12장 1-2절에 보면, 해를 옷 입고 발 아래 달이 있고 머리에 열두 별의 관을 쓴 여자가 나온다. 이 여인은 이스라엘을 상징한다. 그런데 큰 붉은 용이 광야로 도망하는 여인을 좇는 장면도 나온다. 큰 붉은 용은 사탄의 상징이다. 다시 이어지는 5절에 '여자가 아들을 낳으니 이는 장차 철장으로 만국을 다스릴 남자라…'고 했다. 이 여자가 낳은 아들이 바로 유대 땅에서 태어난 예수 그리스도가 된다.

여인은 본절의 작은 성읍과 같이 약자이고 머리가 일곱이고 뿔이 열인 큰 붉은 용은 본절의 큰 왕같이 강자다. 붉은 용 사탄이 어떻게 이스라엘을 망치려 드는가? 영적 관점에서는 바로 유대 종교지도자들을 통해서다. 이들이 예수를 어떻게 취급했나? 마태복음 13장 55절에 보면, "이는 그 목수의 아들이 아니냐…"라고 천시했고, 요한복음 1장 46절엔 "나다니엘이 이르되 나사렛에서 무슨 선한 것이 날 수 있느냐"라고 무시했다. 이런 모습이 당시의 유대인들의 예수를 대한, 무시하는 태도를 대변한다. 이스라엘을 구한 지혜자인 예수 그리스도는 그처럼 당시의 유대인, 특히 종교지도자들로부터 무시와 냉대, 그리고 비판과 멸시, 박해를 받았다. 악한 영, 사탄으로부터 그들을 구했으나 대부분의 유대인들은 예수를 기억하려 들지 않았다. 존경하지도, 우대하지도, 부하게 하지도, 따르지도 않았다. 기억조차 하지 않으려 했다.

예수께서는 본래 부요하신 자이셨다. 고린도후서 8장 9절에, "우리 중 예수 그리스도의 은혜를 너희가 알거니와 부요하신 이로서 너희를 위하여 가난하게 되심은 그의 가난함으로 말미암아 너희를 부요하게 하려 하심이라"고 했다. 물론 이때의 부요와 가난은 영적 측면을 말한다. 우주의 주인이신 하나님, 가장 부요하신 그 하나님이 성육신 하셔서 죄인을 대신해 십자가를 지셨을 때의 모습은 우주에서 가장 가난한 자가 되신 것이다. 왜 비참하게, 왜 가난하게, 왜 초라하게 되셨나? 당신을 따르는 자들을 부요하게 하시려고, 하나님의 유업을 이어 받는 상속자로 삼으시려고 그렇게 하신 것이다.

유대인들은 오늘날까지도 여전히 예수를 기억하지 않으려 한다. 그렇다면 그리스도인들은 어떻게 해야 할까? 그 분을 만유의 주로, 믿음의 주요 온전케 하시는 분으로, 장차 오실 심판주로, 우리에게 영원한 생명을 주신 분으로 감사하며 영원토록 기억해야만 할 것이다.

17절] '조용히 들리는 지혜자들의 말들이 우매한 자들을 다스리는 자의 호령보다 나으니라'

본절을 의미를 풀어가며 해설하듯 해석해 보자. 어리석은 자 중에 있는 자가 다스리는 자가 되어 있을 때, 그는 가난하고 지혜로운 자의 말을 경청하지 않을 것이다. 하지만 지혜자는 그런 사실에 실망하지 않는다. 우매한 자들의 교만한 태도, 무시하는 모습에 구애받지 않는다. 지혜자 자신의 내면의 확신을 믿고, 허례와 허식에 사로잡힌 우매한 자들의 허탄하고 쓸모없는 말에 동요하지 않는다. 그런데 중요한 사실이 있다. 무시당하고, 인정받지 못하나 내적 확신에 찬 지혜자는 다만 조용히 말할 뿐이지만, 지혜자의 세미한 음성은 그러나 우매한 자들을 다스리는 권력자인 우매한 권력자의 호령이나 위압스런 말투보다 더 의미가 있고 가치가 있는 것이다. 그러하기에 우매(어리석음)는 결코 지혜를 손상시키지도, 없애지도 못하는 것이며, 당연히 지혜는 우대를 받고, 존경을 받아야 하는 것이기도 하다.

♠ 9장 4절에서, '…산 개가 죽은 사자보다 낫다'고 했다. 조용하게 들리는 지혜자의 말들은 산 자의 음성이며, 우매한 자의 호령소리는 죽은 음성이다. 어느 것이 더 나은 것일까? 당연히 산 개의 것이다. 살아 있음이 얼마나 소중한가? 영적 관점에서 지혜자의 말들은 예수 그리스도의 말씀들(가르침들)을 뜻하고, 우매한 자를 다스리는 어리석은 자의 호령소리는 유대 종교지도자들의 말들(가르친 것들)을 뜻한다. 경중(輕重)의 비교가 불필요하다. 예수 그리스도의 말씀은 영원한 생명을 얻기 위한 귀중한 가르침인 반면에 어리석은 자, 곧 예수 그리스도를 적대시하는 자의 가르침은 영벌 곧 둘째 사망에 이르게 하는 '지옥의 불못 안내서'와 같은 역할을 하기 때문이다.

18절] '지혜가 무기보다 나으니라 그러나 죄인 한 사람이 많은 선을 무너지게 하느니라'

지혜가 무기보다 낫다고 했는데, 원문에는 전쟁을 뜻하는 '케라브קרב'가 있으나 번역에서 빠져 있다. 직역은 '지혜가 전쟁의 무기보다 나으니라'가 된다. 앞절에서 언급한 열왕기하 19장의 사건, 곧 앗수르왕 산헤립의 대군의 침입에 대한 히스기야왕의 대응은 병기를 이용한 맞대응이 아니라 '하나님께 드리는 기도'였다. 히스기야는 유대인 탈무드에 의하면 지혜자의 모델이 된다. 전쟁무기는 세상을 파괴하지만 지혜는 선을 행하는 도구가 된다. 지혜자를 통해 세상은 밝음을 유지할 수 있고, 더 아름다운 삶을 갖게 하는 것이다.

하반절의 '그러나 죄인 한 사람이 많은 선을 무너지게 하느니라'는 말씀은 상반절과 완전히 대비가 된다. 지혜의 중요성과 우월함을 말하곤 곧바로 전혀 반대의 말을 하고 있다. '무너지게 하느니라'의 원문은 '예압베드אבד'이다. 이것은 남성 3인칭단수이고 미완료형이다. 원형은 '아바드אבד'이고, 이것은 '길을 잃다', '방황하다', '목숨을 잃다'이며 본절에선 피엘형이므로, '멸망케하다', '파괴하다'의 뜻이 된다. 본절의 '선'도 원문은 '토바הבוט'이나 이것의 원형은 '토브בוט'다. '선', '좋은', '이익' 등의 의미가 된다.

지혜는 유익하고, 좋은 것, 선을 이루지만 죄인은, 특히 단 한 사람의 죄가 많은 선을 파괴한다는 것이다. 이스라엘 역사에서 악한 왕 여로보암으로 인해 북이스라엘이 떨어져나가는 악수를 두었다는 사실이나(왕상 12:32-33), 출애굽기 32장에 나오는 이야기가 좋은 예가 될 것이다. 모세가 시내산에 올라갔으나 내려옴이 더딤을 보고 백성들이 아론에게 자신들을 인도할 신을 만들라고 요구한 것에 대해 아론이 금송아지 형상을 만들어 신이라 한 것은 큰 죄를 범한 것이다. 이와 같이 죄인의 악한 행위는 지혜로 이룬 선의 공든 탑을 무너뜨리는 좋지 않은 결과를 낳는다는 것이다.

♠ 독자들도 아시다시피 세상을 밝게 하고 아름답게 하는데 지혜가 필요하다. 그러나 세상의 지혜는 그 효용성이 제한되어 있다. 해 아래에서만 적용될 뿐이다. 수많은 인본주의자들은 세상의 지혜로 지상낙원을 만들 수 있다고 믿고 있는 것이 현실이고, 또 다방면의 지식을 활용해 그것에 몰두해 있다. 그러나 9장에서 계속 말해 온 죽음이라는 큰 재앙에 대해서는 속수무책일 뿐인 것이다. 아무리 세상의 지혜가 극에 달한들, 어찌할 수 없는 것이 죽음이고, 게다가 영적 사망은 물질세계에선 해결이 불가능한 것이다. 이차적 의미를 생각할 때, 본절의 이차적인 의미는 또한 예수님과 유대인들과의 관계, 그리고 예수님과 가룟유다의 관계가 그대로 적용된다고 할 수도 있다. 그러나 무엇보다도 죄의 원천이 된 첫 아담의 이야기가 가장 좋은 예가 될 것이다. 아마 독자들도 '죄인 한 사람이 많은 선을 무너지게 하느니라'는 말씀에서 필자와 같이 곧장 첫 아담을 떠올렸을 것이다.

둘째 아담이신 예수 그리스도가 나타나시기까지 인간은 죄의 허물을 벗을 방법이 없었다. 성전제사도 임시방편일 뿐이었다. 로마서 5장 12절에, "그러므로 한 사람으로 말미암아 죄가 세상에 들어오고 죄로 말미암아 사망이 들어왔나니 이와 같이 모든 사람이 죄를 지었으므로 사망이 모든 사람에게 이르렀느니라"고 했다. 이 구절을 보면 사망의 원인이 바로 첫 아담의 죄때문인 것으로 나타난다. 인간이 가장 큰 재앙으로 극도로 두려워하는 죽음은 죄의 대가인 것이다. 그렇다면 사망을 이기는 길은 죄의 소멸이니, 속죄야말로 사망을 쏘는 절대적인 무기가 되는 것이다. 다시 로마서 5장 14절엔 "… 아담의 범죄와 같은 죄를 짓지 아니한 자들까지도 사망이 왕 노릇 하였나니…"라고 했다. 현재까지도 인류가 사망하고 있는 이유에 대한 답이 바로 이 구절이다. 그러므로 인간이 사망의 더러운 옷을 벗으려면 죄로부터 벗어나는 것이 최우선인 것이다. 그런데 인간 자신들은 어떤 수단으로도 죄를 소멸시킬 수가 없었다. 왜냐하면 벗으려하는 그가 죄의 굴레에 갇혀있어 자력으론 어쩔 수가 없기 때문이다.

그런데 고린도전서 15장 55-57절의 말씀을 보라. "사망아 너의 승리가 어디 있느냐 사망아 네가 쏘는 것이 어디 있느냐/사망이 쏘는 것은 죄요 죄의 권능은 율법이라/ 우리 주 예수 그리스도로 말미암아 우리에게 승리를 주시는 하나님께 감사하노니"라고 했다. 인간 자신의 힘으로는 해결 못할 속죄를 예수 그리스도께서 속죄케 하심으로 해결하신 것이다.

본절의 말씀, '죄인 한 사람이 많은 선을 무너지게 하느니라'은 결국 두 가지 결정적인 말씀을 말하고 있다. 그 하나는 첫 아담 한 사람이 죄인이 됨으로 인해 죄가 자손에 영향을 주어 그 자손 모두에게 죽음이라는 치명상을 입히게 된 것이고, 다른 하나는 둘째 아담 한 분이신 예수 그리스도, 죄 없으신 그분이 십자가를 통해 세상 모든 죄를 지심으로 다시 죽음으로부터 벗어나게 하셨다는 것이다.

제 10장 지혜자와 우매자, 영원 앞에 선 부류

1절, '죽은 파리들이 향기름을 악취가 나게 만드는 것 같이 적은 우매가 지혜와 존귀를 난처하게 만드느니라'

본절은 9장 18절과 연계된 부분이다. 죽은 파리는 독이 생긴 파리가 된다. 부패한 탓이리라. 원문으로 보면, 첫 부분이 '제부베 마웨트זבובי מות 야베이쉬יבאיש 얍비아יביע'가 된다. '제부베זבובי 마웨트מות'는 '죽은 파리들'의 뜻이고, '야베이쉬יבאיש'는 미완료 남성 3인칭단수로서, 원형 '바아쉬באש'의 히필형(사역형)이다. '바아쉬באש'가 '나쁜 냄새가 나다'이고 히필형은 '고약한 냄새가 나다', '가증스럽게 하다'의 뜻이 있다. '얍비아יביע'는 미완료 남성 3인칭 단수로, 원형은 '솟다', '내뿜다'의 뜻인 '나바נבע'이고, 여기서는 히필형이므로, '넘쳐 흐르다', '끓게 하다'의 뜻이 된다. 마치 거품이 생기며 부패하여 고약한 냄새가 나게 하는 모습이 연상되는 부분이다. 이 부분을 직역하면, '죽은 파리가 향기름을 고약한 냄새가 나게 만드는 것 같이'가 될 것이다. 향기름은 제사용으로 사용된 것이니(출30:22-35참조), 귀한 것이고, 성스런 용도였을 것이나 파리들로 인해 악취나 나게 되었다는 것이다. 이것을 하반절에 비유로 엮은 것이다. 죽은 파리는 인정받지 못하는 더러운 곤충일 뿐인데, 그 아무것도 아닌 것이 부패함으로써, 귀하고 거룩한 용도로 사용되는 향기름에 작용해 무용지물(無用之物)로 만들어 버렸다. 이처럼 별것 아닌 무의미한 것들이, 비록 작은 죄라 할지라도 악한 것들이 지혜와 존귀를 오염시켜 망쳐버리게 했다는 것이다.

하반절의 '적은 우매가 지혜와 존귀를 난처하게 만드느니라'는 부분은 해석이 쉽지 않다. 향기가 되어야 할 향기름이 죽은 파리, 부패된 파리로 인해 썩은 향내가 나게 되어 본래의 역할이 상실된 것이다. 이와 같이 사람이 가진 지혜와 그 존귀함이 부패한 파리같이 작은 우매(어리석음)로 인해 소용이 없게 되었다는 것이다. 약간의 어리석음이라 할지라도 그것이 누룩처럼 번져 나중엔 좋은 것 전체를 망치게 한다는 것이다. 그런데 70인역은 하반절에 대해 의역을 시도했다. 즉, '작은 지혜가 큰 어리석음의 영광보다 더 존귀하다'고 한 것이다. 무엇인가 엇박자가 난 듯한 인위적 해석이 아닐 수 없다. 이처럼 성경은 정말 해석이 중요하다. 해석자의 주관이 너무나 크게 작용해 번역상 오류가 수없이 많이 양산되기 때문이다.[73]

'난처하게 하느니라'는 원문이 '야카르יקר'다. 이것은 '무겁다', '괴롭다' '귀하다', '영향력이 있다'는 의미의 뜻을 가진다. 지혜를

---

[73] 그러나 이런 현상이 오히려 성경이 축자 자체가 온전히 보존 되었다는 사실이 오류라는 것을 드러낸다. 사도행전상의 베드로의 요엘서인용이나 로마서에서 사도 바울이 인용하는 구약성경은 그리스어 70인역인 경우가 있다. 이것이 또 2000년이 넘는 긴 시간의 필사자들의 수정에 의하여 이뤄진 본문 통합의 결과일 수 있지만, 무엇보다 성경은 읽는자의 것이 아니라 그 안에서 예수 그리스도를 발견하고 그분이 성육신하신 하나님이심을 믿는자들의 책이라는 관점에서는 히브리어 성경의 우수성보다 예수 그리스도께서 성령으로서의 현존이 참 지식 또는 온전한 지식의 근본이 되어야하는 것이다. 또한 긴 시간 다문화를 거쳐온 성경이라는 존재는 그것이 아무리 히브리어나 그리스어라고 해도 그것을 독법하는 문법자체도 고등적으로는 다양하다는 사실도 간과해서는 안된다. 성경의 기록 목적은 논리와 지식의 전달이 아니라 예배와 예수 그리스도를 통한 하나님 사랑의 전달이다. 이에서 벗어나 헛된 것들에 빠져 주님을 바라보지 못하는 자들은 재물이 그 스스로에게 해가 되게 소유한다는 전도서의 말씀이 드러나는 일 인 것이다.
전도서 5:13-17을 다시 보라.

나타내는 원문 '메호크마מחכמה'와 '존귀', '영광'을 뜻하는 '믹카보드מכבוד'에는 둘 다 '~ 보다 더'를 나타내는 전치사 '민מן'이 결합되어 있어 하반절을 직역하면, '적은 어리석음이 지혜보다, 영광보다 더 영향을 미치느니라'가 된다.

하반절의 의미를 풀이해보면 지혜와 영광은 7장 15절에서 작은 성읍을 큰 왕으로부터 구원해 내듯이 가치롭지만 별 것 아닌 사소한 어리석음이 오히려 더 큰 영향을 끼친다는 것이다. 마치 인간사회의 왜곡된 단면을 보는 듯하지 않은가? 우리네 삶의 현장이 예전이나 현재나, 앞으로의 미래도 일반적인 현상처럼 동일하게 나타날 것이다. 왜냐하면 이 세상, 곧 해 아래의 공중권세를 사탄이 잡고 있기 때문이다.

♠ 성막에 사용될 향기름은 특별하게 제조한다. 출애굽기 30장에 보면, '액체 몰약, 육계, 창포, 계피, 감람유를 율법의 제조법에 따라 배합하여 만든다. 이것을 번제단, 기구, 등잔대, 분향단 등에 발라 거룩하게 구별하게 했다. 향기름에 접촉하면 거룩하게 된다고 했다. 그래서 이 향기름을 제사장 아론과 그의 아들들에게 발라 거룩하게 함으로써 제사장 직분을 행할 수 있게 하는 것이다. 제사장 외의 다른 사람에겐 붓지 말라고 한 것이 율법이었다.

이처럼 사람과 기물을 거룩하게 하는 역할을 하는 것이 향기름이었는데, 귀하디 귀한 이 고가의 향기름이 부패한 파리들로 인해 악취가 나게 되었다면 기름뿐만 아니라 성전기물도 다 버려야만 했던 것이다.

본절로 돌아가보자. 하반절에서, '적은 우매가 지혜와 존귀를 난

처하게 만드느니라'고 하지 않았는가? 우매는 어리석음이다. 이것은 원문이 '씨클루트'인데 '싸칼'에서 유래했다. '싸칼'은 '계획이나 목적을 낭패시키다', '어리석게 만들다', '사악하게 행하다'와 같이 지극히 부정적인 뜻을 갖고 있는 단어다.

영적인 관점에서의 우매는 그래서 악이다. 어떤 악인가? 속뜻에서의 우매자는 바로 유대인들과 유대 종교지도자들이다. '죽은 파리'같은 존재들이다. 반면에 향기름이 갖는 영적 의미는 바로 예수 그리스도, 혹은 예수의 피가 될 것이다. 왜냐하면 향기름에 접하는 모든 것들은 다 거룩하게 되기 때문이다(출30:29절참조). 예수의 복음을 받은 자들에게 있어 당시의 유대인들이나 초대 교회 사도들에게 있어 율법 추종자들은 마치 죽은 파리와 같은 존재들이었다. 그들은 복음을 방해하고, 가능한 한 그리스도인들을 오염시켜 타락케 하고자 했던 것이다. 적은 어리석음이라 할지라도 오염은 적은 것, 보잘 것 없는 것에서부터 시작되어 바이러스처럼 퍼진다. 지혜와 영광은 예수님의 상징이다. 복음을 방해하는 적은 행위가 결국엔 확대되어 예수 그리스도의 영광을 가리게 되는 것이다. 현대적 적용이라면 아마도 이단 종파의 난립이 그러할 것이다.

2절] '지혜자의 마음은 오른쪽에 있고 우매자의 마음은 왼쪽에 있느니라'

'지혜자의 마음은 오른편에 있고'에서 오른편은 원문이 '리미노 לימינו'이다. 이것은 전치사ל와 '야민ימין'이 결합된 것으로 남성 3인칭단수다. '야민ימין'은 '오른쪽으로 가다'라는 뜻의 '야만ימן'에서 유래한 것으로서, '오른쪽', '우편', '오른손', '남편'의 뜻이 있다. 왼쪽은 원문이 '리세모로לשמאל'이며 전치사ל와 '왼쪽편', '왼쪽 손', '**북쪽**'의 뜻인 세몰שמאל의 남성 3인칭 접미어가 결합된 형태다. 이스라엘 사람들은 오른편을 좋은 편으로 여겼다. 그래서 오른편은 '성공과 번영', '바름', '옳음'과 같은 좋은 의미를 갖는다. 반면에 왼편은 '불행', '잘못됨', '약함' 등의 뜻을 갖는다. 결국 원문의 의미대로 이 구절의 해석은 오른편, 곧 지혜자가 성공과 번영의 삶을 영위할 것이나, 반대로 마음이 왼편인 우매자는 불행과 '잘못(혹은 불행)'으로 인한 힘겨운 삶을 살아가게 될 것이라는 말이다. 그렇다면 인간은 어떻게 해야 하는가? 앞절에서 '적은 우매가 지혜와 존귀를 난처하게 만든다'고 했으니 어떤 이유로도 지혜의 편에 서라는 것이다. 세상은 원래부터 죄악으로 인해 부정적인 것은 사실이지만, 죄로 쉽게 오염되지만, 비상구가 있으니 바로 지혜자의 마음을 가지라는 것이다. 이와 같은 지혜자의 삶은 오른편 삶이며, 또한 번영과 성공, 그리고 행복이 오른쪽에 선 자에게 찾아 깃드는 것이다.

♠ 마태복음 25장 33-34절은 인자가 모든 천사와 함께 오실 때 나타날 심판자리의 광경이다. 말씀인즉, "양은 그 오른편에 염소는 왼편에 두리라/ 그 때에 임금이 그 오른편에 있는 자들에게 이르시되 내 아버지께 복 받은 자들이여 나아와 창세로부터 너희를 위하여 예비된 나라를 상속받으라"고 말씀하신 것이다. 놀라운 이야기다. 양은 예수의 편에 선 자들이고, 염소는 유대 종교지도자들의 편에 선 자들이었다. 주님은 왼편에 있는 자들에게 '저주를 받은 자들아 나를 떠나 마귀와 그 사자들을 위하여 예비된 영원한 불에 들어가라'고 하신 것이다(마 25:41 참조).

이들 왼편에 있는 자들은 자칭 의인들이었다. 따라서 적당한 봉사, 구제 등을 베풀며 가식적이나마 사회에 공헌했을 것이다. 그러나 25장 45절의 말씀처럼 예수께서 '내게 하지 아니한 것이니라'고 하신 것에 걸렸다. 다시 말하면, 예수 그리스도를 위해 일하지 않았다는 것이다. 에베소서 1장 20절에 따르면, 예수님은 하나님의 오른편에 계시다. 예수 그리스도를 사랑하는 자가 그분을 만나고자 하면, 지혜자의 마음을 가져야 한다. 그곳은 오른편이다. 영적 승리의 방향은 오른쪽이니 곧 양들의 모임이 있는 곳이다. 영어의 right(옳은, 맞는)가 오른쪽이고, 오른편에 서는 것이 정의(righteousness)인 것이다.

3절] '우매한 자는 길을 갈 때에도 지혜가 부족하여 각 사람에게 자기가 우매함을 말하느니라'

본절은 어리석은 자의 어리석은 행동을 말한 것인데, 풍자 같기도 하고 격언 같기도 하다. 원문에는 문장의 앞에 '웨감וגם'이 있다. '그리고 또한'의 뜻이다.

우매한 자, 어리석은 자는 삶의 노정에서 한 발자국씩 걸을 때마다 자신에게 지혜와 총명이 부족하거나 없다는 것을 망각한다. 그로 인해 그는 자신의 어리석음은 잊은 채 다른 사람이 어리석다고 함으로써 자신의 어리석음을 공개적으로 나타내기도 하고, 마치 그것이 지혜라도 된 양 스스로 교만에 빠져들기도 한다. 자신의 내면을 볼 줄 모르는 자다. 자신의 어리석음은 못 보면서 자신의 생각을 내세우며 자랑하는 자다. 요즘과 같은 표현을 빌리자면 '참으로 대책이 없는 사람'인 것이다.

♠ 지혜가 부족한 결과가 어떠한가? 본절은 해석에 따라 자신의

어리석음을, 곧 자신이 바보 같은 자임을 사람들에게 드러내는 것이나 반대로 자신이 어리석으면서도 타인을 바보라고 부르거나 어리석다고 비웃는 것이 다 가능하다. 하지만 둘 다 어리석은 행동임이 틀림없다. 예수님 당시의 유대 종교지도자들의 행태가 그러했다. 자신들이 '회칠한 무덤' 같은 외식적 행동과 언어를 구사하면서 예수를 어리석은 자라고, 하나님을 대적하는 귀신의 왕이라고 비난하고 적대시하는 것이 그러한 경우에 해당된다.

4절] '주권자가 네게 분을 일으키거든 너는 네 자리를 떠나지 말라 공손함이 큰 허물을 용서 받게 하느니라'

'너는 네 자리를 떠나지 말라'는 원문이 '메코메카רמקומך 알אל 탄나흐תנח'이다. '메코메카רמקומך'는 명사 '마콤םמקו'에 남성 2인칭단수 접미어ך가 붙은 것으로, '장소', '거주지', '머무는 곳', '직위', '마을'의 뜻이다. '알אל'은 부정부사이며, '탄나흐תנח'는 '야나흐ינ'에 남성 2인칭단수가 붙은 것이고, 그 뜻은 '두다', '머물다', '떠나다'의 뜻이다. 직역이 번역과 큰 차이가 없으나, 의역하여 '네 자신이 분노하지 말고', 혹은 '네가 직위를 가진 채 머물고'라고 말하기도 한다. 주권자는 '함모쉘המושל'로 전치사와 '다스리다', '통치하다'의 뜻인 '마샬משל'이 원형이다. 여기서는 아마도 유력자나 왕을 뜻할 것이다.

왜 머무는 곳에서 떠나지 말라고 했을까? 본절에서 '공손함'이라고 번역된 것은 원문이 '마르페מרפא'이다. 이것은 '치유', '회복', '구출', '평온'의 뜻인데 '수선하다', '고치다'를 뜻하는 '라파רפא'에서 유래한 것이다. 원문에는 '공손함'이란 의미가 없다. 의역이다. 고대의 법적 개념에선 주권자가 화를 낼 때 악의적으로 주권자

앞에서 떠나는 것은 일종의 배신행위, 혹은 반항과 저항으로 여겨졌기 때문이다. 이것은 주권자에 대한 불순종이어서 자멸을 자초하는 것이다. 주권자가 분을 낼 때 '자리를 떠나지 않고 공손하라'고 한 것은 원문 해석을 달리 할 필요가 있다. 즉, 주권자(아마도 왕인)의 분노가 정당하다면, 주권자가 분을 낼 때, 같이 분을 내지 말고 조용히 있으라는 것이다. 진노를 진노로 답하거나, 조용히 인내하지 못하는 것은 큰 죄에 해당되기 때문이다. 본절은 해 아래의 주권자라는 실례를 들어 하늘의 하나님께 대한 태도를 언급한 것이리라.

♠ 본절의 시작은 '임(אם만일)'으로 시작한다. 번역엔 누락되어 있다. 그리고 '분(憤)'은 원문이 '루아흐רוח'가 된다. 이 단어는 주로 '영', '호흡', '기운'이란 뜻으로 많이 쓰이고, '분노'라는 의미는 비교적 사용되지 않는다. 어떤 이상한 한글판 킹제임스역은 이 부분을 '만일 통치자가 영을 일으키거든'이라고 번역했다[74]. 분노일까? 영일까?

두 가지가 다 적용될 수 있다. 첫째는 분노로 해석할 때다. 다윗이 범죄했을 때 나단선지자가 찾아가 그의 범죄사실을 설명하고 "그러한데 어찌하여 네가 여호와의 말씀을 어기고 나 보기에 악을 행하였느냐…(삼하 12:9)"라고 질책할 때, 다윗은 그 자리를 떠나지 않고 곧바로 "…내가 여호와께 죄를 범하였노라…(삼하

---

[74] If the sprit of the rulerrise up aganist thee, leave not thy place; for yielding pacifieth great offences.
직역하면, 만약 그 통치자(주권자)의 그 영이 너에게 대항하여 일어서면, 너의 장소를 옮기지 말라.
왜냐하면, 큰 죄과(범죄)들을 진정시키기 때문이다. KJV 강신행 박사 직역

12:13)"고 회개했다. 이때 나단 선지자는 말하기를 "…여호와께서도 당신의 죄를 사하셨나니 당신이 죽지 아니하려니와(삼하12:13)"라고 한 것이다.

 진노하신 하나님의 질책에 대항하거나 그 자리를 떠났더라면 아마도 다윗은 하나님의 심판을 견디지 못했을 것이나 그 자리에서 회개함으로 죄를 사함 받았다. 본절의 말씀과 부합하는 실례가 된다.

 본절의 주권자는 예수 그리스도를 가리킨다. 그분이 유대 종교 지도자들에게 분노하셨다. '독사의 새끼들아'라고 하실 정도였다. 만일 그들이 다윗처럼 그 자리에서 회개하여 말씀을 수용했더라면 허물을 용서받았을 것이나 그들은 그렇게 하지 않았기에 지옥의 형벌을 면할 수 없게 된 것이다.

 두 번째로 '영'으로 인식할 때는 본절이 '주권자의 영이 일어나거든 너는 네 자리를 떠나지 말라. 그 영이 가지고 있는 치유로 네가 용서를 받는다'는 것이다. 여기서 본절의 '마르페מרפא'는 '치유'나 '고침'이 되는 것이다. '큰 허물'은 죄를 지칭함이니, 곧 죽음에 이르는 병이 바로 죄인 것이다.

 의역으로 말한 '공손함'이 '큰 허물을 용서받게 하느니라'고 했다. 그렇다면 이 공손함은 예수 그리스도께서 오셨을 때 유대인들에게 향한 태도를 말함이 된다. 예수께서 오셨을 때, 받아들이라, 회개하라는 것이고 그리하면 그들의 죄를 사해주시겠다는 의미가 된다.

5절] '내가 해 아래에서 한 가지 재난을 보았노니
곧 주권자에게서 나오는 허물이라'

바로 앞절에서는 '주권자' 앞에서 공손할 것을 말했는데, 여기서는 정반대의 말을 하고 있는 듯이 보인다. 주권자에서 나오는 허물이라니, 이게 무슨 말인가? 본절은 원문이 '존재', '있음', '있다', '존재하다'의 뜻을 갖는 '예쉬ש'로 시작한다. 무엇이 존재하나? '예쉬ש 라아רעה', 곧 '재난(악)이 존재함'이다. 주권자가 세상의 유력한 자를 의미한다면 그럴 수 있다고 보지만 만약 이 주권자를 하나님이라고 여긴다면 불가해한 일이 아닐 수 없다. 이어지는 6-7절을 살펴본다면 이것은 세상 주권자에게서 나는 허물이다.

'내가 해 아래에서 한 가지 재난을 보았노니'에서 '재난'에 해당하는 원문은 '라아רעה'이다. 이것은 '나쁜', '사악한', '해로운', '불행한', '화', '환난', '악', '재난' '죄악' 등의 여러 의미가 있다.

하반절의 '곧 주권자에게서 나오는 허물이라'를 살펴보자. '허물'은 원문이 '키쉬가가כשגגה'로서, 전치사כ와 '세가가שגגה'가 결합된 것이다. '과실', '잘못', '허물'의 뜻을 갖는다. 그런데 하반절은 '허물이라'고 단정 짓지만 원문인 '키쉬가가כשגגה'는 '허물인 듯한'이 맞는 번역이다. '주권자에게서'는 원문이 '밀리페네מלפני 핫쇨리트השליט'가 된다. '밀리페네מלפני'는 '~앞으로부터'의 뜻이고, '핫쇨리트השליט'는 '주권자'의 뜻이다. '그 주권자의 앞으로부터'가 직역이다.

세상에서 인간으로 보이는 통치자에게서 나오는 잘못으로 인해 발생하는 재난이 있다는 것이다. 이런 사회는 불합리, 부조리가 만연되는 사회가 될 수밖에 없는 것이다. 그런데 정말 본절의 '주권자'가 세상의 통치자만을 말한 것일까?

♠ 그런데 주권자가 하나님이라면 지극히 높으신 분이요 세상의 주관자인 분에게서 나오는 허물은 말이 성립하지 않는다. '허물(שגגה잘못, 죄)'이 아니고 ''허물인 듯한כשגגה'이라고 해도 그러하다. 하나님은 실수하거나 악을 저지르는 분이 아니다. 그분은 온전하신 분이고, 선하시며, 사랑의 하나님이시다. 본절처럼 행여라도 잘못이 있는 분이 아닌 것이다. 그렇다면 도대체 이차적 의미는 무엇일까?

그런데 영적의미로 볼 때, 본절의 주권자는 하나님이 분명하다. 그렇다면 본 문장은 어떻게 된 것일까? 장차 해 아래서 한 가지 악한 것이 있을 것이고, 마치 이것이 하나님의 앞에서부터 나오는 허물(잘못)인 듯이 보이는 일이 나타날 것이라는 말이다. 그것이 무엇인가? 그것은 바로 하나님이 육신을 입으시는 것이다. 창세기 6장에 보면 하나님의 아들들이 사람의 딸들의 아름다움을 보고 아내로 삼자 하나님께서 말씀하시기를, '나의 영이 영원히 사람과 함께 하지 아니하리니 이는 그들이 육신이 됨이라 그러나 그들의 날은 백이십년이 되리라 하시니라(창6:3)'고 했다. 이 말씀의 뉘앙스는 육신이 된 것이 긍정적인 것으로 나타나지 않는다는 것이다. 죽는 자가 되어 수명까지 제시되었다. 그렇다. 육신을 입는다는 것은 죽음을 맞는 존재가 되었다는 것이다. 사망은 죄의 대가이기 때문에 분명 육신을 입음은 죄로 인한 것이다. 다시 말하면, 하나님 예수께서 육신을 입으시는 것 자체가 죄로 인한 것이니 이것이 악이라는 것이다. 그뿐인가? 성육신하신 예수님은 인류의 죄를 다 뒤집어쓰신다. 이 모습이야말로 하나님 앞에서 보이는 '허물인 듯한' 것의 답이다. 본래 하나님은 죄가 없으신 분이나 죄를 갖고 돌아가신 것이다. 참으로 놀라운 일이 아닐 수 없다. 인간의 죄를 해결하시고자 하는 하나님의 고육지책(苦肉之策)이다. 이 이치를 아는 자들은 그저 눈물로 감사할 뿐이다.

6절] '우매한 자가 크게 높은 지위들을 얻고 부자들이 낮은 지위에 앉는 도다'

'크게 높은 지위'는 원문이 '밤메로밈במרומים 랍빔רבים'이다. '밤메로밈במרומים'은 전치사ב와 관사가 마롬מרום의 복수ים와 결합한 것이다. 그 의미는 '높음', '높은데'라는 뜻이다. '랍빔רבים'은 형용사로서, '풍성한', '큰'의 의미를 갖고 있고 복수다. 직역하면, '크게 높게 되고'가 된다. 우매한 자가 높은 지위 혹은 영광스런 지위를 얻는다는 것이다. 어리석은 자가 이런 상황에 든다는 것은 정상적인 상황이 아니다.

다시 하반절에서 '부자들이 낮은 지위에 앉는 도다'를 살펴보자. 여기서 '부자들'은 원문이 '와아쉬림ועשירים'이다. 이것은 접속사ו와 '부유한', '영예로운'의 뜻을 가진 '아쉬르עשיר'의 복수형ים이 결합한 것으로, '부유한 자들'이 된다. 아마도 상반절의 우매자와 비교되는 부자는 물질적 부유한 자들이 아니라 지위가 높아도 넉넉히 해낼 수 있는 역량이 있는 정신적 자산을 가진 사람들을 의미할 것이다. 본절은 이 사회의 부적당성과 궤도를 이탈한 모순성을 고발하는 내용이 일차적 의미가 된다.

♠ 위 내용처럼 본 구절이 사회의 부조리에 대한 고발적 성격이라면 굳이 이런 내용을 성경이라 말하기 곤란할 것이다. 누가복음

24장 27절에 보면, 예수께서 엠마오 길에서 제자들을 만나 그들에게 예수님 자신에 관한 설명을 하실 때 말씀하신 내용이 나온다. 즉, "이에 모세와 모든 선지자의 글로 시작하여 모든 성경에 쓴바 자기에 관한 것을 자세히 설명하시니라"고 한 것이다. 이 말씀을 보면, '모든 성경'에 예수님에 대한 글이 있다는 것이다. 그런데 겉으로 보는 전도서에서는 예수님을 찾기가 쉽지 않다. 예수님의 '예'자도 없기 때문이다. 그렇다고 해서 예수님에 관한 말씀이 아니라고 단정하면 누가복음의 말씀이 틀린 것이 되고 만다. 본절의 경우도 마찬가지다. 이 문장이 사회 부조리에 대한 고발성 글이라면 예수님과 아무 관계가 없으니 '모든 성경'의 범주에 들 수 없는 것이다. 그러므로 우리가 전도서가 성경임을 인정한다면, 이 전도서, 또한 이 구절에서도 예수님과 관련된 사항이 있는지 유심히 살펴보아야 한다는 것이다.

본절의 우매자, 곧 어리석은 자는 유대 종교지도자들을 말한다. 대제사장과 랍비들이다. 서기관과 바리새인들이다. 왜 어리석은가? 보기는 보아도 보지 못한 탓이다. 예수님을 눈앞에 두고도 끝내 메시아인 것을 알아보지 못했다. 우매자는 악인이다. 왜냐하면 하나님의 아들, 아니 하나님 예수를 적대시했기 때문이다. 하나님 편에 들지 않는 자는 당연히 사탄의 대열에 합류한 자가 되는 것이다. 오직 신앙에는 '이것이냐 저것이냐'만 있을 뿐, '이것도 저것도'는 절대로 성립되지 않는다. 온전한 의가 있는 곳에 적당한 의는 설자리가 없는 것이다. 부자들은 누구인가? 이 부자는 영적 부자다. 하늘 양식으로 넉넉히 채워진 자들이다. 하나님을 많이 사랑하는 자다. 온 마음을 다해 예수님을 따르는 제자들이다. 오늘날의 참 그리스도인들이다.

진정한 그리스도인들은 낮은 자가 되고자 한다. 누가복음 22장 24-27절에 보면, 제자들이 예수의 나라가 임할 때, 서로 높은 지위를 얻고자 다투고 있는 장면이 나온다. 이때 주께서 말씀하시기를, "너희 중에 큰 자는 젊은 자와 같고 다스리는 자는 섬기는 자와 같을지니라(눅22:26)"고 하신 것이다. 섬기는 자, 곧 낮은 자가 부자인 것이다. 마태복음 20장 27절에도, "너희 중에 누구든지 으뜸이 되고자 하는 자는 너희의 종이 되어야 하리라"고 하신 것이다. 집단에서 가장 지위가 낮은 자는 종이다. 영적 부자가 되려하면 그만큼 낮아져야 하는 것이다.

7절] '또 내가 보았노라 종들은 말을 타고 고관들은 종들처럼 땅에 걸어다니는 도다'

본절도 6절처럼 신분의 비정상적인 전도(顚倒)가 나타난 내용이다. 언 듯 보면 있어서는 안 되고 실제로 일어나기도 힘든 현상임을 알 수 있다. 사사기 5장 10절에 보면 방백들이 흰 나귀를 타고 다니는 것을 알 수 있다. 또 다윗의 때엔 고관들이 병거와 말을 탔다(렘17:25 참조). 그런데 본절의 말씀처럼 종들이 말을 타고 고관들이 걸어다닌다는 것은 마땅히 존귀와 영광을 누려야 할 사람들이 박해를 받고 멸시와 천대를 겪는다는 것이며, 반대로 자기 지위와 신분에 어울리지 않는 사람들이 오히려 대접을 받는 기이한 사회의 모습이 나타난 것이다. 본 구절의 말씀은 사회 부조리 현상의 정점을 묘사한 것이다.

♠ 본절은 그야말로 뒤집힌 세상의 모습이다. 물론 영적 관점에서 그러하다는 것이다. 하나님을 사랑하는 자들, 영적인 부자들, 예수 그리스도의 증인들은 귀하고 영광스런자들인데 그들이 박해

를 받는다. 어려움에 처해 있다. 반면에 영적으론 가장 낮은 지위에 있어야 할 사탄의 종노릇 하는 자들이 높은 지위에 올라 거들먹거린다(롬 8:15참조). 그러나 속상해할 필요가 없다. 세상이 미워하는 것은 그리스도인들이 세상에서 주님의 택함을 입은 증거가 되는 것이다.

요한복음 15장 18-19절에, "세상이 너희를 미워하면 너희보다 먼저 나를 미워한 줄을 알라 너희가 세상에 속하였으면 세상이 자기의 것을 사랑할 터이나 너희는 세상에 속한 자가 아니요 도리어 세상에서 나의 택함을 입은 자인 고로 세상이 너희를 미워하느니라"고 했다. 다시 한 구절을 더 보면, 마가복음 13장 13절에, "또 너희가 내 이름을 인하여 모든 사람에게 미움을 받을 것이나 나중까지 견디는 자는 구원을 얻으리라"고 했다. 나중까지 견딘다는 것은 곧 인내하는 믿음이다. 믿음과 인내는 동전의 앞뒤와 같다. 선한 싸움에서 이기는 자가 되고자 하는가? '나중까지 견디는 자'가 되자.

8절] '함정을 파는 자는 거기에 빠질 것이요 담을 허는 자는 뱀에게 물리리라'

본절에서 11절까지의 대강은 격언이나 경구처럼 보인다. 세상사는 동안에 곳곳에 똬리를 튼 위험들에 관한 실례가 들어있다. 지혜는 필요하고, 또 유용하지만 그또한 면밀한 주의를 요한다는 것이다.

상반절은 고대에 동물 사냥의 한 방법인데, 그것은 함정을 파고 사냥감이 빠지기를 기다리는 것이었다. 그런데 자칫 부주의하면 자신이 빠질 수도 있는 것이다. 이것은 마치 사람을 파멸시키고자 한 수단을 부리다가 되려 자기 자신이 당한 것에 해당된다. 악을 행하고자 하는 자, 도리어 자기가 해를 당하게 된다는 것이다.

잠언 26장 27절에도, "함정을 파는 자는 그것에 빠질 것이요 돌을 굴리는 자는 도리어 그것에 치이리라"고 했다.

하반절에서 '담'이라고 번역된 '가데르גָּדֵר'는 명사로서, '담', '성벽', '포도원벽'을 가리킨다. 동산이나 포도원, 혹은 경작지 둘레에 만들어 놓은 경계, 또는 보호의 수단이다. 그런 담의 주변엔 뱀이 있어 담이나 땅에 구멍을 뚫기도 하고 틈새에 서식하기도 한다. 그래서 자칫 담을 헐거나 벽을 뚫다가 뱀을 만나기 쉬운 것이다.

그런데 왜 담을 헐었을까? 그것은 두 가지 정도 이유가 있을 것으로 사료된다. 하나는 몰래 남의 것을 훔쳐서 습득하고자 한 것이라는 가정이다. 다른 하나는 이스라엘에서 담은 타인의 경작지와의 경계를 의미하기에 몰래 담을 헐었다가 옮겨 세워 자기 땅을 늘리는 수단으로 이용했다는 것이다. 하반절의 의미는 남을 해하거나 불이익을 주려다가 반대로 자신이 치명적인 해를 당한다는 것이다. 사람 사는 곳에 해로움이 없을까마는 적어도 인위적으로 못된 짓, 악을 행하다간 자신이 그 해를 당하거나 그보다 더 심한 경우에 처하게 된다는 경고의 말씀이 겉뜻이다.

♠ 흔히 하는 말로 '칼로 일어선 자 칼로 망한다'는 말이 있다. 자신이 택한 함정에 자신이 똑같은 방법으로 함정에 빠진다는 의미와 같다. 유대 종교지도자들이 자기 행위의 열매로 이득을 취하려다가 급기야 자기 행위의 열매가 독열매로 되어 스스로 망하게

된다는 말이다.

사복음에 보면 서기관과 바리새인, 사두개인들이 예수 그리스도를 모함하고 함정을 파는 일에 일심으로 뭉쳤음을 알 수 있다. 몇몇 예를 들어보면, 요한복음 3장 18절엔 "표적을 보이라"고 요구했고, 요한복음 7장 25절엔, "…어떤 사람이 말하되 이는 그들이 죽이고자 하는 그 사람이 아니냐"라고 했다. 마태복음 26장 4절에도, "예수를 흉계로 잡아 죽이려고 의논하되"라고 했다. 흉계를 꾸미는 것이 바로 함정을 파는 행위인 것이다.

그러나 이들의 모의와 흉계는 담을 헐다가 뱀에 물려 치명상을 입음과 같이 예수 그리스도를 해하려 하다가 자신들이 영원한 멸망에 들어가게 된 것이다.

9절] '돌을 떠내는 자는 그로 말미암아 상할 것이요 나무들을 쪼개는 자는 그로 말미암아 위험을 당하리라'

본절도 경구나 격언에 해당할 것이다. 일차적 의미를 이해하기가 그다지 어려운 부분은 아니다. '돌을 떠내는 자'의 원문은 '맛시아מסיע 아바님אבנים'이다. '맛시아מסיע'는 원형이 '나싸נסע'로서, 이것은 '뽑아내다', '장막을 이동하다', '뜨다'의 뜻을 갖는다. '아바님אבנים'은 '돌', '반석'의 복수형이다. 직역하면, '돌들을 떠내는 자'가 된다. 채석장에서 돌을 떠내어 옮기는 사람이다. 나무들을 쪼개는 자는 벌목자나 나무꾼들이다. 신명기 19장 5절에는 벌목하는 자의 위험에 관한 이야기가 실려 있다. "가령 사람이 그 이웃과 함께 손에 도끼를 들고 벌목하려고 찍을 때에 도끼가 그 자루에서 빠져 그의 이웃을 맞춰 그를 죽게 함과 같은 것이라…"

그런데 돌을 떠내는 자와 벌목하는 자가 본절에선 어떤 의미로 사용된 것일까? 첫째는 채석장의 일이건 삼림에서의 일이건 간에 악의적은 것은 아니었을 것이라는 견해다. 사람이 일하는 곳엔 항상 위험이 도사리고 있다. 그런 위험이 우연처럼 그들에게 다가왔을 것이고, 예측할 수 없는 사고와 위험들이 언제나 발생할 수 있기에 인간 자신의 삶을 의지하지 말고 하나님을 신뢰하고 의지하라는 말씀이라는 본절의 입장이라는 것이다. 두 번째는 8절에서는 함정을 파는 자나 담을 허는 자가 악의적이었듯이 동일한 악한 행위에 대한 것이라는 견해다.

돌을 떠낸 이유가 자기의 땅, 그 지평을 넓히기 위해 몰래 경계석(혹은 지계석)을 떠내 옮기려 한 것이 악한 행위이고, 벌목도 또한 자신의 소유인 산이 아니라 남의 삼림을 몰래 파괴하려 했거나 혹은 유실수를 베어냄으로써 타인에게 해를 입히려 한 악한 의도에서 행해졌다는 것이다. 그러나 설사 두 경우가 차이가 있다 해도 공통점이 있다. 즉 사람이 살아가는 동안 의도가 어떠하든지 하나님의 보호가 없는 한 위험요소가 항상 그 삶에 내재되어 있음을 알라는 경고의 말씀이라는 것이다.

♠ 무심코 본절을 보면 이 사회 일각에서 직업을 가진 이들에게 언제든 일어날 수 있는 위험에 대한 언급으로만 보일 것이다. 이렇게만 보인다면 그것은 성경의 가치를 1/10도 파악하지 못한 것이다. 돌을 떠낸다는 것, 그것은 우상 만들기다. 나무들을 쪼갠다는 것, 그것 또한 우상 만들기다. 돌과 나무로 우상을 만들어 숭배한다는 것이다. 그들이 만든 그런 우상으로 인해 상하고 위험을

당한다는 말씀이다. 따라서 본절의 말씀은 두 가지 의미로 해석할 수 있는데, 첫째는 우상 숭배를 하면 망한다는 것이고, 둘째는 예수께서 유대인들이 자랑하는 성전을 향해 말씀하시기를 '…너희가 이 성전을 헐라 내가 사흘 동안에 일으키리라'고 하신 말씀 그대로다. 성전제사에 집착하는 유대인들은 돌과 나무로 건축한 그 성전이 우상이 된 것이다. 이때의 성전은 헤롯성전을 말한 것이나 동시에 예수님의 의도는 유대 종교체제에 대한 비판도 포함된 것이었다. 본절의 말씀의 이면에는 우상이 되어버린 유대 종교체제를 허물어버리고 예수님을 따르라는 의미가 내포된 것이다.

10절] '철 연장이 무디어졌는데도 날을 갈지 아니하면 힘이 더 드느니라 오직 지혜는 성공하기에 유익하니라'

본절의 원문은 맨 앞에 '만일 ~ 이면'을 나타내는 불변사 '임אם'이 나온다. 철 연장은 원문이 '하바르젤הברזל'이며 정관사ה가 원형 '바르젤ברזל'이 결합된 것이다. 이것은 '철', '도끼', '철로 만든 도구'의 뜻을 갖고 있다. '비르조트.ברזית'에서 유래했는데 이것은 '찌르다'는 뜻을 갖고 있으니, 검이라고 해도 무방할 것 같다. 여기서 '힘'은 원문이 '와하얄림וחילים'이고, 이것은 접속사ו와 '하일חיל'의 복수가 결합된 것이다. '하일חיל'은 '힘', '용기', '권능', '군대', '능력', '재물' 등의 뜻을 갖는다.

'철 연장이 무디어졌는데도 날을 갈지 아니하면 힘이 더 드느니라'고 했다. 철 연장이 무디어졌다고 해서 못쓰는 것은 아니다. 철 연장이 만약 병기로써, 전쟁의 용도였다면 전쟁의 승리를 위해서 힘은 더 들겠지만 그렇다고 해서 전쟁에서 참패하거나 돌이킬 수 없는 상태가 되는 것은 아니다. 본절의 의미로 보아 무디어진

철 연장 탓에 소위 '폭망'은 없었다는 것이다. 그렇다면 도대체 무슨 의미인가? 무딘 철 연장은 사실상 칼날이 없는 칼과 마찬가지고, 날이 무뎌진 도끼와도 같다. 그런 것은 휘둘러도, 베려 해도 잘 베어지지 않거나 쪼개지지 않는다. 역할을 다 하지 못한다는 것이다. 이 말씀을 지혜와 연결하면, 지혜를 활용해야 할 어떤 일에 대해 준비되고, 연마되지 않은 지혜는 성공에 불리함이 작용할 것이라는 말이고, 따라서 준비단계부터 효율성을 제고하라는 뜻이리라.

'오직 지혜는 성공하기에 유익하니라'고 했다. 지혜를 지혜롭게 취급하는 것이 성공, 곧 유익을 가져온다는 것이다. 지혜를 무딘 연장처럼 잘못 사용하지 말라는 것이고, 철저히 지혜를 활용할 방안을 준비 때부터 잘 하라는 것이다. 왜냐하면 지혜는 원하는 바 목적에 대해 올바른 인도를 하는 수단이기 때문이다.

♠ 본절의 철 연장은 무엇일까? 앞에서는 도끼를 연상했지만 속뜻은 아마도 두 가지, 곧 검이나 철장을 생각해 볼 수 있을 것이다. 유대인 랍비 '라시'는 철 연장에 대해 길이가 긴 철의 의미로 보아 '검'이라고 보았다. 유대문화에서는 본절과 관련해 정신의 힘이 물리적인 힘보다 세다는 것을 강조한다. 그래서 그들은 머리 나쁜 것을 경계한다. 지성이 무디어진다는 것을 죄악시할 정도다. 도끼보다 인간의 지혜가 성공에 유익하다는 것이다. 그러나 예수 그리스도 중심의 관점에서는 이마저 거부한다. 인간의 지혜는 영적으론 의미가 없다.

지혜에 관한 사항도 영적 관점이 정말 중요한 것이다. 본절의 '철 연장'은 철장 되고 칼도 된다고 본다. 우선 철 연장에서 철장은 철장권세를 말한다. 긴 철장은 왕의 홀 같은 것이다. 그 철장 자체가 권위의 상징인 바, 이것은 하늘의 주인이 갖는 전 우주적 권세다. 요한계시록 19장 15절에, "… 친히 그들을 철장으로 다스리며…"라고 했다. 이 철장권세는 만국을 다스리는 권세다. 이 철장권세를 주님은 당신을 따르는 자들에게 주신다고 하신다. 요한계시록 2장 26-27절에 보면, "이기는 자와 끝까지 내 일을 지키는 그에게 만국을 다스리는 권세를 주리라/ 그가 철장을 가지고 그들을 다스려 질그릇 깨뜨리는 것과 같이 하리라 나도 내 아버지께 받은 것이 그러하니라"고 하신 것이다. 이 말씀은 두아디라 교회에게 전하는 말씀이었다. 그런 철장을 받을 자격을 가진 자들의 특징은 '내가 네 사업과 사랑과 믿음과 섬김과 인내를 아노니 네 나중 행위가 처음 것보다 많도다'라고 한 것이다. 이것은 성도들이 필이 알아야 할 부분이다.

두 번째로 철 연장은 검을 말한다. 이 검은 만국을 치는 검이다. 요한계시록 19장 15절의 상반절에, "그의 입에서 예리한 검이 나오니 그것으로 만국을 치겠고"라고 했다. 성령의 검은 또한 말씀의 검이다. 성령님께 복종하고 그분에 따라 살지 않으면 무딘 철 연장처럼 되고 만다. 말씀도 힘을 잃고, 신앙도 마찬가지다. 철 연장이 무디다는 것, 그것은 마치 복음의 전신갑주를 제대로 갖추지 않은 상태와 같고, 성령의 검을 들고 복음의 선한 싸움을 해야 하는데, 자기 자신조차 확신이 없거나 성령하나님께 의지하지 않는다는 것과 다름이 아닌 것이다. 힘이 더 든다는 것은 결국 고난에 잘 대처하지 못함으로 자신의 신앙마저 흔들린다는 것을 의미한다. 본절의 지혜는 하나님의 지혜다. 성공은 무엇인가? 속죄함 받는다는 것, 그 결과로 하나님과 화목케 되고 구원받는다는 것, 그리하여 영원한 생명을 얻는다는 것이다.

11절] '주술을 베풀기 전에 뱀에게 물렸으면 술객은 소용없느니라'

본절도 앞절에서처럼 불변사 '임אם'이 맨 앞에 나온다. '만일 ~ 이면'을 나타내는 말이다. 주술이라 번역된 '라하쉬לחש'는 '속삭임', '마술', '마법'의 뜻이다. 뱀이 혓바닥을 내밀고 쉬쉬하는 소리도 '라하쉬לחש'다. 술객은 '레바알לבעל 할라손הלשון'이다. 직역하면 '혀의 주인'의 뜻이 있다. '레바알לבעל'은 전치사ל와 '바알בעל'의 결합이고 '바알בעל'은 '주인', '남편', '수다장이'의 뜻이다. '할라손הלשון'은 전치사ה와 '라숀לשון'의 결합이고, 이것은 '혀', '마술', '격언', '방언', '방술'의 뜻이다. 술객은 그래서 '혀로 속삭이는 자' 또는 '주문을 외우는 자'이다. 고대는 물론 지금도 이런 방식으로 뱀에게 주술을 거는 행위가 많다.

술사가 너무 늦게 와서 그의 술법을 거는 시기를 놓쳤을 때, 그런 잘못으로 인해 자신이 뱀에 물려 버린 상황이다. 다시 말하면 술객의 부주의와 실수로 인해 본래의 목적과 어긋나게 되었고 그 결과로 술객(술사)에게 아무 유익이 없게 되었다는 것이다. 앞절과 연관을 짓는다면 지혜를 발휘할 때에도 때가 있으니 그 때를 놓치면 되려 불이익이 돌아온다는 것이다.

♠ 만약 주술을 베풀기 전에 그 '혀의 주인'이 뱀에 물려버리면 아무 소용이 없게 된다. 여기서 뱀은 무엇을 상징하는가? 놀랍게도 이 뱀은 예수님이다. 이미 물려버렸다면 또 다른 뱀도 소용이 없다. 뱀이 예수님이라고? 불뱀과 놋뱀이야기를 기억한다면 놋뱀이 예수의 상징임을 알 것이다. 혹여 독자들 중에 당황하실 분이 있을지도 몰라 부가 설명을 한다. 일반적으로 뱀은 사탄의 상징이지만 반드시 그런 것만은 아니다. 출애굽기 7장 2절-12절에 보면,

모세와 애굽 마술사들의 싸움 장면이 나온다. 아론이 바로 앞에 지팡이를 던지니 뱀이 되었고, 애굽의 마술사들도 그처럼 뱀을 만들었을 때, 아론의 지팡이가 마술사들의 지팡이를 삼켜버린다. 뱀이 뱀을 먹은 것이다.

이것은 중요한 상징이다. 술객이 주술을 베푼다는 것이 무엇인가? 술객은 유대종교체제이고 그들의 지도자를 상징한다. 유대종교를 퍼뜨리는 것이 주술을 베푼다는 것이다. 말로 전하므로 혓바닥의 주인이 그래서 유대 종교지도자들이다. 뱀에 물린다는 것은 그래서 유대 종교지도자들이 가진 잘못된 율법체제가 예수 그리스도의 말씀에 굴복당한다는 것이다. 뱀을 먹는 뱀, 왕뱀이다. 그것은 메시아다. 모세의 지팡이가 마술사의 뱀을 삼키듯, 악의 근본을 메시아가 삼켜버리는 것이다. 생명으로 죽음을 삼킨다는 것이다. 부활 앞에서 죽음은 삼켜진 바가 될 것이다.

12-13절] '지혜자의 입의 말들은 은혜로우나 우매자의 입술들은 자기를 삼키나니/ 그의 입의 말들의 시작은 우매요 그의 입의 결말들은 심히 미친 것이니라'

문단이 다시 바뀐다. 본절부터 15절까지는 우매자의 수고의 무의미함에 대한 격언이 지속된다. 12절을 보자. 여기서는 지혜자의 말과 어리석은 자의 말들을 비교하고 있다. 상반절의 내용을 분석해보면 이러하다. 지혜자의 입에서 나오는 말들은 그 태도, 형식, 내용에 있어서 은혜스럽다는 것이다. 이 은혜는 자신과 타인의 교감 속에서 함께 은혜스럽게 된다는 것이다. 잠언 15장 2절의 상반절에는, '지혜있는 자의 혀는 지식을 선히 베풀고'라고 했다. 지혜있는 자의 말들은 그래서 다른 사람들을 유익하게 하고, 평안하게 하고, 사랑을 느끼게 하며 그들로부터 인정을 받게 된다. 그것은 확산력이 있어 긍정적인 영향을 끼치며, 그 입술에 덕이 있으므로 임금이 그의 친구가 된다고 했다(잠22:11참조).

반대로 하반절의 우매자, 곧 바보 같은 자의 말들은 자기를 삼킨다고 했으니, 곧 스스로를 멸망의 구렁텅이로 몰고 간다. 잠언 21장 20절에, '지혜 있는 자의 집에는 귀한 보배와 기름이 있으나 미련한 자는 이것을 다 삼켜버리느니라'고 한 바와 같다.

13절에서, '그의 입의 말들의 시작은 우매요 그의 입의 결말들은 심히 미친 것이니라'고 했으니 우매자, 어리석은 자는 그 말들의 시작도 어리석고, 마침도 어리석다. '미친 것'의 원문은 '홀렐루트 הוללות 라아 רע'가 된다. '홀렐루트הוללות'는 '어리석음', '미련함'의 뜻이며 '명백해지다', '찬양하다', '미치다'의 뜻을 갖는 '할랄הלל'에서 유래했다. '라아רע'는 '나쁜', '사악한', '악하다', '악'의 뜻이다. 잠언 15장 2절의 하반부엔, "미련한 자의 입은 미련한 것을 쏟느니라"고 했다. 시작도 우매요 끝도 우매가 되나 결말은 마치 미친 짓이라도 한 것인 양 악한 마침이 되는 것이다.

♠ 12절에서, '지혜자의 입의 말들은 은혜로우나 우매자의 입술들은 자기를 삼키나니'라고 했다. 본절의 지혜자는 예수 그리스도라고 볼 수 있다. 주님의 말씀들은 복음이니 은혜스럽다. 특별히 속죄와 관련된 귀한 말씀을 의미한다. 우매자 곧 유대 종교지도자들의 말은 잘못된 복음이다. 율법적 사고, 곧 행위 구원을 외치고 있는 것이고, 성전제사가 구원의 방편이라고 그들의 입술을 통해 전파하고 있다. 정말로 큰 어리석음, 바보짓이다. 그들의 추종자들뿐만 아니라 자기 자신들도 그 어리석음 때문에 영적 파국을 맞

이하게 될 것이다.

13절에, '그의 입의 말들의 시작은 우매요 그의 입의 결말들은 심히 미친 것이니라'고 한 말씀을 보라. 어리석은 자의 말의 시작은 우매요, 끝은 '미친 것'이라고 했다. 미친 것은 원문대로라면 '사악한 어리석음'이다. 시작은 어리석음에 불과했다고 하나 그 마침이 사악할 만큼 폐해를 끼쳤으니 가히 미친 짓이 아닐 수 없다. 왜 이러한 결과를 낳는가? 영적 관점에서는 그 어리석음의 이면(裏面), 배경(背景)에 사탄의 지배가 존재하기 때문이다. 지혜의 중심엔 예수 그리스도가, 어리석음의 중심엔 사탄이 있어, 그 결말이 하늘과 땅이라고 할 정도의 차이가 나타나게 되는 것이다. '미친 것'을 뜻하는 '홀레루트הוללות'는 '찬양하다'를 뜻하는 '할랄הלל'에서 유해한 것이다. 할렐루야는 하나님을 찬양하는 것인데, '홀렐루트הוללות'는 '미친 짓'의 의미다. 참으로 아이러니가 아닐 수 없다. 세상에서 가장 두려운 것이 죽음인데, 그것도 영원한 형벌에 드는, 지옥에 드는 것이 더욱 두려운데, 이 어리석은 유대 종교지도자들은 유대인들만 아니라 자신들도 그와 같은 결말을 만들고 있다. 그야말로 미친 짓이 아닌가!

14절] '우매한 자는 말을 많이 하거니와 사람은 장래 일을 알지 못하나니 나중에 일어날 일을 누가 그에게 알리요'

우매자는 말을 많이 한다? '말을 많이 하거니와'는 원문이 '얄베הירבה 데바림דברים'이다. '얄베ירבה'는 원형이 '라바רבה'이며 '증가하다' '성장하다'의 뜻이 있고, 미완료, 3인칭단수다. '데바림דברים'은 '말'을 뜻하는 '다바르דבר'의 복수형ים이다. '그의 말이 증가한다'는 것이다. 장래 일도 모르면서 어찌하든 타인을 옭아매기 위해 반복해서 허황되고 사기적인 말을 많이 하게 된다. 시편 5편 9절에, "그들의 입에 신실함이 없고 그들의 심중이 심히 악하며 그들의 목구멍은 열린 무덤 같고 그들의 혀로는 아첨하나이다"라고 한 말씀이 그대로 적용되는 경우다.

본절에서, '사람은 장래 일을 알지 못하나니 나중에 일어날 일을 누가 그에게 알리리요'라고 한 말씀은 전도서에서 여러 번 반복된 말씀이다. 전도서의 기록 당시엔 죽은 뒤에 일어날 일에 대한 지식은 현재의 우리들만큼 잘 알려지지 않았다. 예수님 당시의 유대인들 사이에도 부활이 있다는 측과 없다는 측과의 다툼이 끊이지 않았을 만큼 그들도 확신을 갖고 말할 수 있는 형편이 아니었다. 하물며 일반 사람들이 장래 일, 특히 죽음 이후에 대해 어찌 알 수 있겠는가?

♠ 전도서는 후에 나타날 예수 그리스도에 관해 유대인들에게 미리 알려주기 위한 예언서다. 물론 유대인들은 지금도 예수를 인정하지 않고 있으니 그들은 이 책이 메시아에 대한 예언서라고 주장하고 있다. 유대 종교지도자들의 모습을 보라. 이들의 행태를 너무도 잘 아는 사도 바울은 말하기를, 로마서 3장 13-18절에서, "그들의 목구멍은 열린 무덤이요 그 혀로는 속임을 일삼았으며 그 입술에는 독사의 독이 있고/ 그 입에는 저주와 악독이 가득하고/ 그 발은 피 흘리는 데 빠른지라/ 파멸과 고생이 그 길에 있어/ 평강의 길을 알지 못하고/ 그들의 눈앞에 하나님을 두려워함이 없느니라"고 했다. 흔히들 유대 종교지도자들의 행실이 바울이 로마서에서 말하듯 그렇게 악했는가에 대한 의문은 얼마든지 가질 수 있겠으나 예수께서도 유사한 표현을 사용하셨으니, 그들의 악함은 상상이었던 것이다. 만일 그들이 그들의 장래, 곧 죽음 후의

상황을 알 수 있었다면 예수 그리스도를 향한 박해를 하지 않았을까? 아마도 그렇지 않았을 것이다. 왜냐하면 이것은 영적 전투이기 때문이다. 이들은 끝까지 악한 짓을 멈추지 않았다. 현재까지도 그러하다.

15절] '우매한 자들의 수고는 자신을 피곤하게 할 뿐이라 그들은 성읍에 들어갈 줄도 알지 못함이니라'

어리석은 자의 특징은 자신이 무엇인가를 할 수 있다고 믿는다는 것이다. 자기 주변을 자신의 의지대로 동화시키고, 굴복시키려 하며, 심지어 세상을 바꿀 수도 있다고 여긴다. 개중에는 그들이 세상을 행복하게 만들 수 있다는 착각에 사로잡히기도 한다. 수많은 인본주의자들이 이런 망상에 사로잡혀 애를 쓰고, 수고하지만 스스로가 망함의 길에서 헤매고 있을 따름이다. 노력해보았자 다 헛수고라는 말이다.

그들은 성읍에 들어 갈 줄도 알지 못한다고 했다. 본절의 '성읍'은 원문이 '이르עיר'이다. '도시', '성읍', '마을', '성'의 뜻이다. 대체로 적을 막을 방벽 정도는 갖춘 도시를 뜻한다. 고대의 성읍은 대도시가 아니다. 그럼에도 불구하고 찾지 못한다? 얼마나 어리석으면 그럴 것인가? 자신의 갈 바를 모르니 어리석은 자들이 어리석음의 정도를 넘어서 있고 심지어 무능하기까지 하다는 것이다. '수고'는 '아말'이며, '힘든 노동', '마음 고생', '수고', '고난', '악'의 뜻이 있다. 부정적 의미로 사용된다.

♠ 간단한 경우 같으나 영적 의미는 간단치 않다. 우매한 자들은 유대 종교지도자들을 상징한다고 이전에 이미 말했다. 그들이 수

고했다는 것이니, 그들도 나름 열심을 내었다는 것이다. '수고'의 원문 '아말עמל'이 '힘든 노역'이란 의미가 있듯이 자기 일에 최선을 다한 듯한 인상을 준다. 실제로 외식이라고는 하지만 바리새인들은 금식하고, 구제하며, 율법을 지키려고 온 힘을 다했기에 영적으로 무지한 대중들은 그들의 말을 철석 같이 믿고 따랐던 것이다. 예수를 십자가에 못박으라는 선동에도 유대인드이 아무 거부감 없이 한 목소리를 내며 동참한 것은 평소에 그들 유대 종교지도자들에 대한 존경심이 있었기 때문이다.

그런데 왜 그들은 성읍에 들어갈 줄도 알지 못했을까? 아무리 어리석다고 해도 성읍에 들어갈 수 없다는 것은 상식에 어긋난다. 유대인들이 성읍에 들어가려면 정결예식을 수행해야만 한다. 그런데 이들은 이와 같은 예식에도 익숙하다. 그런데 왜 그들을 알지 못하는 것일까? 본절의 성읍은 영적의미로 새 예루살렘이다. 새 예루살렘성은 하늘에서 내려온다. 요한계시록 21장 2절에, "또 내가 보매 거룩한 성 새 예루살렘이 하나님께로부터 하늘에서 내려오니..."라고 했다. 유대 종교지도자들이 감히 예수의 피로 정결케 되지 않은 상태로 어떻게 새 예루살렘성에 들어갈 수 있나? 이들은 자격이 없다. 오직 예수 그리스도를 통해 죄사함 받은 자들, 흰 옷을 입은 자들만이 들어갈 수 있는 것이다. '이기는 자'들이 상속으로 받는 것이고 그들만이 하나님의 아들이 된다(계 21:7참조).

16절] '왕은 어리고 대신들은 아침부터 잔치하는 나라여

네게 화가 있도다'

16절과 17절은 왕과 대신들이 나라를 경영하는 스타일에 있어 서로 상반된 입장을 말하고 있다. 왕은 나라를 다스릴 능력이 없는 나이, 대신들이 사실상의 권력을 잡고 있는데, 이들은 자신들이 왕보다 강하다고 생각하는 듯하다. 아침부터 나라를 부강하게 위한 애씀이 아니라 자신의 사명을 다 망각하고 먹는 것만을 생각한다. 그래서 일찍부터 잔칫상이 벌어졌다. 그야말로 망조(亡兆)다.

본절의 원문은 '이אִי 라크לָךְ 예레츠אֶרֶץ'로 시작한다. '이'는 감탄문이다. '아!', '화로다!'의 뜻이다. '라크לָךְ'는 전치사 '레לְ'에 여성 2인칭단수ךְ가 결합된 것으로서, '너에게'라는 의미이고, '예레츠'는 '땅', '나라'의 뜻이다. 직역하면, '이 나라여 네가 화가 있도다'가 된다. 왜 화(禍)가 있을 것인가? 아침부터 법석대며 연회에 빠져 있다. 왕은 어리고 미숙하여 신하들이 권력을 향유한다. 백성들은 도탄에 빠질 것이고 자연히 그 백성들이 한탄하는 것이다. 혹자는 '어리고'가 나이가 아니라 사리분별이 안 되는 어리석은 왕, 국가경영에 미숙해 모자람이 많은 상태의 왕을 가리킨다고 보기도 한다. 유대인들에게 있어 아침은 안 먹거나 적게 먹고 활발하게 일하는 시간이었다. 왕의 신하들은 이때부터 백성들을 돌보며 애를 써야 한다. 그런데 연회를 베풀고 잔치를 한다? 그렇다면 전날 밤에 이어 아침까지 잔치를 벌였다는 말이다. 파멸에 이르기 전의 모습이다. 망하기 직전의 나라가 다 이러하지 않겠는가?

10장은 대부분의 문장들이 일차적 의미 파악에 그다지 어려움이 없을 듯하다. 격언으로서의 가치만 돋보일 뿐, 그 이상이 시사되지 않기 때문이다.

♠ '어리고'를 뜻하는 '나아르נער'는 어린아이뿐만 아니라 소년, 20세가 안 된 젊은이를 다 포함하지만 여기서는 어린아이가 맞을 것이다. 본절의 어린 왕은 누구를 말하는 것일까? 예수는 어린 양으로 불리웠다. 영적 의미로 본다면 예수 그리스도다. 예수께서 아직 어린 시절, 유대 나라는 타락한 유대 종교지도자들이 판을 치던 때였다. 새벽은 오고 있으나 아직 어둠이 가시지 않았다.

이사야 9장 6-7절에 보면, "이는 한 아기가 우리에게 났고 한 아들을 우리에게 주신 바 되었는데 그의 어깨에는 정사를 메었고 그의 이름은 기묘자라, 모사라, 전능하신 하나님이라, 영존하시는 아버지라, 평강의 왕이라 할 것임이라/ 그 정사와 평강의 더함이 무궁하며 또 다윗의 왕좌와 그의 나라에 군림하여 그 나라를 굳게 세우고 지금 이후로 영원히 정의와 공의로 그것을 보존하실 것이라 만군의 여호와의 열심히 이를 이루시리라"고 한 말씀을 보라. 얼핏 보면 무력을 갖춘 위대한 제 2의 다윗과 같은 왕이 연상될 것이다. 유대인들이 기다리는 메시아가 그런 메시아였다. 이 땅의 열국을 지배하는 세상의 왕을 메시아로 기대하고 있는 것이다. 예수님이 언제 이 땅에서 그런 일을 하셨는가? 무력을 사용해 이 땅의 왕국을 이루시기는커녕 십자가에서 처형되셨다. 그러므로 이사야의 이 말씀은 세상 왕국의 이야기가 아니다. 영적 왕국의 이야기다. 본절도 그와 같다. 아직 예수께서 십자가를 지시기 전, 어린아이일 때의 모습이다. 못된 신하들 같은 유대인들은 영적 세계를 좌지우지하며 망치고 있는 사탄의 하수인들이 되어져 버렸다. 연회에 빠진 신하들은 예수 당시 유대 종교지도자의 모습으로 활동하는 악한 무리들을 지칭하는 것이다.

시편 14편 2-3절에 보면, "여호와께서 하늘에서 인생을 굽어 살피사 지각이 있어 하나님을 찾는 자가 있는가 보려 하신 즉 /다 치우쳐 함께 더러운 자가 되고 선을 행하는 자가 없으니 하나도 없도다"라고 했다. 빛이 어두움에 비치되 어둠이 깨닫지 못하던 시기다(요1:5).

17절] '왕은 귀족들의 아들이요 대신들은 취하지 아니하고 기력을 보하려고 정한 때에 먹는 나라여 네게 복이 있도다'

16절과 정 반대의 모습이다. 대신들은 즐기기 위해서가 아니라 일하기 위해서 정한 때에 먹는다. 본절은 원문의 경우 앞부분이 '이 나라여 복이 있도다'로 시작한다. 본절의 '귀족들'은 원문이 '호림םחורים'이다. 이것은 '호르חור'의 복수다. '호르חור'는 '고귀한', '숭고한', '귀족의', '자유의 몸으로 태어난'의 뜻이다. 원문 '벤בן 호림םחורים'은 '귀족의 아들'이 된다. 원문이 복수지만 여러 사람의 아들이 될 수 없으므로 단수로 여기는 것이 맞다. 혈연적으로 귀족 가문이라는 뜻도 될 수 있고, '호르חור'가 '고귀한'의 뜻도 있으니 존경과 권위를 가진 어떤 분의 아들일 수도 있으며, '호르חור'가 다시 '자유의 몸으로 태어난'이란 뜻도 있고 또 주로 이 단어가 아람어에서는 자유인을 말할 때 사용됨으로 '자유인의 아들'로도 번역되기도 한다. 분명한 것은 이 왕은 뛰어난 자로서, 왕의 성품과 능력을 넉넉히 가진 출중한 인물이며, 그 아래의 대신들도 또한 건실한 신하로서, 먹고 마심에 있어 지나침이 없고, 근면한 모습을 보였다는 것이다.

16절의 나라는 앞이 캄캄한 상태의 멸망 직전의 모습이고, 17절의 나라는 탄탄하고, 건강한 나라다.

♠ 17절에 대한 유대인들의 번역을 살펴보자. '너는 행복하다 그 땅이여, 그 왕이 권위자의 아들이며 그리고 그의 대신들이 정한 때에 그 힘을 위하여 식사를 하는, 그리고 취하려고 하지 않는'이 된다. 왕이 권위자의 아들이라고 번역했다. 권위자가 누구일까? 하나님이시다. 하나님의 아들, 예수 그리스도를 지칭한다. 당당한 젊은이로 성장한 예수 그리스도를 상상해 보라. 물론 영적 의미다. 예수께서는 12제자와 수많은 추종자들을 거느리고 사탄의 하수인들과 거침없이 대결한다. 영적으로 건전한 신하들, 사탄의 지배로부터 벗어난 신하들이 바로 제자와 따르는 사람들이라는 것이다. 이들은 강건하기 위해서 먹는다. 다시 말하면 영원한 생명을 얻기 위해서 일한다는 것이다. 유대인들도 '예레츠ארץ'를 '나라'라는 번역을 사용하지 않고 '땅'이라고 번역했다. 예수께서 활동하시는 그 땅이 복이 있다는 것이다. '정한 때'가 언제일까? 최후의 만찬의 때가 되고, 이어지는 십자가 사역의 때가 된다.

18절] **'게으른즉 서까래가 내려앉고 손을 놓은즉 집이 새느니라'**

본절의 '게으른즉'의 원문은 '바아찰타임בעצלתים'이다. 전치사 '베ב'와 '아츨라עצלה'의 여성 쌍수형 '아찰타임עצלתים'의 결합이다. 쌍수형이니 '아주 게으름'을 뜻한다. 집에 대해 아주 게으르게 되면 손을 놓고 일하지 않게 되고 그 결과로 집을 지탱할 수 있는 모든 것을 수리하거나 재건할 수 없게 되는 것이다. 종국에는 집이 무너질 수밖에 없다. 서까래는 지붕을 지탱하는 것으로서, 지붕의 가운데서 처마 끝으로 길게 이어지게 만든 목재 구조물이다. 한국 지붕을 참고한 번역이지만 이스라엘지역에서는 평평한 지붕이어서 지붕의 한 부분이 될 것이다. 서까래 위에 나뭇가지 등을 덮고 석회로 바른 것이 지붕이라 항상 사람들의 손이 간다. 돌보지 않으면 금방 지붕이 망가지는 형태인 것이다.

16-17절과 연계된 설명이다. 왕과 신하가 게으름을 피우면 국가 경영에 위기를 맞게 된다는 것이다. 위기는 나라가 쇠약해지면 주변의 침탈이나 백성들의 반란 등으로 다가오게 되는 것이다. 게으름과 안이함이 파멸로 이어진다는 교훈이 일차적 의미가 될 것이다.

♠ 본절의 집은 원문엔 정관사ה가 붙어 '그 집הבית'이다. 일반적인 곳이 아니라 지정된 집이니 곧 성전을 가리킴이다. 본래 유대인들에게 가장 소중히 여겨지는 것은 성전이었다. 그곳에서만 속죄를 위한 제사를 드릴 수 있었기 때문이다. 현재는 성전이 파괴되어 있어 유대인들은 속죄의 제사를 드리지 못해 전전긍긍하고 있다. 그래서 작금의 유대인들의 꿈은 예루살렘에 성전을 다시 재건하는 것이다.

표적을 요구하는 유대 종교지도자들에게 예수님은 성전을 헐라고 하셨다. 자신이 사흘 만에 다시 지으시겠다고 하셨다. 본절은 그들에게 보내는 신호다. 정작 중요한 것은 눈에 보이는 성전이 아니라 예수 그리스도를 만나는 것임을 가르치신 것이다. 예수와의 만남에 있어 게으름을, 그것도 아주 게으름을 피우거나, 만남의 손을 놓으면 집이 무너지듯 파멸을 당할 것임을 속뜻을 통해 암시하신 것이다.

그러나 기독교인들은 성전이 마음 안에 있음을 안다. 고린도전서 3장 16-17절에, "너희는 너희가 하나님의 성전인 것과 하나님의 성령이 너희 안에 계시는 것을 알지 못하느냐/ 누구든지 하나님의 성전을 더럽히면 하나님이 그 사람을 멸하시리라 하나님의 성전은 거룩하니 너희도 그러하니라"고 했다. 놀라운 말씀이다. 로마서 8장에 보면, 우리가 하나님의 자녀인 것을 증언하시는 분이 성령이시다. 그 성령이 그리스도인들의 마음 안에 계시다.

'게으른즉 서까래가 내려앉고 손을 놓은즉 집이 새느니라'고 하지 않았는가? 게으름과 손을 놓는 것은 성전을 더럽히는 행위다. 성령충만한 삶을 살아야 하는데, 오히려 성령님을 근심하게 하는 삶을 사는 것이다. 그런 집은 비가 새고, 자칫 잘못하면 무너진다. 성전을 더럽히는 자는 멸하시리라고 하셨다. 성령께서 떠나신다는 것이다. 성령이 내주하지 않는 영혼은 죽은 영혼이다. 영원한 형벌의 대상이 되는 것이다. 성령께서 계시는 그리스도인의 마음은 거룩해야만 한다. 게으름을 피우지 말고, 성령하나님과 동행하는 삶을 살아야 한다.

19절] **'잔치는 희락을 위하여 베푸는 것이요 포도주는 생명을 기쁘게 하는 것이나 돈은 범사에 이용되느니라'**

본절은 긍정적으로 보면 17절의 연장이 되고, 부정적으로 보면 18절과 연계된다. 그만큼 해석에 헷갈리는 부분이 있어서다. 상식적으론 18절과 연계된다고 보는 것이 맞을 것이다. 정사를 돌보지 않고 쾌락에 빠진 왕과 신하들이 연회에 몰두하고 술을 마시며 세월을 보낸다는 것이다.

원문은 '리세호크לשחוק 오심עשים 레헴לחם'으로 시작한다. '리세호크לשחוק'는 전치사 '레ל(을 위하여)'와 '세호크שחוק'의 결합이다. '세호크שחוק'는 '웃다', '노래하며 춤추다', '놀다'라는 의미의 '사하크pnw'에서 유래한 것으로서, '웃는 것', '희락', '조롱거리'의 뜻이다. '오심'은 복수로서, 원형은 '아사עשה'이고, 이것은 '만들다', '어떤 일을 하다'의 뜻을 갖는다. '레헴לחם'은 '음식', '빵', '떡', '잔치', '연회'의 뜻이 있다. 이 부분을 직역하면, '연회는 웃음을 만든다'가 된다.

'포도주는 생명을 기쁘게 하는 것이나'의 원문은 '웨야인יין 예삼마흐ישמח 하임חיים'이다. '웨야인יין'는 접속사(ו그리고의 뜻)와 '술', '포도주', '술취한 상태'를 뜻하는'야인יין'의 결합이다. '예삼마흐ישמח'는 피엘형, 미완료이고 남성 3인칭단수다. 원형은 '사마흐שמח'로서, '기뻐하다', '즐기다'이나 피엘형의 경우는 '기쁘게 하다'가 된다.

'하임חיים'은 '하야חיה'의 복수형이다. '살아 있는', '생명', '목숨', '인생'의 뜻이다. 직역하면, '포도주는 생명(삶, 인생)을 기쁘게 만든다'가 된다.

'돈은 범사에 이용되느니라'는 말씀에 대해 주석학자 루터는 '돈이 그들에게 모든 것을 가능케 하고', 제롬은 '돈에 만사가 복종하고'라고 번역했다. '이용되느니라'는 원문이 '야아네יענה'로서 이것은 미완료형, 남성 3인칭단수다. 원형은 '아나ענה'로, 이것은 '노래하다', '엄하게 큰소리 치다', '응용되다'가 되는데, 여기서는 '응용되다'가 어울린다. 원하는 것을 가능케 하는(money is the answer for everything) 것이 돈이라는 것이다. 자칫 잘못 해석하면 배금주의나 물질 만능주의로 오해할 수 있게 된다. 돈이란 어떤 사람들에겐 그것으로 무엇이든지 해결되는 것으로 보일 수 있으나 그것은 만능의 치트키가 아니다. 그런 것처럼 보일 뿐이다. 돈 때문에 목숨을 버리는 자들이 얼마나 많은가? 그들에게 몇 천만 배 이상 소중한 것이 영혼이 사는 것인데 다 잊고 있다. 세상사는 동안 당장 필요하고 도움을 줄 수 있는 도구일 뿐, 영혼구원과는 전혀 상관이 없는 것이다.

♠ '잔치는 희락을 위하여 베푸는 것이요 포도주는 생명을 기쁘게 하는 것이나'라고 했다. 영적 의미로서의 잔치는 혼인잔치다. 희락은 먼 훗날, 그리스도인들이 부활의 아침을 맞이할 때, 신랑 예수가 신부인 그리스도인들을 만날 때 행해지는 것이다.

성경의 포도주는 속죄의 상징이다. 유대인들은 지금도 집안 대소사에 포도주가 있어야 하며, 이것이 없으면 예배를 안 드릴 정도이고, 심지어 포도주가 없으면 안식일을 지키지도 못한다. 포도주가 없는 제사도 없다. 이처럼 유대인들은 포도주를 생명처럼 귀하게 여긴다. 그렇다면 포도주가 진정 의미하는 바가 과연 무엇인가? 속죄와 관련된 그것은 예수의 피다. 생명은 무엇과도 바꿀 수 없는 것이다. 예수 그리스도의 사람들이 포도주를 마시며 기념하는 것은 예수의 피를 먹고 마신다는 의미다. 속죄에 대한 기념이고 기억이다. 새 생명을 얻음에 대한 기념이다.

성경은 포도주에 취한 자들에 대한 말도 한다. 요한계시록 17장 1-2절에 보면 물 위에 앉은 음녀의 이야기가 나온다. 물 위는 세상이고, 땅의 임금들이 음녀와 더불어 음행의 포도주에 취하였다고 했다. 음녀가 세상의 왕, 곧 지도자들을 우상숭배자들로 뒤바꾸려든다는 것이다. 이어지는 6절에 보면, 이 음녀가 성도들의 피와 예수의 증인들의 피에 취했다고 했다. 우상숭배에 몰두하고, 성도들을 박해한다는 이야기다. 하나님을 팔고, 예수 그리스도를 판다. 사탄과 적그리스도의 역사다. 다시 말하면 복음 아닌 것을 복음으로 위장해 넘어뜨린다는 것이다. 잘못된 복음에 빠진 자들이 바로 음녀의 포도주에 취해 있는 것이다.

'돈은 범사에 이용되느니라'고 했다. 이 이야기는 대속과 관련된 말이다. 세상만사에 돈이 필요하고 이용되지만 도무지 돈으로 해결할 수 없는 영혼의 큰 빚이 있다. 이 빚을 청산하지 못하면 영원한 생명을 얻을 수가 없다. 시편 49편 8절에, '그들의 생명을 속량하는 값이 너무 엄청나서 영원히 마련하지 못할 것임이니라'고 했다. 속죄를 위해서는 무한대의 빚을 청산해야만 한다. 영원한 생명은 물질로 도저히 살 수 없는 것이기 때문이다.

또 49편 16-17절에, "사람이 치부(致富)하여 그 집 영광이 더할 때에 너는 두려워 말지어다./ 그가 죽으매 가져가는 것이 없고 그 영광이 저를 따라 내려가지 못함이로다"라고 했다. 그리스도인들은 영원히 마련 못할 속량하는 값을 예수께서 대신 갚아주심으로 영원한 생명을 취득한 사람들이다. 그런 그리스도인들이 아무리 부자가 되었어도 죽을 때 재물을 가져가지 못하는 자들, 죽음으로 결국은 다 잃어버릴 그런 자들을 부러워할 필요가 전혀 없으며, 더욱이 두려워할 이유는 더 더욱 없는 것이다.

20절] **'심중에라도 왕을 저주하지 말며 침실에서라도 부자를 저주하지 말라 공중의 새가 그 소리를 전하고 날짐승이 그 일을 전파할 것임이니라'**

격언 같은 말씀이나 의외스럽기도 하다. 도대체 무슨 의도로 전도자가 이와 같은 말을 했을까? 우선 본절의 내용을 조금 풀어보면 이와 같다. 즉, 사람은 왕을 저주해서도 안 되고 부자에게도 저주를 해서는 안 된다. 침실에서도 저주하지 말라는 것은 집의 가장 깊은 곳이 침실이고, 그곳에서는 누구나 남에게 들키지 않고 자신의 의사표현에 제약이 없이 자유롭게 호불호(好不好)를 말할 수 있고, 숨김없이 다 자신의 생각을 털어놓을 수 있는 곳이지만 그곳에서조차 부자를 저주하지 말라고 한다. 이는 공중의 새가 소문을 전달하고, 한 쌍의 날개를 가진 자들이 또한 소문의 소리를 전달할 수 있기 때문이라고 한다.

백성을 피폐하게 하고, 무능력하여 나라의 근간을 흔드는 통치자와 귀중한 돈을 가난한 자를 돕기는커녕 쾌락에 주로 사용하는 부자에 대해 일반인들, 민초들이 흔히 가질 수 있는 생각은 그들에 대한 원망과 불평일 수밖에 없다. 그런데 본절은 심중에라도 왕을 저주하지 말라고 한다. 깊은 곳, 침실에서조차 부자를 저주하지 말라고 한다. 공포정치 같은 느낌이 들 정도다. 소리의 전파에 대해 새와 관련된 본절의 말들은 마치 '낮말은 새가 듣고 밤말은 쥐가 듣는다'는 우리의 속담을 기억나게 하여 흥미롭지만, 그 의미는 다소 혼란스럽다. 왜 금하라고 한 것일까?

원문을 조금 살펴보자. '심중에라도'는 원문이 '감גם 베마다아카במדעך'이다. '감גם'은 '~ 라도', 혹은 '~ 조차도'의 뜻이고, '베마다아카במדע'는 전치사 '베ב'와 '맛다מדע'의 결합이다. 남성 2인칭단수로 접미어가 붙는다. '맛다מדע'는 '지식', '마음', '영혼', '심중'의 뜻이다. 직역하면, '네 마음에라도'가 된다. 마음에 있는 것이 절로 드러나는 것이 외적 표현이니, 자칫 왕에 대한 저주가 외적 표현으로 드러나면 죄에 대한 형벌이 예비되어 있으니 극히 조심하라는 뜻이다. 침실에서라도 저주하지 말라는 것도 유사한 의미일 것이다. 본문의 부자는 원문이 '아쉬르עשיר'다. 이것은 '부유한', '사악한', '고귀한', '부자'의 뜻이 있으며 선악의 의미가 다 있는 특이한 단어다. 본절의 부자는 그래서 돈이 많을 뿐만 아니라 지위도 높은, 그러한 위치의 사람일 것이다. 라틴어 번역서 '벌게이트'는 그래서 '귀족들'이라고 번역하고 있기도 하다.[75] 왜 전도자는 왕과 부유하고 높은 지위에 있는 자들을 저주하지 말라고 했을까? 이들의 권위와 권세는 기본적으로 하나님께서 주신 것이라고 보기 때문이다. 이들에 대한 저주는 곧 하나님께 대한 불경이 된다고 본 것이리라.

'공중의 새가 그 소리를 전하고 날짐승이 그 일을 전파할 것임이니라'고 했다. 하반절엔 이유를 나타내는 접속사 '키כי(왜냐하면)'가 나와 상반절의 이유를 설명한다. 왜 비밀을 유지해야 되는지에 대한 설명이다. 저주해서는 안 되는 이유에 대해, '공중의 새', '날짐승'을 들어 '해 아래' 곧 세상의 권세자에게 들킬 수 있음을 말하고 있다. 만약에 저주가 들키면 큰 형벌을 받을 것이라는 암시가 있다. 이런 경구가 나올 정도라면 세상살이가 만만치 않았음을 상기시킨다고 하겠다. 그렇다. 이것도 세상에 대한 미련을 버리거나 기대감을 낮추고 오직 영원한 생명을 얻으라는 의미의 말씀으로 볼 수도 있을 것이다. 그렇다면 우리가 어떻게 해야 할까? 디도서 2장 12절에, "우리를 양육하시되 경건치 않은 것과 이 세상 정욕을 다 버리고 근신함과 의로움과 경건함으로 이 세상에 살고"라고 했다.

---

[75] tui ne maledixeris diviti 현재의 라틴어 성경은 일반적인 부자들diviti로 번역 되어 있다.

♠ 이차적 의미, 곧 속뜻은 겉뜻과 전혀 다르다. 즉, '심중에라도 왕을 저주하지 말며'는 마음속으로 왕 되신 예수 그리스도를 버리지 말라는 말씀이다. 유대 종교지도자들은 예수님을 미워하고 저주했다. 장차 예수님의 때에 나타날 그런 현상에 대해 전도서를 통해 미리 예언하셨음에도 불구하고 결국은 저주한 것이다. 본절의 부자에 대해서도 속뜻에서는 '물질 부자'를 연상해서는 안 된다. 이차적 의미는 어디까지나 영적 관점이다. 이 부자는 왕의 신하이고, 고귀한 자들이다. 누구인가? 예수님을 따르는 자들이다. 이들은 장차 예수님의 나라가 이루어질 때, 함께 왕노릇 할 사람들이다. 요한계시록 2장 26절에, "이기는 자와 내 일을 지키는 그에게 만국을 다스리는 권세를 주리니"라고 했다. 장차 하나님의 나라에서 고귀한 신분을 가질 사람들이다. 유대인들은, 그리고 유대종교지도자들은 왕과 높은 지위를 가질 영적 부자들을 험담하지 말라는 것이다. 저주하지 말라는 것이다. '라가'라고 욕하지 말라는 것이다.

'공중의 새가 그 소리를 전하고 날짐승이 그 일을 전파할 것임이니라'고 했다. 공중의 새와 날짐승은 모두 하늘을 날아다닌다. '날 짐승'은 원문을 직역하면 '날개들의 주인בעל הכנפים'이다. 유대인들은 천사를 묘사한 것으로 본다. 하나님의 천사들을 지칭한다는 것이다. 그러나 필자는 날개들의 주인을 하나님 또는 예수님으로 인식한다. 유대 종교지도자들이 말하는 소리, 영적인 소리를 하나님은 다 들으신다. 그들이 저주한 것을 다 들으시고 징벌을 내리실 것이라는 말이다. 본절의 말씀은 유대 종교지도자들을 향한 하나님의 경고의 말씀이었던 것이다. 그런데 막상 예수님이 오셨을 때, 여전히 이들은 예수님을 저주하고 말았다.

예수님이 한탄하셨다. 그리고 그들의 종국을 예언하셨다. 마태복음 23장 37-38절에, "예루살렘아 예루살렘아 선지자들을 죽이고 네게 파송된 자들을 돌로 치는 자여 암탉이 그 새끼를 날개 아래에 모음 같이 내가 네 자녀를 모으려 한 일이 몇 번이더냐 그러나 너희가 원하지 아니하였도다/ 보라 너희 집이 황폐하여 버려진 바 되리라"고 하셨다. 영적 관점에서는 유대인들은 이제 더 이상 이스라엘이 아니다. 오히려 예수님을 따르는 자들이 날개들의 주인의 품안에 모임으로써 '영적 이스라엘'이 된 것이다.

제 11장 종말을 살아가는 인생들에게 전하는 심판의 경고

1절] '너는 네 떡을 물 위에 던져라 여러 날 후에 도로 찾으리라'

본절의 의미에 대해서는 '자선(慈善)'이라는 견해가 가장 유력하다. 어떤 한 아람어로 된 지혜서에 있는 말 중에, '네 식물(먹을 것)을 물과 마른 땅 위에 흩어라. 날들의 끝에 네가 그것을 다시 찾으리라'는 말이 있다고 한다. 본절과 아주 흡사한 말이다. 결국 본절은 '선을 행하라'는 것이고, 그처럼 선을 베풀면 언젠가 그 보답을 받을 것이라는 말이다. 주석학자 '델리치'의 전도서 주석편에 미드라쉬의 한 이야기을 적혀 있어 소개해본다. 랍비 아키바가 파선된 배에서 겨우 구조된 한 사람과 대화를 하게 되었다고 한다. 율법학자였던 그 사람이 배에 타고 갈 때, 한 불쌍한 사람에게 빵 한 조각을 주었더니 그 불쌍한 사람이 말하기를, "당신이 나의 생명을 구하셨으니, 당신의 생명도 건지게 될 것입니다"라고 하더란다. 그래서 그러한지 그가 난파된 배에서 부서진 뱃조각을 잡고 있다가 생명을 구하게 되었다는 것이다. 그 율법학자의 말을 들은 아키바는 본절이 생각났다는 것이다.

본절의 '여러 날 후에'는 원문이 '베로브ברב 하야밈הימים'이다. '베로브ברב'는 전치사ב와 '로브רב'의 결합이다. '로브רב'는 '많음', '여러 날'의 뜻이 있다. 따라서 '여러 날 후에'가 되면 적잖은 인내의 시간이 필요하다는 의미가 된다. '하야밈הימים'은 정관사ה와 '심판의 날', '날', '시'를 의미하는 단어ימים의 복수형이다. 직역은 '많은 날들'이 되지만 먼 미래가 될 수도 있다. 떡을 물위에 던진다는 표현을 바다를 통한 곡류 무역의 상징이라고도 말한다. 상업적 측면에서 보면, 바다를 통한 거대 무역이니 아마도 담대하고 확신에 찬 모험을 할 때, 훗날에 큰 이익을 얻는다는 의미가 되기도 한다는 것이다. 어쨌든 무엇인가 남에게 선행을 위한 어떤 것을 제공할 때, 나중에 보답이 있을 것이라는 뜻으로 보는 견해, 즉 선행을 하라는 의미로 말하고 있다는 주장이 가장 유력하다고 할 것이다. 긍정적으로 보는 시각은 여러 날 후에 도로 찾으리라는 말씀이 훗날 하나님께서 그의 선행을 보고 보답을 하실 것이라는 입장이다. 이것이 일차적 의미다.

♠ 본절의 일차적 의미는 그저 한 격언에 불과한 정도로 그다지 큰 의미가 없다. 그러나 영적 의미인 속뜻은 확연히 다르다. 그렇다면 2차적 의미는 무엇일까? '떡'은 원문이 '라흐메카לחמך'이다. 이것은 '빵', '떡', 혹은 '하나님의 희생 제물로 사용되는 음식이나 양식', '식물', '음식물'의 뜻인 '레헴לחם'에 남성 2인칭 단수 접미어ך가 결합된 것이다. 유대의 문화대로라면 떡보다는 빵이 더 어울린다. '네 빵을 물 위에 던져라 그리하면(접속사 '키כ')', 여러 날 후에 '도로 찾으리라'는 것이고, '도로 찾는다'는 것은 '돌아온다'는 것이다.

유대인들은 앞에서 언급한 랍비 '아키바'의 이야기처럼 선행을 베풀라는 의미로 본다. 그들은 이렇게 말한다. 빵을 물에 던지면 물고기가 먹고, 이 물고기를 다시 잡으면 양식이 더 많이 생긴다는 식의 해석을 한다는 것이다. 결국 선의를 베푸는 자, 관대한 자는 반드시 더 많은 보상을 받는다는 의미라는 것이다.

그런데, 빵이 물위에 던져지면 그대로 있겠는가? 풀어져 없어진다. 여러 날 후에 찾는다? 실물이라면 못 찾는다. 그러므로 이것은 영적 관점으로 보아야만 한다. 본절의 '레헴לחם'의 의미 중에, '하나님의 희생 제물로서의 음식물의 뜻'이 있다고 했다. 하나님의 희생 제물이 누구인가? 떡(빵)은 최후의 만찬을 생각해 보면 금방 답이 나온다. 떡은 예수 그리스도의 몸이다. 그분을 물 위에 던지라는 것은, '물 위'가 세상을 상징한다는 점에서(계17:1참조), 세상을 위해 목숨을 내어 놓는다는 의미가 된다. 목숨은 흩어져 없어져 버리지만 '여러 날 후에(적어도 이틀 이상이다)' 되찾는다. 다시 말하면 사흘 만에 부활이 된다. 이것은 신령한 몸을 가진 부활이다. 예수님의 부활을 숨기고 숨겨, 귀 있는 자만 듣게 하고자 비밀로 말씀하신 것이 본절의 속뜻이다. '물 위'라는 말을 하다 보니 여담 한 마디 추가하고 싶어졌다. 요한 계시록 21장 1절에, '또 내가 새 하늘과 새 땅을 보니 처음 하늘과 처음 땅이 없어졌고 바다도 다시 있지 않더라'는 말씀이 있다. '물 위'가 세상을 상징하듯, 성경에서 바다 또한 세상을 뜻하며 부정적인 의미로 많이 인용되었다. 다시 말하면 새 하늘과 새 땅에서는 '해 아래', 곧 현재와 같은 '세상'이 없어진다는 의미다. 그러니 세상에 미련을 가질 이유가 전혀 없다고 할 것이다.

2절] '일곱에게나 여덟에게 나눠 줄지어다 무슨 재앙이 땅에 임할는지 네가 알지 못함이니라'

본절 또한 격언이다. 돌발적 재난, 재앙은 어느 때, 어느 곳에 나타날지 사람은 누구도 모른다. 본절은 마치 재산 분배를 권고하는 듯한 인상을 준다. 고대의 중동지방이라면 종종 사막을 여행했을 것이다. 만일 여행객이 모든 짐을 한 행렬의 낙타에게 맡겼다가 사막의 바람에 휩쓸리기라도 하면 전부를 다 잃게 될 것이나 분산해 나누었다면 상품의 일부는 잃어도 나머지가 있어 최악을 모면할 수 있는 것이다. 한 가지 사업에만, 한 가지 일에만, 단판 승부에만 매달리지 말라는 격언으로 사업자들에겐 금과옥조(金科玉條)가 되는 말씀이라는 것이다.

그런데 흥미로운 것은 본절의 말씀이 사업적 측면과 구제의 측면이라는 양 갈래로 해석이 가능하다는 점이다. 앞에서 언급한 것은 사업적 측면이 된다. 반면에 해 아래 곧 세상에서 자기가 가진 것을 나눠주는 선행을 강조하면 구제의 미덕을 말한 것이 된다는 것이다.

본절의 '나눠 줄지어다'는 '텐תן 헤레크חלק'가 원문이다. '텐תן'의 원형은 '나탄נתן'으로, '주다', '가르치다'의 뜻이며 '텐תן'은 남성 2인칭단수다. '헤레크חלק'는 '몫'의 의미가 있으니 '텐תן 헤레크חלק'는 '분깃을 주는 것', 곧 '분배하는 것'을 뜻한다. 일곱 조각을 내던지, 혹은 여덟 조각을 내 던지 간에 많고 적은 양이나마 몫을 나누라는 것이다. 그런데 '일곱에게나 여덟에게'는 꼭 문자적으로 정해진 숫자를 의미하는 것이 아니다. 많다는 의미라고 보면 될 것이다. 가능한 한 많은 사람에게 선행을 베풀고 구제에 힘쓰라는 의미로 보면 맞는다.

'무슨 재앙이 땅에 임할는지 네가 알지 못함이니라'는 말씀을 보라. 원문을 직역하면, '왜냐하면 그 땅 위에 무슨 재앙(재난, 악)이 임할는지 네가 알지 못하기 때문이다'가 된다. '알지 못함이니라'는 원문의 경우 '로לא 테다תדע'가 된다. '로לא'가 절대 부정이므로, '결코 알지 못한다'의 의미다. 사람은 이 땅 위에 사는 동안에 언제 어느 때, 무슨 위험이 닥칠지 절대로 알 수 없다. 그러니 그 짧은 삶을 구제와 베품, 나눔의 삶을 살고, 하나님께 소망을 두고 하나님만 의지하라는 것이 일차적 의미가 될 것이다.

♠ 유대인들은 자선을 베푸는 것을 어린 시절부터 가르침을 받아 당연한 것으로 여기게 된다. 지금도 그들은 자선과 기부 문화에 익숙하다. 본절의 말씀도 이들은 그처럼 이해한다. 그러나 영적 관점에서 바라보면, 이 말씀은 한 마디로 전도에 관한 말씀이 된다. 영적 양식을 나눠주는 것을 뜻하기 때문이다. 하반절의 재앙의 원문 '라아רעה'는 여기서는 명사로서, '악', '재난', '고난'의 뜻이 된다. 전도자에게 당할 재앙이 무엇인가? 그것은 고난이고, 박해이며 심지어 순교로 인한 죽음이 될 수도 있다. 영적 관점에서 공중권세를 쥐고 있는 사탄의 주 공격대상이 누구겠는가? 바로 주님의 말씀을 전파하는 전도자인 것이다. 우리는 닥칠 환난의 때를 절대 알지 못한다. 그러니 히브리서 12장 28절의 말씀대로 살자, "그러므로 우리가 흔들리지 않는 나라를 받았은즉 은혜를 받자 이로 말미암아 경건함과 두려움으로 하나님을 기쁘시게 섬길지니/우리 하나님은 소멸하는 불이심이라"고 하신 말씀이다. 언제 어느 때 우리가 세상을 떠날지 모르니 더욱 힘쓰자.

3절] '구름에 비가 가득하면 땅에 쏟아지며 나무가 남으로나 북으로나 쓰러지면 그 쓰러진 곳에 그냥 있으리라'

본절의 상반절과 하반절엔 모두 '만일 ~이면'의 뜻인 불변사 '임אם'이 앞에 나온다. 본절은 천연 재해의 한 광경이다. 이런 재난의 원인, 결과를 인간이 주관하지 못한다. 태풍, 홍수, 천둥과 벼락은 인간의 역량 그 이상의 재해를 낳기 때문이다. 상반절의 원문은 '임אם 임말레우יִמָּלְאוּ 헤아빔הֶעָבִים 게솀גֶּשֶׁם 알עַל 하아레츠הָאָרֶץ 야리쿠יָרִיקוּ'가 된다. '게솀גֶּשֶׁם'은 '소나기', '폭우'라는 뜻이고,

'헤아빔העבים'은 정관사ה와 '먹구름'을 뜻하는 '아브עב'의 복수형ים이 결합된 것이기에 '그 구름들에'가 된다. 그리고 '야리쿠ירִיקוּ'는 '쏟아지다', '텅 비게 되다'이며, '임말레우ימלאו'는 니팔형 미완료, 남성 3인칭복수로서, 원형은 '말레מלא'가 된다. '말레מלא'는 '채우다', '가득하게 하다'의 뜻이며 특히 니팔형은 '가득하다'가 된다. 구름이 짙고 두꺼워지면 비가 올 것을 예측할 수 있으나 그 순간은 알지 못한다. 여기까지가 인간의 한계다. 이처럼 사람은 죄를 범할 때, 징벌이 있으리라는 예측을 하지만 그 순간을 알지 못한다. 그렇다면 먹구름 같은 죄에 빠져 있을 때 재앙이 올 것을 미리 대비해야 하지 않겠는가?

하반절의, '나무가 남으로나 북으로나 쓰러지면 그 쓰러진 곳에 그냥 있으리라'는 말은 직역하면, '나무가 남쪽으로 쓰러지면 혹은 그것이 북쪽으로 쓰러지면 나무가 쓰러진 그곳, 거기에 그냥 계속 있으리라'가 된다. 구름이 감당할 수 없을 만큼 많은 물(수증기)를 품고 있으면 비로 내리는 것이나, 폭풍이나 광풍이 세게 임할 때 나무가 굽은 방향으로 넘어져 그대로 있는 것은 자연의 거스를 수 없는 법칙이다. 상상해 보라. 폭풍 중에 쓰러질 듯 말 듯 흔들리는 나무를, 그리고 그 아래 서 있는 인간을 말이다. 게다가 인간의 미래는 인간 스스로 알지 못한다. 인간 의지대로가 아니라 하나님의 의지대로 되는 것이며, 또한 그러하기에 잘못을 범해서는 안 된다는 것이다.

♠ 폭풍 앞의 나무나 재난 앞의 인간이나 무엇이 다를까? 본절의 '쓰러지면'은 원문이 '쉐입폴שיפול'이다. 미완료 3인칭 단수로서, 원형נפל은 '떨어지다', '내동댕이치다'가 된다. 죄를 범한 인간 또한 그러하다. 폭풍에 쓰러진 나무는 절대로 스스로 일어나지 못한

다.

한 번 넘어지면 스스로 일어나지 못하는 나무처럼 죄 범한 인간도 마찬가지다. 단 한 가지 죄라 할지라도 그 죄는 하나님의 나라에서 그를 끌어내린다. 아니다. 아예 그 근처에도 갈 수 없다. 그만큼 죄는 영원한 생명을 얻는데 결정적 장애가 되는 것이고, 따라서 예수 그리스도를 통한 속죄는 말로 다 할 수 없는 은혜인 것이다.

물리학자 '아인시타인'은 유대인이어서 어린 시절에 유대 교육을 받았다고 한다. 랍비가 질문하기를, "나무가 쓰러졌다. 그 소리를 누가 듣느냐?"라는 것이었다. 답은 무엇인가? '하나님이 듣는다'는 것이었다. 한 번 발생된 음파는 눈에 보이지 않아도 다시 주워 담지 못한다. 한 번 지은 죄는 인간이 발견하지 못한다고 해도 하나님은 다 아신다. 죄 없는 상태로 다시 환원할 수 없다. 그래서 "의인은 없나니 하나도 없으며(롬3:10)"가 되는 것이다. 인간은 자기가 범한 죄, 자기 말에 책임을 질 수밖에 없는 것이다. 구름과 비는 하나님의 은혜. 이른 비와 늦은 비, 곧 은혜의 비를 내리신다. 내리는 특정한 때, 하나님의 때가 있다.

고린도후서 6장 1-2절에, "…너희를 권하노니 하나님의 은혜를 헛되이 받지 말라/이르시되 내가 은혜 베풀 때에 너에게 듣고 구원의 날에 너를 도왔다 하셨으니 보라 지금은 은혜 받을 만한 때요 보라 지금은 구원의 날이로다"고 하신 말씀처럼 아직은 은혜의 때다. 그러나 비가 그칠 때가 있다. 아니 그때가 곧 올 것이다. 육신이 죽기 전에, 그리고 주께서 심판주로 오시기 전에, 곧 은혜를 받을 만한 때에 받아야만 한다.

이 말씀은 또한 유대 종교지도자들에게 대한 경고의 말씀이기도 하다. '구름에 비가 가득하면 땅에 쏟아지며'라고 했듯이 예수의 때가 올 것이라는 말씀을 예언한 것이다. '나무가 남으로나 북으로나 쓰러지면 그 쓰러진 곳에 그냥 있으리라'고 한 것은 쓰러진 나무가 다시는 일어나지 못하듯, 예수 그리스도가 오셔서 성전제사가 폐지되었으면 다시는 필요가 없으니 그대로 있을 것인데, 굳이 성전제사를 다시 시행하려고 애쓰지 말라는 말씀인 것이다. 유대종교는 파괴되었다는 것이니, 파괴된 채 그대로 두라는 것이고, 동시에 새 율법, 새 계명에 따라 예수 그리스도를 영접하고 인정하라는 것이다. 그것이 그들이 살 길이라는 말씀이다.

4절] '풍세를 살펴보는 자는 파종하지 못할 것이요 구름만 바라보는 자는 거두지 못하리라'

격언이나 경구라기보다는 일기에 대한 관찰로 보인다. 본절의 풍세나 구름은 자연의 재앙, 그 가운데 날씨로 인한 재난을 뜻하는 것이다. 일기는 하루가 다르게, 주마다, 월마다 다르게 변한다. 풍세라고 번역된 원문은 '루아흐רוח'다. 이 전도서의 한글 번역에서 '바람'이라고 주로 번역하고 있는 것이다. 본절에서는 일기와 연관 짓는다면 바람이 좋을 것이다. 파종 시기는 비가 와 땅에 수분이 충분한가 그렇지 않은가로 결정이 난다. 잠언 25장 23절에, "북풍이 비를 일으킴 같이…"라는 말씀이 있는 것으로 보아 이스라엘은 북풍이 불어야 비가 오는 것 같다. 그런데 바람만 살피다가 정작 파종시기를 놓치면 그 해의 농사는 망치는 것이다.

본절의 농부는 '살펴보는 자'와 '바라보는 자'의 두 가지 경우가 있다. '살펴보는 자'는 원문이 '쇼멜שׁמר'이며, 이것은 능동분사형이다. 원형은 '샤마르שמר'이며, 이것은 '관찰하다', '보호하다', '지키다'의 뜻이 있다. '바라보는 자'는 '웨로에הארו'로서 접속사와 능동분사형이 결합한 것이다. 원형은 '라아ראה'로서, 이것은 '보다', '하나님의 얼굴을 보다'의 뜻이다. 구름은 원문이 '베아빔בעבים'이며, 전치사가 '아브עב'의 복수ם와 결합된 것이다. '아브עב'는 '구름', '어두움', '수풀'의 뜻이 있다.

하반절의 경우도 상반절의 의미와 유사하다. 추수 때 비가 오면 거둔 곡식에 싹이 트기에 쓸모가 없어진다. 그러니 이 또한 농부들에겐 큰 어려움이 아닐 수 없다. 추수 때는 온화하고 날씨가 맑아야만 하는 것이다. 그런데 구름만 바라보고 비가 올지 안 올 것인지만 살피다가 추수시기를 놓친다면 그 또한 농사를 망치는 것이다.

결국 어떤 일을 이루기 위해서는 천시(天時), 곧 하늘의 때를 잘 맞추어야만 하지만 인시(人時), 곧 인간 자신의 해야 할 바에 대한 시기와 때 또한 그만큼 중요한 것이다. 미래는 인간이 알 수 없으니 하나님을 의지하되 주어진 여건에서는 최선을 다하라는 의미가 아닐까? 그처럼 해 아래 삶에서 때를 얻든지 못 얻든지 하나님의 일에 최선을 다하는 자, 그런 자가 열매를 거두지 않겠는가?

♠ 본절에서 놀라운 것은 '살펴보는 자'나 '바라보는 자' 모두가 분사형이어서 지속성을 나타내고 있고, 둘 다 절대부정인 '로'의 영향 하에 있다는 것이다. 이것이 무엇을 의미하는가? 농부가 계속해서 게으름을 피우고 있다는 것이고, 게다가 절대로 파종도 않고 거두지도 않는 한심한 양태를 보이고 있다는 것이다. 미래를

모른다는 핑계로, 혹은 현실이 녹록치 않다는 변명으로 아무 것도 하지 않는다는 것이다.

재앙과 재난이 염려되어 수고를 포기한다면 한 달란트를 땅에 묻은 자와 무엇이 다를 것인가? 마태복음 25장 14-30절의 말씀이다. 한 달란트를 받은 자는 가서 땅을 파고 그 주인의 돈을 감추어 두었다. 주인이 돌아와 셈할 때, "악하고 게으른 종아 나는 심지 않은데서 거두고 헤치지 않은 데서 모으는 줄로 네가 알았느냐?"라고 하며 야단을 쳤다. 30절에 무익한 종으로 낙인찍힌 그에 대한 벌이 나온다. "바깥 어두운 데로 내쫓으라 거기서 슬피 울며 이를 갈리라 하니라"고 한 것이다. 이 종은 본절의 살펴보는 자와 바라보는 자와 같은 경우다. 디모데후서 4장 2절에, "너는 말씀을 전파하라 때를 얻든지 못 얻든지 항상 힘쓰라…"고 했다.

요한복음 4장 35절에도, "너희는 넉 달이 지나야 추수할 때가 이르겠다 하지 아니하느냐 그러나 나는 너희에게 이르노니 너희 눈을 들어 밭을 보라 희어져 추수하게 되었도다"라고 주님은 말씀하셨다. 살펴보지만 말고, 바라보지만 말고, 말씀을 파종하고 전도의 열매를 거두라는 것이다. 선한 일, 하나님의 일에 최선을 다하고, 기회가 오면 기회를 어찌하든지 잡으라는 것이다.

5절] '바람의 길이 어떠함과 아이 밴 자의 태에서 뼈가 어떻게 자라는지를 네가 알지 못함 같이 만사를 성취하시는 하나님의 일을 네가 알지 못하느니라'

본절은 다시 인간의 한계를 들추어낸다. 사람은 바람의 방향에 대해, 그리고 어미의 태 안에 든 아이의 형성과정에 대해 잘 알지 못한다. 사람이 바람의 길도, 태에서 뼈가 형성되는 이치도 알지 못하듯 그렇게 인간은 한계가 뚜렷한 유한성의 존재라는 것이다.

이 말은 다시 말하면, 사람은 매사에 관련성과 성취의 내용을 온전히 알지 못한다는 것이다. 하물며 미래적인 것은 더욱이 알 수 없는 것이다. 태 안의 아이가 성장함을 알지 못하듯 세상만사의 일을 주관하시는 하나님의 일을 사람이 감히 어찌 알 것인가?

다만 현대에 이르러 바람의 길과 모친의 태에서 아이의 뼈가 형성되는 이치를 밝혀내었기에 알고 있지 않느냐고 주장할 수는 있을 것이다. 하지만 본절이 기록된 때는 솔로몬 통치의 때이므로 그 당시는 이것들이 신비의 세계였다는 것을 염두에 두어야만 한다.

다시 하반절은 '그 모든 것을 이루시는 하나님의 일을 네가 알지 못하느니라'가 된다. 인간의 유한성에 반해 하나님은 만사를 다 창조하시고 이루신다. '알지 못하느니라'는 원문이 '로לא 테다עתד'가 된다. '로לא'는 절대부정이고, '테다עד'는 미완료, 남성 2인칭단수다. 원형은 '야다ידע'가 되는데, 이것은 '깨닫다', '이해하다', '보다', '알게 되다'가 된다. 직역하면, '네가 절대로 알지 못한다'가 된다. 또 본절의 하나님은 '하엘로힘האלהים', 즉, 정관사ה가 붙어 '그ה 하나님אלהים'이 되신다. 하나님의 전능하심을 말할 때 주로 사용되는 명칭이다. 하나님은 전능하신데 반해 인간은 유한하고, 무지하다는 것이다. 물론 인본주의자들은 사람이 곧 하늘이라고 주장할 만큼의 억지스런 주장을 펴기도 하지만, 이들은 하나님을 부정하니 그 대체의 역할을 인간의 지성이 한다고 보는 것이다. 하지만 인간의 지성은 그 한계가 너무도 뚜렷하다. 대표적인 예로,

죽음이란 한계는 인간이 결코 뛰어넘지 못할 벽이다.

♠ 그런데 본절의 '바람'이라 번역된 '루아흐ךוח'는 번역자의 생각에 따라 '바람'으로도, '영'으로도 번역되고 있다. 그래서 여전히 본절의 번역이 논란이 되고 있다. 한글 개역과 개정 개역은 '바람'으로, 킹제임스역은 '영(spirit)'으로 번역하고 있다. 한글 번역의 흐름이 '바람'으로 집약되어 있지만 '영', 혹은 '영혼'으로 번역한다고 해서 그다지 이상하지는 않다. 개정 개역성경도 3장 21절에서는 '루아흐ךוח'를 바람이 아니라 '혼'이라고 번역하고 있기 때문이다. 만일 '영'이라고 번역하면 어떻게 될까? '바람의 길'을 다시 원문으로 보자. '바람'은 '하루아흐'이니 정관사가 붙어 '그 영'이 된다. '길'은 원문이 '데렉ךרד'이며, 이것은 '길', '통로', '여행', '방법', '과정', '하나님을 경배하는 방식', '행위'의 뜻을 갖는다. 이 부분을 다시 직역해보면, '영의 통로가 어떠함과 아이 밴 자의 태에서 뼈가 어떻게 자라는 것을 네가 알지 못함 같이 그와 같이 너는 그 모든 것을 만드시는 하나님의 일을 알지 못하느니라'가 된다.

요한복음 3장 8절은 '루아흐ךוח'의 본질과 역할에 대해 잘 설명하고 있다. "바람이 임의로 불매 네가 그 소리는 들어도 어디서 와서 어디로 가는지 알지 못하나니 성령으로 난 사람도 그러하니라"의 말씀대로라면 사람은 바람의 길을 알지 못한다. 바람에 관해 잘 모르듯, 영의 통로, 영의 형성에 관해서 인간은 도저히 알지 못한다.

영적 관점에서 보면, 본절은 예수 그리스도의 성육신에 관한 말씀이 된다. 예수께서 바람을 비유해 성령으로 난 사람에 대해 말씀하셨듯이 본절은 영의 통로와 모친의 태에서 아이의 **뼈**가 형성되는 모습을 사람이 알 수 없다고 말하고 있다. 예수의 모친 마리아의 태에서 성령에 의해 잉태된 주님의 **뼈**가 어떻게 자라고 형성되는지 누가 알겠느냐는 것이다. 누구만 아실까? 그 모든 것에 대해 다 아시는 하나님만 아신다는 것이다. 신비 중의 신비가 성육신이다. 인간의 과학으로도 어찌할 수 없는 전능하신 하나님만이 이루시는, 창조 이상의 것이 바로 성육신의 비밀인 것이다.

6절] '너는 아침에 씨를 뿌리고 저녁에도 손을 놓지 말라 이것이 잘 될는지, 저것이 잘 될른지, 혹은 둘이 다 잘 될 는지 알지 못함이니라'

본절은 농부의 일상을 빗대어 사람이 다시 그의 한계성을 인식하고 새롭게 삶의 자세를 가다듬을 것을 촉구하고 있다. 혹자는 말하기를, 아담과 하와가 범죄하기 전에는 에덴을 관리하는 것 외에는 특별히 다른 일이 없었다고 주장하고 있다. 그것은 틀린 말이다. 창세기 2장 15절의 말씀을 보면, "여호와 하나님이 그 사람을 이끌어 에덴 동산에 두어 그것을 경작하며 지키게 하시고"라고 했다. 범죄하기 전에도 인간은 농사를 지었다는 것이다(추측하건대 이때의 아담은 현재와 같은 육신이 아니라 영생하는 그런 바울이 말한 바와 같은 신령한 몸이었을 것이다). 물론 범죄한 후에 "너는 네 평생에 수고하여야 그 소산을 먹으리라(창2:17참조)"고 하셨고, "땅이 네게 가시덤불과 엉겅퀴를 낼 것이라 네가 먹을 것은 밭의 채소인즉/ 네가 흙으로 돌아갈 때까지 얼굴에 땀을 흘려야 먹을 것을 먹으리니…"라고 하심으로써 여전히 경작은 하되, 힘든 노역이 가해질 것을 말씀하셨지만, 농사는 인류 최초의 수고였다.

씨를 뿌리는 것은 인간이 추구하는 모든 경제활동의 상징이고 시작이다. 아침에 날이 밝으면 그 때 할 일이 있으며, 저녁에도 그 나름의 일이 있을 것이니 어떤 경우에도 게으름 피우지 말고 최선을 다하라고 한다. 이런 수고를 아침부터 저녁까지 내내 행하라고 한다. 왜냐하면 농부가 행한 일 중에 어떤 것이 성공인 풍작이 되고, 또 어떤 것이 실패인 흉작이 될지 알지 못하기 때문이라는 것이다. 실제로 농부들은 오늘날까지도 물과 바람, 날씨에 따라 수확량이 차이가 극심하다. 다시 말하면, 무엇이 성공할지는 하나님만 아신다는 것이다. 본절에서 아침과 저녁이 연이어 나온다는 것은 일생이 이처럼 날들의 반복이고, 또 그것이 사람의 삶의 현주소임을 알고 깨달으라는 것이다. 세상만사가 인간의 뜻대로 이루어지지 않는다 할지라도, 모든 일의 성사는 하나님께 달렸으니 그분을 의지하고 순복하면 그 삶에서 인간으로서 마땅히 해야 할 바를 발견할 수 있으며, 그 안에서 소소한 행복을 만끽할 수 있으리라는 것이 이 전도서에서 말하고자 하는 의도인 것이다. 본절도 그러한 입장을 그대로 반영한 것이다.

♠ 전도서는 한글 번역대로라면 시종일관(始終一貫) '헛됨(הבל헤벨)'을 말하거나 혹은 그와 같은 인식을 전제로 한 말들을 하고 있는 것처럼 보인다. '헛되고 헛되며 헛되고 헛되니 모든 것이 헛되도다'가 이 책의 주제라고 대강의 결론을 내버리면 전도서를 탐독한 그의 인생이 아마도 헛된 인생이 될 수밖에 없을 것이다. 필자는 '헤벨(הבל하벨)'이 결코 한글로 인식되는 그런 의미의 극도로 부정적인 의미인 '헛됨'으로 번역되어서는 안 된다고 주장해왔다. '헤벨הבל'이 '짧은 순간' 혹은 '한 호흡'정도라는 시간적 개념을 말한 것이라면 중성적인 이미지로서, 그다지 부정적인 의미가 아니게 된다고 한 것이다. 일평생이 '한 순간'이라고 할 때의

'한 순간'이 이 책에서 '헤벨הבל'의 참 의미가 된다는 것이다. 관점의 차이가 얼마나 큰 오류를 양산할 수 있는가를 보여주는 대표적인 경우가 '헤벨הבל'인 것이다.

본절도 유사한 면이 있다. 하반절에서, '이것이 잘 될는지, 저것이 잘 될는지, 혹은 둘이 다 잘 될는지 알지 못함이니라'고 했다. '이것 아니면 저것, 혹은 둘 다'라는 말씀을 잘 되새김질 해보라. 부정적인 시각으로 보면 무엇인가 잘 안 될 것처럼, 실패한 듯이 보일 것이다. 하지만 따뜻한 눈으로, 긍정적 시선으로 가만히 살펴보면 본절은 실패가 성립 안 되는 구절이다. 즉, 절반의 성공이거나 온전한 성공이다.

본절과 같이 하나님은 인간에게 무조건 벌을 주거나 내치시지 않는다는 것이다. 삶에 최선을 다하는 자에겐 하나님께로부터 긍정적인 기회가 주어진다는 암시가 내재되어 있는 말씀이다. 삶의 앞길을 아무도 모르지만 맡은 바 일에 성심을 다하면 다가 온 기회를 선용할 수 있게 된다는 것이고 마침내 해 아래 삶이라 할지라도 그 사람이 바라는 만큼, 혹은 그 이상의 수확의 기쁨을 맛볼 수 있다는 것이다.

영적 관점에서의 본절의 말씀은 하나님께서 알파와 오메가 되심을 강조한 글이라고 볼 수 있다. 아침과 저녁의 반복은 '매일 또 매일'이 되고 이것은 또한 '내일 또 내일'이 된다. 유대적 사고에서 영원은 '매일의 이어짐'이고 '내일의 반복'이다. 영원한 삶을 살고자 하는 자들은 사는 날 동안 게으름을 피우지 말라는 것이다. 말씀의 측면에서 본 본절의 아침은 하나님께서 유대인들에게 내려주신 율법과 시편, 선지서의 글들이다. 구약의 말씀이다. 저녁은 무엇인가? 예수 그리스도의 사역, 그리고 신약적 활동인 것이다. 로마서 8장 28절에, "우리가 알거니와 하나님을 사랑하는 자 곧 그의 뜻대로 부르심을 입은 자들에게는 모든 것이 합력하여 선을 이루느니라"고 한 말씀 그대로, 신약과 구약이 합쳐져 온전히 예수 그리스도를 말씀하고 있는 것이다. 주의 뜻대로 부르심을 입은 자들 모두가 하나님을 전심으로 사랑하도록 하기 위해서 그렇게 하신 것이다.

7절] '빛은 실로 아름다운 것이라 눈으로 해를 보는 것이 즐거운 일이로다'

격언인가? 경구인가? 갑자기 방향이 틀어진 듯한 느낌이다. 뚱딴지같은 말씀이 돌연 튀어나온 듯하다. 전도서 전체가 거의 부정적 시각인데 반해 오직 이 한 구절만 온전히 긍정문이다. 도대체 무슨 의미일까?

본절의 빛은 원문이 '하오르האור'이다. 정관사ה와 '빛', '광명', '발광체'를 뜻하는 '오르אור'의 결합이다. 빛은 무엇을 상징하는 것일까? 시편 56편 13절의, "주께서 내 생명을 사망에서 건지셨음이라 주께서 나로 하나님 앞, 생명의 빛에 다니게 하시려고 실족하지 아니하게 하지 아니하셨나이까"에서 '생명의 빛'이 나온다. 욥기 33장 30절에도, "그들의 영혼을 구덩이에서 이끌어 생명의 빛을 그들에게 비추려 하심이니라"고 한 대로, 빛은 생명이다. 해, 곧 태양은 빛의 근원이다. 태양이 없으면 빛도 없다. '빛은 실로 아름다운 것이라'고 할 때의 '실로 아름다운 것이라'는 원문이 '우마토크ומתוק'이다. 이것은 접속사 '와우(ו여기서는 '실로'로 번역한 것이나 '그리고의 뜻을 많이 사용한다.' 와 '마토크מתוק'의 결합이다. '마토크מתוק'는 '유쾌한', '즐거운', '달콤한', '달다'의 뜻이다. '토브טוב'와 '마토크מתוק'는 유사한 뜻을 갖는다.

다만 본절의 경우, 이 빛을 생명의 빛으로 보되 인간 세계에서의 생명, 곧 목숨으로 보는 것이 일차적 의미로서의 해석에 용이하다. 본절의 4절에선 구름과 비가 나오는데 반해 여기서는 해와 빛이 나온다. 구름과 비는 재앙이고, 환난이다. 해와 빛은 기쁨이고, 희락이다. 그러므로 세상의 빛은 축복이 있는 삶이고, 기쁨을 간직한 삶이다. 그래서 해와 빛 같은 그런 삶이 아름다운 것이다.

'눈으로 해를 보는 것이 즐거운 일이로다'라고 했다. 이것은 빛을 바라보는 것이다. '즐거운 일이로다'의 원문은 '웨토브וטוב'이다. 이것은 접속사(ו그리고)와 '토브טוב'의 결합이다. '토브טוב'는 '좋은 것', '선', '즐거운'의 뜻이다. 삶의 긍정적인 부분을 추구하고, 또 항상 즐거워하는 것이 복된 삶이며, 그런 삶이 지칭하는 것이 바로 눈으로 기쁨의 근원 같은 해를 바라보는 것이라는 말이다.

♠ '빛은 실로 아름다운 것이라 눈으로 해를 보는 것이 즐거운 일이로다'라는 이 구절이 전도서 전체에서 유일하게 긍정문이라고 했다. '우마토크וּמתוק'도 '즐거운'이란 의미가 있고, '웨토브וטוב' 도 또한 그러하니 강조된 문장이라고 할 수 있다. 말라기의 유명한 구절이 있다. 4장 2절이 그것이니, 곧 '내 이름을 경외하는 너희에게는 공의로운 해가 떠올라서 치료하는 광선을 비추리니…' 라고 한 것이다. '치료하는 광선'이 바로 빛이다. 이 빛은 생명이라고 했다. 본절의 빛은 '그 빛'이다. 영적 생명의 원천은 누구인가? 하나님이다. 하나님이신 예수다. 요한복음 12장 46절에, "나는 빛으로 세상에 왔나니 무릇 나를 믿는 자로 어둠에 거하지 않게

하려 함이로다"라고 했다. 예수가 빛을 상징한 것이면 어둠은 사탄을 상징한 것이다. 본절의 '해' 또한 정관사가 붙은 '그ה 해(sunשמש)'다. 눈으로 해를 보는 것이라고 했으니 인간 앞에 나타나 보이신 하나님은 바로 예수 그리스도이시다. 하나님은 영이시니 볼 수 없으나, 빛으로 오신 예수님은 볼 수 있다. '눈으로 보는 것이 즐거운 일이로다'라고 했다. 여기서 '즐거운'은 '토브טוב'라고 했다. '토브טוב'는 '선'이다. 예수를 눈으로 볼 수 있음은 지극히 선한 것인데, 유대 종교지도자들은 안타깝게도 그토록 많은 연구를 하고서도 전도서를 통한 이 예언에 대해 눈을 감았다. 메시아만 보고 '볼 수 있는 하나님'이신 예수를 외면한 것이다.

8절] '사람이 여러 해를 살면 항상 즐거워할지로다 그러나 캄캄한 날들이 많으리니 그 날들을 생각할지로다 다가올 일은 다 헛되도다'

7절에서 유일하게 긍정적인 면만을 부각시키던 전도자가 곧바로 다른 모습을 공개한다. 본절은 '키כי 임אם'으로 시작한다. '키כי'는 이유를 말하는 접속사로서 '왜냐하면'의 뜻이 있고 '임אם'은 불변사로서 가정의 뜻이니, '만일'이라는 의미다. '사람이 여러 해를 살면'은 원문이 '솨님שנים 하르베הרבה 이흐예יחיה 하아담האדם'이다. '솨님שנים'은 '해, 년'이란 뜻의 '샤네שנה'의 복수형이다. '하르베הרבה'는 원형이 '라바רבה'인 부사다. '라바רבה'는 '증가하다', '늘어나다'가 되며 부사로는 '많이', '더욱'의 뜻이 있다. '이흐예יחיה'는 미완료이고 원형이 '살다', '생존하다'인 '하야היה'이며, 남성 3인칭단수다. '하아담האדם'은 정관사ה와 '사람'의 뜻인 '아담אדם'의 결합이다. 직역하면, '사람, 그가 많은 해를 생존하면'이란 뜻이니 장수를 말한 것이다.

인간이 한 평생을 살면서, 기쁘고 복된 즐거움을 느끼고 맛볼 수 있는 날이 얼마나 될까? 장수한다 할지라도 실제로 마음 놓고 마냥 기뻐할 만한 세월은 극히 적을 것이다. 본절은 '그 날들을 생각할지로다 다가올 일은 다 헛되도다'라고 말한다. '그 날들'에 대해 '해 아래' 삶에서는 세상사는 동안에 빛과 같이 혹은 해와 같이 밝은 날만이 있는 것이 아니라 힘든 날, 시련의 날, 불행으로 고통을 당하는 날들이 있음도 기억하라는 것이다. 다가올 일, 곧 장래 일은 다 헛되도다의 뜻은 미래의 일, 장차의 일은 결국 다 헛되다는 의미로 보는 것이 일반적인 견해다.

♠ 본절에서 의문이 되는 점이 있다. 그것은 상반절과 하반절이 전혀 반대의 성질을 갖고 있다는 것이다. 8절이 7절과 반대의 의미라면, 상반절도 부정적 해석이 되어야만 하는데 개역 개정은 한 절 안에서 앞은 긍정 뒤는 부정으로 해석함으로써 문맥의 연결이 전혀 자연스럽지 않게 된 것이다. 따라서 일차적 의미조차 혼란스러워졌다는 것이다. 따라서 본절을 다시 해석해 볼 필요가 있다. 직역을 다시하면, '그러나 만일 사람이 많은 해를 살고(장수하고) 모든 그것들 가운데서 즐거워한다 할지라도 그러나 캄캄한 날들을 생각해야 한다. 장래 일은 다 한 순간이다.'라고 번역함이 더 어울린다.

본절에서 '캄캄한 날들'은 복수다. 사는 동안에 닥치는 불행이라기보다는 영적 관점으로 풀어보면, 죽음 이후의 삶에서의 형벌의 나날들을 말하는 것이다. 히브리어에서 영원이란 단어는 따로 없으며 '매일의 연속'이 곧 영원이다. 그러므로 '캄캄한 날들'은 매일 매일이 어둠인 날들이다. 곧 스올(שאול지옥이라는 의미)에서의 삶이 오랠 것, 즉, 영원한 형벌의 날들이 지속될 것을 말한다.

그리고 '그 날들을 생각할지로다 다가올 일은 헛되도다'에서 '그 날들'은 복수가 아니라 원문은 단수다. 단순히 육체의 죽음의 날 일까? 아니다. 심판의 날이다. 예수 그리스도께서 심판주로 보좌에 앉아 심판하시는 날이다. 죄인들에겐 크고 두려운 날이고, 의인들에겐 기쁘고 즐거운 날, 상급을 받는 날이다. 그리고 '헛되도다'는 '한 순간'을 말함이라고 했다. 금방 그 때가 올 것이다.

9절] '청년이여 네 어린 때를 즐거워하며 네 청년의 날들을 마음에 기뻐하여 마음에 원하는 길들과 네 눈이 보는대로 행하라 그러나 하나님이 이 모든 일로 말미암아 너를 심판하실 줄 알라'

본절로부터 12장 7절까지는 일차적 의미로서, 내적 한계와 외적 유한성이 뚜렷한 인간들로 하여금 어떻게 하면 심판주로 오실 하나님께 대하여 심판을 전제로 한 방책으로서의 바른 삶을 살며, 또 그 가운데서 희락을 느끼며 살 수 있는가를 알려주는 한 방편으로서의 말씀이 제공된다.

본절은 '청년이여 네 어린 때를 즐거워하며'로 시작한다. 이 부분의 원문이 '세마흐שמח 바후르בחור 베얄르두테카בילדותיך'이다. '세마흐שמח'는 원형이 '사마흐שמח'의 명령형이고 남성 2인칭단수다. '사마흐שמח'는 '기뻐하다', '즐거워하다'의 뜻이다. '바후르בחור'는 '청년', '젊은 사람'을 의미한다. '베얄르두테카בילדותיך'는 전치사ב와 '청춘', '젊은 시절', '젊음', '청년'의 뜻을 가진 '얄두트ילדות'의 복수형이고, 남성 2인칭단수의 접미어ך가 붙은 것이다. 직역하면, '젊은이는 네 청춘을 네가 즐거워하라'가 된다. 청춘시절의 무엇을 즐거워하나? '청년의 날들을 마음에 기뻐하라'고 한다. 미래를 걱정하지 말고 현재를 즐기라는 것이다. 그러나 본절은 젊은이들로 하여금 인생을 즐기되, 그가 장차 하나님 앞에 설 때가 있음을 기억하고, 항상 자기 삶에 대한 책임을 지닌 한도 내에서 즐거움을 가지라는 뜻을 말한다. 마구 낭비하는 쾌락적 즐거움이 아니라, 하나님의 뜻에 합당한 삶 가운데서 누리는 즐거움으로서, 나이 먹어 죽음에 가까워질 때 자기 삶에 대한 책임을 질 수 있는 그런 사람이 되라는 것이다.

'마음에 원하는 길들과 네 눈이 보는 대로 행하라'고 했다. 마음에 원하는 길, 그것은 마음을 만족시킬 수 있는 것, 젊은 날에 하고 싶은 것을 하라는 것이다. 강압이 아니라 자유에 의해 선택한 길, 바라보고 매력을 느낀 것을 자신의 의지대로 택하라는 것이다. 그러나 반드시 명심할 것은 범죄의 가능성이 높은 타락한 육체의 소욕을 피하며, 훗날 하나님께서 책임을 추궁할 것을 알아 죄가 되는 것들, 해로운 욕망 같은 것은 피하라는 것이다. 그래서 본절의 마지막 부분, 즉 '그러나 하나님이 이 모든 일로 말미암아 너를 심판하실 줄 알라'는 말씀은 청년들이 언제나 마음판에 새겨두어야 할 귀한 경고의 음성이다. 본절에서 심판하시는 하나님은 '하엘로힘האלהים', 곧 '그ה 하나님אלהים'이니, 다름 아닌 예수 그리스도가 심판주로 오실 것임을 말한 것이다.

♠ 본절에서 '마음에 기뻐하여 마음에 원하는 길들과 네 눈이 보는 대로 행하라'는 말씀에 주목해 보라. 유대인들은 '보는 대로'에 주목해 율법을 보고 그대로 행하라는 것으로 이해한다. 하지만 그런 견해보다는 하나님께서 젊은 시절의 비전과 꿈을 중시하신다는 것으로 보는 것이 더 어울린다. '행하라'의 원문은 '할라크הלך'다. 이것은 '걷다', '행하다'의 뜻이다. 그런데 이 '행하다'에는

'올바로 살다'의 뜻이 있어, 마구잡이로 살라는 의미가 아님을 강조하기도 한다. 그래서 '70인 역'은 경계의 말씀으로 번역하기도 했다. 즉, '네 마음이 책망할 것이 없는 길로 행하고 네 눈이 보는 대로 행하지 말라'가 된다. 이처럼 성경은 번역에 따라 다른 의미로 변색하기도 한다. 항상 유념하고 주의 할 일이다. 언제나 기준은 윤리, 도덕, 철학, 사상이 아닌, 신앙으로서의 예수 그리스도 중심적 관점에서 보아야 하고 또 그렇게 하면 무리가 없다.

'네 청년'의 원문 '베후로테카בחורותך'는 남성 2인칭단수 접미어가 붙은 복수형이지만 원형 '베후로트בחורות'는 12장 1절에 다시 나온다. 이 단어는 다른 곳(민11:28)에서는 '택한 자'로 번역된다. 시편 110편 3절에, "주의 권능의 날에 주의 백성이 거룩한 옷을 입고 즐거이 헌신하니 새벽이슬 같은 주의 청년들이 주께 나오는도다"라고 했다. 부활 후의 성도들의 모습에 대해 궁금해하는 사람들이 많다. 시편의 '주의 청년'들과 본절의 '베후로테카בחורותך'를 참조하면 아마도 인생의 가장 젊은 시절의 모습이 아닐까 하고 상상해본다. 거룩한 옷을 입은 젊은 시절의 흠 없고, 점 없는 완전한 모습, 상상만 해도 즐겁지 아니한가? 시편 103편 4-5절에, "네 생명을 파멸에서 구속하시고 인자와 긍휼로 관을 씌우시며 좋은 것으로 네 소원을 만족케 하사 네 청춘으로 독수리 같이 새롭게 하시는도다"라고 했다.

10절] '그런즉 근심이 네 마음에서 떠나게 하며 악이 네 몸에서 물러가게 하라 어릴 때와 검은 머리의 시절이 다 헛되니라'

앞절의 마지막 부분에서 전도자는, '하나님이 이 모든 일로 말미암아 너를 심판하실 줄 알라'는 말을 했다. 본절은 그러한 심판

날에 대비해서 청년들이 신경을 써야 할 부분을 말하고 있다. 먼저 본절의 '근심'은 원문이 '카아스כעס'로서, '분노'와 '격함, '슬픔'이 다 포함된 단어다. 이 전도서에서도, 이 단어는 '번뇌(1:8),' '슬픔(2:23, 7:3)', 그리고 '노함(7:9)'의 의미로 다양하게 사용되었다.

전도자는 이런 근심, 슬픔, 분노가 마음속에서 끄집어내야 할 요소들이라고 생각하고 있다. 만약 청년의 때에 이러한 '카아스כעס'에 사로잡혀 제 구실을 하지 못한다면 그것은 그의 인생에서 크나 큰 낭비가 아닐 수 없는 것이다.

'악이 네 몸에서 물러가게 하라'고 했다. 주석가들은 본절의 '악'의 원문인 '라아הער'의 특징으로 보아 이것이 윤리적 의미가 아니라 육체적 의미라고 말한다. '라아רע'는 '나쁜', '해로운', '악', '범죄' 등의 의미가 있다. 따라서 '카아스כעס'는 슬픔을 가져오고, '라아הער'는 나쁜 것을 육신에게 가져온다는 것이다. '네 몸에서'라고 말한 '밉베사레카מבשרך'는 전치사가 결합된 것이며, 남성 2인칭단수다. 기본형인 '바사르בשר'는 '살', '육신', '생물' 등의 의미가 있다. 몸으로 범하는 죄, 곧 육신적, 정욕적 삶에 대한 경고의 말씀일 것이다. 루터는 이 부분을 번역하기를, '네 마음에서 슬픔을 없이하고, 네 몸에서 악을 제거하고'라고 했다.

'네 마음에서'와 '네 몸에서'는 둘 다 '~ 으로부터'를 뜻하는 전치사 '민מ'이 있어 구분할 것, 떠날 것을 강조하고 있다. 그러므로 본절의 일차적 의미는 하나님의 심판의 날을 대비하여, 마음 안에 든 분노, 슬픔, 걱정거리들을 제거하고, 육체와 관련된 고통, 범죄, 정욕 등을 유의하여 그것들이 노예가 되지 말라는 권고의 말씀인 것이다.

본절의 마지막 부분에서는 '어릴 때와 검은 머리의 시절이 다 헛되니라'고 했다. 원문에는 '키כי', 곧 이유를 나타내는 접속사가 먼저 나온다. '왜냐하면'의 뜻이다. '어릴 때'는 원문이 '하이랴르두트הילדות'이고, 이것은 전치사ה와 원형 '얄르두트ילדות'가 결합한 것이다. '얄르두트ילדות'는 '소년', '소아'의 뜻이다. 그리고 '검은 머리의 시절'은 원문이 '웨핫솨하루트והשחרות'이다. 접속사(그리고)와 정관사ה, 그리고 '샤하루트שחרות'의 결합이다. '샤흐루트שח'는 '새벽', '젊음'의 뜻이다. 인생의 새벽이고, 인생의 청춘이니 '검은 머리의 시절'이라고 한 것이리라. 이 시기는 '인생의 힘이 아직 그대로 남아 있는 전 기간, 곧 젊음의 때와 한창 나이의 때를 말한다.

'다 헛되니라'고 했으니, 여기서도 '헤벨הבל'을 '헛됨'으로 번역한 것이다. 본문을 다시 읽어보면 금방 알 수 있을 것이다. '헛됨'이 어울리는지, 혹은 '한 순간'이란 뜻이 더 어울리는 지를 말이다. 어릴 때와 검은 머리의 시절이 한 순간에 지나간다는 것이 맞는다. 그러므로 이 번역 '헛됨'은 '짧은 한 순간'이 옳다.

♠ 젊은 시절은 격동의 시기다. 감정이 고양되는 시기라는 것이다. 자칫 잘못하면 분노와 슬픔, 고뇌가 마음을 사로잡고, 육신은 악을 지향하려들기도 한다. 눈으로만 본절을 읽으면 그 뜻이 바로 인식될 수 있을 것이다. 그리고 마치 도덕률 같이 보일 것이다.

그런데 이 책, 곧 전도서가 유대인들을 향한 하나님의 말씀이라면, 그러한 것을 인정한다면, 하나님이 그들에게 본절 정도의 교훈이나 격언 같은 말씀만을 하고자 한 것일까? 아니다. 그 이상이다. 유대인들조차 이 책이 메시아에 대한 '예언서'이고 '계시서'라고 했는데, 단지 이 책을 보면서, 이 구절을 보면서 교훈적 해석에 매달리면 알맹이, 곧 본체를 잃어버리는 것이다.

본절을 영적 관점에서 보면 의미가 사뭇 달라진다. 본절의 어릴 때와 검은 머리의 시절은 완전한 성숙이 이루어지지 않은 미성숙의 때다. 이 시절을 영적으로 보면 율법의 시대라고 할 수 있다. 그렇다면 원숙한 시대는 언제인가? 예수 그리스도의 때가 된다. 백발의 시대다. 어떤 사람이 묻기를 '예수 그리스도의 머리가 무슨 색깔입니까?'라고 물었을 때, '셈족이 동양인이니 검은 머리일 것이다'라고 대답하면 맞을 것인가? 서양인들의 예수의 모습을 그린 초상화와 같은 그림들은 머리가 검은 색이 아니다. 성경엔 이렇게 묘사되고 있다. 즉, 요한계시록 1장 14-15절에, "촛대 사이에 인자 같은 이가 발에 끌리는 옷을 입고 가슴에 금띠를 띠고/ 그의 머리와 털의 희기가 흰 양털 같고 눈 같으며 그의 눈은 불꽃같고"라고 했으니, 억지로나마 대답한다면 '백발'이라고 할 것이다. 율법의 시대, 곧 검은 머리의 시절은 금방 지나가고(한 순간이고) 예수 그리스도의 때가 영원히 지속될 것이다. 그러니 근심할 필요도 없다. 그리고 육신의 일에 집착해 악에 빠질 이유도 없다. 육신에 관한 사도 바울의 견해를 살펴보자.

사도 바울은 로마서 8장 5-8절에서 말하기를, "육신을 따르는 자는 육신의 일을, 영을 따르는 자는 영의 일을 생각하나니/ 육신의 생각은 사망이요 영의 생각은 생명과 평안이니라/ 육신의 생각은 하나님과 원수가 되나니 이는 하나님의 법에 굴복하지 아니할 뿐 아니라 할 수도 없음이라/육신에 있는 자들은 하나님을 기쁘시게 할 수 없느니라"고 했다.

사도 바울은 영과 육신의 싸움을 말하고 있다. 그런데 여기서 육신이 의미하는 바가 무엇일까? 본절의 육신과 관련된 일차적 의미는 육신, 곧 몸이란 말 그대로다. 죄악된 세상에서 몸을 함부로 굴리지 말라는 것이고, 로마서의 말씀도 겉뜻은 육신적인 것, 곧 세상적인 것, 다시 말하면 '해 아래'의 것에 마음을 두지 말라는 것이 된다. 그러나 영적 의미로는 조금 다르다.

  바울은 육신의 생각을 당시 유대인 '디아스포라'들의 율법적 사고로 정의를 내린다. 율법을 지키고자 하는 삶, 곧 행위에 의한 구원은 육신의 생각이며 그것이 하나님과 원수가 되는 것이라고 말한다. 구원은 예수 그리스도의 십자가를 통한 은혜로 이루어지는 것이지 행위로 가능한 것이 아니란 말씀을 하고 있는 것이다. 유대인들은 지금도 율법에 매달리고 있다. 그것이 바로 육신의 생각이고 그러하기에 하나님을 기쁘게 할 수 없는 것이다. 구원은 예수 그리스도로부터 오는 것이다.

제 12장 창조주를 기억하라.
주의 강림과 공의로운 심판의 날이 이르기 전에

1-2절] '너는 청년의 때에 너의 창조주를 기억하라 곧 곤고한 날이 이르기 전에, 나는 아무 낙이 없다고 할 해들이 가깝기 전에/ 해와 빛과 달과 별들이 어둡기 전에, 비 뒤에 구름이 다시 일어나기 전에 그리하라'

'너는 청년의 때에 너의 창조주를 기억하라'고 했다. 왜 그래야만 하는가? 앞절에서 '어릴 때와 검은 머리의 시절이 다 헛되니라'고 했기 때문이다. 여기서 '헛되니라'는 원문이 '헤벨הבל'이며, 이것은 '짧은 한 순간'이 더 맞는 번역이라고 했다. 이렇게 번역한다면 청년의 때가 금방 지나간다는 의미가 된다. '곤고한 날'은 원문이 '예매ימי 하라아הרעה'이다. '예매ימי'는 복수 연계형이고, 기본형은 '욤יום'이다. 이것은 '낮', '날', '때'의 뜻이다. '하라아הרעה'는 정관사와 '라아'가 결합한 것며, '라아'는 '나쁜', '악한', '악'의 뜻이다. 인생에 있어 가장 '악한 날', '나쁜 날'은 노년의 힘없고, 곤궁해지는 날일 수도 있고, 죽는 날이 될 수도 있다. 혈기 왕성하던 그 시절은 한 순간처럼 지나가고 육신이 쇠하고 마침내 죽는 날이 올 것이니, 그때가 되기 전에 하나님을 기억하라는 것이다. 단순히 기억하라는 것이 아니라 그 품안에 들라는 뜻이다.

1절의 하반절을 보자. '나는 아무 낙이 없다고 할 해들이 가깝기 전에'라고 했다. '낙'은 원문이 '헤페츠חפץ'이다. 이것은 '기쁨', '즐거움', '바램', '욕구', '귀중한 것'이란 뜻의 명사다. 무엇을 하고자 해도 의욕이 솟구치지 않고, 할 수도 없는 때, 인생의 희망이 다 사라진 때를 뜻한다. 청년의 때와 정 반대가 되는 노년의 시절을 말하거나 죽음의 때를 말한다. 그런 시절이 오기 전에 하나님을 기억하라는 말이다. 본절의 창조주는 원문이 '보르에카ךיאר בו'이다. 이것은 원형이 '바라ארב'이니, 그 뜻이 '창조하다', '새기다', '아이를 낳다'가 된다. 능동분사형 복수이고 남성 2인칭단수다. 장엄복수다. '네 창조주를'이 된다. 올바른 삶을 살고자 하면, 후회 없는 삶을 살고자 하면, 청년의 때가 가기 전에, 즉 노년과 죽음이 문턱에까지 오기 전에 창조주를 기억하라는 것이다.

2절의 말씀을 분석해 보자. 상반절인 '해와 빛과 달과 별들이 어둡기 전에'라는 말씀에 관해 먼저 살펴보기로 하자. 해와 빛과 달과 별들이 어둡기 전에'에는 네 가지의 빛이 등장한다. 이 부분을 '총명과 이해가 네게서 떠나기 전에'라고 의역하기도 한다. 그 근거로는, 해와 빛을 마음과 머리로, 그리고 별들은 몸의 여러 기관들을 상징한다는 옛 이스라엘의 전통적 사고를 원용한 것이다. 다소 지나친 바가 있는 주장이다.

한편, 인생의 겨울을 우기에 속하는 팔레스타인 지역의 겨울 날씨에 적용하기도 한다. 우기(雨氣)에는 날이 흐릴 때가 많고, 비가 자주 온다. 해는 구름에 가리었으니 빛의 절대량이 적고 달과 별들도 거의 보기 어려워진다. 따라서 이처럼 인생의 겨울인 노년엔 밝고 좋은 것이 다 사라지고, 어둡고 칙칙한, 춥고 답답한 상황이 지속된다는 것이다. 그런 시절이 오기 전에 하나님을 기억하라는 말씀이다.

하반절은 '비 뒤에 구름이 다시 일어나기 전에 그리하라'고 한 말씀이다. 본절의 '구름'은 원문이 '헤아빔םיבעה'로서, 정관사ה와

'어두움', '구름', '수풀'을 뜻하는 '아브עב'가 결합한 것이다. 이스라엘 지역의 겨울, 우기에는 비가 자주오며, 비가 온 뒤에 폭우가 내리기도 한다. 비가 오는 것도 어둠의 의미가 있는데, 다시 먹구름이 자주 일어난다고 한다. 적란운이 솟구쳐오르면 두꺼운 구름층에서 엄청난 소낙성 폭우가 쏟아지듯 그렇게 노년엔 모든 것이 힘겹고 지쳐가며, 자칫 경제적 어려움에 봉착하기도 한다. 그러나 무엇보다도, 폭우가 오면 수많은 나무가 쓰러지고, 많은 생명들이 죽어간다. 다시 말하면, 이 큰 폭우가 죽음을 의미할 수도 있다는 것이다. 죽음이란 어두운 구름을 맞이하기 전에 창조주 하나님을 기억하라는 말씀이다.

♠ 1절에서, '너는 청년의 때에 너의 창조주를 기억하라'고 했다. 이때 창조주가 누구실까? 당연히 하나님이시다. 또한 요한복음 1장 1-4절에 보면, "태초에 말씀이 계시니라 이 말씀이 하나님과 함께 계셨으니 이 말씀은 곧 하나님이시니라/ 그가 태초에 하나님과 함께 계셨고/ 만물이 그로 말미암아 지은 바 되었으니 지은 것이 하나도 그가 없이는 된 것이 없느니라/ 그 안에 생명이 있었으니 이 생명은 사람들이 빛이라"고 했다. 말씀은 예수님을 가리킴이고, 그분이 만물을 지으셨으니 또한 그분이 창조주이시며, 동시에 하나님이 된다. 예수가 하나님이란 말이다. 이 말씀을 믿지 못하면 신앙의 근간이 흔들리는 것이다. 바라건대 독자 제위가운데 한 분도 이 말씀에 의심을 갖지 않기를 바란다.

1절에서 창조주를 기억하라는 말씀은 속뜻을 생각해 볼 때, 이 구절을 공부할 유대인들과 유대 종교지도자들에게 예수 그리스도를 기억하라는 말씀을 미리 계시하신 것이 된다. 반면에 신약의 그리스도인들에겐 디모데후서 2장 22절에, "또한 네가 청년의 정욕을 피하고 주를 깨끗한 마음으로 부르는 자들과 함께 의와 믿음과 사랑과 화평을 좇으라"고 한 말씀이 그대로 적용된다 할 것이다. 요한일서 2장 17절에, "이 세상도 그 정욕도 지나가되 오직 하나님의 뜻을 행하는 이는 영원히 거하느니라"고 했다. 영원한 삶을 살고자 하는가? 영원한 생명을 얻고자 하는가? 예수 그리스도를 기억하라. 그분이 창조주이심을 기억하라는 것이다.

'곤고한 날이 이르기 전에'라고 했다. 곤고한 날'이 무엇인가? 첫째로는, 유대종교지도자들에게 있어 가장 곤고한 날은 바로 그들의 종교체제가 무너지는 날이다. 십자가에서 예수님이 돌아가신 날이 겉으로는 유대종교의 승리 같지만, 그로 인해 그들이 환호성을 올렸지만 영적 관점에서는 그들의 종교, 곧 유대교의 멸망의 날이었던 것이다. 속죄를 위해 단 번에 희생제물이 되신 그분으로 인해 속죄가 완성되니 성전제사를 고집하던 유대종교의 붕괴의 날이 된것이다. 유대인들에겐 더 이상 아무 낙이 없게 되는 날이 곧 그날인 것이다. 두 번째는 '곤고한 날'이 목숨이 다 하는 날이니, 곧 육체의 죽음을 말함이다. 이후로는 아무 낙도 없게 될 것이다. 믿지 않는 자들의 죽음은 곧 영원한 사망에 들어감이라, 실로 진정한 곤고한 날은 바로 둘째 사망의 날이 될 것이라는 말이다.

2절의 말씀을 보자. 해와 빛과 달과 별들이 어둡기 전에, 비 뒤에 구름이 다시 일어나기 전에 그리하라'고 했다. 하늘에 해가 올라 빛이 비치며, 밤에도 달과 별들이 아직 빛을 잃기 전에, 작은 비가 온 후에 다시 어마어마한 폭우가 내리기 전에 창조주, 곧 그리스도를 기억하라는 것이다.

누가복음 23장 44절에는 예수께서 숨지실 때 나타나는 자연현상이 기재되어 있다. 즉, "때가 제 육시쯤 되어 해가 빛을 잃고 온 땅에 어둠이 임하여 제 구시까지 계속하며"라고 했다. 본절은 예수께서 십자가상에서 돌아가실 때를 기억나게 하는 구절이기도 하다. 십자가 사역이 있게 되었을 때, 유대인들에게 어서 속히 유대 종교체제에서 벗어나 예수께로 돌아서라는 경고의 말씀이다.

예수께서 돌아가신 후, 부활승천하신 것은 유대교에는 엄청난 폭우가 내린 것이다. 종교체제의 붕괴가 비가 오는 정도라면, 그 이후에 올 대폭풍우, 그것은 유대 종교지도자들에게 영원한 형벌이라는 상상 못할 징벌이 가해진다는 것을 의미하는 것이다. 이처럼 하나님께서는 유대인들에게 알게 모르게 구약을 통해 예수 그리스도에 관해 예언하고 계시하셨지만 그들은 끝내 귀와 눈을 막더니 마침내는 마음 문마저 닫고 만 것이다.

3절] '그런 날에는 집을 지키는자들이 떨 것이며 힘 있는자들이 구부러질 것이며 맷돌질 하는자들이 적으므로 그칠 것이며 창들로 내다보는 자가 어두워질 것이며'

'어릴 때와 검은 머리의 시절이 다 헛되니라' 인생의 구름, 적란운과 폭풍이 수반되는 차가운 겨울, 곧 곤고한 날이 오기 전에, 그런 날에는 어떻게 해야 하나? 창조주를 기억하라고 했는데 단순히 기억하는 것이 아니라 깊이 숙고하고 그 말씀대로 준행하라는 것이다.

본절은 그런 곤고한 날에 나타날 일들을 말하고 있다. 곤고한 날에 관해서는 노년의 노쇠로 인해 나타날 여럿 괴로운 날이나 죽음의 날을 가리키는 것이라고 앞절에서 말했다.

그런데 3절의 내용은 모두 '눈에 보이는 절망'이다. 폭풍우가 닥치는 추운 겨울이면 우선 집을 지키는 자들, 곧 파수꾼들이 수고와 걱정으로 피곤함과 추위로 떨게 될 것이다. 힘이 있다고 자랑하던 자들이 그 힘든 일을 놓을 것이고, 맷돌질 하던 여인들은 폭풍우로 인해 휴식을 취하거나 잠자러 갈 것이기에 일을 하지 않게 될 것이며, 창문 밖을 내다본 여인들은 어둠으로 인해 구별이 안 되어 내다봄을 포기할 것이다. 그런데, 무슨 걱정이 있어 파수꾼들이 떠는가? 도대체 왜 힘 있는 자들이 배고파 주린 배를 움켜쥐는 가난한 소년처럼 구부러지는가? 이런 모든 현상들은 노년의 비애와 슬픔에 대한 상징적인 말씀이다. 창문 밖을 내다보는 자, 아마도 여인이었을 그녀는 어떤 창문 밖으로부터의 즐거움을 찾던 중이었을 것이다. 그런데 그들은 이제 어둠 속에서 두려움을 느낀다. 파수꾼들이 떨거나 힘 있는 자가 구부러지는 것은 죽음을 앞에 둔 상황임을 암시한다.

또 다른 견해로 본절을 파악하기도 한다. 본절을 상징화한 모습으로 본다면 이 견해가 더 타당하다고 할 것이다. 이 구절이 노년에 이른 늙은이의 모습을 그대로 상징한다는 것이기에 비교적 합당하다. 다만 그 상징에 대한 설명이 구구각각이어서 문제가 있기는 하지만 가장 유력한 해석을 살펴보면 다음과 같다. 즉, 집을 지키는 자가 떠는 것에 대해서는, 집을 지키는 자를 두 다리로 보고 '무릎에 힘이 없어 떤다'고 보는 것이다. 물론 팔과 손을 떠는 것으로 보기도 한다. 힘이 있는 자가 구부러지는 것은 허리가 기능을 잃어 구부러지는 것으로 보기도 하고, 어떤 이들은 다리가 노쇠해 구부러지는 것이라고도 한다. 맷돌질 하는 자들이 적다는 것은 맷돌이 곡식을 가는 데 사용하는 것이니 아마도 이빨(치아)이 빠져버려 기능을 못하는 것으로 여길 것이며, 창들로 내다보는 자가 어두워진다는 것은 창문을 눈으로 보고 시력이 감퇴되는 것을 말한 것이라는 말이다. 이처럼 본절을 노인의 모습을 상징적으로 표현한 것은 나름 큰 의미가 있다고 할 것이다. 다만 속뜻은 전혀 다른 방향으로 해석이 되어진다는 것을 유념해야 할 것이다.

♠ '그런 날'은 두 가지 의미를 내포하고 있다. 첫 번째는 예수께서 십자가 사역을 마치는 날이다. 이 날은 영적 관점에서 볼 때 유대교의 역할 마감, 사실상의 종말을 의미한다. 본절 상황은 성전과 당황해하는 유대인들의 모습이다. 집은 성전을 가리킨다. 성전을 지키는 자들이 떤다는 것은 그들이 성전을 지킬 이유 자체가 사라진다는 것이다. 성전의 존재 이유가 속죄 제사이기 때문에 이런 일을 하는 자들이 사라짐을 뜻한다. 예수 그리스도를 통한 속죄의 완성은 곧 성전제사의 폐지, 율법의 완성을 의미하기 때문이다. 힘 있는 자들은 유대 종교지도자들이다. 그들의 일상이 사라진다는 것이 아니라 영적 파멸을 뜻한다.

마태복음 23장 25절에 보면, "화 있을진저 외식하는 서기관들과 바리새인들이여 잔과 대접의 겉은 깨끗이 하되 그 안에는 탐욕과 방탕으로 가득하게 하는도다"라고 말씀하셨으니 당시의 유대 종교지도자들이 얼마나 타락했는지를 짐작케 하는 것이다. 그들에게 예수님은 '뱀들아 독사의 새끼들아 너희가 어떻게 지옥의 판결을 면하겠느냐'고 하심으로써 이미 심판을 하신 것이다. 그러므로 힘 있는 자들이 구부러진다는 것은 곧 종교지도자들이 다 영적으로 지옥의 판결을 받았음을 말한다.

맷돌질하는 자들은 성전에서 고운 가루를 만들 때 사용하는 것이 맷돌이니 그런 자가 줄어들어 그친다는 것은 성전 제사의 폐지를 뜻하는 것이다. 창들로 내다보는 자가 어두워진다는 것도 찾는 이가 적음을 의미한다. 성막은 창이 없으나 성전은 창이 있다. 성전 제사를 진행하기 위해 기다리는 사람들이 오지 않는다는 것을 말한다. 이제 우리가 알다시피 성전은 파괴되어 더 이상 아무 구실도 하지 못한다. 유대인들만이 이 성전 재건을 위해 동분서주 하고 있을 뿐, 영적으론 아무 의미가 없는 것이다.

두 번째는 마태복음 24장에 나오는 상황과 유사한 전개가 이루어진다는 것이다. 돌 하나도 돌 위에 남지 않을 만큼의 철저한 성전 파괴의 날이고 유대인들에겐 대환난의 날이다. 예수께서는 제자들에게 이 환난을 이겨낼 방도를 말씀하셨다. "끝까지 견디는 자는 구원을 얻으리라(마24:13)"고 하신 것이다. 끝까지 견딘다는 것은 인내하는 신앙을 말하고 믿음과 인내가 바로 이기는 자가 되는 최고의 방책인 것이다. 생명의 빛을 진 자가 받을 영원한 생명의 보증수표에 적힌 금액이 바로 믿음과 인내다.

4절] 길거리 문들이 닫혀질 것이며 맷돌 소리가 적어질 것이며 새의 소리로 말미암아 일어날 것이며 음악하는 여자들은 다 쇠하여 질 것이며'

곤고한 날에 나타날 현상들이 이어진다. 곤고한 날이 죽음을 앞둔 노인의 상황이라면 3-4절이 모두 노인과 관련된 상징적 설명이이라는 점에 이의(異意)을 달 필요가 없을 것이다. 다만 특이한 점도 있다. 그것은 3절은 시각적 상황을 들어 말하고 있는데 반해 본절은 청각적 상황을 들어 노인의 모습을 상징적으로 말하고 있다는 것이다. 길거리 문이 닫혀진다는 것에 대해 유대인들의 탈무드와 미드라쉬는 몸의 구멍이 있는 부분, 예를 들면 털구멍, 항문 등과 같은 배설의 역할을 하는 부분으로 이해한다. 즉, '세상의 왕이신 주 우리 하나님이시여… 당신은 지혜롭게 사람을 지으셨고, 그에게 많은 구멍과 빈 곳을 만들어주셨나이다…만일 이런 구멍 중의 하나가 열리어졌거나 이러한 빈 곳 중 하나가 닫히어져 있다면 … 육신의 의사이신 당신 주여…'라고 한 바와 같다. 배설기관이 닫혔다는 것은 이미 장(腸)의 기능이 망가졌다는 것이다. 반면에 이것을 '입'으로 보기도 한다. 입이 닫혀진 후에, 맷돌소리가 적어진다는 것은 치아(齒牙)가 적거나 없어 오물거리며 억지로 음식을 먹는 모습을 상징한다고 한다. 이럴 때 나타나는 정신적 현상은 아마도 식욕을 잃는 것이리라. 노인들에겐 정서적 피폐가 나타날 수 있는 상태다.

'새의 소리로 말미암아 일어날 것이며 음악하는 여자들은 다 쇠하여 질 것이며'라고 한 말씀도 노인에게 적용하고 있다. 즉, 새 소리에 깬다는 것은 노인이 되어 잠을 못 이루거나 수면시간이 짧아 새벽의 새 소리를 듣게 됨을 뜻하는 것이고, 음악하는 여자들이 쇠한다는 것은 노인이 됨에 따라 청각이 무디어져 음악을 잘 들을 수 없게 되었다는 것이다. 어쨌든 전체적인 구성의 내용으로 보아 노인들의 삶에 있어 육체적으로 불편한 상태를 3-4절이 연이어 말하고 있다는 것만은 사실인 듯하다.

♠ 성전이 폐하거나 무너져 더 이상의 성전제사가 불가능하게 될 때, 성전 부근의 길거리들도 예외가 아닐 것이다. 성전순례의 발길이 끊기고, 예루살렘으로 모여들던 '디아스포라들' 그들 수십만 인파가 파괴되어 더 이상 속죄의 제사를 드릴 수 없는 탓에

성전순례를 포기하고, 그들을 위한 빵을 만들기 위해 준비된 맷돌 소리가 사라지거나 적어질 것이다. 이제는 황량해진 도시는 성전 나팔 소리가 아니라 새 소리에 눈을 뜨게 된다는 것이다. 음악하는 여자들은 성전 레위인들을 상징한다. 더 이상의 성전 음악활동이 사라져 다시는 듣지 못하게 된다는 것이다. 마태복음 24장은 성전 파괴의 전후 현장 상황을 보다 더 자세하게 묘사하고 있다. 유대인들이 본절을 메시아를 중심으로 더욱 깊이 연구했더라면 예수를 발견했을 것이고, 그리되었다면 성전의 파괴는 면할 수도 있었을 것이다.

본절은 그래서 유대인들에게 울리는 경종의 말씀이다. 그들이 예수를 거부하고 용납하지 않으면, 메시아로 인정하지 않으면, 성전제사를 끝까지 고수하려 들면, 장차 예수께서 오신 후에 그와 같은 나쁜 결과를 초래하게 될 것이라는 예언의 말씀이다. 유대인들의 신앙은 성전에서 시작해 성전으로 끝나는 것이다. 왜냐하면 성전에서 드리는 속죄제로만 죄를 사할 수 있기 때문이다. 성전이 무너짐은 하나님의 뜻이었기에 필연이었던 것을 이들은 인정하지 않고 있다. 눈에 보이는 성전은 사라지고 마음 안에 자리하는, 성령의 내주하심으로 이루어지는 새로운 성전이 이루어졌음을 유대인들은 끝끝내 인정하지 않아 결국은 가진 것도 빼앗기는 파멸을 자초한 것이다.

5절] '또한 그런 자들은 높은 곳을 두려워할 것이며 길에서는 놀랄 것이며 살구나무가 꽃이 필 것이며 메뚜기도 짐이 될 것이며 정욕이 그치니 이는 사람이 자기의 영원한 집으로 돌아가고 조문객들이 거리로 왕래하게 됨이라'

'또 그런 자들은 높은 곳을 두려워할 것이며'라고 했는데 원문은 '감מג(또한) 믹가보하מגבה 이라우יראו'가 된다. '믹가보하מגבה'는 전치사מ가 '높은', '강력한'의 뜻을 가진 '가보흐גבה'와 결합한 것이다. '이라우יראו'는 미완료 남성 3인칭복수다. 원형은 '야레ירא'이며, '두려워하다', '걱정하다'가 된다. 그래서 직역하면, '또한 그들이 높은 곳을 계속해서 두려워할 것이며'가 된다. 아마 노인들이 계단이나 고지대를 꺼려하는 것을 말함 같다. 그러므로 '그런 자들'은 죽음을 앞에 둔 노인들을 뜻한다. 노인들은 젊은 시절과 달리 높은 곳을 두려워하지만, 울퉁불퉁한 길도 조심스럽고, 패인 길도 넘어지면 어디가 부러질까, 혹여 일어나지 못할까 걱정되어 바깥 출입도 조심하게 된다. 젊은이들이 전혀 두려워하지 않는 곳도 노인들은 감히 다가서지 못한다.

'살구나무가'는 원문이 '핫솨케드השקד'이며, 이것은 정관사ה와 아몬드 나무를 지칭하는 '사케드שקד'의 결합이다. 혹자는 이스라엘 지역의 살구나무를 '아몬드 나무'라고 말하기도 한다. 그러나 이것은 한국어 성경이 번역될 때에 아몬드 나무와 유사한 모양의 꽃을 가졌기 때문에 살구나무로 문화적 채용 번역을 한 사례이다. 아몬드 나무가 맞다. 아몬드 나무는 꽃송이가 처음에는 붉었다가 떨어질 무렵에는 눈같이 희게 된다고 한다. 따라서 이것은 노인의 백발을 나타낸다는 것이다.

'메뚜기도 짐이 될 것이며'는 이런 작은 곤충까지 노인에겐 힘이 없어 부담이 된다는 것으로 해석하기도 하며, 때로는 당시엔 메뚜기가 요리로 사용되었기에 식욕이 없어져 메뚜기를 먹는 것조차 부담스러워진 때라는 뜻으로 해석하기도 한다. 심지어 어떤 이들은 이 메뚜기를 사람의 둔부(엉덩이)로 보아, 늙어 거동이 불편해지는 모습의 상징이라고도 말한다.

하반절의 마지막 부분은 '정욕이 그치리니 이는 사람이 자기의 영원한 집으로 돌아가고 조문객들이 거리로 왕래하게 됨이라'고 했다. 본절의 '정욕'은 원문이 '하아비요나האביונה'이고, 이것은 정관사ה와 '아비요나אביונה'의 결합이다. '아비요나אביונה'는 '욕망의 자극제', '욕망', '원욕'의 뜻이다. 욕망의 자극제는 곧 식욕과 정욕을 촉진하는 약재를 가리키는 말이다. 지중해 지역에서 채취되는 카퍼(caper)열매라고 한다. 정욕이 그친다는 것은 그래서 약으로도 해결이 안 될 만큼 기운이 소진해 다 떨어진 상태를 말하는 것이다.

'자기의 영원한 집'이 무엇인가? 육신이 죽는다는 것이다. 매장되어 흙으로 돌아간다는 것이다. 죽어 매장되면 조문객이 드나들게 되는 것이다. '조문자들'은 원문이 '핫소페딤הספדים'으로, 이것은 정관사ה가 원형 '싸파드ספד'와 결합한 것으로 남성 복수이고, 능동(칼형)분사형이기에 지속성을 띠고 있다. '싸파드ספד'는 '애곡하다', '슬퍼하다'의 뜻이 있으므로 계속해서 애곡하고 슬퍼하는 모습을 가리킨다. 이스라엘의 경우는 손님들이 애곡하기도 하지만 전문적으로 돈을 받고 애곡을 담당하는 사람들도 있어 울음꾼들이 계속해서 장례가 끝날 때까지 슬퍼하는 분위기를 조성하기도 한다(암5:16참조).

본절의 해석을 위해 길게 설명했지만 결국 죽음은 큰 고통이고, 슬픔이다. 그러하니 죽기 전에 창조주를 기억하라는 것이다. 그래야만 이와 같은 깊은 고통과 슬픔에서 벗어나 평안한 생을 살고 또 마치게 된다는 것을 본 구절을 통해 가르치고자 하는 것이다.

♠ 본절의 '또한 그런자들'은 영적 관점에서 유대 종교지도자들을 가리킨다. 그들이 두려워할 높은 곳은 어디일까? 지상의 성소가 파괴되면 하늘의 성소가 있는 것이다. 사탄의 종이 된 그들에게 하늘의 성소는 한없이 높은 곳, 그들이 영원히 도달치 못할 곳이 된 것이다. 길에서도 놀랄 것이다. 그들이 가는 길은 하늘가는 길이 아니라, 영원한 사망으로 가는 길이다. 그들은 좁고 험한 길이 아니라 멸망으로 가는 넓은 길을 택했다.

살구나무가 꽃이 핀다? 원래는 아몬드 나무지만 살구나무의 꽃이 비슷해서 1800-1900년대에 그렇게 번역한 것이다. 구약성경에 나오는 눈물의 선지자 예레미야는 어린 나이에 예언자로 부름을 받았다. 예언자로 부름 받으면서 최초로 본 환상이 살구나무 환상이다. 예레미야 1장 11절에, "여호와의 말씀이 또 내게 임하니라 이르시되 예레미야야 네가 무엇을 보느냐 하시매 내가 대답하되 내가 살구나무 가지를 보나이다/ 여호와께서 내게 이르시되 네가 잘 보았도다 이는 내가 내 말을 지켜 그대로 이루려 함이라 하시니라"고 했다.

살구나무(아몬드 나무)는 히브리어로 '사케드שקד'인데, 동사 '샤카드שקד'는 '깨우다, 지키다'는 뜻을 가지고 있다. 살구나무는 이른 봄 맨 먼저 꽃이 핀다. 길고 긴 겨울잠을 깨고 새 봄을 맞는 '선구자' '선각자'인 것이다. 예언자는 잠자는 민중의 잠을 깨우고 지키는 '선각자'의 역할을 해야 한다.

살구나무는 예언자의 상징이다. 또 민수기 17장 5절엔 모세가 말하기를, "내가 택한 자의 지팡이에는 싹이 나리니 …"라고 했고, 이어지는 8절에는, "…아론의 지팡이에 움이 돋고 순이 나고 꽃이 피어서 살구 열매가 열렸더라"고 했다. 하나님께서 모세를 통해 아론을 택하신 것이다. 택한 자의 상징이 아몬드 나무다. 하나님은 예언자, 선각자, 택한 자를 찾으신다. 유대 종교지도자들이 망해갈 때, 유대종교의 숨이 끊어질 무렵에 나타나는 택한 자, 그분이 누구신가? 예수 그리스도다.

하반절에, '메뚜기도 짐이 될 것이며 정욕이 그치리니 이는 사람이 자기의 영원한 집으로 돌아가고 조문객들이 거리로 왕래하게 됨이라'고 했다. 먼저 '메뚜기도 짐이 될 것이며'라고 한 것부터 보자. '짐'의 원문은 '웨이스타벨ויסתבל'이다. 접속사(ו그리고)와 미완료, 히트파엘형 동사ויסתבל에 남성 3인칭단수가 결합한 것이다. 원형은 '운반하다' '지다'의 뜻이 있고 상징적으로 '슬픔이나 죄 등을 지다' 히트파엘형으로 '짐이 되다'의 의미를 갖는다. 메뚜기(날개가 달리고 먹을 수 있는 것을 의미)가 짐이 된다는 것은 세례요한이 요단강 가에서 세례를 주는 장면을 생각해 보라. 그곳에서 메뚜기와 석청을 갖고 다니면서 식량을 대신했다. 정욕이 그친다고 했다. 예수의 출현과 세례요한의 나타남 이전까지는 유대 백성들이 유대 종교지도자들의 거짓된 말들에 속아 정욕대로(제멋대로) 하나님을 섬기고 있었다. 이러한 제멋대로 믿던 엉터리 신앙을 가리키는 말이다. 그런 가짜 신앙이 그치고 참 하나님을 섬기는 바른 신앙이 나타난다는 것이다.

사람이 자기의 영원한 집으로 돌아간다는 것은 이 사람이 일반적인 사람이 아니라 '하아담האדם'이니, 곧 둘째 아담이신 '그ה 아담אדם', 곧 예수 그리스도를 가리키는 말이다. 예수께서 원래의 집으로 돌아가신다는 것이다. 그곳은 영원한 집이 있는 곳, 하늘의 성소다. 천국이다. 요한복음 3장 12-13절에서 예수님은, "내가 땅의 일을 말하려도 너희가 믿지 아니하거든 하물며 하늘의 일을 말하면 어떻게 믿겠느냐/ 하늘에서 내려온 자 곧 인자 외에는 하늘에 올라간 자가 없느니라"고 하셨다. 하늘에서 내려온 인자, 곧 예수님 외에는 하늘에 올라간 자가 그때까지는 없었다.

그렇다면 조문객은 누구를 가리키는 것일까? 한 때는 예수의 사망으로 슬퍼하고 애곡했지만, 조문객이 되었지만 훗날 그들은 부활의 증인이 된다. 다시 말하면 부활의 증인이 될 사람들이 바로 조문객이란 말이다.

6절] '은줄이 풀리고 금 그릇이 깨지고 항아리가 샘 곁에서 깨지고 바퀴가 우물 위에서 깨지고'

유대인의 탈무드와 미드라쉬의 영향을 받은 주석가들이 3절에서 6절까지를 언급할 때, 노인을 등장시켰다. 3절에서는 일반적인 노인의 특징을 말하고, 4절에서는 더 나아가 육신의 나약함, 힘없음을 설명하고, 5절에서는 급기야 죽음을 앞에 둔 모습으로 나타나며 본절에 이르러 몸이 수명을 다해 무너지는 장면, 곧 죽음의 순간을 말함으로써 해석의 말미를 장식한다. 이런 해석들은 유대인들이 오랜 연구 끝에 도출해 낸 해석을 성경주석가들이 마구 인용해 사용한 것이다. 3-6절까지의 일차적 의미는 그렇게 형성되었다. 우리가 명심할 것은 그럴 듯하기는 하지만 이것이 정답이 아니라는 것이다. 왜냐하면 유대인들의 오랜 성경연구는 그리스도교 신앙과는 맞지 않기 때문이다. 다만 참고로 하되, 속뜻을 밝히는데 주력해 달라는 것이다.

11장과 12장에서는 금방이라도 닥칠 것만 같은 죽음에 대해 경고하는 문구로서, '곤고한 날', '아무 낙이 없다고 할 때', '어둡기 전', '구름이 다시 일어나기 전' 등을 사용해 왔다. 이런 문구를 사용하면서 전도자는 죽음을 맞이하기 전에 창조주 하나님을 기억하라고 지속적으로 권고하고 경고하고 계신 것이다. 특별히 여기서 말하는 창조주 하나님은 예수 그리스도를 가리키는 것이라고 이미 언급한 바가 있다.

본절에서도 유대인들은 노인의 몸과 연결한다. '은줄'은 신체의 구성 성분중에서 머리와 뇌의 상호관계에서 나타난 모습이라고 보았고 그것이 끊어지면 죽음이 닥쳤다는 것으로 이해했다. 은줄에는 황금 그릇이 매달려 있다고 보고, 은 줄이 끊어짐은 곧 그 금 그릇이 깨어진다는 것이라고 보았다. 은줄과 금 그릇이 끊어지고 깨어지는 것은 곧 죽음이 뇌에 달려 있다는 견지에서 사망을 뜻한다고 말한다. 혹자는 '은줄'을 '척수'로 보고 '금 그릇'을 머리로 보기도 한다. 백질과 회백질로 구성된 모습이 희게 보인다는 점에서 그처럼 말한 것이다.

하반절의 말씀, 곧 '항아리가 샘 곁에서 깨지고 바퀴가 우물 위에서 깨지고' 의 말씀을 살펴보자. 우물에는 물을 긷는 항아리와 바퀴, 곧 도르래가 있었다. 밧줄에 매어진 항아리와 천장에 달린 도르래로 올리고 내리면서 물을 길었던 것이다. 유대인 성경연구가들은 이때도 노인의 몸에 적용시켜, 바퀴는 숨쉬는 호흡기관의 상징이고, 들숨과 날숨이 바로 바퀴의 오르내림이라는 것이다. 본절에서 항아리가 샘 곁에서 깨지고 바퀴가 우물 위에서 깨졌으니 이는 곧 사망을 뜻한다고 할 것이다. 바퀴는 사람의 수명이라고 보았고, 바퀴가 깨어지고 두레박의 역할을 하던 항아리가 깨진다는 것은 죽음의 상황을 가리킨다는 것이다.

♠ 본절에서 '은줄이 풀리고 금 그릇이 깨지고'는 어떤 영적 의미를 갖고 있을까? 성전에서 사용하던 악기는 비파와 수금이고, 찬양하는데 사용되었으며 그 줄은 은줄이었다. 금그릇은 성전에서 제기로 사용되었다. 유대인들과 유대 종교지도자들이 아끼던 악기와 제기(祭器)들이 깨어짐은 곧 구원의 방식이 변화된다는 것이다. 악기와 그릇은 인간의 육신을 상징한다. 따라서 육신을 활용한 속죄, 곧 율법적 행위로는 구원을 받을 수 없음을 말하고 있다. 육신의 활동으로 인한 속죄 방법은 깨어져 못쓰게 된 악기나 그릇처럼 버리고 새롭게 바뀌어야 한다는 것이다.

'항아리가 샘 곁에서 깨지고 바퀴가 우물 위에서 깨지고'에서 항아리는 마음이다. 유대 종교지도자들의 마음은 그들의 우물, 그들만의 가르침 안에서 안주하다가 다 깨져버린 것이다. 출애굽기 16장에 보면, 이스라엘 백성들이 만나를 항아리에 담았다. 영적 이스라엘 백성들은 마음 안에 영의 양식을 담아야 한다. 행위적 구원을 말하는 어떠한 가르침도 거부해야 한다. 오늘날 많은 교회에서 행위 구원을 부활시키려고 한다. 그것은 참 영의 양식이 아니라 썩은 양식이다. 거짓 샘이고 거짓 우물이다.

본절의 바퀴는 원문이 '하갈갈הגלגל''이다. 정관사ה와 '바퀴', '바람'을 뜻하는 '갈갈גלגל'의 결합이다. 바퀴와 관련된 지명이 있다. '길갈'이 그것으로, '굴러감의 자리'라는 뜻이다. 여호수아 5장 9절에 보면, "여호와께서 여호수아에게 이르시되 내가 오늘 애굽의 수치를 너희에게서 떠나가게 하였다 하셨으므로 그 곳 이름을 오늘까지 길갈גלגל이라 하느니라"고 했다. 하나님의 백성이 인간의 노예생활을 한 것이 애굽의 수치다. 모든 수치를 굴려보낸 것이 길갈이다. 영적 관점에서 보면 벌거벗은 것이 수치다. 요한계시록

3장 18절에, 라오디게아 교회에 전하는 말씀 중에서, "…흰 옷을 사서 입어 벌거벗은 수치를 보이지 않게 하고…"라고 했다. 창조주 하나님 앞에서 사탄의 노예가 되는 것은 크나큰 수치인 것이다.

주 앞에서 부끄러운 자는 구원을 얻지 못한다. 흰옷을 입는다는 것은 속죄함 받으라는 것이다. 유대 종교지도자들이 행한 율법적 행위를 통한 속죄나 구원방식은 굴려보내고 깨버려야 할 잘못된 방식이다.

7절] '흙은 여전히 땅으로 돌아가고 영은 그것을 주신 하나님께로 돌아가기 전에 기억하라'

시편 104편 29절에, "…주께서 그들의 호흡을 거두신즉 그들은 죽어 먼지로 돌아가나이다"라고 했다. 창세기 3장 19절에, "네가 흙으로 돌아갈 때까지…"라고 하셨으니 먼지나 흙이나 모두 땅의 일부니, 몸은 다 그렇게 돌아간다는 것이다. 사람은 흙으로 만들어졌으니 당연히 몸은 다시 흙으로 돌아가거니와 영은 그 주신 하나님께로 되돌아간다는 것이다. 본절의 '영'은 원문이 '웨하루아흐וְהָרוּחַ'이다. 접속사(ו그리고)와 정관사ה가 '영', '호흡', '바람'의 뜻을 가진 '루아흐רוּחַ'와 결합한 것이다. 한글 번역에서 이 '루아흐רוּחַ'를 '혼', '영', '바람' 등으로 마구 번역을 해서 해석을 힘들게 하고 있다. 여기서는 확실히 '그리고 그 영'이 된다.

문단의 끝인 바, 사망의 이야기로 끝난다. 본절의 흙은 원문이 '헤아파르הֶעָפָר'이다. 정관사ה와 '먼지', '티끌'을 가리키는 '아파르עָפָר'의 결합이다. 한 마디로 먼지라 한 것은 '가치 없음'의 뜻이다.

638

육신은 사망한 순간부터 무가치해진다. 누가복음 12장 19-20절에, "또 내가 내 영혼에게 이르되 영혼아 여러 해 쓸 물건을 많이 쌓아 두었으니 평안히 쉬고 먹고 마시고 즐거워하자. 하리라 하되 하나님은 이르시되 어리석은 자여 오늘 밤에 네 영혼을 도로 찾으리니 그러면 네 예비한 것이 뉘 것이 되겠느냐 하셨으니"라는 말씀 그대로다. 살아 있는 동안 어떤 지위에서, 어떤 고귀한 삶을 살았건, 어떤 비참한 삶을 영위했건 상관이 없다. 그저 한 줌 먼지 같은 존재가 바로 육체다. 그러니 그런 날이 오기 전에 창조주를 기억하라는 것이다. 본절에서 보듯 영은 그것을 주신 하나님께로 돌아간다. '탈굼תרגום'은 이 부분을 이렇게 말하고 있다고 들었는데, 즉, '영이 네게 준 하나님 앞에 심판 받기 위해 되돌아가고'라고 한 것이다. 예수 그리스도를 영접하지 않은 영의 끝은 하나님께로 되돌아가 심판대 앞에 선다는 것이다.

♠ 본절의 하나님은 '하엘로힘האלהים'이다. 창조주, 전능자이신 분이 엘로힘이다. 특별히 '하엘로힘', 곧 '그ה 하나님אלהים'은 많은 경우에 주 예수 그리스도를 뜻한다. 그리고 '기억하라'는 1절에서는 원문 '우제콜וזכל'을 썼는데 본절에서는 원문이 '타슈브תשוב'다 이것은 미완료 여성 3인칭단수이며, 원형은 '슈브שוב'다. 그런데 이 '슈브'가 '돌아서다', '방향을 돌리다', '회복하다'의 뜻이다. 원문은 '하나님께로 돌아가기 전에 기억하라'가 아니라, 직역하면 '영은 그 주신 하나님께로 돌아간다'가 된다. '슈브שוב'가 회개하는 의미로 많이 사용되기에 한글 번역은 아마도 죽기 전에 대비하라는 뜻으로 의역한 것이리라.

예수 그리스도를 믿는 자건 안 믿는 자건 상관없이 '영הוח'은 하나님께로 돌아가는 것이다. 그렇다면 육신은 다 흙으로 돌아가고 모든 영들이 다 하나님께로 돌아가는데 그 모든 영들이 어디로 돌아가는 것일까? 그리스도인들이 가는 곳이 있다. 고린도후서 5장 1절에, "만일 땅에 있는 우리의 장막 집이 무너지면 하나님께서 지으신 집 곧 손으로 지은 것이 아니요 하늘에 있는 영원한 집이 우리에게 있는 줄 아나니"라고 했다. 그들은 하늘에 있는 영원한 집으로 간다.

그리고 예수 그리스도를 영접하지 아니한 모든 영들은 하나님께로 돌아가되 예수 그리스도께서 주관하시는 심판대 앞에 먼저 서게 될 것이다. 예수님이 심판주이시기 때문이다. 요한계시록 20장 11-12절에, "또 내가 크고 흰 보좌와 그 위에 앉으신 이를 보니…/ 또 내가 보니 죽은 자들이 큰 자나 작은 자나 그 보좌 앞에 서 있는데 책들이 펴 있고 또 다른 책이 펴졌으니 곧 생명책이라 죽은 자들이 자기 행위를 따라 책들에 기록된 대로 심판을 받으니"라고 했다. 가만히 이 말씀을 보면 심판을 받는 자들은 '죽은 자들'이다. 중생한 그리스도인들은 '죽은 자'가 아니라 '산 자'가 되니 심판을 받을 이유가 없다. 죽은 자들은 생명책에 기록이 없는 자들이고, 그들의 행위에 따라 형벌을 받는 것이다. 이어지는 15절에, "누구든지 생명책에 기록되지 못한 자는 불못에 던져지더라"고 했다. 하나님 앞에 가서 심판을 받은 후에 다시 영원한 형벌의 장소로 간다는 것이니 실로 두렵고 떨리는 말씀이다. 요한계시록 21장에 보면 새 하늘과 새 땅, 새 예루살렘성의 이야기가 전개된다. 바울이 말한 하늘에 있는 영원한 집이다. 누가 그곳을 상속받을까? 7절에 보면, "이기는 자는 이것들을 상속으로 받으리라 나는 그의 하나님이 되고 그는 내 아들이 되리라"고 했다.

8절] '전도자가 이르되 헛되고 헛되도다 모든 것이 헛되도다'

기나긴 여정을 거치고 돌아와 1장 2절의 말씀을 되풀이하고 있다. 7절의 말씀으로 보아 인간의 영은 짐승의 혼과 달라서 아래로 가지 않고 위, 곧 하나님께로 올라간다. 그 이후의 일에 관해서는 7절에서 해설을 붙였거니와 본절에서 전도자는 다시 '모든 것이 헛되도다'라고 비탄조로 말하고 있다. 본절은 사실상의 결론에 해당하는 구절이다. 일반적인 의미로서의 결론은 본절의 말씀만 본다면 부정적으로 비칠 수도 있을 것이다. 하지만 이 부정은 긍정을 내포한 부정이다. 미래가 있는 비관이기 때문이다. 더욱이 이차적 의미는 부정과 긍정의 중간 정도다.

살아생전의 모든 경험, 사고, 실적이 다 무용지물(無用之物)이 된 상태, 그것은 참으로 헛된 상태다. 삶 자체가 송두리째 헛된 것이라고 말할 수밖에 없는 비참한 상황이다. 어디 그뿐인가? 사람이 죽으면 몸과 영이 분리되어 다시 제각기 갈 곳으로 간다. 그러니 사후를 포함한 모든 것이 다 헛된 것이다. 하지만 이 모든 헛됨이 '해 아래', 곧 세상에 속한 것이요, '해 위', 곧 하나님의 나라에서는 그렇지 않다는 것을 암시하고 있는 것이다. '헛되다'는 의미로서의 일차적 의미는 이러할 것이다. 일리(一理)가 없지는 않으나 이와 같은 번역에는 해석상 근본적인 문제가 야기되어 혼란스럽게 한다. 왜냐하면 번역이 오류에 가까울 만큼의 큰 문제가 내포되어 있기 때문이다.

♠ '헛되고 헛되도다 모든 것이 헛되도다'는 이 말씀은 필자가 여러 번 강조했거니와 지나치게 극단적, 부정적으로 번역된 한글 번역의 나쁜 예의 하나가 아닐 수 없다. 예수 없는 해 아래의 삶

은 의미 없는 삶일 수 있으나 예수 있는 해 아래의 삶은 예수 안에서의 꿈과 희망, 전도를 통한 기쁨과 보람이 충일한 삶이 될 수 있는 것이지 일괄적으로 모든 것이 헛됨이 아닌 것이다. 하나님의 뜻에 따라 예수의 제자들처럼 복음 잘 전하다가 하나님께로 돌아가는 복스럽고 귀한 기회가 주어진 소위 '기회의 땅'이 될 수도 있는 것이 '해 아래'의 삶이기 때문이다. 공허한 삶이 될 수도 있고, 무가치한 생이 될 수도 있으며, 아름답고 복된 삶이 될 수도 있는, 가능성이 열려 있는 삶이 바로 '해 아래', 곧 현생의 삶이 될 수 있다는 것이다.

그러므로 헛됨을 가리키는 '헤벨הבל'은 '짧은 순간'으로 번역 자체가 수정되어야 한다고 누누이 말해왔다. '헛되다'로 번역된 순간부터 전도서는 '인생무상(人生無常)을 찬양하는 책이 되고 마는 것이다. 실로 안타깝기 그지없다.

이 8절을 '한 순간이며 한 순간에 불과하고, 모든 것이 짧은 한 순간이로구나'라고 번역하면 어떨까? 그리고 이 짧은 한 순간의 삶에 대해서, 예수 그리스도를 영접하지 않은 유대 종교지도자들과 그 후대의 믿음 없는 자들은 아마도 훗날 영적 관점에서 볼 때, '망했고 망했도다 아주 망했도다'라고 할 것이며, 그리스도인들은 '기쁘고 또 기쁘도다 항상 기쁘도다'라고 말할 수 있을 것이다.

9절] '전도자는 지혜자이어서 여전히 백성에게 지식을 가르쳤고 또 깊이 생각하고 연구하여 잠언을 많이 지었으며'

본절부터 마지막 절까지는 이 책 전체의 결론부분에 해당된다.

하지만 깊이 숙고해 본 결과, 이 전도서의 실제 결론은 8절에서 끝난다고 볼 수 있고, 나머지 부분은 후기나 별책, 혹은 추가 부분처럼 보인다. 그렇다고 해서 후대 삽입이란 표현은 불필요한 듯하다. 왜냐하면 흐름과 문맥, 표현 방식과 내용에 대해서도 그다지 큰 변화가 없이 자연스럽기 때문이다. 그렇다면 왜 본절 이후의 내용들이 후기처럼 보이는가? 저자로선 8절에서 결론을 내렸지만 다소 부정적이고 우울한, 비관적인 결론의 모습을 새롭게 전환시킬 필요가 있었던 것으로 보인다. 실제로 13절에서 전도자가 하고 싶었던 최종적인 목표와 의도가 비로소 확연히 드러나기 때문이다. '하나님을 경외하고 그의 명령들을 들을지어다'가 진정 전도자가 하고 싶은 말이었을 것이다.

혹자는 '9-10절은 전도서의 변증법이며, 12-14절은 성문서의 수집 내용을 정리한 구절'이라고 말하기도 한다. 저자는 같으나 나중에 삽입한 후기라는 견해다. 필자도 이런 입장에 대해 크게 반론을 가하고 싶지는 않으나 후기로 인식되는 부분들이 있음으로 인해 이 책의 완성도가 높아졌다는 사실에서 긍정적으로 본다.

이 책 전체의 결론은 당연히 13절이다. 따라서 저자는 결론의 권위를 더하기 위해 자신의 위치와 가르침의 의도, 그리고 말씀의 근거를 본절부터 11절까지 제시하고 있고 본절은 그것의 일부가 된다.

'전도자는 지혜자이어서 여전히 백성에게 지식을 가르쳤고'라고 했다. '전도자는 지혜자이어서'의 원문은 '웨요테르ויתר 쉐하야שהיה 코헬레트קהלת 하캄חכם'이다. '웨요테르ויותר'는 접속사(ו그리고)와 '요테르יתר'의 결합이다. '요테르יתר'는 '나머지', '소득', '유익' '그 외에', '게다가'의 뜻이며 여기서는 '그리고 게다가', 혹은 '그리고 더하여'의 뜻이 된다. '쉐하야היהש'는 관계사ש와 '~ 이다'의 뜻을 가진 '하야היה'동사의 남성 3인칭단수가 결합된 것이다. '코헬레트 קהלת'는 '전도자', '하캄חכם'은 형용사로 '지혜로운'의 뜻이다. 그러므로 이 부분을 직역하면 '그리고 또한 전도자 그가 지혜자에 더하여'가 된다. 본인이 지혜자임을 말하고 있고, 그에 더해 '전도자는 지혜자이어서 여전히 백성에게 지식을 가르쳤고'라고 한 것이다.

전도자는 지혜자로서, 백성들에게 지식을 가르치는 선생 역할을 했다는 것이다. 이스라엘이 솔로몬 당시는 신정국가였기에 백성들에게 지식을 전하는 것은 당연한 왕의 임무였을 것이고, 더욱이 그는 남들보다 총명한 자였으니 가르치기를 즐겨했을 것이다. 실제로 성경은 그의 남다른 지혜와 가르침에 관한 이야기가 나온다 (왕상 3:16-28, 왕상 4:29-34참조).

'여전히 백성에게 지식을 가르쳤고' 부분을 좀 더 살펴보자. 원문은 '오드עוד 림마드למד 다아트דעת 엩את 하암העם'이다. '오드עוד'는 '돌다', '되풀이해서 말하다'를 뜻하는 '우드עוד'에서 유래한 것으로, '반복적으로', '계속해서'의 뜻을 갖는다. '림마드למד'는 피엘형이고 남성 3인칭단수다. 원형은 '라마드למד'이고 이것은 '배우다'의 뜻이며, 피엘형은 '가르치다'의 의미를 갖는다. '다아트דעת'는 지식을, '하암העם'은 정관사ה와 '백성'의 뜻을 가진 '암עם'의 결합이다. 직역하면, '계속해서 백성에게 지식을 가르쳤고'가 된다.

'또 깊이 생각하고 연구하여 잠언을 많이 지었으며'라고 했다. 열왕기상 4장 32절에 보면, "그가 잠언 삼천 가지를 말하였고 그의 노래는 천다섯 편이며"라고 했으니 실로 총명하기 그지없는 사람이었음이 분명하다. 물론 이것은 하나님이 주신 총명이었다. 그런 그가 깊이 생각하고 연구했다고 한다. 이것은 원문이 '웨이젠ואיזן 웨힉케르ויחקר'가 된다. '웨이젠ואיזן'은 접속사(ו그리고)와 '묵상하다', '주의를 기울여 듣다', '시험해보다', '증명해보다'의 뜻을 가진 원형 '아잔אזן'의 피엘형 3인칭단수가 결합한 것이다. '웨힉케르ויחקר'는 접속사(ו그리고)와 '찾아내다', '탐지하다'의 뜻을 가진 원형 '하카르חקר'의 피엘형이고 남성 3인칭단수가 결합한 것이다. 그러므로 이 단어들의 특성으로 보아 저자가 깊이 묵상하고, 탐구해 잠언을 많이 지었음을 알 수 있다.

♠ '전도자는 지혜자이어서'에 관해서는 원문의 '웨요테르ויתר 쉐하야שהיה'에 대한 해석에 따라 여러 가지 번역이 있다. '웨요테르ויתר 쉐하야שהיה'는 근본적으로 '…을 능가하고, …더구나, … 때문에'라는 식의 번역을 얼마든지 할 수 있기 때문이다. 예를 들면, 주석학자 '힛지그'는 '전도자가 지혜로운 사람이었다는 것은 말한 바 있고'라고 했고, 혹자는 '위대한 전도자가 지혜로운 자였고, 더욱이'라고도 했으며, 루터는 '이같은 전도자가 지혜로울 뿐 아니라 …'라고 한 것이다. 적어도 우리가 알 수 있는 것은 지혜로운 자가 단순히 인간의 지혜 이상의 어떤 것의 의미를 포함하고 있다는 것이다. 그러므로 우리는 여기서 지혜자가 누구인가를 생각해 볼 필요가 있다는 것이다. 9절의 화법은 마치 예수께서 '내가 진실로 진실로 네게 이르노니'라고 하신 것과 상당히 유사하다. 그러므로 우리는 이 책이 솔로몬이 기록한 것이로되 성령께서 그와 함께 한 것임을 능히 짐작할 수 있는 것이다.

책의 내용들을 보면, 솔로몬 자신의 의견, 선지자적 말씀, 혹은 성령을 통한 예수님의 말씀, 하나님의 이름을 드러낸 말씀 등, 다양한 양태로 말씀들이 전개되어 왔음을 알 수 있다. 따라서 말씀을 보는 시선에 따라 해석이 다양화할 수밖에 없는 이유가 그것 때문이다. 일반인들이 보면 솔로몬적 윤리서로, 철학인의 눈엔 명상가 혹은 사상가로, 성경학자들의 눈엔 윤리와 도덕론, 또는 경구와 잠언이 든 격언록으로 보일 수도 있는 것이다. 그러나 유대 성경학자들의 시각엔 메시아에 대한 예언서, 계시서로, 그리고 그리스도인들의 눈엔 예수 그리스도에 대한 예언서와 계시서로 보이는 것이다.

백성을 가리키는 원문 '하암העמ'은 '그 백성'의 뜻이 있는 바, 이 백성은 단순한 '고임גוים'으로 표현되는 '이방 백성'이 아니라 특별히 선택된 언약 백성, 곧 이스라엘 백성들을 지칭할 때 주로 사용하는 단어다. 따라서 이 책이 아무나 보는 책이 아니고 적어도 하나님을 따르고자 하는 사람들(위선이든, 참이든 간에)이 주로 보는 책이라는 것이다. 성경 연구가들은 잠언, 전도서 등을 대표적인 잠언에 관한 책이라고 말하지만, 어디 이것들만 잠언일까? 성경 66권 모두가 하나님의 말씀이 속뜻으로 내재되고 함유되어 있어 사실상의 잠언인 것이다. 이런 속뜻을 찾아내는 일이 지난(至難)하기는 하겠지만 그만큼 아름다운 작업이기도 하다. 독자 제위들께서도 참여하기를 바라는 마음 간절하다.

10절] '전도자는 힘써 아름다운 말들을 구하였나니 진리의 말씀들을 정직하게 기록하였느니라'

본절에서 '아름다운 말들'은 번역이 이상하다. 원문도 '헤페츠 חפץ'로서 이것은 '기쁨', '바램', '귀중한 것', '소원', '열정'이란 의미는 있어도 '아름다움'이란 의미는 없기 때문이다. '기쁜 말'이 보다 어울린다. 인간의 영혼에 기쁨을 제공할 그런 은혜롭고 귀한 말씀이라는 것이다. 그런데 기쁜 말이라고 하니 다소 의아스럽게 느껴질지도 모르겠다. 이 책 내용의 대부분이 비탄과 허무가 지배하는데 기쁜 말을 힘써 구했다면 말에 어폐가 있지 않을까 저어할 수도 있겠다는 것이다. 하지만 긍정적 미래를 위해 미리 예방차 맞는 주사약 같은 현재의 상황을 묘사한 것이기에 그다지 거부감이 들지 않는다. 이 책의 기술 목적이 무엇인가? 하나님을 경외하게 하고, 그의 명령을 듣게 하기 위한 것이다. 그렇게 미래지향적으로 유도된 말씀들이기에 현명한 사람들이라면 '순종하면 결말이 좋을 것'이라는 암시에 충분히 적응되고 동화되었을 것이기 때문이다.

'정직하게'는 원문이 '요쉐르ישׁר'인데, 이것은 '야사르ישׁר', 곧 '곧다', '좋아하다', '선히 여기다'의 뜻이 있으며 따라서 '요쉐르ישׁר'는 '곧음', '올바른 것', '정직', '성실'의 뜻이다. 저자는 그의 뛰어난 지식과 남다른 지혜, 그리고 하나님을 경외하는 신앙에 입각하여 진리의 말씀들을 양심에 따라 올바르게 쓴 글임을 만천하에, 그리고 이 책을 읽을 후세들에게, 담대히 천명하는 것이다.

♠ 본절의 '힘써'는 원문이 '비케쉬בקשׁ'이다. 이것은 피엘형이고 남성 3인칭단수이다. 원형은 '바카쉬בקשׁ'인데, '추구하다'의 뜻 외에도 '기도하는 중에 하나님의 얼굴을 보려하다', 얻으려고 애쓰다'의 뜻을 갖고 있다. 솔로몬이 기도하는 가운데 진리의 말씀을 구하기 위해 애썼다는 것을 뜻한다. 그런 그에게 성령께서 함께 하셨음을 능히 추측할 수 있는 것이다. '구하였나니'도 그러하다. 이것의 원문은 '림초למצא'이다. 전치사ל와 '마차מצא'의 결합이다.

'찾아내다', '얻다', '찾고자 하다'의 뜻이다. 그 가운데서 '얻었다'는 의미가 가장 정확한 번역이며, 진리의 말씀들을 솔로몬 자신이 만든 것처럼 묘사되면 일종의 신성모독이 되는 것이다. 하나님께 기도로써 구했다, 혹은 하나님께로부터 얻었다고 하면 맞는 말이 된다. 번역에서 언어 선택은 그래서 대단히 중요한 것이다.

저자 솔로몬, 그가 말한 '진리의 말씀'이 무엇인가? 성경이 바로 진리의 말씀이다. 그가 참 하나님의 말씀을 전하기 위해 성령의 감동하심에 따라 기록했기에 이 책이 진리의 말씀, 곧 성경의 일부로 전해지게 된 것이다. 이것 또한 하나님의 섭리가 아닐 수 없다.

전도서는 신앙인에게 도움이 되는 그저 그런 책이 아니다. 사색과 윤리에 적합한 그런 책이 아니다. 그것은 성경, 곧 진리의 말씀이다. 그 속에 담겨진 진리를 올바로 찾아내기만 하면 참으로 귀한 책인 것이다. 이 책을 통해 하나님은 후세의 유대인과 유대 종교지도자들에게 최종 메시아인 예수 그리스도를 알려주시고자 하셨던 것이고, 후대의 그리스도인들에게는 참 메시아인 예수 그리스도의 말씀을 들려주시고자 하신 것이다.

11절] '지혜자의 말씀들은 찌르는 채찍들 같고 회중의 스승들의 말씀들은 잘 박힌 못 같으니 다 한 목자가 주신 바이니라'

'지혜자의 말씀들은 찌르는 채찍들 같고'라고 했다. 원문은 '디브레דברי 하카밈םיםכח 칼다르보노트תונברדכ'이다. '디브레דברי'는 '말씀'이란 의미인 '다바르דבר'의 연계형이고, '하카밈םיםכח'도 '능숙한', '지혜로운'의 뜻을 가진 '하캄םכח'의 복수로서, '현명한 자', '박사'의 뜻이 있다. '칼다르보노트ות의 כדרבנ'는 전치사와 관사가 포함된 여성복수형이다. 기본형은 '도르본דרבן'이고, 그 뜻은 '막대기'라는 말이다. 일설에 의하면 옛날 황소를 모는 막대기라는 의미였다고 한다. 황소가 잘못된 길을 갈 때, 쿡쿡 찔러 방향 전환을 하도록 하는 용도로 사용되었다는 것이다. 다시 말하면 목자가 사용하는 막대기를 가리키는 말이니, 이것은 곧 가축들을 보호하고, 푸른 초장으로 인도하기 위한 것이었다. 이 부분을 다시 직역하면, '현명한 자의 말씀들은 찌르는 막대기들 같고'가 된다. 여기서 지혜자들(현명한 자들)은 복수다. 지혜자가 복수형으로 되어 있는 것에 대해 성경연구가들은 그 또한 저자가 이스라엘의 전통에 따라 하나님의 말씀들을 해석하고 전하던 여러 사람 중의 하나인 것을 강조해 말하고자 함이라고 보고 있다.

'회중의 스승들의 말씀들은 잘 박힌 못 같으니'라고 했다. 잘 박힌 못 같다는 것에서 유대의 관습을 살펴볼 필요가 있다. 즉, 유대지역에서 못을 박는 것은 집안을 다스리는 상징적 의미로 사용되었다는 것과 관련된다는 것이다. 한편, 다른 견해로는 목자가 천막생활을 하기 때문에 천막이 바람에 날리지 않게 못을 잘 박듯이 회중들의 스승들의 가르침이 마음 안에 확고히 자리잡는다는 의미로 사용된 것이라는 말도 있다.

회중의 스승들은 무엇인가? 그것은 '회중의 지도자로서 뽑힌 자'라는 의미가 아니다. 이것도 의견이 갈린다. 첫째는 윗대로부터 내려오는 선지자들을 가리키는 말이라고 하는 견해다. 그러나 이것은 동의하기 어렵고, 아마도 솔로몬과 더불어 자료를 수집하거나 구성, 조직하고 정리한 사람들 같다. 전도서 자체가 사려 깊게 배열되고 조직화되어 있음을 감안할 때 솔로몬 혼자만으로는 힘든 일이었다. 따라서 회중의 스승들이라 불리운 이들의 역할 또한 지대했을 것이다. 책이 저절로 독자의 손에 놓이지 않는다. 더욱이 솔로몬 시대처럼 편집과 인쇄술이 미흡한 때에는 더욱 그러하다. 지혜자인 솔로몬의 신하들이기에 박힌 못처럼 매여 조직체를 이루고 이 일을 행했을 것이라는 말이다.

전도자가 지혜자의 말씀들을 전하지만 이 말씀의 연원에 대해서도 성경연구가들의 주장이 갈린다. 즉, 두 가지 가능성이 있다는 것이다. 첫 번째는 온전히 솔로몬의 기도와 묵상의 산물이라는 것이고, 둘째는 그 시대의 적지 않은 수의 예언가들과 선지자 역할을 하는 분들의 도움을 받아 수집했을 것이라는 가설이다. 하지만 둘 중에 어느 것이 되었든 하나님의 말씀, 곧 진리의 말씀이라면 상관이 없을 것이다. 그런데 지혜자의 후견인은 누구인가? 목자다. 목자는 누구인가? 하나님이시다. 신약에서 예수께서 스스로 목자라고 말씀하신 것은 간접적으로 '내가 하나님이다'라고 선포하신 것과 같은 의미다.

♠ 본절의 지혜자의 말씀들에서 원문은 지혜자가 복수로 나온다. 왜 그러한가? 지혜자는 예수 그리스도를 상징한다. 성령과 예수가 하나라는 것으로 보면 복수로 취급된다고 해도 무방하다. 따라서 지혜자는 복수이면서 단수가 된다. 실제로 지혜자의 원문 '하카밈'은 단수로 취급되어 '현명한 자'로 사용되기도 한다. 히브리어는 복수와 단수의 용도가 딱 정해져 있지 않다. 쉽게 말해 '왔다 갔다' 한다는 것이다. '회중의 스승들의 말씀들'도 원문은 '바알레 בעלי 아스포트אספות'다 이것은 원문대로 하면 '회중들의 주인'이 맞다. '스승들'은 '바아림בעלים'이고, '바아레יבעלי'는 '주인', '소유자'의 뜻이다. 회중들의 주인이 누구인가? 하나님이며, 예수님이다.

정리해보자. '지혜자들의 말씀들'이 되면 성령과 예수 그리스도의 말씀들이 되고, '회중들의 주인의 말씀'이 되면 하나님의 말씀이 된다. 결국 이것은 전도서의 말씀들이 하나님, 예수, 성령의 말씀들이라는 것이다. 삼위일체이니 사실상 동일한 하나님이시다. 그러하니 '다 한 목자가 주신 바니라'가 성립되는 것이다. 성경이 진리의 말씀인 이상, 성령께서 인간 솔로몬과 더불어 행한 저작과정은 불가분(不可分)의 관계였을 것이고, 또한 성령의 감동 으로 기록되었기에 성경으로서의 가치가 있는 것이다. 결국 모든 성경의 원저자는 사실상 하나님이고, 인간은 보조자라고 할 수 있을 것이다.

'다 한 목자가 주신 바이니라'고 했다. 에베소서 4장 11절에, "그가 어떤 사람은 사도로, 어떤 사람은 선지자로, 어떤 사람은 복음 전하는 자로, 어떤 사람은 목사와 교사로 삼으셨으니"라고 한 바와 같이 전도자 솔로몬의 위치가, 그의 역할이 어디인지, 무엇인지는 잘 모르겠으나 한 목자의 영향 아래에서 활동한 것은 분명하다. 본절에서 '한 목자אחה מרעה'라고 한 말씀에 주목하라. 구약에서 목자의 역할을 했던 모세, 다윗 등도 예수 그리스도의 모형이다. 그렇다면 한 목자는 누구인가? 유명한 시편 23편은 대표적인 목자의 이야기다. 이때 이 목자는 바로 예수 그리스도를 가리키는 말인 것은 누구나 인정하고 있다. "여호와는 나의 목자 시니…"라고 할 때의 '여호와'는 원문이 '아도나이יהוה'이다. 예수님은 구약에서 '아도나이(주)יהוה'와 '하엘로힘האלהים(그 하나님)'으로 많이 표기된다. 따라서 시편 23편은 예수님에 관한 말씀인 것이다. 하나님은 나의 목자다. 예수 그리스도는 나의 목자다. 하나님이 곧 예수님이시니 같은 말이라는 것이다. 만약 독자 중에 하나님과 예수님이 전혀 다른 분이라고 인식하고 있다면 그것은 아주 크게 잘못된 것이다.

12절] '내 아들아 또 이것들로부터 경계를 받으라 많은 책들을 짓는 것은 끝이 없고 많이 공부하는 것은 몸을 피곤하게 하느니라'

'내 아들아'라고 부른 것은 솔로몬의 아들 르호보암을 향한 말이라고 주장하는 분들이 있다. 아주 틀린 말은 아니라고 하겠지만 근본적으로는 범위를 넓혀야 할 것이다. 유대인들은 제자들에게도 '아들아'라고 부른다. 이스라엘 사람들은 가족의 의미가 민족의 의미보다 그다지 강하지 않다. 이스라엘 사람이라는 것, 그것 자체로 긍정적이다. 선민의식이 남달리 강한 탓이다. 그래서 제자들을 아들이라고 부를 수 있는 것이다. 따라서 이것은 지혜자가 선생으로서, 그에게 말씀을 배우러 온 열성적인 제자들을 향한 따뜻한 호칭인 것이다.

'이것들로부터'라고 했으니 새로운 말씀이 있음을 예고한 것이다. '경계를 받으라'는 말씀의 원문은 '힛자헤르הזהר'이다. 니팔형(수동명령형)이고, 남성 2인칭단수가 원형에 결합된 것이다. 원형은 '자하르זהר'이고 이것은 '경고하다'의 뜻이나, 니팔형일 때는 '가르침을 받다', '훈계받다', '경고 받다'가 된다. 이 단어의 뜻은 '더 지혜롭게 되는 것, 경고를 받는 의미가 된다. 다시 번역하면, '너는 가르침을 받으라'가 되는 것이다.

'많은 책들을 짓는 것은 끝이 없고 많이 공부하는 것은 몸을 피곤하게 하느니라'고 했다. 이 말도 의미를 분석할 필요가 있다. 본절에서 '짓는다'는 것은 원문이 '아소트עשות'이다. 이것은 원형이 '아사עשׂה'인데, 이 단어는 '만들다', '노동하다', '창조하다'의 뜻으로 주로 쓰인다. 본절에 대한 해석은 여러 가지다. 몇 가지만 살펴보자. 첫째로는 솔로몬 자신이 이와 같은 활동을 했고, 피곤할 만큼 노력한 결과의 산물이 전도서라는 것을 말하고자 하는 의도가 있었다는 것이다. 두 번째는 한도 끝도 없이 많은 책을 쓰는 것도 사실상 사람의 마음을 피곤하게 하고, 몸 또한 힘들어지는 것은 당연하다는 것이다. 그래서 그러한지 저자는 너무 많은 독서와 연구가 참된 것인 진리의 말씀을 발견하지 못할 때 그 실망으로 육신의 힘이 다 소진될 것을 염려하듯 말하고 있다는 것이다.

세 번째는 해 아래 곧 세상에서 잘못된 지식을 습득하고 연구하는 것의 잘못됨과 헛된 수고에 대한 경계의 말씀이라는 것이다. 가장 이 책 전체의 의도에 맞게 일리가 있게 정리된 말 세 번째이다. 왕왕(往往) 하나님을 떠난 잘못된 가르침에 몰두하다 보면 본말(本末)이 전도될 수도 있기 때문이다.

이처럼 이 구절은 마치 저술과 공부가 심신을 망친다는 의미의 뜻으로 오해될 소지가 많은 글이다. 하지만 '공부하는 것'을 말하는 단어의 원문인 '웨라하그ולהג'는 접속사(ו그리고)와 '라하그להג'의 결합인데, 이 '라하그'가, '연구', '공부', '학문'의 뜻이지만 '열망하다'는 뜻에서 유래한 것인 것으로 보아 열정적으로 연구한다는 의미가 된다. 그런데 이처럼 열심히 공부하는 것 자체가 피곤하게 한다는 것이 아니라 하나님과 상관없는 학문과 연구, 그러한 공부가 피곤하게 한다는 것이다. 이런 노력은 몸과 마음을 다 고통스럽게 하기 때문이다.

♠ 예수 그리스도 중심적 관점에서 살펴본 영적 의미는 완전히 달라진다. 천번지복(天飜地覆)이랄까? 본절에서 '내 아들아'라고 부른 것은 영원한 생명을 가진 자, 곧 하나님의 상속자로서의 자격을 갖춘 자를 부르는 하나님의 음성이다. 요한계시록 21장 7절에서, "이기는 자는 이것들을 상속으로 받으리라 나는 그의 하나님이 되고 그는 내 아들이 되리라"고 한 말씀 그대로다.

'또 이것들로부터 경계를 받으라 많은 책들을 짓는 것은 끝이 없고 많이 공부하는 것은 몸을 피곤하게 하느니라'라는 말씀을 보라. 이 책이 전해질 최우선 대상은 당연히 유대인들, 특히 유대 종교지도자들이라고 누차 말해왔거니와 그 유대인들 중에 예수께로 돌아선 그리스도인들인 그들에게 주어진 새로운 경계의 말씀이다. 예수 그리스도께서 오셨고 그분을 하나님으로 구원자로, 메시아로, 속죄 문제를 해결하신 분으로 믿음 안에서 받아들였을 때, 그들은 더 이상 구약의 율법과 유대 장로들의 전승의 노예가 될 필요가 없게 된 것이다. 영적으로는 사탄의 노예 상태에서 해방을 맞은 것이다. 유대인들의 왜곡된 율법과 전승들 같은 그것들에 대한 책을 만들고, 공부하고, 연구하는 것은 몸과 마음을 괴롭히는 것이라는 말이다. 그런 것을 따르지도, 연구하지도, 관계하지도 말라는 것이다. 세계 곳곳에 산재한 유대인들은 현재까지도 율법에 매달려 그것을 지키기 위해 심신이 피곤한 상태에 있다. 그러나 진리 되신 예수께서 오심으로 구약 전체가 다 끝났다. 새로운 말씀, 신약이 시작된 것이다.

13절] '일의 결국을 다 들었으니 하나님을 경외하고 그의 명령들을 지킬지어다 이것이 모든 사람의 본분이니라'

본절은 이 책의 사실상의 결말이고, 또한 전도자의 종언(終焉)이다. 명령형으로 사용되었으니 '일의 결론에 대해 들으라'는 식의 번역을 한 것으로 보인다. '일의 결국을 다 들었으니'의 원문은 '소프סוף 다바르דבר 하콜הכל 니쉬마נשמע'이다. '소프סוף'는 '옮기다', '끝내다'의 뜻을 가진 '쑤프סוף'에서 유래한 단어다. '결말', '시종', '결국'의 의미다. '다바르דבר'는 '말', '교훈', '격언', '하나님의 말씀', '조언', '일'의 의미를 갖는다. '하콜הכל'은 '그 모두'의 뜻이다. '니쉬마נשמע'는 니팔형, 분사수동형이며, 원형은 '샤마שמע'로서, 이것은 유대인들이 가장 좋아하는 말 가운데 하나다. '듣다', '경청하다', '듣고 답하다', '순종하다'의 뜻이다. '니팔형'의 경우는 '들리다', '순종하다'가 된다. 본절에서는 '니쉬마נשמע'를 '들었으니'와 같이 과거로 번역했으나 많은 주석가들이 미래로 번역하기도 했다. 그래서 이 부분을 '말씀의 결론을 모두가 듣고' 혹은 '하나님의 말씀의 결말의 모두를 우리가 듣게 하고'라고 번역한다는 것이다. 어쨌든 그 의미는 두 경우가 다 제대로 전달된다.

'하나님을 경외하고 그의 명령들을 지킬지어다'라고 했다. 이것이 이 책 전체의 총 결론이다. 결론은 두 가지로 요약된다. 첫째는 하나님을 경외하라는 것이다. 동일한 말씀이 5장 7절에도 나온다. 원문은 '엩את 하엘로힘האלהים 예라ירא'이다. '예라ירא'는 남성 2인칭단수이고, 원형이 '야레ירא'다. '야레'는 '두려워하다', '경외하다', '존경하다'의 뜻이다. '엩את'은 대격, '하엘로힘האלהים'은 '그 하나님'이다. 하나님을 경외하라는 것은 하나님을 두려워하면서 동시에 존경하라는 말이다. 하나님을 경외하는 자는 필히 그분의 명령을 지켜야만 한다. 경외함은 마음속에 자리하는 것이며 명령을 지키는 것은 경외에 대한 외부적 표현이 된다. 명령에 대한 순종이 나타날 때, 비로소 그 사람이 하나님을 진정으로 경외한다는 것을 알 수 있기 때문이다. '이것이 모든 사람의 본분이니라'고 했다. 이 말씀의 앞에는 이유를 나타내는 접속사 '키כי'가 있어 '왜냐하면'으로 시작한다. '사람의 본분'이라고 번역한 것의 원문은 '콜כל 하아담האדם'이다. '콜כל'이 '하아담האדם'을 수식한다고 하면 '모든 사람'이 되고, 그 반대의 경우라면 '사람 모두'가 된다. 대개는 후자의 입장을 반영한다. 이렇게 보면, 인간이 하나님을 경외하고 그의 명령을 지키는 것이 사람의 모든 것이 된다는 것이니, 환언하면 최고 최대의 의무가 된다는 것을 뜻함과 아울러 그것만이 살길이라는 뜻도 포함되는 것이다.

♠ 본절에서 '일'이란 표현은 부적절하다. 원문 '다바르דבר'는 오히려 '말'이란 의미가 더 강하다. 따라서 '하나님의 말씀'이라고 번역하는 것이 보다 더 성경적이다. '결국'은 '시종', '마지막'이란 의미도 있다. 게다가 '비밀'이라는 의미도 포함된다. 그러므로 '일의 결국'은 '하나님 말씀의 마지막', 혹은 하나님 말씀의 비밀'이란 번역도 가능하다는 것이다. 하나님 말씀의 마지막 비밀을 들으라고 하신다. 그 비밀, 전도서의 끝 무엇을 말씀하고자 하시는가? 그 비밀은 바로 예수 그리스도이시다.

'하나님을 경외하고 그의 명령들을 지킬지어다'라고 하셨다. '경외하다'의 사전적 의미는 '두려워하며 존경하다'가 된다. 인간의 짧은 삶과 불완전한 인격, 부족한 능력에 비해 하나님의 영역은 무한대요, 영원의 시간이며, 전능자이시니 두렵고 떨리는 마음으로 섬기는 것이 당연한 것이다. 이 말씀이야 말로 이 책 전체의 진수(眞髓) 중의 진수가 되는 것으로서, 지혜의 시작과 끝이 다 이 한 마디 말로 귀결되는 것이다. 두 번째는 하나님의 명령을 지키라는 것이다. 그의 명령이 무엇인가? 여기서 '그의 명령들'이라 번역한 것은 오역이다. 원문은 명령들이 아니라 명령이다. 단수라는 것이다. 단 하나의 명령, 그것이 무엇인가? 유대인들은 그 명령이 율법(토라תורה)을 지키라는 것이라고 주장한다. 이들은 모세오경이 축자적으로 율법이며 하나님의 명령이라고 말하고 있다. '그의 명령'은 하나님이 보내신 자를 믿는 것이며, 그것이 또한 하나님을 믿는 것과 마찬가지다.

'이것이 모든 사람의 본분이니라'고 했다. 이 말씀에 대해 성경학자들은 여러 가지 의견을 제시한다. 이것이 '모든 사람의 존재의 끝에 관한 것'이라고 주장하거나, 혹은 '사람의 모든 의무'란 뜻이라고 말하기도 하며, 또 다른 경우는 '사람의 모든 것, 혹은 모든 사람의 것'이란 뜻이라고 주장하기도 하다. 공통적으론 세상에 속한 모든 사람들이 마땅히 지켜야 할 의무와 같은 것을 말한다는 것이다. 그런데 유대인들은 이 부분을 '모든 사람'이 아니라 한 사람이라고 보고 있다. 탈무드엔 '이 세계는 단 한명을 위해 창조되었다. 그 한 명이 메시아다'라고 명시하고 있다(바빌로니안 탈무드, 사바트 30-B page) 단 한 사람, 곧 메시아라는 것이다. 놀랍게도 원문 또한 단수다. 그렇다면 단 한 사람이 누구겠는가? 예수 그리스도다. 하반절을 다시 번역해 보자. '그리고 주(하엘로힘 האלהים-예수 그리스도)를 경외하고 그의 명령을 지키라 예수 그리스도이니라'가 된다.

14절] '하나님은 모든 행위와 모든 은밀한 일을 선악 간에 심판하시리라'

본절은 '키כי'로 시작한다. '왜냐하면'의 의미다. 13절의 명령 같은 권면의 이유에 대한 설명으로 이 책은 마치게 되는 것이다. 왜 하나님을 경외하고 그의 명령을 지켜야만 하는가? 훗날 그 하나님께서 모든 행위와 숨기고 은밀하게 행하던 선악 간의 일을 심판석에서 매듭지으려 하시기 때문이다. 하나님은 선악 간에 숨겨진 모든 행위를, 그리고 모든 은밀한 일을 반드시 심판하실 것이다. 이 심판은 계산적 관점에서 그 결과를 중시하게 되며, 생명책에 녹명되지 않은 자들은 영원한 형벌에 들어가게 될 것이다.

원문의 '콜כל 마아세מעשה'는 '마아세'가 '일', '행위', '행동', '재산'을 뜻하는 단어이기에 '모든 행위'가 되는 것이며, '모든 은밀한 일'에 해당하는 원문은 '콜כל 네람נעלם'인 바, '네람'은 '은밀한 것'의 뜻이다. '알람עלם'의 수동분사형이고, 원형 '알람עלם'은 '숨기다', '은밀하다'가 된다. '모든 숨겨진 것'이 원문의 의미가 된다. 이처럼 다 드러나는 죄 때문에 하나님 앞에서는 아무도 변명할 수 없다. 심판을 염두에 둔다면 바른 삶을 살아야만 하는 것이다. 많은 사람들이, 특히 세대주의자들이 종말론적 심판을 말한 것이라고 주장한다. 물론 그러한 심판이 있을 것이나, 그 이전에 개인의 사망 후에 곧바로 각자에 대한 심판이 있을 것이다. 사망 후에 하나님의 품 안에 안기지 못하면 그 나머지는 다 영벌의 심판이 있을 것이기 때문이다. 해 아래에서 행한 모든 일이 다 심판의 대상이다. 해 아래에서 행한 모든 은밀한 것들도 심판의 대상이다. 말한 마디, 행동 하나 하나가 다 심판의 대상이 된다.

하반절에, '선악 간에 심판하시리라'고 했다. 구약적 개념에서의 심판은 주로 열방, 민족, 나라, 성읍과 인간들의 상황, 상태에 대한 심판으로 구성되며 개인에 대한 심판은 그다지 취급되지도 중시되지도 않았다. 따라서 본절은 개인적 심판 이전에 유대민족, 그리고 그들의 지도자인 유대 종교지도자들에 대한 심판에 관한 언급이 우선시되는 것이다. 그러므로 전도자는 이 책을 기술함으로써 유대 종교지도자들로 하여금 각성하도록 촉구하고 있는 것이다. 그러나 그것이 다가 아니다. 속뜻은 또 다르다.

♠ 하나님은 모든 행위와 모든 은밀한 일을 선악 간에 심판하신다고 했다. 그런데 본절의 하나님은 또한 '하엘로힘האלהים'으로 나온다. 'ה.ג 하나님אלהים'은 바로 예수 그리스도를 말한다. 심판주로 오실 분, 심판하시는 분은 예수 그리스도다. 그런데 예수께서는 유대 민족만 심판하시지 않으신다. 모든 민족, 개인 각자가 심판의 대상이다. 그들이 숨어서 행한 것들, 마음속의 생각들까지 다 선악 간에 심판 받을 것이다. 마태복음 7장 20-21절에, "이러므로 그의 열매로 그들을 알리라 나더러 주여 주여 하는 자마다 천국에 다 들어갈 것이 아니요 다만 하늘에 계신 내 아버지의 뜻대로 행하는 자라야 들어가리라"고 했다. 하나님의 뜻이 무엇인가? 예수 그리스도를 믿는 것이다.

본절에서 '선악 간'이라고 했는데, 무엇이 선이고 무엇이 악인가? 예수 그리스도를 하나님으로 인정하고 그분의 대속을 믿음으로 받아들인 자들은 '모든 것이 합력해 선을 이루었으므로', '선한 자'가 된다. '속죄 받은 자'가 선한 자다. 이 사람들은 형벌적 심판의 대상이 아니다. 로마서 8장 16절에, "성령이 친히 우리의 영과 더불어 우리가 하나님의 자녀인 것을 증언하시나니"라고 한 바와 같이 이미 하나님의 자녀가 되었으니 복을 받을 사람들이지 징벌적 심판의 대상이 아니다.

　무엇이 악인가? 예수 그리스도를 구주로 받아들이지 않은 것이 악이다. 따라서 유대 종교지도자들의 행위, 곧 그들이 예수께 행한 악한 행위들이 심판의 대상이며, 오늘날까지 모든 믿지 않는 자들의 태도가 또한 악이 되기에 형벌의 대상자의 하나로 각자가 예수 그리스도의 흰 보좌 앞, 심판의 자리에 서게 되는 것이다(계 20:11-15참조).

마치며…

영국의 유명한 희극배우 채플린이 말하기를, '인생은 멀리서 보면 희극이고 가까이서 보면 비극'이라고 했다. 전도서의 강해를 마치며 갑자기 그의 말이 생각난 것이다. 전도서의 특징이 그와 유사하다. 가까이 보면 번역상 '헛되다'는 말이 남발되어 있어 삶 자체에 회의를 느끼게 한다. 그러나 전체에 대한 강해를 다 마치고 보니 조망되는 그 내용들이 다 내 안에서 살아 움직인다. 아름답고 귀한 말씀들로 눈앞에서 춤을 추는 듯하다. 감사하는 마음이 심장을 두근거리게 하지만 이 책의 강해를 마치면서 몇 가지 재언급을 할 필요를 느껴 다시 마음을 가다듬고 약술한다.

1. 이 전도서는 누구를 위한 책인가?

성경연구가들은 이 책의 저자로 대부분 솔로몬을 지지하고 있고, 또 책의 일부 내용을 분석하면서 특별히 그의 아들 '르호보암'의 미래를 위해 기록한 책이라고 말하기도 하지만 그처럼 명백한 의도를 가진 책이라면 제 자식 하나만을 위한 책이 될 것이니 성경으로서의 가치를 상실해버린 보잘 것 없는 책이 되고 말 것이다. 다시 말하면 이 책을 읽을 대상자는 '르호보암'이 아니라는 것이다. 그렇다면 그 대상이 누구인가? 이 전도서는 기본적으로 유대인들을 위한 예언서다. 유대인들을 대상으로 그들이 오매불망(寤寐不忘) 기다리는 그 오실 메시아가 바로 예수 그리스도라는 것을 알리기 위한 책이었다는 것이다. 그런데 정작 유대 종교지도자들은 이 책을 부단히 연구하고서도 메시아에 대한 '예언서', 혹은 '계시서'라는 것까지는 밝혀내었지만 그 최종 메시아가 예수 그리스도라는 것엔 끝까지 동의하지 않았다. 지금도 그들은 이 전도서를 메시아에 대한 예언서로 남겨두고 있는 것이다. 마치 마태복음 11장 17절에, "가로되 우리가 너희를 향하여 피리를 불어도 너희가 춤추지 않고 우리가 애곡하여도 너희가 가슴을 치지 아니하였다 함과 같도다"와 같이 되어버린 것이다. 그 결과, 이 책의 쓰임은 유대인이 아닌 이방인들에게 넘어가 그들에 의해서 빛을 보게 된 것이다.

2. 이 전도서는 무엇을 말하고자 하는가?

많은 성경학자들은 이 전도서의 주제가 인간은 항상 죽음이 눈앞에 있음을 염두에 두고, 그 안에서 주어진 삶에 최선을 다하며 즐거운 인생을 살라는 것이었다고 말한다. 물론 그 이면에는 반드시 하나님을 섬기고 의지하며, 그 품안에서 온전한 삶을 살라는 의미가 있다고 주장하긴 한다. 이러한 사고는 유대인들이 오랜 연구 끝에 얻은 결론, 곧 이 책이 메시아에 대한 예언서라고 주장하는 것과도 많은 차이가 난다. 그런데 오늘날에 이르러서는 전도서의 기록목적조차 잃어버려, 하나님 앞으로 한 발 더 다가가기는커녕 반대로 더 멀어지는 부정적 결과를 초래하게 되었다. 전도서의 해석에 관한 참 의미를 왜곡시킨 탓이다. 더욱이 필자가 누차 제시한 것처럼 이 책이 유대적 메시아의 출현에 대한 예언서 이상의 것, 즉, 참 메시아이며 하나님이신 예수 그리스도에 대한 예언서 혹은 계시서라는 주장과는 전혀 어울리지 않을 만큼 해석상에 있어 차이와 거리가 생긴 것이다. 이것은 급기야 전도서가 성경이 아니라는 주장까지 드러내 말할 정도로 의심을 받는 지경에 이르게 된 것이다. 필자가 이 해석서를 발간하게 된 이유가 무엇인가? 바로 성령이 원저자인 이 책의 저술의 진정한 목적이 전도서가 참 메시아이며 최종 메시아인 예수 그리스도에 관한 예언적 성격의 책이라는 것을 알리고자 함이다. 이와같이 성경이 말하기를 골로새서 1장 29절에, "이를 위하여 나도 내 속에서 능력으로 역사하시는 이의 역사를 따라 힘을 다하여 수고하노라"

3. 전도서의 말씀은 예수 그리스도에 관한 예언서다.

베드로전서 1장 10-12절에, "이 구원에 대하여는 너희에게 임할 은혜를 예언하던 선지자들이 연구하고 부지런히 살펴서/ 자기 속에 계신 그리스도의 영이 그 받으실 고난과 후에 받으실 영광을 미리 증언하여 누구를 또는 어떠한 때를 지시하시는지 상고하니라/ 이 섬긴 바가 자기를 위한 것이 아니요 너희를 위한 것임이 계시로 알게 되었으니 이것은 하늘로부터 보내신 성령을 힘입어 복음을 전하는 자들로 이제 너희에게 알린 것이요 천사들도 살펴보기를 원하는 것이니라"는 말씀이 있다. 선지자들이 연구하고 살펴야 할 구원에 관한 책, 구원을 위한 책, 구원과 밀접하게 관련된 책 가운데 하나가 바로 이 전도서라는 것이다. 전도서에 대한 연구와 살핌이 바로 후대의 우리를 위한 것이었음을 명심하기 바란다.

그러나 장차 악한 자가 나타날 것이다(데후1:9). 아니 이미 나타나 활동하고 있다. 악한 자들은 성경, 특히 전도서에서 예수 그리스도를 찾지 못하게 방해 할뿐만 아니라 이 책을 도덕관련서나 명상록으로, 혹은 격언록으로 격하시키려 들 것이다. 데살로니가후서 2장 11-12절에, "이러므로 하나님이 미혹의 역사를 그들에게 보내사 거짓 것을 믿게 하심은/ 진리를 믿지 않고 불의를 좋아하는 모든 자들로 하여금 심판을 받게 하려 하심이라"고 하셨으니 이런 일은 심판의 때가 다가오면서 사탄의 역사로 인해 흔히 나타나는 다반사의 현상가운데 하나인 것이다. 예수 그리스도는 하나님인가 아닌가하는 논쟁부터 시작하여 심지어 예수님은 뛰어난 한 인간일 뿐, 그 이상도 그 이하도 아니라는 주장까지도 대두되고 있는 것이 현실이다. 이들은 진리이신 예수 그리스도를 믿지 않는 자들이다. 이런 부류의 거짓 신앙인들이 '해 아래' 세상의 주류가 되어 가고 있다. 이들은 이미 미혹의 영에 사로잡힌 것이다.

디모데 전서 2장 4-5절에, "하나님은 모든 사람이 구원을 받으며 진리를 아는 데에 이르기를 원하시느니라 / 하나님은 한 분이시오 또 하나님과 사람 사이에 중보자도 한 분이시니 곧 사람이신 그리스도 예수라"는 말씀이 있다. 혹자는 하나님께서 예정한 자, 선택된 자들만 구원하실 것이라는 불만을 토하기도 한다. 그러나 하나님은 모두가 다 구원받기를 원하신다. 그것이 그분의 본래의 마음이시다. 그러나 반드시 명심할 것은 세상 모든 우상들이 중보자가 아니라는 것이다.

하나님과 사람 사이의 중보자는 오직 예수 그리스도 뿐이시다. 왜냐하면 인간의 죄를 대속하실 수 있는 유일한 분이 하나님 자신이셨기 때문이고, 그분이 성육신 하셔서 사람과 같이 되신 뒤에 십자가 사역을 통해 속죄의 문을 열어주셨기 때문이다. 이런 연유로 하나님은 그리스도 예수 안에서만 우리를 택하시게 된 것이다. 그 속죄의 문, 중보자 예수의 문을 열고 들어가는 자들만이 구원이 가능해진다는 것이다. 다시 강조하면 그리스도 예수를 믿는 자들만을 하나님이 구원받을 자로 택하셨다는 것이다. 그들은 좁은 문으로 들어가는 자들이다.

택함 받은 그들에게 있어 세상은 사탄과의 영적 싸움이 치열한 영적 전쟁터가 됨에 따라 자신들의 인생길을 가기에 협착한 길이 되어버렸다. 또한 그런 까닭으로 인해 영적 험한 길을 찾는 이들이 적게 되었다. 그러나 모쪼록 바라기는 함께 이 책 안에 들어와 좁고 험한 이 길을 어깨동무하며 갈 수 있게 되었으면 한다.

또한 원하기는 아직도 회의(懷疑)에 휘둘리는 독자가 있다면 이 책의 말씀이 예수 그리스도에 관한 것임을 깊이 깨닫게 되고 그 말씀에 젖어 예수 그리스도에 대한 온전한 신앙으로 돌아서게 되기를 간절히 바라마지 않는다. 할렐루야! הללויה